D0853105

MODERN RUSSIAN SHORT STORIES

Modern Russian Short Stories

SELECTED AND EDITED BY

GEORGE GIBIAN

Cornell University

AND

MICHAEL SAMILOV

Yale University

HARPER & ROW, PUBLISHERS

NEW YORK, EVANSTON, AND LONDON

PG
3283
.G5

Fairleigh Dickinson
University Library

Teaneck, New Jersey

MODERN RUSSIAN SHORT STORIES. *Copyright © 1965 by George Gibian and Michael Samilov. Printed in the United States of America. All rights reserved. No part of this book may be used or reproduced in any manner whatsoever without written permission except in the case of brief quotations embodied in critical articles and reviews. For information address Harper & Row, Publishers, Incorporated, 49 East 33rd Street, New York 16, N.Y.*

LIBRARY OF CONGRESS CATALOG CARD NUMBER: 65–16490

105412

Contents

Preface

THE EIGHTEEN STORIES by thirteen authors included in this reader have been chosen with two criteria in mind: their literary value and interest, and their suitability as models of various types of writing for classes in second-year and more advanced Russian courses.

We have tried to select stories that the student will find interesting to read, that will give him insight into some of the best writers of Russia, and that represent various literary schools and trends in the Russian literature of the past century. We hope the volume may be found useful in both language and literature courses.

Four classics of the nineteenth century are included: by Dostoevsky, Tolstoy, Chekhov, and Saltykov-Shchedrin. The other works represent the most lively and valuable authors of the twentieth century, particularly some of the younger Soviet Russian authors who rarely find their way into school anthologies. At the same time, we have avoided those short stories that have become old chestnuts in Russian readers, frequently used in language courses, and available in other editions.

We are particularly grateful to Miss Natalie Lukkanen, who prepared the glossary. A special feature of this reader is the completeness of its vocabulary. It contains all the words in the stories (except pronouns, numerals, and proper names), and common and frequently used words as well. It should save much time for the students and increase the ease with which they can read even the more difficult stories in this volume.

The words in the stories are provided with stress marks. Footnotes explain important idioms and difficult-to-translate expressions and phrases.

The teacher knows best his own students' abilities and will be able to judge the degree of difficulty that various stories are likely to present. Much depends on the students' grasp of grammar and their familiarity with idiomatic constructions. The language of some of the stories is very idiomatic, colloquial, even specialized; that of others is simple. The variety of the language of the stories is, in the editors' opinion, one of the special features of this anthology.

Since the glossary is complete and the brief footnotes explain particularly obscure constructions, the entire collection ought to be suitable reading for students in intermediate and advanced classes. If some guidance to the relative degree of difficulty of the stories is desired, the following opinion is offered: for students least experienced in reading Russian, the easiest stories will be those by Tolstoy, Chekhov, Saltykov-Shchedrin, Gorky, and Nagibin. Slightly more difficult are those by Paustovsky, Nekrasov, Aksyonov, and Dostoevsky. The most difficult stories, to be taken up last, are those by Zamiatin, Babel, Zoshchenko, and Kazakov.

GEORGE GIBIAN
MICHAEL SAMILOV

MODERN RUSSIAN SHORT STORIES

Michael Saltykov-Shchedrin

THE SATIRICAL element is strong in Russian medieval and oral (folk) literature. In the eighteenth century, satirical journals sprang up and satirical plays were written. There was always much in Russian life which deserved to be attacked, and literature was one of the means of criticizing and protesting. Satire, the indirect exposure of abuses (personal or social) by exaggeration and oblique, implicit attack, rather than overt statement, flourished in nineteenth-century Russia. The more the various authors were possessed by a strong desire to reform society and to improve the individual, the more darkly they tended to depict conditions in the Russia of their days.

Michael Saltykov-Shchedrin (1826–1889) wrote predominantly in the satirical vein. (His real name was Saltykov. He assumed Shchedrin as his author's name.) He served with considerable success in the civil service, rising to the post of vice-governor of a province. Then, after 1868, he devoted himself to literature and became recognized as one of the leaders of the radical movement. His *Provincial Sketches* (1856–1857), *History of a Town* (1869–1870), and *Old Years in Poshekhonie* (1887–1889) chronicle stupidity, mediocrity, and corruption in a humorous fashion. His best-known work, *The Golovlyovs* (*Господа Головлёвы*, 1872–1876), is the story of the progressive moral, physical, and economic disintegration of a family. Its indictment of the Golovlyovs is unrelieved by any ray of light. Among the several unforgettable but depressing characters, Yudushka the Bloodsucker, as Porfiry is nicknamed, stands out. He is one in the world's gallery of great hypocrites and misers, worthy to stand beside Molière's Miser and Tartuffe, Pushkin's Avaricious Knight, and Shakespeare's Shylock. Yudushka's simpering pieties and his relentless drive to dominate and crush his relatives are presented most powerfully.

Saltykov's fables and fairy tales, particularly those entitled *Innocent Stories*, are outstanding nineteenth-century Russian examples of "Aesopian language," the disguising of criticism and political comment under outwardly harmless, naïve storytelling. They have satirical power as well as humor. *How One Muzhik Fed Two Generals* (1869) is one of the best known of Saltykov's stories. It combines the fantastic and the simple, the realistic and the exaggerated. The fable borrows many turns of phrase from Russian folk tales. In capsule form and humorously, it pillories the parasitical life of the bureaucracy and at the same time quietly suggests to the peasant that he is bound by a rope of his own manufacture. It is a tiny allegory of conditions in Russia, particularly of the relationship of the social classes. The whimsicality in no way detracts from the pointedness of its satire.

Миха́ил Евгра́фович Салтыко́в-Щедри́н

ПО́ВЕСТЬ О ТОМ, КАК ОДИ́Н МУЖИ́К ДВУХ ГЕНЕРА́ЛОВ ПРОКОРМИ́Л

Жи́ли да бы́ли два генера́ла, и так как о́ба бы́ли легкомы́сленны, то в ско́ром вре́мени, по щу́чьему веле́нию,[1] по моему́ хоте́нию, очути́лись на необита́емом о́строве.

Служи́ли генера́лы всю жизнь в како́й-то регистрату́ре; там роди́ли́сь, воспита́лись и соста́рились, сле́довательно ничего́ не понима́ли. Да́же слов никаки́х не зна́ли, кро́ме: «прими́те увере́ние в соверше́нном моём почте́нии и пре́данности».

Упраздни́ли регистрату́ру за нена́добностью и вы́пустили генера́лов на во́лю. Оста́вшись за шта́том, посели́лись они́ в Петербу́рге, в Подья́ческой у́лице, на ра́зных кварти́рах; име́ли ка́ждый свою́ куха́рку и получа́ли пе́нсию. То́лько вдруг очути́лись на необита́емом о́строве, просну́лись и ви́дят: о́ба под одни́м одея́лом лежа́т. Разуме́ется, снача́ла ничего́ не по́няли и ста́ли разгова́ривать, как бу́дто ничего́ с ни́ми и не случи́лось.

[1] A proverbial expression meaning "arbitrarily." (Literally: "at the command of a pike.")

— Стра́нный, ва́ше превосходи́тельство, мне ны́нче сон сни́лся, — сказа́л оди́н генера́л, — ви́жу, бу́дто живу́ я на необита́емом о́строве . . .

Сказа́л э́то да вдруг как вско́чит! Вскочи́л и друго́й генера́л.

— Го́споди! да что ж э́то тако́е! где мы! — вскри́кнул о́ба не свои́м го́лосом.

И ста́ли друг дру́га ощу́пывать, то́чно ли не во сне, а наяву́ с ни́ми случи́лась така́я ока́зия. Одна́ко, как ни стара́лись уве́рить себя́, что всё э́то не бо́льше, как сновиде́ние, пришло́сь убеди́ться в печа́льной действи́тельности.

Перед ни́ми с одно́й стороны́ расстила́лось мо́ре, с друго́й стороны́ лежа́л небольшо́й клочо́к земли́, за кото́рым стла́лось всё то же безграни́чное мо́ре. Запла́кали генера́лы в пе́рвый раз по́сле того́, как закры́ли регистрату́ру.

Ста́ли о́ни друг дру́га рассма́тривать и уви́дели, что они́ в ночны́х руба́шках, а на ше́ях у них виси́т по о́рдену.

— Тепе́рь бы кофейку́ испи́ть хорошо́! — мо́лвил оди́н генера́л, но вспо́мнил, кака́я с ним неслы́ханная шту́ка случи́лась, и во второ́й раз запла́кал.

— Что же мы бу́дем, одна́ко, де́лать? — продолжа́л он сквозь слёзы. — Е́жели тепе́рича докла́д написа́ть — кака́я по́льза из э́того вы́йдет?

— Вот что, — отвеча́л друго́й генера́л, — пойди́те вы, ва́ше превосходи́тельство, на восто́к, а я пойду́ на за́пад, а к ве́черу опя́ть на э́том ме́сте сойдёмся; мо́жет быть, что́-нибудь и найдём.

Ста́ли иска́ть, где восто́к и где за́пад. Вспо́мнили, как нача́льник одна́жды говори́л: е́сли хо́чешь сыска́ть восто́к, то встань глаза́ми на се́вер, и в пра́вой руке́ полу́чишь иско́мое. На́чали иска́ть се́вера, станови́лись так и сяк, перепро́бовали все стра́ны све́та, но так как всю жизнь служи́ли в регистрату́ре, то ничего́ не нашли́.

— Вот что, ва́ше превосходи́тельство; вы пойди́те напра́во, а я нале́во; э́так-то лу́чше бу́дет! — сказа́л оди́н генера́л, кото́рый, кро́ме регистрату́ры, служи́л ещё в шко́ле вое́нных кантони́стов[2] учи́телем каллигра́фии и, сле́довательно, был поумне́е.

Ска́зано — сде́лано. Пошёл оди́н генера́л напра́во и ви́дит — расту́т дере́вья, а на дере́вьях вся́кие плоды́. Хо́чет генера́л доста́ть хоть одно́ я́блоко, да все так высоко́ вися́т, что на́добно лезть.

[2] Students at a military school for the sons of lower ranks in the early nineteenth century.

Попро́бовал поле́зть — ничего́ не вы́шло, то́лько руба́шку изорва́л. Пришёл генера́л к ручью́, ви́дит: ры́ба там, сло́вно в садке́ на Фонта́нке, так и киши́т и киши́т.

«Вот кабы э́такой-то ры́бки да на Подья́ческую!» — поду́мал генера́л и даже в лице́ измени́лся от аппети́та.

Зашёл генера́л в лес — а там ря́бчики сви́щут, тетерева́ току́ют, за́йцы бе́гают.

— Го́споди! еды́-то! еды́-то! — сказа́л генера́л, почу́вствовав, что его́ уже́ начина́ет тошни́ть.

Де́лать не́чего, пришло́сь возвраща́ться на усло́вленное ме́сто с пусты́ми рука́ми. Прихо́дит, а друго́й генера́л уж дожида́ется.

— Ну, что, ва́ше превосходи́тельство, промы́слили что́-нибудь?

— Да вот нашёл ста́рый ну́мер «Моско́вских ведомосте́й», и бо́льше ничего́!

Легли́ опя́ть спать генера́лы, да не спи́тся им натоща́к. То беспоко́ит их мысль, кто за них бу́дет пе́нсию получа́ть, то припомина́ются ви́денные днём плоды́, ры́бы, ря́бчики, тетерева́, за́йцы.

— Кто бы мог ду́мать, ва́ше превосходи́тельство, что челове́ческая пи́ща в первонача́льном ви́де лета́ет, пла́вает и на дере́вьях растёт? — сказа́л оди́н генера́л.

— Да, — отвеча́л друго́й генера́л, — призна́ться, и я до сих пор ду́мал, что бу́лки в том са́мом ви́де родя́тся, как их у́тром к ко́фею подаю́т.

— Ста́ло быть, е́сли, наприме́р, кто хо́чет куропа́тку съесть, то до́лжен снача́ла её излови́ть, уби́ть, ощипа́ть, изжа́рить . . . То́лько как всё это сде́лать?

— Как всё э́то сде́лать? — сло́вно э́хо повтори́л друго́й генера́л.

Замолча́ли и ста́ли стара́ться засну́ть; но го́лод реши́тельно отгоня́л сон. Ря́бчики, инде́йки, порося́та так и мелька́ли перед глаза́ми, со́чные, слегка́ подрумя́ненные, с огурца́ми, пи́кулями и други́м сала́том.

— Тепе́рь я бы, ка́жется, свой со́бственный сапо́г съел! — сказа́л оди́н генера́л.

— Хороши́ то́же перча́тки быва́ют, когда́ до́лго но́шены! — вздохну́л друго́й генера́л.

Вдруг о́ба генера́ла взгляну́ли друг на дру́га: в глаза́х их свети́лся злове́щий ого́нь, зу́бы стуча́ли, из груди́ вылета́ло глухо́е рыча́ние. Они́ на́чали ме́дленно подполза́ть друг к дру́гу и в одно́ мгнове́ние о́ка остервени́лись. Полете́ли кло́чья, разда́лся визг и о́ханье;

генера́л, кото́рый был учи́телем каллигра́фии, откуси́л у своего́ това́рища о́рден и неме́дленно проглоти́л. Но вид теку́щей кро́ви как бу́дто образу́мил их.

— С на́ми кре́стная си́ла! — сказа́ли они́ о́ба ра́зом. — Ведь э́так мы друг дру́га съеди́м!

— И как мы попа́ли сюда́! кто тот злоде́й, кото́рый над на́ми таку́ю шту́ку сыгра́л!

— На́до, ва́ше превосходи́тельство, каки́м-нибудь разгово́ром развле́чься, а то у нас тут уби́йство бу́дет! — проговори́л оди́н генера́л.

— Начина́йте! — отвеча́л друго́й генера́л.

— Как, наприме́р, ду́маете вы, отчего́ со́лнце пре́жде восхо́дит, а пото́м захо́дит, а не наоборо́т?

— Стра́нный вы челове́к, ва́ше превосходи́тельство; но ведь и вы пре́жде встаёте, идёте в департа́мент, там пи́шете, а пото́м ложи́тесь спать?

— Но отчего́ же не допусти́ть таку́ю перестано́вку: сперва́ ложу́сь спать, ви́жу разли́чные сновиде́ния, а пото́м встаю́?

— Гм . . . да . . . А я, призна́ться, как служи́л в департа́менте, всегда́ так ду́мал: вот тепе́рь у́тро, а пото́м бу́дет день, а пото́м подаду́т у́жинать — и спать пора́!

Но упомино́ве́ние об у́жине обо́их пове́ргло в уны́ние и пресекло́ разгово́р в са́мом нача́ле.

— Слы́шал я от одного́ до́ктора, что челове́к мо́жет до́лгое вре́мя свои́ми со́бственными со́ками пита́ться, — на́чал опя́ть оди́н генера́л.

— Как так?

— Да так-с. Со́бственные свои́ со́ки бу́дто бы произво́дят други́е со́ки, э́ти в свою́ о́чередь ещё произво́дят со́ки, и так да́лее, поку́да, наконе́ц, со́ки совсе́м не прекратя́тся . . .

— Тогда́ что ж?

— Тогда́ на́добно пи́щу каку́ю-нибудь приня́ть . . .

— Тьфу!

Одни́м сло́вом, о чём ни начина́ли генера́лы разгово́р, он посто́янно своди́лся на воспомина́ние об еде́, и э́то ещё бо́лее раздража́ло аппети́т. Положи́ли: разгово́ры прекрати́ть и, вспо́мнив о на́йденном ну́мере «Моско́вских ведомосте́й», жа́дно приняли́сь чита́ть его́.

«Вчера́, — чита́л взволно́ванным го́лосом оди́н генера́л, — у почте́нного нача́льника на́шей дре́вней столи́цы был пара́дный обе́д. Стол сервиро́ван был на сто персо́н с ро́скошью изуми́тельною. Дары́ всех стран назна́чили себе́ как бы рандеву́ на э́том волше́бном пра́зднике. Тут была́ и «шексни́нска сте́рлядь золота́я»,[3] и пито́мец лесо́в кавка́зских, фаза́н, и, столь ре́дкая в на́шем се́вере в феврале́ ме́сяце, земляни́ка . . .»

— Тьфу ты, го́споди! да неу́жто ж, ва́ше превосходи́тельство, не мо́жете найти́ друго́го предме́та? — воскли́кнул в отча́янии друго́й генера́л и, взяв у това́рища газе́ту, прочёл сле́дуюшее:

«Из Ту́лы пи́шут: вчера́шнего числа́, по слу́чаю поимки в реке́ У́пе осетра́ (происше́ствие, кото́рого не запо́мнят да́же старожи́лы, тем бо́лее что в осетре́ был опо́знан ча́стный при́став Б.), был в зде́шнем клу́бе фестива́ль. Вино́вника торжества́ внесли́ на грома́дном деревя́нном блю́де, обло́женного огу́рчиками и держа́щего в па́сти кусо́к зе́лени. До́ктор П., бы́вший в тот же день дежу́рным старшино́ю, забо́тливо наблюда́л, дабы все го́сти получи́ли по куску́. Подли́вка была́ са́мая разнообра́зная и да́же по́чти прихотли́вая . . .»

— Позво́льте, ва́ше превосходи́тельство, и вы, ка́жется, не сли́шком осторо́жны в вы́боре чте́ния! — прерва́л пе́рвый генера́л и, взяв в свою о́чередь газе́ту, прочёл:

«Из Вя́тки пи́шут: оди́н из зде́шных старожи́лов изобрёл сле́дующий оригина́льный спо́соб приготовле́ния ухи́: взяв живо́го нали́ма, предвари́тельно его́ вы́сечь; когда́ же от огорче́ния пе́чень его увеличи́тся . . .»

Генера́лы пони́кли голова́ми. Всё, на что бы они́ ни обрати́ли взо́ры, — всё свиде́тельствовало об еде́. Со́бственные их мы́сли злоумышля́ли про́тив них, и́бо как они́ ни стара́лись отгоня́ть представле́ния о бифште́ксах, но представле́ния э́ти пробива́ли себе́ путь наси́льственным о́бразом.

И вдруг генера́ла, кото́рый был учи́телем каллигра́фии, озари́ло вдохнове́ние . . .

— А что, ва́ше превосходи́тельство, — сказа́л он ра́достно, — е́сли бы нам найти́ мужика́?

— То есть как же . . . мужика́?

— Ну да, просто́го мужика́ . . . каки́е обыкнове́нно быва́ют мужики́! Он бы нам сейча́с и було́к бы по́дал, и ря́бчиков бы налови́л, и ры́бы!

[3] Opening lines of G. R. Derzhavin's "Приглаше́ние к обе́ду."

— Гм . . . мужика́ . . . но где же его́ взять, э́того мужика́, когда́ его нет?

— Как нет мужика́ — мужи́к везде́ есть, сто́ит то́лько поиска́ть его́! Наве́рное, он где́-нибудь спря́тался, от рабо́ты отлы́нивает!

Мысль э́та до того́ ободри́ла генера́лов, что они вскочи́ли, как встрёпанные, и пусти́лись оты́скивать мужика́.

До́лго они броди́ли по о́строву без вся́кого успе́ха, но, наконе́ц, о́стрый за́пах мяки́нного хлеба и ки́слой овчи́ны навёл их на след. Под де́ревом, брю́хом кве́рху и подложи́в под го́лову кула́к, спал грома́днейший мужичи́на и са́мым наха́льным о́бразом уклоня́лся от рабо́ты. Негодова́нию генера́лов преде́ла не́ было.

— Спишь, лежебо́к! — наки́нулись они́ на него́. — Небо́сь, и у́хом не ведёшь, что тут два генера́ла вторы́е су́тки с го́лода умира́ют! сейча́с марш рабо́тать!

Встал мужичи́на: ви́дит, что генера́лы стро́гие. Хоте́л бы́ло дать от них стречка́,[4] но они́ так и закочене́ли, вцепи́вшись в него́.

И зача́л он перед ни́ми де́йствовать.

Поле́з сперва-на́перво на де́рево и нарва́л генера́лам по деся́тку са́мых спе́лых я́блоков, а себе́ взял одно́, ки́слое. Пото́м покопа́лся в земле́ — и добы́л отту́да карто́фелю; пото́м взял два куска́ де́рева, потёр их друг об дру́жку — и извлёк ого́нь. Пото́м из со́бственных воло́с сде́лал сило́к и пойма́л ря́бчика. Наконе́ц развёл ого́нь и напёк сто́лько ра́зной прови́зии, что генера́лам пришло́ да́же на мысль: не дать ли и тунея́дцу части́чку?

Смотре́ли генера́лы на э́ти мужи́цкие стара́ния, и сердца́ у них ве́село игра́ли. Они́ уже́ забы́ли, что вчера́ чуть не у́мерли с го́лоду, а ду́мали: вот как оно́ хорошо́ быть генера́лами — нигде́ не пропадёшь!

— Дово́льны ли вы, господа́ генера́лы? — спра́шивал между тем мужичи́на-лежебо́к.

— Дово́льны, любе́зный друг, ви́дим твоё усе́рдие! — отвеча́ли генера́лы.

— Не позволи́те ли тепе́рь отдохну́ть?

— Отдохни́, дружо́к, то́лько свей пре́жде верёвочку.

Набра́л сейча́с мужичи́на ди́кой конопли́, размочи́л в воде́, поколоти́л, помя́л — и к ве́черу верёвка была́ гото́ва. Э́тою верёвкою генера́лы привяза́ли мужичи́ну к де́реву, чтоб не убёг, а са́ми легли́ спать.

[4] escape

Прошёл день, прошёл другóй; мужичи́на до тогó изловчи́лся, что стал дáже в при́горшне суп вари́ть. Сдéлались нáши генерáлы весёлые, ры́хлые, сы́тые, бéлые. Стáли говори́ть, что вот они́ здесь на всём готóвом живу́т, а в Петербу́рге между тем пéнсии и́хние всё накáпливаются да накáпливаются.

— А как вы ду́маете, вáше превосходи́тельство, в сáмом ли дéле бы́ло вавилóнское столпотворéние, или э́то тóлько так, однó иносказáние? — говори́т, бывáло, оди́н генерáл другóму, позáвтракавши.

— Ду́маю, вáше превосходи́тельство, что бы́ло в сáмом дéле, потому́ что инáче как же объясни́ть, что на свéте существу́ют рáзные языки́!

— Стáло быть, и потóп был?

— И потóп был, потому́ что в проти́вном слу́чае как же бы́ло бы объясни́ть существовáние допотóпных звере́й? Тем бóлее, что в «Мосќовских ведомостя́х» повеству́ют . . .

— А не почитáть ли нам «Мосќовских ведомосте́й»?

Сы́щут ну́мер, уся́дутся под тéнью, прочту́т от доски́ до доски́, как éли в Москвé, éли в Ту́ле, éли в Пéнзе, éли в Рязáни, — и ничегó, не тошни́т!

Дóлго ли, кóротко ли, однáко генерáлы соску́чились. Чáще и чáще стáли они́ припоминáть об остáвленных и́ми в Петербу́рге кухáрках и втихомóлку дáже поплáкивали.

— Что-то тепéрь дéлается в Подья́ческой, вáше превосходи́тельство? — спрáшивал оди́н генерáл другóго.

— И не говори́те, вáше превосходи́тельство! всё сéрдце изны́ло! — отвечáл другóй генерáл.

— Хорошó-то онó хорошó здесь — слóва нет! а всё, знáете, как-то нелóвко барáшку без я́рочки! да и мунди́ра тóже жáлко!

— Ещё как жáлко-то! Особли́во как четвёртого класса, так на однó шитьё посмотрéть, головá закру́жится!

И нáчали они́ нуди́ть мужикá: предстáвь да предстáвь их в Подья́ческую! И что ж! оказáлось, что мужи́к знáет дáже Подья́ческую, что он там был, мёд-пи́во пил, по усáм теклó, в рот не попáло!

— А ведь мы с Подья́ческой генерáлы — обрáдовались генерáлы.

— А я, коли ви́дели: виси́т человéк снару́жи дóма, в я́щике на верёвке, и стéну крáской мáжет, или по кры́ше, слóвно му́ха, хóдит — э́то он сáмый я и есть! — отвечáл мужи́к.

И на́чал мужи́к на боба́х разводи́ть,[5] как бы ему́ свои́х генера́лов пора́довать за то, что они его́, тунея́дца, жа́ловали и мужи́цким его́ трудо́м не гнуша́лися! И вы́строил он кора́бль не кора́бль, а таку́ю посу́дину, чтоб мо́жно бы́ло океа́н-мо́ре переплы́ть вплоть до са́мой Подья́ческой.

— Ты смотри́, одна́ко, кана́лья, не утопи́ нас! — сказа́ли генера́лы, уви́дев пока́чивавшуюся на волна́х ладью́.

— Бу́дьте поко́йны, господа́ генера́лы, не впервóй! — отвеча́л мужи́к и стал гото́виться к отъе́зду.

Набра́л мужи́к пу́ху лебя́жьего мя́гкого и устла́л им дно ло́дочки. Устла́вши, уложи́л на дно генера́лов и, перекрести́вшись, поплы́л. Ско́лько набра́лись стра́ху генера́лы во вре́мя пути́ от бурь да от ве́тров ра́зных, ско́лько они́ руга́ли мужичи́ну за его́ тунея́дство — э́того ни перо́м описа́ть, ни в ска́зке ска́зать. А мужи́к всё гребёт да гребёт да ко́рмит генера́лов селёдками.

Вот, наконе́ц, и Нева́-ма́тушка, вот и Екатери́нинский сла́вный кана́л, вот и Больша́я Подья́ческая! Всплесну́ли куха́рки рука́ми, уви́девши, каки́е у них генера́лы ста́ли сы́тые, бе́лые да весёлые! Напи́лись генера́лы ко́фею, нае́лись сдо́бных бу́лок и наде́ли мунди́ры. Пое́хали они́ в казначе́йство, и ско́лько тут де́нег загребли́ — того́ ни в ска́зке сказа́ть, ни перо́м описа́ть!

Однако́ и об мужи́ке не забы́ли; вы́слали ему рю́мку во́дки да пята́к серебра́: весели́сь, мужичи́на!

1869

[5] think hard

Fyodor Dostoevsky

THE FOUR GREAT novels of Dostoevsky—*Crime and Punishment* (1866), *The Idiot* (1868–1869), *The Possessed* (*Бесы*, also translated as *The Devils*, 1871–1872), and *The Brothers Karamazov* (1879–1880)—together with Tolstoy's *War and Peace* and *Anna Karenina*—are the works of Russian literature which are the most widely known throughout the world. Since Dostoevsky's works were translated into French towards the end of the nineteenth century and into English somewhat later, he has had a cataclysmic effect on psychology and on literary taste in the West. He has influenced innumerable writers of the twentieth century, in many countries. Virginia Woolf described her first encounter with the Russian novel as being similar to the experience of seeing naked men crawl from a train wreck. The absence in Dostoevsky of various reticences conventional in nineteenth-century Western fiction seemed to many readers to amount to a complete baring of the depths of the human heart and mind.

The Legend of the Grand Inquisitor, a section of *The Brothers Karamazov*, is a political prophecy of twentieth-century totalitarian movements. It shows startling insight into the "flight from freedom," the drive towards uniformity of worship and conviction, which has since been analyzed by Erich Fromm and others.

Dostoevsky (1821–1881) became successful as a writer early in his life. He became involved in an underground political discussion group which circulated forbidden publications. He was arrested and sentenced to ten years in Siberia. Later, with changed political views, he resumed his literary career, spent years in Europe (mainly Germany), and continued to suffer from poverty. His intellectual development took him from his youthful radicalism to the extremes of nationalism and Russian Orthodox ideology. In his work as editor and journalist, his reactionary and chauvinistic views are sometimes difficult to swallow; in his fiction, they are transmuted into art of the highest order.

The philosophical novella *The Dream of a Ridiculous Man* illustrates Dostoevsky's visionary drive; it was one of Dostoevsky's last works, and was printed in April 1877 in his magazine *Diary of a Writer*. Similar to his *Notes from the Underground* and the early drafts of *Crime and Punishment*, the novella is narrated in the first person. As is characteristic in Dostoevsky, the protagonist swings between despair and exultation, fall and salvation. The concern with extremes here takes the form, on the one hand, of feeling indifference to life, despair, and alienation, and, on the other hand, of yearning for the existence of unsullied "children of the sun" who are serene and "unstained by the Fall." The two impulses are finally resolved in a dialectical manner, thesis-antithesis-synthesis, through the hero's dedication of the remainder of his life to the preaching of love for life. More explicitly than in most of his other works, Dostoevsky in this visionary tale presents his aversion to "separation, isolation, individuality, mine and thine" (*«разъедине́ние, обособле́ние, ли́чность, моё и твоё»*).

The encounter with the little girl, who is like an angel or a personification of the Spirit of the Earth, leads the protagonist to a return to the bosom of Mother-Earth and of Life. Whereas the philosopher Descartes started his systematic inquiry with a *tabula rasa*, a void, the "Ridiculous Man" begins with an existentialist or psychopathic *dégagement*—blankness, complete indifference. But, whereas Descartes then proceeds on the road towards a reconstruction of philosophy by stating "I think, therefore I am," Dostoevsky's hero, after not having cared if he lived or died, makes his first step towards reattachment to life when he feels pity for the girl. Dostoevsky seems to be saying, "I feel compassion, therefore I am." After living on the rungs of a ladder, compassion eventually leads, through suggestions of the need first to fall and to suffer, towards the goal of "rapture, infinite and boundless rapture."

Фёдор Миха́йлович Достое́вский

СОН СМЕШНО́ГО ЧЕЛОВЕ́КА

Фантасти́ческий расска́з

I

Я смешно́й челове́к. Они́ меня́ называ́ют тепе́рь сумасше́дшим. Э́то бы́ло бы повыше́ние в чи́не, е́сли б я всё ещё не остава́лся для них таки́м же смешны́м, как и пре́жде. Но тепе́рь уж я не серж́усь, тепе́рь они́ все мне ми́лы, и да́же когда́ они́ смею́тся надо мно́й — и тогда́ че́м-то да́же осо́бенно ми́лы. Я бы сам смея́лся с ни́ми, — не то что над собо́й, а их любя́, е́сли б мне не́ было так гру́стно, на них гля́дя. Гру́стно потому́, что они́ не зна́ют и́стины, я зна́ю и́стину. Ох, как тяжело́ одному́ знать и́стину! Но они́ э́того не пойму́т. Нет, не пойму́т.

А пре́жде я тоскова́л о́чень оттого́, что каза́лся смешны́м. Не каза́лся, а был. Я всегда́ был смешо́н, и зна́ю э́то, мо́жет быть, с са́мого моего́ рожде́ния. Мо́жет быть, я уже́ семи́ лет знал, что я смешо́н. Пото́м я учи́лся в шко́ле, пото́м в университе́те, и что же — чем бо́льше я учи́лся, тем бо́льше я науча́лся тому́, что я смешо́н. Так что для меня́ вся моя́ университе́тская нау́ка как бы для того́ то́лько и существова́ла под коне́ц, что́бы дока́зывать и объясня́ть мне, по ме́ре того́ как я в неё углубля́лся, что я смешо́н. Подо́бно как в нау́ке, шло и в жи́зни. С ка́ждым го́дом нараста́ло и укрепля́лось во мне то же са́мое созна́ние о моём смешно́м ви́де во всех отноше́ниях. Надо мно́й смея́лись все и всегда́. Но не зна́ли они́ никто́ и не дога́дывались о том, что е́сли был челове́к на земле́, бо́льше всех зна́вший про то, что я смешо́н, так это был сам я, и вот э́то-то бы́ло для меня́ всего́ оби́днее, что они́ э́того не зна́ют, но тут я сам был винова́т: я всегда́ был так горд, что ни за что и никогда́ не хоте́л никому́ в э́том призна́ться.[1] Го́рдость э́та росла́ во мне с года́ми, и е́сли б случи́лось так, что я хоть пе́ред кем бы то ни́ было позво́лил бы себе́ призна́ться, что я смешно́й, то, мне ка́жется, я тут же, в тот же ве́чер, раздроби́л бы себе́ го́лову из ре-

[1] to admit that

вольве́ра. О, как я страда́л в моём о́трочестве о том, что я не вы́держу и вдруг ка́к-нибудь призна́юсь сам това́рищам. Но с тех пор, как я стал молоды́м челове́ком, я хоть и узнава́л с ка́ждым го́дом всё бо́льше и бо́льше о моём ужа́сном ка́честве, но почему́-то стал немно́го споко́йнее. И́менно почему́-то, потому́ что я и до сих пор не могу́ определи́ть почему́. Мо́жет быть, потому́, что в душе́ мое́й нараста́ла стра́шная тоска́ по одному́ обстоя́тельству, кото́рое бы́ло уже́ бесконе́чно вы́ше всего́ меня́: и́менно — э́то бы́ло пости́гшее меня́ одно́ убежде́ние в том, что на све́те везде́ *всё равно́*.[2] Я о́чень давно́ предчу́вствовал э́то, но по́лное убежде́ние яви́лось в после́дний год ка́к-то вдруг. Я вдруг почу́вствовал, что мне *всё равно́* бы́ло бы, существова́л ли бы мир, и́ли е́сли б нигде́ ничего́ не́ было. Я стал слы́шать и чу́вствовать всем существо́м мои́м, что *ничего́ при мне не́ было*. Снача́ла мне всё каза́лось, что зато́ бы́ло мно́гое пре́жде, но пото́м я догада́лся, что и пре́жде ничего́ то́же не́ было, а то́лько почему́-то каза́лось. Ма́ло-пома́лу я убеди́лся, что и никогда́ ничего́ не бу́дет. Тогда́ я вдруг переста́л серди́ться на люде́й, и почти́ стал не примеча́ть их. Пра́во, это обнару́живалось да́же в са́мых ме́лких пустяка́х: я, наприме́р, случа́лось, иду́ по у́лице и натыка́юсь на люде́й. И не то чтоб от заду́мчивости: об чём мне бы́ло ду́мать, я совсе́м переста́л тогда́ ду́мать: мне бы́ло всё равно́. И добро́ бы я разреши́л вопро́сы;[3] о, ни одно́го не разреши́л, а ско́лько их бы́ло? Но мне ста́ло *всё равно́*, и вопро́сы все удали́лись.

И вот, по́сле того́ уж, я узна́л и́стину. И́стину я узна́л в про́шлом ноябре́, и и́менно тре́тьего ноября́, и с того́ вре́мени я ка́ждое мгнове́ние моё по́мню. Э́то бы́ло в мра́чный, са́мый мра́чный ве́чер, како́й то́лько мо́жет быть. Я возвраща́лся тогда́ в оди́ннадцатом часу́ ве́чера домо́й, и и́менно, по́мню, я поду́мал, что уж не мо́жет быть бо́лее мра́чного вре́мени. Да́же в физи́ческом отноше́нии. Дождь лил весь день, и э́то был са́мый холо́дный и мра́чный дождь, како́й-то да́же гро́зный дождь, я э́то по́мню, с я́вной вражде́бностью к лю́дям, а тут вдруг, в оди́ннадцатом часу́, переста́л, и начала́сь стра́шная сы́рость, сыре́е и холодне́е, чем когда́ дождь шёл, и ото всего́ шёл како́й-то пар, от ка́ждого ка́мня на у́лице и из ка́ждого переу́лка, е́сли загляну́ть в него́ в са́мую глубь, пода́льше, с у́лицы. Мне вдруг предста́вилось, что е́сли б поту́х

[2] nothing matters
[3] there would be some excuse if I had solved the problems

везде́ газ, то ста́ло бы отра́днее, а с га́зом грустне́е се́рдцу, потому́ что он всё э́то освеща́ет. Я в э́тот день почти́ не обе́дал и с ра́ннего ве́чера просиде́л у одного́ инжене́ра, а у него́ сиде́ли ещё дво́е прия́телей. Я всё молча́л и, ка́жется, им надое́л. Они́ говори́ли об чём-то вызыва́ющем и вдруг да́же разгорячи́лись. Но им бы́ло всё равно́, я это́ ви́дел, и они́ горячи́лись то́лько так. Я им вдруг и вы́сказал э́то: «Господа́, ведь вам, говорю́, всё равно́». Они́ не оби́делись, а все надо мно́й засмея́лись. Э́то отто́го, что я сказа́л без вся́кого упрёка и про́сто потому́, что мне бы́ло всё равно́. Они́ и уви́дели, что мне всё равно́, и им ста́ло ве́село.

Когда́ я на у́лице поду́мал про газ, то взгляну́л на не́бо. Не́бо бы́ло ужа́сно тёмное, но я́вно мо́жно бы́ло различи́ть разо́рванные облака́, а ме́жду ни́ми бездо́нные чёрные пя́тна. Вдруг я заме́тил в одно́м из э́тих пя́тен звёздочку и стал при́стально гляде́ть на неё. Э́то потому́, что э́та звёздочка дала́ мне мысль: я положи́л в э́ту ночь уби́ть себя́. У меня́ э́то бы́ло твёрдо поло́жено ещё два ме́сяца на́зад, и как я ни бе́ден, а купи́л прекра́сный револьве́р и в тот же день заряди́л его́. Но прошло́ уже́ два ме́сяца, а он всё лежа́л в я́щике; но мне бы́ло до того́[4] всё равно́, что захоте́лось, наконе́ц, улучи́ть мину́ту, когда́ бу́дет не так всё равно́, для чего́ так — не зна́ю. И, таки́м о́бразом, в э́ти два ме́сяца я ка́ждую ночь, возвраща́ясь домо́й, ду́мал, что застрелю́сь. Я всё ждал мину́ты. И вот тепе́рь эта звёздочка дала́ мне мысль, и я положи́л, что э́то бу́дет *непреме́нно* уже́ в э́ту ночь. А почему́ звёздочка дала́ мысль — не зна́ю.

И вот, когда́ я смотре́л на не́бо, меня́ вдруг схвати́ла за ло́коть э́та де́вочка. У́лица уже́ была́ пуста́ и никого́ почти́ не́ было. Вдали́ спал на дро́жках изво́зчик. Де́вочка была́ лет восьми́, в плато́чке и в одно́м платьи́шке, вся мо́края, но я запо́мнил осо́бенно её мо́крые разо́рванные башмаки́, и тепе́рь по́мню. Они́ мне осо́бенно мелькну́ли в глаза́. Она́ вдруг ста́ла дёргать меня́ за ло́коть и звать. Она́ не пла́кала, но ка́к-то отры́висто выкри́кивала каки́е-то слова́, кото́рые не могла́ хорошо́ вы́говорить, потому́ что вся дрожа́ла ме́лкой дро́жью в озно́бе. Она́ была́ от чего́-то в у́жасе и крича́ла отча́янно: «Ма́мочка! ма́мочка!» Я оберну́л бы́ло к ней лицо́, но не сказа́л ни сло́ва и продолжа́л идти́, но она́ бежа́ла и дёргала меня́, и в го́лосе её прозвуча́л тот звук, кото́рый у о́чень испу́ганных дете́й означа́ет отча́яние. Я зна́ю э́тот звук. Хоть она́ и

[4] to such an extent

не договáривала словá, но я пóнял, что её мать гдé-то помирáет и́ли чтó-то там с ни́ми случи́лось, и онá вы́бежала позвáть когó-то, найти́ чтó-то, чтоб помóчь мáме. Но я не пошёл за ней, и, напрóтив, у меня́ яви́лась вдруг мысль прогнáть её. Я сначáла ей сказáл, чтоб онá отыскáла городовóго. Но онá вдруг сложи́ла ру́чки и, всхли́пывая, задыхáясь, всё бежáла сбóку и не покидáла меня́. Вот тогдá-то я тóпнул на неё и кри́кнул. Онá прокричáла лишь: «Бáрин, бáрин! . . .», но вдруг брóсила меня́ и стремглáв перебежáла у́лицу: там показáлся тóже какóй-то прохóжий, и онá, ви́дно, брóсилась от меня́ к нему́.

Я подня́лся в мой пя́тый этáж. Я живу́ от хозя́ев, и у нас номерá.[5] Кóмната у меня́ бéдная и мáленькая, а окнó чердáчное, полукру́глое. У меня́ клеёнчатый дивáн, стол, на котóром кни́ги, два сту́ла и покóйное крéсло, стáрое-престáрое, но затó вольтéровское. Я сел, зажёг свéчку и стал ду́мать. Ря́дом, в другóй кóмнате, за перегорóдкой, продолжáлся содóм.[6] Он шёл у них ещё с трéтьего дня. Там жил отставнóй капитáн, а у негó бы́ли гóсти — человéк шесть стрю́цких,[7] пи́ли вóдку и игрáли в штос стáрыми кáртами. В прóшлую ночь былá дрáка, и я знáю, что двóе из них дóлго таскáли друг дру́га зá вóлосы. Хозя́йка хотéла жáловаться, но онá бои́тся капитáна ужáсно. Прóчих жильцóв у нас в номерáх всегó однá мáленькая рóстом и ху́денькая дáма, из полковы́х, приéзжая, с тремя́ мáленькими и заболéвшими ужé у нас в номерáх детьми́. И онá и дéти боя́тся капитáна до óбмороку и всю ночь трясу́тся и крéстятся, а с сáмым мáленьким ребёнком был от стрáху какóй-то припáдок. Э́тот капитáн, я навéрно знáю, останáвливает инóй раз прохóжих на Нéвском и прóсит на бéдность. На слу́жбу егó не принимáют, но, стрáнное дéло (я ведь к тому́[8] и расскáзываю это), капитáн во весь мéсяц, с тех пор как живёт у нас, не возбуди́л во мне никакóй досáды. От знакóмства я, конéчно, уклони́лся с сáмого начáла, да ему́ и самому́ ску́чно со мной стáло с пéрвого же рáзу, но скóлько бы они́ ни кричáли за своéй перегорóдкой и скóлько бы их там ни́ было, — мне всегдá всё равнó. Я сижу́ всю ночь и, прáво, их не слы́шу, — до тогó о них забывáю. Я ведь кáждую ночь не сплю до сáмого рассвéта, и вот ужé э́так год. Я проси́живаю всю ночь у

[5] I rent from my landlord, and we live in rented rooms.

[6] uproar, row

[7] drunkard, person of ill repute, derelict. Dostoevsky defines this word in *Дневни́к писáтеля*, November, 1877.

[8] a propos of this

стола́ в кре́слах и ничего́ не де́лаю. Кни́ги чита́ю я то́лько днём. Сижу́ и да́же не ду́маю, а так, каки́е-то мы́сли бро́дят, а я их пуска́ю на во́лю. Све́чка сгора́ет в ночь вся. Я сел у стола́ ти́хо, вы́нул револьве́р и положи́л перед собо́ю. Когда́ я его́ положи́л, то, помню́, спроси́л себя́: «Та́к ли?», и соверше́нно утверди́тельно отве́тил себе́: «Так». То́ есть застрелю́сь. Я знал, что уж в э́ту ночь застрелю́сь наве́рно, но ско́лько ещё просижу́ до тех пор за столо́м — э́того не знал. И уж коне́чно бы застрели́лся, е́сли б не та де́вочка.

II

Ви́дите ли: хоть мне и бы́ло всё равно́, но ведь боль-то я, наприме́р, чу́вствовал. Уда́рь меня́ кто, и я бы почу́вствовал боль. Так то́чно и в нра́вственном отноше́нии: случи́сь что́-нибудь о́чень жа́лкое, то почу́вствовал бы жа́лость, так же как и тогда́, когда́ мне бы́ло ещё в жи́зни не всё равно́. Я и почу́вствовал жа́лость да́веча: уж ребёнку-то я бы непреме́нно помо́г. Почему́ ж я не помо́г де́вочке? А из одно́й яви́вшейся тогда́ иде́и: когда́ она дёргала и звала́ меня́, то вдруг возни́к тогда́ пе́редо мной вопро́с, и я не мог разреши́ть его́. Вопро́с был пра́здный, но я рассерди́лся. Рассерди́лся всле́дствие того́ вы́вода, что е́сли я уже́ реши́л, что в ны́нешнюю ночь с собо́й поко́нчу, то, ста́ло быть,[9] мне всё на све́те должно́ было стать тепе́рь, бо́лее чем когда́-нибудь, всё равно́. Отчего́ же я вдруг почу́вствовал, что мне не всё равно́, и я жале́ю де́вочку? Я по́мню, что я её о́чень пожале́л; до како́й-то да́же стра́нной бо́ли, и совсе́м даже невероя́тной в моём положе́нии. Пра́во, я не уме́ю лу́чше переда́ть э́того тогда́шнего моего́ мимолётного ощуще́ния, но ощуще́ние продолжа́лось и до́ма, когда́ уже́ я засе́л за столо́м, и я о́чень был раздражён, как давно́ уже́ не́ был. Рассужде́ние текло́ за рассужде́нием. Представля́лось я́сным, что е́сли я челове́к, и ещё не нуль, и пока́ не обрати́лся в нуль, то живу́, а сле́дственно, могу́ страда́ть, серди́ться и ощуща́ть стыд за свои́ посту́пки. Пусть. Но ведь е́сли я убью́ себя́, наприме́р, че́рез два часа́, то что мне де́вочка и како́е мне тогда́ де́ло и до стыда́ и до всего́ на све́те? Я обраща́юсь в нуль, в нуль абсолю́тный. И неуже́ли созна́ние о том, что я сейча́с *соверше́нно* не бу́ду существова́ть, а ста́ло быть, и ничто́ не бу́дет существова́ть, не могло́ име́ть ни мале́йшего влия́ния ни на чу́вство жа́лости к де́вочке, ни на чу́вство стыда́ после сде́ланной по́длости?

[9] it follows

Ведь я потому́-то и зато́пал и закрича́л ди́ким го́лосом на несча́стного ребёнка, что, «де́скать, не то́лько вот не чу́вствую жа́лости, но е́сли и бесчелове́чную по́длость сде́лаю, то тепе́рь могу́, потому́ что че́рез два часа́ всё уга́снет». Ве́рите ли, что потому́ закрича́л? я тепе́рь почти́ убеждён в э́том. Я́сным представля́лось, что жизнь и мир тепе́рь как бы от меня́ зави́сят. Мо́жно сказа́ть да́же так, что мир тепе́рь как бы для меня́ одного́ и сде́лан: застрелю́сь я, и ми́ра не бу́дет, по кра́йней ме́ре для меня́. Не говоря́ уже́ о том, что, мо́жет быть, и действи́тельно ни для кого́ ничего́ не бу́дет по́сле меня́, и весь мир, то́лько лишь уга́снет моё созна́ние, уга́снет то́тчас, как при́зрак, как принадле́жность лишь одного́ моего́ созна́ния, и упраздни́тся, и́бо, мо́жет быть, весь э́тот мир и все э́ти лю́ди — я-то сам оди́н и есть. По́мню, что, си́дя и рассужда́я, я обёртывал все э́ти но́вые вопро́сы, тесни́вшиеся оди́н за други́м, совсе́м да́же в другу́ю сто́рону и выду́мывал совсе́м уж но́вое. Наприме́р, мне вдруг предста́вилось одно́ стра́нное соображе́ние, что е́сли б я жил пре́жде на луне́, и́ли на Ма́рсе, и сде́лал бы там како́й-нибудь са́мый сра́мный и бесче́стный посту́пок, како́й то́лько мо́жно себе́ предста́вить, и был там за него́ пору́ган и обесче́щен так, как то́лько мо́жно ощути́ть и предста́вить лишь ра́зве иногда́ во сне, в кошма́ре, и если б, очути́вшись пото́м на земле́, я продолжа́л бы сохраня́ть созна́ние о том, что сде́лал на друго́й плане́те, и, кро́ме того́, знал бы, что уже́ туда́ ни за что и никогда́ не возвращу́сь, то, смотря́ с земли́ на луну́, — бы́ло бы мне *всё равно́* или нет? Ощуща́л ли бы я за тот посту́пок стыд и́ли нет? Вопро́сы бы́ли пра́здные и ли́шние, так как револьве́р лежа́л уже́ передо мно́ю, и я всем существо́м мои́м знал, что *э́то* бу́дет наве́рно, но они́ горячи́ли меня́, и я беси́лся. Я как бы уже́ не мог умере́ть тепе́рь, чего́-то не разреши́в предвари́тельно. Одни́м сло́вом, э́та де́вочка спасла́ меня́, потому́ что я вопро́сами отдали́л вы́стрел. У капита́на же ме́жду тем ста́ло то́же всё утиха́ть: они́ ко́нчили в ка́рты, устра́ивались спать, а пока́ ворча́ли и лени́во дору́гивались. Вот ту́т-то я вдруг и засну́л, чего́ никогда́ со мной не случа́лось пре́жде, за сто- ло́м в кре́слах. Я засну́л соверше́нно мне неприме́тно. Сны, как изве́стно, чрезвыча́йно стра́нная вещь: одно́ представля́ется с ужаса́ющею я́сностью, с ювели́рски ме́лочною отде́лкой подро́бностей, а че́рез друго́е переска́киваешь, как бы не замеча́я во́все, наприме́р через простра́нство и вре́мя. Сны, ка́жется, стреми́т не рассу́док, а жела́ние, не голова́, а се́рдце, а между тем каки́е хитре́йшие ве́щи проде́лывал иногда́ мой рассу́док во сне! Между тем с ним происхо́дят во сне ве́щи совсе́м непостижи́мые. Мой брат, наприме́р, у́мер пять лет наза́д. Я иногда́ его ви́жу во сне: он принима́ет уча́стие в мои́х дела́х, мы о́чень заинтересо́ваны, а между тем я ведь вполне́, во всё продолже́ние сна, зна́ю и по́мню, что брат мой по́мер и схоро́нен. Как же я не дивлю́сь тому́, что он хоть и мёртвый, а всё-таки тут по́дле меня́ и со мной хлопо́чет? Почему́ ра́зум мой соверше́нно допуска́ет всё э́то? Но дово́льно. Приступа́ю к сну моему́. Да, мне присни́лся тогда́ э́тот сон, мой сон тре́тьего ноября́! Они́ дра́знят меня́ тепе́рь тем, что ведь это́ был то́лько сон. Но неуже́ли не всё равно́, сон и́ли нет, е́сли сон э́тот возвести́л мне И́стину? Ведь е́сли раз узна́л и́стину и уви́дел её, то ведь зна́ешь, что она́ и́стина и друго́й нет и не мо́жет быть, спи́те вы и́ли живёте. Ну и пусть сон, и пусть, но э́ту жизнь, кото́рую вы так превозно́сите, я хоте́л погаси́ть самоуби́йством, а сон мой, сон мой, — о, он возвести́л мне но́вую, вели́кую, обновлённую, си́льную жизнь!

Слу́шайте.

III

Я сказа́л, что засну́л незаме́тно и да́же как бы продолжа́я рассужда́ть о тех же мате́риях. Вдруг присни́лось мне, что я беру́ револьве́р и, си́дя, наставля́ю его́ пря́мо в се́рдце, — в се́рдце, а не в го́лову; я же положи́л пре́жде непреме́нно застрели́ться в го́лову, и и́менно в пра́вый висо́к. Наста́вив в грудь, я подожда́л секу́нду или две, и све́чка моя́, стол и стена́ передо мно́ю вдруг задви́гались и заколыха́лись. Я поскоре́е вы́стрелил.

Во сне вы па́даете иногда́ с высоты́, и́ли ре́жут вас, или бьют, но вы никогда́ не чу́вствуете бо́ли, кро́ме ра́зве е́сли са́ми ка́к-нибудь действи́тельно ушибётесь в крова́ти, тут вы почу́вствуете боль и всегда́ почти́ от бо́ли проснётесь. Так и во сне моём: бо́ли я не почу́вствовал, но мне предста́вилось, что с вы́стрелом мои́м всё во мне сотрясло́сь и всё вдруг поту́хло, и ста́ло круго́м меня́ ужа́сно черно́. Я как бу́дто осле́п и онеме́л, и вот я лежу́ на чём-то твёрдом, протя́нутый, на́взничь, ничего́ не ви́жу и не могу́ сде́лать ни мале́йшего движе́ния. Круго́м хо́дят и крича́т, баси́т капита́н, визжи́т хозя́йка, — и вдруг опя́ть переры́в, и вот уже́ меня́ несу́т в закры́том гро́бе. И я чу́вствую, как колыха́ется гроб, и рассужда́ю об э́том, и вдруг меня́ в пе́рвый раз поража́ет иде́я, что ведь я у́мер, совсе́м у́мер, зна́ю э́то и не сомнева́юсь, не ви́жу и не дви́жусь, а между тем чу́вствую и рассужда́ю. Но я ско́ро мирю́сь с э́тим и по обыкнове́нию, как во сне, принима́ю действи́тельность без спо́ру.

И вот меня́ зарыва́ют в зе́млю. Все ухо́дят, я оди́н, соверше́нно оди́н. Я не дви́жусь. Всегда́, когда́ я пре́жде наяву́ представля́л себе́, как меня́ похоро́нят в моги́ле, то со́бственно с моги́лой соединя́л лишь одно́ ощуще́ние сы́рости и хо́лода. Так и тепе́рь я почу́вствовал, что мне о́чень хо́лодно, осо́бенно конца́м па́льцев на нога́х, но бо́льше ничего́ не почу́вствовал.

Я лежа́л и, стра́нно, — ничего́ не ждал, без спо́ру принима́я, что мёртвому ждать не́чего. Но бы́ло сы́ро. Не зна́ю, ско́лько прошло́ вре́мени, — час, или не́сколько дней, или мно́го дней. Но вот вдруг на ле́вый закры́тый глаз мой упа́ла просочи́вшаяся через кры́шу гро́ба ка́пля воды́, за ней через мину́ту друга́я, зате́м через мину́ту тре́тья, и так да́лее и так да́лее, всё через мину́ту. Глубо́кое негодова́ние загоре́лось вдруг в се́рдце моём, и вдруг я почу́вствовал в нём физи́ческую боль. «Э́то ра́на моя́, — поду́мал я, — это вы́стрел, там пу́ля . . .» А ка́пля всё ка́пала, ка́ждую мину́ту и пря́мо на закры́тый мой глаз. И я вдруг воззва́л, не го́лосом, ибо был недви́жим, но всем существо́м мои́м к власти́телю всего́ того́, что соверша́лось со мно́ю:

— Кто бы ты ни́ был, но е́сли ты есть, и е́сли существу́ет что́-нибудь разу́мнее того́, что тепе́рь соверша́ется, то дозво́ль ему́ быть и здесь. Е́сли же ты мстишь мне за неразу́мное самоуби́йство моё безобра́зием и неле́постью дальне́йшего бытия́, то знай, что никогда́ и никако́му муче́нию, како́е бы ни пости́гло меня́, не сравни́ться с тем презре́нием, кото́рое я бу́ду мо́лча ощуща́ть, хотя́ бы в продолже́ние миллио́нов лет му́ченичества! . . .

Я воззва́л и смолк. Це́лую почти́ мину́ту продолжа́лось глубо́кое молча́ние, и да́же ещё одна́ ка́пля упа́ла, но я знал, я беспреде́льно и неруши́мо знал и ве́рил, что непреме́нно сейча́с всё изме́нится. И вот вдруг разве́рзлась моги́ла моя́. То есть я не зна́ю, была́ ли она́ раскры́та и раско́пана, но я был взят каки́м-то тёмным и неизве́стным мне существо́м, и мы очути́лись в простра́нстве. Я вдруг прозре́л: была́ глубо́кая ночь, и никогда́, никогда́ ещё не́ было тако́й темноты́! Мы несли́сь в простра́нстве уже́ далеко́ от земли́. Я не спра́шивал того́, кото́рый нёс меня́, ни о чём, я ждал и был горд. Я уверя́л себя́, что не бою́сь, и замира́л от восхище́ния при мы́сли, что не бою́сь. Я не по́мню, ско́лько вре́мени мы несли́сь, и не могу́ предста́вить: соверша́лось всё так, как всегда́ во сне, когда́ переска́киваешь через простра́нство и вре́мя и через зако́ны бытия́ и рассу́дка, и остана́вливаешься лишь на то́чках, о кото́рых гре́зит се́рдце. Я по́мню, что вдруг увида́л в темноте́ одну́ звёздочку. «Э́то Си́риус?» — спроси́л я, вдруг не удержа́вшись, и́бо я не хоте́л ни о чём спра́шивать. «Нет, э́то та са́мая звезда́, кото́рую ты ви́дел ме́жду облака́ми, возвраща́ясь домо́й», — отвеча́ло мне существо́, уноси́вшее меня́. Я знал, что оно́ име́ло как бы лик челове́ческий. Стра́нное де́ло, я не люби́л э́то существо́, да́же чу́вствовал глубо́кое отвраще́ние. Я ждал соверше́нного небытия́ и с тем вы́стрелил себе́ в се́рдце. И вот я в рука́х существа́, коне́чно не челове́ческого, но кото́рое *есть*, существу́ет: «А, ста́ло быть, есть и за гро́бом жизнь!» — поду́мал я с стра́нным легкомы́слием сна, но су́щность се́рдца моего́ остава́лась со мно́ю во всей глубине́: «И е́сли на́до *быть* сно́ва, — поду́мал я, — и жить опя́ть по чьей-то неустрани́мой во́ле, то не хочу́, чтоб меня́ победи́ли и уни́зили!» — «Ты зна́ешь, что я бою́сь тебя́, и за то презира́ешь меня́», — сказа́л я вдруг моему́ спу́тнику, не удержа́вшись от унизи́тельного вопро́са, в кото́ром заключа́лось призна́ние, и ощути́в, как уко́л була́вки, в се́рдце моём униже́ние моё. Он не отве́тил на вопро́с мой, но я вдруг почу́вствовал, что меня́ не презира́ют и на́до мной не смею́тся, и да́же не сожале́ют меня́ и что путь наш име́ет цель неизве́стную и таи́нственную и каса́ющуюся одного́ меня. Страх нараста́л в моём се́рдце. Что́-то не́мо, но с муче́нием сообща́лось мне от моего́ молча́щего спу́тника и как бы проница́ло меня́. Мы несли́сь в тёмных и неве́домых простра́нствах. Я давно́ уже́ переста́л ви́деть знако́мые гла́зу созве́здия. Я знал, что есть таки́е звёзды в небе́сных простра́нствах, от кото́рых лучи́ дохо́дят на зе́млю лишь в ты́сячи и миллио́ны лет. Мо́жет быть, мы уже́ пролета́ли э́ти простра́нства. Я ждал чего́-то в стра́шной, изму́чившей моё се́рдце тоске́. И вдруг како́е-то знако́мое и в вы́сшей сте́пени зову́щее чу́вство сотрясло́ меня́: я уви́дел вдруг на́ше со́лнце! Я знал, что э́то не могло́ быть *наше* со́лнце, породи́вшее *на́шу* зе́млю, и что мы от на́шего со́лнца на бесконе́чном расстоя́нии, но я узна́л почему́-то, всем существо́м мои́м, что э́то соверше́нно тако́е же со́лнце, как и на́ше, повторе́ние его́ и двойни́к его́. Сла́дкое, зову́щее чу́вство зазвуча́ло восто́ргом в душе́ мое́й: родна́я си́ла све́та, того́ же, кото́рый роди́л меня́, отозвала́сь в моём се́рдце и воскреси́ла его́, и я ощути́л жизнь, пре́жнюю жизнь, в пе́рвый раз по́сле мое́й моги́лы.

— Но е́сли э́то — со́лнце, е́сли э́то соверше́нно тако́е же со́лнце, как на́ше, — вскрича́л я, — то где же земля́? — И мой спу́тник указа́л мне на звёздочку, сверка́вшую в темноте́ изумру́дным бле́ском. Мы несли́сь пря́мо к ней.

— И неуже́ли возмо́жны таки́е повторе́ния во вселе́нной, неуже́ли тако́в приро́дный зако́н? . . . И е́сли э́то там земля́, то неуже́ли она́ така́я же земля́, как и на́ша . . . соверше́нно така́я же, несча́стная, бе́дная, но дорога́я и ве́чно люби́мая, и таку́ю же мучи́тельную любо́вь рожда́ющая к себе́ в са́мых неблагода́рных да́же де́тях свои́х, как и на́ша? . . . — вскри́кивал я, сотряса́ясь от неудержи́мой, восто́рженной любви́ к той родно́й пре́жней земле́, кото́рую я поки́нул. О́браз бе́дной де́вочки, кото́рую я оби́дел, промелькну́л передо мно́ю.

— Уви́дишь всё, — отве́тил мой спу́тник, и кака́я-то печа́ль послы́шалась в его́ сло́ве. Но мы бы́стро приближа́лись к плане́те. Она́ росла́ в глаза́х мои́х, я уже́ различа́л оке́ан, очерта́ния Евро́пы, и вдруг стра́нное чу́вство како́й-то вели́кой, свято́й ре́вности возгоре́лось в се́рдце моём: «Как мо́жет быть подо́бное повторе́ние и для чего́? Я люблю́, я могу́ люби́ть лишь ту зе́млю, кото́рую я оста́вил, на кото́рой оста́лись бры́зги кро́ви моеи́, когда́ я, неблагода́рный, вы́стрелом в се́рдце моё погаси́л мою́ жизнь. Но никогда́, никогда́ не перестава́л я люби́ть ту зе́млю, и да́же в ту ночь, расстава́ясь с ней, я, мо́жет быть, люби́л её мучи́тельнее, чем когда́-либо. Есть ли муче́ние на э́той но́вой земле́? На на́шей земле́ мы и́стинно мо́жем люби́ть лишь с муче́нием и то́лько через муче́ние! Мы и́наче не уме́ем люби́ть и не зна́ем ино́й любви́. Я хочу́ муче́ния, чтоб люби́ть. Я хочу́, я жа́жду, в сию́ мину́ту, целова́ть, облива́ясь слеза́ми лишь одну́ ту зе́млю, кото́рую я оста́вил, и не хочу́, не принима́ю жи́зни ни на како́й ино́й! . . .»

Но спу́тник мой уже́ оста́вил меня́. Я вдруг, совсе́м как бы для меня́ незаме́тно, стал на э́той друго́й земле́ в я́рком све́те со́лнечного, преле́стного, как рай, дня. Я стоя́л, ка́жется, на одно́м из тех острово́в, кото́рые составля́ют на на́шей земле́ гре́ческий Архипела́г, и́ли где́-нибудь на прибре́жье материка́, прилега́ющего к э́тому Архипела́гу. О, всё бы́ло то́чно так же, как у нас, но, каза́лось, всю́ду сия́ло каки́м-то пра́здником и вели́ким, святы́м и дости́гнутым, наконе́ц, торжество́м. Ла́сковое изумру́дное мо́ре ти́хо плеска́ло о берега́ и лобыза́ло их с любо́вью, я́вной, ви́димой, почти́ созна́тельной. Высо́кие, прекра́сные дере́вья стоя́ли во всей ро́скоши своего́ цве́та, а бесчи́сленные листо́чки их, я убеждён в том, приве́тствовали меня́ ти́хим, ла́сковым свои́м шу́мом, и как бы выгова́ривали каки́е-то слова́ любви́. Мурава́ горе́ла я́ркими арома́тными цвета́ми. Пти́чки стада́ми перелета́ли в во́здухе и, не боя́сь меня́, сади́лись мне на́ плечи и на́ руки и ра́достно би́ли меня́ свои́ми ми́лыми, тре́петными кры́лышками. И, наконе́ц, я уви́дел и узна́л люде́й счастли́вой земли́ э́той. Они́ пришли́ ко мне са́ми, они́ окружи́ли меня́, целова́ли меня́. Де́ти со́лнца, де́ти своего́ со́лнца, — о, как они́ бы́ли прекра́сны! Никогда́ я не ви́дывал на на́шей земле́ тако́й красоты́ в челове́ке. Ра́зве лишь в де́тях на́ших, в са́мые пе́рвые го́ды их во́зраста, мо́жно бы бы́ло найти́ отдалённый, хотя́ и сла́бый о́тблеск красоты́ э́той. Глаза́ э́тих счастли́вых люде́й сверка́ли я́сным бле́ском. Ли́ца их сия́ли ра́зумом и каки́м-то воспо́лнившимся уже́ до споко́йствия созна́нием, но ли́ца э́ти бы́ли ве́селы; в слова́х и голоса́х э́тих люде́й звуча́ла де́тская ра́дость. О, я то́тчас же, при пе́рвом взгля́де на их ли́ца, по́нял всё, всё! Э́то была́ земля́, не осквернённая грехопаде́нием, на ней жи́ли лю́ди не согреши́вшие, жи́ли в тако́м же раю́, в како́м жи́ли по преда́ниям всего́ челове́чества, и на́ши согреши́вшие прароди́тели, с то́ю то́лько ра́зницею, что вся земля́ здесь была́ повсю́ду одни́м и тем же ра́ем. Э́ти лю́ди, ра́достно смея́сь, тесни́лись ко мне и ласка́ли меня́; они́ увели́ меня́ к себе́, и вся́кому из них хоте́лось успоко́ить меня́. О, они́ не расспра́шивали меня́ ни о чём, но как бы всё уже́ зна́ли, так мне каза́лось, и им хоте́лось согна́ть поскоре́е страда́ние с лица́ моего́.

IV

Ви́дите ли что, опя́ть-таки́: ну, пусть э́то был то́лько сон! Но ощуще́ние любви́ э́тих неви́нных и прекра́сных люде́й оста́лось во мне наве́ки, и я чу́вствую, что их любо́вь излива́ется на меня́ и тепе́рь отту́да. Я ви́дел их сам, их позна́л и убеди́лся, я лю́бил их, я стра́дал за них пото́м. О, я то́тчас же по́нял, да́же тогда́, что во мно́гом не пойму́ их во́все; мне, как совреме́нному ру́сскому прогресси́сту и гну́сному петербу́ржцу, каза́лось неразреши́мым то, наприме́р, что они́, зна́я столь мно́го, не име́ют на́шей нау́ки. Но я ско́ро по́нял, что зна́ние их восполня́лось и пита́лось ины́ми проникнове́ниями, чем у нас на земле́, и что стремле́ния их бы́ли то́же совсе́м ины́е. Они́ не жела́ли ничего́ и бы́ли споко́йны, они́ не стреми́лись к позна́нию жи́зни так, как мы стреми́мся созна́ть её, потому́ что жизнь их была́ воспо́лнена. Но зна́ние их бы́ло глу́бже и вы́сшее, чем у на́шей нау́ки; и́бо нау́ка на́ша и́щет объясни́ть, что тако́е жизнь, сама́ стреми́тся созна́ть её, чтоб научи́ть други́х жить; они́ же и без нау́ки зна́ли, как им жить, и э́то я по́нял, но я не мог поня́ть их зна́ния. Они́ ука́зывали мне на дере́вья свои́, и я не мог поня́ть той сте́пени любви́, с кото́рою они́ смотре́ли на них: то́чно они говори́ли с себе́ подо́бными существа́ми. И зна́ете, мо́жет быть я не ошибу́сь, е́сли скажу́, что они́ говори́ли с ни́ми! Да, они́ нашли́ их язы́к, и убеждён, что те понима́ли их. Так смотре́ли они́ и на всю приро́ду — на живо́тных, кото́рые жи́ли с ни́ми ми́рно, не напада́ли на них и люби́ли их, побеждённые их же любо́вью. Они́ ука́зывали мне на звёзды и говори́ли о них со мно́ю о чём-то, чего́ я не мог поня́ть, но я убеждён, что они́ как бы че́м-то соприкаса́лись с небе́сными звёздами, не мы́слью то́лько, а каки́м-то живы́м путём. О, э́ти лю́ди и не добива́лись, чтоб я понима́л их, они́ люби́ли меня́ и без того́, но зато́ я знал, что и они́ никогда́ не пойму́т меня́, а потому́ почти́ и не говори́л им о на́шей земле́. Я лишь целова́л при них ту зе́млю, на кото́рой они́ жи́ли, и без слов обожа́л их сами́х, и они́ ви́дели э́то и дава́ли себя обожа́ть, не стыдя́сь, что я их обожа́ю, потому́ что мно́го люби́ли са́ми. Они́ не страда́ли за меня́, когда́ я, в слеза́х, поро́ю целова́л их но́ги, ра́достно зна́я в се́рдце своём, како́ю си́лой любви́ они́ мне отве́тят. Поро́ю я спра́шивал себя́ в удивле́нии: как могли́ они́, всё вре́мя, не оскорби́ть тако́го, как я, и ни ра́зу не возбуди́ть в тако́м, как я, чу́вства ре́вности и за́висти? Мно́го раз я спра́шивал себя́, как мог я, хвасту́н и лжец, не говори́ть им о мои́х позна́ниях, о кото́рых, коне́чно, они́ не име́ли поня́тия, не жела́ть удиви́ть их и́ми, и́ли хотя́ бы то́лько из любви́ к ним? Они́ бы́ли ре́звы и ве́селы, как де́ти. Они́ блужда́ли по свои́м прекра́сным ро́щам и леса́м, они́ пе́ли свои́ прекра́сные пе́сни, они́ пита́лись лёгкою пи́щею, плода́ми свои́х дере́вьев, мёдом лесо́в свои́х и молоко́м их люби́вших живо́тных. Для пи́щи и для оде́жды свое́й они́ труди́лись лишь немно́го и слегка́. У них была́ любо́вь и рожда́лись де́ти, но никогда́ я не замеча́л в них поры́вов того́ *жесто́кого* сладостра́стия, кото́рое постига́ет почти́ всех на на́щей земле́, всех и вся́кого, и слу́жит еди́нственным исто́чником почти́ всех грехо́в на́шего челове́чества. Они́ ра́довались явля́вшимся у них де́тям, как но́вым уча́стникам в их блаже́нстве. Ме́жду ни́ми не́ было ссор и не́ было ре́вности, и они́ не понима́ли да́же, что э́то зна́чит. Их де́ти бы́ли детьми́ всех, потому́ что все составля́ли одну́ семью́. У них почти́ совсе́м не́ было боле́зней, хотя́ и была́ смерть; но старики́ их умира́ли ти́хо, как бы засыпа́я, окружённые проща́вшимися с ни́ми людьми́, благословля́я их, улыба́ясь им и са́ми напу́тствуемые их све́тлыми улы́бками. Ско́рби, слёз при э́том я не вида́л, а была́ лишь умно́жившаяся как бы до восто́рга любо́вь, но до восто́рга споко́йного, воспо́лнившегося, созерца́тельного. Поду́мать мо́жно бы́ло, что они́ соприкаса́лись ещё с уме́ршими свои́ми да́же и по́сле их сме́рти и что земно́е едине́ние между ни́ми не прерыва́лось сме́ртью. Они́ почти́ не понима́ли меня́, когда́ я спра́шивал их про ве́чную жизнь, но ви́димо бы́ли в ней до того́ убеждены́ безотчётно, что э́то не составля́ло для них вопро́са. У них не́ было хра́мов, но у них бы́ло како́е-то насу́щное, живо́е и беспреры́вное едине́ние с Це́лым вселе́нной; у них не́ было ве́ры, зато́ бы́ло твёрдое зна́ние, что когда́ воспо́лнится их земна́я ра́дость до преде́лов приро́ды земно́й, тогда́ насту́пит для них, и для живу́щих и для уме́рших, ещё бо́льшее расшире́ние соприкоснове́ния с Це́лым вселе́нной. Они́ жда́ли э́того мгнове́ния с ра́достью, но не торопя́сь, не страда́я по нём, а как бы уже́ име́я его́ в предчу́вствиях се́рдца своего́, о кото́рых они́ сообща́ли друг дру́гу. По вечера́м, отходя́ ко сну, они́ люби́ли составля́ть согла́сные и стро́йные хо́ры. В э́тих пе́снях они передава́ли все ощуще́ния, кото́рые доста́вил им отходя́щий день, сла́вили его́ и проща́лись с ним. Они́ сла́вили приро́ду, зе́млю, мо́ре, леса́. Они́ люби́ли слага́ть пе́сни друг о дру́ге и хвали́ли друг дру́га, как де́ти; э́то бы́ли са́мые просты́е пе́сни, но они́ вылива́лись из се́рдца и проница́ли сердца́. Да и не в пе́снях одни́х, а, каза́лось, и всю жизнь свою́ они́ проводи́ли лишь в том, что любова́лись друг дру́гом. Э́то была́ кака́я-то влюблённость друг в дру́га, всеце́лая, всео́бщая. Ины́х же их пе́сен, торже́ственных и восто́рженных, я почти́ не понима́л во́все. Понима́я слова́, я никогда́ не мог прони́кнуть во всё их значе́ние. Оно́ остава́лось как бы недосту́пно моему́ уму́, зато́ се́рдце моё как бы проника́лось им безотчётно и всё бо́лее и бо́лее. Я ча́сто говори́л им, что я всё э́то давно́ уже́ пре́жде предчу́вствовал, что вся э́та ра́дость и сла́ва ска́зывалась мне ещё на на́шей земле́ зову́щею тоско́ю, доходи́вшею подча́с до нестерпи́мой ско́рби; что я предчу́вствовал всех их и сла́ву их в снах моего́ се́рдца и в мечта́х ума́ моего́, что я ча́сто не мог смотре́ть, на земле́ на́шей, на заходя́щее со́лнце без слёз . . . Что в не́нависти мое́й к лю́дям на́шей земли́ заключа́лась всегда́ тоска́: заче́м я не могу́ ненави́деть их, не любя́ их, заче́м не могу́ не проща́ть их, а в любви́ мое́й к ним тоска́: заче́м не могу́ люби́ть их, не ненави́дя их? Они́ слу́шали меня́, и я ви́дел, что они́ не могли́ предста́вить себе́ то, что я говорю́, но я не жале́л, что им говори́л о том: я знал, что они́ понима́ют всю си́лу тоски́ мое́й о тех, кого́ я поки́нул. Да, когда́ они́ гляде́ли на меня́ свои́м ми́лым, прони́кнутым любо́вью взгля́дом, когда́ я чу́вствовал, что при них и моё се́рдце станови́лось столь же неви́нным и правди́вым, как и их сердца́, то и я не жале́л, что не понима́ю их. От ощуще́ния полноты́ жи́зни мне захва́тывало дух, и я мо́лча моли́лся на них.

О, все тепе́рь смею́тся мне в глаза́ и уверя́ют меня́, что и во сне нельзя́ ви́деть таки́е подро́бности, каки́е я передаю́ тепе́рь, что во сне моём я ви́дел или прочу́вствовал лишь одно́ ощуще́ние; порождённое мои́м же се́рдцем в бреду́, а подро́бности уже́ сам сочини́л, просну́вшись. И когда́ я откры́л им, что, мо́жет быть, в са́мом де́ле так бы́ло — Бо́же, како́й смех они́ по́дняли мне в глаза́ и како́е я им доста́вил весе́лье! О да, коне́чно, я был побеждён лишь одни́м ощуще́нием того́ сна, и оно́ то́лько одно́ уцеле́ло в до кро́ви ра́неном се́рдце моём: но зато́ действи́тельные о́бразы и фо́рмы сна моего́, то есть те, кото́рые я в са́мом де́ле ви́дел в са́мый час моего́ сновиде́ния, бы́ли воспо́лнены до тако́й гармо́нии, бы́ли до того́ обая́тельны и прекра́сны, и до того́ бы́ли и́стинны, что, просну́вшись, я, коне́чно, не в си́лах был воплоти́ть их в сла́бые слова́ на́ши, так что они́ должны́ бы́ли как бы стушева́ться в уме́ моём, а ста́ло быть, и действи́тельно, мо́жет быть, я сам, бессозна́тельно, принуждён был сочини́ть пото́м подро́бности и, уж коне́чно, искази́в их, осо́бенно при тако́м стра́стном жела́нии моём поскоре́е и хоть ско́лько-нибу́дь их переда́ть. Но зато́ как же мне не ве́рить, что всё это бы́ло? Бы́ло, мо́жет быть, в ты́сячу раз лу́чше, светле́е и ра́достнее, чем я расска́зываю? Пусть э́то сон, но всё э́то не могло́ не быть. Зна́ете ли, я скажу́ вам секре́т: всё это, быть мо́жет, бы́ло во́все не сон! И́бо тут случи́лось не́что тако́е, не́что до тако́го у́жаса и́стинное, что э́то не могло́ бы пригре́зиться во сне. Пусть сон мой породи́ло се́рдце моё, но ра́зве одно́ се́рдце моё в си́лах бы́ло породи́ть ту ужа́сную пра́вду, кото́рая пото́м случи́лась со мной? Как бы мог я её оди́н вы́думать или пригре́зить се́рдцем? Неуже́ли же ме́лкое се́рдце моё и капри́зный, ничто́жный ум мой могли́ возвы́ситься до тако́го открове́ния пра́вды! О, суди́те са́ми: я до сих пор скрыва́л, по тепе́рь доскажу́ и э́ту пра́вду. Де́ло в том, что я . . . развратйл их всех!

V

Да, да, ко́нчилось тем, что я разврати́л их всех! Как э́то могло́ соверши́ться — не зна́ю, но по́мню я́сно. Сон пролете́л через тысячеле́тия и оста́вил во мне лишь ощуще́ние це́лого. Зна́ю то́лько, что причи́ною грехопаде́ния был я. Как скве́рная трихи́на, как а́том чумы́, заража́ющий це́лые госуда́рства, так и я зарази́л собо́й всю э́ту счастли́вую, безгре́шную до меня́ зе́млю. Они́ научи́лись лгать и полюби́ли ложь и позна́ли красоту́ лжи. О, э́то, мо́жет быть, начало́сь *неви́нно*, с шу́тки, с коке́тства, с любо́вной игры́, в са́мом де́ле, мо́жет быть, с а́тома, но э́тот а́том лжи прони́к в их сердца́ и понра́вился им. Зате́м бы́стро роди́лось сладостра́стие, сладостра́стие породи́ло ре́вность, ре́вность — жесто́кость . . . О, не зна́ю, не по́мню, но ско́ро, о́чень ско́ро бры́знула пе́рвая кровь: они́ удиви́лись и ужасну́лись, и ста́ли расходи́ться, разъединя́ться. Яви́лись сою́зы, но уже́ друг про́тив дру́га. Начали́сь уко́ры, упрёки. Они́ узна́ли стыд и стыд возвели́ в доброде́тель. Родило́сь поня́тие о че́сти, и в ка́ждом сою́зе подняло́сь своё зна́мя. Они́ ста́ли му́чить живо́тных, и живо́тные удали́лись от них в леса́ и ста́ли им врага́ми. Начала́сь борьба́ за разъедине́ние, за обособле́ние, за ли́чность, за моё и твоё. Они́ ста́ли говори́ть на ра́зных языка́х. Они́ позна́ли скорбь и полюби́ли скорбь, они́ жа́ждали муче́ния и говори́ли, что и́стина достига́ется лишь муче́нием. Тогда́ у них яви́лась нау́ка. Когда́ они ста́ли злы, то на́чали говори́ть о бра́тстве и гума́нности и по́няли э́ти иде́и. Когда́ они́ ста́ли престу́пны, то изобрели́ справедли́вость и предписа́ли себе́ це́лые ко́дексы, чтоб сохрани́ть её, а для обеспече́ния ко́дексов поста́вили гильоти́ну. Они́ чуть-чуть лишь по́мнили о том, что потеря́ли, да́же не хоте́ли ве́рить тому́, что бы́ли когда́-то неви́нны и сча́стливы. Они́ смея́лись да́же над возмо́жностью э́того пре́жнего их сча́стья и называ́ли его́ мечто́й. Они́ не могли́ да́же предста́вить его́ себе́ в фо́рмах и о́бразах, но стра́нное и чуде́сное де́ло: утра́тив вся́кую ве́ру в бы́вшее сча́стье, назва́в его́ ска́зкой, они́ до того́ захоте́ли быть неви́нными и счастли́выми вновь, опя́ть, что па́ли перед жела́ниями се́рдца своего́, как де́ти, обоготвори́ли э́то жела́ние, настро́или хра́мов и ста́ли моли́ться свое́й же иде́е, своему́ же «жела́нию», в то же вре́мя вполне́ ве́руя в неисполни́мость и неосуществи́мость его́, но со слеза́ми обожа́я его́ и поклоня́ясь ему́. И, одна́ко, е́сли б то́лько могло́ так случи́ться, чтоб они возврати́лись в то неви́нное и счастли́вое состоя́ние, кото́рое они́ утра́тили, и е́сли б кто вдруг им показа́л его́ вновь и спроси́л их: хотя́т ли они́ возврати́ться к нему́? — то они́ наве́рно бы отказа́лись. Они́ отвеча́ли мне: «Пусть мы лжи́вы, злы и несправедли́вы, мы *зна́ем* э́то и пла́чем об э́том, и му́чим себя́ за э́то са́ми, и истяза́ем себя́ и нака́зываем бо́льше, чем да́же, мо́жет быть, тот милосе́рдый Судья́, кото́рый бу́дет суди́ть нас и и́мени кото́рого мы не зна́ем. Но у нас есть нау́ка, и через неё мы оты́щем вновь и́стину, но при́мем её уже́ созна́тельно, зна́ние вы́ше чу́вства, созна́ние жи́зни — вы́ше жи́зни. Нау́ка даст нам прему́дрость, прему́дрость откро́ет зако́ны, а зна́ние зако́нов сча́стья — вы́ше сча́стья». Вот что говори́ли они́, и по́сле слов таки́х ка́ждый возлюби́л себя́ бо́льше всех, да и не могли́ они и́наче сде́лать. Ка́ждый стал столь ревни́в к свое́й ли́чности, что изо всех сил стара́лся лишь уни́зить и умали́ть её в други́х, и в том жизнь свою́ полага́л. Яви́лось ра́бство, яви́лось да́же доброво́льное ра́бство: сла́бые подчиня́лись охо́тно сильне́йшим, с тем то́лько, чтоб те помога́ли им дави́ть ещё слабе́йших, чем они́ са́ми. Яви́лись пра́ведники, кото́рые приходи́ли к э́тим лю́дям со слеза́ми и говори́ли им об их го́рдости, о поте́ре ме́ры и гармо́нии, об утра́те и́ми стыда́. Над ни́ми смея́лись и́ли побива́ли их каме́ньями. Свята́я кровь лила́сь на поро́гах хра́мов. Зато́ ста́ли появля́ться лю́ди, кото́рые на́чали приду́мывать: как бы всем вновь так соедини́ться, чтобы ка́ждому, не перестава́я люби́ть себя́ бо́льше всех, в то же вре́мя не меша́ть никому́ друго́му, и жить таки́м о́бразом всем вме́сте как бы и в согла́сном о́бществе. Це́лые во́йны подняли́сь из-за э́той иде́и. Все вою́ющие твёрдо ве́рили в то же вре́мя, что нау́ка, прему́дрость и чу́вство самосохране́ния заста́вят, наконе́ц, челове́ка соедини́ться в согла́сное и разу́мное о́бщество, а потому́ пока́, для ускоре́ния де́ла, «прему́дрые» стара́лись поскоре́е истреби́ть всех «непрему́дрых» и не понима́ющих их иде́ю, чтоб они́ не меша́ли торжеству́ её. Но чу́вство самосохране́ния ста́ло бы́стро ослабева́ть, яви́лись гордецы́ и сладостра́стники, кото́рые пря́мо потре́бовали всего́ иль ничего́. Для приобрете́ния всего́ прибега́лось к злоде́йству, а е́сли оно́ не удава́лось — к самоуби́йству. Яви́лись рели́гии с ку́льтом небытия́ и саморазруше́ния ра́ди ве́чного успокое́ния в ничто́жестве. Наконе́ц э́ти лю́ди уста́ли в бессмы́сленном труде́, и на них ли́цах появи́лось страда́ние, и э́ти лю́ди провозгласи́ли, что страда́ние есть красота́, и́бо в страда́нии лишь мысль. Они́ воспе́ли страда́ние в пе́снях свои́х. Я ходи́л между ни́ми, лома́я ру́ки, и пла́кал над ни́ми, но люби́л их, мо́жет быть, ещё бо́льше, чем пре́жде, когда́ на ли́цах их ещё не бы́ло страда́ния и когда́ они́ бы́ли неви́нны и столь прекра́сны. Я полюби́л их осквернённую и́ми зе́млю ещё бо́льше, чем когда́ она́ была́ ра́ем, за то лишь, что на ней яви́лось го́ре. Увы́, я всегда́ люби́л го́ре и скорбь, но лишь для себя́, для себя́, а об них я пла́кал, жале́я их. Я простира́л к ним ру́ки, в отча́янии обвиня́я, проклина́я и презира́я себя́. Я говори́л им, что всё э́то сде́лал я, я оди́н; что э́то я им принёс развра́т, зара́зу и ложь! Я умоля́л их, чтоб они́ распя́ли меня́ на кресте́, я учи́л их, как сде́лать крест. Я не мог, не в си́лах был уби́ть себя́ сам, но я хоте́л приня́ть от них му́ки, я жа́ждал мук, жа́ждал, чтоб в э́тих му́ках пролита́ была́ моя́ кровь до ка́пли. Но они́ лишь смея́лись на́до мной и ста́ли меня́ счита́ть под коне́ц за юро́дивого. Они́ опра́вдывали меня́, они́ говори́ли, что получи́ли лишь то, чего́ са́ми жела́ли, и что всё то, что есть тепе́рь, не могло́ не быть. Наконе́ц, они объяви́ли мне, что я становлю́сь им опа́сен и что они́ поса́дят меня́ в сумасше́дший дом, е́сли я не замолчу́. Тогда́ скорбь вошла́ в мою́ ду́шу с тако́ю си́лой, что се́рдце моё стесни́лось, и я почу́вствовал, что умру́, и тут . . . ну вот тут я и проснýлся.

Бы́ло уже́ у́тро, то есть ещё не рассвело́, но бы́ло о́коло шесто́го ча́су. Я очну́лся в тех же кре́слах, све́чка моя́ догоре́ла вся, у капита́на спа́ли, и круго́м была́ ре́дкая в на́шей кварти́ре тишина́. Пе́рвым де́лом я вскочи́л в чрезвыча́йном удивле́нии; никогда́ со мной не случа́лось ничего́ подо́бного, даже до пустяко́в и мелоче́й:[10] никогда́ ещё не засыпа́л я, наприме́р, так в мои́х кре́слах. Тут вдруг, пока́ я стоя́л и приходи́л в себя́, — вдруг мелькну́л пе́редо мной мой револьве́р, гото́вый, заряжённый, — но я в о́дин миг оттолкну́л его́ от себя́! О, тепе́рь жи́зни и жи́зни! Я по́днял ру́ки и воззва́л к ве́чной и́стине; не воззва́л, а запла́кал; восто́рг, неизмери́мый восто́рг поднима́л всё существо́ моё. Да, жизнь и — про́поведь! О про́поведи я пореши́л в ту же мину́ту и уж, коне́чно, на всю жизнь! Я иду́ пропове́довать, я хочу́ пропове́довать, — что? Исти́ну, и́бо я ви́дел её, ви́дел свои́ми глаза́ми, ви́дел всю её сла́ву!

[10] even as to trifling details

И вот с тех пор я и пропове́дую! Кро́ме того́ — люблю́ всех, кото́рые на́до мной смею́тся, бо́льше всех остальны́х. Почему́ это так — не зна́ю и не могу́ объясни́ть, но пусть так и бу́дет. Они́ говоря́т, что я уж и тепе́рь сбива́юсь, то есть коль уж и тепе́рь сби́лся так, что ж да́льше-то бу́дет? Пра́вда и́стинная: я сбива́юсь и, мо́жет быть, да́льше пойдёт ещё ху́же. И, уж коне́чно, собью́сь не́сколько раз, пока́ отыщу́, как пропове́довать, то есть каки́ми слова́ми и каки́ми дела́ми, потому́ что э́то о́чень тру́дно испо́лнить. Я ведь и тепе́рь всё э́то как день ви́жу, но послу́шайте: кто же не сбива́ется! А ме́жду тем ведь все иду́т к одному́ и тому́ же,[11] по кра́йней ме́ре все стремя́тся к одному́ и тому́ же, от мудреца́ до после́днего разбо́йника, то́лько ра́зными доро́гами. Ста́рая э́то и́стина, но вот что тут но́вое; я и сби́ться-то о́чень не могу́. Потому́ что я ви́дел и́стину, я ви́дел и зна́ю, что лю́ди мо́гут быть прекра́сны и счастли́вы, не потеря́в спосо́бности жить на земле́. Я не хочу́ и не могу́ ве́рить, чтобы зло бы́ло норма́льным состоя́нием люде́й. А ведь они́ все то́лько над э́той ве́рой-то мое́й и смею́тся. Но как мне не ве́ровать: я ви́дел и́стину, — не то что изобрёл умо́м, а ви́дел, ви́дел, и *живо́й о́браз* её напо́лнил ду́шу мою́ наве́ки. Я ви́дел её в тако́й воспо́лненной це́лости, что не могу́ пове́рить, чтоб её не могло́ быть у люде́й, Ита́к, как же я собью́сь? Уклоню́сь, коне́чно, да́же не́сколько раз, и бу́ду говори́ть да́же, мо́жет быть, чужи́ми слова́ми, но не надо́лго: живо́й о́браз того́, что я ви́дел, бу́дет всегда́ со мной и всегда́ меня́ попра́вит и напра́вит. О, я бодр, я свеж, я иду́, иду́, и хотя́ бы на ты́сячу лет. Зна́ете, я хоте́л да́же скрыть, внача́ле, что я разврати́л их всех, но э́то была́ оши́бка — вот уже́ пе́рвая оши́бка! Но и́стина шепну́ла мне, что я *лгу*, и охрани́ла меня́ и напра́вила. Но как устро́ить рай — я не зна́ю, потому́ что не уме́ю переда́ть слова́ми. По́сле сна моего́ потеря́л слова́. По кра́йней ме́ре все гла́вные слова́, са́мые ну́жные. Но пусть: я пойду́ и всё бу́ду говори́ть, неуста́нно, потому́ что я всё-таки ви́дел воо́чию, хотя́ и не уме́ю пересказа́ть, что я ви́дел. Но вот э́того насме́шники и не понима́ют: «Сон, де́скать,[12] ви́дел, бред, галлюсина́цию». Эх! Неу́жто э́то прему́дро? А они́ так гордя́тся! Сон? что тако́е сон? А на́ша-то жизнь не сон? Бо́льше скажу́: пусть, пусть э́то никогда́ не сбу́дется и не быва́ть ра́ю[13] (ведь уже́ э́то-то я

[11] strive for the same thing
[12] they say
[13] this will never happen and paradise is impossible

понима́ю!) — ну, а я всё-таки бу́ду пропове́довать. А ме́жду тем так э́то про́сто: в оди́н бы день, *в один бы час* — всё бы сра́зу устро́илось! Гла́вное — люби́ други́х как себя́, вот что гла́вное, и э́то всё, бо́льше ро́вно ничего́ не на́до: то́тчас найдёшь, как устро́иться. А ме́жду тем ведь э́то то́лько — ста́рая и́стина, кото́рую биллио́н раз повторя́ли и чита́ли, да ведь не ужила́сь же! «Созна́ние жи́зни вы́ше жи́зни, зна́ние зако́нов сча́стья — вы́ше сча́стья» — вот с чем боро́ться на́до! И бу́ду. Е́сли то́лько все захотя́т, то сейча́с всё устро́ится.

А ту ма́ленькую де́вочку я отыска́л . . . И пойду́! И пойду́!

1877

Leo Tolstoy

LEO TOLSTOY (1828–1910), who along with Dostoevsky is considered the best Russian novelist, was born into an aristocratic, landowning family. During his long life, he wrote novels, stories, religious and political pamphlets, and numerous letters, and kept diaries; his collected works fill 90 large volumes. Tolstoy's greatest novels, *War and Peace* (1863–1869) and *Anna Karenina* (1873–1876), were composed by him during a happy period of settled family life on his country estate. However, as he grew older, a profound moral crisis brought to a head by the contemplation of death made him question the purpose of life and led him to an extreme form of Christian anarchism. His *Confession* sets forth the history of his inner struggles and of the conversion, which took place around 1878–1879. Tolstoy devoted years of his life to composing tracts on education, pacifism, and nonviolent resistance; he opposed both the organized Orthodox Church and the Tsarist government of Russia, and became an influential leader of a worldwide movement. Gandhi in India and many Americans and Englishmen were among those influenced by Tolstoy's spiritual guidance.

Yet it would be wrong to draw a sharp line between Tolstoy as the passionate lover of life in all its manifestations when he was a young man, and Tolstoy as the stern, puritanical moral prophet when he was old. Both sides of his character coexisted in him from the beginning to the end. He enjoyed keenly the physical and animal side of the world, and he also sought spiritual perfection through abnegation; he was both a sensualist and a moralist. It is the tension between the two strivings which is in part responsible for the power of his works. As the story *The Devil* shows, Tolstoy can be a stern judge who starts with a keen awareness of the power (and attraction) of temptation; he is not one of those who preach abstinence while feeling little appetite to indulge.

Throughout his life, Tolstoy's passionate attachment to all aspects of life led him to see it clearly and deeply. At the same time his moral fervor has few equals in the Western world.

The Devil is a relatively late work, having been written in 1889–1890. It was never published in Tolstoy's lifetime; he considered it unfinished. The story illustrates Tolstoy's art of the exactly observed detail. The circumstances of the financial situation of the family—debts, legacies, living expenses—are reported meticulously. They form the rich underpinning of the moral problem of the story. There is typical Tolstoyan directness and matter-of-factness, particularly in narrating action, including the violent ending (or endings). Tolstoy wrote in one of his other works that the hero of all his writing, whom he loved above all else, was the truth. In *The Devil*, we feel his urge to tell things as they happened, analytically, with all the unsavory, discreditable side of human motivation and thinking laid bare and dissected, simply and unadornedly, yet furnished with all the details of social life and class (e.g. the upper-class ladies' conversations about medicine and health). A moral concern suffuses the story, spurring Tolstoy to more precise vision of things as they are, instead of leading to distortion and didacticism, as happens with lesser authors.

In *The Devil*, Tolstoy reveals the power of sexual attraction, associating it (through remarks implanted from an early point in the story onwards) first with the possibility, then certainty and inevitability, of destruction. D. S. Mirsky praised the "fierce sincerity and masterly construction" of the story. He wrote about it: "The terrible inevitableness of the hero's fall, his helplessness before his carnal instinct, grow like a terrible doom and are developed with supreme mastery."

How Much Land Does a Man Need (1885) is one of Tolstoy's best fables. Here the moral impulse is expressed with a particularly high degree of simplicity in writing. Tolstoy's hatred for the greed of corrupt civilization and his preference for simple people are connected with his admiration for Rousseau as well as with his religious, Christian convictions. In this story, as was Tolstoy's manner from the 1880s onwards, he pushes his striving towards simplicity still further than in *The Devil.* He strips away all but the essentials of narration with the masterful boldness and radicalism which only a great master in the last stage of artistic maturity dares to employ.

Tolstoy has been called a *нетовщик*, a man inclined to say *нет*, —to deny, to call out "Wrong! Not right!" to many objects—against the organization of society, manners, sins, individual motives and actions. He is a master of exposing, unmasking—of negative analysis—as well as a man most susceptible to physical stimuli, whether those of music, hunting, sex, mowing grass, or innumerable others.

The analysis of motives in Tolstoy is deceptively plain and bare. In reading Tolstoy's accounts of human actions, we might mistakenly conclude that nothing could be easier than giving such utterly transparent statements of what happened, who did what, who thought what and said what. Yet nothing is more difficult to achieve than Tolstoyan simplicity. He arrives at it by countless revisions, rewritings, painstaking elimination of clichés, stereotypes, and by the seeking of the telling detail and the exact, direct phrase.

In *The Devil*, which of the two variant endings which Tolstoy wrote for the story do you prefer? Why?

Лев Николáевич Толстóй

ДЬЯ́ВОЛ

«А я говорю́ вам, что вся́кий, кто смóтрит на жéнщину с вожделéнием, ужé прелюбодéйствовал с нéю в сéрдце своём.

Éсли же прáвый глаз твой соблазня́ет тебя́, вы́рви егó и брось от себя́, и́бо лу́чше для тебя́, чтобы́ поги́б оди́н из члéнов твои́х, а не всё тéло твоё бы́ло ввéржено в геéнну.

И éсли прáвая твоя́ рукá соблазня́ет тебя́, отсеки́ её и брось от себя́, и́бо лу́чше для тебя́, чтобы́ поги́б оди́н из члéнов твои́х, а не всё тéло твоё бы́ло ввéржено в геéнну»

(*Матфéя V*, *28*, *29*, *30*).

I

Евгéния Иртéнева ожидáла блестя́щая карьéра. Всё у негó бы́ло для э́того. Прекрáсное домáшнее воспитáние, блестя́щее окончáние ку́рса на юриди́ческом факультéте Петербу́ргского университéта, свя́зи по недáвно умéршему отцу́ с сáмым вы́сшим óбществом и дáже начáло слу́жбы в министéрстве под покрови́тельством мини́стра. Бы́ло и состоя́ние, дáже большóе состоя́ние, но сомни́тельное. Отéц жил за грани́цей и в Петербу́рге, давáя по шести́ ты́сяч сыновья́м — Евге́нию и ста́ршему, Андре́ю, служи́вшему в кавалерга́рдах, и сам прожива́л с ма́терью о́чень мно́го. То́лько ле́том он приезжа́л на два ме́сяца в име́нье, но не занима́лся хозя́йством, предоставля́я всё зае́вшемуся управля́ющему, то́же не занима́вшемуся име́ньем, но к кото́рому он име́л по́лное дове́рие.

По́сле сме́рти отца́, когда́ бра́тья ста́ли дели́ться, оказа́лось, что долго́в бы́ло так мно́го, что пове́ренный по дела́м сове́товал да́же, оста́вив за собо́й име́нье ба́бки, кото́рое цени́ли в сто ты́сяч, отказа́ться от насле́дства. Но сосе́д по име́нью, поме́щик, име́вший дела́ с старико́м Ирте́невым, то есть име́вший ве́ксель на него́[1] и приезжа́вший для э́того в Петербу́рг, говори́л, что, несмотря́ на долги́, дела́ мо́жно попра́вить и удержа́ть ещё большо́е состоя́ние. Сто́ило то́лько прода́ть лес, отде́льные куски́ пу́стоши и удержа́ть гла́вное золото́е дно — Семёновское с четырьмя́ ты́сячами десяти́н чернозёма, са́харным заво́дом и двумяста́ми десяти́н заливны́х луго́в, е́сли посвяти́ть себя́ э́тому де́лу и, посели́вшись в дере́вне, умно́ и расчётливо хозя́йничать.

И вот Евге́ний, съе́здив весно́ю (оте́ц у́мер посто́м) в име́нья и осмотре́в всё, реши́л вы́йти в отста́вку, посели́ться с ма́терью в дере́вне и заня́ться хозя́йством с тем, чтобы удержа́ть гла́вное име́нье. С бра́том, с кото́рым не́ был осо́бенно дру́жен, он сде́лался так: обяза́лся ему́ плати́ть ежего́дно четы́ре ты́сячи и́ли единовре́менно во́семьдесят ты́сяч, за кото́рые брат отка́зывался от свое́й до́ли насле́дства.

Так он и сде́лал и, посели́вшись с ма́терью в большо́м до́ме, горячо́ и осторо́жно вме́сте с тем взя́лся за хозя́йство.

Обыкнове́нно ду́мают, что са́мые обы́чные консерва́торы — э́то старики́, а нова́торы — э́то молоды́е лю́ди. Э́то не совсе́м справедли́во. Са́мые обы́чные консерва́торы — э́то молоды́е лю́ди. Молоды́е лю́ди, кото́рым хо́чется жить, но кото́рые не ду́мают и не име́ют вре́мени поду́мать о том, как на́до жить, и кото́рые поэ́тому избира́ют себе́ за образе́ц ту́ жизнь кото́рая была́.

Так бы́ло и с Евге́нием. Посели́вшись тепе́рь в дере́вне, его́ мечта́ и идеа́л бы́ли в том, чтобы воскреси́ть ту фо́рму жи́зни, кото́рая была́ не при отце́ — оте́ц был дурно́й хозя́ин, но при де́де. И тепе́рь и в до́ме, и в саду́, и в хозя́йстве он, разуме́ется, с измене́ниями, сво́йственными вре́мени, стара́лся воскреси́ть о́бщий дух жи́зни

[1] a promissory note from him

де́да — всё на широ́кую но́гу,[2] дово́льство всех вокру́г и поря́док и благоустро́йство, а для того́ чтоб устро́ить э́ту жизнь, де́ла бы́ло о́чень мно́го: ну́жно бы́ло и удовлетворя́ть тре́бованиям креди́торов и ба́нков и для того́ продава́ть зе́мли и отсро́чивать платежи́, ну́жно бы́ло и добыва́ть де́ньги, для того́ чтобы продолжа́ть вести́, где на́ймом, где рабо́тниками, огро́мное хозя́йство в Семёновском с четырьмя́ ты́сячами десяти́н запа́шки и са́харным заво́дом; ну́жно бы́ло и в до́ме и в саду́ де́лать так, чтобы не похо́же бы́ло на запуще́ние и упа́док.

Рабо́ты бы́ло мно́го, но и сил бы́ло мно́го у Евге́ния — сил и физи́ческих и духо́вных. Ему́ бы́ло два́дцать шесть лет, он был сре́днего ро́ста, си́льного сложе́ния с разви́тыми гимна́стикой му́скулами, сангви́ник с я́рким румя́нцем во всю щёку, с я́ркими зуба́ми и губа́ми и с негусты́ми, мя́гкими и вьющимися волоса́ми. Еди́нственный физи́ческий изъя́н его́ была́ близору́кость, кото́рую он сам разви́л себе́ очка́ми, и тепе́рь уже́ не мог ходи́ть без пенсне́, кото́рое уже́ прокла́дывало чёрточки наверху́ горби́нки его́ но́са. Тако́в он был физи́чески, духо́вный же о́блик его́ был тако́й, что чем бо́льше кто знал е́го, тем бо́льше люби́л. Мать и всегда́ люби́ла его́ бо́льше всех, тепе́рь же, по́сле сме́рти му́жа, сосредото́чила на нём не то́лько всю свою́ не́жность, но всю свою́ жизнь. Но не одна́ мать так люби́ла его́. Това́рищи его́ с гимна́зии и университе́та всегда́ осо́бенно не то́лько люби́ли, но уважа́ли его́. На всех посторо́нних он всегда́ де́йствовал та́кже. Нельзя́ бы́ло не ве́рить тому́, что он говори́л, нельзя́ бы́ло предполага́ть обма́н, непра́вду при тако́м откры́том, че́стном лице́ и, гла́вное, глаза́х.

Вообще́ вся его ли́чность мно́го помога́ла ему́ в его́ дела́х. Креди́тор, кото́рый отказа́л бы друго́му, ве́рил ему́. Прика́зчик, ста́роста, мужи́к, кото́рый сде́лал бы га́дость, обману́л бы друго́го, забыва́л обману́ть под прия́тным впечатле́нием обще́ния с до́брым, просты́м и, гла́вное, откры́тым челове́ком.

Был коне́ц ма́я. Ко́е-как Евге́ний нала́дил де́ло в го́роде об освобожде́нии пу́стоши от зало́га, чтобы прода́ть её купцу́, и за́нял де́ньги у э́того же купца́ на то, что́бы обнови́ть инвента́рь, то есть лошаде́й, быко́в, подво́ды. И, гла́вное, на то, чтобы нача́ть необходи́мую постро́йку ху́тора. Де́ло нала́дилось.[3] Вози́ли лес, пло́тники

[2] in grand style
[3] The business was under control.

уже́ рабо́тали, и наво́з вози́ли на восьми́десяти подво́дах, но всё до сих пор висе́ло на ни́точке.

II

В середи́не э́тих забо́т случи́лось обстоя́тельство хотя́ и не ва́жное, но в то вре́мя пому́чавшее Евге́ния. Он жил свою́ мо́лодость, как живу́т все молоды́е, здоро́вые, неженáтые лю́ди, то есть име́л сноше́ния с ра́зного ро́да же́нщинами. Он был не развра́тник, но и не был, как он сам себе́ говори́л, мона́хом. А предава́лся э́тому то́лько насто́лько, наско́лько э́то бы́ло необходи́мо для физи́ческого здоро́вья и у́мственной свобо́ды, как он говори́л. Начало́сь э́то с шестна́дцати лет. И до сих пор шло благополу́чно. Благополу́чно в том смы́сле, что он не преда́лся развра́ту, не увлёкся ни ра́зу и не́ был ни ра́зу бо́лен. Была́ у него́ в Петербу́рге снача́ла швея́, пото́м она́ испо́ртилась, и он устро́ился и́наче. И э́та сторона́ была́ так обеспе́чена, что не смуща́ла его́.

Но вот в дере́вне он жил второ́й ме́сяц и реши́тельно не знал, как ему́ быть. Нево́льное воздержа́ние начина́ло де́йствовать на него́ ду́рно. Неуже́ли е́хать в го́род из-за э́того? И куда́? Как? Э́то одно́ трево́жило Евге́ния Ива́новича, а так как он был уве́рен, что э́то необходи́мо и что ему́ ну́жно, ему́ действи́тельно станови́лось ну́жно, и он чу́вствовал, что он не свобо́ден и что он против во́ли провожа́ет ка́ждую молоду́ю же́нщину глаза́ми.

Он счита́л нехоро́шим у себя́ в свое́й дере́вне сойти́сь с же́нщиной и́ли де́вкой. Он знал по расска́зам, что и оте́ц его́ и дед в э́том отноше́нии соверше́нно отдели́лись от други́х поме́щиков того́ вре́мени и до́ма не заводи́ли у себя́ никогда́ никаки́х ша́шен с крепостны́ми, и реши́л, что э́того он не сде́лает; но пото́м, всё бо́лее и бо́лее чу́вствуя себя́ свя́занным и с у́жасом представля́я себе́ то, что с ним мо́жет быть в городи́шке, и сообрази́в, что тепе́рь не крепостны́е, он реши́л, что мо́жно и здесь. То́лько бы сде́лать э́то так, чтобы никто́ не знал, и не для развра́та, а то́лько для здоро́вья, так говори́л он себе́. И когда́ он реши́л э́то, ему́ ста́ло ещё беспоко́йнее; говоря́ с ста́ростой, с мужика́ми, с столяро́м, он нево́льно наводи́л разгово́р на же́нщин и, е́сли разгово́р заходи́л о же́нщинах, то заде́рживал на э́том. На же́нщин же он пригля́дывался бо́льше и бо́льше.

III

Но решúть дéло самомý с собóй бы́ло однó, привестú же егó в исполнéние бы́ло другóе. Самомý подойтú к жéнщине невозмóжно. К какóй? где? Надó чéрез когó-нибудь, но к комý обратúться?

Случúлось емý раз зайтú напúться в леснýю караýлку. Стóрожем был бы́вший охóтник отцá. Евгéний Ивáнович разговорúлся с ним, и стóрож стал расскáзывать старúнные истóрии про кутежú на охóте. И Евгéнию Ивáновичу пришлó в гóлову, что хорошó бы бы́ло здесь, в караýлке úли в лесý, устрóить э́то. Он тóлько не знал как, и возьмётся ли за э́то стáрый Данúла. «Мóжет быть, он ужаснётся от такóго предложéния, и я осрамлю́сь, а мóжет, óчень прóсто согласúтся». Так он дýмал, слýшая расскáзы Данúлы. Данúла расскáзывал, как онú стоя́ли в отъéзжем пóле у дьячúхи и как Пря́ничникову он привёл бáбу.

«Мóжно», — подýмал Евгéний.

— Ваш бáтюшка, цáрство небéсное,[4] э́тими глýпостями не займáлся.[5]

«Нельзя́», — подýмал Евгéний, но, чтóбы исслéдовать, сказáл:

— Как же ты такúми делáми нехорóшими занимáлся?

— А что же тут худóго? И онá рáда и мой Фёдор Захáрыч довóльны предовóльны. Мне рубль. Ведь как же и быть емý-то?[6] Тóже живáя кость.[7] Чай винó пьёт.[8]

«Да, мóжно сказáть», — подýмал Евгéний и тóтчас же приступúл.

— А знáешь, — он почýвствовал, как он багрóво покраснéл, — знáешь, Данúла, я измýчался. — Данúла улыбнýлся. — Я всё-таки не монáх — привы́к.

Он чýвствовал, что глýпо всё, что он говорúт, но рáдовался, потомý что Данúла одобря́л.

— Что ж, вы бы давнó сказáли, э́то мóжно, — сказáл он. — Вы тóлько скажúте какýю.

— Ах, прáво, мне всё равнó. Ну, разумéется, чтоб не безобрáзная былá и здорóвая.

[4] may he rest at peace
[5] concerned himself (*substandard*)
[6] How can he help it?
[7] He is also a live person.
[8] He must drink wine, no doubt.

— По́нял! — откуси́л Дани́ла. Он поду́мал. — Ох, хороша́ шту́чка есть,[9] — на́чал он. Опя́ть Евге́ний покрасне́л. — Хороша́ шту́чка. Изво́лите ви́деть, вы́дали её по о́сени, — Дани́ла стал шепта́ть, — а он ничего́ не мо́жет сде́лать. Ведь э́то на охо́тника что сто́ит.[10]

Евге́ний смо́рщился да́же от стыда́.

— Нет, нет, — заговори́л он. — Мне совсе́м не то ну́жно. Мне, напро́тив (что могло́ быть напро́тив?), мне, напро́тив, на́до что́бы то́лько здоро́вая, да поме́ньше хлопо́т — солда́тка и́ли э́дак . . .

— Зна́ю. Э́то, зна́чит, Степани́ду вам предоста́вить. Муж в городу́,[11] всё равно́ как солда́тка. А ба́бочка хоро́шая, чи́стая. Бу́дете дово́льны. Я и то ей на́месь[12] говорю́ — пойди́, а она́ . . .

— Ну, так когда́ же?

— Да хоть за́втра. Я вот пойду́ за табако́м и зайду́, а в обе́д приходи́те сюда́ а́ли за огоро́д к ба́не. Никого́ нет. Да и в обе́д весь наро́д спит.

— Ну, хорошо́.

Стра́шное волне́ние охвати́ло Евге́ния, когда́ он пое́хал домо́й. «Что тако́е бу́дет? Что тако́е крестья́нка? Что́-нибудь вдруг безобра́зное, ужа́сное. Нет, они́ краси́вы, — говори́л он себе́, вспомина́я тех, на кото́рых он загля́дывался. — Но что я скажу́, что я сде́лаю?»

Це́лый день он был не свой. На друго́й день в двена́дцать часо́в он пошёл к карау́лке. Дани́ла стоя́л в дверя́х и мо́лча значи́тельно кивну́л голово́й к ле́су. Кровь прилила́ к се́рдцу Евге́ния, он почу́вствовал его́ и пошёл к огоро́ду. Никого́. Подошёл к ба́не. Никого́. Загляну́л туда́, вы́шел и вдруг услыха́л треск сло́мленной ве́тки. Он огляну́лся, она́ стоя́ла в ча́ще за овра́жком. Он бро́сился туда́ через овра́г. В овра́ге была́ крапи́ва, кото́рой он не заме́тил. Он острека́лся и, потеря́в с но́су пенсне́, вбежа́л на противополо́жный буго́р. В бе́лой вы́шитой занаве́ске, кра́сно-бу́рой панёве, кра́сном я́рком платке́, с босы́ми нога́ми, све́жая, твёрдая, краси́вая, она́ стоя́ла и ро́бко улыба́лась.

— Тут круго́м тро́почка, обошли́ бы, — сказала она́. — А мы давно́. Голомя́.[13]

[9] Quite a dish!
[10] Something for a connoisseur.
[11] Substandard for *в го́роде*.
[12] Substandard for *наме́дни*, "quite recently."
[13] Very much so.

Он подошёл к ней и, оглядываясь, коснýлся её.

Через чéтверть часá онú разошлúсь, он нашёл пенснé и зашёл к Данúле и в отвéт на вопрóс егó: «Довóльны ль, бáрин?» — дал емý рубль и пошёл домóй.

Он был довóлен. Стыд был тóлько сначáла. Но потóм прошёл. И всё бы́ло хорошó. Глáвное, хорошó, что емý тепéрь легкó, спокóйно, бóдро. Её он хорошéнько дáже не рассмотрéл. Пóмнил, что чúстая, свéжая, недурнáя и простáя, без гримáс. «Чья бишь онá?[14] говорúл он себé. — Пéчникова он сказáл? Какáя же э́то Пéчникова?* Ведь их два дворá. Должнó быть, Михáйлы-старикá снохá. Да, вéрно егó. У негó ведь сын живёт в Москвé, спрошý у Данúлы когдá-нибудь».

С э́тих пор устранúлась э́та вáжная прéжде неприя́тность деревéнской жúзни — невóльное воздержáние. Свобóда мы́сли Евгéния ужé не нарушáлась, и он мог свобóдно занимáться своúми делáми.

А дéло, котóрое взял на себя́ Евгéний, бы́ло óчень нелёгкое: иногдá емý казáлось, что он не вы́держит, и кóнчится тем, что всё-таки придётся продáть имéнье, все труды́ егó пропадýт, и, глáвное, что окáжется, что не вы́держал, не умéл довéлать тогó, за что взя́лся. Э́то бóльше всегó тревóжило егó. Не успевáл он заткнýть кое-кáк однóй дыры́ как раскрывáлась нóвая, неожúданная.

Во всё э́то врéмя всё окáзывались нóвые и нóвые неизвéстные прéжде долгú отцá. Вúдно бы́ло, что отéц в послéднее врéмя брал где попáло.[15] Во врéмя раздéла в мáе Евгéний дýмал, что он знáет, наконéц, всё. Но вдруг в серединé лéта он получúл письмó, из котóрого окáзывалось, что был ещё долг вдовé Есúповой в двенáдцать ты́сяч. Вéкселя нé было, былá простáя распúска, котóрую мóжно бы́ло, по словáм повéренного, оспáривать. Но Евгéнию и в гóлову не моглó прийтú отказáться от уплáты действúтельного дóлга отцá тóлько потомý, что мóжно бы́ло оспáривать докумéнт. Емý нáдо бы́ло узнáть тóлько навéрное, действúтельный ли э́то был долг.

— Мáма! что такóе Есúпова Калéрия Владúмировна? — спросúл он у мáтери, когдá онú, по обыкновéнию, сошлúсь за обéдом.

— Есúпова? Да э́то воспúтанница дéдушки. А что?

Евгéний рассказáл мáтери про письмó.

* В дальнéйшем вмéсто фамúлии Пéчников фáмилия Пчéльников.

[14] Whose wife was she?

[15] at random

— Удивля́юсь как ей не со́вестно. Твой па́па ей ско́лько передава́л.

— Но должны́ мы ей?

— То есть как тебе́ сказа́ть? До́лгу нет, па́па по свое́й бесконе́чной доброте́ . . .

— Да, но па́па счита́л э́то до́лгом.

— Не могу́ я тебе́ сказа́ть. Не зна́ю. Зна́ю, что тебе́ и так тяжело́.

Евге́ний ви́дел, что Ма́рья Па́вловна сама́ не зна́ла, как сказа́ть, и как бы выпы́тывала его́.

— Из э́того я ви́жу, что на́до плати́ть, — сказа́л сын. — Я за́втра пое́ду к ней и поговорю́, нельзя́ ли отсро́чить.

— Ах, как мне жа́лко тебя́. Но, зна́ешь, лу́чше. Ты ей скажи́, что она́ должна́ подожда́ть, — говори́ла Ма́рья Па́вловна, очеви́дно успоко́енная и го́рдая реше́нием сы́на.

Положе́ние Евге́ния бы́ло осо́бенно тру́дно отто́го ещё, что мать, жи́вшая с ним, совсе́м не понима́ла его́ положе́ния. Она́ всю жизнь привы́кла жить так широко́,[16] что не могла́ предста́вить себе́ да́же того́ положе́ния, в кото́ром был сын, то есть того́, что ны́нче-за́втра дела́ могли́ устро́иться так, что у них ничего́ не оста́нется и сы́ну придётся всё прода́ть и жить и содержа́ть мать одно́й слу́жбой, кото́рая в его́ положе́нии могла́ ему́ дать мно́го-мно́го две ты́сячи рубле́й. Она́ не понима́ла, что спасти́сь от э́того положе́ния мо́жно то́лько уре́зкой расхо́дов во всём, и потому́ не могла́ поня́ть, заче́м Евге́ний так стесня́лся в мелоча́х, в расхо́дах на садо́вников, кучеро́в, на прислу́гу и стол да́же. Кро́ме того́, как большинство́ вдов, она пита́ла к па́мяти поко́йника чу́вства благогове́ния, далеко́ не похо́жие на те, кото́рые она име́ла к нему́, пока́ он был жив, и не допуска́ла мы́сли о том, что то, что де́лал и́ли завёл поко́йник, могло́ быть ху́до и изменено́.

Евге́ний подде́рживал с больши́м напряже́нием и сад, и оранжере́ю с двумя́ садо́вниками, и коню́шню с двумя́ кучера́ми. Ма́рья же Па́вловна наи́вно ду́мала, что не жа́луясь на стол, кото́рый гото́вил стари́к по́вар, и на то, что доро́жки в па́рке не все бы́ли чи́щены, и что вме́сто лаке́ев был оди́н ма́льчик, что она́ де́лает всё, что мо́жет мать, же́ртвующая собо́й для своего́ сына́. Так и в э́том но́вом до́лге, в кото́ром Евге́ний ви́дел для себя́ почти́ что добива́ющий уда́р всем его предприя́тиям, Ма́рья Па́вловна

[16] grandly

ви́дела то́лько слу́чай, вы́казавший благоро́дство Евге́ния. Ма́рья Па́вловна не беспоко́илась о́чень о матерья́льном положе́нии Евге́ния ещё и потому́, что она́ была́ уве́рена, что он сде́лает блестя́щую па́ртию,[17] кото́рая попра́вит всё. Па́ртию же он мог сде́лать са́мую блестя́щую. Она́ зна́ла деся́ток семе́й, кото́рые сча́стливы бы́ли отда́ть за него́ дочь. И она́ жела́ла как мо́жно скоре́е устро́ить это.

IV

Евге́ний сам мечта́л о жени́тьбе, но то́лько не так, как мать: мысль о том, что́бы сде́лать из жени́тьбы сре́дство поправле́ния свои́х дел, была́ отврати́тельна ему́. Жени́ться он хоте́л че́стно, по любви́. Он и пригля́дывался к де́вушкам, кото́рых встреча́л и знал, прики́дывал себя́ к ним, но судьба́ его́ не реша́лась. Ме́жду тем, чего́ он ника́к не ожида́л, сноше́ния его́ с Степани́дой продолжа́лись и получи́ли да́же хара́ктер чего́-то установи́вшегося. Евге́ний так был далёк от распу́тства, так тяжело́ бы́ло ему́ де́лать э́то та́йное — он чу́вствовал — нехоро́шее де́ло, что он ника́к не устра́ивался и да́же по́сле пе́рвого свида́нья наде́ялся совсе́м бо́льше не вида́ть Степани́ды: но оказа́лось, что че́рез не́сколько вре́мени на него́ опя́ть нашло́ беспоко́йство, кото́рое припи́сывал э́тому. И беспоко́йство на э́тот раз уже́ не́ было безли́чное; а ему́ представля́лись и́менно те са́мые чёрные, блестя́щие глаза́, тот же грудно́й го́лос, говоря́щий «голомя́», тот же за́пах чего́-то све́жего и си́льного и та же высо́кая грудь, поднима́ющая занаве́ску, и всё это в той же оре́ховой и клено́вой ча́ще, обли́той я́рким све́том. Как ни со́вестно бы́ло, он опя́ть обрати́лся к Дани́ле. И опя́ть назна́чилось свида́ние в по́лдень в лесу́. В э́тот раз Евге́ний бо́льше рассмотре́л её, и всё показа́лось ему́ в ней привлека́тельно. Он попро́бовал поговори́ть с ней, спроси́л о му́же. Действи́тельно, э́то был Миха́йлин сын, он жил в кучера́х[18] в Москве́.

— Ну что же, как же ты . . . — Евге́ний хоте́л спроси́ть, как она́ изменя́ет ему́.

— Чего́ как же? — спроси́ла она. Она, очеви́дно, была́ умна́ и дога́длива.

— Ну как же вот ты ко мне хо́дишь?

[17] brilliant match
[18] worked as a coachman

— Во́на,[19] — ве́село проговори́ла она́. — Он, я чай, там гуля́е.[20] Что ж мне-то?

Очеви́дно, она́ сама́ на себя́ напуска́ла развя́зность, у́харство. И э́то показа́лось ми́ло Евге́нию. Но всё-таки он не назна́чил ей сам свида́нья. Да́же когда́ она предложи́ла, чтобы сходи́ться поми́мо Дани́лы, к кото́рому она́ как-то недоброжела́тельно относи́лась, Евге́ний не согласи́лся. Он наде́ялся, что э́то свида́ние бы́ло после́днее. Она́ ему́ нра́вилась. Он ду́мал, что ему́ необходи́мо тако́е обще́ние и что дурно́го в э́том нет ничего́; но в глубине́ души́ у него́ был судья́ бо́лее стро́гий, кото́рый не одобря́л э́того и наде́ялся, что э́то в после́дний раз, е́сли же не наде́ялся, то по кра́йней ме́ре не хоте́л уча́ствовать в э́том де́ле и пригота́вливать себе́ э́то в друго́й раз.

Так и шло всё ле́то, в продолже́ние кото́рого он ви́делся с ней раз де́сять и вся́кий раз через Дани́лу. Бы́ло оди́н раз, что ей нельзя́ бы́ло прийти́, потому́ что прие́хал муж, и Дани́ла предложи́л другу́ю. Евге́ний с отвраще́нием отказа́лся. Пото́м муж уе́хал, и свида́нья продолжа́лись по-ста́рому, снача́ла через Дани́лу, а пото́м уже́ пря́мо он назнача́л вре́мя, и она́ приходи́ла с ба́бой Про́хоровой, так как одно́й нельзя́ ходи́ть ба́бе. Оди́н раз, в са́мое назна́ченное вре́мя свида́нья, к Ма́рье Па́вловне прие́хало семе́йство с той де́вушкой, кото́рую она́ сва́тала Евге́нию, и Евге́ний ника́к не мог вы́рваться. Как то́лько он мог уйти́, он пошёл как бу́дто на гумно́ и в обхо́д тропи́нкой в лес на ме́сто свида́нья. Её не́ было. Но на обы́чном ме́сте всё, поку́да могла́ доста́ть рука́, всё бы́ло перело́мано, черёмуха, оре́шень, да́же молодо́й кленo̍к в кол толщино́ю. Э́то она́ ждала́, волнова́лась и серди́лась и, игра́ючи, оставля́ла ему́ па́мять. Он постоя́л, постоя́л и пошёл к Дани́ле проси́ть его́ вы́звать её на за́втра. Она́ пришла́ и была́ така́я же, как всегда́.

Так прошло́ ле́то. Свида́нья всегда́ назнача́лись в лесу́ и оди́н раз то́лько, уж перед о́сенью, в гумённом сара́е на их задво́рках. Евге́нию и в го́лову не приходи́ло, что́бы э́ти отноше́ния его́ име́ли како́е-нибудь для него́ значе́ние. Об ней же он и не ду́мал. Дава́л ей де́ньги, и бо́льше ничего́. Он не знал и не ду́мал о том, что по всей дере́вне уж зна́ли про э́то и зави́довали ей, что её дома́шние бра́ли у ней де́ньги и поощря́ли её и что её представле́ние о грехе́, под

[19] look here
[20] Substandard for *гуля́ет.* "He must be having a good time there."

влия́нием де́нег и уча́стия дома́шних, совсе́м уничто́жилось. Ей каза́лось, что е́сли лю́ди зави́дуют, то то, что она́ де́лает, хорошо́.

«Про́сто для здоро́вья на́до же, — ду́мал Евге́ний. — Поло́жим, нехорошо́, и, хотя́ никто́ не говори́т, все и́ли мно́гие зна́ют. Ба́ба, с кото́рой она́ хо́дит, зна́ет. А зна́ет, ве́рно рассказа́ла и други́м. Но что же де́лать? Скве́рно я поступа́ю, — ду́мал Евге́ний, — да что де́лать, ну да ненадо́лго».

Гла́вное, что смуща́ло Евге́ния, то э́то был муж. Снача́ла ему́ почему́-то представля́лось, что муж её до́лжен быть плох, и э́то как бы опра́вдывало его́ отча́сти. Но он увида́л му́жа и был поражён. Э́то был молодчи́на и щёголь, уж ника́к не ху́же, а наве́рно лу́чше его́. При пе́рвом свида́нии он сказа́л ей, что ви́дел му́жа и что он полюбова́лся им, како́й он молодчи́на.

— Друго́го тако́го нет в дере́вне, — с го́рдостью сказа́ла она́.

Э́то удиви́ло Евге́ния. Мысль о му́же с тех пор ещё бо́лее му́чала его́. Случи́лось ему́ раз быть у Дани́лы, и Дани́ла, разговори́вшись, пря́мо сказа́л ему́:

— А Миха́йла наме́дни спра́шивал меня́, пра́вда ли, что ба́рин с сы́на жено́й живёт. Я сказа́л, не зна́ю. Да и то, говорю́, лу́чше с ба́рином, чем с мужико́м.

— Ну, что ж он?

— Да ничего́, говори́т: погоди́ ж, дозна́юсь, я ей зада́м.

«Ну да е́сли бы муж верну́лся, я бы бро́сил», — ду́мал Евге́ний. Но муж жил в го́роде, и отноше́ния пока́ продолжа́лись. «Когда́ на́до бу́дет, оборву́, и ничего́ не оста́нется», — ду́мал он.

И ему́ каза́лось э́то несомне́нным, потому́ что в продолже́ние ле́та мно́го ра́зных веще́й о́чень си́льно занима́ли его́: и устро́йство но́вого ху́тора, и убо́рка, и постро́йка, и, гла́вное, упла́та до́лга и прода́жа пу́стоши. Всё э́то бы́ли предме́ты, кото́рые поглоща́ли его́ всего́, о кото́рых он ду́мал, ложа́сь и встава́я. Всё э́то была́ настоя́щая жизнь. Сноше́ния же — он да́же не называ́л э́то свя́зью — с Степани́дой бы́ло не́что совсе́м незаме́тное. Пра́вда, что, когда́ приступа́ло жела́ние ви́деть её, оно́ приступа́ло с тако́й си́лой, что он ни о чём друго́м не мог ду́мать, но э́то продолжа́лось недо́лго, устра́ивалось свида́нье, и он опя́ть забыва́л её на неде́ли, иногда́ на ме́сяц.

О́сенью Евге́ний ча́сто е́здил в го́род и там сбли́зился с семе́йством А́нненских. У А́нненских была́ дочь, то́лько что вы́шедшая институ́тка. И тут, к вели́кому огорче́нию Ма́рьи Па́вловны, случи́лось то, что Евге́ний, как она́ говори́ла, продешеви́л себя́, влюби́лся в Ли́зу А́нненскую и сде́лал ей предложе́ние.

С тех пор сноше́ния с Степани́дой прекрати́лись.

V

Почему́ Евге́ний вы́брал Ли́зу А́нненскую нельзя́ объясни́ть, как никогда́ нельзя́ объясни́ть, почему́ мужчи́на выбира́ет ту, а не другу́ю же́нщину. Причи́н бы́ло пропа́сть и положи́тельных и отрица́тельных. Причи́ной бы́ло и то, что она́ не была́ о́чень бога́тая неве́ста, каки́х сва́тала ему́ мать, и то, что она́ была́ наи́вна и жалка́ в отноше́ниях к свое́й ма́тери, и то, что она́ не была́ краса́вица, обраща́ющая на себя́ внима́ние, и не была́ дурна́. Гла́вное же бы́ло то, что сближе́ние с ней начало́сь в тако́й пери́од, когда́ Евге́ний был зрел к жени́тьбе. Он влюби́лся потому́, что знал, что же́нится.

Ли́за А́нненская снача́ла то́лько нра́вилась Евге́нию, но когда́ он реши́л, что она́ бу́дет его́ жено́ю, он почу́вствовал к ней чу́вство гора́здо бо́лее си́льное, он почу́вствовал, что он влюблён.

Ли́за была́ высо́кая, то́нкая, дли́нная. Дли́нное бы́ло в ней всё: и лицо́, и нос не вперёд, но вдоль по лицу́, и па́льцы, и ступни́. Цвет лица́ у ней был о́чень не́жный, бе́лый, желтова́тый, с не́жным румя́нцем, во́лосы дли́нные, ру́сые, мя́гкие и вью́щиеся, и прекра́сные, я́сные, кро́ткие, дове́рчивые глаза́. Э́ти глаза́ осо́бенно порази́ли Евге́ния. И когда́ он ду́мал о Ли́зе, он ви́дел всегда́ перед собо́й э́ти я́сные, кро́ткие, дове́рчивые глаза́.

Такова́ она́ была́ физи́чески; духо́вно же он ничего́ не знал про неё, а то́лько ви́дел э́ти глаза́. И э́ти глаза́, каза́лось, говори́ли ему́ всё, что ему́ ну́жно бы́ло знать. Смысл же э́тих глаз был тако́й.

Ещё с институ́та, с пятна́дцати лет, Ли́за постоя́нно влюбля́лась во всех привлека́тельных мужчи́н и была́ оживлена́ и сча́стлива то́лько тогда́, когда́ была́ влюблена́. Вы́шедши из институ́та, она́ то́чно так же влюбля́лась во всех молоды́х мужчи́н, кото́рых встреча́ла, и, разуме́ется, влюби́лась в Евге́ния, как то́лько узна́ла его́. Э́та-то её влюблённость и дава́ла её глаза́м то осо́бенное выраже́ние, кото́рое так плени́ло Евге́ния.

В э́ту же зи́му в одно́ и то же вре́мя она́ уже́ была́ влюблена́ в двух молоды́х люде́й и красне́ла и волнова́лась не то́лько когда́ они́ входи́ли в ко́мнату, но когда́ произноси́ли их и́мя. Но пото́м, когда́ её мать намекну́ла ей, что Ирте́нев, ка́жется, име́ет серьёзные ви́ды,[21] влюбле́нье её в Ирте́нева уси́лилось так, что она́ ста́ла почти́ равноду́шной к двум пре́жним, но когда́ Ирте́нев стал быва́ть у них, на ба́ле, собра́нии, танцева́л с ней бо́льше, чем с други́ми, и, очеви́дно, жела́л узна́ть то́лько, лю́бит ли она́ его́, тогда́ влюбле́нье её в Ирте́нева сде́лалось чем-то боле́зненным, она́ ви́дела его́ во сне и наяву́ в тёмной ко́мнате, и все други́е исчёзли для неё. Когда́ же он сде́лал предложе́ние и их благослови́ли, когда́ она́ поцелова́лась с ним и ста́ли жени́х с неве́стой, тогда́ у ней не ста́ло други́х мы́слей, кро́ме него́, други́х жела́ний, кро́ме того́, что́бы быть с ним, что́бы люби́ть его́ и быть им люби́мой. Она́ и горди́лась им, и умиля́лась пе́ред ним и пе́ред собо́й и свое́й любо́вью, и вся мле́ла и та́яла от любви́ к нему́. Чем бо́льше он узнава́л её, тем бо́льше и он люби́л её. Он ника́к не ожида́л встре́тить таку́ю любо́вь, и э́та любо́вь уси́ливала ещё его́ чу́вство.

VI

Пе́ред весно́й он прие́хал в Семёновское посмотре́ть и распоряди́ться по хозя́йству, а гла́вное по до́му, где шло убра́нство для жени́тьбы.

Ма́рья Па́вловна была́ недово́льна вы́бором сы́на, но то́лько потому́, что па́ртия э́та не была́ так блестя́ща, как она́ могла́ бы быть, и потому́, что Варва́ра Алексе́евна, бу́дущая тёща, не нра́вилась ей. До́брая ли она́ была́, и́ли зла́я, она́ не зна́ла и не реши́ла, но то, что она́ была́ не поря́дочная же́нщина, не comme il faut, не ле́ди, как говори́ла себе́ Ма́рья Па́вловна, э́то она́ увида́ла с пе́рвого знако́мства, и э́то огорча́ло её. Огорча́ло за то, что она́ цени́ла эту поря́дочность по привы́чке, зна́ла, что Евге́ний о́чень чу́ток на э́то, и предви́дела для него́ мно́го огорче́ний от э́того. Де́вушка же ей нра́вилась. Нра́вилась, гла́вное, потому́, что она́ нра́вилась Евге́нию. На́до бы́ло люби́ть её. И Ма́рья Па́вловна гото́ва была́ на э́то, и соверше́нно и́скренно.

[21] has serious intentions

Евге́ний заста́л мать ра́достной, дово́льной. Она́ устра́ивала всё в до́ме и сама́ собира́лась уе́хать, как то́лько он привезёт молоду́ю жену́. Евге́ний угова́ривал её остава́ться. И вопро́с остава́лся нерешённым. Ве́чером, по обыкнове́нию, после ча́я Ма́рья Па́вловна де́лала пасья́н. Евге́ний сиде́л, помога́я ей. Э́то бы́ло вре́мя са́мых задуше́вных разгово́ров. Око́нчив оди́н пасья́н и не начина́я но́вый, Ма́рья Па́вловна взгляну́ла на Евге́ния и, не́сколько замина́ясь, начала́ так:

— А я хоте́ла тебе́ сказа́ть, Же́ня. Разуме́ется, я не зна́ю, но вообще́ я хоте́ла посове́товать о том, что перед жени́тьбой на́до непреме́нно поко́нчить все свои́ холосты́е дела́, так чтобы ничего́ уже́ не могло́ беспоко́ить и тебя́ и, поми́луй Бог, жену́. Ты меня́ понима́ешь?

И действи́тельно, Евге́ний сейча́с же по́нял, что Ма́рья Па́вловна намека́ла на его́ сноше́ния с Степани́дой, кото́рые прекрати́лись с са́мой о́сени, и, как всегда́ одино́кие же́нщины, припи́сывала э́тим сноше́ниям гора́здо бо́льшее значе́ние, чем то, кото́рое они́ име́ли. Евге́ний покрасне́л, и не от стыда́ сто́лько, ско́лько от доса́ды, что до́брая Ма́рья Па́вловна суётся — пра́вда, любя́, — но всё-таки суётся туда́, куда́ ей не надо́ и чего́ она́ не понима́ет и не мо́жет понима́ть. Он сказа́л, что у него́ ничего́ нет тако́го, что бы ну́жно бы́ло скрыва́ть, и что он и́менно так себя́ вёл всегда́, что́бы ничто́ не могло́ помеша́ть его́ жени́тьбе.

— Ну и прекра́сно, дружо́к. Ты, Ге́ня, не обижа́йся на меня́, — сказа́ла Ма́рья Па́вловна, конфу́зясь.

Но Евге́ний ви́дел, что она́ не ко́нчила и не сказа́ла то, что хоте́ла. Так и вы́шло. Немно́го погодя́ она ста́ла расска́зывать о том, как без него́ её проси́ли крести́ть у . . . Пче́льниковых.

Тепе́рь Евге́ний вспы́хнул уж не от доса́ды и да́же не от стыда́, а от како́го-то стра́нного чу́вства созна́ния ва́жности того́, что ему́ сейча́с ска́жут, созна́ния нево́льного, соверше́нно несогла́сного с его́ рассужде́ниями. Так и вы́шло то, чего́ он ожида́л. Ма́рья Па́вловна, как бу́дто не име́я никаки́х други́х це́лей, кро́ме разгово́ра, рассказа́ла, что ны́нешний год родя́тся всё ма́льчики, ви́дно к войне́. И у Ва́синых, и у Пче́льникова молода́я ба́бочка пе́рвым — то́же ма́льчик. Ма́рья Па́вловна хоте́ла рассказа́ть э́то незаме́тно, но ей само́й сде́лалось сты́дно, когда́ она́ увида́ла кра́ску на лице́ сы́на и его́ не́рвные снима́ние, пощёлкивание и надева́ние пенсне́ и поспе́шное заку́риванье папиро́сы. Она́ замолча́ла. Он то́же молча́л и не мог приду́мать, чем бы перерва́ть э́то молча́ние. Так что о́ба по́няли, что по́няли друг дру́га.

— Да, гла́вное в дере́вне на́до справедли́вость, чтоб не́ было люби́мцев, как у дя́ди твоего́.

— Ма́менька, — сказа́л вдруг Евге́ний, — я зна́ю, к чему́ вы э́то говори́те. Вы напра́сно трево́житесь. Для меня́ моя́ бу́дущая семе́йная жизнь така́я святы́ня, кото́рой я ни в како́м слу́чае не нару́шу. А то, что бы́ло в мое́й холосто́й жи́зни, то всё ко́нчено совсе́м. И я никогда́ не входи́л ни в каки́е свя́зи и никто́ не име́ет на меня́ никаки́х прав.

— Ну, я ра́да, — сказа́ла мать. — Я зна́ю твои́ благоро́дные мы́сли.

Евге́ний при́нял э́ти слова́ ма́тери как сле́дующую ему́ дань и замолча́л.

На друго́е у́тро он пое́хал в го́род, ду́мая о неве́сте, о́бо всём на све́те, но то́лько не о Степани́де. Но как бу́дто наро́чно, чтобы напо́мнить ему́, он, подъезжа́я к це́ркви, стал встреча́ть наро́д, ше́дший и е́хавший отту́да. Он встре́тил Матве́я-старика́ с Семёном, ребя́т, молоды́х де́вок, а вот две ба́бы, одна́ поста́рше и одна́ наря́дная, в я́рко-кра́сном платке́, и что́-то знако́мое. Ба́ба идёт легко́, бо́дро, и на руке́ ребёнок. Он поравня́лся, ба́ба ста́ршая поклони́лась по-стари́нному, останови́вшись, а молода́йка с ребёнком то́лько нагну́ла го́лову, и, и́з-под платка́ блесну́ли знако́мые улыба́ющиеся, весёлые глаза́.

«Да, э́то она́, но всё ко́нчено, и не́чего смотре́ть на неё.[22] И ребёнок, мо́жет быть, мой, — мелькну́ло ему́ в голове́. — Нет, вздор како́й. Муж был, она́ к нему́ ходи́ла». Он не стал высчи́тывать да́же. Так у него́ решено́ бы́ло, что э́то бы́ло ну́жно для здоро́вья, он плати́л де́ньги, и бо́льше ничего́; свя́зи како́й-нибу́дь ме́жду им и е́ю нет, не́ было, не мо́жет и не должно́ быть. Он не то что́бы заминáл го́лос со́вести, нет, пря́мо со́весть ничего́ не говори́ла ему́. И он не вспо́мнил о ней ни ра́зу по́сле разгово́ра ма́тери и встре́чи. И ни ра́зу по́сле и не встреча́л её.

На кра́сную го́рку[23] Евге́ний обвенча́лся в го́роде и то́тчас же с молодо́й жено́й уе́хал в дере́вню. Дом был устро́ен, как обыкнове́нно устра́ивают для молоды́х. Ма́рья Па́вловна хоте́ла уе́хать,

[22] it's no use looking at her
[23] the week after Easter week

но Евге́ний, а гла́вное Ли́за упроси́ли её оста́ться. То́лько она́ перешла́ во фли́гель.

И так начала́сь для Евге́ния но́вая жизнь.

VII

Пе́рвый год семе́йной жи́зни был тру́дный год для Евге́ния. Тру́ден он был тем, что дела́, кото́рые он откла́дывал кое-ка́к во вре́мя сватовства́, тепе́рь, по́сле жени́тьбы, все вдруг обру́шились на него́.

Вы́путаться из долго́в оказа́лось невозмо́жным. Да́ча была́ продана́, са́мые крича́щие долги́ покры́ты, но всё ещё остава́лись долги́, и де́нег не́ было. Име́нье принесло́ хоро́ший дохо́д, но ну́жно бы́ло посла́ть бра́ту и издержа́ть на сва́дьбу, так что де́нег не́ было, и заво́д не мог идти́ и на́до бы́ло его́ останови́ть. Одно́ сре́дство вы́путаться состоя́ло в том, что́бы употреби́ть де́ньги жены́. Ли́за, поня́в положе́ние му́жа, сама́ потре́бовала э́того. Евге́ний согласи́лся, но то́лько с тем, что́бы сде́лать ку́пчую на полови́ну име́нья на и́мя жены́. Так он и сде́лал. Разуме́ется, не для жены́, кото́рую э́то оскорбля́ло, а для тёщи.

Э́ти дела́ с ра́зными переме́нами, то успе́х, то неуспе́х, бы́ло одно́, что отравля́ло жизнь Евге́ния в э́тот пе́рвый год. Друго́е бы́ло нездоро́вье жены́. В э́тот же пе́рвый год, семь ме́сяцев по́сле жени́тьбы, о́сенью, с Ли́зой случи́лась беда́. Она́ вы́ехала в шараба́не встреча́ть му́жа, возвраща́вшегося из го́рода, сми́рная ло́шадь заигра́ла, она́ испуга́лась, вы́прыгнула. Прыжо́к был относи́тельно счастли́вый, — она́ могла́ зацепи́ться за колесо́, — но она́ была́ уже́ бере́менна, и в ту же ночь у неё начали́сь бо́ли, и она́ вы́кинула и до́лго не могла́ спра́виться по́сле вы́кидыша. Поте́ря ожида́емого ребёнка, боле́знь жены́, свя́занное с э́тим расстро́йство жи́зни и, гла́вное, прису́тствие тёщи, прие́хавшей то́тчас же, как заболе́ла Ли́за, — всё э́то сде́лало для Евге́ния год э́тот ещё бо́лее тяжёлым.

Но, несмотря́ на э́ти тяжёлые обстоя́тельства, к концу́ пе́рвого го́да Евге́ний чу́вствовал себя́ о́чень хорошо́. Во-пе́рвых, его́ задуше́вная мысль восстанови́ть упа́вшее состоя́ние, возобнови́ть де́довскую жизнь в но́вых фо́рмах, хотя́ с трудо́м и ме́дленно, но приводи́лась в исполне́ние. Тепе́рь уже́ ре́чи не могло́ быть о прода́же за долги́ всего́ име́ния. Име́ние гла́вное, хотя́ и перепи́санное на и́мя жены́, бы́ло спасено́, и е́сли то́лько свёкла бу́дет вы́ходна и це́ны хороши́, то к бу́дущему го́ду положе́ние нужды́ и напряже́ния мо́жет замени́ться соверше́нным дово́льством. Э́то бы́ло одно́.

Друго́е бы́ло то, что как ни мно́го он ожида́л от свое́й жены́, он ника́к не ожида́л найти́ в ней то, что он нашёл: э́то бы́ло не то, чего́ он ожида́л, но э́то бы́ло гора́здо лу́чше. Умиле́ний, восто́ргов влюблённых, хотя́ он и стара́лся их устра́ивать, не выходи́ло и́ли выходи́ло о́чень сла́бо; но выходи́ло совсе́м друго́е, то, что не то́лько веселе́е, прия́тнее, но ле́гче ста́ло жить. Он не знал, отчего́ э́то происхо́дит, но э́то бы́ло так.

Происходи́ло же э́то оттого́, что е́ю бы́ло решено́ то́тчас же по́сле обруче́нья, что из всех люде́й в ми́ре есть оди́н Евге́ний Ирте́нев вы́ше, умне́е, чи́ще, благоро́днее всех, и потому́ обя́занность всех люде́й служи́ть и де́лать прия́тное э́тому Ирте́неву. Но так как всех нельзя́ заста́вить э́то де́лать, то на́до по ме́ре сил де́лать э́то само́й. Так она́ и де́лала, и потому́ все её си́лы душе́вные всегда́ бы́ли напра́влены на то, что́бы узна́ть, угада́ть то, что он лю́бит, и пото́м де́лать э́то са́мое, что бы э́то ни́ было и как бы тру́дно э́то ни́ было.

И в ней бы́ло то, что составля́ет гла́вную пре́лесть обще́ния с лю́бящей же́нщиной, в ней бы́ло благодаря́ любви́ к му́жу ясновиденье его́ души́. Она́ чу́яла — ему́ каза́лось ча́сто лу́чше его́ самого́ — вся́кое состоя́ние его́ души́, вся́кий отте́нок его́ чу́вства и соотве́тственно э́того поступа́ла, ста́ло быть никогда́ не оскорбля́ла его́ чу́вства, а всегда́ умеря́ла тяжёлые чу́вства и уси́ливала ра́достные. Но не то́лько чу́вства, мы́сли его́ она́ понима́ла. Са́мые чу́ждые ей предме́ты по се́льскому хозя́йству, по заво́ду, по оце́нке люде́й она́ сра́зу понима́ла и не то́лько могла́ быть ему́ собесе́дником, но ча́сто, как он сам говори́л ей, поле́зным, незамени́мым сове́тчиком. На ве́щи, люде́й, на всё в ми́ре она́ смотре́ла то́лько его́ глаза́ми. Она́ люби́ла свою́ мать, но, увида́в, что Евге́нию быва́ло неприя́тно вмеша́тельство в их жизнь тёщи, она́ сра́зу ста́ла на сто́рону му́жа и с тако́й реши́тельностью, что он до́лжен был укроща́ть её.

Сверх всего́ э́того, в ней бы́ло про́пасть[24] вку́са, та́кта и, гла́вное, тишины́. Всё, что она́ де́лала, она́ де́лала незаме́тно, заме́тны бы́ли то́лько результа́ты де́ла, то есть всегда́ и во всём чистота́, поря́док и изя́щество. Ли́за то́тчас же поняла́, в чём состоя́л идеа́л жи́зни

[24] a great deal

её му́жа, и стара́лась дости́гнуть и достига́ла в устро́йстве и поря́дке до́ма того́ са́мого, чего́ он жела́л. Недостава́ло дете́й, но и на э́то была́ наде́жда. Зимо́й они́ съе́здили в Петербу́рг к акушёру, и он уве́рил их, что она́ совсем здоро́ва и мо́жет име́ть дете́й.

И э́то жела́ние сбы́лось. К концу́ го́да она́ опя́ть забере́менела.

Одно́, что не то что отравля́ло, но угрожа́ло их сча́стью, была́ её ре́вность — ре́вность, кото́рую она́ сде́рживала, не пока́зывала, но от кото́рой она́ ча́сто страда́ла. Не то́лько Евге́ний не мог никого́ люби́ть, потому́ что не́ было на све́те же́нщин, досто́йных его́ (о том, что была́ ли она́ досто́йна его́ и́ли нет, она́ никогда́ не спра́шивала себя́), но и ни одна́ же́нщина поэ́тому не могла́ сметь люби́ть его́.

VIII

Жи́ли они так: он встава́л, как всегда́, ра́но и шёл по хозя́йству,[25] на заво́д, где производи́лись рабо́ты, иногда́ в по́ле. К десяти́ часа́м он приходи́л к ко́фею. Ко́фе пи́ли на терра́се Ма́рья Па́вловна, дя́дюшка, кото́рый жил у них, и Ли́за. По́сле разгово́ров, ча́сто о́чень оживлённых, за ко́фе, расходи́лись до обе́да. В два обе́дали. И по́сле ходи́ли гуля́ть и́ли е́здили ката́ться. Ве́чером, когда́ он приходи́л из конто́ры, пи́ли по́здно чай, и иногда́ он чита́л вслух, она́ рабо́тала, и́ли музици́ровали, и́ли разгова́ривали, когда́ быва́ли го́сти. Когда́ он уезжа́л по дела́м, он писа́л и получа́л от неё пи́сьма ка́ждый день. Иногда́ она́ сопу́тствовала ему́, и э́ту быва́ло осо́бенно ве́село. В имени́ны его́ и её собира́лись го́сти, и ему́ прия́тно бы́ло ви́деть, как она́ уме́ла всё устро́ить так, что всем бы́ло хорошо́. Он ви́дел, да и слы́шал, что все любу́ются е́ю, молодо́й, ми́лой хозя́йкой, и ещё бо́льше люби́л её за э́то. Всё шло прекра́сно. Бере́менность она́ носи́ла легко́, и они́ о́ба, хотя́ и са́ми робе́я, начина́ли зага́дывать о том, как они́ бу́дут воспи́тывать ребёнка. Спо́соб воспита́ния, приёмы, всё э́то реша́л Евге́ний, и она́ то́лько жела́ла поко́рно испо́лнить его́ во́лю. Евге́ний же начита́лся медици́нских книг и име́л наме́рение воспи́тывать ребёнка по всем пра́вилам нау́ки. Она́, разуме́ется, соглаша́лась на всё и гото́вилась, сшива́ла конве́рты тёплые и холо́дные и устра́ивала ка́чку. Так наступи́л второ́й год их жени́тьбы и втора́я весна́.

[25] went to supervise his farm

IX

Э́то бы́ло под Трóицын день. Ли́за былá на пя́том мéсяце и, хотя́ и береглáсь, былá веселá и подви́жна. О́бе мáтери, её и егó, жи́ли в дóме под предлóгом караýления и оберегáния её и тóлько тревóжили её свои́ми пикирóвками. Евгéний занимáлся осóбенно горячó хозя́йством, нóвой обрабóткой в бóльших размéрах свёклы.

Под Трóицын день Ли́за реши́ла, что нáдо сдéлать хорóшую очи́стку дóма, котóрой не дéлали со Святóй, и позвалá в пóмощь прислýге двух подённых баб, чтоб вы́мыть полы́, óкна, и вы́бить мéбель и ковры́, и надéть чехлы́. С рáннего утрá пришли́ бáбы, постáвили чугуны́ воды́ и приняли́сь за рабóту. Однá из двух баб былá Степани́да, котóрая тóлько что отнялá[26] своегó мáльчика и напроси́лась через контóрщика, к котóрому онá бéгала тепéрь, в поломóйки. Ей хотéлось хорошéнько рассмотрéть нóвую бáрыню. Степани́да жилá по-стáрому однá, без мýжа, и шали́ла, как онá шали́ла прéжде с старикóм Дани́лой, поймáвшим её с дровáми, потóм с бáрином, тепéрь с молоды́м мáлым — контóрщиком. Об бáрине онá вóвсе и не дýмала. «У негó тепéрь женá есть, — дýмала онá. — А лéстно посмотрéть бáрыню, её заведéнье, хорошó, говоря́т, ýбрано».

Евгéний, с тех пор как встрéтил её с ребёнком, не видáл её. На подённую онá не ходи́ла, так как былá с ребёнком, а он рéдко проходи́л по дерéвне. В э́то ýтро, наканýне Трóицына дня, Евгéний рáно, в пя́том часý, встал и уéхал на паровóе пóле, где должны́ бы́ли рассыпáть фосфори́ты, и вы́шел из дóма, покá ещё бáбы не входи́ли в негó, а вози́лись у пéчи с котлáми.

Весёлый, довóльный и голóдный, Евгéний возвращáлся к зáвтраку. Он слез с лóшади у кали́тки и, отдáв её проходи́вшему садóвнику, постёгивая хлыстóм высóкую травý, повторя́я, как э́то чáсто бывáет, произнесённую фрáзу, шёл к дóму. Фрáза, котóрую он повторя́л, былá: «Фосфори́ты оправдáют», — что, пéред кем — он не знал и не дýмал.

На лужкý колоти́ли ковёр. Мéбель былá вы́несена.

«Мáтушки! какýю Ли́за затéяла перечи́стку. Фосфори́ты оправдáют. Вот так хозя́йка. Хозя́юшка! Да, хозя́юшка, — сказáл он сам себé, жи́во предстáвив себé её в бéлом капóте, с сия́ющим от

[26] weaned

ра́дости лицо́м, како́е у неё почти́ всегда́ бы́ло, когда́ он смотре́л на неё. — Да, на́до перемени́ть сапоги́, а то фосфори́ты оправда́ют, то есть па́хнет наво́зом, а хозя́юшка-то-с в тако́м положе́нии. Отчего́ в тако́м положе́нии? Да, растёт там в ней ма́ленький Ирте́нев но́вый, — поду́мал он. — Да, фосфори́ты оправда́ют». И, улыба́ясь свои́м мы́слям, ткнул руко́й дверь в свою́ ко́мнату.

Но не успе́л он надави́ть на дверь, как она́ сама́ отвори́лась, и нос с но́сом он столкну́лся с ше́дшей ему́ навстре́чу с ведро́м, подо́ткнутой, босоно́гой и с высоко́ засу́ченными рукава́ми ба́бой. Он посторони́лся, чтобы пропусти́ть ба́бу, она́ то́же посторони́лась, поправля́я ве́рхом мо́крой руки́ сби́вшийся плато́к.

— Иди́, иди́, я не пойду́, ко́ли вы . . . — на́чал бы́ло Евге́ний и вдруг, узнав её, останови́лся.

Она́, улыба́ясь глаза́ми, ве́село взгляну́ла на него́. И, обдёрнув панёву, вы́шла из две́ри.

«Что за вздор? . . . Что тако́е? . . . Не мо́жет быть», — хму́рясь и отря́хиваясь, как от му́хи, говори́л себе́ Евге́ний, недово́льный тем, что он заме́тил её. Он был недово́лен тем, что заме́тил её, а вме́сте с тем не мог оторва́ть от её пока́чивающегося ло́вкой, си́льной похо́дкой босы́х ног те́ла, от её рук, плеч, краси́вых скла́док руба́хи и кра́сной панёвы, высоко́ подо́ткнутой над её бе́лыми и́крами.

«Да что же я смотрю́, — сказа́л он себе́, опуска́я глаза́, чтоб не вида́ть её. — Да, на́до взойти́ всё-таки, взять сапоги́ други́е». И он поверну́лся наза́д к себе́ в ко́мнату; но не успе́л пройти́ пяти́ шаго́в, как, сам не зна́я как и по чьему́ прика́зу, опя́ть огляну́лся, чтобы ещё раз увида́ть её. Она́ заходи́ла за́ угол и в то же мгнове́ние то́же огляну́лась на него́.

«Ах, что я де́лаю, — вскри́кнул он в душе́. — Она́ мо́жет поду́мать. Да́же наве́рно она́ уже́ поду́мала».

Он вошёл в свою́ мо́крую ко́мнату. Друга́я ба́ба, ста́рая, худа́я, была́ там и мы́ла ещё. Евге́ний прошёл на цы́почках че́рез гря́зные лу́жи к сте́нке, где стоя́ли сапоги́, и хоте́л выходи́ть, когда́ ба́ба то́же вы́шла.

«Э́та вы́шла, и придёт та, Степани́да — одна́», — вдруг на́чал в нём рассужда́ть кто́-то.

«Бо́же мой! Что я ду́маю, что я де́лаю!» Он схвати́л сапоги́ и побежа́л с ни́ми в пере́днюю, там наде́л их, обчи́стился и вы́шел на терра́су, где уж сиде́ли о́бе мама́ши за ко́фе. Ли́за, очеви́дно, ждала́ его́ и вошла́ на терра́су из друго́й две́ри вме́сте с ним.

«Бо́же мой, е́сли бы она́, счита́ющая меня́ таки́м че́стным, чи́стым, неви́нным, е́сли бы она́ зна́ла!» — поду́мал он.

Ли́за, как всегда́, с сия́ющим лицо́м встре́тила его́. Но ны́нче она́ что́-то осо́бенно показа́лась ему́ бле́дной, жёлтой и дли́нной, сла́бой.

X

За ко́феем, как и ча́сто случа́лось, шёл тот осо́бенный да́мский разгово́р, в кото́ром логи́ческой свя́зи не́ было никако́й, но кото́рый, очеви́дно, че́м-то свя́зывался, потому́ что шёл беспреры́вно.

О́бе да́мы пики́ровались, и Ли́за иску́сно лави́ровала ме́жду ни́ми.

— Мне так доса́дно, что не успе́ли вы́мыть твою́ ко́мнату до твоего́ прие́зда, — сказа́ла она́ му́жу. — А так хо́чется все перебра́ть.

— Ну как ты, спала́ по́сле меня́?

— Да, я спала́, мне хорошо́.

— Как мо́жет быть хорошо́ же́нщине в её положе́нии в э́ту невыноси́мую жару́, когда́ о́кна на со́лнце, — сказа́ла Варва́ра Алексе́евна, её мать. — И без жалузи́ и́ли марки́з. У меня́ всегда́ марки́зы.

— Да ведь здесь тень с десяти́ часо́в, — сказа́ла Ма́рья Па́вловна.

— От э́того и лихора́дка. От сы́рости, — сказа́ла Варва́ра Алексе́евна, не замеча́я того́, что она́ говори́т пря́мо проти́вное тому́, что говори́ла сейча́с. — Мой до́ктор говори́л всегда́, что нельзя́ никогда́ определи́ть боле́знь, не зна́я хара́ктера больно́й. А уж он зна́ет, потому́ что э́то пе́рвый до́ктор, и мы пла́тим ему́ сто рубле́й. Поко́йный муж не признава́л докторо́в, но для меня́ никогда́ он ничего́ не жале́л.

— Как же мо́жет мужчи́на жале́ть для же́нщины, когда́ жизнь её и ребёнка зави́сит, мо́жет быть . . .

— Да, когда́ есть сре́дства, то жена́ мо́жет не зави́сеть от му́жа. Хоро́шая жена́ покоря́ется му́жу, — сказа́ла Варва́ра Алексе́евна, — но то́лько Ли́за сли́шком ещё слаба́ по́сле своéй боле́зни.

— Да нет, ма́ма, я себя́ прекра́сно чу́вствую. Что ж кипячёных сли́вок вам не по́дали?

— Мне не на́до. Я могу́ и с сыры́ми.

— Я спра́шивала у Варва́ры Алексе́евны. Она́ отказа́лась, — сказа́ла Ма́рья Па́вловна, как бу́дто опра́вдываясь.

— Да нет, я не хочу́ ны́нче. — И, как бу́дто чтоб прекрати́ть неприя́тный разгово́р и великоду́шно уступа́я, Варва́ра Алексе́евна обрати́лась к Евге́нию: — Ну что, рассы́пали фосфори́ты?

Ли́за побежа́ла за сли́вками.

— Да я не хочу́, не хочу́.

— Ли́за! Ли́за! ти́ше, — сказа́ла Ма́рья Па́вловна. — Ей вре́дны э́ти бы́стрые движе́ния.

— Ничего́ не вре́дно, е́сли есть споко́йствие душе́вное, — сказа́ла, как бу́дто на что-то намека́я, Варва́ра Алексе́евна, хотя́ и сама́ зна́ла, что слова́ её не могли́ ни на что намека́ть.

Ли́за верну́лась со сли́вками. Евге́ний пил свой ко́фе и угрю́мо слу́шал. Он привы́к к э́тим разгово́рам, но ны́нче его́ осо́бенно раздража́ла бессмы́сленность его́. Ему́ хоте́лось обду́мать то, что случи́лось с ним, а э́тот ле́пет меша́л ему́. Напи́вшись ко́фе, Варва́ра Алексе́евна так и ушла́ не в ду́хе. Оста́лись одни́ Ли́за, Евге́ний и Ма́рья Па́вловна. И разгово́р шёл просто́й и приня́тный. Но чу́ткая любо́вью Ли́за то́тчас же заме́тила, что что-то му́чает Евге́ния, и спроси́ла его́, не́ было ли чего́ неприя́тного. Он не пригото́вился к э́тому вопро́су и немно́го замя́лся, отвеча́я, что ничего́. И э́тот отве́т ещё бо́льше заста́вил заду́маться Ли́зу. Что что́-то му́чало и о́чень му́чало его́, ей бы́ло так же очеви́дно, как то, что му́ха попа́ла в молоко́, но он не говори́л, что же э́то тако́е бы́ло.

XI

По́сле за́втрака все разошли́сь. Евге́ний, по заведённому поря́дку, пошёл к себе́ в кабине́т. Он не стал ни чита́ть, ни писа́ть пи́сьма́, а сел и стал кури́ть одну́ папиро́су за друго́ю, ду́мая. Его́ стра́шно удиви́ло и огорчи́ло э́то неожи́данно прояви́вшееся в нём скве́рное чу́вство, от кото́рого он счита́л себя́ свобо́дным, с тех пор как жени́лся. Он ни ра́зу с тех пор не испы́тывал э́того чу́вства ни к ней, к той же́нщине, кото́рую он знал, ни к како́й бы то ни́ было же́нщине, кро́ме как к свое́й жене́. Он в душе́ мно́го раз ра́довался э́тому своему́ освобожде́нию, и вот вдруг э́та случа́йность, така́я, каза́лось бы, ничто́жная, откры́ла ему́ то, что он не свобо́ден. Его́ му́чало тепе́рь не то, что он опя́ть подчини́лся э́тому чу́вству, что он жела́ет её, — э́того он и ду́мать не хоте́л, — а то, что чу́вство э́то жи́во в нём и что на́до стоя́ть настороже́ про́тив него́. В том, что он пода́вит э́то чу́вство, в душе́ его не́ было и сомне́ния.

У него́ бы́ло одно́ неотве́ченное письмо́ и бума́га, кото́рую на́до бы́ло соста́вить. Он сел за пи́сьменный стол и взя́лся за рабо́ту. Око́нчив её и совсе́м забы́в то, что его́ встрево́жило, он вы́шел, что́бы пройти́ на коню́шню. И опя́ть как на беду́, по несча́стной ли случа́йности, и́ли наро́чно, то́лько он вы́шел на крыльцо́, из-за угла́ вы́шла кра́сная панёва и кра́сный плато́к и, маха́я рука́ми и перека́чиваясь, прошла́ ми́мо его́. Ма́ло того́, что прошла́, она́ пробежа́ла, минова́в его́, как бы игра́ючи, и догнала́ това́рку.

Опя́ть я́ркий по́лдень, крапи́ва, зады́ Дани́ловой карау́лки и в те́ни клёнов её улыба́ющееся лицо́, куса́ющее ли́стья, восста́ли в его́ воображе́нии.

«Нет, э́то невозмо́жно так оста́вить», — сказа́л он себе́ и, подожда́в того́, что́бы ба́бы скры́лись из ви́ду, пошёл в конто́ру. Был са́мый обе́д, и он наде́ялся заста́ть ещё прика́зчика. Так и случи́лось. Прика́зчик то́лько что просну́лся. Он стоя́л в конто́ре, потя́гиваясь, зева́л, гля́дя на ско́тника, что-то ему́ говори́вшего.

— Васи́лий Никола́евич!

— Что прика́жете?

— Мне поговори́ть с ва́ми.

— Что прика́жете?

— Да вот ко́нчите.

— Ра́зве не принесёшь? — сказа́л Васи́лий Никола́евич ско́тнику.

— Тяжело́, Васи́лий Никола́евич.

— Что э́то? — спроси́л Евге́ний.

— Да отели́лась в по́ле коро́ва. Ну ла́дно, я сейча́с велю́ запре́чь ло́шадь. Вели́ Никола́ю Лысу́ху запре́чь, хоть в дро́ги.

Ско́тник ушёл.

— Вот ви́дите ли, — красне́я и чу́вствуя э́то, на́чал Евге́ний. — Вот ви́дите ли, Васи́лий Никола́евич. Тут, пока́ я был холосто́й, бы́ли у меня́ грехи́ . . . Вы, мо́жет быть, слы́шали . . .

Васи́лий Никола́евич улыба́лся глаза́ми и, очеви́дно, жале́я ба́рина, сказа́л:

— Это насчёт Степа́шки?

— Ну да. Так вот что. Пожа́луйста, пожа́луйста, не бери́те вы её на подённую в дом. Вы понима́ете, неприя́тно о́чень мне . . .

— Да э́то, ви́дно, Ва́ня-конто́рщик распоряди́лся.

— Так пожа́луйста . . . Ну так как же, рассы́пят остально́е? — сказа́л Евге́ний, что́бы скрыть свой конфу́з.

— Да вот пое́ду сейча́с.

Так и ко́нчилось э́то. И Евге́ний успоко́ился, наде́ясь, что как он про́жил год, не вида́в её, так бу́дет и тепе́рь. «Кро́ме того́, Васи́лий ска́жет Ива́ну-конто́рщику, Ива́н ска́жет ей, и она́ поймёт, что я не хочу́ э́того», — говори́л себе́ Евге́ний и ра́довался тому́, что он взял на себя́ и сказа́л Васи́лью, как ни тру́дно э́то бы́ло ему́. «Да всё лу́чше, всё лу́чше, чем э́то сомне́ние, э́тот стыд». Он содрога́лся при одно́м воспомина́нии об э́том преступле́нии мы́слью.

XII

Нра́вственное уси́лие, кото́рое он сде́лал, что́бы, преодоле́в стыд, сказа́ть Васи́лью Никола́евичу, успоко́ило Евге́ния. Ему́ каза́лось, что тепе́рь всё ко́нчено. И Ли́за то́тчас же заме́тила, что он совсе́м споко́ен и да́же ра́достнее обыкнове́нного. «Ве́рно, его́ огорча́ла э́та пикиро́вка ме́жду мама́шами. В са́мом де́ле, тяжело́, в осо́бенности ему́ с его́ чувстви́тельностью и благоро́дством, слы́шать всегда́ э́ти недружелю́бные и дурно́го то́на намёки на что-то», — ду́мала Ли́за.

Сле́дующий день был Тро́ицын. Пого́да была́ прекра́сная, и ба́бы, по обыкнове́нию, проходя́ в лес завива́ть венки́, подошли́ к ба́рскому до́му и ста́ли петь и пляса́ть. Ма́рья Па́вловна и Варва́ра Алексе́евна вы́шли в наря́дных пла́тьях с зо́нтиками на крыльцо́ и подошли́ к хорово́ду. С ни́ми же вме́сте вы́шел в кита́йском сюртучке́ обрю́згший блудни́к и пья́ница дя́дюшка, жи́вший э́то ле́то у Евге́ния.

Как всегда́, был оди́н пёстрый, я́ркий цвета́ми кружо́к молоды́х баб и де́вок це́нтром всего́, а вокру́г него́ с ра́зных сторо́н, как оторва́вшиеся и враща́ющиеся за ним плане́ты и спу́тники, то девча́та, держа́сь рука́ с руко́й, шурша́ но́вым си́тцем расстега́ев, то ма́лые ребя́та, фы́ркающие чему́-то и бе́гающие взад и вперёд друг за дру́гом, то ребя́та взро́слые, в си́них и чёрных поддёвках и карту́зах и кра́сных руба́хах, с неперестаю́щим плева́ньем шелухи́ се́мечек, то дворо́вые и́ли посторо́нние, издалека́ погля́дывающие на хорово́д. О́бе ба́рыни подошли́ к са́мому кру́гу и вслед за ни́ми Ли́за, в голубо́м пла́тье и таки́х же ле́нтах на голове́, с широ́кими рукава́ми, из кото́рых видне́лись её дли́нные бе́лые ру́ки с углова́тыми локтя́ми.

Евге́нию не хоте́лось выходи́ть, но сме́шно бы́ло скрыва́ться. Он вы́шел то́же с папиро́сой на крыльцо́, раскла́нялся с ребя́тами и мужика́ми и заговори́л с одни́м из них. Ба́бы между тем ора́ли во всю мочь[27] плясову́ю и подщёлкивали и подхло́пывали в ладо́ни и пляса́ли.

— Ба́рыня зову́т, — сказа́л ма́лый, подходя́ к не слыха́вшему зо́ва жены́ Евге́нию. Ли́за звала́ его́ посмотре́ть на пля́ску, на одну́ из пляса́вших баб, кото́рая ей осо́бенно нра́вилась. Э́то была́ Степа́ша. Она́ была́ в жёлтом расстега́е и в пли́совой безрука́вке, и в шёлковом платке́, широ́кая, энерги́ческая, румя́ная, весёлая. Должно́ быть, она́ хорошо́ пляса́ла. Он ничего́ не вида́л.

— Да, да, — сказа́л он, снима́я и надева́я пенсне́. — Да, да, — говори́л он. «Ста́ло быть,[28] нельзя́ мне изба́виться от неё», — ду́мал он.

Он не смотре́л на неё, потому́ что боя́лся её привлека́тельности и и́менно от э́того то, что он ме́льком ви́дел в ней, каза́лось ему́ осо́бенно привлека́тельным. Кро́ме того́, он ви́дел по блесну́вшему её взгля́ду, что она́ ви́дит его́ и ви́дит то, что он любу́ется е́ю. Он постоя́л, ско́лько ну́жно бы́ло для прили́чия, и, увида́в, что Варва́ра Алексе́евна подозвала́ её и что-то нескла́дно, фальши́во, называ́я её ми́лочкой, говори́ла с ней, поверну́лся и отошёл. Он отошёл и верну́лся в дом. Он ушёл, что́бы не вида́ть её, но, войдя́ на ве́рхний эта́ж, он, сам не зна́я как и заче́м, подошёл к окну́ и всё вре́мя, пока́ ба́бы бы́ли у крыльца́, стоя́л у окна́ и смотре́л, смотре́л на неё, упива́лся е́ю.

Он сбежа́л, пока́ никто не мог его́ ви́деть, и пошёл ти́хим ша́гом на балко́н и, на балко́не закури́в папиро́су, как бу́дто гуля́я, пошёл в сад по тому́ направле́нию, по кото́рому она́ пошла́. Он не сде́лал двух шаго́в в алле́е, как за дере́вьями мелькну́ла пли́совая безрука́вка на ро́зовом расстега́е и кра́сный плато́к. Она́ шла куда́-то с друго́й ба́бой. «Куда́-то они́ шли?»

И вдруг стра́стная по́хоть обожгла́ его́, как руко́й схвати́ла за се́рдце. Евге́ний, как бу́дто по чьей-то чужд́ой ему́ во́ле, огляну́лся и пошёл к ней.

[27] for all they were worth
[28] that means; it seems

— Евге́ний Ива́ныч, Евге́ний Ива́ныч! Я к ва́шей ми́лости,[29] — заговори́л сза́ди го́лос, и Евге́ний, увида́в старика́ Само́хина, кото́рый рыл у него́ коло́дец, очну́лся и, бы́стро поверну́вшись, пошёл к Само́хину. Разгова́ривая с ним, он поверну́лся бо́ком и увида́л, что они́ с ба́бой прошли́ вниз, очеви́дно к коло́дцу или под предло́гом коло́дца, и пото́м, побы́в там недо́лго, побежа́ли к хорово́ду.

XIII

Поговори́в с Само́хиным, Евге́ний верну́лся в дом уби́тый,[30] то́чно соверши́вший преступле́ние. Во-пе́рвых, она́ поняла́ его́, она́ ду́мала, что он хо́чет ви́деть её, и она́ жела́ет э́того. Во-вторы́х, э́та друга́я ба́ба — э́та А́нна Про́хорова, — очеви́дно, зна́ет про э́то.

Гла́вное же то, что он чу́вствовал, что он побеждён, что у него́ нет свое́й во́ли, есть друга́я си́ла, дви́гающая им; что ны́нче он спа́сся то́лько по сча́стью, но не ны́нче, так за́втра, так послеза́втра он всё-таки поги́бнет.

«Да, поги́бнет, — он и́наче не понима́л э́того, — измени́ть свое́й молодо́й, лю́бящей жене́ в дере́вне с ба́бой, на виду́ всех, ра́зве э́то не была́ поги́бель, стра́шная поги́бель, по́сле кото́рой нельзя́ бы́ло жить бо́льше? Нет, на́до, на́до приня́ть ме́ры».

«Бо́же мой, Бо́же мой! Что же мне де́лать? Неуже́ли я так и поги́бну? — гово́рил он себе́. — Ра́зве нельзя́ приня́ть мер? Да на́до же что́-нибу́дь сде́лать. Не ду́мать об ней, — прика́зывал он себе́. — Не ду́мать!» — и то́тчас же он начина́л ду́мать, и ви́дел её пе́ред собо́й, и ви́дел клено́вую тень.

Он вспо́мнил, что чита́л про ста́рца, кото́рый от собла́зна пе́ред же́нщиной, на кото́рую до́лжен был наложи́ть ру́ку, чтоб лечи́ть её, положи́л другу́ю ру́ку на жаро́вню и сжёг па́льцы. Он вспо́мнил э́то. «Да, я гото́в сжечь па́льцы лу́чше, чем поги́бнуть». И он, огляну́вшись, что никого́ нет в ко́мнате, зажёг спи́чку и положи́л па́лец в ого́нь. «Ну, ду́май о ней тепе́рь», — ирони́чески обрати́лся он к себе́. Ему́ ста́ло бо́льно, он отдёрнул закопчённый па́лец, бро́сил спи́чку и сам засмея́лся над собо́й. «Како́й вздор. Не э́то на́до де́лать. А на́до приня́ть ме́ры, что́бы не вида́ть её — уе́хать

29 if you would be so kind
30 in despair

самому́ или её удали́ть. Да, удали́ть! Предложи́ть её му́жу де́нег, чтоб он уе́хал в го́род или в друго́е село́. Узна́ют, бу́дут говори́ть про э́то. Ну что же, всё лу́чше, чем э́та опа́сность. Да, на́до сде́лать э́то», — говори́л он себе́ и всё, не спуска́я глаз, смотре́л на неё. «Куда́ э́то она́ пошла́?» — вдруг спроси́л он себя́. Она́, как ему́ показа́лось, ви́дела его́ у окна́ и тепе́рь, взгляну́в на него́, взяла́сь рука́ с руко́й с како́й-то ба́бой, пошла́ к са́ду, бо́йко разма́хивая руко́й. Сам не зна́я заче́м, почему́, всё ра́ди свои́х мы́слей, он пошёл в конто́ру.

Васи́лий Никола́евич, в наря́дном сюртуке́, напома́женный, сиде́л за ча́ем с жено́й и го́стьей в ковро́вом платке́.

— Как бы мне, Васи́лий Никола́евич, поговори́ть.

— Мо́жно. Пожа́луйте. Мы о́тпили.[31]

— Нет, пойдёмте со мной лу́чше.

— Сейча́с, то́лько дай карту́з возьму́. Ты, Та́ня, самова́р-то прикро́й, — сказа́л Васи́лий Никола́евич, ве́село выходя́.

Евге́нию показа́лось, что он был вы́пивши, но что же де́лать; мо́жет, э́то к лу́чшему, он уча́стливее взойдёт в его́ положе́ние.

— Я, Васи́лий Никола́евич, опя́ть о том же, — сказа́л Евге́ний, — об э́той же́нщине.

— Так что же. Я приказа́л, чтоб отню́дь не брать.

— Да нет, я вообще́ вот что ду́маю и вот о чём хоте́л с ва́ми посове́товаться. Нельзя́ ли их удали́ть, всё семе́йство удали́ть?

— Куда́ ж их удали́шь? — недово́льно и насме́шливо, как показа́лось Евге́нию, сказа́л Васи́лий.

— Да я так ду́мал, что дать им де́нег или да́же земли́ в Колто́вском, то́лько бы не́ было её тут.

— Да как же удали́шь? Куда́ он пойдёт с своего́ ко́реня?[32] Да и на что вам? Что она́ вам меша́ет?

— Ах, Васи́лий Никола́евич, вы пойми́те, что жене́ э́то ужа́сно бу́дет узна́ть.

— Да кто же ей ска́жет?

— Да как же жить под э́тим стра́хом? Да и вообще́ э́то тяжело́.

— И чего́ вы беспоко́итесь, пра́во? Кто ста́рое помянёт, тому́ глаз вон. А кто Бо́гу не гре́шен, царю́ не винова́т?

— Всё-таки лу́чше бы удали́ть. Вы не мо́жете поговори́ть с му́жем?

— Да не́чего говори́ть. Эх, Евге́ний Ива́нович, что вы э́то? И всё

[31] We've had our tea.
[32] Where would he go? His roots are here.

прошло́ и забы́лось. Чего́ не быва́ет? А кто же тепе́рь про вас ска́жет худо́е? Ведь вы в виду́.[33]

— Но вы всё-таки скажи́те.

— Хорошо́, я поговорю́.

Хотя́ он и знал вперёд, что из э́того ничего́ не вы́йдет, разгово́р э́тот не́сколько успоко́ил Евге́ния. Он, гла́вное, почу́вствовал, что он от волне́ния преувели́чил опа́сность.

Ра́зве он шёл на свида́ние с ней? Оно́ и невозмо́жно. Он про́сто шёл пройти́сь по́ са́ду, а она́ случа́йно вы́бежала туда́.

XIV

В э́тот же са́мый Тро́ицын день, после обе́да, Ли́за, гуля́я по́ саду и выходя́ из него́ на луг, куда́ повёл её муж, чтобы показа́ть кле́вер, переходя́ ма́ленькую кана́вку, оступи́лась и упа́ла. Она́ упа́ла мя́гко на́ бок, но о́хнула, и в лице́ её муж увида́л не то́лько испу́г, но боль. Он хоте́л подня́ть её, но она́ отвела́ его́ ру́ку.

— Нет, погоди́ немно́го, Евге́ний, — сказа́ла она́, сла́бо улыба́ясь и сни́зу ка́к-то, как ему́ показа́лось, с винова́тым ви́дом гля́дя на него́. — Про́сто нога́ подверну́лась.

— Вот я всегда́ говорю́, — заговори́ла Варва́ра Алексе́евна. — Ра́зве мо́жно в тако́м положе́нии пры́гать че́рез кана́вы?

— Да нет же, ма́ма, ничего́. Я сейча́с вста́ну.

Она́ вста́ла с по́мощью му́жа, но в ту же мину́ту она́ побледне́ла, и на лице́ её вы́разился испу́г.

— Да, мне нехорошо́, — и она́ шепну́ла что́-то ма́тери.

— Ах, Бо́же мой, что наде́лали! Я говори́ла не ходи́ть, — крича́ла Варва́ра Алексе́евна. — Погоди́те, я пришлю́ люде́й. Ей не на́до ходи́ть. Её на́до снести́.

— Ты не бои́шься, Ли́за? Я снесу́ тебя́, — сказа́л Евге́ний, обхвати́в её ле́вой руко́й. — Обойми́ мне ше́ю. Вот так.

И он, нагну́вшись, подхвати́л её по́д но́ги пра́вой руко́й и по́днял. — Никогда́ он не мог забы́ть по́сле э́то страда́льческое и вме́сте блаже́нное выраже́ние, кото́рое бы́ло на её лице́.

— Тебе́ тяжело́, ми́лый, — говори́ла она́, улыба́ясь. — Ма́ма-то бежи́т, скажи́ ей!

[33] You are well thought of.

И она́ пригну́лась к нему́ и поцелова́ла. Ей, очеви́дно, хоте́лось, чтобы и ма́ма ви́дела, как он несёт её.

Евге́ний кри́кнул Варва́ре Алексе́евне, чтоб она́ не торопи́лась, что он донесёт. Варва́ра Алексе́евна останови́лась и начала́ крича́ть ещё пу́ще.

— Ты уро́нишь её, непреме́нно уро́нишь. Хо́чешь погуби́ть её. Нет в тебе́ со́вести.

— Да я прекра́сно несу́.

— Не хочу́ я, не могу́ я ви́деть, как ты мо́ришь мою́ дочь. — И она́ забежа́ла за́ угол алле́и.

— Ничего́, это пройдёт, — говори́ла Ли́за, улыба́ясь.

— Да то́лько бы не бы́ло после́дствий, как тот раз.

— Нет, я не об э́том. Э́то ничего́, а я о мама́. Ты уста́л, отдохни́.

Но хотя́ ему́ и тяжело́ бы́ло, Евге́ний с го́рдой ра́достью донёс свою́ но́шу до́ дому и не пе́редал её го́рничной и по́вару, кото́рых нашла́ и вы́слала им навстре́чу Варва́ра Алексе́евна. Он донёс её до спа́льни и положи́л на посте́ль.

— Ну, ты поди́, — сказа́ла она́ и, притяну́в к себе́ его́ ру́ку, поцелова́ла её. — Мы с А́ннушкой спра́вимся.

Ма́рья Па́вловна прибежа́ла то́же из фли́геля. Ли́зу разде́ли и уложи́ли в посте́ль. Евге́ний сиде́л в гости́ной с кни́гой в руке́, дожида́ясь. Варва́ра Алексе́евна прошла́ ми́мо него́ с таки́м укори́зненным, мра́чным ви́дом, что ему́ сде́лалось стра́шно.

— Ну что? — спроси́л он.

— Что? Что же спра́шивать? То са́мое, чего́ вы хоте́ли, вероя́тно, заставля́я жену́ пры́гать че́рез рвы.

— Варва́ра Алексе́евна! — вскри́кнул он. — Э́то невыноси́мо. Е́сли вы хоти́те му́чать люде́й и отравля́ть им жизнь, — он хоте́л сказа́ть: то поезжа́йте куда́-нибудь в друго́е ме́сто, но удержа́лся. — Как вам не бо́льно э́то?

— Тепе́рь по́здно.

И она́, победоно́сно встряхну́в чепцо́м, прошла́ в дверь.

Паде́ние действи́тельно бы́ло дурно́е. Нога́ подверну́лась нело́вко, и была́ опа́сность того́, что опя́ть бу́дет вы́кидыш. Все зна́ли, что де́лать ничего́ нельзя́, что на́до то́лько лежа́ть споко́йно, но всё-таки реши́ли посла́ть за до́ктором.

«Многоуважа́емый Никола́й Семёнович, — написа́л Евге́ний врачу́, — вы так всегда́ добры́ бы́ли к нам, что, наде́юсь, не отка́жете прие́хать помо́чь жене́. Она́ в . . .» и т. д. Написа́в письмо́, он пошёл в коню́шню распоряди́ться лошадьми́ и экипа́жем. На́до бы́ло пригото́вить одни́х лошаде́й, чтобы привезти́, други́х — увезти́. Где хозя́йство не на большу́ю но́гу,[34] всё это не сра́зу мо́жно устро́ить, а на́до обду́мать. Нала́див всё сам и отпра́вив ку́чера, он верну́лся домо́й в деся́том часу́. Жена́ лежа́ла и говори́ла, что ей прекра́сно и ничего́ не боли́т; но Варва́ра Алексе́евна сиде́ла за ла́мпой, заслонённой от Ли́зы но́тами, и вяза́ла большо́е кра́сное одея́ло с таки́м ви́дом, кото́рый я́сно говори́л, что по́сле того́, что бы́ло, ми́ру быть не мо́жет. «А что бы кто ни де́лал, я по кра́йней ме́ре испо́лнила свою́ обя́занность».

Евге́ний ви́дел э́то, но, что́бы сде́лать вид, что он не замеча́ет, стара́лся име́ть весёлый и беспе́чный вид, расска́зывал, как он собра́л лошаде́й и как кобы́ла Ка́вушка отли́чно пошла́ на ле́вой пристя́жке.

— Да, разуме́ется, са́мое вре́мя выезжа́ть лошаде́й, когда́ нужна́ по́мощь. Вероя́тно, и до́ктора та́кже сва́лят в кана́ву, — сказа́ла Варва́ра Алексе́евна, из-под пенсне́ взгля́дывая на вяза́нье, подводя́ его́ под са́мую ла́мпу.

— Да ведь на́до же бы́ло кого́-ни́будь посла́ть. А я сде́лал как лу́чше.

— Да я о́чень хорошо́ по́мню, как меня́ мча́ли ва́ши ло́шади под по́езд.

Э́то была́ её давни́шняя вы́думка, и тепе́рь Евге́ний име́л неосторо́жность сказа́ть, что э́то не совсе́м так бы́ло.

— Нeда́ром я всегда́ говорю́, и кня́зю ско́лько раз говори́ла, что тяжеле́е всего́ жить с людьми́ неправди́выми, нeи́скренними; я всё перенесу́, но то́лько не э́то.

— Ведь е́сли кому́ больне́е всех, то уж, ве́рно, мне, — сказа́л Евге́ний.

— Да э́то и ви́дно.

— Что?

— Ничего́, я пе́тли счита́ю.

Евге́ний стоя́л в э́то вре́мя у посте́ли, и Ли́за смотре́ла на него́ и одно́й из вла́жных рук, лежа́вших сверх одея́ла, пойма́ла его́ ру́ку и пожа́ла. «Переноси́ её для меня́. Ведь она́ не помеша́ет нам люби́ть друг дру́га», — говори́л её взгляд.

— Не бу́ду. Э́то так, — прошепта́л он и поцелова́л её вла́жную

[34] in grand style (*cf.* footnotes 2, 16)

дли́нную ру́ку и пото́м ми́лые глаза́, кото́рые закрыва́лись, пока́ он целова́л их.

— Неуже́ли опя́ть то же? — сказа́л он. — Как ты чу́вствуешь?

— Стра́шно сказа́ть, чтоб не ошиби́ться, но чу́вство у меня́ тако́е, что он жив и бу́дет жив, — сказа́ла она́, гля́дя на свой живо́т.

— Ах, стра́шно, стра́шно и ду́мать.

Несмотря́ на настоя́ния Ли́зы, чтоб он ушёл, Евге́ний провёл ночь с не́ю, засыпа́я то́лько одни́м гла́зом и гото́вый служи́ть ей. Но ночь она́ провела́ хорошо́ и, е́сли бы не́ было по́слано за до́ктором, мо́жет быть и вста́ла бы.

К обе́ду прие́хал до́ктор и, разуме́ется, сказа́л, что, хотя́ повто́рные явле́ния и мо́гут вызыва́ть опасе́ния, но, со́бственно говоря́, положи́тельного указа́ния нет, но так как нет и противопоказа́ния, то мо́жно, с одно́й стороны́, полага́ть, с друго́й же стороны́, то́же мо́жно полага́ть. И потому́ на́до лежа́ть, и хотя́ я и не люблю́ прописывать, но всё-таки э́то принима́ть и лежа́ть. Кро́ме того́, до́ктор прочёл ещё Варва́ре Алексе́евне ле́кцию о же́нской анато́мии, причём Варва́ра Алексе́евна значи́тельно кива́ла голово́й. Получи́в гонора́р, как и обыкнове́нно, в са́мую за́днюю часть ладо́ни, до́ктор уе́хал, а больна́я оста́лась лежа́ть на неде́лю.

XV

Бо́льшую часть вре́мени Евге́ний проводи́л у посте́ли жены́, служи́л ей, говори́л с ней, чита́л с ней и, что бы́ло трудне́е всего́, без ро́пота переноси́л напа́дки Варва́ры Алексе́евны и да́же суме́л из э́тих напа́док сде́лать предме́т шу́тки.

Но он не мог сиде́ть до́ма. Во-пе́рвых, жена́ посыла́ла его́, говоря́, что он заболе́ет, е́сли бу́дет сиде́ть всё с не́ю, а во-вторы́х, хозя́йство всё шло так, что на ка́ждом шагу́ тре́бовало его́ прису́тствия. Он не мог сиде́ть до́ма, а был в по́ле, в лесу́, в саду́, на гумне́, и везде́ не мысль то́лько, а живо́й о́браз Степани́ды пресле́довал его́ так, что он ре́дко то́лько забыва́л про неё. Но э́то бы́ло бы ничего́; он, мо́жет быть, суме́л бы преодоле́ть э́то чу́вство, но ху́же всего́ бы́ло то, что он пре́жде жил месяца́ми не ви́дя её, тепе́рь же беспреста́нно ви́дел и встреча́л её. Она́, очеви́дно, поняла́, что он хо́чет возобнови́ть сноше́ния с не́ю, и стара́лась попада́ться ему́. Ни им, ни е́ю не́ было ска́зано ничего́, и оттого́ и он и она́ не шли пря́мо на свида́нье, а стара́лись то́лько сходи́ться.

Ме́сто, где мо́жно бы́ло сойти́сь, э́то был лес, куда́ ба́бы ходи́ли с мешка́ми за траво́й для коро́в. И Евге́ний знал э́то и потому́ ка́ждый день проходи́л ми́мо э́того ле́са. Ка́ждый день он говори́л себе́, что он не пойдёт, и ка́ждый день конча́лось тем, что он направля́лся к ле́су и, услыха́в звук голосо́в, остана́вливаясь за кусто́м, с замира́нием се́рдца выгля́дывал, не она́ ли э́то.

Заче́м ему́ ну́жно бы́ло знать, не она́ ли э́то? Он не знал. Е́сли бы э́то была́ она́ и одна́, он не пошёл бы к ней, — так он ду́мал, — он убежа́л бы; но ему́ ну́жно бы́ло ви́деть её. Оди́н раз он встре́тил её: в то вре́мя как он входи́л в лес, она́ выходи́ла из него́ с други́ми двумя́ ба́бами и тяжёлым мешко́м, по́лным травы́, на спине́. Немно́го ра́ньше — и он бы, мо́жет быть, столкну́лся с не́ю в лесу́. Тепе́рь же ей невозмо́жно бы́ло на виду́ други́х баб верну́ться к нему́ в лес. Но, несмотря́ на сознава́емую им э́ту невозмо́жность, он до́лго, риску́я обрати́ть э́тим на себя́ внима́ние други́х баб, стоя́л за кусто́м оре́шника. Разуме́ется, она́ не верну́лась, но он простоя́л здесь до́лго. И, Бо́же мой, с како́й пре́лестью рисова́ло ему́ её его́ воображе́ние. И э́то бы́ло не оди́н раз, а пя́тый, шесто́й раз. И что да́льше, то сильне́е. Никогда́ она́ так привлека́тельна не каза́лась ему́. Да и не то что привлека́тельна; никогда́ она́ так вполне́ не владе́ла им.

Он чу́вствовал, что теря́л во́лю над собо́ю, станови́лся почти́ поме́шанным. Стро́гость его́ к себе́ не ослабля́лась ни на во́лос; напро́тив, он ви́дел всю ме́рзость свои́х жела́ний, да́же посту́пков, потому́ что хожде́ние его́ по́ лесу был посту́пок. Он знал, что сто́ило ему́ столкну́ться с ней где́-нибудь близко́, в темноте́, е́сли бы мо́жно прикосну́ться к ней, и он отда́стся своему́ чу́вству. Он знал, что то́лько стыд пе́ред людьми́, пе́ред ней и пе́ред собо́й держа́л его́. И он знал, что он иска́л усло́вий, в кото́рых бы не́ был заме́тен э́тот стыд, — темноты́ или тако́го прикоснове́ния, при кото́ром стыд э́тот заглуши́тся живо́тной стра́стью. И потому́ он знал, что он ме́рзкий престу́пник, и презира́л и ненави́дел себя́ все́ми си́лами души́. Он ненави́дел себя́ потому́, что всё ещё не сдава́лся. Ка́ждый день он моли́лся Бо́гу о том, что́бы Он подкрепи́л, спас его́ от поги́бели, ка́ждый день он реша́л, что отны́не он не сде́лает ни одного́ ша́га, не огля́нется на неё, забу́дет её. Ка́ждый день он приду́мывал сре́дства, чтобы изба́виться от э́того наважде́ния, и употребля́л э́ти сре́дства.

Но всё бы́ло напра́сно.

Одно́ из средств бы́ло постоя́нное заня́тие; друго́е бы́ло уси́ленная физи́ческая рабо́та и пост; тре́тье бы́ло представле́ние себе́ я́сное того́ стыда́, кото́рый обру́шится на его́ го́лову, когда́ все узна́ют э́то — жена́, тёща, лю́ди. Он всё э́то де́лал, и ему каза́лось, что он побежда́ет, но приходи́ло вре́мя, по́лдень, вре́мя пре́жних свида́ний и вре́мя, когда́ он её встре́тил за траво́й, и он шёл в лес.

Так прошли́ мучи́тельные пять дней. Он то́лько вида́л её издалека́, но ни ра́зу не сошёлся с не́ю.

XVI

Ли́за понемно́гу поправля́лась, ходи́ла и беспоко́илась той переме́ной, кото́рая произошла́ в её му́же и кото́рой она́ не понима́ла.

Варва́ра Алексе́евна уе́хала на вре́мя, из чужи́х гости́л то́лько дя́дюшка. Ма́рья Па́вловна, как всегда́, была́ до́ма.

В тако́м полусумасше́дшем состоя́нии находи́лся Евге́ний, когда́ случи́лись, как э́то ча́сто быва́ет по́сле ию́ньских гроз, ию́ньские проливны́е дожди́, продолжа́вшиеся два дня. Дожди́ отби́ли от всех рабо́т. Да́же наво́з бро́сили вози́ть от сы́рости и гря́зи. Наро́д сиде́л по дома́м. Пастухи́ му́чались с скоти́ной и, наконе́ц, пригна́ли её домо́й. Коро́вы и о́вцы ходи́ли по вы́гону и разбега́лись по уса́дьбам. Ба́бы, босы́е и покры́тые платка́ми, шлёпая по гря́зи, бро́сились разы́скивать разбежа́вшихся коро́в. Ручьи́ текли́ везде́ по доро́гам, все ли́стья, вся трава́ бы́ли полны́ водо́й, из желобо́в текли́, не умолка́я, ручьи́ в пузы́рящиеся лу́жи. Евге́ний сиде́л до́ма с жено́й, кото́рая была́ осо́бенно скучна́ ны́нче. Она́ не́сколько раз допра́шивала Евге́ния о причи́не его́ недово́льства, он с доса́дой отвеча́л, что ничего́ нет. И она́ переста́ла спра́шивать, но огорчи́лась.

Они́ сиде́ли по́сле за́втрака в гости́ной. Дя́дюшка расска́зывал со́тый раз свои́ вы́думки про свои́х великосве́тских знако́мых. Ли́за вяза́ла ко́фточку и вздыха́ла, жа́луясь на пого́ду и на боль в поясни́це. Дя́дюшка посове́товал ей лечь, а сам попроси́л вина́. В до́ме Евге́нию бы́ло ужа́сно ску́чно. Всё бы́ло сла́бое, скуча́ющее. Он чита́л кни́гу и кури́л, но ничего́ не понима́л.

— Да, на́до пройти́сь посмотре́ть тёрки, вчера́ привезли́, — сказа́л он. Он встал и пошёл.

— Ты возьми́ зо́нтик.

— Да нет, у меня́ кожа́н. Да и я то́лько до варко́в.

Он надéл сапогѝ, кожáн и пошёл к завóду; но не прошёл он двадцатѝ шагóв, как навстрéчу емý попáлась онá в высокó над бéлыми ѝкрами подóткнутой панёве. Онá шла, придéрживая рукáми шаль, котóрой бы́ли закýтаны её головá и плéчи.

— Что ты? — спросѝл он, в пéрвую минýту не узнáв её. Когдá он узнáл, бы́ло уже пóздно. Онá остановѝлась и, улыбáясь, дóлго поглядéла на негó.

— Телёнку[35] ищý. Кудá же э́то вы в ненáстье-то? — сказáла онá, тóчно кáждый день видáла егó.

— Приходѝ в шалáш, — вдруг, сам не знáя как, сказáл он. Тóчно ктó-то другóй из негó сказáл э́ти словá.

Онá закусѝла платóк, кивнýла глазáми и побежáла тудá, кудá шла, — в сад, к шалашý, а он продолжáл свой путь с намéреньем завернýть за сирéневым кустóм и идтѝ тудá же.

— Бáрин, — послы́шался емý сзáди гóлос. — Бáрыня зовýт, на минýтку прóсят зайтѝ.

Э́то был Мѝша, их слугá.

«Бóже мой, вторóй раз Ты спасáешь меня́», — подýмал Евгéний и тóтчас же вернýлся. Женá напоминáла емý, что он обещáл в обéд снестѝ лекáрство больнóй жéнщине, так вот онá просѝла егó взять егó.

Покá собирáли лекáрство, прошлó минýт пять. Потóм, вы́йдя с лекáрством, он не решѝлся идтѝ в шалáш, чтобы егó не увидáли из дóма. Но как тóлько вы́шел из вѝда, он тóтчас повернýл и пошёл к шалашý. Он ужé вѝдел в воображéнии своём её посередѝне шалашá, вéсело улыбáющуюся; но её нé было, и в шалашé ничегó нé было, что бы докáзывало, что онá былá. Он ужé подýмал, что онá не приходѝла и не слыхáла и не понялá егó слов. Он пробурчáл их себé под нос, как бы боя́сь, чтобы онá услыхáла их. «Ѝли, мóжет быть, и не хотéла прийтѝ? И с чегó он вы́думал, что онá так и брóсится к немý? У неё есть свой муж; тóлько я одѝн такóй мерзáвец, что у меня́ женá, и хорóшая, а я бéгаю за чужóю». Так он дýмал, сѝдя в шалашé, протёкшем в однóм мéсте и кáпающем с своéй солóмы. «А что бы за счáстье бы́ло, éсли бы онá пришлá. Однѝ здесь в э́тот дождь. Хоть бы раз опя́ть обня́ть её, а потóм будь что бýдет. Ах да, — вспóмнил он, — éсли былá, то по следáм мóжно найтѝ». Он взглянýл на зéмлю пробѝтой к шалашý и не зарóсшей травóй

[35] Substandard for *тёлку*, “female calf.”

тропи́нки, и све́жий след босо́й ноги́, ещё покати́вшейся, был на ней. «Да, она́ была́. Но тепе́рь ко́нчено. Пря́мо, где ни уви́жу, пойду́ к ней. Но́чью пойду́ к ней». Он до́лго сиде́л в шалаше́ и вы́шел из него́ изму́ченный и уби́тый. Он снёс лека́рство, верну́лся домо́й и лёг у себя́ в ко́мнате, дожида́ясь обе́да.

XVII

Пе́ред обе́дом Ли́за пришла́ к нему́ и, всё приду́мывая, что бы могло́ быть причи́ною его́ неудово́льствия, ста́ла говори́ть ему́, что она́ бои́тся, что ему́ неприя́тно, что её хотя́т везти́ в Москву́ роди́ть, и что она́ реши́ла, что оста́нется здесь. И ни за что не пое́дет в Москву́. Он знал, как она́ боя́лась и сами́х родо́в и того́, чтобы не роди́ть нехоро́шего ребёнка, и потому́ не мог не умили́ться, ви́дя, как легко́ она́ всем же́ртвовала из любви́ к нему́. Всё бы́ло так хорошо́, ра́достно, чи́сто в до́ме; а в душе́ его́ бы́ло гря́зно, ме́рзко, ужа́сно. Весь ве́чер Евге́ний му́чался тем, что он знал, что, несмотря́ на своё и́скреннее отвраще́ние к свое́й сла́бости, несмотря́ на твёрдое наме́рение перерва́ть, за́втра бу́дет то же са́мое.

— Нет, э́то невозмо́жно, — говори́л он себе́, ходя́ взад и вперёд по свое́й ко́мнате. — Ве́дь должно́ же быть како́е-нибудь сре́дство про́тив э́того. Бо́же мой ! что де́лать?

Кто́-то на иностра́нный мане́р постуча́лся в дверь. Э́то, он знал, был дя́дюшка.

— Взойди́те, — сказа́л он.

Дя́дюшка пришёл самопроизво́льно посло́м от жены́.

— Ты зна́ешь ли, что в са́мом де́ле я замеча́ю в тебе́ переме́ну, — сказа́л он, — и Ли́зу, я понима́ю, как э́то му́чает. Я понима́ю, что тебе́ тяжело́ оставля́ть всё на́чатое и прекра́сное де́ло, но что ты хо́чешь, que veux tu? Я бы сове́товал вам е́хать. Поко́йней бу́дет и тебе́ и ей. И зна́ешь ли, мой сове́т е́хать в Крым. Кли́мат акушёр там прекра́сный, и в са́мый виногра́дный сезо́н вы попадёте.

— Дя́дюшка, — вдруг заговори́л Евге́ний, — мо́жете вы соблюсти́ мой секре́т, ужа́сный для меня́ секре́т, посты́дный секре́т?

— Поми́луй, неуже́ли ты сомнева́ешься во мне?

— Дя́дюшка! Вы мо́жете мне помо́чь. Не то что помо́чь, спасти́ меня́, — сказа́л Евге́ний. И мысль о том, что он откро́ет свою́ та́йну дя́дюшке, кото́рого он не уважа́л, мысль о том, что он пока́жется ему́ в са́мом невы́годном све́те, уни́зится пе́ред ним, была́ ему́ прия́тна. Он чу́вствовал себя́ ме́рзким, винова́тым, и ему хоте́лось наказа́ть себя́.

— Говори́, мой друг, ты зна́ешь, как я тебя́ полюби́л, — заговори́л дя́дюшка, ви́димо о́чень дово́льный и тем, что есть секре́т, и что секре́т посты́дный, и что секре́т э́тот ему́ сообща́т, и что он мо́жет быть поле́зен.

— Пре́жде всего́ я до́лжен сказа́ть, что я мерза́вец и негодя́й, подле́ц, и́менно подле́ц.

— Ну, что ты, — надува́ясь го́рлом, на́чал дя́дюшка.

— Да как же не мерза́вец, когда́ я, Ли́зин муж, Ли́зин! — на́до ведь знать её чистоту́, любо́вь, — когда́ я, её муж хочу́ измени́ть ей с ба́бой?

— То есть отчего́ же ты хо́чешь? Ты не измени́л ей?

— Да, то есть всё равно́, что измени́л, потому́ что э́то не от меня́ зави́село. Я гото́в был. Мне помеша́ли, а то я тепе́рь бы . . . тепе́рь бы. Я не зна́ю, что бы я сде́лал.

— Но позво́ль, ты объясни́ мне . . .

— Ну, да вот. Когда́ я был холосты́м, я име́л глу́пость войти́ в сноше́ния с же́нщиной здесь, из на́шей дере́вни. То есть, как я встреча́лся с ней в лесу́, в по́ле . . .

— И хоро́шенькая? — сказа́л дя́дюшка.

Евге́ний помо́рщился от э́того вопро́са, но ему́ так нужна́ была́ по́мощь вне́шняя, что он как бу́дто не слы́шал его́ и продолжа́л:

— Ну, я ду́мал, что э́то так, что я перерву́ и всё ко́нчится. Я и перерва́л ещё до жени́тьбы и почти́ год и не вида́л и не ду́мал о ней, — Евге́нию самому́ стра́нно бы́ло себя́ слу́шать, слу́шать описа́ние своего́ состоя́ния, — пото́м вдруг, уж я не зна́ю отчего́, — пра́во, иногда́ ве́ришь в при́вороты,[36] — я увида́л её, и червь зале́з мне в се́рдце — гло́жет меня́. Я руга́ю себя́, понима́я весь у́жас своего́ посту́пка, то есть того́, кото́рый я вся́кую мину́ту могу́ сде́лать, и сам иду́ на э́то, и е́сли не сде́лал, то то́лько Бог меня́ спаса́л. Вчера́ я шёл к ней, когда́ Ли́за позвала́ меня.

— Как, в дождь?

— Да, я изму́чался, дя́дюшка, и реши́л откры́ться вам и проси́ть ва́шей по́мощи.

— Да, разуме́ется, в своём име́нье э́то нехорошо́. Узна́ют. Я понима́ю, что Ли́за слаба́, на́до жале́ть её, но заче́м в своём име́нье?

[36] magic

Опя́ть Евге́ний постара́лся не слыха́ть того́, что говори́л дя́дюшка, и приступи́л скоре́е к су́щности де́ла.

— Да вы спаси́те меня́ от себя́. Я вас вот о чём прошу́. Ны́нче мне помеша́ли случа́йно, но за́втра, в друго́й раз мне не помеша́ют. И она́ зна́ет тепе́рь. Не пуска́йте меня́ одного́.

— Да, поло́жим, — сказа́л дя́дюшка. — Но неуже́ли ты так влюблён?

— Ах, совсе́м не то. Э́то не то, э́то кака́я-то си́ла ухвати́ла меня́ и де́ржит. Я не зна́ю, что де́лать. Мо́жет быть, я окре́пну, тогда́ . . .

— Ну вот и выхо́дит по-мо́ему, — сказа́л дя́дюшка. — Пое́демте-ка в Крым.

— Да, да, пое́демте, а пока́ я бу́ду с ва́ми, бу́ду говори́ть вам.

XVIII

То, что Евге́ний дове́рил дя́дюшке свою́ та́йну и, гла́вное, те муче́ния со́вести и стыда́, кото́рые он пе́режил после того́ дождли́вого дня, отрезви́ли его́. Пое́здка в Я́лту была́ решена́ че́рез неде́лю. В э́ту неде́лю Евге́ний е́здил в го́род достава́ть де́нег на пое́здку, распоряжа́лся из до́ма и конто́ры по хозя́йству, опя́ть стал ве́сел и бли́зок с жено́ю и стал нра́вственно ожива́ть.

Так, ни ра́зу по́сле того́ дождли́вого дня не вида́в Степани́ду, он уе́хал с жено́ю в Крым. В Крыму́ они́ провели́ прекра́сно два ме́сяца. Евге́нию бы́ло сто́лько но́вых впечатле́ний, что всё пре́жнее стёрлось, ему́ каза́лось, совсе́м из его́ воспомина́ния. В Крыму́ они́ встре́тили пре́жних знако́мых и осо́бенно сбли́зились с ни́ми; кроме того́, сде́лали но́вые знако́мства. Жизнь в Крыму́ для Евге́ния была́ постоя́нным пра́здником и, кро́ме того́, ещё была́ поучи́тельна и поле́зна для него́. Они́ сбли́зились там с бы́вшим губе́рнским предводи́телем их же губе́рнии, с у́мным, либера́льным челове́ком, кото́рый полюби́л Евге́ния и образо́вывал его́ и привлёк на свою́ сто́рону. В конце́ а́вгуста Ли́за родила́ прекра́сную, здоро́вую де́вочку, и родила́ неожи́данно о́чень легко́.

В сентябре́ Ирте́невы пое́хали домо́й уже́ сам-четвёрт,[37] с ребёнком и корми́лицей, так как Ли́за не могла́ корми́ть. Соверше́нно свобо́дный от пре́жних у́жасов, Евге́ний верну́лся к себе́ совсе́м но́вым и счастли́вым челове́ком. Пережи́в всё то, что пережива́ют мужья́ при ро́дах, он ещё сильне́е полюби́л жену́. Чу́вство к

[37] foursome

ребёнку, когда́ он его́ брал на́ руки, бы́ло смешно́е, но́вое, о́чень прия́тное, то́чно щеко́тное чу́вство. Ещё но́вое в его́ жи́зни тепе́рь бы́ло то, что, кро́ме заня́тия хозя́йством, в его́ душе́ благодаря́ сближе́нию с Ду́мчиным (бы́вший предводи́тель) возни́к но́вый интере́с зе́мский, отча́сти честолюби́вый, отча́сти созна́ния до́лга. В октябре́ должно́ бы́ло быть э́кстренное собра́ние, в кото́ром его́ должны́ бы́ли вы́брать. Прие́хав домо́й, он раз съе́здил в го́род, друго́й раз к Ду́мчину.

О муче́ниях собла́зна и борьбы́ он забы́л и ду́мать и с трудо́м мог восстанови́ть их в своём воображе́нии. Э́то представля́лось ему́ чем-то вро́де припа́дка сумасше́ствия, кото́рому он подве́ргся.

До тако́й сте́пени тепе́рь он чу́вствовал себя́ свобо́дным от э́того, что он да́же не побоя́лся спроси́ть при пе́рвом слу́чае, когда́ они́ оста́лись одни́, у прика́зчика. Так как он уж говори́л с ним об э́том, ему́ не со́вестно бы́ло спроси́ть.

— Ну что, Пче́льников Си́дор всё не живёт до́ма? — спроси́л он.

— Нет, всё в го́роде.

— А ба́ба его́?

— Да пуста́я бабёнка! Тепе́рь с Зино́веем пу́тается. Совсе́м заболта́лась.

«Ну и прекра́сно, — поду́мал Евге́ний. — Как удиви́тельно мне всё равно́ и как я измени́лся».

XIX

Соверши́лось всё, чего́ жела́л Евге́ний. Име́нье оста́лось за ним, заво́д пошёл, вы́ход свеклови́цы был прекра́сный, и дохо́д ожида́лся большо́й; жена́ благополу́чно родила́, и тёща уе́хала, и его́ вы́брали единогла́сно.

Евге́ний по́сле избра́ния возвраща́лся домо́й из го́рода. Его́ поздравля́ли, он до́лжен был благодари́ть. И он обе́дал и вы́пил бока́лов пять шампа́нского. Совсе́м но́вые пла́ны жи́зни тепе́рь предста́вились ему́. Он е́хал домо́й и ду́мал о них. Бы́ло ба́бье ле́то.[38] Прекра́сная доро́га, я́ркое со́лнце. Подъезжа́я к до́му, Евге́ний ду́мал о том, как он вслéдствие э́того избра́ния займёт в наро́де и́менно то положе́ние, о кото́ром он всегда́ мечта́л, то есть тако́е, в кото́ром он в состоя́нии бу́дет служи́ть ему́ не одни́м произво́дством, кото́рое даёт рабо́ту, но прямы́м влия́нием. Он

[38] Indian summer

представля́л себе́, как об нём че́рез три го́да бу́дут суди́ть его́ же и други́е крестья́не. «Вот и э́тот», — ду́мал он, проезжа́я в э́то вре́мя по дере́вне и гля́дя на мужика́ и ба́бу, кото́рые шли ему́ попере́к доро́ги с по́лным уша́том. Они́ останови́лись, пропуска́я таранта́с. Мужи́к был стари́к Пче́льников, ба́ба была́ Степани́да. Евге́ний взгляну́л на неё, узна́л её и с ра́достью почу́вствовал, что он оста́лся соверше́нно споко́йным. Она́ была́ всё так же милови́дна, но его́ э́то не тро́нуло ниско́лько. Он прие́хал домо́й. Жена́ встре́тила на крыльце́. Был чу́дный ве́чер.

— Ну что, мо́жно поздра́вить! — сказа́л дя́дюшка.

— Да, вы́брали.

— Ну и прекра́сно. Спры́снуть на́до.[39]

На друго́е у́тро Евге́ний пое́хал по хозя́йству, кото́рое он запусти́л. На ху́торе молоти́лка но́вая рабо́тала. Рассма́тривая её рабо́ту, Евге́ний ходи́л между баб, стара́ясь не замеча́ть их, но как он ни стара́лся, он ра́за два заме́тил чёрные глаза́ и кра́сный плато́к Степани́ды, носи́вшей соло́му. Ра́за два он покоси́лся на неё и почу́вствовал, что опя́ть что-то, но не мог дать себе́ отчёта. То́лько на друго́й день, когда́ он опя́ть пое́хал на гумно́ ху́тора и про́был там два часа́, чего́ совсе́м не ну́жно бы́ло, не перестава́я глаза́ми ласка́ть знако́мый краси́вый о́браз молодо́й же́нщины, он почу́вствовал, что он поги́б, поги́б совсе́м, безвозвра́тно. Опя́ть э́ти муче́нья, опя́ть весь э́тот у́жас и страх. И нет спасе́нья.

То, чего́ он ожида́л, то и случи́лось с ним. На друго́й день ве́чером он, сам не зна́я как, очути́лся у её задво́рков, про́тив её сенно́го сара́я, где оди́н раз о́сенью у них бы́ло свида́нье. Он, как бу́дто гуля́я, останови́лся тут, заку́ривая папиро́ску. Ба́ба сосе́дка увида́ла его́, и он, проходя́ наза́д, услыха́л, как она́ говори́ла кому́-то:

— Иди́, дожида́ется, сейча́с умере́ть,[40] стои́т. Иди́, ду́ра!

Он ви́дел, как ба́ба — она́ — побежа́ла к сара́ю, но ему́ нельзя́ уже́ бы́ло верну́ться, потому́ что его́ встре́тил мужи́к, и он пошёл домо́й.

XX

Когда́ он пришёл в гости́ную, всё ему́ показа́лось ди́ко и неесте́ственно. У́тром он встал ещё бо́дрый, с реше́нием бро́сить,

[39] We must celebrate.
[40] in greatest distress

забы́ть, не позволя́ть себе́ ду́мать. Но, сам не замеча́я как, он всё у́тро не то́лько не интересова́лся дела́ми, но стара́лся освобожда́ться от них. То, что пре́жде ва́жно бы́ло, ра́довало его́, бы́ло тепе́рь ничто́жно. Он бессозна́тельно стара́лся освободи́ться от дел. Ему́ каза́лось, что ну́жно освободи́ться для того́, что́бы обсуди́ть, обду́мать. И он освободи́лся и оста́лся оди́н. Но как то́лько оста́лся оди́н, так он пошёл броди́ть в сад, в лес. И все места́ э́ти бы́ли зага́жены воспомина́ниями, воспомина́ниями, захва́тывающими его́. И он почу́вствовал, что он хо́дит в саду́ и говори́т себе́, что обду́мывает что́-то, а он ничего́ не обду́мывает, а безу́мно, безоснова́тельно ждёт её, ждёт того́, что она́ каки́м-то чу́дом поймёт, как он жела́ет её, и возьмёт и придёт сюда́ и́ли куда́-нибу́дь туда́, где никто́ не уви́дит, и́ли но́чью, когда́ не бу́дет луны́, и никто́, да́же она́ сама́, не уви́дит, в таку́ю ночь она́ придёт, и он коснётся её те́ла . . .

«Да, вот и перерва́л когда́ захоте́л, — говори́л он себе́. — Да, вот и для здоро́вья сошёлся с чи́стой, здоро́вой же́нщиной! Нет, ви́дно, нельзя́ так игра́ть с ней. Я ду́мал, что я её взял, а она́ взяла́ меня́, взяла́ и не пусти́ла. Ведь я ду́мал, что я свобо́ден, а я не́ был свобо́ден. Я обма́нывал себя́, когда́ жени́лся. Всё бы́ло вздор, обма́н. С тех пор как я сошёлся с ней, я испыта́л но́вое чу́вство, настоя́щее чу́вство му́жа. Да, мне на́до бы́ло жить с ней.

Да, две жи́зни возмо́жны для меня́; одна́ та, кото́рую я на́чал с Ли́зой: слу́жба, хозя́йство, ребёнок, уваже́ние люде́й. Е́сли э́та жизнь, то на́до, чтоб её, Степани́ды, не́ было. На́до усла́ть её, как я говори́л, и́ли уничто́жить её, чтоб её не́ было. А друга́я жизнь — э́то тут же. Отня́ть её у му́жа, дать ему́ де́нег, забы́ть про стыд и позо́р и жить с ней. Но тогда́ на́до, чтоб Ли́зы не́ было и Мими́ (ребёнка). Нет, что же, ребёнок не меша́ет, но чтоб Ли́зы не́ было, чтоб она́ уе́хала. Чтоб она́ узна́ла, прокляла́ и уе́хала. Узна́ла, что я променя́л её на ба́бу, что я обма́нщик, подле́ц. Нет, э́то сли́шком ужа́сно! Э́того нельзя́. Да, но мо́жет и так быть, — продолжа́л он ду́мать, — мо́жет так бы́ть. Ли́за заболе́ет да умрёт. Умрёт, и тогда́ всё бу́дет прекра́сно.

Прекра́сно! О негодя́й! Нет, уж е́сли умира́ть, то ей. Ка́бы она́ умерла́, Степани́да, как бы хорошо́ бы́ло.

Да, вот как отравля́ют и́ли убива́ют жён или любо́вниц. Взять револьве́р и пойти́ вы́звать и, вме́сто объя́тий, в грудь. И ко́нчено.

Ведь она́ чёрт. Пря́мо чёрт. Ведь она́ про́тив во́ли моёй завладе́ла мно́ю. Уби́ть? да. То́лько два вы́хода: уби́ть жену́ и́ли её. Потому́ что так жить нельзя́.[41] Нельзя́. На́до обду́мать и предви́деть. Е́сли оста́ться так, как есть, то что бу́дет?

Бу́дет то, что я опя́ть себе́ скажу́, что я не хочу́, что я бро́шу, но я то́лько скажу́, а бу́ду ве́чером на задво́рках, и она́ зна́ет, и она́ придёт. И и́ли лю́ди узна́ют и ска́жут жене́, или я сам скажу́ ей, потому́ что не могу́ я лгать, не могу́ я так жить. Не могу́. Узна́ется. Все узна́ют, и Пара́ша, и кузне́ц. Ну и что же, ра́зве мо́жно жить так?

Нельзя́. То́лько два вы́хода: жену́ уби́ть или её. Да ещё . . .

Ах, да, тре́тий есть: себя́, — сказа́л он ти́хо вслух, и вдруг моро́з пробежа́л у него́ по ко́же. — Да, себя́, тогда́ не ну́жно их убива́ть». Ему́ ста́ло стра́шно и́менно потому́, что он чу́вствовал, что то́лько э́тот вы́ход возмо́жен. «Револьве́р есть. Неуже́ли я убью́ себя́? Вот чего́ не ду́мал никогда́. Как э́то стра́нно бу́дет».

Он верну́лся к себе́ в ко́мнату и то́тчас откры́л шкаф, где был револьве́р. Но не успе́л он откры́ть его́, как вошла́ жена́.

XXI

Он наки́нул газе́ту на револьве́р.

— Опя́ть то же, — с испу́гом сказа́ла она́, взгляну́в на него́.

— Что то же?

— То же ужа́сное выраже́ние, кото́рое бы́ло пре́жде, когда́ ты не хоте́л мне сказа́ть. Ге́ня, голу́бчик, скажи́ мне. Я ви́жу, ты му́чаешься. Скажи́ мне, тебе́ ле́гче бу́дет. Что бы ни́ было, всё лу́чше э́тих твои́х страда́ний. Ведь я зна́ю, что ничего́ дурно́го.

— Ты зна́ешь? Пока́.

— Скажи́, скажи́, скажи́. Не пущу́ тебя́.

Он улыбну́лся жа́лкой улы́бкой.

«Сказа́ть? Нет, э́то невозмо́жно. Да и не́чего говори́ть».

Мо́жет быть, он сказа́л бы ей, но в э́то вре́мя вошла́ корми́лица, спра́шивая, мо́жно ли идти́ гуля́ть. Ли́за вы́шла оде́ть ребёнка.

— Так ты ска́жешь. Я сейча́с приду́.

— Да, мо́жет быть . . .

Она́ никогда́ не могла́ забы́ть улы́бки страда́льческой, с кото́рой он сказа́л э́то. Она́ вы́шла.

41 At this point begins the alternate ending.

Поспе́шно, кра́дучись, как разбо́йник, он схвати́л револьве́р, вы́нул из чехла́. «Он заряжён, да, но давно́, и одного́ заря́да недостаёт. Ну, что бу́дет».

Он приста́вил к виску́, замя́лся бы́ло, но как то́лько вспо́мнил Степани́ду, реше́ние не ви́деть, борьбу́, собла́зн, паде́ние, опя́ть борьбу́, так вздро́гнул от ужа́са. «Нет, лу́чше э́то». И пожа́л гашётку.

Когда́ Ли́за вбежа́ла в ко́мнату, — она́ то́лько что успе́ла спусти́ться с балко́на, — он лежа́л ничко́м на полу́, чёрная, тёплая кровь хлеста́ла из ра́ны, и труп ещё подра́гивал.

Бы́ло сле́дствие. Никто́ не мог поня́ть и объясни́ть причи́ны самоуби́йства. Дя́дюшке да́же ни ра́зу не пришло́ в го́лову, что причи́на име́ла что́-нибудь о́бщего с тем призна́нием, кото́рое два ме́сяца тому́ наза́д ему́ де́лал Евге́ний.

Варва́ра Алексе́евна уверя́ла, что она́ всегда́ предска́зывала э́то. Э́то бы́ло ви́дно, когда́ он спо́рил. Ли́за и Ма́рья Па́вловна о́бе ника́к не могли́ поня́ть, отчего́ э́то случи́лось, и всё-таки не ве́рили тому́ что говори́ли доктора́, что он был душе́внобольно́й. Они́ не могли́ ника́к согласи́ться с э́тим, потому́ что зна́ли, что он был бо́лее здравомы́слящ, чем со́тни люде́й, кото́рых они́ зна́ли.

И действи́тельно, е́сли Евге́ний Ирте́нев был душе́внобольно́й, то все лю́ди таки́е же душе́внобольны́е, са́мые же душе́внобольны́е — э́то несомне́нно те, кото́рые в други́х лю́дях ви́дят при́знаки сумасше́ствия, кото́рых в себе́ не ви́дят.

19 ноября́ 1889. Я́сная Поля́на

[ВАРИА́НТ КОНЦА́ ПО́ВЕСТИ ДЬЯ́ВОЛ][42]

. . . сказа́л он себе́ и, подойдя́ к столу́, доста́л из него́ револьве́р и, осмотре́в его́ — одного́ заря́да недостава́ло, — положи́л его́ в карма́н штано́в.

— Бо́же мой! что я де́лаю? — вдруг вскри́кнул он, и, сложи́в ру́ки, он стал моли́ться. — Го́споди, помоги́ мне, изба́вь меня́. Ты зна́ешь, что я не хочу́ дурно́го, но я не могу́ оди́н. Помоги́ мне, — говори́л он, крестя́сь на о́браз.

«Да я могу́ же владе́ть собо́й. Пойду́ похожу́ и обду́маю».

[42] See footnote 41.

Он вы́шел в перéднюю, надéл полушу́бок, калóши и вы́шел на крыльцó. Не замечáя э́того, шагú егó напрáвились мúмо сáда по полевóй дорóге к ху́тору. На ху́торе всё ещё гудéла молотúлка и слы́шались крúки погóнщиков-мáльчиков. Он вошёл в рúгу. Онá былá тут. Он тóтчас же увидáл её. Онá сгребáла кóлос, и, увидáв его, онá, смея́сь глазáми, бóйкая, весёлая, ры́сью побежáла по раскúданному кóлосу, лóвко сдвигáя егó. Евгéний не хотéл, но не мог не смотрéть на неё. Он опóмнился тóлько, когдá онá перестáла быть вúдима. Прикáзчик доложúл, что теперь домолáчивают слежáвшиеся и что от э́того дóльше и вы́хода мéньше. Евгéний подошёл к барабáну, úзредка стучáвшему при прóпуске плóхо распла́станных снопóв, и спросúл прикáзчика, мнóго ли такúх слежáвшихся снопóв.

— Возóв пять бу́дет.

— Так вот что . . . — нáчал Евгéний и не договорúл. Онá подошлá вплоть к барабáну, из-под негó выгребáя кóлос, и обожглá его своúм смею́щимся взгля́дом.

Взгляд э́тот говорúл о весёлой, беззабóтной любвú между нúми, о том, что онá знáет, что он желáет её, что он приходúл к её сарáю, и что онá, как всегдá, готóва жить и веселúться с ним, не ду́мая ни о какúх услóвиях и послéдствиях. Евгéний почу́вствовал себя́ в её влáсти, но не хотéл сдавáться.

Он вспóмнил свою́ молúтву и попытáлся повторúть её. Он стал про себя́ говорúть её, но тóтчас же почу́вствовал, что э́то бы́ло бесполéзно.

Однá мысль тепéрь поглотúла егó всегó: как незамéтно от другúх назнáчить ей свидáние?

— Éсли ны́нче кóнчим, прикáжете начинáть нóвый скирд или уж до зáвтрова?[43] — спросúл прикáзчик.

— Да, да, — отвечáл Евгéний, невóльно направля́ясь за нéю к вóроху, к котóрому онá с другóй бáбой пригребáла кóлос.

«Да неужéли я не могу́ овладéть собóй? — говорúл он себé. — Неужéли я погúб? Гóсподи! Да нет никакóго Бóга. Есть дья́вол. И этó онá. Он овладéл мной. А я не хочу́, не хочу́. Дья́вол, да, дья́вол».

Он подошёл вплоть к ней, вы́нул из кармáна револьвéр и раз, два, три рáза вы́стрелил ей в спúну. Онá побежáла и упáла на вóрох.

[43] . . . or shall we leave it till tomorrow?

— Ба́тюшки! роди́мые! что ж э́то? — крича́ли ба́бы.

— Нет, я не неча́янно. Я наро́чно уби́л её, — закрича́л Евге́ний. — Посыла́йте за становы́м.

Он пришёл домо́й и, ничего́ не сказа́в жене́, вошёл в свой кабине́т и за́перся.

— Не ходи́ ко мне, — крича́л он жене́ че́рез две́рь, — узна́ешь всё.

Через час он позвони́л и у прише́дшего лаке́я спроси́л:

— Поди́ узна́й, жива́ ли Степани́да.

Лаке́й уж знал всё и сказа́л, что померла́ с час наза́д.

— Ну и прекра́сно. Тепе́рь оста́вь меня́. Когда́ прие́дет станово́й или сле́дователь, скажи́.

Станово́й и сле́дователь прие́хали на друго́е у́тро, и Евге́ний, прости́вшись с жено́й и ребёнком, был отвезён в остро́г.

Его́ суди́ли. Э́то бы́ли пе́рвые времена́ суда́ прися́жных. И его́ призна́ли вре́менно душе́внобольны́м и приговори́ли то́лько к церко́вному покая́нию.

Он про́был в остро́ге де́вять ме́сяцев и в монастыре́ ме́сяц.

Он на́чал пить ещё в остро́ге, продолжа́л в монастыре́, и верну́лся домо́й рассла́бленным, невменя́емым алкого́ликом.

Варва́ра Алексе́евна уверя́ла, что она́ всегда́ предска́зывала э́то. Э́то бы́ло ви́дно, когда́ он спо́рил. Ли́за и Ма́рья Па́вловна о́бе ника́к не могли́ поня́ть, отчего́ э́то случи́лось, и всё-таки не ве́рили тому́, что говори́ли доктора́, что он был душе́внобольно́й, психопа́т. Они́ не могли́ ника́к согласи́ться с э́тим, потому́ что зна́ли, что он был бо́лее здравомы́слящий, чем со́тни люде́й, кото́рых они́ зна́ли.

И действи́тельно, е́сли Евге́ний Ирте́нев был душе́внобольно́й тогда́, когда́ он соверши́л своё преступле́ние, то все лю́ди таки́е же душе́внобольны́е, са́мые же душе́внобольны́е — э́то несомне́нно те, кото́рые в други́х лю́дях ви́дят при́знаки сумасше́ствия, кото́рых в себе́ не ви́дят.

1889–1890

Лев Никола́евич Толсто́й

МНО́ГО ЛИ ЧЕЛОВЕ́КУ ЗЕМЛИ́ НУ́ЖНО

I

Прие́хала из го́рода ста́ршая сестра́ к ме́ньшей в дере́вню. Ста́ршая за купцо́м была́ в го́роде, а ме́ньшая за мужи́ком в дере́вне. Пьют чай сёстры, разгова́ривают. Ста́ла ста́ршая сестра́ чва́ниться — свою́ жизнь в го́роде выхваля́ть: как она́ в го́роде просто́рно и чи́сто живёт и хо́дит, как она́ дете́й наряжа́ет, как она́ сла́дко ест и пьёт и как на ката́нья, гуля́нья и в теа́тры е́здит.

Оби́дно ста́ло ме́ньшей сестре́, и ста́ла она́ купе́ческую жизнь унижа́ть, а свою́ крестья́нскую возвыша́ть.

— Не променя́ю я, — говори́т, — своего́ житья́ на твоё. Да́ром что се́ро живём, да стра́ху не зна́ем. Вы и почи́ще живёте, да ли́бо мно́го наторгу́ете, ли́бо во́все проторгу́етесь. И посло́вица живёт: барышу́ накла́д — большо́й брат.[1] Быва́ет и то: ны́нче бога́т, а за́втра под о́кнами нахо́дишься. А на́ше мужи́цкое де́ло верне́е: у мужика́ живо́т то́нок, да до́лог, бога́ты не бу́дем, да сы́ты бу́дем.

Ста́ла ста́ршая сестра́ говори́ть:

— Сы́тость-то кака́я — со сви́ньями да с теля́тами! Ни убра́нства, ни обраще́нья! Как ни труди́сь твой хозя́ин, как живёте в наво́зе, так и помрёте, и де́тям то же бу́дет.

— А что ж, — говори́т меньша́я, — на́ше де́ло тако́е. Зато́ твёрдо живём, никому́ не кла́няемся, никого́ не бои́мся. А вы в городу́ все в собла́знах живёте; ны́нче хорошо́, а за́втра подвернётся нечи́стый — глядь, и соблазни́т хозя́ина твоего́ ли́бо на ка́рты, ли́бо на вино́, ли́бо на кра́лю каку́ю. И пойдёт всё пра́хом. Ра́зве не быва́ет?

Слу́шал Пахо́м — хозя́ин — на печи́, что ба́бы бала́кают.

— Пра́вда э́то, — говори́т, — и́стинная. Как наш брат сы́змальства её, зе́млю-ма́тушку, перевора́чивает, так дурь-то в го́лову и не

[1] The proverb means that gain and loss must both be expected; loss must be accepted like one's older brother. An English equivalent : you must take the thick with the thin.

пойдёт. Одно́ го́ре — земли́ ма́ло! А будь земли́ вво́лю, так я никого́, и самого́ чёрта, не бою́сь!

Отпи́ли ба́бы чай, побала́кали ещё об наря́дах, убра́ли посу́ду, полегли́ спать.

А чёрт за пе́чкой сиде́л, всё слы́шал. Обра́довался он, что крестья́нская жена́ на похвальбу́ му́жа навела́: похваля́ется, что, была́ б у него́ земля́, его́ и чёрт не возьмёт.

«Ла́дно, ду́мает, поспо́рим мы с тобо́й; я тебе́ земли́ мно́го дам. Землёй тебя́ и возьму́».

II

Жила́ ря́дом с мужика́ми ба́рынька небольша́я. Бы́ло у ней сто два́дцать десяти́н земли́. И жила́ пре́жде с мужика́ми сми́рно — не обижа́ла. Да наня́лся к ней солда́т отставно́й в прика́зчики и стал донима́ть мужико́в штра́фами. Как ни бережётся Пахо́м, а ли́бо ло́шадь в овсы́ забежи́т, либо коро́ва в сад забредёт, ли́бо теля́та в луга́ уйду́т — за всё штраф.

Распла́чивается Пахо́м и дома́шних руга́ет и бьёт. И мно́го греха́ от э́того прика́зчика при́нял за́ лето Пахо́м. Уж и рад был, что скоти́на на двор ста́ла, — хоть и жа́лко ко́рму, да стра́ху нет.

Прошёл зимо́й слух, что продаёт ба́рыня зе́млю и что ла́дит купи́ть её дво́рник с большо́й доро́ги. Услыха́ли мужики́, а́хнули. «Ну, ду́мают, доста́нется земля́ дво́рнику, заму́чает штра́фами ху́же ба́рыни. Нам без э́той земли́ жить нельзя́, мы все у ней в кругу́». Пришли́ мужики́ к ба́рыне ми́ром, ста́ли проси́ть, чтоб не продава́ла дво́рнику, а им отдала́. Обеща́ли доро́же заплати́ть. Согласи́лась ба́рыня. Ста́ли мужики́ ла́дить ми́ром всю зе́млю купи́ть; сбира́лись и раз и два на схо́дки — не сошло́сь де́ло. Разбива́ет их нечи́стый, ника́к не мо́гут согласи́ться. И пореши́ли мужики́ по́рознь покупа́ть, ско́лько кто оси́лит. Согласи́лась и на э́то ба́рыня. Услыха́л Пахо́м, что купи́л у ба́рыни два́дцать десяти́н сосе́д и она́ ему́ полови́ну де́нег на года́ рассро́чила. Зави́дно ста́ло Пахо́му: «раску́пят, ду́мает, всю зе́млю, оста́нусь я ни при чём». Стал с жено́й сове́товать.

— Лю́ди покупа́ют, на́до, — говори́т, — и нам купи́ть десяти́н деся́ток. А то жить нельзя́: одоле́л прика́зчик штра́фами.

Обду́мали, как купи́ть. Бы́ло у них отло́жено сто рубле́й, да жеребёнка про́дали, да пчёл полови́ну, да сы́на заложи́ли в рабо́тники, да ещё у свояка́ за́нял, и набрала́сь полови́на де́нег.

Собра́л Пахо́м де́ньги, облюбова́л зе́млю, пятна́дцать десяти́н с лесо́чком, и пошёл к ба́рыне торгова́ться. Вы́торговал пятна́дцать десяти́н, уда́рил по рука́м[2] и зада́ток дал. Пое́хали в го́род, ку́пчую закрепи́ли, де́ньги полови́ну о́тдал, остальны́е в два го́да обяза́лся вы́платить.

И стал Пахо́м с землёй. За́нял Пахо́м семя́н, посе́ял покупну́ю зе́млю; родило́сь хорошо́. В оди́н год вы́платил долг и ба́рыне и свояку́. И стал Пахо́м поме́щиком: свою́ зе́млю паха́л и се́ял, на свое́й земле́ се́но коси́л, со свое́й земли́ ко́лья руби́л и на свое́й земле́ скоти́ну корми́л. Вы́едет Пахо́м на свою́ ве́чную зе́млю паха́ть или придёт всхо́ды и луга́ посмотре́ть — не нара́дуется. И трава́-то, ему́ ка́жется, растёт, и цветы́-то цвету́т на ней совсе́м ины́е. Быва́ло, проезжа́л по э́той земле́ — земля́ как земля́, а тепе́рь совсе́м земля́ осо́бенная ста́ла.

III

Живёт так Пахо́м, ра́дуется. Всё бы хорошо́, то́лько ста́ли мужики́ у Пахо́ма хлеб и луга́ трави́ть. Че́стью проси́л, всё не унима́ются: то пастухи́ упу́стят коро́в в луга́, то ло́шади из ночно́го на хлеба́ зайду́т. И сгоня́л Пахо́м и проща́л, всё не суди́лся, пото́м наску́чило, стал в волостно́е жа́ловаться. И зна́ет, что от тесноты́, а не с у́мыслом де́лают мужики́, а ду́мает: «Нельзя́ же и спуска́ть, э́так они всё вы́травят. На́до поучи́ть».

Поучи́л так судо́м раз, поучи́л друго́й, оштрафова́ли одного́, друго́го. Ста́ли мужики́-сосе́ди на Пахо́ма се́рдце держа́ть; ста́ли друго́й раз и наро́чно трави́ть. Забрался́ како́й-то но́чью в лесо́к, деся́ток ли́пок на лы́ки сре́зал. Прое́хал по́ ле́су Пахо́м — глядь, беле́ется. Подъе́хал — луто́шки бро́шены лежа́т, и пе́нушки торча́т. Хоть бы из куста́ кра́йние сре́зал, одну́ оста́вил, а то подря́д, злоде́й, всё счи́стил. Обозли́лся Пахо́м: «Ах, ду́мает, вы́знать бы, кто э́то сде́лал; уж я бы ему́ вы́местил». Ду́мал, ду́мал, кто: «Бо́льше не́кому, ду́мает, как Сёмке». Пошёл к Сёмке на двор иска́ть, ничего́ не нашёл, то́лько поруга́лись. И ещё бо́льше уве́рился Пахо́м, что Семён сде́лал. По́дал проше́ние. Вы́звали на суд.

[2] struck a bargain

Суди́ли, суди́ли — оправда́ли мужика́: ули́к нет. Ещё пу́ше оби́делся Пахо́м; с старшино́й и с су́дьями разруга́лся.

— Вы, — говори́т, — воро́в ру́ку тя́нете.[3] Ка́бы са́ми по пра́вде жи́ли, не оправля́ли бы воро́в.

Поссо́рился Пахо́м и с су́дьями и с сосе́дями. Ста́ли ему́ и кра́сным петухо́м[4] грози́ться. Ста́ло Пахо́му в земле́ жить просто́рней, а в миру́ тесне́е.

И прошёл в то вре́мя слух, что идёт наро́д на но́вые места́. И ду́мает Пахо́м: «Самому́ мне от свое́й земли́ идти́ не́зачем, а вот ка́бы из на́ших кто пошли́, у нас бы просто́рнее ста́ло. Я бы их зе́млю на себя́ взял, себе́ в круг пригна́л; житьё бы лу́чше ста́ло. А то всё теснота́».

Сиди́т раз Пахо́м до́ма, захо́дит мужи́к прохо́жий. Пусти́ли ночева́ть мужика́, покорми́ли, разговори́лись — отку́да, мол, Бог несёт? Говори́т мужи́к, что идёт сни́зу, из-за Во́лги, там в рабо́те был. Сло́во за сло́во, расска́зывает мужи́к, как туда́ наро́д сели́ться идёт. Расска́зывает, посели́лись там и́хние, приписа́лись в о́бщество, и наре́зали им по де́сять десяти́н на ду́шу.[5]

— А земля́ така́я, — говори́т, — что посе́яли ржи, так соло́ма — ло́шади не вида́ть, а густа́я, что горсте́й пять — и сноп. Оди́н мужи́к, — говори́т, — совсе́м бе́дный, с одни́ми рука́ми пришёл, а тепе́рь шесть лошаде́й, две коро́вы.

Разгоре́лось у Пахо́ма се́рдце. Ду́мает: «Что ж тут в тесноте́ бе́дствовать, ко́ли мо́жно хорошо́ жить. Прода́м здесь и зе́млю и двор; там я на э́ти де́ньги вы́строюсь и заведе́нье всё заведу́. А здесь в э́той тесноте́ — грех оди́н. То́лько самому́ всё путём вы́знать на́до».

Собра́лся на́ лето, пошёл. До Сама́ры плыл по Во́лге вниз на парохо́де, пото́м пе́ший вёрст четы́реста прошёл. Дошёл до ме́ста. Всё так то́чно. Живу́т мужики́ просто́рно, по де́сять десяти́н земли́ на ду́шу наре́зано, и принима́ют в о́бщество с охо́той. А ко́ли кто с де́нежками, покупа́й, кро́ме наде́льной, в ве́чную, ско́лько хо́чешь, по три рубля́ са́мой пе́рвой земли́; ско́лько хочешь, купи́ть мо́жно!

Разузна́л всё Пахо́м, верну́лся к о́сени домо́й, стал всё распродава́ть. Про́дал зе́млю с барышо́м, про́дал двор свой, про́дал

[3] you side with thieves
[4] arson
[5] per person

скоти́ну всю, вы́писался из о́бщества, дожда́лся весны́ и поеха́л с семьёй на но́вые места́.

IV

Прие́хал Пахо́м на но́вые места́ с семе́йством, приписа́лся в большо́е село́ в о́бщество. Попои́л старико́в, бума́ги все вы́правил. При́няли Пахо́ма, наре́зали ему́ на пять душ наде́льной земли́ пятьдеся́т десяти́н в ра́зных поля́х, кро́ме вы́гона. Постро́ился Пахо́м, скоти́ну завёл. Земли́ у него́ одно́й душево́й про́тив пре́жнего втро́е ста́ло. И земля́ хлеборо́дная. Житьё про́тив того́, что на старине́ бы́ло, вде́сятеро лу́чше. И па́хотной земли́ и кормо́в вво́лю. Скоти́ны ско́лько хо́чешь держи́.

Снача́ла, поку́да стро́ился да заводи́лся, хорошо́ показа́лось Пахо́му, да обжи́лся — и на э́той зе́мле те́сно показа́лось. Посе́ял пе́рвый год Пахо́м пшени́цу на душево́й — хороша́ уроди́лась. Разохо́тился он пшени́цу се́ять, а душево́й земли́ ма́ло. И кака́я есть — не годи́тся. Пшени́цу там на ковы́льной или залёжной земле́ се́ют. Посе́ют год, два и запуска́ют, пока́ опя́ть ковылём прорастёт. А на таку́ю зе́млю охо́тников мно́го, на всех и не хвата́ет. То́же из-за неё спо́ры; побога́че кто — хотя́т са́ми се́ять, а бедняки́ отдаю́т купца́м за по́дати. Захоте́л Пахо́м побо́льше посе́ять. Пое́хал на друго́й год к купцу́, купи́л земли́ на́ год, Посе́ял побо́льше — родило́сь хорошо́; да далеко́ от села́ — вёрст за пятнадца́ть вози́ть на́до. Ви́дит — в окру́ге купцы́-мужики́ хутора́ми живу́т, богате́ют. «То ли де́ло, — ду́мает Пахо́м, — ко́ли бы то́же в ве́чность земли́цы купи́ть да постро́ить ху́тор. Всё бы в кругу́ бы́ло». И стал поду́мывать Пахо́м, как бы земли́ в ве́чность купи́ть.

Про́жил так Пахо́м три го́да. Снима́л зе́млю, пшени́цу се́ял. Года́ вы́шли хоро́шие, и пшени́ца хороша́ рожа́лась, и де́ньги залёжные завели́сь. Жить бы да жить, да ску́чно показа́лось Пахо́му ка́ждый год в лю́дях зе́млю покупа́ть, из-за земли́ волово́диться:[6] где хоро́шенькая земли́ца есть, сейча́с налетя́т мужики́, всю разберу́т; не поспе́л укупи́ть и не на чём се́ять. А то купи́л на тре́тий год с купцо́м попола́м вы́гон у мужико́в; и вспаха́ли уж, да засуди́лись мужики́, так и пропа́ла рабо́та. «Ка́бы своя́ земля́ была́, ду́мает, никому́ бы не кла́нялся, и греха́ бы не́ было».

И стал Пахо́м разузнава́ть, где купи́ть земли́ в ве́чность. И

[6] have trouble

попа́л на мужика́. Бы́ли ку́плены у мужика́ пятьсо́т десяти́н, да разори́лся он и продаёт задёшево. Стал Пахо́м ла́дить с ним. Толкова́л, толкова́л — сла́дился за ты́сячу пятьсо́т рубле́й, половину де́нег обожда́ть. Совсе́м уж бы́ло пола́дили, да заезжа́ет раз к Пахо́му купе́ц прое́зжий на двор покорми́ть. По́пили чайку́, поговори́ли. Расска́зывает купе́ц, что е́дет он из да́льних башки́р. Там, расска́зывает, купи́л у башки́рцев земли́ ты́сяч пять десяти́н. И ста́ло всего́ ты́сяча рубле́й. Стал расспра́шивать Пахо́м. Рассказа́л купе́ц.

— То́лько, — говори́т, — старико́в ублаготвори́л. Хала́тов, ковро́в раздари́л рубле́й на сто, да ци́бик чаю, да попои́л винцо́м, кто пьёт. И по два́дцать копе́ек за десяти́ну взял. — Пока́зывает ку́пчую. — Земля́, — говори́т, — по ре́чке, и степь вся ковы́льная.

Стал расспра́шивать Пахо́м, как и что.

— Земли́, — говори́т купе́ц, — там не обойдёшь и в год: все башки́рская. А наро́д несмышлёный, как бара́ны. Мо́жно почти́ да́ром взять.

«Ну, — ду́мает Пахо́м, — что ж мне за мои́ ты́сячу рубле́й пятьсо́т десяти́н купи́ть да ещё долг на ше́ю забра́ть. А тут я за ты́сячу рубле́й чем завлада́ю!»

V

Расспроси́л Пахо́м, как прое́хать, и то́лько проводи́л купца́, собрался́ сам е́хать. Оста́вил дом на жену́, сам собрался́ с рабо́тником, пое́хал. Зае́хали в го́род, купи́ли ча́ю ци́бик, пода́рков, вина́ — всё, как купе́ц сказа́л. Е́хали, е́хали, вёрст пятьсо́т отъе́хали. На седьмы́е су́тки прие́хали на башки́рскую кочёвку. Всё так, как купе́ц говори́л. Живу́т все в степи́, над ре́чкой, в киби́тках во́йлочных. Са́ми не па́шут и хле́ба не едя́т. А в степи́ скоти́на хо́дит и ло́шади косяка́ми. За киби́тками жеребя́та привя́заны, и к ним два ра́за в день ма́ток пригоня́ют; кобы́лье молоко́ до́ят и из него́ кумы́с де́лают. Ба́бы кумы́с болта́ют и сыр де́лают, а мужики́ то́лько и зна́ют — кумы́с и чай пьют, бара́нину едя́т да на ду́дках игра́ют. Гла́дкие все, весёлые, всё ле́то пра́зднуют. Наро́д совсе́м тёмный и по-ру́сски не зна́ют, а ла́сковый.

То́лько увида́ли Пахо́ма, повы́шли из киби́ток башки́рцы, обступи́ли го́стя. Нашёлся перево́дчик. Сказа́л ему Пахо́м, что он об земле́ прие́хал. Обра́довались башки́рцы, подхвати́ли Пахо́ма, свели́ его́ в киби́тку хорóшую, посади́ли на ковры́, подложи́ли под него́ поду́шек пухóвых, сéли кругóм, стáли угощáть чáем, кумысóм. Барáна зарéзали и барáниной накорми́ли. Достáл Пахóм из тарантáса подáрки, стал башки́рцам раздавáть. Одари́л Пахóм башки́рцев подáрками и чай раздели́л. Обрáдовались башки́рцы. Лопотáли, лопотáли промéж себя́, потóм велéли перевóдчику говори́ть.

— Веля́т тебé сказáть, — говори́т перевóдчик, — что они́ полюби́ли тебя́ и что у нас обы́чай такóй — гóстю вся́кое удовóльствие дéлать и за подáрки отдáривать. Ты нас одари́л; тепéрь скажи́, что тебé из нáшего полю́бится, чтоб тебя́ отдари́ть?

— Полюби́лась мне, — говори́т Пахóм, — бóльше всегó у вас земля́. У нас, — говори́т, — в землé теснотá, да и земля́ вы́паханная, а у вас земли́ мнóго и земля́ хорошá. Я такóй и не ви́дывал.

Передáл перевóдчик. Поговори́ли, поговори́ли башки́рцы. Не понимáет Пахóм, что они́ говоря́т, а ви́дит, что вéселы, кричáт чтó-то, смею́тся, зати́хли потóм, смóтрят на Пахóма, а перевóдчик говори́т:

— Веля́т, — говори́т, — они́ тебé сказáть, что за твоё добрó рáды тебé скóлько хóчешь земли́ отдáть. Тóлько рукóй покажи́ какýю — твоя́ бýдет.

Поговори́ли они́ ещё и чтó-то спóрить стáли. И спроси́л Пахóм, о чём спóрят. И сказáл перевóдчик:

— Говоря́т одни́, что нáдо об землé старшинý спроси́ть, а без негó нельзя́. А други́е говоря́т, и без негó мóжно.

VI

Спóрят башки́рцы, вдруг идёт человéк в шáпке ли́сьей. Замолчáли все и встáли. И говори́т перевóдчик:

— Э́то старшинá сáмый.

Сейчáс достáл Пахóм лýчший халáт и поднёс старшинé и ещё чáю пять фýнтов. При́нял старшинá и сел на пéрвое мéсто. И сейчáс стáли говори́ть емý чтó-то башки́рцы. Слýшал, слýшал старшинá, кивнýл головóй, чтоб они́ замолчáли, и стал говори́ть Пахóму по-рýсски.

— Что ж, — говори́т, — мóжно. Бери́, где полю́бится. Земли́ мнóго.

«Как же я возьму́, ско́лько хочу́, — ду́мает Пахо́м. — На́до же как ни есть закрепи́ть. А то ска́жут твоя́, а пото́м отни́мут».

— Благодари́м вас, — говори́т, — на до́бром сло́ве. Земли́ ведь у вас мно́го, а мне немно́жко на́до. То́лько бы мне знать, кака́я моя́ бу́дет. Уж ка́к-нибудь всё-таки отме́рять да закрепи́ть за мной на́до. А то в сме́рти-животе́ Бог во́лен. Вы, до́брые лю́ди, даёте, а придётся — де́ти ва́ши отни́мут.

— Пра́вда твоя́, — говори́т старшина́, — закрепи́ть мо́жно.

Стал Пахо́м говори́ть:

— Я вот слы́шал, у вас купе́ц был. Вы ему́ то́же землі́цы подари́ли и ку́пчую сде́лали; так и мне бы то́же.

Всё по́нял старшина́.

— Э́то всё мо́жно, — говори́т. — У нас и пи́сарь есть, и в го́род пое́дем, и все печа́ти прило́жим.

— А цена́ кака́я бу́дет? — говори́т Пахо́м.

— Цена́ у нас одна́: ты́сяча рубле́й за день.

Не по́нял Пахо́м.

— Кака́я же э́то ме́ра — день? Ско́лько в ней десяти́н бу́дет?

— Мы э́того, — говори́т, — не уме́ем счита́ть. А мы за день продаём; ско́лько обойдёшь в день, то и твоё, а цена́ дню ты́сяча рубле́й.

Удиви́лся Пахо́м.

— Да ведь э́то, — говори́т, — в день обойти́, земли́ мно́го бу́дет.

Засмея́лся старшина́.

— Вся твоя́! — говори́т. — То́лько оди́н угово́р: е́сли наза́д не придёшь в день к тому́ ме́сту, с како́го возьмёшься, пропа́ли твои́ де́ньги.

— А как же, — говори́т Пахо́м, — отме́тить, где я пройду́?

— А мы ста́нем на ме́сто, где ты облюбу́ешь, мы стоя́ть бу́дем, а ты иди́, де́лай круг; а с собо́й скрёбку возьми́ и, где на́добно, замеча́й, на угла́х я́мки рой, дерни́чки клади́, пото́м с я́мки на я́мку плу́гом прое́дем. Како́й хо́чешь круг забира́й, то́лько до захо́да со́лнца приходи́ к тому́ ме́сту, с како́го взялся́. Что обойдёшь, всё твоё.

Обра́довался Пахо́м. Пореши́ли нара́не выезжа́ть. Потолкова́ли, по́пили ещё кумы́су, бара́нины пое́ли, ещё ча́ю напили́сь; ста́ло де́ло к но́чи. Уложи́ли Пахо́ма спать на пуховике́, и разошли́сь башки́рцы. Обеща́лись за́втра на зо́рьке собра́ться, до со́лнца на ме́сто вы́ехать.

VII

Лёг Пахо́м на пуховики́ и не спи́тся ему́, всё про зе́млю ду́мает. «Отхвачу́, ду́мает, палести́ну[7] большу́ю. Вёрст пятьдеся́т обойду́ в день-то. День-то ны́нче что год; в пяти́десяти верста́х земли́-то что́ бу́дет. Каку́ю поху́же — прода́м или мужико́в пущу́, а лю́бенькую отберу́, сам на ней ся́ду. Плу́га два быко́в заведу́, челове́ка два рабо́тников принайму́; десяти́нок полсо́тни паха́ть бу́ду, а на остально́й скоти́ну нагу́ливать ста́ну».

Не засну́л всю ночь Пахо́м. Пе́ред заре́й то́лько забы́лся. То́лько забы́лся — и ви́дит он сон. Ви́дит он, что лежи́т бу́дто он в э́той са́мой киби́тке и слы́шит — нару́жу гого́чет кто́-то. И бу́дто захоте́лось ему́ посмотре́ть, кто тако́й смеётся, и встал он, вы́шел из киби́тки и ви́дит — сиди́т тот са́мый старшина́ башки́рский перед киби́ткой, за живо́т ухвати́лся обе́ими рука́ми, зака́тывается, гого́чет на что-то. Подошёл он и спроси́л: «Чему́ смеёшься?» И ви́дит он, бу́дто э́то не старшина́ башки́рский, а купе́ц наме́днишний, что к ним заезжа́л, об земле́ расска́зывал. И то́лько спроси́л у купца́: «Ты давно́ ли тут?» — а э́то уж и не купе́ц, а тот са́мый мужи́к, что на старине́ сни́зу заходи́л. И ви́дит Пахо́м, что бу́дто и не мужи́к э́то, а сам дья́вол, с рога́ми и с копы́тами, сиди́т, хохо́чет, а пе́ред ним лежи́т челове́к босико́м, в руба́хе и портка́х. И бу́дто погляде́л Пахо́м при́стальней, что за челове́к тако́й? И ви́дит, что челове́к мёртвый и что э́то — он сам. Ужасну́лся Пахо́м и просну́лся. Просну́лся. «Чего́ не присни́тся», — ду́мает. Огляде́лся; ви́дит в откры́тую дверь — уж бело́ стано́вится, света́ть начина́ет. «На́до, ду́мает, буди́ть наро́д, пора́ е́хать». Подня́лся Пахо́м, разбуди́л рабо́тника в таранта́се, веле́л запряга́ть и пошёл башки́рцев буди́ть.

— Пора́, — говори́т, — на степь е́хать, отмеря́ть.

Повстава́ли башки́рцы, собрали́сь все, и старшина́ пришёл. За́чали башки́рцы опя́ть кумы́с пить, хоте́ли Пахо́ма угости́ть ча́ем, да не стал он дожида́ться.

— Ко́ли е́хать, так е́хать, — говори́т, — пора́.

VIII

Собрали́сь башки́рцы, се́ли — кто верха́ми, кто в таранта́сы, пое́хали. А Пахо́м с рабо́тником на своём таранта́сике пое́хали и с собо́й скрёбку взя́ли. Прие́хали в степь, заря́ занима́ется.

[7] "Promised Land"; desirable property

Въе́хали на бугоро́к, по-башки́рски — на шиха́н. Вы́лезли из таранта́сов, послеза́ли с лошаде́й, сошли́сь в ку́чку. Подошёл старшина́ к Пахо́му, показа́л руко́й.

— Вот, — говори́т, — вся на́ша, что гла́зом оки́нешь. Выбира́й любу́ю.

Разгоре́лись глаза́ у Пахо́ма: земля́ всяковы́льная, ро́вная как ладо́нь, чёрная как мак, а где лощи́нка — так разнотра́вье, трава́ по гру́ди.

Снял старшина́ ша́пку ли́сью, поста́вил на зе́млю.

— Вот, — говори́т, — ме́тка буде́т. Отсю́да пойди́, сюда́ приходи́. Что обойдёшь, всё твоё бу́дет.

Вы́нул Пахо́м де́ньги, положи́л на ша́пку, снял кафта́н, в одно́й поддёвке оста́лся, перепоя́сался поту́же под брю́хо кушако́м, подтяну́лся, су́мочку с хле́бом за па́зуху положи́л, баклá́жку с водо́й к кушаку́ привяза́л, подтяну́л голени́ща, взял скрёбку у рабо́тника, собрался́ идти́. Ду́мал, ду́мал, в каку́ю сто́рону взять, — везде́ хорошо́. Ду́мает: «Всё одно́: пойду́ на восхо́д со́лнца». Стал лицо́м к со́лнцу, размя́лся, ждёт, чтобы показа́лось оно́ из-за кра́я. Ду́мает: «Ничего́ вре́мени пропуска́ть не ста́ну. Холодко́м и идти́ ле́гче». То́лько бры́знуло из-за кра́я со́лнце, вски́нул Пахо́м скрёбку на плечо́ и пошёл в степь.

Пошёл Пахо́м ни ти́хо, ни ско́ро. Отошёл с версту́; останови́лся, вы́рыл я́мку и дерни́чки друг на дру́жку положи́л, чтоб приме́тней бы́ло. Пошёл да́льше. Стал размина́ться, стал и ша́гу прибавля́ть. Отошёл ещё, вы́рыл ещё друrу́ю я́мку.

Огляну́лся Пахо́м. На со́лнце хорошо́ ви́дно шиха́н, и наро́д стои́т, и у таранта́сов на колёсах ши́ны блестя́т. Уга́дывает Пахо́м, что вёрст пять прошёл. Согрева́ться стал, снял поддёвку, вски́нул на плечо́, пошёл да́льше. Отошёл ещё вёрст пять. Тепло́ ста́ло. Взгляну́л на со́лнышко — уж вре́мя об за́втраке.

«Одна́ упря́жка прошла́, — ду́мает Пахо́м. — А их четы́ре в дню,[8] ра́но ещё завора́чивать. Дай то́лько разу́юсь». Присе́л, разу́лся, сапоги́ за по́яс, пошёл да́льше. Легко́ идти́ ста́ло. Ду́мает: «Дай пройду́ ещё вёрст пято́к, тогда́ вле́во загиба́ть ста́ну. Ме́сто-то хорошо́ о́чень, кида́ть жа́лко. Что да́льше, то лу́чше». Пошёл ещё напрями́к. Огляну́лся — шиха́н уж чуть ви́дно, и наро́д, как мураши́, на нём черне́ется, и чуть блести́т что-то.

[8] Dialectal for *в день*.

«Ну, — ду́мает Пахо́м, — в э́ту сто́рону дово́льно забра́л; на́до загиба́ть. Да и разопре́л — пить хо́чется». Останови́лся, вы́рыл я́мку побо́льше, положи́л дерни́чки, отвяза́л бакла́жку, напи́лся и загну́л кру́то вле́во. Шёл он, шёл, трава́ пришла́ высо́кая, и жа́рко ста́ло.

Стал Пахо́м устава́ть; погляде́л он на со́лнышко, ви́дит — са́мый обе́д. «Ну, ду́мает, отдохну́ть на́до». Останови́лся Пахо́м, присе́л. Пое́л хле́бца с водо́й, а ложи́ться не стал: ду́мает — ля́жешь, да и заснёшь. Посиде́л немно́го, пошёл да́льше. Снача́ла легко́ пошёл. От еды́ си́лы приба́вилось. Да уж жа́рко о́чень ста́ло, да и сон клони́ть ста́л; одна́ко всё идёт, ду́мает — час терпе́ть, а век жить.

Прошёл ещё и по э́той стороне́ мно́го, хоте́л уж загиба́ть вле́во, да глядь — лощи́нка подошла́ сыра́я; жаль броса́ть. Ду́мает: «Лён тут хоро́ш уроди́тся». Опя́ть пошёл пря́мо. Захвати́л лощи́нку, вы́копал я́мку за лощи́ной, загну́л второ́й у́гол. Огляну́лся Пахо́м на шиха́н: от тепла́ затума́нилось, кача́ется что-то в во́здухе и сквозь ма́ру чуть видне́ются лю́ди на шиха́не — вёрст пятна́дцать до них бу́дет. «Ну, — ду́мает Пахо́м, — дли́нны сто́роны взял, на́до э́ту покоро́че взять». Пошёл тре́тью сто́рону, стал ша́гу прибавля́ть. Посмотре́л на со́лнце — уж оно́ к по́лднику подхо́дит, а по тре́тьей стороне́ всего́ версты́ две прошёл. И до ме́ста всё те же вёрст пятна́дцать. «Нет, ду́мает, хоть крива́я да́ча бу́дет, а на́до прямико́м поспева́ть. Не забра́ть бы ли́шнего. А земли́ и так уж мно́го. Вы́рыл Пахо́м поскоре́е я́мку и поверну́л прямико́м к шиха́ну.

IX

Идёт Пахо́м пря́мо на шиха́н, и тяжело́ уж ему́ ста́ло. Разопре́л и но́ги босико́м изре́зал и отби́л, да и подка́шиваться ста́ли. Отдохну́ть хо́чется, а нельзя́ — не поспе́ешь дойти́ до зака́та. Со́лнце не ждёт, всё спуска́ется да спуска́ется. «Ах, ду́мает, не оши́бся ли, не мно́го ли забра́л? Что, как не поспе́ешь?» Взгля́нет вперёд на шиха́н, взгля́нет на со́лнце: до ме́ста далеко́, а со́лнце уж недалеко́ от кра́я.

Идёт так Пахо́м, тру́дно ему́, а всё прибавля́ет да прибавля́ет ша́гу. Шёл, шёл — всё ещё далеко́; побежа́л ры́сью. Бро́сил поддёвку, сапоги́, бакла́жку, ша́пку бро́сил, то́лько скрёбку де́ржит, ей попира́ется. «Ах, ду́мает, позари́лся я, всё де́ло погуби́л, не добегу́ до зака́та». И ещё ху́же ему́ от стра́ха дух захва́тывает. Бежи́т Пахо́м, руба́ха и портки́ от по́та к те́лу ли́пнут, во рту пересо́хло. В груди́ как ме́хи кузне́чные раздува́ются, а в се́рдце молотко́м бьёт, и но́ги как не свои́ — подла́мываются. Жу́тко ста́ло Пахо́му, ду́мает: «Как бы не помере́ть с нату́ги».

Помере́ть бои́тся, а останови́ться не мо́жет. «Сто́лько, ду́мает, пробежа́л, а тепе́рь останови́ться — дурако́м назову́т». Бежа́л, бежа́л, подбега́ет уж бли́зко и слы́шит визжа́т, га́йкают на него́ башки́рцы, и от кри́ка и́хнего у него́ ещё пу́ще се́рдце разгора́ется. Бежи́т Пахо́м из после́дних сил, а со́лнце уж к кра́ю подхо́дит, в тума́н зашло́; большо́е, кра́сное, кровяно́е ста́ло. Вот-вот зака́тываться ста́нет. Со́лнце бли́зко, да и до ме́ста уж во́все не далеко́. Ви́дит уж Пахо́м, и наро́д на шиха́не на него́ рука́ми маха́ет, его́ подгоня́ют. Ви́дит ша́пку ли́сью на земле́ и де́ньги на ней ви́дит; ви́дит и старшину́, как он на земле́ сиди́т, рука́ми за пу́зо де́ржится. И вспо́мнился Пахо́му сон. «Земли́, ду́мает, мно́го, да приведёт ли Бог на ней жить. Ох, погуби́л я себя́, ду́мает, не добегу́».

Взгляну́л Пахо́м на со́лнце, а оно́ до земли́ дошло́, уж кра́юшком заходи́ть ста́ло и дуго́й к кра́ю вы́резалось. Надда́л из после́дних сил Пахо́м, навали́лся наперёд те́лом, насилу́ но́ги поспева́ют подставля́ться, чтоб не упа́сть. Подбежа́л Пахо́м к шиха́ну, вдруг темно́ ста́ло. Огляну́лся — уж зашло́ со́лнце. А́хнул Пахо́м. «Пропа́ли, ду́мает, мои́ труды́». Хоте́л уж останови́ться, да слы́шит, га́йкают всё башки́рцы, и вспо́мнил он, что сни́зу ему́ ка́жет, что зашло́, а с шиха́на не зашло́ ещё со́лнце. Наду́лся Пахо́м, взбежа́л на шиха́н. На шиха́не ещё светло́. Взбежа́л Пахо́м, ви́дит — ша́пка. Перед ша́пкой сиди́т старшина́, гого́чет, рука́ми за пу́зо де́ржится. Вспо́мнил Пахо́м сон, а́хнул, подкоси́лись но́ги, и упа́л он наперёд, рука́ми до ша́пки доста́л.

— Ай, молоде́ц! — закрича́л старшина́. — Мно́го земли́ завладе́л!

Подбежа́л рабо́тник Пахо́мов, хоте́л подня́ть его́, а у него́ изо рта кровь течёт, и он мёртвый лежи́т.

Пощёлкали языка́ми башки́рцы, пожале́ли.

По́днял рабо́тник скрёбку, вы́копал Пахо́му моги́лу, ро́вно наско́лько он от ног до головы́ захвати́л — три арши́на, и закопа́л его́.

1885

Anton Chekhov

ANTON CHEKHOV (1860–1904) was one of those very few authors in the history of world literature who not only wrote in two different genres, but excelled in both of them—in his case, in drama and in the short story.

The grandson of a serf and the son of a grocer, Chekhov grew up in Taganrog, a small town near the Black Sea, and at the age of 19 moved to Moscow. He studied medicine, and some of his methods as a creator of fiction have been compared to the diagnostic procedures of an observant physician. While still a medical student, Chekhov began to write, at first specializing in comic sketches and short farces. He then gave up medicine and became a professional writer; after having numerous stories published in newspapers and in books, he wrote his four great plays, *The Seagull* (1896), *Uncle Vanya* (1897), *The Three Sisters* (1901), and *The Cherry Orchard* (1903).

A controversy has recently arisen over whether these plays are properly to be produced as lachrymose, pathetic plays of nonaction and frustration (the traditional interpretation) or whether they are dramas in which a strong element of the comic predominates. Their chief hallmarks are their superb creation of mood, the inconsequentiality of the dialogue when measured by the yardstick of strict contribution to the plot and logic, the absence of external action, the reliance upon inner (psychological) events, the outbursts of absurd or vaudeville humor, and, above all, the poignancy of human nonfulfillment which Chekhov dramatizes with warm sympathy. Chekhov's plays are among the few key influences on twentieth-century drama in any language. His short stories have also served as models to Western European and American twentieth-century authors, from Katherine Mansfield on.

Chekhov was closely connected with Stanislavsky's success in the now famous Moscow Art Theater, which first gained glory through its production of *The Seagull*. He married Olga Knipper, a leading actress, in 1901. Drama and theatrical life came to absorb much of Chekhov's interest.

The prose that Chekhov wrote in his later years was more serious than his earlier stories had been. He died in 1904, after having suffered from lung disease. His fame both as a playwright and short-story writer grew steadily after his death, in Russia and abroad.

Chekhov did not share the frequent Russian practice of using literature for open preaching. He opposed overt conclusion-drawing. He liked not to dot all the i's and cross the t's for the reader. Chekhov's attitude and literary method might be considered neutral. Some contemporaries called it indifferent and condemned him for it. Tolstoy, for example, considered a hands-off attitude on the writer's part immoral—an abdication of his moral obligations. Chekhov was attracted by the ironies of human existence and presented them in detail, as though matter-of-factly, and thereby all the more poignantly.

The Lady with a Pet Dog, for example, is based on the ironic twist inherent in the situation in which a man who is accustomed to light seductions and who has been frequently unfaithful to his wife discovers that for the first time in his life, after plunging into what at first seems another superficial affair, he is totally—and hopelessly—in love. The sadness of the story, the sense of a long stretch of days in which nothing essential will change, as though looking ahead into an infinitely long corridor, are also typical of Chekhov. Yet neither the sadness nor the irony would have been effective if Chekhov had not presented the characters and events with his finesse. Every detail is placed gently, nothing is overstated, all is prepared for. There is a plainness about the story, which, in contrast to Tolstoy's vigorous procedures, seems almost gentle, feminine—yet direct and powerful.

The Lady with a Pet Dog renders masterfully the specific, never repeated incidents (the meetings of the two lovers, the circumstances accompanying the events) as well as the general course of their lives—that is, it gives both the microscopic and macroscopic views. Much of the story depends on significant concrete details: the fence around Anna Sergeevna's house, the two high-school students smoking on the landing when the man and woman meet again at the opera, the man's conversation with his daughter on his way to meeting his mistress in a hotel. Chekhov's sympathy with the characters—with all human beings' desire to live, *пожить*, as he says in this story—pervades the story. Chekhov refrains from explicit moralizing and judging. Chekhov sees the characters he describes, feels with them, and pities them. In his stories, he expresses the attitudes which Gorky, in his remarkable reminiscences of meetings with Chekhov, states to have been visible in Chekhov's facial expression—a "sad and gentle smile, . . . a lovable modesty and delicate sensitiveness."

Анто́н Па́влович Че́хов

ДА́МА С СОБА́ЧКОЙ

I

Говори́ли, что на на́бережной появи́лось но́вое лицо́: да́ма с соба́чкой. Дми́трий Дми́трич Гу́ров, прожи́вший в Я́лте уже́ две́ неде́ли и привы́кший ту́т, то́же ста́л интересова́ться но́выми ли́цами. Си́дя в павильо́не у Верне, о́н ви́дел, ка́к по на́бережной прошла́ молода́я да́ма, невысо́кого ро́ста блонди́нка, в бере́те; за не́ю бежа́л бе́лый шпи́ц.

И пото́м о́н встреча́л её в городско́м саду́ и на скве́ре, по не́скольку ра́з в де́нь. Она́ гуля́ла одна́, всё в то́м же бере́те, с бе́лым шпи́цем; никто́ не зна́л, кто́ она́, и называ́ли её про́сто та́к: да́ма с соба́чкой.

«Е́сли она́ зде́сь без му́жа и без знако́мых, — сообража́л Гу́ров, — то бы́ло бы не ли́шнее познако́миться с ней».

Ему́ не́ было ещё сорока́, но у него́ была́ уже́ до́чь двена́дцати ле́т и два́ сы́на гимнази́ста. Его́ жени́ли ра́но, когда́ он бы́л ещё студе́нтом второ́го ку́рса, и тепе́рь жена́ каза́лась в полтора́ ра́за ста́рше его́. Э́то была́ же́нщина высо́кая, с тёмными бровя́ми, пряма́я, ва́жная, соли́дная и, ка́к она́ сама́ себя́ называ́ла, мы́слящая. Она́ мно́го чита́ла, не писа́ла в пи́сьмах ъ, называ́ла му́жа не Дми́трием, а Дими́трием, а он вта́йне счита́л её недалёкой, у́зкой, неизя́щной, боя́лся её и не люби́л быва́ть до́ма. Изменя́ть ей на́чал уже́ давно́, изменя́л ча́сто и, вероя́тно, поэ́тому о же́нщинах отзыва́лся почти́ всегда́ ду́рно, и когда́ в его́ прису́тствии говори́ли о них, то он называ́л их так:

— Ни́зшая ра́са!

Ему́ каза́лось, что он доста́точно нау́чен го́рьким о́пытом, что́бы называ́ть их как уго́дно, но всё же без «ни́зшей ра́сы» он не мог бы прожи́ть и двух дней. В о́бществе мужчи́н ему́ бы́ло ску́чно, не по себе́, с ни́ми он был неразгово́рчив, хо́лоден, но когда́ находи́лся среди́ же́нщин, то чу́вствовал себя́ свобо́дно и знал, о чём говори́ть с ни́ми и как держа́ть себя́, и да́же молча́ть с ни́ми ему́ бы́ло легко́. В его́ нару́жности, в хара́ктере, во всей его́ нату́ре бы́ло что-то привлека́тельное, неулови́мое, что́ располага́ло к нему́ же́нщин, мани́ло их; он знал об э́том, и самого́ его́ то́же кака́я-то си́ла влекла́ к ним.

О́пыт многокра́тный, в са́мом де́ле го́рький о́пыт, научи́л его́ давно́, что вся́кое сближе́ние, кото́рое внача́ле так прия́тно разнообра́зит жизнь и представля́ется ми́лым и лёгким приключе́нием, у поря́дочных люде́й, осо́бенно у москвиче́й, тяжёлых на подъём, нереши́тельных, неизбе́жно выраста́ет в це́лую зада́чу, сло́жную чрезвыча́йно, и положе́ние в конце́ концо́в стано́вится тя́гостным. Но при вся́кой но́вой встре́че с интере́сною же́нщиной э́тот о́пыт ка́к-то ускольза́л из па́мяти, и хоте́лось жить, и всё каза́лось так про́сто и заба́вно.

И вот одна́жды, по́д вечер, он обе́дал в саду́, а да́ма в бере́те подходи́ла не спеша́, что́бы заня́ть сосе́дний стол. Её выраже́ние, похо́дка, пла́тье, причёска говори́ли ему́, что она́ из поря́дочного о́бщества, за́мужем, в Я́лте в пе́рвый раз и одна́, что ей ску́чно здесь . . . В расска́зах о нечистоте́ ме́стных нра́вов мно́го непра́вды, он презира́л их и знал, что таки́е расска́зы в большинстве́ сочиня́ются людьми́, кото́рые са́ми бы охо́тно греши́ли, е́сли б уме́ли; но когда́ да́ма се́ла за сосе́дний стол в трёх шага́х от него́, ему́ вспо́мнились э́ти расска́зы о лёгких побе́дах, о пое́здках в го́ры, и соблазни́тельная мысль о ско́рой, мимолётной свя́зи, о рома́не с неизве́стною же́нщиной, кото́рой не зна́ешь по и́мени и фами́лии, вдруг овладе́ла им.

Он ла́сково помани́л к себе́ шпи́ца и, когда́ тот подошёл, погрози́л ему́ па́льцем. Шпиц заворча́л. Гу́ров опя́ть погрози́л.

Да́ма взгляну́ла на него́ и то́тчас же опусти́ла глаза́.

— Он не куса́ется, — сказа́ла она́ и покрасне́ла.

— Мо́жно дать ему́ кость? — и когда́ она́ утверди́тельно кивну́ла голово́й, он спроси́л приве́тливо: — Вы давно́ изво́лили прие́хать в Я́лту?

— Дней пять.

— А я уже́ дотя́гиваю здесь втору́ю неде́лю.

Помолча́ли немно́го.

— Вре́мя идёт бы́стро, а ме́жду тем здесь така́я ску́ка! — сказа́ла она́, не гля́дя на него́.

— Э́то то́лько при́нято говори́ть, что здесь ску́чно. Обыва́тель живёт у себя́ где́-нибу́дь в Беле́ве или Жи́здре — и ему́ не ску́чно, а прие́дет сюда́: «Ах, ску́чно! ах, пыль!» Поду́маешь, что он из Грена́ды прие́хал.

Она́ засмея́лась. Пото́м о́ба продолжа́ли есть мо́лча, как незнако́мые; но по́сле обе́да пошли́ ря́дом — и начался́ шутли́вый, лёгкий разгово́р люде́й свобо́дных, дово́льных, кото́рым всё равно́, куда́ бы ни идти́, о чём ни говори́ть. Они́ гуля́ли и говори́ли о том, как стра́нно освещено́ мо́ре; вода́ была́ сире́невого цве́та, тако́го мя́гкого и тёплого, и по ней от луны́ шла золота́я полоса́. Говори́ли о том, как ду́шно по́сле жа́ркого дня. Гу́ров рассказа́л, что он москви́ч, по образова́нию фило́лог, но слу́жит в ба́нке; гото́вился когда́-то петь в ча́стной о́пере, но бро́сил, име́ет в Москве́ два до́ма . . . А от неё он узна́л, что она́ вы́росла в Петербу́рге, но вы́шла за́муж в С., где живёт уже́ два го́да, что пробу́дет она́ в Я́лте ещё с ме́сяц и за ней, быть мо́жет, прие́дет её муж, кото́рому то́же хо́чется отдохну́ть. Она́ ника́к не могла́ объясни́ть, где слу́жит её муж, — в губе́рнском правле́нии и́ли в губе́рнской зе́мской упра́ве, и э́то ей само́й бы́ло смешно́. И узна́л ещё Гу́ров, что её зову́т А́нной Серге́евной.

Пото́м у се́бя в но́мере он ду́мал о ней, о том, что за́втра она́, наве́рное, встре́тится с ним. Так должно́ быть. Ложа́сь спать, он вспо́мнил, что она́ ещё так неда́вно была́ институ́ткой, учи́лась всё равно́ как тепе́рь его́ дочь, вспо́мнил, ско́лько ещё несме́лости, углова́тости бы́ло в её сме́хе, в разгово́ре с незнако́мым, — должно́ быть, э́то пе́рвый раз в жи́зни она́ была́ одна́, в тако́й обстано́вке, когда́ за ней хо́дят и на неё смо́трят, и говоря́т с ней то́лько с одно́ю та́йною це́лью, о кото́рой она́ не мо́жет не дога́дываться. Вспо́мнил он её то́нкую, сла́бую ше́ю, краси́вые се́рые глаза́.

«Что́-то в ней есть жа́лкое всё-таки́», — поду́мал он и стал засыпа́ть.

II

Прошла́ неде́ля по́сле знако́мства. Был пра́здничный день. В ко́мнатах бы́ло ду́шно, а на у́лицах ви́хрем носи́лась пыль, срыва́ло шля́пы. Весь день хоте́лось пить, и Гу́ров ча́сто заходи́л в павильо́н и предлага́л А́нне Серге́евне то воды́ с сиро́пом, то моро́женого. Не́куда бы́ло дева́ться.

Ве́чером, когда́ немно́го ути́хло, они́ пошли́ на мол, что́бы посмотре́ть, как придёт парохо́д. На при́стани бы́ло мно́го гуля́ющих; собрали́сь встреча́ть кого́-то, держа́ли буке́ты. И тут отчётливо броса́лись в глаза́ две осо́бенности наря́дной я́лтинской толпы́: пожилы́е да́мы бы́ли оде́ты, как молоды́е, и бы́ло мно́го генера́лов.

По слу́чаю волне́ния на́ море парохо́д пришёл по́здно, когда́ уже́ се́ло со́лнце, и, пре́жде чем приста́ть к мо́лу, до́лго повора́чивался. А́нна Серге́евна смотре́ла в лорне́тку на парохо́д и на пассажи́ров, как бы оты́скивая знако́мых, и когда́ обраща́лась к Гу́рову, то глаза́ у неё блесте́ли. Она́ мно́го говори́ла, и вопро́сы у неё бы́ли отры́висты, и она́ сама́ то́тчас же забыва́ла, о чём спра́шивала; пото́м потеря́ла в толпе́ лорне́тку.

Наря́дная толпа́ расходи́лась, уже́ не́ было ви́дно лиц, ве́тер стих совсе́м, а Гу́ров и А́нна Серге́евна стоя́ли, то́чно ожида́я, не сойдёт ли ещё кто с парохо́да. А́нна Серге́евна уже́ молча́ла и ню́хала цветы́, не гля́дя на Гу́рова.

— Пого́да к ве́черу ста́ла полу́чше, — сказа́л он. — Куда́ же мы тепе́рь пойдём? Не пое́хать ли нам куда́-нибу́дь?

Она́ ничего́ не отве́тила.

Тогда́ он при́стально погляде́л на неё и вдруг обня́л её и поцелова́л в гу́бы, и его́ обда́ло за́пахом и вла́гой цвето́в, и то́тчас же он пугли́во огляде́лся: не ви́дел ли кто?

— Пойдёмте к вам . . . — проговори́л он ти́хо.

И о́ба пошли́ бы́стро.

У неё в но́мере бы́ло ду́шно, па́хло духа́ми, кото́рые она́ купи́ла в япо́нском магази́не. Гу́ров, гля́дя на неё тепе́рь, ду́мал: «Каки́х то́лько не быва́ет в жи́зни встреч!» От про́шлого у него́ сохрани́лось воспомина́ние о беззабо́тных, доброду́шных же́нщинах, весёлых от любви́, благода́рных ему́ за сча́стье, хотя́ бы о́чень коро́ткое; и о таки́х, — как, наприме́р, его жена́, — кото́рые люби́ли без и́скренности, с изли́шними разгово́рами, мане́рно, с истери́ей, с таки́м выраже́нием, как бу́дто то была́ не любо́вь, не страсть, а что́-то бо́лее значи́тельное; и о таки́х двух-трёх, о́чень краси́вых, холо́дных, у кото́рых вдруг промелька́ло на лице́ хи́щное выраже́ние, упря́мое жела́ние взять, вы́хватить у жи́зни бо́льше, чем она́ мо́жет дать, и э́то бы́ли не пе́рвой мо́лодости, капри́зные, не рассужда́ющие, вла́стные, не у́мные же́нщины, и когда́ Гу́ров охладева́л к ним, то красота́ их возбужда́ла в нём не́нависть, и кружева́ на их белье́ каза́лись ему́ то́гда похо́жими на чешу́ю.

Но тут всё та же несме́лость, углова́тость нео́пытной мо́лодости, нело́вкое чу́вство; и бы́ло впечатле́ние растé́рянности, как бу́дто кто вдруг постуча́л в дверь. А́нна Серге́евна, э́та «да́ма с соба́чкой», к тому́, что произошло́, отнесла́сь ка́к-то осо́бенно, о́чень серьёзно, то́чно к своему́ паде́нию, — так каза́лось, и э́то бы́ло стра́нно и некста́ти. У неё опусти́лись, завя́ли черты́ и по сторона́м лица́ печа́льно висе́ли дли́нные во́лосы, она́ заду́малась в уны́лой по́зе, то́чно гре́шница на стари́нной карти́не.

— Нехорошо́, — сказа́ла она́. — Вы же пе́рвый меня́ не уважа́ете тепе́рь.

На столе́ в но́мере был арбу́з. Гу́ров отре́зал себе́ ломо́ть и стал есть не спеша́. Прошло́ по кра́йней ме́ре полчаса́ в молча́нии.

А́нна Серге́евна была́ тро́гательна, от неё ве́яло чистото́й поря́дочной, наи́вной, ма́ло жи́вшей же́нщины; одино́кая свеча́, горе́вшая на столе́, едва́ освеща́ла её лицо́, но бы́ло ви́дно, что у неё нехорошо́ на ду́ше.[1]

— Отчего́ бы я мог переста́ть уважа́ть тебя́? — спроси́л Гу́ров. — Ты сама́ не зна́ешь, что́ говори́шь.

— Пусть Бог меня́ прости́т! — сказа́ла она́, и глаза́ у неё напо́лнились слеза́ми. — Э́то ужа́сно.

— Ты то́чно опра́вдываешься.

— Чем мне оправда́ться? Я дурна́я, ни́зкая же́нщина, я себя́ презира́ю и об оправда́нии не ду́маю. Я не му́жа обману́ла, а самоё себя́. И не сейча́с то́лько, а уже́ давно́ обма́нываю. Мой муж, быть мо́жет, че́стный, хоро́ший челове́к, но ведь он лаке́й! Я не зна́ю, что он де́лает там, как слу́жит, а зна́ю то́лько, что он лаке́й. Мне, когда́ я вы́шла за него́, бы́ло два́дцать лет, меня́ томи́ло любопы́тство, мне хоте́лось чего́-нибу́дь полу́чше; ведь есть же, — говори́ла я себе́, — друга́я жизнь. Хоте́лось пожи́ть! Пожи́ть и пожи́ть . . .

[1] she felt depressed

Любопы́тство меня́ жгло . . . вы э́того не понима́ете, но, кляну́сь Бо́гом, я уже́ не могла́ владе́ть собо́й, со мной что́-то де́лалось, меня́ нельзя́ бы́ло удержа́ть, я сказа́ла му́жу, что больна́, и пое́хала сюда́ . . . И здесь всё ходи́ла, как в уга́ре, как безу́мная . . . и вот я ста́ла по́шлой, дрянно́й же́нщиной, кото́рую вся́кий мо́жет презира́ть.

Гу́рову бы́ло уже́ ску́чно слу́шать, его́ раздража́л наи́вный тон, э́то покая́ние, тако́е неожи́данное и неуме́стное; е́сли бы не слёзы на глаза́х, то мо́жно бы́ло бы поду́мать, что она́ шу́тит и́ли игра́ет роль.

— Я не понима́ю, — сказа́л он ти́хо, — что́ же ты хо́чешь?

Она́ спря́тала лицо́ у него́ на груди́ и прижа́лась к нему́.

— Ве́рьте, ве́рьте мне, умоля́ю вас . . . — говори́ла она́. — Я лю́блю че́стную, чи́стую жизнь, а грех мне га́док, я сама́ не зна́ю, что де́лаю. Просты́е лю́ди говоря́т: нечи́стый попу́тал.[2] И я могу́ тепе́рь про себя́ сказа́ть, что меня́ попута́л нечи́стый.

— По́лно, по́лно . . .[3] — бормота́л он.

Он смотре́л ей в неподви́жные, испу́ганные глаза́, целова́л её, говори́л ти́хо и ла́сково, и она́ понемно́гу успоко́илась, и весёлость верну́лась к ней; ста́ли о́ба смея́ться.

Пото́м, когда́ они́ вы́шли, на на́бережной не́ было ни души́, го́род со свои́ми кипари́сами име́л совсе́м мёртвый вид, но мо́ре ещё шуме́ло и би́лось о бе́рег; оди́н барка́с кача́лся на волна́х, и на нём со́нно мерца́л фона́рик.

Нашли́ изво́зчика и пое́хали в Ореа́нду.

— Я сейча́с внизу́ в пере́дней узна́л твою́ фами́лию: на доске́ напи́сано фон Ди́дериц, — сказа́л Гу́ров. — Твой муж не́мец?

— Нет, у него́, ка́жется, дед был не́мец, но сам он правосла́вный.

В Ореа́нде сиде́ли на скамье́, недалеко́ от це́ркви, смотре́ли вниз на́ море и молча́ли. Я́лта была́ едва́ видна́ сквозь у́тренний тума́н, на верши́нах гор неподви́жно стоя́ли бе́лые облака́. Листва́ не шевели́лась на дере́вьях, крича́ли цика́ды, и однообра́зный, глухо́й шум мо́ря, доноси́вшийся сни́зу, говори́л о поко́е, о ве́чном сне, како́й ожида́ет нас. Так шуме́ло внизу́, когда́ ещё тут не́ было ни Я́лты, ни Ореа́нды, тепе́рь шуми́т и бу́дет шуме́ть так же равноду́шно и глу́хо, когда́ нас не бу́дет. И в э́том постоя́нстве, в по́лном равноду́шии к жи́зни и сме́рти ка́ждого из нас кро́ется, быть мо́жет, зало́г

[2] the Devil has tempted me
[3] There, there. . . .

105412

на́шего ве́чного спасе́ния, непреры́вного движе́ния жи́зни на земле́, непреры́вного соверше́нства. Си́дя ря́дом с молодо́й же́нщиной, кото́рая на рассве́те каза́лась тако́й краси́вой, успоко́енный и очаро́ванный в виду́ э́той ска́зочной обстано́вки — мо́ря, гор, облако́в, широ́кого не́ба, Гу́ров ду́мал о том, как в су́щности, е́сли вду́маться, всё прекра́сно на э́том све́те, всё, кро́ме того́, что мы са́ми мы́слим и де́лаем, когда́ забыва́ем о вы́сших це́лях бытия́, о своём челове́ческом досто́инстве.

Подошёл како́й-то челове́к — должно́ быть,[4] сто́рож, — посмотре́л на них и ушёл. И э́та подро́бность показа́лась тако́й таи́нственной и то́же краси́вой. Ви́дно бы́ло, как пришёл парохо́д из Феодо́сии, освещённый у́тренней зарёй, уже́ без огне́й.

— Роса́ на траве́, — сказа́ла А́нна Серге́евна по́сле молча́ния.

— Да. Пора́ домо́й.

Они́ верну́лись в го́род.

Пото́м ка́ждый по́лдень они́ встреча́лись на на́бережной, за́втракали вме́сте, обе́дали, гуля́ли, восхища́лись мо́рем. Она́ жа́ловалась, что ду́рно спит и что у неё трево́жно бьётся се́рдце, задава́ла всё одни́ и те же вопро́сы, волну́емая то ре́вностью, то стра́хом, что он недоста́точно её уважа́ет. И ча́сто на скве́ре или в саду́, когда́ вблизи́ их никого́ не́ было, он вдруг привлека́л её к себе́ и целова́л стра́стно. Соверше́нная пра́здность, э́ти поцелу́и среди́ бе́лого дня, с огля́дкой и стра́хом, как бы кто не уви́дел, жара́, за́пах мо́ря и постоя́нное мелька́ние перед глаза́ми пра́здных, наря́дных, сы́тых люде́й то́чно перероди́ли его́; он говори́л А́нне Серге́евне о том, как она́ хороша́, как соблазни́тельна, был нетерпели́во стра́стен, не отходи́л от неё ни на шаг, а она́ ча́сто заду́мывалась и всё проси́ла его́ созна́ться, что он её не уважа́ет, нисколько не лю́бит, а то́лько ви́дит в ней по́шлую же́нщину. Почти́ ка́ждый ве́чер попо́зже они́ уезжа́ли куда́-нибу́дь за́ город, в Ореа́нду и́ли на водопа́д; и прогу́лка удава́лась, впечатле́ния неизме́нно вся́кий раз бы́ли прекра́сны, велича́вы.

Жда́ли, что прие́дет муж. Но пришло́ от него́ письмо́, в кото́ром он извеща́л, что у него́ разболе́лись глаза́, и умоля́л жену́ поскоре́е верну́ться домо́й. А́нна Серге́евна заторопи́лась.

— Э́то хорошо́, что я уезжа́ю, — говори́ла она́ Гу́рову. — Э́то сама́ судьба́.

Она́ пое́хала на лошадя́х, и он провожа́л её. Е́хали це́лый день.

[4] probably

Когда́ она сади́лась в ваго́н курье́рского по́езда и когда́ про́бил второ́й звоно́к, она́ говори́ла:

— Да́йте, я погляжу́ на вас ещё . . . Погляжу́ ещё раз. Вот так.

Она́ не пла́кала, но была́ грустна́, то́чно больна́, и лицо́ у неё дрожа́ло.

— Я бу́ду о вас ду́мать . . . вспомина́ть, — говори́ла она́. — Госпо́дь с ва́ми, остава́йтесь. Не помина́йте ли́хом.[5] Мы навсегда́ проща́емся, это так ну́жно, потому́ что не сле́довало бы во́все встреча́ться. Ну, Госпо́дь с ва́ми.

По́езд ушёл бы́стро, его́ огни́ ско́ро исче́зли, и че́рез мину́ту уже́ не́ было слы́шно шу́ма, то́чно всё сговори́лось наро́чно, что́бы прекрати́ть поскоре́е э́то сла́дкое забытьё, э́то безу́мие. И, оста́вшись оди́н на платфо́рме и гля́дя в тёмную даль, Гу́ров слу́шал крик кузне́чиков и гуде́ние телегра́фных про́волок с таки́м чу́вством, как бу́дто то́лько что просну́лся. И он ду́мал о том, что вот в его́ жи́зни бы́ло ещё одно́ похожде́ние и́ли приключе́ние, и оно́ то́же уже́ ко́нчилось, и оста́лось тепе́рь воспомина́ние . . . Он был растро́ган, гру́стен и испы́тывал лёгкое раска́яние; ведь э́та молода́я же́нщина, с кото́рой он бо́льше уже́ никогда́ не уви́дится, не была́ с ним сча́стлива; он был приве́тлив с ней и серде́чен, но всё же в обраще́нии с ней, в его́ то́не и ла́сках сквози́ла те́нью лёгкая насме́шка, грубова́тое высокоме́рие счастли́вого мужчи́ны, кото́рый к тому́ же почти́ вдво́е ста́рше её. Всё вре́мя она́ называ́ла его́ до́брым, необыкнове́нным, возвы́шенным; очеви́дно, он каза́лся ей не тем, чем был на са́мом де́ле, зна́чит нево́льно обма́нывал её . . .

Здесь на ста́нции уже́ па́хло о́сенью, ве́чер был прохла́дный.

«Пора́ и мне на се́вер, — ду́мал Гу́ров, уходя́ с платфо́рмы. — Пора́!»

III

Дома́ в Москве́ уже́ всё бы́ло по-зи́мнему, топи́ли пе́чи и по утра́м, когда́ де́ти собира́лись в гимна́зию и пи́ли чай, бы́ло темно́, и ня́ня ненадо́лго зажига́ла ого́нь. Уже́ начали́сь моро́зы. Когда́ идёт пе́рвый снег, в пе́рвый день езды́ на саня́х, прия́тно ви́деть бе́лую зе́млю, бе́лые кры́ши, ды́шится мя́гко, сла́вно, и в э́то вре́мя вспомина́ются ю́ные го́ды. У ста́рых лип и берёз, бе́лых от и́нея, доброду́шное выраже́ние, они́ бли́же к се́рдцу, чем кипари́сы и па́льмы, и вблизи́ них уже́ не хо́чется ду́мать о гора́х и мо́ре.

[5] think kindly of me

Гу́ров был москви́ч, верну́лся он в Москву́ в хоро́ший моро́зный день, и когда́ наде́л шу́бу и тёплые перча́тки и прошёлся по Петро́вке и когда́ в суббо́ту ве́чером услы́шал звон колоколо́в, то неда́вняя пое́здка и места́, в кото́рых он был, утеря́ли для него́ всё очарова́ние. Ма́ло-пома́лу он окуну́лся в моско́вскую жизнь, уже́ с жа́дностью прочи́тывал по три газе́ты в день и говори́л, что не чита́ет моско́вских газе́т из при́нципа. Его́ уже́ тяну́ло в рестора́ны, клу́бы, на зва́ные обе́ды, юбиле́и, и уже́ ему́ бы́ло ле́стно, что у него́ быва́ют изве́стные адвока́ты и арти́сты и что в До́кторском клу́бе он игра́ет в ка́рты с профе́ссором. Уже́ он мог съесть це́лую по́рцию селя́нки на сковоро́дке . . .

Пройдёт како́й-нибу́дь ме́сяц, и А́нна Серге́евна, каза́лось ему́, покро́ется в па́мяти тума́ном и то́лько и́зредка бу́дет сни́ться с тро́гательной улы́бкой, как сни́лись други́е. Но прошло́ бо́льше ме́сяца, наступи́ла глубо́кая зима́, а в па́мяти всё бы́ло я́сно, то́чно расста́лся он с А́нной Серге́евной то́лько вчера́. И воспомина́ния разгора́лись всё сильне́е. Доноси́лись ли в вече́рней тишине́ в его́ кабине́т голоса́ дете́й, приготовля́вших уро́ки, слы́шал ли он рома́нс, или орга́н в рестора́не, или завыва́ла в ками́не мете́ль, как вдруг воскреса́ло в па́мяти всё: и то, что бы́ло на молу́, и ра́ннее у́тро с тума́ном на гора́х, и парохо́д из Феодо́сии, и поцелу́и. Он до́лго ходи́л по ко́мнате, и вспомина́л, и улыба́лся, и пото́м воспомина́ния переходи́ли в мечты́, и проше́дшее в воображе́нии меша́лось с тем, что бу́дет. А́нна Серге́евна не сни́лась ему́, а шла за ним всю́ду, как тень, и следи́ла за ним. Закры́вши глаза́, он ви́дел её, как живу́ю, и она́ каза́лась краси́вее, моло́же, нежне́е, чем была́; и сам он каза́лся себе́ лу́чше, чем был тогда́, в Я́лте. Она́ по вечера́м гляде́ла на него́ из кни́жного шка́фа, из ками́на, из угла́, он слы́шал её дыха́ние, ла́сковый шо́рох её оде́жды. На у́лице он провожа́л взгля́дом же́нщин, иска́л, нет ли похо́жей на неё . . .

И уже́ томи́ло си́льное жела́ние подели́ться с ке́м-нибу́дь свои́ми воспомина́ниями. Но до́ма нельзя́ бы́ло говори́ть о свое́й любви́, а вне до́ма — не́ с кем. Не с жильца́ми же и не в ба́нке. И о чём говори́ть? Ра́зве он люби́л тогда́? Ра́зве бы́ло что́-нибу́дь краси́вое, поэти́ческое, и́ли поучи́тельное, и́ли про́сто интере́сное в его́ отноше́ниях к А́нне Серге́евне? И приходи́лось говори́ть неопределённо о любви́, о же́нщинах, и никто́ не дога́дывался, в чём де́ло, и то́лько жена́ шевели́ла свои́ми тёмными бровя́ми и говори́ла:

— Тебе́, Дими́трий, совсе́м не идёт роль фа́та.[6]

Одна́жды но́чью, выходя́ из До́кторского клу́ба со свои́м партнёром, чино́вником, он не удержа́лся и сказа́л:

— Е́сли б вы зна́ли, с ка́кой очарова́тельной же́нщиной я познако́мился в Я́лте!

Чино́вник сел в са́ни и пое́хал, но вдруг оберну́лся и окли́кнул:

— Дми́трий Дми́трич!

— Что?

— А да́веча вы бы́ли пра́вы: осетри́на-то с душко́м![7]

Э́ти слова́, таки́е обы́чные, почему́-то вдруг возмути́ли Гу́рова, показа́лись ему́ унизи́тельными, нечи́стыми. Каки́е ди́кие нра́вы, каки́е ли́ца! Что за бестолко́вые но́чи, каки́е неинтере́сные, незаме́тные дни! Не́истовая игра́ в ка́рты, обжо́рство, пья́нство, постоя́нные разгово́ры всё об одно́м. Нену́жные дела́ и разгово́ры всё об одно́м охва́тывают на свою́ до́лю лу́чшую часть вре́мени, лу́чшие си́лы, и в конце́ концо́в остаётся кака́я-то ку́цая,[8] бескры́лая жизнь, кака́я-то чепу́ха, и уйти́ и бежа́ть нельзя́, то́чно сиди́шь в сумасше́дшем до́ме или в ареста́нтских ро́тах!

Гу́ров не спал всю ночь и возмуща́лся, и зате́м весь день провёл с головно́й бо́лью. И в сле́дующие но́чи он спал ду́рно, всё сиде́л в посте́ли и ду́мал и́ли ходи́л из угла́ в у́гол. Де́ти ему надое́ли, банк надое́л, не хоте́лось никуда́ идти́, ни о чём говори́ть.

В декабре́ на пра́здниках он собра́лся в доро́гу и сказа́л жене́, что уезжа́ет в Петербу́рг хлопота́ть за одного́ молодо́го челове́ка — и уе́хал в С. Заче́м? Он и сам не знал хорошо́. Ему́ хоте́лось повида́ться с А́нной Серге́евной и поговори́ть, устро́ить свида́ние, е́сли мо́жно.

Прие́хал он в С. у́тром и за́нял в гости́нице лу́чший но́мер, где весь пол был обтя́нут се́рым солда́тским сукно́м, и была́ на столе́ черни́льница, се́рая от пы́ли, со вса́дником на ло́шади, у кото́рого была́ поднята́ рука́ со шля́пой, а голова́ отби́та. Швейца́р дал ему́ ну́жные све́дения: фон Ди́дериц живёт на Ста́ро-Гонча́рной у́лице, в со́бственном до́ме — э́то недалеко́ от гости́ницы, живёт хорошо́, бога́то, име́ет свои́х лошаде́й, его́ все зна́ют в го́роде. Швейца́р выгова́ривал так: Дры́дыриц.

Гу́ров не спеша́ пошёл на Ста́ро-Гонча́рную, отыска́л дом. Как раз про́тив до́ма тяну́лся забо́р, се́рый, дли́нный, с гвоздя́ми.

[6] You do not fit the role of a fop.
[7] smelled
[8] curtailed

«От тако́го забо́ра убежи́шь»,[9] — ду́мал Гу́ров, погля́дывая то на о́кна, то на забо́р.

Он соobража́л: сего́дня день непрису́тственный, и муж, вероя́тно, до́ма. Да и всё равно́, бы́ло бы беста́ктно войти́ в дом и смути́ть. Е́сли же посла́ть запи́ску, то она́, пожа́луй, попадёт в ру́ки му́жу, и тогда́ всё мо́жно испо́ртить. Лу́чше всего́ положи́ться на слу́чай. И он всё ходи́л по у́лице и о́коло забо́ра и поджида́л э́того слу́чая. Он ви́дел, как в воро́та вошёл ни́щий и на него́ напа́ли соба́ки, пото́м, час спустя́, слы́шал игру́ на роя́ле, и зву́ки доноси́лись сла́бые, нея́сные. Должно́ быть, А́нна Серге́евна игра́ла. Пара́дная дверь вдруг отвори́лась, и из неё вы́шла кака́я-то стару́шка, а за не́ю бежа́л знако́мый бе́лый шпиц. Гу́ров хоте́л позва́ть соба́ку, но у него́ вдруг заби́лось се́рдце, и он от волне́ния не мог вспо́мнить, как зо́вут шпи́ца.

Он ходи́л, и всё бо́льше и бо́льше ненави́дел се́рый забо́р, и уже́ ду́мал с раздраже́нием, что А́нна Серге́евна забы́ла о нём и, быть мо́жет, уже́ развлека́ется с други́м, и э́то так есте́ственно в положе́нии молодо́й же́нщины, кото́рая вы́нуждена с утра́ до ве́чера ви́деть э́тот проклятый забо́р. Он верну́лся к себе́ в но́мер и до́лго сиде́л на дива́не, не зна́я, что де́лать, пото́м обе́дал, пото́м до́лго спал.

«Как всё э́то глу́по и беспоко́йно, — ду́мал он, просну́вшись и гля́дя на тёмные о́кна: был уже́ ве́чер. — Вот и вы́спался заче́м-то. Что же я тепе́рь но́чью бу́ду де́лать?»

Он сиде́л на посте́ли, покры́той дешёвым се́рым, то́чно больни́чным, одея́лом, и дразни́л себя́ с доса́дой:

«Вот тебе́ и да́ма с соба́чкой . . . Вот тебе́ и приключе́ние . . . Вот и сиди́ тут».

Ещё у́тром, на вокза́ле, ему́ бро́силась в глаза́ афи́ша с о́чень кру́пными бу́квами: шла в пе́рвый раз «Ге́йша». Он вспо́мнил об э́том и пое́хал в те́атр.

«О́чень возмо́жно, что она́ быва́ет на пе́рвых представле́ниях», — ду́мал он.

Теа́тр был по́лон. И тут, как вообще́ во всех губе́рнских теа́трах, был тума́н повы́ше лю́стры, шу́мно беспоко́илась галёрка; в пе́рвом ряду́ пе́ред нача́лом представле́ния стоя́ли ме́стные фра́нты, заложи́в ру́ки наза́д; и тут, в губерна́торской ло́же, на пе́рвом ме́сте сиде́ла губерна́торская дочь в боа́, а сам губерна́тор скро́мно пря́тался за портье́рой, и ви́дны бы́ли то́лько его́ ру́ки; кача́лся

[9] Such a fence will put one to flight.

за́навес, орке́стр до́лго настра́ивался. Всё вре́мя, пока́ пу́блика входи́ла и занима́ла места́, Гу́ров жа́дно иска́л глаза́ми.

Вошла́ и А́нна Серге́евна. Она́ се́ла в тре́тьем ряду́, и когда́ Гу́ров взгляну́л на неё, то се́рдце у него́ сжа́лось, и он по́нял я́сно, что для него́ тепе́рь на всём све́те нет бли́же, доро́же и важне́е челове́ка; она́, затеря́вшаяся в провинциа́льной толпе́, э́та ма́ленькая же́нщина, ниче́м не замеча́тельная, с вульга́рною лорне́ткой в рука́х, наполня́ла тепе́рь всю его́ жизнь, была́ его́ го́рем, ра́достью, еди́нственным сча́стьем, како́го он тепе́рь жела́л для себя́; и под зву́ки плохо́го орке́стра, дрянны́х обыва́тельских скри́пок, он ду́мал о том, как она́ хороша́. Ду́мал и мечта́л.

Вме́сте с А́нной Серге́евной вошёл и сел ря́дом молодо́й челове́к с небольши́ми ба́кенами, о́чень высо́кий, суту́лый; он при ка́ждом ша́ге пока́чивал голово́й и, каза́лось, постоя́нно кла́нялся. Вероя́тно, э́то был муж, кото́рого она́ тогда́ в Я́лте, в поры́ве го́рького чу́вства, обозвала́ лаке́ем. И в са́мом де́ле, в его дли́нной фигу́ре, в ба́кенах, в небольшо́й лы́сине бы́ло что́-то лаке́йски-скро́мное, улыба́лся он сла́дко, и в петли́це у него́ блесте́л како́й-то учёный значо́к,[10] то́чно лаке́йский но́мер.

В пе́рвом антра́кте муж ушёл кури́ть, она́ оста́лась в кре́сле. Гу́ров, сиде́вший то́же в парте́ре, подошёл к ней и сказа́л дрожа́щим го́лосом, улыба́ясь наси́льно:

— Здра́вствуйте.

Она́ взгляну́ла на него́ и побледне́ла, пото́м ещё раз взгляну́ла с у́жасом, не ве́ря глаза́м, и кре́пко сжа́ла в рука́х вме́сте ве́ер и лорне́тку, очеви́дно боря́сь с собо́й, что́бы не упа́сть в о́бморок. О́ба молча́ли. Она́ сиде́ла, он стоя́л, испу́ганный её смуще́нием, не реша́ясь сесть ря́дом. Запе́ли настра́иваемые скри́пки и фле́йта, ста́ло вдруг стра́шно, каза́лось, что из всех лож смо́трят. Но вот она́ вста́ла и бы́стро пошла́ к вы́ходу; он — за ней, и о́ба шли бестолко́во, по коридо́рам, по ле́стницам, то поднима́ясь, то спуска́ясь, и мелька́ли у них пе́ред глаза́ми каки́е-то лю́ди в суде́йских, учи́тельских и уде́льных мунди́рах, и все со значка́ми; мелька́ли да́мы, шу́бы на ве́шалках, дул сквозно́й ве́тер, обдава́я за́пахом таба́чных оку́рков. И Гу́ров, у кото́рого си́льно би́лось се́рдце, ду́мал: «О Го́споди! И к чему́ э́ти лю́ди, э́тот орке́стр . . .»

И в э́ту мину́ту он вдруг вспо́мнил, как тогда́ ве́чером на ста́нции, проводи́в А́нну Серге́евну, говори́л себе́, что всё ко́нчилось и

[10] university insignia

они́ уже́ никогда́ не уви́дятся. Но как ещё далеко́ бы́ло до конца́!

На у́зкой, мра́чной ле́стнице, где бы́ло напи́сано «ход в амфитеа́тр», она́ останови́лась.

— Как вы меня́ испуга́ли! — сказа́ла она́, тяжело́ дыша́, всё ещё бле́дная, ошеломлённая. — О, как вы меня́ испуга́ли! Я едва́ жива́. Заче́м вы прие́хали? Заче́м?

— Но пойми́те, А́нна, пойми́те . . . — проговори́л он вполго́лоса, торопя́сь. — Умоля́ю вас, пойми́те . . .

Она́ гляде́ла на него́ со стра́хом, с мольбо́й, с любо́вью, гляде́ла при́стально, что́бы покре́пче задержа́ть в па́мяти его черты́.

— Я так страда́ю! — продолжа́ла она́ не слу́шая его́. — Я всё вре́мя ду́мала то́лько о вас, я жила́ мы́слями о вас. И мне хоте́лось забы́ть, забы́ть, но заче́м, заче́м вы прие́хали?

Повы́ше, на площа́дке, два гимнази́ста кури́ли и смотре́ли вниз, но Гу́рову бы́ло всё равно́, он привлёк к себе́ А́нну Серге́евну и стал целова́ть её лицо́, щёки, ру́ки.

— Что вы де́лаете, что вы де́лаете! — говори́ла она́ в у́жасе, отстраня́я его́ от себя́. — Мы с ва́ми обезу́мели. Уезжа́йте сего́дня же, уезжа́йте сейча́с . . . Заклина́ю вас всем святы́м, умоля́ю . . . Сюда́ иду́т!

По ле́стнице сни́зу вверх кто́-то шёл.

— Вы должны́ уе́хать . . . — продолжа́ла А́нна Серге́евна шёпотом. — Слы́шите, Дми́трий Дми́трич? Я прие́ду к вам в Москву́. Я никогда́ не была́ сча́стлива, я тепе́рь несча́стна и никогда́, никогда́ не бу́ду сча́стлива, никогда́! Не заставля́йте же меня́ страда́ть ещё больше! Кляну́сь, я прие́ду в Москву́. А тепе́рь расста́немся! Мой ми́лый, до́брый, дорого́й мой, расста́немся!

Она́ пожа́ла ему́ ру́ку и ста́ла бы́стро спуска́ться вниз, всё огля́дываясь на него́, и по глаза́м её бы́ло ви́дно, что она́ в са́мом де́ле не была́ сча́стлива . . . Гу́ров постоя́л немно́го, прислу́шался, пото́м, когда́ всё ути́хло, отыска́л свою́ ве́шалку и ушёл из теа́тра.

IV

И А́нна Серге́евна ста́ла приезжа́ть к нему́ в Москву́. Раз в два-три ме́сяца она́ уезжа́ла из С. и говори́ла му́жу, что е́дет посове́товаться с профе́ссором насчёт свое́й же́нской боле́зни, — и муж ве́рил и не ве́рил. Прие́хав в Москву́, она́ остана́вливалась в «Славя́нском база́ре» и то́тчас же посыла́ла к Гу́рову челове́ка в кра́сной ша́пке. Гу́ров ходи́л к ней, и никто́ в Москве́ не знал об э́том.

Одна́жды он шёл к ней таки́м о́бразом в зи́мнее у́тро (посы́льный был у него́ накану́не ве́чером и не заста́л). С ним шла его́ дочь, кото́рую хоте́лось ему́ проводи́ть в гимна́зию, э́то бы́ло по доро́ге. Вали́л кру́пный мо́крый снег.

— Тепе́рь три гра́дуса тепла́, а ме́жду те́м идёт снег, — говори́л Гу́ров до́чери. — Но ведь э́то тепло́ то́лько на пове́рхности земли́, в ве́рхних же слоя́х атмосфе́ры совсе́м друга́я температу́ра.

— Па́па, а почему́ зимо́й не быва́ет гро́ма?

Он объясни́л и э́то. Он говори́л и ду́мал о том, что вот он идёт на свида́ние, и ни одна́ жива́я душа́ не зна́ет об э́том и, вероя́тно, никогда́ не бу́дет знать. У него́ бы́ли две жи́зни: одна́ я́вная, кото́рую ви́дели и зна́ли все, кому́ э́то ну́жно бы́ло, по́лная усло́вной пра́вды и усло́вного обма́на, похо́жая соверше́нно на жизнь его́ знако́мых и друзе́й, и друга́я — протека́вшая та́йно. И по како́му-то стра́нному стече́нию обстоя́тельств, быть мо́жет случа́йному, всё, что бы́ло для него́ ва́жно, интере́сно, необходи́мо, в чём он был и́скренен и не обма́нывал себя́, что составля́ло зерно́ его жи́зни, происходи́ло та́йно от други́х, всё же, что бы́ло его́ ло́жью, его оболо́чкой, в кото́рую он пря́тался, что́бы скрыть пра́вду, как, наприме́р, его́ слу́жба в ба́нке, спо́ры в клу́бе, его́ «ни́зшая ра́са», хожде́ние с жено́й на юбиле́и, — всё э́то бы́ло я́вно. И по себе́ он суди́л о други́х, не ве́рил тому́, что ви́дел, и всегда́ предполага́л, что у ка́ждого челове́ка под покро́вом та́йны, как под покро́вом но́чи, прохо́дит его́ настоя́щая, са́мая интере́сная жизнь. Ка́ждое ли́чное существова́ние де́ржится на та́йне,[11] и, быть мо́жет, отча́сти поэ́тому культу́рный челове́к так не́рвно хлопо́чет о том, чтобы уважа́лась ли́чная та́йна.

Проводи́в дочь в гимна́зию, Гу́ров отпра́вился в «Славя́нский база́р». Он снял шу́бу внизу́, подня́лся наве́рх и ти́хо постуча́л в дверь. А́нна Серге́евна, оде́тая в его́ люби́мое се́рое пла́тье, утомлённая доро́гой и ожида́нием, поджида́ла его́ со вчера́шнего ве́чера; она́ была́ бледна́, гляде́ла на него́ и не улыба́лась, и едва́ он вошёл, как она́ уже́ припа́ла к его́ груди́. То́чно они́ не ви́делись го́да два, поцелу́й их был до́лгий, дли́тельный.

— Ну, как живёшь там? — спроси́л он. — Что но́вого?

— Погоди́, сейчас скажу́ . . . Не могу́.

[11] depends on mystery

Онá не моглá говорúть, так как плáкала. Отвернýлась от негó и прижáла платóк к глазáм.

«Ну, пускáй поплáчет, а я покá посижý», — подýмал он и сел в крéсло.

Потóм он позвонúл и сказáл, чтóбы емý принеслú чáю; и потóм, когдá пил чай, онá всё стоя́ла, отвернýвшись к окнý . . . Онá плáкала от волнéния, от скóрбного сознáния, что их жизнь так печáльно сложúлась; онú вúдятся тóлько тáйно, скрывáются от людéй, как вóры! Рáзве жизнь их не разбúта?

— Ну, перестáнь! — сказáл он.

Для негó бы́ло очевúдно, что э́та их любóвь кóнчится ещё нескóро, неизвéстно когдá. А́нна Сергéевна привя́зывалась к немý всё сильнée, обожáла егó, и бы́ло бы немы́слимо сказáть ей, что всё это должнó же имéть когдá-нибудь конéц; да онá бы и не повéрила э́тому.

Он подошёл к ней и взял её зá плечи, чтóбы приласкáть, пошутúть, и в э́то врéмя увúдел себя́ в зéркале.

Головá егó ужé начинáла седéть. И емý показáлось стрáнным, что он так постарéл за послéдние гóды, так подурнéл. Плéчи, на котóрых лежáли егó рýки, бы́ли тёплы и вздрáгивали. Он почýвствовал сострадáние к э́той жúзни, ещё такóй тёплой и красúвой, но, верoя́тно, ужé блúзкой к томý, чтóбы начáть блёкнуть и вя́нуть, как егó жизнь. За что онá егó лю́бит так? Он всегдá казáлся жéнщинам не тем, кем был, и любúли онú в нём не егó самогó, а человéка, котóрого создавáло их воображéние и котóрого онú в своéй жúзни жáдно искáли; и потóм, когдá замечáли свою́ ошúбку, то всё-таки любúли. И ни однá из них не былá с ним счáстлива. Врéмя шло, он знакóмился, сходúлся, расставáлся, но ни рáзу не любúл; бы́ло всё, что угóдно, но тóлько не любóвь.

И тóлько тепéрь, когдá у негó головá стáла седóй, он полюбúл как слéдует, по-настоя́щему — пéрвый раз в жúзни.

А́нна Сергéевна и он любúли друг дрýга, как óчень блúзкие, родны́е лю́ди, как муж и женá, как нéжные друзья́; им казáлось, что самá судьбá предназнáчила их друг для дрýга, и бы́ло непоня́тно, для чегó он женáт, а онá зáмужем; и тóчно э́то бы́ли две перелётные птúцы, самéц и сáмка, котóрых поймáли и застáвили жить в отдéльных клéтках. Онú простúли друг дрýгу то, чегó стыдúлись в своём прóшлом, прощáли всё в настоя́щем и чýвствовали, что э́та их любóвь изменúла их обóих.

Пре́жде в гру́стные мину́ты он успока́ивал себя́ вся́кими рассуждéниями, каки́е то́лько приходи́ли ему́ в го́лову, тепе́рь же ему́ бы́ло не до рассужде́ний, он чу́вствовал глубо́кое сострада́ние, хоте́лось быть и́скренним, не́жным . . .

— Переста́нь, моя́ хоро́шая, — говори́л он, — попла́кала — и бу́дет . . .[12] Тепе́рь дава́й поговори́м, что-нибу́дь приду́маем.

Пото́м они́ до́лго сове́товались, говори́ли о том, как изба́вить себя́ от необходи́мости пря́таться, обма́нывать, жить в ра́зных города́х, не ви́деться подо́лгу. Как освободи́ться от э́тих невыноси́мых пут?

— Как? Как? — спра́шивал он, хвата́я себя́ за́ голову. — Как?

И каза́лось, что ещё немно́го — и реше́ние бу́дет на́йдено, и тогда́ начнётся но́вая, прекра́сная жизнь; и обо́им бы́ло я́сно, что до конца́ ещё далеко́-далеко́ и что са́мое сло́жное и тру́дное то́лько ещё начина́ется.

1899

[12] enough

Maxim Gorky

In official Soviet estimation, Gorky is the most revered Russian author of the twentieth century. His works, collected in a 30-volume edition, have been published frequently; every Soviet school child is given large doses of Gorky (works and adulation) in many grades. Yet to outside critics, the vast majority of Gorky's writings seem intolerably dreary. His long novels such as *Foma Gordeyev* (1899), *Klim Samgin* (1927–1936), and *Egor Bulychov* (1932) are pedestrian, endless, and boring; his many plays undramatic and uninspired. However, amid the mass of Gorky's production, there is a small number of truly remarkable works: his reminiscences of Chekhov, Tolstoy, and Andreyev; his autobiography; and a small number of short stories, of which *Twenty-six Men and a Girl* is one.

Maxim Gorky (he chose his last name as a pen name to suggest the bitterness of his attitude to Tsarist society—his real name was Alexey Maximovich Peshkov) was born in 1868 in what is now Gorky (then Nizhni Novgorod). He was the son of an upholsterer, became an orphan at an early age, and was brought up in squalor. He was one of the first Russian authors not born into the middle class or aristocracy; he knew life as a proletarian and even a vagabond. Gorky worked on Volga river boats and wandered over Russia, making his living in miscellaneous, lowly occupations. Largely self-educated, he wrote stories that caught the attention of established writers and quickly made him a popular success as well. His stories were of two clearly distinguishable types: rather sentimental, romantic tales (such as *Chelkash*, 1895); and crass naturalistic stories. *Twenty-six Men and a Girl* (1899) belongs to the latter category. It presents a stark picture of life among the downtrodden bakery workers. The subterranean place of work is expressive of the inhuman conditions of existence under which they labor. Gorky depicts their lives exactly and simply. The worship of the young girl as one ray of beauty in the men's dark existence is an example of Gorky's tendency to romanticize his positive ideals. In this particular story, he does so successfully, whereas in many others, he lost control and became maudlin. Mirsky wrote about our story in his *History of Russian Literature*:

> The story is cruelly realistic. But it is traversed by such a powerful current of poetry, by such a convincing faith in beauty and freedom and in the essential nobility of man, and at the same time it is told with such precision and necessity, that it can hardly be refused the name of a masterpiece. It places Gorky—the young Gorky—among the true classics of our literature.

Among Gorky's plays, the most widely known throughout the world was *The Lower Depth* (*На дне*, 1902), a picture of hopeless "no exit" derelicts (hence the name of the play: the bottom of society) who languish in a slum tenement. Naturalistically produced by the Moscow Art Theater, the play strengthened Gorky's fame in Russia; it was also a great hit in the West. It now seems historically important as a continuation of Chekhovian tendencies in drama, applied to characters from the lowest social spheres, and as a predecessor of later socially conscious drama, as well as of the actionless, contemporary "Theater of the Absurd." By absolute standards, however, apart from their historical significance, Gorky's plays are poor theater.

On the other hand, Gorky's reminiscences of famous writers whom he had known and his long autobiography are unsurpassed literary achievements as well as documents of his epoch. In them, he demonstrates at its best his ability to reproduce exactly the behavior and speech of men around him. In the long run, he may be remembered for them and for a small handful of his stories.

Gorky had become a Marxist at an early age, joined the Social Democrat (later Bolshevik) party, and participated in pre-1917 movements against the Tsarist government. After the 1917 Revolution, he vacillated in his attitude towards the Soviet regime and left the country in 1921. He revisited the U.S.S.R. in the later 1920s and then returned permanently in 1929. He died in 1936 under still unexplained circumstances: according to the official Soviet version, he was killed by saboteurs hostile to the regime; according to emigré conjectures, he was murdered on Stalin's orders. During his stay in Russia from 1917 to 1921 and again from 1929 to his death, Gorky did much for writers, whom he defended against attacks and aided materially, particularly in the early years, when hunger and lack of clothing and heating made sheer physical survival problematic. He was a self-educated man of immense, perhaps naïve, faith in the power of education to transform humanity. Some of his literary views were primitive: he had a crudely utilitarian view of the function of literature. Nevertheless, in the small number of his works which deserve to survive, he showed immense literary power.

Макси́м Го́рький (А. М. Пешко́в)

ДВА́ДЦАТЬ ШЕСТЬ И ОДНА́

Нас бы́ло два́дцать шесть челове́к — два́дцать шесть живы́х маши́н, за́пертых в сыро́м подва́ле, где мы с утра́ до ве́чера меси́ли те́сто, де́лая кре́ндели и су́шки. О́кна на́шего подва́ла упира́лись в я́му, вы́рытую пред ни́ми и вы́ложенную кирпичо́м, зелёным от сы́рости; ра́мы бы́ли загражден́ы снару́жи ча́стой желе́зной се́ткой, и свет со́лнца не мог проби́ться к нам сквозь стёкла, покры́тые мучно́й пы́лью. Наш хозя́ин заби́л о́кна желе́зом для того́, чтоб мы не могли́ дать кусо́к его́ хле́ба ни́щим и тем из на́ших това́рищей, кото́рые, живя́ без рабо́ты, голода́ли, — наш хозя́ин называ́л нас жу́ликами и дава́л нам на обе́д вме́сто мя́са — ту́хлую требуши́ну . . .

Нам бы́ло ду́шно и те́сно жить в ка́менной коро́бке под ни́зким и тяжёлым потолко́м, покры́тым ко́потью и паути́ной. Нам бы́ло тяжело́ и то́шно в то́лстых стена́х, разрисо́ванных пя́тнами гря́зи и пле́сени . . . Мы встава́ли в пять часо́в утра́, не успе́в вы́спаться, и — тупы́е, равноду́шные — в шесть уже́ сади́лись за стол де́лать кре́ндели из те́ста, пригото́вленного для нас това́рищами в то вре́мя, когда́ мы ещё спа́ли. И це́лый день с утра́ до десяти́ часо́в ве́чера одни́ из нас сиде́ли за столо́м, рассу́чивая рука́ми упру́гое те́сто и пока́чиваясь, чтоб не одеревене́ть, а други́е в э́то вре́мя меси́ли муку́ с водо́й. И це́лый день заду́мчиво и гру́стно мурлы́кала кипя́щая вода́ в котле́, где кре́ндели вари́лись, лопа́та пе́каря зло и бы́стро ша́ркала о под пе́чи, сбра́сывая ско́льзкие варёные куски́ те́ста на горя́чий кирпи́ч. С утра́ до ве́чера в одно́й стороне́ пе́чи горе́ли дрова́ и кра́сный о́тблеск пла́мени трепета́л на стене́ мастерско́й, как бу́дто безмо́лвно смея́лся над на́ми. Огро́мная печь была́ похо́жа на уро́дливую го́лову ска́зочного чудо́вища, — она́ как бы вы́сунулась из-под по́ла, откры́ла широ́кую пасть, по́лную я́ркого огня́, дыша́ла на нас жа́ром и смотре́ла на бесконе́чную рабо́ту на́шу двумя́ чёрными впа́динами отду́шин над чело́м. Э́ти две глубо́кие впа́дины бы́ли как глаза́ — безжа́лостные и бесстра́стные о́чи чудо́вища: они́ смотре́ли всегда́ одина́ково тёмным взгля́дом, как бу́дто уста́в смотре́ть на рабо́в, и, не ожида́я от них ничего́ челове́ческого, презира́ли их холо́дным презре́нием му́дрости.

Изо дня́ в день в мучно́й пыли́, в грязи́,ната́сканной на́шими нога́ми со двора́, в густо́й паху́чей духоте́ мы рассу́чивали те́сто и де́лали кре́ндели, сма́чивая их на́шим по́том, и мы ненави́дели на́шу рабо́ту о́строй не́навистью, мы никогда́ не е́ли того́, что выходи́ло из-под на́ших рук, предпочита́я кренделя́м чёрный хлеб. Си́дя за дли́нным столо́м друг про́тив дру́га, — де́вять про́тив девяти́, — мы в продолже́ние дли́нных часо́в механи́чески дви́гали рука́ми и па́льцами и так привы́кли к свое́й рабо́те, что никогда́ уже́ и не следи́ли за движе́ниями свои́ми. И мы до того́ присмотре́лись друг к дру́гу, что ка́ждый из нас знал все морщи́ны на ли́цах това́рищей. Нам не о чём было говори́ть, мы к э́тому привы́кли и всё вре́мя молча́ли, е́сли не руга́лись, — и́бо всегда́ есть за что обруга́ть челове́ка, а осо́бенно това́рища. Но и руга́лись мы ре́дко — в чем мо́жет быть вино́вен челове́к, е́сли он полумёртв, е́сли он — как истука́н, е́сли все чу́вства его́ пода́влены тя́жестью труда́? Но молча́ние стра́шно и мучи́тельно лишь для тех, кото́рые всё уже́ сказа́ли и не́чего им бо́льше говори́ть; для люде́й же, кото́рые не начина́ли свои́х рече́й, — для них молча́нье про́сто и легко́ . . . Иногда́ мы пе́ли, и пе́сня на́ша начина́лась так: среди́ рабо́ты вдруг кто́-нибудь вздыха́л тяжёлым вздо́хом уста́лой ло́шади и запева́л тихо́нько одну́ из тех протя́жных пе́сен, жа́лобно-ла́сковый моти́в кото́рых всегда́ облегча́ет тя́жесть на душе́ пою́щего. Поёт оди́н из нас, а мы снача́ла мо́лча слу́шаем его́ одино́кую пе́сню, и она́ га́снет и гло́хнет под тяжёлым потолко́м подва́ла, как ма́ленький ого́нь костра́ в степи́ сыро́й осе́нней но́чью, когда́ се́рое не́бо виси́т над землёй, как свинцо́вая кры́ша. Пото́м к певцу́ пристаёт друго́й, и — вот уже́ два го́лоса ти́хо и тоскли́во пла́вают в духоте́ на́шей те́сной я́мы. И вдруг сра́зу не́сколько голосо́в подхва́тят пе́сню, — она́ вскипа́ет как волна́, стано́вится сильне́е, гро́мче и то́чно раздвига́ет сыры́е, тяжёлые сте́ны на́шей ка́менной тюрьмы́ . . .

Пою́т все два́дцать шесть; гро́мкие, давно́ спе́вшиеся голоса́ наполня́ют мастерску́ю; пе́сне те́сно в ней: она́ бьётся о каме́нь стен, сто́нет, пла́чет и оживля́ет се́рдце ти́хой щеко́чущей бо́лью, береди́т в нём ста́рые ра́ны и бу́дит тоску́ . . . Певцы́ глубоко́ и тя́жко вздыха́ют; ино́й неожи́данно оборвёт пе́сню и до́лго слу́шает, как пою́т това́рищи, и сно́ва влива́ет свой го́лос в о́бщую волну́. Ино́й, тоскли́во кри́кнув: «Эх!» — поёт, закры́в глаза́, и, мо́жет быть, густа́я, широ́кая волна́ зву́ков представля́ется ему́ доро́гой куда́-то вдаль, освещённой я́рким со́лнцем, — широ́кой доро́гой, и он ви́дит себя́ иду́щим по ней . . .

Пла́мя в печи́ всё трепе́щет, всё ша́ркает по кирпичу́ лопа́та пе́каря, мурлы́кает вода́ в котле́, и о́тблеск огня́ на стене́ всё так же дрожи́т, безмо́лвно смея́сь . . . А мы выпева́ем чужи́ми слова́ми своё тупо́е го́ре, тяжёлую тоску́ живы́х люде́й, лишённых со́лнца, тоску́ рабо́в. Так-то жи́ли мы, два́дцать шесть, в подва́ле большо́го ка́менного до́ма, и нам бы́ло до того́ тяжело́ жить, то́чно все три этажа́ э́того до́ма бы́ли постро́ены пря́мо на плеча́х на́ших . . .

Но, кроме пе́сен, у нас бы́ло ещё не́что хоро́шее, не́что люби́мое на́ми и, мо́жет быть, заменя́вшее нам со́лнце. Во второ́м этаже́ на́шего до́ма помеща́лась золотошве́йня, и в ней, среди́ мно́гих де́вушек-мастери́ц, жила́ шестнадцатиле́тняя го́рничная Та́ня. Ка́ждое у́тро к стеклу́ око́шечка, проре́занного в двери́ из сене́й к нам в мастерску́ю, — прислоня́лось ма́ленькое, ро́зовое ли́чико с голубы́ми, весёлыми глаза́ми и зво́нкий, ла́сковый го́лос крича́л нам:

— Ареста́нтики! да́йте кренделёчков!

Мы все обора́чивались на э́тот я́сный звук и ра́достно, доброду́шно смотре́ли на чи́стое деви́чье лицо́, сла́вно улыба́вшееся нам. Нам бы́ло прия́тно ви́деть приплю́снутый к стеклу́ нос и ме́лкие, бе́лые зу́бы, блесте́вшие из-под ро́зовых губ, откры́тых улы́бкой. Мы броса́лись откры́ть ей дверь, толка́я друг дру́га, и — вот она́, — весёлая така́я, ми́лая, — вхо́дит к нам, подставля́я свой пере́дник, стои́т пред на́ми, склони́в немно́го на́бок свою́ голо́вку, стои́т и всё улыба́ется. Дли́нная и то́лстая коса́ кашта́новых воло́с, спуска́ясь через плечо́, лежи́т на груди́ её. Мы, гря́зные, тёмные, уро́дливые лю́ди, смо́трим на неё сни́зу вверх, — поро́г две́ри вы́ше по́ла на четы́ре ступе́ньки, — мы смо́трим на неё, подня́в го́ловы кве́рху и поздравля́ем её с до́брым у́тром, говори́м ей каки́е-то осо́бые слова́, — они́ нахо́дятся у нас то́лько для неё. У нас в разгово́ре с ней и голоса́ мя́гче и шу́тки ле́гче. У нас для неё — всё осо́бое. Пе́карь вынима́ет из пе́чи лопа́ту кренделе́й са́мых поджа́ристых и румя́ных и ло́вко сбра́сывает их в пере́дник Та́ни.

— Смотри́, хозя́ину не попади́сь! — предупрежда́ем мы её. Она́ плутова́то смеётся, ве́село кричи́т нам:

— Проща́йте,ареста́нтики! — и исчеза́ет бы́стро, как мышо́нок. То́лько... Но до́лго по́сле её ухо́да мы прия́тно говори́м о ней друг с дру́гом — всё то же са́мое говори́м, что говори́ли вчера́ и ра́ньше, потому́ что и она́, и мы, и всё вокруг нас тако́е же, каки́м оно́ бы́ло и вчера́ и ра́ньше . . . Э́то о́чень тяжело́ и мучи́тельно, когда́ челове́к живёт, а вокру́г него́ ничто́ не изменя́ется, и е́сли э́то не убьёт на́смерть души́ его́, то чем до́льше он живёт, тем мучи́тельнее ему́ неподви́жность окружа́ющего . . . Мы всегда́ говори́ли о же́нщинах так, что поро́й нам сами́м проти́вно бы́ло слу́шать на́ши гру́бо бессты́дные ре́чи, и э́то поня́тно, и́бо те же́нщины, кото́рых мы зна́ли, мо́жет быть, и не сто́или ины́х рече́й. Но о Та́не мы никогда́ не говори́ли ху́до; никогда́ и никто́ из нас не позволя́л себе́ не то́лько дотро́нуться руко́ю до неё, но да́же во́льной шу́тки не слыха́ла она́ от нас никогда́. Быть мо́жет, э́то потому́ так бы́ло, что она́ не остава́лась по́долгу с на́ми: мелькнёт у нас в глаза́х, как звезда́, па́дающая с не́ба, и исче́знет, а мо́жет быть — потому́, что она́ была́ ма́ленькая и о́чень краси́вая, а всё краси́вое возбужда́ет уваже́ние к себе́ да́же и у гру́бых люде́й. И ещё — хотя́ ка́торжный наш труд и де́лал нас тупы́ми вола́ми, мы всё-таки остава́лись людьми́ и, как все лю́ди, не могли́ жить без того́, чтобы не поклоня́ться чему́ бы то ни бы́ло. Лу́чше её — никого́ не́ было у нас, и никто́, кро́ме неё, не обраща́л внима́ния на нас, жи́вших в подва́ле, — никто́, хотя́ в до́ме обита́ли деся́тки люде́й. И наконе́ц — наве́рно, э́то гла́вное — все́ мы счита́ли её чем-то свои́м, че́м-то таки́м, что существу́ет как бы то́лько благодаря́ на́шим кренделя́м; мы вмени́ли себе́ в обя́занность дава́ть ей горя́чие кре́ндели, и э́то ста́ло для нас ежедне́вной же́ртвой и́долу, э́то ста́ло почти́ свяще́нным обря́дом и с ка́ждым днём всё бо́лее прикрепля́ло нас к ней. Кро́ме кренделе́й, мы дава́ли Та́не мно́го сове́тов — тепле́е одева́ться, не бе́гать бы́стро по ле́стнице, не носи́ть тяжёлых вя́занок дров. Она́ слу́шала на́ши сове́ты с улы́бкой, отвеча́ла на них сме́хом и никогда́ не слу́шалась нас, но мы не обижа́лись на э́то: нам ну́жно бы́ло то́лько показа́ть, что мы забо́тимся о ней.

Ча́сто она́ обраща́лась к нам с ра́зными про́сьбами, проси́ла, наприме́р, откры́ть тяжёлую дверь в по́греб, наколо́ть дров, — мы с ра́достью и да́же с го́рдостью како́й-то де́лали ей э́то и всё друго́е, чего́ она́ хоте́ла.

Но когда́ оди́н из нас попроси́л её почини́ть ему́ его́ еди́нственную руба́ху, она́, презри́тельно фы́ркнув, сказа́ла:

— Вот ещё! Ста́ну я, как же! . .[1]

Мы о́чень посмея́лись над чудако́м и — никогда́ ни о чём бо́льше не проси́ли её. Мы её люби́ли, — э́тим всё ска́зано. Челове́к всегда́ хо́чет возложи́ть свою́ любо́вь на кого́-нибудь, хотя́ иногда́ он е́ю да́вит, иногда́ па́чкает, он мо́жет отрави́ть жизнь бли́жнего свое́й любо́вью, потому́ что, любя́, не уважа́ет люби́мого. Мы должны́ были люби́ть Та́ню, и́бо бо́льше бы́ло не́кого нам люби́ть.

Поро́й кто́-нибудь из нас вдруг почему́-то начина́л рассужда́ть так:

— И что э́то мы балу́ем девчо́нку? Что в ней тако́го? а? О́чень мы с ней что-то во́зимся!

Челове́ка, кото́рый реша́лся говори́ть таки́е ре́чи, мы ско́ро и гру́бо укроща́ли — нам ну́жно бы́ло что́-нибудь люби́ть: мы нашли́ себе́ э́то и люби́ли, а то, что лю́бим мы, два́дцать шесть, должно́ быть незы́блемо для ка́ждого, как на́ша святы́ня, и вся́кий, кто идёт против нас в э́том — враг наш. Мы лю́бим, мо́жет быть, и не то, что действи́тельно хорошо́, но ведь нас — два́дцать шесть, и по́этому мы всегда́ хоти́м дорого́е нам — ви́деть свяще́нным для други́х.

Любо́вь на́ша не ме́нее тяжела́, чем не́нависть . . . и, мо́жет быть, и́менно по́этому не́которые гордецы́ утвержда́ют, что на́ша не́нависть бо́лее ле́стна, чем любо́вь . . . Но почему́ же они́ не бегу́т от нас, е́сли э́то так?

Кроме кре́ндельной, у на́шего хозя́ина была́ ещё и бу́лочная; она́ помеща́лась в том же до́ме, отделённая от на́шей я́мы то́лько сте-

[1] Now what? I should do it, indeed!

но́й; но бу́лочники — их бы́ло че́тверо — держа́лись в стороне́ от нас, счита́я свою́ рабо́ту чи́ще на́шей, и поэ́тому, счита́я себя́ лу́чше нас, они́ не ходи́ли к нам в мастерску́ю, пренебрежи́тельно подсме́ивались над на́ми, когда́ встреча́ли нас на дворе́; мы то́же не ходи́ли к ним: нам запреща́л э́то хозя́ин из боя́зни, что мы ста́нем красть сдо́бные бу́лки. Мы не люби́ли бу́лочников, потому́ что зави́довали им: их рабо́та была́ ле́гче на́шей, они́ получа́ли бо́льше нас, их корми́ли лу́чше, у них была́ просто́рная, све́тлая мастерска́я, и все они́ бы́ли таки́е чи́стые, здоро́вые — проти́вные нам. Мы же все — каки́е-то жёлтые и се́рые; тро́е из нас боле́ли си́филисом, не́которые — чесо́ткой, оди́н был соверше́нно искривлён ревмати́змом. Они́ по пра́здникам и в свобо́дное от рабо́ты вре́мя одева́лись в пиджаки́ и сапоги́ со скри́пом, дво́е из них име́ли гармо́ники, и все они́ ходи́ли гуля́ть в городско́й сад, — мы же носи́ли каки́е-то гря́зные лохмо́тья и опо́рки или ла́пти на нога́х, нас не пуска́ла в городско́й сад поли́ция — могли́ ли мы люби́ть бу́лочников?

И вот одна́жды мы узна́ли, что у них запи́л пе́карь, хозя́ин рассчита́л его́ и уже́ на́нял друго́го и что э́тот друго́й — солда́т, хо́дит в атла́сной жиле́тке и при часа́х с золото́й цепо́чкой. Нам бы́ло любопы́тно посмотре́ть на тако́го щёголя, и в наде́жде уви́деть его́ мы, оди́н за други́м, то и де́ло ста́ли выбега́ть на двор.

Но он сам яви́лся в на́шу мастерску́ю. Пинко́м ноги́ уда́рив в дверь, он отвори́л её и, оста́вив откры́той, стал на поро́ге, улыба́ясь, и сказа́л нам:

— Бог на по́мощь! Здоро́во, ребя́та!

Моро́зный во́здух, врыва́ясь в дверь густы́м ды́мчатым о́блаком, крути́лся у его́ ног, он же стоя́л на поро́ге, смотре́л на нас све́рху вниз, и из-под его́ белоку́рых, ло́вко закру́ченных усо́в блесте́ли кру́пные, жёлтые зу́бы. Жиле́тка на нём была́ действи́тельно кака́я-то осо́бенная — си́няя, расши́тая цвета́ми, она́ вся как-то сия́ла, а пу́говицы на ней бы́ли из каки́х-то кра́сных ка́мешков. И цепо́чка была́ . . .

Краси́в он был, э́тот солда́т, высо́кий тако́й, здоро́вый, с румя́ными щека́ми, и больши́е, све́тлые глаза́ его́ смотре́ли хорошо́ — ла́сково и я́сно. На голове́ у него́ был наде́т бе́лый, ту́го накрахма́ленный колпа́к, а из-под чи́стого, без еди́ного пя́тнышка, пере́дника выгля́дывали о́стрые носки́ мо́дных, я́рко вы́чищенных сапо́г.

Наш пе́карь почти́тельно попроси́л его́ затвори́ть дверь; он не торопя́сь сде́лал э́то и на́чал расспра́шивать нас о хозя́ине. Мы наперебо́й друг пе́ред дру́гом сказа́ли ему́, что хозя́ин наш вы́жига, жу́лик, злоде́й и мучи́тель, — всё, что мо́жно и ну́жно бы́ло сказа́ть о хозя́ине, но нельзя́ написа́ть здесь. Солда́т слу́шал, шевели́л уса́ми и рассма́тривал нас мя́гким, све́тлым взгля́дом.

— А у вас тут девчо́нок мно́го . . . — вдруг сказа́л он.

Не́которые из нас почти́тельно засмея́лись, ины́е ско́рчили сла́дкие ро́жи, кто́-то поясни́л солда́ту, что тут девчо́нок — де́вять штук.

— По́льзуетесь? — спроси́л солда́т, подми́гивая гла́зом.

Опя́ть мы засмея́лись, не о́чень гро́мко и сконфу́женным сме́хом . . . Мно́гим бы из нас хоте́лось показа́ться солда́ту таки́ми же удалы́ми молодца́ми, как и он, но никто́ не уме́л сде́лать э́того, ни оди́н не мог. Кто́-то созна́лся в э́том, ти́хо сказа́в:

— Где уж нам . . .

— Н-да, вам э́то тру́дно! — уве́ренно мо́лвил солда́т, при́стально рассма́тривая нас. — Вы че́го-то . . . не того́ . . . Вы́держки у вас нет . . . поря́дочного о́браза . . . ви́да, зна́чит! А же́нщина — она́ лю́бит вид в челове́ке! Ей что́бы ко́рпус был настоя́щий . . . что́бы всё — аккура́тно! И прито́м она́ уважа́ет си́лу . . . Рука́ что́бы — во!

Солда́т вы́дернул из карма́на пра́вую ру́ку с засу́ченным рукаво́м руба́хи, по ло́коть го́лую, и показа́л её нам . . . Рука́ была́ бе́лая, си́льная, поро́сшая блестя́щей, золоти́стой ше́рстью.

— Нога́, грудь — во всём нужна́ твёрдость . . . И опя́ть же — что́бы оде́т был челове́к по фо́рме . . . как того́ тре́бует красота́ веще́й . . . Меня́ вот — ба́бы лю́бят. Я их не зову́, не маню́, — са́ми по пяти́ сра́зу на ше́ю ле́зут . . .

Он присе́л на мешо́к с муко́й и до́лго расска́зывал о том, как лю́бят его́ ба́бы и как он хра́бро обраща́ется с ни́ми. Пото́м он ушёл, и, когда́ дверь, взви́згнув, затвори́лась за ним, мы до́лго молча́ли, ду́мая о нём и о его́ расска́зах. А пото́м как-то вдруг все заговори́ли, и сра́зу вы́яснилось, что он всем нам понра́вился. Тако́й просто́й и сла́вный — пришёл, посиде́л, поговори́л. К нам никто́ не ходи́л, никто́ не разгова́ривал с на́ми так, дру́жески . . . И мы всё говори́ли о нём и о бу́дущих его́ успе́хах у золотошве́ек, кото́рые, встреча́ясь с на́ми на дворе́, и́ли, оби́дно поджима́я гу́бы, обходи́ли нас сторо́нкой, или шли пря́мо на нас, как бу́дто нас и не́ было на их доро́ге. А мы всегда́ то́лько любова́лись и́ми и на дворе́, и когда́ они́ проходи́ли ми́мо на́ших о́кон — зимо́й оде́тые в каки́е-то осо́бые ша́почки и шу́бки, а ле́том — в шля́пках с цве-та́ми и с разноцве́тными зо́нтиками в рука́х. Зато́ ме́жду собо́ю мы говори́ли об э́тих де́вушках так, что е́сли б они́ слы́шали нас, то все взбеси́лись бы от стыда́ и оби́ды.

— Одна́ко как бы он и Таню́шку . . . не испо́ртил![2] — вдруг оза-бо́ченно сказа́л пе́карь.

Мы все замолча́ли, поражённые э́тими слова́ми. Мы ка́к-то за-бы́ли о Та́не: солда́т как бы загороди́л её от нас свое́й кру́пной, краси́вой фигу́рой. Пото́м начался́ шу́мный спор: одни́ говори́ли, что Та́ня не допу́стит себя́ до э́того, други́е утвержда́ли, что ей про́тив солда́та не устоя́ть, тре́тьи, наконе́ц, предлага́ли в слу́чае, е́сли солда́т ста́нет привя́зываться к Та́не, — перелома́ть ему́ рёбра. И наконе́ц все реши́ли наблюда́ть за солда́том и Та́ней, преду-преди́ть де́вочку, что́бы она́ опаса́лась его́ . . . Э́то прекрати́ло спо́ры.

Прошло́ с ме́сяц вре́мени; солда́т пёк бу́лки, гуля́л с золотошве́й-ками, ча́сто заходи́л к нам в мастерску́ю, но о побе́дах над деви́-цами не расска́зывал, а всё то́лько усы́ крути́л да сма́чно обли́зы-вался.

Та́ня ка́ждое у́тро приходи́ла к нам за «кренделёчками» и, как всегда́, была́ весёлая, ми́лая, ла́сковая с на́ми. Мы про́бовали загова́ривать с не́ю о солда́те, — она́ называ́ла его́ «пучегла́зым телёнком» и други́ми смешны́ми про́звищами, и э́то успоко́ило нас. Мы горди́лись на́шей де́вочкой, ви́дя, как золотошве́йки льнут к солда́ту; отноше́ние Та́ни к нему́ как-то поднима́ло всех нас, и мы, как бы руково́дствуясь её отноше́нием, са́ми начина́ли относи́ться к солда́ту пренебрежи́тельно. А её ещё бо́льше полюби́ли, ещё бо́лее ра́достно и доброду́шно встреча́ли её по утра́м.

Но одна́жды солда́т пришёл к нам немно́го вы́пивши, усе́лся и на́чал смея́ться, а когда́ мы спроси́ли его́, над чем это он смеётся? — он объясни́л:

— Две подрали́сь из-за меня́ . . . Ли́дька с Гру́шкой . . . Ка-ак они себя́ изуро́довали, а? Ха-ха! За во́лосы одна́ другу́ю, да на пол её в сеня́х, да верхо́м на неё . . . ха-ха-ха! Ро́жи поцара́пали . . . по-рвали́сь . . . умо́ра! И почему́ э́то ба́бы не мо́гут че́стно би́ться? Почему́ они́ цара́паются? а?

[2] seduce

Он сиде́л на ла́вке, здоро́вый, чи́стый тако́й, ра́достный, сиде́л и всё хохота́л. Мы молча́ли. Нам он почему́-то был неприя́тен в э́тот раз.

— Н-нет, как мне везёт на ба́бу, а? Умо́ра! Мигнёшь, и — гото́ва! Ч-чёрт!

Его́ бе́лые ру́ки, покры́тые блестя́щей ше́рстью, подняли́сь и вновь упа́ли на коле́ни, гро́мко шлёпнув по ним. И он смотре́л на нас таки́м прия́тно удивлённым взгля́дом, то́чно и сам и́скренне недоумева́л, почему́ он так сча́стлив в дела́х с же́нщинами. Его́ то́лстая, румя́ная ро́жа самодово́льно и сча́стливо лосни́лась, и он всё сма́чно обли́зывал гу́бы.

Наш пе́карь си́льно и серди́то ша́ркнул лопа́той о шесто́к пе́чи и вдруг насме́шливо сказа́л:

— Не вели́кой си́лой ва́лят ёлочки, а ты сосну́ повали́ . . .

— То есть — э́то ты мне говори́шь? — спроси́л солда́т.

— А тебе́ . . .

— Что тако́е?

— Ничего́ . . . прое́хало!

— Нет, ты погоди́! В чём де́ло? Кака́я сосна́?

Наш пе́карь не отвеча́л, бы́стро рабо́тая лопа́той в печи́: сбро́сит в неё сва́ренные кре́ндели, подде́нет гото́вые и с шу́мом швыря́ет на́ пол, к мальчи́шкам, нани́зывающим их на моча́лки. Он как бы позабы́л о солда́те и разгово́ре с ним. Но солда́т вдруг впал в како́е-то беспоко́йство. Он подня́лся на́ ноги и пошёл к пе́чи, риску́я наткну́ться гру́дью на черено́к лопа́ты, су́дорожно мелька́вший в во́здухе.

— Нет, ты скажи́ — кто така́я? Ты меня́ оби́дел . . . Я? От меня́ не отобьётся ни одна́, не-ет! А ты мне говори́шь таки́е оби́дные слова́ . . .

Он действи́тельно каза́лся и́скренне оби́женным. Ему́, должно́ быть, не́ за что бы́ло уважа́ть себя́, кро́ме как за своё уме́нье совраща́ть же́нщин; быть мо́жет, кро́ме э́той спосо́бности, в нём не́ было ничего́ живо́го, и то́лько она́ позволя́ла ему́ чу́вствовать себя́ живы́м челове́ком.

Есть же лю́ди, для кото́рых са́мым це́нным и лу́чшим в жи́зни явля́ется кака́я-нибу́дь боле́знь их души́ и́ли те́ла. Они́ но́сятся с ней всё вре́мя жи́зни и лишь е́ю жи́вы; страда́я от неё, они́ пита́ют себя́ е́ю, они́ на неё жа́луются други́м и э́тим обраща́ют на себя́ внима́ние бли́жних. За э́то взима́ют с люде́й сочу́вствие себе́, и, кроме э́того, — у них нет ничего́. Отними́те у них э́ту боле́знь, вы́лечите их, и они́ бу́дут несча́стны, потому́ что лиша́тся еди́нственного сре́дства к жи́зни, — они́ ста́нут пу́сты тогда́. Иногда́ жизнь челове́ка быва́ет до того́ бедна́, что он нево́льно принуждён цени́ть свой поро́к и им жить; и мо́жно сказа́ть, что ча́сто лю́ди быва́ют поро́чны от ску́ки.

Солда́т оби́делся, лез на на́шего пе́каря и выл:

— Нет, ты скажи́ — кто?

— Сказа́ть? — вдруг поверну́лся к нему́ пе́карь.

— Ну?

— Та́ню зна́ешь?

— Ну?

— Ну и вот! Попро́буй . . .

— Я?

— Ты!

— Её? Э́то мне — тьфу!

— Погляди́м!

— Уви́дишь! Х-ха!

— Она́ тебя́ . . .

— Ме́сяц сро́ку!

— Э́кий ты хвальби́шка, солда́т!

— Две неде́ли! Я покажу́! Кто така́я? Та́нька! Тьфу! . .

— Ну, пошёл прочь . . . меша́ешь!

— Две неде́ли — и гото́во! Ах ты . . .

— Пошёл, говорю́!

Наш пе́карь вдруг освирепе́л и замахну́лся лопа́той. Солда́т удивлённо попя́тился от него́, посмотре́л на нас, помолча́л и, ти́хо, злове́ще сказа́в: «Хорошо́ же!» — ушёл от нас.

Во вре́мя спо́ра мы все молча́ли, заинтересо́ванные им. Но когда́ солда́т ушёл, среди́ нас подня́лся оживлённый, гро́мкий го́вор и шум.

Кто-то кри́кнул пе́карю:

— Не де́ло ты зате́ял, Па́вел!

— Рабо́тай, знай! — свире́по отве́тил пе́карь.

Мы чу́вствовали, что солда́т заде́т за живо́е и что Та́не грози́т опа́сность. Мы чу́вствовали э́то, и в то же вре́мя всех нас охвати́ло жгу́чее, прия́тное нам любопы́тство — что бу́дет? Усто́йт ли Та́ня про́тив солда́та? И почти́ все уве́ренно крича́ли:

— Та́нька? Она́ усто́йт! Её го́лыми рука́ми не возьмёшь!

Нам стра́шно хоте́лось испро́бовать кре́пость на́шего божка́; мы напряжённо дока́зывали друг дру́гу, что наш божо́к — кре́пкий божо́к и вы́йдет победи́телем из э́того столкнове́ния. Нам, наконе́ц, ста́ло каза́ться, что мы ма́ло раззадо́рили солда́та, что он забу́дет о спо́ре и что нам ну́жно хороше́нько разбереди́ть его́ самолю́бие. Мы с э́того дня на́чали жить како́й-то осо́бенной, напряжённо не́рвной жи́знью, — так ещё не жи́ли мы. Мы це́лые дни спо́рили друг с дру́гом, как-то поумне́ли все, ста́ли бо́льше и лу́чше говори́ть. Нам каза́лось, что мы игра́ем в каку́ю-то игру́ с чёртом и ста́вка с на́шей стороны́ — Та́ня. И когда́ мы узна́ли от бу́лочников, что солда́т на́чал «приударя́ть[3] за на́шей Та́нькой», нам сде́лалось жу́тко хорошо́ и до того́ любопы́тно жить, что мы да́же не заме́тили, как хозя́ин, по́льзуясь на́шим возбужде́нием, наба́вил нам рабо́ты на четы́рнадцать пудо́в те́ста в су́тки. Мы как бу́дто да́же и не устава́ли от рабо́ты. И́мя Та́ни це́лый день не сходи́ло у нас с языка́. И ка́ждое у́тро мы жда́ли её с каки́м-то осо́бенным нетерпе́нием. Иногда́ нам представля́лось, что она́ войдёт к нам, — и уже́ э́то бу́дет не та, пре́жняя Та́ня, а кака́я-то друга́я.

Мы, одна́ко, ничего́ не говори́ли ей о происше́дшем спо́ре. Ни о чём не спра́шивали её и по-пре́жнему относи́лись к ней любо́вно и хорошо́. Но уже́ в э́то отноше́ние вкра́лось что́-то но́вое и чу́ждое пре́жним на́шим чу́вствам к Та́не — и э́то но́вое бы́ло о́стрым любопы́тством, о́стрым и холо́дным, как стально́й нож . . .

— Бра́тцы! Сего́дня срок! — сказа́л одна́жды у́тром пе́карь, становя́сь к рабо́те.

Мы хорошо́ зна́ли э́то и без его́ напомина́ния, но всё-таки встрепену́лись.

— Гляди́те на неё . . . сейча́с придёт! — предложи́л пе́карь.

Кто́-то с сожале́нием воскли́кнул:

— Да ведь ра́зве глаза́ми что уви́дишь!

И сно́ва ме́жду на́ми разгоре́лся живо́й, шу́мный спор. Сего́дня мы узна́ем наконе́ц, наско́лько чист и недосту́пен для гря́зи тот сосу́д, в кото́рый мы вложи́ли на́ше лу́чшее. В э́то у́тро мы ка́к-то сра́зу и впервы́е почу́вствовали, что действи́тельно игра́ем большу́ю игру́, что э́та про́ба чистоты́ на́шего божка́ мо́жет уничто́жить его́ для нас. Мы все э́ти дни слы́шали, что солда́т упо́рно и неотвя́зно пресле́дует Та́ню, но почему́-то никто́ из нас не спроси́л её, как она́ отно́сится к нему́? А она́ продолжа́ла аккура́тно ка́ждое

[3] to force one's attentions upon someone

у́тро явля́ться к нам за кренделька́ми и была́ всё така́я же, как всегда́.

И в э́тот день мы ско́ро услыха́ли её го́лос:

— Ареста́нтики! Я пришла́ . . .

Мы поторопи́лись впусти́ть её, и когда́ она́ вошла́, то, про́тив обыкнове́ния, встре́тили её молча́нием. Гля́дя на неё во все глаза́, мы не зна́ли, о чём нам говори́ть с ней, о чём спроси́ть её. И стоя́ли мы пред не́ю тёмной, молчали́вой толпо́й. Она́, ви́димо, удиви́лась непривы́чной для неё встре́че, — и вдруг мы уви́дели, что она́ побледне́ла, забеспоко́илась, как-то завози́лась на ме́сте и сда́вленным го́лосом спроси́ла:

— Что э́то вы . . . каки́е?

— А ты? — угрю́мо бро́сил ей пе́карь, не сводя́ с неё глаз.

— Что — я?

— Н-ничего́ . . .

— Ну, дава́йте скоре́е кренделькú . . .

Никогда́ ра́ньше она́ не торопи́ла нас . . .

— Поспе́ешь! — сказа́л пе́карь, не дви́гаясь и не отрыва́я глаз от её лица́.

Тогда́ она́ вдруг поверну́лась и исче́зла в двери́.

Пе́карь взя́лся за лопа́ту и споко́йно мо́лвил, отворотя́сь к пе́чке:

— Зна́чит — гото́во! . . Ай да солда́т! . . Подле́ц! . .

Мы, как ста́до бара́нов, толка́я друг дру́га, пошли́ к столу́, мо́лча усе́лись и вя́ло на́чали рабо́тать. Вско́ре кто-то сказа́л:

— А мо́жет, ещё . . .

— Ну-ну! Разгова́ривай! — закрича́л пе́карь.

Мы все зна́ли, что он челове́к у́мный, умне́е нас. И о́крик его́ мы по́няли, как уве́ренность в побе́де солда́та . . . Нам бы́ло гру́стно и неспоко́йно . . .

В двена́дцать часо́в, во вре́мя обе́да, пришёл солда́т. Он был, как всегда́, чи́стый и щеголева́тый и, как всегда́, смотре́л нам пря́мо в глаза́. А нам нело́вко бы́ло смотре́ть на него́.

— Ну-с, господа́ честны́е, хоти́те, я вам покажу́ солда́тскую у́даль? — сказа́л он, го́рдо усмеха́ясь. — Так вы выходи́те в се́ни и смотри́те в ще́ли . . . по́няли?

Мы вы́шли и, навали́вшись друг на дру́га, прильну́ли к ще́лям в доща́той стене́ сене́й, выходи́вшей на двор. Мы недо́лго жда́ли. Ско́ро спе́шной похо́дкой, с озабо́ченным лицо́м, по́ двору прошла́ Та́ня, перепры́гивая че́рез лу́жи та́лого сне́га и гря́зи. Она́ скры́лась за две́рью на по́греб. Пото́м, не торопя́сь и посви́стывая, туда́ прошёл солда́т. Ру́ки у него́ бы́ли засу́нуты в карма́ны, а усы́ шевели́лись . . .

Шёл дождь, и мы ви́дели, как его́ ка́пли па́дали в лу́жи и лу́жи мо́рщились под их уда́рами. День был сыро́й, се́рый — о́чень ску́чный день. На кры́шах ещё лежа́л снег, а на земле́ уже́ появи́лись тёмные пя́тна гря́зи. И снег на кры́шах то́же был покры́т бу́рым, грязнова́тым налётом. Дождь шёл ме́дленно, звуча́л он уны́ло. Нам бы́ло хо́лодно и неприя́тно ждать . . .

Пе́рвым вы́шел с по́греба солда́т; он пошёл по́ двору ме́дленно, шевеля́ уса́ми, засу́нув ру́ки в карма́ны, — тако́й же, как всегда́.

Пото́м — вы́шла и Та́ня. Глаза́ у неё . . . глаза́ у неё сия́ли ра́достью и сча́стьем, а гу́бы — улыба́лись. И шла она́, как во сне, поша́тываясь, неве́рными шага́ми . . .

Мы не могли́ перенести́ э́того споко́йно. Все сра́зу мы бро́сились к две́ри, вы́скочили на двор и засвиста́ли, заора́ли на неё зло́бно, гро́мко, ди́ко.

Она́ вздро́гнула, увида́в нас, и вста́ла как вко́панная в грязь под её нога́ми. Мы окружи́ли её и злора́дно, без у́держу, руга́ли её поха́бными слова́ми, говори́ли ей бессты́дные ве́щи.

Мы де́лали э́то не гро́мко, не торопя́сь, ви́дя, что ей не́куда идти́, что она́ окружена́ на́ми и мы мо́жем издева́ться над ней, ско́лько хоти́м. Не зна́ю почему́, но мы не би́ли её. Она́ стоя́ла среди́ нас и верте́ла голово́й то туда́, то сюда́, слу́шая на́ши оскорбле́ния. А мы — всё бо́льше, всё сильне́е броса́ли в неё гря́зью и я́дом на́ших слов.

Кра́ска сошла́ с её лица́. Её голубы́е глаза́, за мину́ту пред э́тим счастли́вые, широко́ раскры́лись, грудь дыша́ла тяжело́, и гу́бы вздра́гивали.

А мы, окружи́в её, мсти́ли ей, и́бо она́ огра́била нас. Она́ принадлежа́ла нам, мы на неё расхо́довали на́ше лу́чшее, и хотя́ э́то лу́чшее — кро́хи ни́щих, но нас — два́дцать шесть, она́ — одна́, и поэ́тому нет ей му́ки от нас, досто́йной вины́ её! Как мы её оскорбля́ли! . . Она́ всё молча́ла, всё смотре́ла на нас ди́кими глаза́ми, и всю её би́ла дрожь.

Мы смея́лись, ревели́, рыча́ли . . . К нам отку́да-то подбега́ли ещё лю́ди . . . Кто-то из нас дёрнул Та́ню за рука́в ко́фты . . .

Вдруг глаза́ её сверкну́ли; она́ не торопя́сь подняла́ ру́ки к голове́ и, поправля́я во́лосы, гро́мко, но споко́йно сказа́ла пря́мо в ли́цо нам:

— Ах вы,ареста́нты несча́стные! . .

И она́ пошла́ пря́мо на нас, так про́сто пошла́, как бу́дто нас и не́ было пред ней, то́чно мы не прегражда́ли ей доро́ги. Поэ́тому никого́ из нас действи́тельно не оказа́лось на её пути́.

А вы́йдя из на́шего кру́га, она́, не обора́чиваясь к нам, так же гро́мко, го́рдо и презри́тельно ещё сказа́ла:

— Ах вы, сво́-олочь . . .[4] га́-ады . . .

И — ушла́, прямáя, краси́вая, го́рдая.

Мы же оста́лись среди́ двора́, в грязи́, под дождём и се́рым не́бом без со́лнца . . .

Пото́м и мы мо́лча ушли́ в свою́ сыру́ю ка́менную я́му. Как ра́ньше — со́лнце никогда́ не загля́дывало к нам в о́кна, и Та́ня не приходи́ла бо́льше никогда́! . .

1899

[4] scum (vulgar curse), scoundrel

Evgeny Zamiatin

THE FIRST QUARTER of this century was in Russia a period of lively experimentation and innovation in the creative arts, just as it was in several Western countries. This was the age when Russian sculptors, painters, and musicians were in the forefront of international modernist movements, the time of the emergence of such figures as Kandinsky, Chagall, Malevich, and Stravinsky. In literature, a host of poets—Futurists, Symbolists, Acmeists, and members of other groups—participated in this creative upsurge.

Before 1917, most of these avant-garde artists were to one degree or another opposed to the political and social system of Tsarist Russia; sometimes the concept of being "revolutionary" in matters of art confused artists (and their public) into believing themselves to be "revolutionaries" in the political sphere as well. After 1917, many of the artists and writers emigrated. The arts continued, however, to be productive and interesting in the 1920s, until Stalin's consolidation of power around 1929, together with the First Five-Year Plan, brought an end to the flourishing period and established a dreary uniformity.

Evgeny Zamiatin (1884–1937) is one of the most outstanding prose writers of this early Soviet era. He was a naval engineer and spent some years in England. He was a Social Democrat before the Revolution and suffered imprisonment by the Tsarist government. However, after the Revolution, he quickly became opposed to the form which "dictatorship of the proletariat" assumed, and eventually, in 1931, was fortunate enough to be allowed to emigrate. He died in Paris in 1937.

Zamiatin was a convinced "broad-spectrum" revolutionary, who in an essay in 1924 ("On literature, revolution, and entropy") presented his theoretical argument for the necessity of constant change—in life and in literature. He wrote: "Euclid's world is very simple and Einstein's world is very difficult; nevertheless it is now impossible to return to Euclid's. No revolution, no heresy is comfortable and easy. Because it is a leap, it is a rupture of the smooth revolutionary curve, and a rupture is a wound, a pain. But it is a necessary wound. Most people suffer from hereditary sleeping sickness, and those who are sick with this ailment (entropy) must not be allowed to sleep, or they will go to their last sleep, the sleep of death."

Zamiatin's stories included in this anthology exemplify the leaps of his imagination. They are expressionistic fantasies. (Zamiatin himself called his method of writing "neorealism.") The realities of various epochs merge in his works; the juxtaposition of items taken from different realms of being produces surrealistic effects.

The most widely known work by Zamiatin, *We* (*Мы*), written in 1920 and never published in the U.S.S.R., was printed in Czechoslovakia in the middle 1920s, and appeared in translations into various languages. It is an anti-Utopia, set in the future, when a spaceship is being readied for launching in order to spread the new ideas to other planets. A grim warning against conformism, scientism, and rationalism, it served as a model for Orwell's *1984*. *We* showed keen insight into the frightening possibilities of totalitarianism. It presented an extremely developed technological state in which all individualism, freedom, and ultimately even imagination and spontaneously arising emotions, such as love, were eliminated as potential dangers to the rigidly controlled society.

Zamiatin, a prominent author in the 1920s, became an "unperson" after socialist realism was established as the proper Soviet method of writing in 1932. Having written that true writers are "lunatics, hermits, heretics, dreamers, rebels, or skeptics, not government officials," he hardly fitted into the new period. His name disappeared even from histories of literature and reference books. Since this rebellious individualist was critical of the Soviet system and since his writings—in their obscurity, experimentalism, stylistic ornateness, and use of fantasy, the dreamlike, and the grotesque—are antithetical to the writing officially encouraged in the U.S.S.R., Zamiatin was not rehabilitated even in the early 1960s, when many other previously condemned authors were resuscitated and reprinted.

A collection of Zamiatin's stories appeared in 1916. After the Revolution, he wrote many other stories and tales, among them *The Islanders*, the play *Fires of St. Dominic* (1923), more stories in 1926–1927, *The*

Flood (1930). His works constitute a corpus of remarkable, Kafka-like, vigorously expressionistic and surrealistic writing.

In such stories as *Мамай* and *Дракон*, Zamiatin compared the life of the Russians in a supposedly modern metropolis, Petersburg, under the terrible conditions of hunger and deprivation in 1920, with the life of prehistoric man and ancient heathen invaders. The dragon brings into twentieth-century circumstances the reminder of the legendary beast. *Мамай* combines an account of conditions in Petersburg in Civil War days with slanting references to boats and to Mamay, the Tartar leader of the Golden Horde of the fourteenth century. Zamiatin was unusual in his day in mingling different layers of reality. He produced effects reminiscent of geology—as if strata of various epochs, normally widely separated, had through some geological shift come side by side, not in the earth, but in our consciousness, as in a nightmare. Only some recent dramatists, such as Ionesco in his *Rhinoceros*, or Beckett and other dramatists of "The Absurd," have made such shifts into an accepted and widely understood artistic convention.

Евге́ний Ива́нович Замя́тин

ДРАКО́Н

Лю́то заморо́женный, Петербу́рг горе́л и бре́дил. Бы́ло я́сно: неви́димые за тума́нной за́навесью, поскри́пывая, поша́ркивая, на цы́почках бреду́т вон жёлтые и кра́сные коло́нны, шпи́ли и седы́е решётки. Горя́чечное, небыва́лое, ледяно́е со́лнце в тума́не — сле́ва, спра́ва, вверху́, внизу́ — го́лубь над загоре́вшимся до́мом. Из бредово́го, тума́нного, ми́ра выны́ривали в земно́й мир драко́но-лю́ди, изрыга́ли тума́н, слы́шимый в тума́нном ми́ре как слова́, но здесь — бе́лые, кру́глые дымки́; выны́ривали и тону́ли в тума́не. И со скре́жетом несли́сь в неизве́стное вон из земно́го ми́ра трамва́и.

На трамва́йной площа́дке вре́менно существова́л драко́н с винто́вкой, несясь в неизве́стное. Карту́з налеза́л на́ нос и, коне́чно, проглоти́л бы го́лову драко́на, если б не у́ши: на оттопы́ренных уша́х карту́з засе́л. Шине́ль болта́лась до́ полу; рукава́ свиса́ли; носки́ сапо́г загиба́лись кве́рху — пусты́е. И дыра́ в тума́не: рот.

Это бы́ло уже́ в соскочи́вшем, несу́щемся, ми́ре, и здесь изрыга́емый драко́ном лю́тый тума́н был ви́дим и слы́шим:

— . . . Веду́ его́: мо́рда интилиге́нтная — про́сто гляде́ть проти́вно. И ещё разгова́ривает, сте́рвь,[1] а? Разгова́ривает!

— Ну, и что же — довёл?

— Довёл: без переса́дки — в Ца́рствие Небе́сное. Штычко́м.

Дыра́ в тума́не заросла́: был то́лько пусто́й карту́з, пусты́е сапоги́, пуста́я шине́ль. Скрежета́л и нёсся вон из ми́ра трамва́й.

И вдруг — из пусты́х рукаво́в — из глубины́ — вы́росли кра́сные, драко́ньи ла́пы. Пуста́я шине́ль присе́ла к по́лу — и в ла́пах се́ренькое, холо́дное, материализо́ванное из лю́того тума́на.

— Мать ты моя́! Воробьёныш замёрз, а? Ну, скажи́ ты на ми́лость!

Драко́н сбил наза́д карту́з — и в тума́не два гла́за — две щёлочки из бредово́го в челове́чий мир.

Драко́н изо всех сил дул ртом в кра́сные ла́пы, и э́то бы́ли, я́вно, слова́ воробьёнышу, но их — в бредово́м ми́ре — не́ было слы́шно. Скрежета́л трамва́й.

— Стервь э́такая: бу́дто трепыхну́лся, а? Нет ещё? А ведь отойдёт, ей-Бо . . .[2] Ну ска-жи́ ты!

Изо всех сил дул. Винто́вка валя́лась на полу́. И в предпи́санный судьбо́ю моме́нт, в предпи́санной то́чке простра́нства се́рый воробьёныш дры́гнул, ещё дры́гнул — и спорхну́л с кра́сных драко́ньих лап в неизве́стное.

Драко́н оска́лил до уше́й тума́нно-пы́хающую пасть. Ме́дленно карту́зом захло́пнулись щёлочки в челове́чий мир. Карту́з осе́л на оттопы́ренных уша́х. Проводни́к в Ца́рствие Небе́сное по́днял винто́вку.

Скрежета́л зуба́ми и нёсся в неизве́стное, вон из челове́ческого ми́ра, трамва́й.

1918

[1] cadaver (vulgar)
[2] by God (truncated)

Евге́ний Ива́нович Замя́тин

МАМА́Й

По вечера́м и по ноча́м — домо́в в Петербу́рге бо́льше нет: есть шестиэта́жные ка́менные корабли́. Одино́ким шестиэта́жным ми́ром несётся кора́бль по ка́менным волна́м среди́ други́х одино́ких шестиэта́жных миро́в; огня́ми бесчи́сленных каю́т сверка́ет кора́бль в разбунтова́вшийся ка́менный океа́н у́лиц. И, коне́чно, в каю́тах не жильцы́: там — пассажи́ры. По корабе́льному про́сто все незнако́мо-знако́мы друг с дру́гом, все — гра́ждане осаждённой ночны́м океа́ном шестиэта́жной респу́блики.

Пассажи́ры ка́менного корабля́ №. 40 по вечера́м несли́сь в той ча́сти петербу́ргского океа́на, что обозна́чена на ка́рте под и́менем Ла́хтинской у́лицы. О́сип, бы́вший швейца́р, а ны́не — граждани́н Малафе́ев, стоя́л у пара́дного тра́па и сквозь очки́ гляде́л туда́, во тьму́: и́зредка волна́ми ещё прибива́ло одного́, друго́го. Мо́крых, засы́панных сне́гом, выта́скивал их из тьмы граждани́н Малафе́ев и передвига́я очки́ на носу́ — регули́ровал для ка́ждого у́ровень почте́ния: бассе́йн, отку́да излива́лось почте́ние — сло́жным механи́змом был свя́зан с очка́ми.

Вот — очки́ на ко́нчике но́са, как у стро́гого педаго́га: э́то — Петру́ Петро́вичу Мама́ю.

— Вас, Пётр Петро́вич, супру́га дожида́ют[1] обе́дать. Давно́ уж. Как же э́то вы по́здно так?

Зате́м очки́ пло́тно, оборони́тельно усе́лись в седле́: тот,носа́тый из два́дцать пя́того — на автомоби́ле. Сноса́тым — о́чень затрудни́тельно: «господи́ном» его́ нельзя́, «това́рищем» — бу́дто нело́вко. Как бы э́то так, чтобы оно́ . . .

— А, господи́н-това́рищ Мы́льник! Пого́дка-то, господи́н-това́рищ Мы́льник . . . затрудни́тельная . . .

И, наконе́ц — очки́ наве́рх, на лоб: на борт корабля́ вступа́л Елисе́й Елисе́ич.

[1] Obsequious plural.

— Ну, сла́ва Бо́гу! Благополу́чно? В шу́бе-то вы, не бо́йтесь — сни́мут? Позво́льте — обтряхну́ . . .

Елисе́й Елисе́ич — капита́н корабля́: уполномо́ченный до́ма. И Елисе́й Елисе́ич — оди́н из тех су́мрачных Атла́сов, что, согну́вшись, страда́льчески смо́рщившись, се́мьдесят лет несу́т по Миллио́нной карни́з Эрмита́жа.

Сего́дня карни́з был, я́вно, еще тяжеле́е, чем всегда́. Елисе́й Елисе́ич задыха́лся:

— По всем кварти́рам . . . Скоре́е . . . На собра́ние . . . В клуб . . .

— Ба́тюшки! Елисе́й Елисе́ич, или опя́ть что . . . затрудни́тельное?

Но отве́та не ну́жно: то́лько взгляну́ть на страда́льчески смо́рщенный лоб, на прида́вленные тя́жестью плечи. И граждани́н Малафе́ев, виртуо́зно управля́я очка́ми, побежа́л по кварти́рам. Наба́тный его́ стук у две́ри — был как труба́ арха́нгела: замерза́ли объя́тия, неподви́жными пу́шечными дымка́ми застыва́ли ссо́ры, на пути́ ко рту остана́вливалась ло́жка с су́пом.

Суп ел Пётр Петро́вич Мама́й. И́ли точне́е: его́ строжа́йше корми́ла супру́га. Восседа́я на кре́сле вели́чественно, ми́лостиво, многогру́до, буддоподо́бно — она́ корми́ла земно́го челове́чка со́зданным е́ю су́пом:

— Ну, скоре́й же, Пе́тенька, суп осты́нет. Ско́лько раз говори́ть: я не люблю́, когда́ за обе́дом с кни́гой . . .

— Ну, А́ленька — ну, я сейча́с — ну, сейча́с . . . Ведь шесто́е изда́ние! Ты понима́ешь: Богдано́вичевская «Ду́шенька» — шесто́е изда́ние! В двена́дцатом году́ при францу́зах всё целико́м сгоре́ло — и то́лько три экземпля́ра . . . А э́то — четвёртый: понима́ешь?

Мама́й 1917 года — завоёвывал кни́ги. Десятиле́тним вихра́стым ма́льчиком он учи́л Зако́н Бо́жий, ра́довался пе́рьям, и его корми́ла мать; сорокале́тним лы́сеньким ма́льчиком — он служи́л в страхово́м о́бществе, ра́довался кни́гам, и его́ корми́ла супру́га.

Ло́жка су́пу — жертвоприноше́ние Бу́дде — и сно́ва земно́й челове́чек су́етно забы́л о Провиде́нии в обруча́льном кольце́ — и не́жно гла́дил, ощу́пывал ка́ждую бу́кву. «Въ то́чности про́тивъ пе́рваго изда́нія . . . Съ одобре́нія Ценсу́рнаго Комите́та» . . . Ну, до чего́ прия́тное, до чего́ уми́льное ѣ на трёх то́лстеньких но́жках . . .

— Ну, Пе́тенька, да что э́то? Кричу́-кричу́, а ты с свое́й кни́гой . . . Оглóх, что ли: стуча́т.

Пётр Петро́вич — со всех ног в пере́днюю. В дверя́х — очки́ на ко́нчике но́са:

— Елисе́й Елисе́ич веле́ли — чтоб на собра́ние. Скоре́е.

— Ну вот, то́лько за кни́гу ся́дешь . . . Ну, что ещё тако́е? — у лы́сенького ма́льчика в го́лосе слёзы.

— Не могу́ знать. А то́лько чтоб скоре́е . . . — дверь каю́ты захло́пнулась, очки́ понесли́сь да́льше . . .

На корабле́ бы́ло я́вно неблагополу́чно: быть мо́жет, поте́рян курс; быть мо́жет, где́-нибудь в дни́ще — неви́димая пробо́ина, и жу́ткий океа́н у́лиц уже́ грози́т хлы́нуть внутрь. Где́-то вверху́, и впра́во, и вле́во — трево́жно, дро́бно стуча́т в две́ри каю́т; где́-то на полутёмных площа́дках — поту́шенные, вполго́лоса разгово́ры; и то́пот бы́стро сбега́ющих по ступе́нькам подо́шв: вниз, в каюткомпа́нию, в домо́вый клуб.

Там — оштукату́ренное не́бо всё в таба́чных грозовы́х ту́чах. Ду́шная калори́ферная тишина́, чуть-чуть чей-то шо́пот. Елисе́й Елисе́ич позвони́л в колоко́льчик, согну́лся, намо́рщился — слы́шно бы́ло в тишине́, как хру́стнули пле́чи — по́днял карни́з неви́димого Эрмита́жа и обру́шил на́ головы, вниз:

— Господа́. По достове́рным све́дениям — сего́дня но́чью о́быски.

Гул, гро́хот сту́льев; чьи-то вы́стреленные го́ловы, па́льцы с пе́рстнями, борода́вки, ба́нтики, ба́ки. И на согну́вшегося Атла́са — ли́вень из таба́чных туч:

— Нет, позво́льте! — Мы обя́заны . . . — Как? И бума́жные де́ньги? — Елисе́й Елисе́ич, я предлага́ю, чтобы воро́та . . . — В кни́ги, са́мое ве́рное — в кни́ги . . .

Елисе́й Елисе́ич, согну́вшись, ка́менно выде́рживал ли́вень. И О́сипу, не повора́чивая головы́ (быть мо́жет, она́ и не могла́ поверну́ться):

— О́сип, кто ны́нче на дворе́ но́чью?

О́сипов па́лец ме́дленно, среди тишины́, пролага́л путь по расписа́нию на стене́: па́лец дви́гал не бу́квы, а тяжёлые Мама́евские шкафы́ с кни́гами.

— Ны́нче М. Граждани́н Мама́й, граждани́н Малафе́ев.

— Ну вот. Возьмёте револьве́ры — и в слу́чае, е́сли без о́рдера . . .

Ка́менный кора́бль № 40 нёсся по Ла́хтинской у́лице сквозь шторм. Кача́ло, свисте́ло, секло́ сне́гом в сверка́ющие о́кна каю́т, и где-то неви́димая пробо́ина, и неизве́стно: пробьётся ли кора́бль сквозь ночь к у́тренней при́стани — и́ли ко дну. В бы́стро пусте́ющей каю́т-компа́нии пассажи́ры цепля́лись за ка́менно-неподви́жного капита́на:

— Елисе́й Елисе́ич, а е́сли в карма́ны? Ведь не бу́дут же . . .

— Елисе́й Елисе́ич, а е́сли я пове́шу в убо́рной, как пипифа́кс,[2] а?

Пассажи́ры ю́ркали из каю́ты в каю́ту и в каю́тах вели́ себя́ необыча́йно: лёжа на полу́, ша́рили руко́ю под шка́фом; святота́тственно загля́дывали внутрь ги́псовой головы́ Льва Толсто́го; вынима́ли из ра́мы пятьдеся́т лет на стене́ безмяте́жно улыба́вшуюся ба́бушку.

Земно́й челове́чек Мама́й — стоя́л лицо́м к лицу́ с Бу́ддой и пря́тал глаза́ от всеви́дящего, прони́зывающего тре́петом о́ка. Ру́ки у него́ бы́ли соверше́нно чужи́е, нену́жные: ку́цые пингви́ньи кры́лышки. Ру́ки ему́ меша́ли уже́ со́рок лет, и е́сли бы не меша́ли сейча́с — мо́жет, ему́ о́чень про́сто бы́ло бы сказа́ть то, что на́до сказа́ть — и так стра́шно, так немы́слимо . . .

— Не понима́ю: ты-то чего́ стру́сил? Да́же нос побеле́л! Нам-то что? Каки́е-таки́е ты́сячи у нас?

Бог зна́ет, е́сли бы у Мама́я 1300 како́го-то го́да бы́ли бы то́же чужи́е ру́ки, и така́я же та́йна, и така́я же супру́га — мо́жет быть, он поступи́л бы так же, как Мама́й 1917 го́да: где́-то среди гро́зной тишины́ в уголку́ заскребла́ мышь — и туда́ со всех ног глаза́ми ки́нулся Мама́й 1917 года и, заби́вшись в мыши́ную норь, продрожа́л:

— У меня́ . . . то есть — у нас . . . Че . . . четы́ре ты́сячи две́сти . . .

— Что-о? У тебя́-а? Отку́да?

— Я . . . я понемно́гу всё вре́мя . . . Я боя́лся у тебя́ ка́ждый раз . . .

— Что-о? Зна́чит, крал? Зна́чит, меня́ обма́нывал? А я-то, несча́стная — я-то ду́мала: уж мой Пе́тенька . . . Несча́стная!

— Я — для книг . . .

— Зна́ю я э́ти кни́ги в ю́бках! Молчи́!

Десятиле́тнего Мама́я мать секла́ то́лько оди́н раз в жи́зни: когда́ у то́лько что заве́денного самова́ра он отверну́л кран — вода́ вы́текла, всё распая́лось — кран печа́льно пови́с. И тепе́рь второ́й раз в жи́зни чу́вствовал Мама́й: голова́ зажа́та у ма́тери под мы́шкой, спу́щены штаны́ — и . . .

[2] toilet paper

И вдруг мальчи́шечьим хи́трым ню́хом Мама́й учу́ял, как заста́вить забы́ть печа́льно пови́сший кран — четы́ре ты́сячи две́сти. Жа́лостным голосо́м:

— Мне ны́нче дежу́рить во дворе́ до четырёх. С револьве́ром. И Елисе́й Елисе́ич сказа́л, е́сли без о́рдера — —

Мгнове́нно — вме́сто молниено́сного Бу́дды — многогру́дая, сердобо́льная мать.

— Го́споди! Да что они́ — все с ума́ посошли́? Это всё Елисе́й Елисе́ич. Ты смотри́ у меня́ — и в са́мом де́ле не взду́май . . .

— Не-ет, я то́лько так, в карма́не. Ра́зве я могу́? Я и му́ху-то . . .

И пра́вда: е́сли Мама́ю попада́ла му́ха в стака́н — всегда́ возьмёт её осторо́жно, обду́ет и пу́стит — лети́! Нет, э́то не стра́шно. А вот четы́ре ты́сячи две́сти . . . И сно́ва — Бу́дда:

— Ну, что мне за наказа́ние с тобо́й! Ну, куда́ ты тепе́рь де́нешь э́ти твои́ кра́деные — нет уж, молчи́, пожа́луйста — кра́деные, да . . .

Кни́ги; кало́ши в пере́дней; пипифа́кс; самова́рная труба́; ва́тная подкла́дка у Мама́евой ша́пки; ковёр с голубы́м ры́царем на стене́ в спа́льне; полураскры́тый и ещё мо́крый от сне́га зо́нтик; небре́жно бро́шенный на столе́ конве́рт с накле́енной ма́ркой и чётко напи́санным а́дресом вообража́емому това́рищу Гольдеба́еву . . . Нет, опа́сно . . . И, наконе́ц, о́коло по́лночи решено́ всё постро́ить на тонча́йшем психологи́ческом рассчёте: бу́дут иска́ть где уго́дно — то́лько не на поро́ге, а у поро́га шата́ется вот э́тот квадра́тик парке́та. Кинжа́льчиком для разре́зывания книг иску́сно по́днят квадра́тик. Кра́деные четы́ре ты́сячи («Нет, уж пожа́луйста — пожа́луйста молчи́!») завёрнуты в вощёную от бискви́тов бума́гу (под поро́гом мо́жет быть сы́ро) — и четы́ре ты́сячи погребены́ под квадра́тиком.

Кора́бль № 40 — весь как струна́, на цы́почках, шо́потом. О́кна лихора́дочно сверка́ют в тёмный океа́н у́лиц, и в пя́том, во второ́м, в тре́тьем этаже́ отодвига́ется што́ра, в сверка́ющем окне́ — тёмная тень. Нет, ни зги.[3] Впро́чем, ведь там на дворе́ — дво́е, и когда́ начнётся — они́ даду́т знать . . .

Тре́тий час. На дворе́ тишина́. Вокруг фонаря́ над ворота́ми — бе́лые му́хи: без конца́, без числа́ — па́дали, ви́лись ро́ем, па́дали, обжига́лись, па́дали вниз.

[3] nothing can be seen

Внизу́ — с очка́ми на ко́нчике но́са — филосо́фствовал гражданин Малафе́ев:

— Я — челове́к ти́хий, нату́рливый,[4] мне затрудни́тельно в э́такой во злобе́[5] жить. Дай, ду́маю, в Оста́шков к себе́ съе́зжу. Приезжа́ю — междунаро́дное положе́ние — ну, пря́мо невозмо́жное: все друг на дру́жку — чи́сто во́лки. А я так не могу́: я челове́к ти́хий . . .

В рука́х у ти́хого челове́ка — револьве́р, с шестью́ спрессо́ванными в патро́нах смертя́ми.

— А как же вы, О́сип, на япо́нской: убива́ли?

— Ну, на войне́! На войне́ — изве́стно.

— Ну, а как же штыко́м-то?

— Да как-как . . . Оно́ вро́де как в арбу́з: сперва́ ту́го идёт — ко́рка, а пото́м — ничего́, о́чень свобо́дно.

У Мама́я от арбу́за — моро́з по спине́.

— А я бы . . . Вот хоть меня́ самого́ сейча́с — ни за что!

— Погоди́те! Приспи́чит[6] — так и вы . . .

Ти́хо. Бе́лые му́хи вокруг фонаря́. Вдруг и́здали — дли́нным кнуто́м винто́вочный вы́стрел, и опя́ть ти́хо, му́хи. Сла́ва Бо́гу: четы́ре часа́, ны́нче уже́ не приду́т. Сейча́с сме́на — и к себе́ в каю́ту, спать . . .

В Мама́евской спа́льне на стене́ — голубо́й клё́тчатый ры́царь замахну́лся голубы́м мечо́м и засты́л: перед глаза́ми у ры́царя соверша́лось челове́ческое жертвоприноше́ние.

На бе́лых полотня́ных облака́х поко́илась госпожа́ Мама́й — всеобъе́млющая, многогру́дая, буддоподо́бная. Вид её говори́л: сего́дня она́ ко́нчила сотворе́ние ми́ра и призна́ла, что всё — добро́ зело́,[7] да́же и э́тот ма́ленький челове́чек, несмотря́ на четы́ре ты́сячи две́сти. Ма́ленький челове́чек обречё́нно стоя́л во́зле крова́ти — иззя́бший, с покрасне́вшим но́сиком, ку́цые чужи́е пингви́ньи крылышки-ру́ки.

— Ну иди́ уж, иди́ . . .

Голубо́й ры́царь зажму́рил глаза́: так я́сно, до жу́ти — сейча́с перекре́стится челове́чек, вы́тянет вперё́д ру́ки — и как в во́ду с голово́ю — бульты́х![8]

[4] natural (*substandard*)
[5] Substandard for *зло́бе*.
[6] when it has to be
[7] very good (Church Slavonic)
[8] splash!

Кора́бль №. 40 благополу́чно пронёсся сквозь шторм и приста́л к у́тренней при́стани. Пассажи́ры торопли́во выта́скивали деловы́е портфе́ли, корзи́ночки для прови́зии и ми́мо О́сиповых очко́в спеши́ли на бе́рег: кора́бль у при́стани — то́лько до ве́чера, а там — опя́ть в океа́н.

Согну́вшись, Елисе́й Елисе́ич пронёс ми́мо О́сипа карни́з неви́димого Эрмита́жа — и обру́шил на О́сипа све́рху:

— Уж ны́нче но́чью — наве́рное. Так пусть все и зна́ют.

Но до но́чи — ещё жить це́лый день. И в стра́нном, незнако́мом го́роде — Петрогра́де — расте́рянно броди́ли пассажи́ры. Так чем-то похо́же — и так непохо́же — на Петербу́рг, отку́да отплы́ли уже́ почти́ год и куда́ — Бог весть? — верну́тся ли когда́-нибудь? Стра́нные, замёрзшие за́ ночь каменноснéжные во́лны: го́ры и я́мы. Австрали́йские во́ины в стра́нных лохмо́тьях, ору́жие на верёвочках за плеча́ми. Чужезе́мный обы́чай — ходи́ть в го́сти с ночёвкой: на у́лицах но́чью — вальтер-ско́ттовские роб-ро́и. И вот тут на За́городном — вы́жженные в снегу́ ка́пельки кро́ви . . . Нет, не Петербу́рг!

По незнако́мому За́городному среди австрали́йцев броди́л Мама́й. Пингви́ньи кры́лышки меша́ли; голова́ висе́ла — кран у распая́вшегося самова́ра; на ле́вом сто́птанном каблуке́ — сне́жный globus histericus,[9] мучи́телен ка́ждый шаг.

И вдруг вздёрнулась голова́, но́ги загарцова́ли двадцатипятиле́тне, на щека́х — ма́ки: из окна́ улыба́лась Мама́ю — —

— Эй, зёва, с доро́ги! — австрали́йцы напроло́м красноро́же пёрли[10] с огро́мными то́рбами.

Мама́й отскочи́л, не отрыва́я глаз от окна́, и чуть то́лько пропёрли — сно́ва к окну́: отту́да ему́ улыба́лась — —

— «Да, ради э́той — и украдёшь, и обма́нешь, и всё.»

Из окна́ улыба́лась, раски́нувшись соблазни́тельно, сладостра́стно — екатери́нинских времён кни́га: «Описа́тельное изображе́нiе прекра́сностей Санкт-Питербу́рха». И небре́жным движе́нием, с же́нским лука́вством, дава́ла загляну́ть внутрь — туда́, в тёплую

[9] In medical terminology, *globus hystericus* is a seeming ball in the throat experienced by a hysterical person. (Thus, a choking sensation.) Literally, however, the phrase is simply Latin for "hysterical ball"; by extension, therefore, we may conceive of a hysterically perceived ball growing on the foot, and by interpreting "*globus*" as "globe," we might possibly suspect that the hysterical ball is the world.

[10] pushed past, redfaced

ложби́нку между двух упру́го изо́гнутых, голубова́то-мра́морных страни́ц.

Мама́й был двадцатипятиле́тне влюблён. Ка́ждый день ходи́л на За́городный под окно́ и мо́лча, глаза́ми, пел серена́ды. Не спал по нoча́м — и хитри́л сам с собо́й: бу́дто оттого́ не спит, что под поло́м где́-то рабо́тает мышь. Уходи́л по утра́м — и вся́кое у́тро тот са́мый парке́тный квадра́тик на поро́ге коло́л сла́дким гвоздём: под квадра́тиком погребено́ бы́ло Мама́ево сча́стье, так бли́зко, так далеко́. Тепе́рь, когда́ всё откры́лось про четы́ре ты́сячи две́сти, — тепе́рь как же?

На четвёртый день, как трепыха́ющегося воробья́ — зажа́в се́рдце в кула́к, Мама́й вошёл в ту са́мую дверь на За́городном. За прила́вком — седоборо́дый, кустобро́вый Черномо́р, в плену́ у кото́рого обита́ла она́. В Мама́е воскре́с его́ воинственный пре́док: Мама́й хра́бро дви́нулся на Черномо́ра.

— А, господи́н Мама́й! Давне́нько, давне́нько . . . У меня́ для вас кой-что отло́жено.

Зажа́в воробья́ ещё кре́пче, Мама́й перели́стывал, притво́рно-любо́вно погла́живал кни́ги, но жил спино́ю: за спино́й в витри́не улыба́лась она́. Вы́брав пожелте́вший 1835 го́да «Телеско́п», до́лго торгова́лся Мама́й — и безнадёжно махну́л руко́й. Пото́м, ли́сьими круга́ми ры́ская по по́лкам, добрался́ до окна́ — и так, бу́дто между про́чим:[11]

— Ну, а э́та ско́лько?

Ек — воробе́й вы́порхнул — держи́! держи́! Черномо́р програ́бил па́льцами бо́роду:

— Да что же — для почи́ну . . . с вас полтора́ста.

— Гм . . . Пожа́луй . . . (Ура́! Колокола́! Пу́шки!) — Что же, пожа́луй . . . За́втра принесу́ де́ньги и заберу́.

Тепе́рь на́до через са́мое стра́шное: квадра́тик возле поро́га. Ночь Мама́й пёкся на уго́льях: ну́жно, нельзя́, мо́жно, немы́слимо, мо́жно, не́льзя, ну́жно . . .

Всеве́дущее, ми́лостивое, гро́зное — Провиде́ние в обруча́льном кольце́ пи́ло чай.

— Ну ку́шай же, Пе́тенька. Ну что ты тако́й како́й-то . . . Не спал опя́ть?

— Да. Мы . . . мы́ши . . . не зна́ю . . .

— Брось плато́к, не крути́! Что э́то тако́е в са́мом де́ле!

[11] said, as though by the way,

— Я — я не кручу́ . . .

И вот вы́пит стака́н — не стака́н: бездо́нная, сорока-вёдерная бо́чка. Бу́дда на ку́хне принима́ла жертвоприноше́ние от куха́рки. Мама́й в кабине́те оди́н.

Мама́й ти́кнул, как часы́ — перед тем как проби́ть двена́дцать. Глотну́л во́здуху, прислу́шался, на цы́почках — к пи́сьменному столу́: там кинжа́льчик для книг. Пото́м в лихора́дке гно́миком ско́рчился на поро́ге, на лы́сине — ледяна́я роса́, запусти́л кинжа́льчик под квадра́т, ковырну́л — и . . . отча́янный вопль.

На вопль Бу́дда пригреме́ла из ку́хни — и у ног увида́ла: ты́квенная лы́синка, ни́же — ско́рченный гно́мик с кинжа́льчиком, и ещё ни́же — мельча́йшая бума́жная труха́.

— Четы́ре ты́сячи — мы́ши . . . Вон-вон она́! Вон!

Жесто́кий, беспоща́дный, как Мама́й 1300 како́го-то го́да, Мама́й 1917 го́да воспря́нул с кара́чек — и с мечо́м в уго́л у две́ри: в у́гол заби́лась вы́шарахнувшая из-под квадра́тика мышь. И мечо́м кровожа́дно Мама́й прогвозди́л врага́. Арбу́з: одну́ секу́нду ту́го — ко́рка, пото́м легко́ — мя́коть, и стоп: квадра́тик парке́та, коне́ц.

1920

Isaac Babel

In their power, intensity, and compression, Babel's stories are unsurpassed in Russian (and perhaps any other) literature of this century. Working in the tradition of de Maupassant, Babel polished his stories until, accumulating hundreds of pages for a single brief sketch, he had found the perfect metaphor, the proper detail, the right cadence, for every sentence. His stories must be read as poetry rather than as prose; the recurrences of images, suggestions of language, and emotional connections, rather than the narrative sequence, constitute the real story. They organize experience analogically, rather than descriptively.

Violence in many forms is the center of Babel's universe. His stories present various attempts at grasping its significance. In his epistemology, one follows along the root of violence into the depths of life—or soul—in order to understand them. The care which Babel took in the paring down of his stories is rewarded by the sense of concentrated power which they give the attentive reader. Babel once said that the short story ought to be as clear and direct as an equation and that "no iron could enter the human heart in as icy a manner as a period put in the right place."

Isaac Babel (1894–1941?) grew up in a Jewish family in Odessa and then came to Petersburg as a young man. In the early 1920s he served with various Red military units, including Marshal Budyony's Cavalry Army (*Конармия*) in the war with Poland. A group of his stories uses that campaign as its material. In many of these stories, we find a Jewish, educated protagonist (much like Babel himself) serving alongside rough Cossack soldiers, wishing to be accepted by them, yet, despite his eagerness to be one of them and despite his Communist convictions, finding difficulty in establishing some sense of community with them. The stories present a panorama of grim warfare. They abound in brutalities. Here and there, amid the calculatedly brusque, laconic sentences, Babel inserts brief, emotional flights. His world is an extremely vivid one—with attention focused on small concrete details, and on the extremes of elation and suffering.

The bulk of Babel's works is slim: two plays (*Zakat*, 1928, and *Mariya*, 1935); the Red Cavalry stories (*Konarmiya*), 1926; his Odessa stories, 1931; and a few stories belonging to neither category. In the 1930s Babel fell into disfavor, and was arrested in 1937. He died about 1941. Manuscripts of various works which were in his possession at the time of his arrest seem to have fallen into the hands of the police and very few of them have been preserved. After some 20 years of complete official oblivion, he was partially rehabilitated, and a one-volume edition of his works was published in Moscow in 1957.

The stories in this volume should not be taken as accurate autobiography. Though they may represent faithfully the emotional coloring of Babel's childhood, the factual details in them do not always correspond to his life. Both of them are stories of initiations: *The Story of My Dovecot* (1925) is about a boy's discovery of some essential truths about life, and *My First Goose* (1924) is about the price to be paid for acceptance by the Cossack soldiers. In each of them, the first-person narrator is a lonely figure, stationed between the group and the world. In each, he encounters a violent, brutal experience, and reacts to it, ultimately, in solitariness: in dreams, in one story; and, in the other, in lonely thoughts while staring down at a small piece of the earth.

Babel chooses shocking subject matter and then depicts it with the precision of an aesthete's etching tool. Hardness and delicacy coexist in his works. The curve of his stories, the profusion of metaphors, and striking individual images bring static delicacy into a brutal but lyrical world.

Иса́ак Эммануи́лович Ба́бель

ИСТО́РИЯ МОЕ́Й ГОЛУБЯ́ТНИ

М. Го́рькому

В де́тстве я о́чень хоте́л име́ть голубя́тню. Во всю жизнь у меня́ не́ было жела́ния сильне́е. Мне бы́ло де́вять лет, когда́ оте́ц посули́л дать де́нег на поку́пку тёсу и трёх пар голубе́й. Тогда́ шёл ты́сяча девятьсо́т четвёртый год. Я гото́вился к экза́менам в приготови́тельный класс Никола́евской гимна́зии. Родны́е мои́ жи́ли в го́роде Никола́еве, Херсо́нской губе́рнии. Э́той губе́рнии бо́льше нет, наш го́род отошёл к Оде́сскому райо́ну.

Мне бы́ло всего́ де́вять лет, и я боя́лся экза́менов. По обо́им предме́там — по ру́сскому и по арифме́тике — мне нельзя́ бы́ло получи́ть ме́ньше пяти́. Проце́нтная но́рма была́ трудна́ в на́шей гимна́зии, всего́ пять проце́нтов. Из сорока́ ма́льчиков то́лько два евре́я могли́ поступи́ть в приготови́тельный класс. Учителя́ спра́шивали э́тих ма́льчиков хитро́; никого́ не спра́шивали так замыслова́то, как нас. Поэ́тому оте́ц, обеща́я купи́ть голубе́й, тре́бовал двух пятёрок с креста́ми. Он совсе́м истерза́л меня́, я впал в несконча́емый сон наяву́, в дли́нный де́тский сон отча́яния, и пошёл на экза́мен в э́том сне и всё же вы́держал лу́чше други́х.

Я был спосо́бен к нау́кам. Учителя́, хоть они́ и хитри́ли, не могли́ отня́ть у меня́ ума́ и жа́дной па́мяти. Я был спосо́бен к нау́кам и получи́л две пятёрки. Но пото́м всё измени́лось. Харито́н Эфру́сси, торго́вец хле́бом, экспорти́ровавший пшени́цу в Марсе́ль, дал за своего́ сы́на взя́тку в пятьсо́т рубле́й, мне поста́вили пять с ми́нусом вме́сто пяти́, и в гимна́зию на моё ме́сто при́няли ма́ленького Эфру́сси. Оте́ц о́чень убива́лся тогда́. С шести́ лет он обуча́л меня́ всем нау́кам, каки́м то́лько мо́жно бы́ло. Слу́чай с ми́нусом привёл его в отча́яние. Он хоте́л поби́ть Эфру́сси или подкупи́ть двух гру́зчиков, чтобы они́ поби́ли Эфру́сси, но мать отговори́ла его́, и я стал гото́виться к друго́му экза́мену, в бу́дущем году́, в пе́рвый класс. Родны́е тайко́м от меня́ подби́ли учи́теля, чтобы он в оди́н год прошёл со мно́ю курс приготови́тельного и пе́рвого кла́ссов сра́зу, и так как мы во всём отча́ивались, то я вы́учил наизу́сть три кни́ги. Э́ти кни́ги бы́ли: грамма́тика Смирно́вского, зада́чник Евтуше́вского и учёбник нача́льной ру́сской исто́рии Пуцыко́вича. По э́тим кни́гам де́ти не у́чатся бо́льше, но я вы́учил их наизу́сть, от строки́ до строки́, и в сле́дующем году́ на экза́мене из ру́сского языка́ получи́л у учи́теля Карава́ева недосяга́емые пять с кресто́м.

Карава́ев э́тот был румя́ный негоду́ющий челове́к из моско́вских студе́нтов. Ему́ едва́ ли испо́лнилось три́дцать лет. На му́жественных его́ щека́х цвёл румя́нец, как у крестья́нских ребя́т, сиде́ла борода́вка у него́ на щеке́, из неё рос пучо́к пе́пельных коша́чьих воло́с. Кроме Карава́ева, на экза́мене был ещё помо́щник попечи́теля Пятни́цкий, счита́вшийся ва́жным лицо́м в гимна́зии и во всей губе́рнии. Помо́щник попечи́теля спроси́л меня́ о Петре́ Пе́рвом, я испыта́л тогда́ чу́вство забве́ния, чу́вство бли́зости конца́ и бе́здны, сухо́й бе́здны, вы́ложенной восто́ргом и отча́янием.

О Петре́ Вели́ком я знал наизу́сть из кни́жки Пуцыко́вича и стихо́в Пу́шкина. Я навзры́д сказа́л э́ти стихи́, челове́чьи ли́ца покати́лись вдруг в мои́ глаза́ и перемеша́лись там, как ка́рты из но́вой коло́ды. Они́ тасова́лись на дне мои́х глаз, и в э́ти мгнове́ния, дрожа́, выпрямля́ясь, торопя́сь, я крича́л пу́шкинские стро́фы изо всех сил. Я крича́л их до́лго, никто́ не прерыва́л безу́много моего́ бормота́нья. Сквозь багро́вую слепоту́, сквозь свобо́ду, овладе́вшую мно́ю, я ви́дел то́лько ста́рое, склонённое лицо́ Пятни́цкого с посеребрённой бородо́й. Он не прерыва́л меня́ и то́лько сказа́л Карава́еву, ра́довавшемуся за меня́ и за Пу́шкина.

— Кака́я на́ция, — прошепта́л стари́к, — жидки́[1] ва́ши, в них дья́вол сиди́т.

И когда́ я замолча́л, он сказа́л:

— Хорошо́, ступа́й, мой дружо́к . . .

Я вы́шел из кла́сса в коридо́р и там, прислони́вшись к небе́леной стене́, стал просыпа́ться от су́дороги мои́х снов. Ру́сские ма́льчики игра́ли вокруг меня́, гимнази́ческий ко́локол висе́л неподалёку под пролётом казённой ле́стницы, сто́рож дрема́л на прода́вленном сту́ле. Я смотре́л на сто́рожа и просыпа́лся. Де́ти подбира́лись ко мне со всех сторо́н. Они́ хоте́ли щёлкнуть меня́ или про́сто поигра́ть, но в коридо́ре показа́лся вдруг Пятни́цкий. Минова́в меня́, он приостанови́лся на мгнове́ние, сюрту́к тру́дной ме́дленной волно́й пошёл по его́ спине́. Я увидел смяте́ние на просто́рной э́той, мяси́стой, ба́рской спине́ и дви́нулся к старику́.

[1] Pejorative term for Jews.

— Дéти, — сказáл он гимназúстам, — не трóгайте э́того мáльчика, — и положúл жúрную, нéжную рýку на моё плечó.

— Дружóк мой, — обернýлся Пятнúцкий, — передáй отцý, что ты прúнят в пéрвый класс.

Пы́шная звездá блеснýла у негó на грудú, орденá зазвенéли у лацкáна, большóе чёрное мундúрное егó тéло стáло уходúть на прямы́х ногáх. Онó стúснуто бы́ло сýмрачными стенáми, онó двúгалось в них, как двúжется бáрка в глубóком канáле, и исчéзло в дверя́х дирéкторского кабинéта. Мáленький служúтель понёс емý чай с торжéственным шýмом, а я побежáл домóй, в лáвку.

В лáвке нáшей, пóлон сомнéния, сидéл и скрёбся мужúк-покупáтель. Увúдев меня́, отéц брóсил мужикá и, не колéблясь, повéрил моемý расскáзу. Он закричáл прикáзчику закрывáть лáвку и брóсился на Собóрную ýлицу покупáть мне шáпку с гербóм. Бéдная мать едвá отодрáла меня́ от помешáвшегося э́того человéка. Мать былá бледнá в ту минýту и испы́тывала судьбý. Онá глáдила меня́ и с отвращéнием оттáлкивала. Онá сказáла, что о всех прúнятых в гимнáзию бывáет объявлéние в газéтах и что бог нас покарáет и лю́ди над нáми посмею́тся, éсли мы кýпим фóрменную одéжду рáньше врéмени. Мать былá бледнá, онá испы́тывала судьбý в моúх глазáх и смотрéла на меня́ с гóрькой жáлостью, как на калéчку, потомý что однá онá знáла, как несчáстлива нáша семья́.

Все мужчúны в нáшем родý бы́ли довéрчивы к лю́дям и скóры на необдýманные постýпки, нам ни в чём нé было счáстья. Мой дед был раввúном когдá-то в Бéлой Цéркви, егó прогнáли оттýда за кощýнство, и он с шýмом и скýдно прóжил ещё сорóк лет, изучáл инострáнные языкú и стал сходúть с умá на восьмидеся́том годý жúзни. Дя́дька мой Лев, брат отцá, учúлся в Волóжинском ешибóте,[2] в 1892 году он бежáл от солдáтчины и похúтил дочь интендáнта, служúвшего в Кúевском воéнном óкруге. Дя́дька Лев увёз э́ту жéнщину в Калифóрнию, в Лос-Áнжелос, брóсил её там и ýмер в дурнóм дóме, средú нéгров и малáйцев. Америкáнская полúция прислáла нам пóсле смéрти наслéдство из Лос-Áнжелоса — большóй сундýк, окóванный корúчневыми желéзными обручáми. В э́том сундукé бы́ли гúри от гимнáстики, пря́ди жéнских волóс, дéдовский тáлес,[3] хлысты́ с золочёными набалдáшниками и цветóчный чай в шкатýлках, отдéланных дешёвыми жемчугáми. Изо всей

[2] Jewish religious school (yeshivah)

[3] tallith (*pr.* tallis *or* tallath), a shawl worn by orthodox Jews during prayer

семьи́ остава́лись то́лько безу́мный дя́дя Си́мон, жи́вший в Оде́ссе, мой оте́ц и я. Но оте́ц мой был дове́рчивый к лю́дям, он обижа́л их восто́ргами пе́рвой любви́, лю́ди не проща́ли ему́ э́того и обма́нывали. Оте́ц ве́рил поэ́тому, что жи́знью его́ управля́ет зло́бная судьба́, необъясни́мое существо́, пресле́дующее его́ и во всём на него́ не похо́жее. И вот то́лько оди́н я остава́лся у мое́й ма́тери изо всей на́шей семьи́. Как все евре́и, я был мал ро́стом, хил и страда́л от уче́нья головны́ми бо́лями. Всё э́то ви́дела моя́ мать, кото́рая никогда́ не быва́ла ослеплена́ ни́щенской го́рдостью своего́ му́жа и непоня́тной его́ ве́рой в то, что семья́ на́ша ста́нет когда́-либо сильне́е и бога́че други́х люде́й на земле́. Она́ не ждала́ для нас уда́чи, боя́лась купи́ть фо́рменную блу́зу ра́ньше вре́мени и то́лько позво́лила мне сня́ться у фото́графа для большо́го портре́та.

Двадца́того сентября́ ты́сяча девятьсо́т пя́того го́да в гимна́зии вы́вешен был спи́сок поступи́вших в пе́рвый класс. В табли́це упомина́лось и моё и́мя. Вся родня́ на́ша ходи́ла смотре́ть на э́ту бума́жку, и да́же Шойл, мой двою́родный дед, пришёл в гимна́зию. Я люби́л хвастли́вого э́того старика́ за то, что он торгова́л ры́бой на ры́нке. То́лстые его́ ру́ки бы́ли вла́жны, покры́ты ры́бьей чешуёй и воня́ли холо́дными прекра́сными мира́ми. Шойл отлича́лся от обыкнове́нных люде́й ещё и лжи́выми исто́риями, кото́рые он расска́зывал о по́льском восста́нии 1861 го́да. В да́вние времена́ Шойл был корчмарём в Скви́ре; он ви́дел, как солда́ты Никола́я Пе́рвого расстре́ливали гра́фа Годле́вского и други́х по́льских инсурге́нтов. Мо́жет быть, он и не ви́дел э́того. Те́перь-то зна́ю, что Шойл был всего́ то́лько ста́рый не́уч и наи́вный лгун, но побасёнки его́ не забы́ты мной, они́ бы́ли хороши́. И вот да́же глу́пый Шойл пришёл в гимна́зию прочита́ть табли́цу с мои́м и́менем и ве́чером пляса́л и то́пал на на́шем ни́щем балу́.

Оте́ц устро́ил бал на ра́достях и позва́л това́рищей свои́х — торго́вцев зерно́м, ма́клеров по прода́же име́ний и вояжёров, продава́вших в на́шей окру́ге сельскохозя́йственные маши́ны. Вояжёры э́ти продава́ли маши́ны вся́кому челове́ку. Мужики́ и поме́щики боя́лись их, от них нельзя́ бы́ло отде́латься, не купи́в чего́-нибудь. Изо все́х евре́ев вояжёры са́мые быва́лые, весёлые лю́ди. На на́шем ве́чере они́ пе́ли хаси́дские пе́сни, состоя́вшие всего́ из трёх слов, но пе́вшиеся о́чень до́лго, со мно́жеством смешны́х интона́ций. Пре́лесть э́тих интона́ций мо́жет узна́ть то́лько тот, кому́ приходи́лось встреча́ть па́сху у хаси́дов и́ли кто быва́л на

Волы́ни в их шу́мных синаго́гах. Кро́ме вояжёров, к нам пришёл ста́рый Ли́берман, обуча́вший меня́ то́ре и древнееврéйскому языку́. Его́ называ́ли у нас мосье́ Ли́берман. Он вы́пил бессара́бского вина́ побо́лее, чем ему́ было на́до, шёлковые традицио́нные шнурки́ вы́лезли из-под кра́сной его́ жилéтки, и он произнёс на дрéвнееврéйском языкé тост в мою́ честь. Стари́к поздра́вил роди́телей в э́том то́сте и сказа́л, что я победи́л на экза́мене всех враго́в мои́х, я победи́л ру́сских ма́льчиков с то́лстыми щека́ми и сыновéй гру́бых на́ших богачéй. Так в дрéвние времена́ Дави́д, царь иудéйский, победи́л Голиа́фа, и подо́бно тому́ как я восторжествова́л над Голиа́фом, так наро́д наш си́лой своего́ ума́ победи́т враго́в, окружи́вших нас и жду́щих на́шей кро́ви. Мосье́ Ли́берман запла́кал, сказа́в э́то, пла́ча, вы́пил ещё вина́ и закрича́л: «вива́т!»[4] Го́сти взя́ли его́ в круг и ста́ли води́ть с ним стари́нную кадри́ль, как на сва́дьбе в еврéйском местéчке. Все бы́ли вéселы на на́шем балу́, да́же мать приго́убила вина́, хоть она́ и не люби́ла во́дки и не понима́ла, как мо́жно её люби́ть; всех ру́сских она́ счита́ла поэ́тому сумасшéдшими и не понима́ла, как живу́т жéнщины с ру́сскими мужья́ми.

Но счастли́вые на́ши дни наступи́ли по́зже. Они́ наступи́ли для ма́тери тогда́, когда́ по утра́м до ухо́да в гимна́зию она́ ста́ла приготовля́ть для меня́ бутербро́ды, когда́ мы ходи́ли по ла́вкам и покупа́ли ёлочное моё хозя́йство — пена́л, копи́лку, ра́нец, но́вые кни́ги в карто́нных переплётах и тетра́ди в гля́нцевых обёртках. Никто́ в ми́ре не чу́вствует но́вых вещéй сильнéе, чем дéти. Дéти содрога́ются от э́того за́паха, как соба́ка от за́ячьего слéда, и испы́тывают безу́мие, кото́рое пото́м, когда́ мы стано́вимся взро́слыми, называ́ется вдохновéнием. И э́то чи́стое дéтское чу́вство со́бственничества над но́выми веща́ми передава́лось ма́тери. Мы мéсяц привыка́ли к пена́лу и к у́треннему су́мраку, когда́ я пил чай на краю́ большо́го освещённого стола́ и собира́л кни́ги в ра́нец; мы мéсяц привыка́ли к счастли́вой на́шей жи́зни, и то́лько по́сле пéрвой чéтверти я вспо́мнил о голубя́х.

У меня́ всё бы́ло припасено́ для них — рубль пятьдеся́т копéек и голубя́тня, сдéланная из я́щика дéдом Шо́йлом. Голубя́тня была́ вы́крашена в кори́чневую кра́ску. Она́ имéла гнёзда для двена́дцати пар голубéй, ра́зные пла́ночки на кры́ше и осо́бую решётку, кото́рую я приду́мал, чтобы удо́бнее бы́ло прима́нивать чужако́в. Всё

[4] (Latin *vivat*) long live!

бы́ло гото́во. В воскресе́нье двадца́того октября́ я собрался́ на Охо́тницкую, но на пути́ ста́ли неожи́данные препя́тствия.

Исто́рия, о кото́рой я расска́зываю, то есть поступле́ние моё в пе́рвый класс гимна́зии, происходи́ла о́сенью ты́сяча девятьсо́т пя́того го́да. Царь Никола́й дава́л тогда́ конститу́цию ру́сскому наро́ду, ора́торы в худы́х пальто́ взгромożда́лись на ту́мбы у зда́ния городско́й ду́мы и говори́ли ре́чи наро́ду. На у́лицах по ноча́м раздава́лась стрельба́, и мать не хоте́ла отпуска́ть меня́ на Охо́тницкую. С утра́ в день двадца́того октября́ сосе́дские ма́льчики пуска́ли змей про́тив са́мого полице́йского уча́стка, и водово́з наш, забро́сив все дела́, ходи́л по у́лице напома́женный, с кра́сным лицо́м. Пото́м мы уви́дели, как сыновья́ бу́лочника Кали́стова вы́тащили на у́лицу ко́жаную кобы́лу и ста́ли де́лать гимна́стику посреди́ мостово́й. Им никто́ не меша́л, городово́й Семёрников подзадо́ривал их да́же пры́гать повы́ше. Семёрников был подпоя́сан шёлковым домотка́нным пояско́м, и сапоги́ его́ бы́ли начи́щены в тот день так блёстко, как не быва́ли они́ начи́щены ра́ньше. Городово́й, оде́тый не по фо́рме, бо́льше всего́ испуга́л мою́ мать, из-за него́ она́ не отпуска́ла меня́, но я пробрался́ на у́лицу задво́рками и добежа́л до Охо́тницкой, помеща́вшейся у нас за вокза́лом.

На Охо́тницкой, на постоя́нном своём ме́сте, сиде́л Ива́н Никоди́мыч, голубя́тник. Кро́ме голубе́й, он продава́л ещё кро́ликов и павли́на. Павли́н, распусти́в хвост, сиде́л на жёрдочке и поводи́л по сторона́м бесстра́стной голо́вкой. Ла́па его́ была́ обвя́зана кру́ченой верёвкой, друго́й коне́ц верёвки лежа́л прищемлённый Ива́на Никоди́мыча плетёным сту́лом. Я купи́л у старика́, как то́лько пришёл, па́ру вишнёвых голубе́й с затрёпанными пы́шными хвоста́ми и па́ру чуба́тых и спря́тал их в мешо́к за па́зуху. У меня́ остава́лось со́рок копе́ек по́сле поку́пки, но стари́к за э́ту це́ну не хоте́л отда́ть го́лубя и голу́бку крю́ковской поро́ды. У крю́ковских голубе́й я люби́л их клю́вы, коро́ткие, зерни́стые, дружелю́бные. Со́рок копе́ек была́ им ве́рная цена́, но охо́тник дорожи́лся и отвора́чивал от меня́ жёлтое лицо́, сожжённое нелюди́мыми страстя́ми птицело́ва. К концу́ то́рга, ви́дя, что не нахо́дится други́х поку́пщиков, Ива́н Никоди́мыч подозва́л меня́. Всё вы́шло по-мо́ему, и всё вы́шло ху́до.

В двена́дцатом часу́ дня или немно́гим по́зже по пло́щади прошёл челове́к в ва́леных сапога́х. Он легко́ шёл на разду́тых нога́х, в его́ истёртом лице́ горе́ли оживлённые глаза́.

— Ива́н Никоди́мыч, — сказа́л он проходя́ ми́мо охо́тника, — склада́йте[5] инструме́нт, в го́роде иерусали́мские[6] дворя́не конститу́цию получа́ют. На Ры́бной ба́белевского[7] де́да на́смерть угости́ли.

Он сказа́л э́то и легко́ пошёл между клётками, как бoсо́й па́харь, иду́щий по меже́.

— Напра́сно, — пробормота́л Ива́н Никоди́мыч ему́ вслед, — напра́сно, — закрича́л он стро́же и стал собира́ть кро́ликов и павли́на и су́нул мне крю́ковских голубе́й за со́рок копе́ек. Я спря́тал их за па́зуху и стал смотре́ть, как разбега́ются лю́ди с Охо́тницкой. Павли́н на плече́ Ива́на Никоди́мыча уходи́л после́дним. Он сиде́л, как со́лнце в сы́ром осе́ннем не́бе, он сиде́л, как сиди́т июль на ро́зовом берегу́ реки́, раскалённый ию́ль в дли́нной холо́дной траве́. На ры́нке никого́ уже́ не́ было, и вы́стрелы греме́ли неподалёку. Тогда́ я побежа́л к вокза́лу, пересёк сквер, сра́зу опроки́нувшийся в мои́х глаза́х, и влете́л в пусты́нный переу́лок, уто́птанный жёлтой землёй. В конце́ переу́лка на кре́слице с колёсиками сиде́л безно́гий Мака́ренко, е́здивший в кре́слице по го́роду и продава́вший папиро́сы с лотка́. Ма́льчики с на́шей у́лицы покупа́ли у него́ папиро́сы, де́ти люби́ли его́, я бро́сился к нему́ в переу́лок.

— Мака́ренко, — сказа́л я, задыха́ясь от бе́га, и погла́дил плечо́ безно́гого, — не вида́л ты Шо́йла?

Кале́ка не отве́тил, гру́бое его́ лицо́, соста́вленное из кра́сного жи́ра, из кулако́в, из желе́за, просве́чивало. Он в волне́нии ёрзал на кре́слице, жена́ его́, Катю́ша, поверну́вшись ва́точным за́дом, разбира́ла ве́щи, валя́вшиеся на земле́.

— Чего́ насчита́ла? — спроси́л безно́гий и дви́нулся от же́нщины всем ко́рпусом, как бу́дто ему́ наперёд невыноси́м был её ответ.

— Кама́шей[8] четы́рнадцать штук, — сказа́ла Катю́ша, не разгиба́ясь, — пододея́льников шесть, тепе́рь чепцы́ рассчи́тываю . . .

— Чепцы́, — закрича́л Мака́ренко, задо́хся и сде́лал тако́й звук, как бу́дто он рыда́ет, — ви́дно, меня́, Катери́на, Бог сыска́л, что я за всех отве́тить до́лжен . . . Лю́ди полотно́ це́лыми шту́ками но́сят, у люде́й всё, как у люде́й, а у нас чепцы́ . . .

И в са́мом де́ле, по переу́лку пробежа́ла же́нщина с распали́вшимся краси́вым лицо́м. Она держа́ла оха́пку фе́сок в одно́й руке́ и

[5] Substandard for *складывайте*.
[6] Jewish (literally, Jerusalemite)—sarcastic.
[7] Adjective for proper name *Бабель*.
[8] gaiters

шту́ку сукна́ в друго́й. Счастли́вым отча́янным го́лосом сзыва́ла она́ потеря́вшихся дете́й; шёлковое пла́тье и голуба́я ко́фта волочи́лись за летя́щим её те́лом, и она́ не слу́шала Мака́ренко, кати́вшего за ней на кре́сле. Безно́гий не поспева́л за ней, колёса его́ греме́ли, он и́зо всех сил верте́л рычажки́.

— Мада́мочка, — оглуши́тельно крича́л он, — где бра́ли сарпи́нку, мада́мочка?

Но же́нщины с летя́щим пла́тьем уже́ не́ было. Ей навстре́чу из-за угла́ вы́скочила вихля́вая теле́га. Крестья́нский па́рень стоя́л стоймя́ в теле́ге.

— Куда́ лю́ди побегли́? — спроси́л па́рень и по́днял кра́сную вожжу́ над кля́чами, пры́гавшими в хомута́х.

— Лю́ди все на Собо́рной, — умоля́юще сказа́л Мака́ренко, — там все лю́ди, душа-челове́к; чего́ наберёшь, — всё мне тащи́, всё покупа́ю . . .

Па́рень изогну́лся над передко́м, хлестну́л по пе́гим кля́чам. Ло́шади, как телята́, пры́гнули гря́зными свои́ми кру́пами и пусти́лись вскачь. Жёлтый переу́лок сно́ва оста́лся жёлт и пусты́нен; тогда́ безно́гий перевёл на меня́ пога́сшие глаза́.

— Меня́, што ль, Бог сыска́л, — сказа́л он безжи́зненно, — я вам, што ль, сын челове́ческий . . .

И Мака́ренко протяну́л мне ру́ку, запя́тнанную прока́зой.

— Чего́ у тебя́ в то́рбе? — сказа́л он и взял мешо́к, согре́вший моё се́рдце.

То́лстой руко́й кале́ка растормоши́л ту́рманов и вы́тащил на свет вишнёвую голу́бку. Запроки́нув ла́пки, пти́ца лежа́ла у него́ на ладо́ни.

— Го́луби, — сказа́л Мака́ренко и, скрипя́ колёсами, подъе́хал ко мне, — го́луби, — повтори́л он и уда́рил меня́ по щеке́.

Он уда́рил меня́ нао́тмашь ладо́нью, сжима́вшей пти́цу. Катю́шин ва́точный зад поверну́лся в мои́х зрачка́х, и я упа́л на зе́млю в но́вой шине́ли.

— Се́мя и́хнее разори́ть на́до, — сказа́ла тогда́ Катю́ша и разогну́лась над чепца́ми, — се́мя и́хнее я не могу́ нави́деть[9] и мужчи́н их воню́чих . . .

Она́ ещё сказа́ла о на́шем се́мени, но я ничего́ не слы́шал бо́льше. Я лежа́л на земле́, и вну́тренности разда́вленной пти́цы стека́ли с моего́ виска́. Они́ текли́ вдоль щёк, извива́ясь, бры́згая и ослепля́я

[9] Substandard for *ненави́жу*, "I hate."

меня́. Голуби́ная не́жная кишка́ ползла́ по моему́ лбу, и я закрыва́л после́дний незале́пленный глаз, что́бы не ви́деть ми́ра, расстила́вшегося пе́редо мной. Мир э́тот был мал и ужа́сен. Ка́мешек лежа́л пе́ред глаза́ми, ка́мешек, вы́щербленный, как лицо́ стару́хи с большо́й че́люстью, обры́вок бечёвки валя́лся неподалёку и пучо́к пе́рьев, ещё дыша́вших. Мир мой был мал и ужа́сен. Я закры́л глаза́, что́бы не ви́деть его́, и прижа́лся к земле́, лежа́вшей подо мной в успокои́тельной немоте́. Уто́птанная э́та земля́ ни в чём не была́ похожа́ на на́шу жизнь и на ожида́ние экза́менов в на́шей жи́зни. Где́-то далеко́ по ней е́здила беда́ на большо́й ло́шади, но шум копы́т слабе́л, пропада́л, и тишина́, го́рькая тишина́, поража́ющая иногда́ дете́й в несча́стье, истреби́ла вдруг грани́цу между мои́м те́лом и никуда́ не дви́гавшейся землёй. Земля́ па́хла сыры́ми не́драми, моги́лой, цвета́ми. Я услы́шал её запа́х и запла́кал без вся́кого стра́ха. Я шёл по чужо́й у́лице, заста́вленной бе́лыми коро́бками, шёл в убра́нстве окровавлённых пе́рьев, оди́н в середи́не тротуа́ров, подметённых чи́сто, как в воскресе́нье, и пла́кал так го́рько, по́лно и сча́стливо, как не пла́кал бо́льше во всю мою́ жизнь. Побеле́вшие провода́ гуде́ли над голово́й, дворня́жка бежа́ла впереди́, в переу́лке сбо́ку молодо́й мужи́к в жиле́те разбива́л ра́му в до́ме Харито́на Эфру́сси. Он разбива́л её деревя́нным мо́лотом, зама́хивался всем те́лом и, вздыха́я, улыба́лся на все сто́роны до́брой улы́бкой опьяне́ния, по́та и душе́вной си́лы. Вся у́лица была́ напо́лнена хру́стом, тре́ском, пе́нием разлета́вшегося де́рева. Мужи́к бил то́лько зате́м, что́бы перегиба́ться, запотева́ть и крича́ть необыкнове́нные слова́ на неве́домом, нeру́сском языке́. Он крича́л их и пел, раздира́л изнутри́ голубы́е глаза́, пока́ на у́лице не показа́лся кре́стный ход, ше́дший от ду́мы. Старики́ с кра́шеными борода́ми несли́ в рука́х портре́т расчёсанного царя́, хору́гви с гробовы́ми уго́дниками мета́лись над кре́стным хо́дом, воспламенённые стару́хи лете́ли вперёд. Мужи́к в жиле́тке, увида́в ше́ствие, прижа́л молото́к к груди́ и побежа́л за хору́гвями, а я, вы́ждав коне́ц проце́ссии, пробра́лся к на́шему до́му. Он был пуст. Бе́лые две́ри его́ бы́ли раскры́ты, трава́ у голубя́тни вы́топтана. Оди́н Кузьма́ не ушёл со двора́. Кузьма́, дво́рник, сиде́л в сара́е и убира́л мёртвого Шо́йла.

— Ве́тер тебя́ но́сит, как дурну́ю ще́пку, — сказа́л стари́к, уви́дев меня́, — убёг на це́лые ве́ки . . . Тут наро́д де́да на́шего, вишь, как тю́кнул . . .

Кузьма́ засопе́л, отверну́лся и стал вынима́ть у де́да из проре́хи штано́в судака́. Их бы́ло два судака́ всу́нуты в деда́: оди́н в проре́ху штано́в, друго́й в рот, и хоть дед был мёртв, но оди́н суда́к жил ещё и содрога́лся.

— Де́да на́шего тю́кнули, никого́ бо́льше, — сказа́л Кузьма́, выбра́сывая судако́в ко́шке, — он весь наро́д из ма́тери в мать погна́л, изматери́л[10] до́чиста, тако́й сла́вный . . . Ты бы ему́ пятако́в на глаза́ нанёс . . .

Но тогда́, десяти́ лет о́т роду, я не знал, заче́м быва́ют на́добны пятаки́ мёртвым лю́дям.

— Кузьма́, — сказа́л я шёпотом, — спаси́ нас . . .

И я подошёл к дво́рнику, о́бнял его́ ста́рую криву́ю спи́ну с одни́м по́днятым плечо́м и уви́дел де́да из-за э́той спины́. Шойл лежа́л в опи́лках, с разда́вленной гру́дью, с вздёрнутой бородо́й, в гру́бых башмака́х, оде́тых на бо́су но́гу. Но́ги его́, поло́женные врозь, бы́ли гря́зны, лило́вы, мёртвы. Кузьма́ хлопота́л вокруг них, он подвяза́л че́люсти и всё приме́ривался, чего́ бы ему́ ещё сде́лать с поко́йником. Он хлопота́л, как бу́дто у него́ в дому́ была́ обно́вка, и осты́л, то́лько расчеса́в бо́роду мертвецу́.

— Всех изматери́л, — сказа́л он, улыба́ясь, и огляну́л труп с любо́вью, — ка́бы ему́ тата́ры попа́лись, он тата́р погна́л бы, но тут ру́сские подошли́, и же́нщины с ни́ми, каца́пки,[11] каца́пам люде́й проща́ть оби́дно, я каца́пов зна́ю . . .

Дво́рник подсы́пал поко́йнику опи́лок, сбро́сил пло́тницкий пере́дник и взял меня́ за́ руку.

— Идём к отцу́, — пробормота́л он, сжима́я меня́ всё кре́пче, — оте́ц твой с утра́ тебя́ и́щет, как бы не по́мер . . .

И вме́сте с Кузьмо́й мы пошли́ к до́му податно́го инспе́ктора, где спря́тались мои́ роди́тели, убежа́вшие от погро́ма.

1925

[10] cursed out obscenely; really told them off (*substandard*)
[11] Ukrainian pejorative term for Russians.

Исáак Эммануи́лович Бáбель

МОЙ ПЕ́РВЫЙ ГУСЬ

Сави́цкий, начди́в шесть, встал, зави́дев меня́, и я удиви́лся красоте́ гигáнтского его́ тéла. Он встал и пу́рпуром свои́х рейту́з, мали́новой шáпочкой, сби́той нáбок, орденáми, вколо́ченными в грудь, разрезáл избу́ пополáм, как штандáрт разрезáет нéбо. От него́ пáхло духáми и при́торной прохлáдой мы́ла. Дли́нные но́ги его́ бы́ли похо́жи на дéвушек, зако́ванных до плеч в блестя́щие ботфо́рты.

Он улыбну́лся мне, удáрил хлысто́м по́ столу и потяну́л к себé прикáз, то́лько что отдикто́ванный начáльником штáба. Э́то был прикáз Ивáну Чеснoко́ву вы́ступить с ввéренным ему́ полко́м в направлéнии Чугуно́в — Добры́водка и, войдя́ в соприкосновéние с неприя́телем, таково́го уничто́жить . . .

« . . . *Каково́е уничтожéние*, — стал писáть начди́в и измáзал весь лист, — *возлагáю на отвéтственность того́ же Чеснoко́ва вплоть до вы́сшей мéры, кото́рого и шлёпну на мéсте, в чём вы, товáрищ Чеснoко́в, рабо́тая со мно́ю на фро́нте не пéрвый мéсяц, не мо́жете сомневáться . . .*»

Начди́в шесть подписáл прикáз с завиту́шкой, бро́сил его ординáрцам и поверну́л ко мне сéрые глазá, в кото́рых танцевáло весéлье.

Я по́дал ему бумáгу о прикомандировáнии меня́ к штáбу диви́зии.

— Провести́ прикáзом! — сказáл начди́в. — Провести́ прикáзом и зачи́слить на вся́кое удово́льствие, кро́ме перéднего. Ты грáмотный?

— Грáмотный, — отвéтил я, зави́дуя желéзу и цветáм э́той ю́ности, — кандидáт прав Петербу́ргского университéта . . .

— Ты из киндербальзáмов,[1] — закричáл он, смея́сь, — и очки́ на носу́. Како́й парши́венький! . . Шлют вас, не спрося́сь, а тут рéжут за очки́. Поживёшь с нáми, што ль?

[1] mama's boy

— Поживу́, — отве́тил я и пошёл с квартирье́ром на село́ иска́ть ночле́га.

Квартирье́р нёс на плеча́х мой сундучо́к, дереве́нская у́лица лежа́ла пе́ред на́ми, кру́глая и жёлтая, как ты́ква, умира́ющее со́лнце испуска́ло на не́бе свой ро́зовый дух.

Мы подошли́ к ха́те с расписны́ми венца́ми, квартирье́р останови́лся и сказа́л вдруг с винова́той улы́бкой:

— Канитéль тут у нас с очка́ми, и уня́ть нельзя́. Челове́к вы́сшего отли́чия — из него́ здесь душа́ вон. А испо́ртъ вы да́му, са́мую чи́стенькую да́му, тогда́ вам от бойцо́в ла́ска . . .

Он помя́лся с мои́м сундучко́м на плеча́х, подошёл ко мне совсе́м бли́зко, пото́м отскочи́л в отча́янии и побежа́л в пе́рвый двор. Казаки́ сиде́ли там на се́не и бри́ли друг дру́га.

— Вот, бойцы́, — сказа́л квартирье́р и поста́вил на зе́млю мой сундучо́к. — Согла́сно приказа́ния това́рища Сави́цкого, обя́заны вы приня́ть э́того челове́ка к себе́ в помеще́ние и без глу́постев, потому́ э́тот челове́к пострада́вший по учёной ча́сти . . .

Квартирье́р побагрове́л и ушёл, не обора́чиваясь. Я приложи́л ру́ку к козырьку́ и о́тдал честь казака́м. Молодо́й па́рень с льняны́м вися́чим во́лосом и прекра́сным ряза́нским лицо́м подошёл к моему́ сундучку́ и вы́бросил его́ за воро́та. Пото́м он поверну́лся ко мне за́дом и с осо́бенной сноро́вкой стал издава́ть посты́дные зву́ки.

— Ору́дия но́мер два нуля́, — кри́кнул ему́ каза́к поста́рше и засмея́лся, — крой бе́глым . . .

Па́рень истощи́л нехи́трое своё уме́ние и отошёл. Тогда́, по́лзая по земле́, я стал собира́ть ру́кописи и дыря́вые мои́ обно́ски, вы́валившиеся из сундучка́. Я собра́л их и отнёс на друго́й коне́ц двора́. У ха́ты, на кирпи́чиках, стоя́л котёл, в нём вари́лась свини́на, она́ дыми́лась, как дыми́тся издалека́ родно́й дом в дере́вне, и пу́тала во мне го́лод с одино́чеством без приме́ра. Я покры́л се́ном разби́тый мой сундучо́к, сде́лал из него́ изголо́вье и лёг на зе́млю, что́бы проче́сть в «Пра́вде» речь Ле́нина на Второ́м конгре́ссе Коминте́рна. Со́лнце па́дало на ме́ня из-за зубча́тых приго́рков, казаки́ ходи́ли по мои́м нога́м, па́рень потеша́лся на́до мной без у́стали, излю́бленные стро́чки шли ко мне терни́стою доро́гой и не могли́ дойти́. Тогда́ я отложи́л газе́ту и пошёл к хозя́йке, сучи́вшей пря́жу на крыльце́.

— Хозя́йка, — сказа́л я, — мне жрать на́до . . .

Стару́ха подняла́ на меня́ разли́вшиеся белки́ полуосле́пших глаз и опусти́ла их сно́ва.

— Това́рищ, — сказа́ла она́, помолча́в, — от э́тих дел я жела́ю пове́ситься.

— Го́спода Бо́га ду́шу мать,[2] — пробормота́л я тогда́ с доса́дой и толкну́л стару́ху кулако́м в грудь, — толкова́ть тут мне с ва́ми . . .

И, отверну́вшись, я уви́дел чужу́ю са́блю, валя́вшуюся неподалёку. Стро́гий гусь шата́лся по́ двору и безмяте́жно чи́стил пе́рья. Я догна́л его́ и пригну́л к земле́, гуси́ная голова́ тре́снула под мои́м сапого́м, тре́снула и потекла́. Бе́лая ше́я была́ разо́стлана в наво́зе и кры́лья заходи́ли над уби́той пти́цей.

— Го́спода Бо́га ду́шу мать! — сказа́л я, копа́ясь в гусе́ са́блей. — Изжа́рь мне его́, хозя́йка.

Стару́ха, блестя́ слепото́й и очка́ми, подняла́ пти́цу, заверну́ла её в пере́дник и потащи́ла к ку́хне.

— Това́рищ, — сказа́ла она́, помолча́в, — я жела́ю пове́ситься, — и закры́ла за собо́й дверь.

А на дворе́ казаки́ сиде́ли уже́ вокру́г своего́ котелка́. Они́ сиде́ли недви́жимо, прямы́е, как жрецы́, и не смотре́ли на гуся́.

— Па́рень нам подходя́щий, — сказа́л обо мне оди́н из них, мигну́л и зачерпну́л ло́жкой щи.

Казаки́ ста́ли у́жинать со сде́ржанным изя́ществом мужико́в, уважа́ющих друг дру́га, а я вы́тер са́блю песко́м, вы́шел за воро́та и верну́лся сно́ва, томя́сь. Луна́ висе́ла над дворо́м, как дешёвая серьга́.

— Брати́шка, — сказа́л мне вдруг Суровко́в, ста́рший из казако́в, — сади́сь с на́ми снеда́ть, поке́ле[3] твой гусь доспе́ет . . .

Он вы́нул из сапога́ запасну́ю ло́жку и пода́л её мне. Мы похлеба́ли самоде́льных щей и съе́ли свини́ну.

— В газе́те-то что пи́шут? — спроси́л па́рень с льняны́м во́лосом и опроста́л мне ме́сто.

— В газе́те Ле́нин пи́шет, — сказа́л я, выта́скивая «Пра́вду», — Ле́нин пи́шет, что во всём у нас недоста́ча . . .

И гро́мко, как торжеству́ющий глухо́й, я прочита́л казака́м ле́нинскую речь.

Ве́чер заверну́л меня́ в живи́тельную вла́гу су́меречных свои́х

[2] Part of an obscene curse.
[3] eat, while (*dialectal*)

просты́нь, ве́чер приложи́л матери́нские ладо́ни к пыла́ющему моему́ лбу.

Я чита́л и ликова́л и подстерега́л, лику́я, таинственную криву́ю ле́нинской прямо́й.

— Пра́вда вся́кую ноздрю́ щеко́чет, — сказа́л Суровко́в, когда́ я ко́нчил, — да как её из ку́чи вы́тащить, а он бьёт сра́зу, как ку́рица по зерну́.

Э́то сказа́л о Ле́нине Суровко́в, взво́дный штабно́го эскадро́на, и пото́м мы пошли́ спать на сенова́л. Мы спа́ли ше́стеро там, согрева́ясь друг от дру́га, с перепу́танными нога́ми, под дыря́вой кры́шей, пропуска́вшей звёзды.

Я ви́дел сны и же́нщин во сне, и то́лько се́рдце моё, обагрённое убийством, скрипе́ло и текло́.

1924

Constantine Paustovsky

A UNIVERSALLY respected figure, a knowledgeable, kind humanist, Constantine Paustovsky, born in Kiev in 1892, has been a powerful defender of those Russian writers of the 1950s and 60s who came under fire from strict-line Communist party critics and officials. In 1956 he defended Dudintsev's *Not by Bread Alone* and asserted that such bureaucrats as Drozdov, the character whom Dudintsev had pilloried in his novel, indeed existed and were very numerous in the Soviet hierarchy of industry and party life. Later he defended Yuri Kazakov and others. With the prestige of his literary accomplishments and age, he has been the protector of many young writers. In late 1961 he was connected with the publication in the provincial town of Kaluga of the remarkable anthology *Tarusskie stranitsy.*

Paustovsky's memoirs, published in installments over the past few years, describe his youth, in the remote days before and after the 1917 Revolution, and his life in later decades. They throw much light on the personalities and careers of such writers as Isaac Babel and Yuri Olesha.

Paustovsky's own works, beloved by millions of readers in the U.S.S.R., represent the Russian romantic tradition. The lyrical story in this volume is characteristic of Paustovsky's mellowness, his interest in feeling, and the bittersweet sadness which marks much of his writing. A suggestion of the mysterious and coincidental often hovers over his writings.

Many of Paustovsky's stories deal with nature. Native Russia, with its earth, fields, woods, and rivers, the little villages and small towns, populated by characters traceable to their ancestors in Turgenev and Pushkin, are his favorite subjects.

He has also written historical and biographical fiction. Paustovsky is remarkable for his skill in devising engrossing plots. Frequently he depends on what the critic Vera Alexandrova has called "the relay method of generation to generation jumps." A novel may proceed by leaps, with connections being explained later, from one widely separated point in time to another. Paustovsky has a predilection for exotic plots and heroic action. Several generations of Russians, especially during their youth, have been nurtured by Paustovsky's stories, in all of which we sense the presence of the author's extraordinarily impressionable mind.

Константи́н Гео́ргиевич Паусто́вский

ДОЖДЛИ́ВЫЙ РАССВЕ́Т

В На́волоки парохо́д пришёл но́чью. Майо́р Кузьми́н вы́шел на палу́бу. Мороси́л дождь. На при́стани бы́ло пу́сто, — горе́л то́лько оди́н фона́рь.

« Где же го́род? — поду́мал Кузьми́н. — Тьма, дождь, — чорт зна́ет что!»

Он поёжился, застегну́л шине́ль. С реки́ задува́л холо́дный ве́тер.

Кузьми́н разыска́л помо́щника капита́на, спроси́л, до́лго ли парохо́д простои́т в На́волоках.

— Часа́ три, — отве́тил помо́щник. — Смотря́ по погру́зке. А вам заче́м? Вы же е́дете да́льше.

— Письмо́ на́до переда́ть. От сосе́да по го́спиталю. Его́ жене́. Она́ здесь, в На́волоках.

— Да, зада́ча! — вздохну́л помо́щник. — Хоть глаз вы́коли! Гудки́ слу́шайте, а то оста́нетесь.

Кузьми́н вы́шел на при́стань, подня́лся по ско́льзкой ле́стнице на круто́й бе́рег. Бы́ло слы́шно, как шурши́т в куста́х дождь. Кузьми́н посто́ял, чтобы глаза́ привы́кли к темноте́, уви́дел пону́рую ло́шадь, криву́ю изво́зчичью пролётку. Верх пролётки был по́днят. Из-под него́ слы́шался храп.

— Эй, прия́тель, — гро́мко сказа́л Кузьми́н, — ца́рство бо́жие проспи́шь!

Изво́зчик заворо́чался, вы́лез, высмо́ркался, вы́тер нос поло́й армяка́ и то́лько тогда́ спроси́л:

— Пое́дем, что ли?

— Пое́дем, — согласи́лся Кузьми́н.

— А куда́ везти́?

Кузьми́н назва́л у́лицу.

— Далеко́, — забеспоко́ился изво́зчик. — На горе́. Не ме́ньше как на четверти́нку взять на́до.

Он задёргал вожжа́ми, зачмо́кал. Пролётка не́хотя тро́нулась.

— Ты что же, еди́нственный в На́волоках изво́зчик? — спроси́л Кузьми́н.

— Дво́е нас, старико́в. Остальны́е сража́ются. А вы к кому́?

— К Баши́ловой.

— Зна́ю, — изво́зчик жи́во оберну́лся. — К О́льге Андре́евне, до́ктора Андре́я Петро́вича до́чке. Про́шлой зимо́й из Москвы́ прие́хала, посели́лась в отцо́вском до́ме. Сам Андре́й Петро́вич два го́да как по́мер, а дом и́хний . . .

Пролётка качну́лась, заля́згала и вы́лезла из уха́ба.

— Ты на доро́гу смотри́, — посове́товал Кузьми́н. — Не огля́дывайся.

— Доро́га действи́тельно . . . — пробормота́л изво́зчик. — Тут днём е́хать, коне́чно, сробе́ешь. А но́чью ничего́. Но́чью ям не ви́дно.

Изво́зчик замолча́л. Кузьми́н закури́л, отки́нулся в глубь пролётки. По по́днятому ве́рху бараба́нил дождь. Далеко́ ла́яли соба́ки. Па́хло укро́пом, мо́крыми забо́рами, речно́й сы́ростью. «Час но́чи, не ме́ньше», — поду́мал Кузьми́н. То́тчас где-то на колоко́льне надтре́снутый ко́локол действи́тельно проби́л оди́н уда́р.

«Оста́ться бы здесь на весь о́тпуск, — поду́мал Кузьми́н. — От одного́ во́здуха всё пройдёт, все неприя́тности по́сле ране́ния. Снять ко́мнату в доми́шке с о́кнами в сад. В таку́ю ночь откры́ть на́стежь о́кна, лечь, укры́ться и слу́шать, как дождь стучи́т по лопуха́м».

— А вы не муж и́хний? — спроси́л изво́зчик.

Кузьми́н не отве́тил. Изво́зчик поду́мал, что вое́нный не рассл́ышал его́ вопро́са, но второ́й раз спроси́ть не реши́лся. «Я́сно, муж, — сообрази́л изво́зчик. — А лю́ди болта́ют, что она́ му́жа бро́сила ещё до войны́. Врут, на́до полага́ть».

— Но, сатанá! — кри́кнул он и хлестну́л вожжёй костля́вую лóшадь. — Нанялáсь тéсто меси́ть!

«Глу́по, что парохóд опоздáл и пришёл нóчью, — поду́мал Кузьми́н. — Почему́ Баши́лов — егó сосéд по палáте, когдá узнáл, что Кузьми́н бу́дет проезжáть мимо Нáволок, попроси́л передáть письмó женé непремéнно из рук в ру́ки? Придётся буди́ть людéй, бог знáет, что ещё мóгут поду́мать!»

Баши́лов был высóкий насмéшливый офицéр. Говори́л он охóтно и мнóго. Перед тем как сказáть чтó-нибудь óстрое, он дóлго и беззву́чно смея́лся. До призы́ва в áрмию Баши́лов рабóтал помóщником режиссёра в кинó. Кáждый вéчер он подрóбно расскáзывал сосéдям по палáте об америкáнских фи́льмах. Рáненые люби́ли расскáзы Баши́лова, ждáли их и удивля́лись егó пáмяти. В свои́х оцéнках людéй, собы́тий, книг Баши́лов был рéзок, óчень упря́м и высмéивал кáждого, кто пытáлся ему́ возражáть. Но высмéивал хи́тро — намёками, шу́тками, — и вы́смеянный обыкновéнно тóлько через час — два спохвáтывался, соображáл, что Баши́лов егó оби́дел, и приду́мывал ядови́тый отвéт. Но отвечáть, конéчно, бы́ло ужé пóздно.

Зá день до отъéзда Кузьминá Баши́лов пéредал ему́ письмó для своéй жены́, и впервы́е на лицé у Баши́лова Кузьми́н замéтил растéрянную улы́бку. А потóм нóчью Кузьми́н слы́шал, как Баши́лов ворóчался на кóйке и сморкáлся. «Мóжет быть, он и не такóй уж сухáрь, — поду́мал Кузьми́н. — Вот, кáжется, плáчет. Знáчит, лю́бит. И лю́бит си́льно».

Весь слéдующий день Баши́лов не отходи́л от Кузьминá, погля́дывал на негó, подари́л италья́нскую офицéрскую фля́гу, а перед сáмым отъéздом они́ вы́пили вдвоём буты́лку припря́танного Баши́ловым винá.

— Что вы на меня́ так смóтрите? — спроси́л Кузьми́н.

— Хорóший вы человéк, — отвéтил Баши́лов. — Вы могли́ бы быть худóжником, дорогóй майóр.

— Я топóграф, — отвéтил Кузьми́н, — а топóграфы по нату́ре — те же худóжники.

— Почему́?

— Бродя́ги, — неопределённо отвéтил Кузьми́н.

«Изгнáнники, бродя́ги и поэ́ты, — насмéшливо продеклами́ровал Баши́лов, — кто жáждал быть, но стать ничéм не смог».

— Э́то из кого́?

— Из Воло́шина. Но не в э́том де́ло. Я смотрю́ на вас потому́, что зави́дую. Вот и всё.

— Чему́ зави́дуете?

Баши́лов поверте́л стака́н, отки́нулся на спи́нку сту́ла и усмехну́лся. Сиде́ли они́ в конце́ го́спитального коридо́ра у плетёного сто́лика. За окно́м ве́тер гнул молоды́е дере́вья, шуме́л ли́стьями, нёс пыль. Из-за реки́ шла на́ город дождева́я ту́ча.

— Чему́ зави́дую? — переспроси́л Баши́лов и положи́л свою́ кра́сную ру́ку на́ руку Кузьмина́. — Всему́. Да́же ва́шей руке́. И не ле́вой. А и́менно пра́вой.

— Ничего́ не понима́ю, — сказа́л Кузьми́н и осторо́жно убра́л свою́ ру́ку. Прикоснове́ние холо́дной руки́ Баши́лова бы́ло ему́ неприя́тно. Но, чтобы Баши́лов э́того не заме́тил, Кузьми́н взял буты́лку и на́чал налива́ть вино́.

— Ну, и не понима́йте! — отве́тил Баши́лов серди́то.

Он помолча́л и заговори́л, опусти́в глаза́:

— Е́сли бы мы могли́ поменя́ться места́ми! Но в о́бщем всё э́то чепуха́! Через два дня вы бу́дете в На́волоках. Уви́дите О́льгу Андре́евну. Она́ пожмёт вам ру́ку. Вот я и зави́дую. Тепе́рь-то вы понима́ете?

— Ну, что вы! — сказа́л, растеря́вшись, Кузьми́н. — Вы то́же уви́дите ва́шу жену́.

— Она́ мне не жена́! — ре́зко отве́тил Баши́лов. — Хорошо́ ещё, что вы не сказа́ли «супру́га».

—Ну, извини́те, пробормо́тал Кузьми́н.

— Она́ мне не жена́! — так же ре́зко повтори́л Баши́лов. — Она́ — всё! Вся моя́ жизнь. Ну, дово́льно об э́том!

Он встал и протяну́л Кузьмину́ ру́ку:

— Проща́йте. А на меня́ не серди́тесь. Я не ху́же други́х.

Пролётка въе́хала на да́мбу. Темнота́ ста́ла гу́ще. В ста́рых вётлах со́нно шуме́л, стека́л с ли́стьев дождь. Ло́шадь застуча́ла копы́тами по насти́лу моста́.

«Далеко́ всё-таки!» — вздохну́л Кузьми́н и сказа́л изво́зчику:

— Ты меня́ подожди́ о́коло до́ма. Отвезёшь обра́тно на при́стань . . .

— Э́то мо́жно, — то́тчас согласи́лся изво́зчик и поду́мал: «Нет, видáть, не муж. Муж бы наверня́кá остáлся нá день — другóй. Видáть, посторóнний».

Началáсь булы́жная мостовáя. Пролётка затрясláсь, задребезжáла желéзными поднóжками. Извóзчик свернýл на обóчину. Колёса мя́гко покати́лись по сырóму пескý. Кузьми́н снóва задýмался.

Вот Баши́лов позави́довал емý. Конéчно, никакóй зáвисти нé было. Прóсто Баши́лов сказáл не то слóво. Пóсле разговóра с Баши́ловым у окнá в гóспитале, наоборóт, Кузьми́н нáчал зави́довать Баши́лову. «Опя́ть не то слóво?» — с досáдой сказáл про себя́ Кузьми́н. Он не зави́довал. Он прóсто жалéл. О том, что вот емý сóрок лет, но нé было у негó ещё такóй любви́, как у Баши́лова. Всегдá он был оди́н.

«Ночь, дождь шуми́т по пусты́м садáм, чужóй городóк, с лугóв несёт тумáном, — так и жизнь пройдёт», — почемý-то подýмал Кузьми́н.

Снóва ему захотéлось остáться здесь. Он люби́л рýсские городки́, где с крылéчек видны́ зарéчные лугá, ширóкие взвóзы, телéги с сéном на парóмах. Э́та любóвь удивля́ла егó самогó. Вы́рос он на юге, в морскóй семьé. От отцá остáлось у негó пристрáстие к изыскáниям, географи́ческим кáртам, скитáльчеству. Поэ́тому он и стал топóграфом. Профéссию э́ту Кузьми́н считáл всё же случáйной и дýмал, что éсли бы роди́лся в другóе врéмя, то был бы охóтником, открывáтелем нóвых земéль, авантюри́стом. Емý нрáвилось так дýмать о себé, но он ошибáлся. В харáктере у негó нé было ничегó, что свóйственно таки́м лю́дям. Кузьми́н был застéнчив, мя́гок с окружáющими. Лёгкая сединá выдавáла егó вóзраст. Но, глядя́ на э́того хýденького, невысóкого офицéра, никтó бы не дал ему бóльше тридцати́ лет.

Пролётка въéхала, наконéц, в тёмный городóк. Тóлько в однóм дóме, должнó быть, в аптéке, горéла за стекля́нной двéрью си́няя лáмпочка. У́лица пошлá в гóру. Извóзчик слез с кóзел, чтобы лóшади бы́ло лéгче. Кузьми́н тóже слез. Он шёл, немнóго отстáв, за пролёткой и вдруг почýвствовал всю стрáнность своéй жи́зни. «Где я? — подýмал он. — Каки́е-то Нáволоки, глушь, лóшадь высекáет и́скры подкóвами. Где-то ря́дом — неизвéстная жéнщина. Ей нáдо передáть нóчью вáжное и, должнó быть, невесёлое письмó. А два мéсяца назáд бы́ли фронт, Пóльша, ширóкая ти́хая Ви́сла. Стрáнно как-то! И хорошó».

Горá окóнчилась. Извóзчик свернýл в боковýю ýлицу. Тýчи кóегде разошли́сь, и в черноте́ над голово́й то тут, то там зажига́лась звезда́. Поблесте́в в лу́жах, она́ га́сла.

Пролётка останови́лась о́коло до́ма с мезони́ном.

— Прие́хали! — сказа́л изво́зчик. — Звоно́к у кали́тки, с пра́вого бо́ку.

Кузьми́н о́щупью нашёл деревя́нную ру́чку звонка́ и потяну́л её, но никако́го звонка́ не услы́шал — то́лько завизжа́ла ржа́вая про́волока.

— Ши́бче тяни́те! — посове́товал изво́зчик.

Кузьми́н сно́ва дёрнул за ру́чку. В глубине́ до́ма заболта́л колоко́льчик. Но в до́ме бы́ло попре́жнему ти́хо, — никто́, очеви́дно, не просну́лся.

— Ох-хо-хо! — зевну́л изво́зчик. — Ночь дождли́вая — са́мый кре́пкий сон.

Кузьми́н подожда́л, позвони́л сильне́е. На деревя́нной галере́йке послы́шались шаги́. Кто-то подошёл к две́ри, останови́лся, послу́шал, пото́м недово́льно спроси́л:

— Кто таки́е? Чего́ на́до?

Кузьми́н хоте́л отве́тить, но изво́зчик его́ опереди́л:

— Отворя́й, Ма́рфа, — сказа́л он. — К О́льге Андре́евне прие́хали. С фро́нта.

— Кто с фро́нта? — так же нела́сково спроси́л за две́рью го́лос. — Мы никого́ не ждём.

— Не ждёте, а дождали́сь!

Дверь приоткры́лась на цепо́чке. Кузьми́н сказа́л в темноту́, кто он и заче́м прие́хал.

— Ба́тюшки! — испу́ганно сказа́ла же́нщина за две́рью. — Беспоко́йство вам како́е! Сейча́с отомкну́. О́льга Андре́евна спит. Вы зайди́те, я её разбужу́.

Дверь отвори́лась, и Кузьми́н вошёл в тёмную галере́йку.

— Тут ступе́ньки, — предупреди́ла же́нщина уже́ други́м, ла́сковым го́лосом. — Ночь-то кака́я, а вы прие́хали! Обожди́те, не ушиби́тесь. Я сейча́с ла́мпу засвечу́, — у нас по ноча́м огня́ не́ту.

Она́ ушла́, а Кузьми́н оста́лся на галере́йке. Из ко́мнат тяну́ло за́пахом ча́я и ещё каки́м-то сла́бым и прия́тным за́пахом. На галере́йку вы́шел кот, потёрся о но́ги Кузьмина́, промурлы́кал и ушёл обра́тно в ночны́е ко́мнаты, как бы приглаша́я Кузьмина́ за собо́й.

За приоткры́той две́рью задрожа́л сла́бый свет.

— Пожа́луйте, — сказа́ла же́нщина.

Кузьми́н вошёл. Жéнщина поклони́лась емý. Э́то былá высóкая старýха с тёмным лицóм. Кузьми́н, старáясь не шумéть, снял шинéль, фурáжку, повéсил на вéшалку óколо двéри.

— Да вы не беспокóйтесь, всё равнó О́льгу Андрéевну буди́ть придётся, — улыбнýлась старýха.

— Гудки́ с при́стани здесь слы́шно? — вполгóлоса спроси́л Кузьми́н.

— Слы́шно, бáтюшка! Хорошó слы́шно. Неýжто с парохóда да на парохóд! Вот тут сади́тесь, на ди́вáн.

Старýха ушлá. Кузьми́н сел на дивáн с деревя́нной спи́нкой, поколебáлся, достáл папирóсу, закури́л. Он волновáлся, и непоня́тное э́то волнéние егó серди́ло. Им овладéло то чýвство, какóе всегдá бывáет, когдá попадáешь нóчью в незнакóмый дом, в чужýю жизнь, пóлную тайн и догáдок. Э́та жизнь лежи́т, как кни́га, забы́тая на столé на какóй-нибудь шестьдеся́т пятóй страни́це. Загля́дываешь на э́ту страни́цу и старáешься угадáть: о чём напи́сана кни́га, что в ней? Тургéневский ли это ромáн с егó трéпетом деви́чьей любви́ и сóлнцем за облетáющими ли́пами? А мóжет быть, гóрькая пóвесть Катю́ши Мáсловой?

На столé действи́тельно лежáла раскры́тая кни́га. Кузьми́н встал, наклони́лся над ней и, прислýшиваясь к торопли́вому шóпоту за двéрью и шéлесту плáтья, прочёл про себя́ давнó забы́тые словá:

И невозмóжное возмóжно,
Дорóга дáльняя легкá,
Когдá блеснёт в дали́ дорóжной
Мгновéнный взор из-под платкá . . .

Кузьми́н пóднял гóлову, осмотрéлся. Ни́зкая, тёплая кóмната опя́ть вы́звала у негó желáние остáться в э́том городкé.

Есть осóбенный простодýшный уют в таки́х кóмнатах с вися́чей лáмпой над обéденным столóм, бéлым мáтовым абажýром, олéньими рогáми над карти́ной, изображáющей собáку óколо постéли больнóй дéвочки. Таки́е кóмнаты вызывáют улы́бку, — так всё старомóдно, давнó позабы́то.

Всё вокрýг, дáже пéпельница из рóзовой рáковины, говори́ло о жи́зни дóлгой, устóйчивой. Мóжет быть, э́то ощущéние устóйчивой жи́зни — а её у Кузьминá никогдá нé было — и вы́звало у негó желáние остáться здесь и жить так, как жи́ли обитáтели стáрого дóма — нетороплúво, в чередовáнии трудá и óтдыха, зим, вёсен, дождли́вых и со́лнечных дней. Жела́ние погрузи́ться в тече́ние жи́зни — я́сной, лишённой душе́вного разла́да, когда́ да́же ста́рость не пуга́ет и не вызыва́ет муче́ний, как не вызыва́ет их ле́тний ве́чер, постепе́нно то́нущий во тьме но́чи.

Но среди́ ста́рых веще́й бы́ли и други́е. На столе́ стоя́л буке́т полевы́х цвето́в — рома́шки, медуни́цы, ди́кой рябинки. Буке́т был со́бран, должно́ быть, неда́вно. На ска́терти лежа́ли но́жницы и отре́занные и́ми ли́шние сте́бли цвето́в.

И ря́дом — раскры́тая кни́га Бло́ка. «Доро́га да́льняя легка́». И чёрная ма́ленькая же́нская шля́па на роя́ле, на си́нем плю́шевом альбо́ме для фотогра́фий. Совсе́м не стари́нная, а о́чень совреме́нная шля́па. И небре́жно бро́шенные на столе́ ча́сики в ни́келевом брасле́те. Они́ шли бесшу́мно и пока́зывали полови́ну второ́го. И всегда́ немно́го печа́льный, осо́бенно в таку́ю по́зднюю ночь, за́пах духо́в.

Одна́ ство́рка окна́ была́ откры́та. За ней, за вазо́нами с бего́нией, поблёскивал от нея́ркого све́та, па́давшего из окна́, мо́крый куст сире́ни. В темноте́ перешёптывался сла́бый дождь. В жестяно́м жо́лобе торопли́во стуча́ли тяжёлые ка́пли.

Кузьми́н прислу́шался к сту́ку ка́пель. Века́ми му́чившая люде́й мысль о необрати́мости ка́ждой мину́ты пришла́ ему́ в го́лову и́менно сейча́с, но́чью, в незнако́мом до́ме, отку́да через не́сколько мину́т он уйдёт и куда́ никогда́ не вернётся.

«Ста́рость э́то, что ли?» — поду́мал Кузьми́н и оберну́лся.

На поро́ге ко́мнаты стоя́ла молода́я же́нщина в чёрном пла́тье. Очеви́дно, она́ торопи́лась вы́йти к нему́ и пло́хо причеса́лась. Одна́ коса́ упа́ла ей на плечо́, и же́нщина, не спуска́я глаз с Кузьмина́ и смущённо улыба́ясь, подняла́ её и приколо́ла шпи́лькой к волоса́м на заты́лке. Кузьми́н поклони́лся.

— Извини́те, — сказа́ла же́нщина и протяну́ла Кузьми́ну ру́ку. — Я вас заста́вила ждать.

— Вы О́льга Андре́евна Баши́лова?

— Да.

Кузьми́н смотре́л на же́нщину. Его́ удиви́ли её мо́лодость и блеск глаз — глубо́кий и немно́го тума́нный.

Кузьми́н извини́лся за беспоко́йство, доста́л из карма́на ки́теля письмо́ Баши́лова, по́дал же́нщине. Она́ взяла́ письмо́, поблагодари́ла и, не чита́я, положи́ла его́ на роя́ль.

— Что же мы стои́м! — сказáла онá. — Сади́тесь! Вот сюдá, к столý. Здесь светлéе.

Кузьми́н сел к столý, попроси́л разрешéния закури́ть.

— Кури́те, конéчно, — сказáла жéнщина. — Я тóже, пожáлуй, закурю́.

Кузьми́н предложи́л ей папирóсу, зажёг спи́чку. Когдá онá закýривала, на лицó её упáл свет спи́чки, и сосредотóченное э́то лицó с чи́стым лбом показáлось Кузьминý знакóмым.

Óльга Андрéевна сéла прóтив Кузьминá. Он ждал расспрóсов, но онá молчáла и смотрéла за окнó, где всё так же однотóнно шумéл дождь.

— Марфýша, — сказáла Óльга Андрéевна и обернýлась к двéри. — Постáвь, ми́лая, самовáр.

— Нет, что вы! — испугáлся Кузьми́н. — Я тороплю́сь. Извóзчик ждёт на ýлице. Я дóлжен был тóлько передáть вам письмó и рассказáть кóе-что . . . о вáшем мýже.

— Что расскáзывать! — отвéтила Óльга Андрéевна, вы́тащила из букéта цветóк ромáшки и началá безжáлостно обрывáть на нём лепестки́. — Он жив — и я рáда.

Кузьми́н молчáл.

— Остáньтесь, — прóсто, как стáрому дрýгу, сказáла Óльга Андрéевна. — Гудки́ мы услы́шим. Парохóд отойдёт, конéчно, не рáньше рассвéта.

— Почемý?

— А у нас, бáтюшка, пони́же Нáволок, — сказáла из сосéдней кóмнаты Мáрфа, — перекáт большóй на рекé. Его́ нóчью проходи́ть опáсно. Вот капитáны и ждут до свéта.

— Э́то прáвда, — подтверди́ла Óльга Андрéевна. — Пешкóм до при́стани всегó чéтверть часá. Éсли итти́ через городскóй сад. Я вас провожý. А извóзчика вы отпусти́те. Кто вас привёз? Васи́лий?

— Вот э́того я не знáю, — улыбнýлся Кузьми́н.

— Тимофéй их привёз, — сообщи́ла из-за двéри Мáрфа. Бы́ло слы́шно, как онá греми́т самовáрной трубóй. — Хоть чайкý попéйте. А то что же — из дождя́ да под дождь.

Кузьми́н согласи́лся, вы́шел к ворóтам, расплати́лся с извóзчиком. Извóзчик дóлго не уезжáл, топтáлся óколо лóшади, поправля́л шлею́.

Когдá Кузьми́н вернýлся, стол ужé был накры́т. Стоя́ли си́ние стáрые чáшки с золоты́ми ободкáми, кувши́н с топлёным молокóм, мёд, нáчатая буты́лка винá. Мáрфа внеслá самовáр.

О́льга Андре́евна извини́лась за ску́дное угоще́ние, рассказа́ла, что собира́ется обра́тно в Москву́, а сейча́с пока́ что рабо́тает в На́волоках, в городско́й библиоте́ке. Кузьми́н всё ждал, что она́, наконе́ц, спро́сит о Баши́лове, но она́ не спра́шивала. Кузьми́н испы́тывал от э́того всё бо́льшее смуще́ние. Он дога́дывался ещё в го́спитале, что у Баши́лова разла́д с жено́й. Но сейча́с, после того́, как она́, не чита́я, отложи́ла письмо́ на роя́ль, он соверше́нно убеди́лся в э́том, и ему́ уже́ каза́лось, что он не вы́полнил своего́ до́лга перед Баши́ловым и о́чень в э́том винова́т. «Очеви́дно, она́ прочтёт письмо́ по́зже», — поду́мал он. Одно́ бы́ло я́сно: письмо́, кото́рому Баши́лов придава́л тако́е значе́ние и ради кото́рого Кузьми́н появи́лся в неуро́чный час в э́том до́ме, уже́ нену́жно здесь и неинтере́сно. В конце́ концо́в Баши́лову Кузьми́н не помо́г и то́лько поста́вил себя́ в нело́вкое положе́ние. О́льга Андре́евна как бу́дто догада́лась об э́том и сказа́ла:

— Вы не серди́тесь. Есть по́чта, есть телегра́ф, — я не зна́ю, заче́м ему́ пона́добилось вас затрудня́ть.

— Како́е же затрудне́ние! — поспе́шно отве́тил Кузьми́н и доба́вил, помолча́в: — Наоборо́т, э́то о́чень хорошо́.

— Что хорошо́?

Кузьми́н покрасне́л.

— Что хорошо́? — гро́мче переспроси́ла О́льга Андре́евна и подняла́ на Кузьмина́ глаза́. Она́ смотре́ла на него́, как бы стара́ясь догада́ться, о чём он ду́мает, — стро́го, пода́вшись вперёд, ожида́я отве́та. Но Кузьми́н молча́л.

— Но всё же, что хорошо́? — опя́ть спроси́ла она́.

— Как вам сказа́ть, — отве́тил, разду́мывая, Кузьми́н. — Э́то осо́бый разгово́р. Всё, что мы лю́бим в жи́зни, ре́дко случа́ется. Не зна́ю, как у други́х, но я сужу́ по себе́. Всё хоро́шее почти́ всегда́ прохо́дит ми́мо. Вы понима́ете?

— Не о́чень, — отве́тила О́льга Андре́евна и нахму́рилась.

— Как бы вам объясни́ть, — сказа́л Кузьми́н, сердя́сь на себя́. — С ва́ми то́же так, наве́рное, быва́ло. Из окна́ ваго́на вы вдруг уви́дите поля́ну в берёзовом лесу́, уви́дите, как осе́нняя паути́на заблести́т на со́лнце, и вам захо́чется вы́скочить на ходу́ из по́езда и оста́ться на э́той поля́не. Но по́езд прохо́дит ми́мо. Вы высо́вываетесь из окна́ и смо́трите наза́д, куда́ уно́сятся все э́ти ро́щи, луга́, лошадёнки, просёлочные доро́ги, и слы́шите нея́сный звон. Что звени́т — непоня́тно. Мо́жет быть, лес и́ли во́здух. И́ли гудя́т телегрáфные проводá. А мóжет быть, рéльсы звеня́т от хóда пóезда. Мелькнёт вот так, на мгновéние, а пóмнишь об э́том всю жизнь.

Кузьми́н замолчáл. О́льга Андрéевна пододви́нула емý стакáн с винóм:

— Пéйте. Э́то ри́слинг.

— Я в жи́зни, — сказáл Кузьми́н и покраснéл, как всегдá краснéл, когдá емý случáлось говори́ть о себé, — всегдá ждал вот таки́х неожи́данных и просты́х вещéй. И éсли находи́л их, то бывáл счáстлив. Не надóлго, но бывáл.

— И сейчáс тóже? — спроси́ла О́льга Андрéевна.

— Да!

О́льга Андрéевна опусти́ла глазá.

— Почемý? — спроси́ла онá.

— Не знáю тóчно. Такóе у меня́ ощущéние. Я был рáнен на Ви́сле, лежáл в гóспитале. Все получáли пи́сьма, а я не получáл. Прóсто мне нé от кого бы́ло их получáть. Лежáл, выдýмывал, конéчно, как все выдýмывают, своё бýдущее пóсле войны́. Обязáтельно счастли́вое и необыкновéнное. Потóм вы́лечился, и меня́ реши́ли отпрáвить на óтдых. Назнáчили гóрод.

— Какóй? — спроси́ла О́льга Андрéевна.

Кузьми́н назвáл гóрод. О́льга Андрéевна ничегó не отвéтила.

— Сел на парохóд, — продолжáл Кузьми́н. — Дерéвни на берегáх, при́стани. И очертéвшее сознáние одинóчества. Рáди бóга, не подýмайте, что я жáлуюсь. В одинóчестве тóже мнóго хорóшего. Потóм Нáволоки. Я боя́лся их проспáть. Вы́шел на пáлубу глухóй нóчью и подýмал: как стрáнно, что в э́той огрóмной, закры́вшей всю Росси́ю темнотé, под дождли́вым нéбом спокóйно спят ты́сячи рáзных людéй. И тóлько сейчáс, во сне, останови́лась их жизнь. И то не надóлго. А день опя́ть начнёт тянýть и плести́ ни́тку, — как бы вам сказáть, — ни́тку судьбы́ у кáждого. И у вас и у меня́. Потóм я éхал сюдá на извóзчике и всё гадáл, когó я встрéчу.

— Чем же вы всё-таки счáстливы? — спроси́ла О́льга Андрéевна.

— Так . . . — спохвати́лся Кузьми́н. — Вообщé хорошó.

Он замолчáл.

— Что же вы? Говори́те!

— О чём? Я и так разболтáлся, наговори́л ли́шнего.

— Обо всём, — отвéтила О́льга Андрéевна. Онá как бýдто не расслы́шала егó послéдних слов. — О чём хоти́те, — добáвила онá. — Хотя́ всё это немнóго стрáнно.

Она́ вста́ла, подошла́ к окну́, отодви́нула занаве́ску. Дождь не стиха́л.

— Что стра́нно? — спроси́л Кузьми́н.

— Всё дождь! — сказа́ла О́льга Андре́евна и оберну́лась. — Вот вы — одино́кий челове́к. И я — то́же. И така́я вот встре́ча. И весь э́тот наш ночно́й разгово́р — ра́зве э́то не стра́нно?

Кузьми́н смущённо молча́л. О́льга Андре́евна подошла́ к календарю́, оторвала́ листо́к.

— Двена́дцатое ию́ня. Я постоя́нно забыва́ю, ско́лько дней в году́?

— Три́ста шестьдеся́т пять.

— Мне два́дцать во́семь лет. Э́то ско́лько же бу́дет дней?

Кузьми́н поду́мал, улыбну́лся:

— О́коло десяти́ ты́сяч.

— Ну, хорошо́. Отбро́сим пять ты́сяч дней на де́тство. Зна́чит, пять ты́сяч раз я ждала́ чего-то чуде́сного. Ждала́, как и все ждут, — ка́ждый бо́жий день. Но никто́ мне не мог сказа́ть, никака́я гада́лка, когда́, наконе́ц, среди э́тих дней вы́падет са́мый па́мятный.

Она́ подняла́ на Кузьмина́ посветле́вшие глаза́ и спроси́ла:

— Я глу́пости говорю́, коне́чно?

Кузьми́н хоте́л отве́тить, что э́то во́все не глу́пости, но в сыро́м мра́ке за окно́м, где-то под горо́й, загуде́л парохо́д.

— Ну, что ж, — как бу́дто с облегче́нием сказа́ла О́льга Андре́евна. — Вот и гудо́к!

Кузьми́н встал. О́льга Андре́евна не дви́галась.

— Погоди́те, — сказа́ла она́ споко́йно. — Дава́йте ся́дем перед доро́гой. Как в старину́.

Кузьми́н сно́ва сел. О́льга Андре́евна то́же се́ла, заду́малась, да́же отверну́лась от Кузьмина́. Кузьми́н, гля́дя на её высо́кие пле́чи, на тяжёлые во́лосы зако́лотые узло́м на заты́лке, на чи́стый изги́б ше́и, поду́мал, что е́сли бы не Баши́лов, то он никуда́ бы не уе́хал из э́того городка́, оста́лся бы здесь до конца́ о́тпуска и жил бы, волну́ясь и зна́я, что ря́дом живёт э́та ми́лая и о́чень гру́стная сейча́с же́нщина, живёт и ждёт са́мый па́мятный день.

О́льга Андре́евна вста́ла. В ма́ленькой прихо́жей Кузьми́н помо́г ей наде́ть плащ. Она́ наки́нула на го́лову плато́к.

Они́ вы́шли, мо́лча пошли́ по тёмной у́лице.

— Ско́ро рассве́т, — сказа́ла О́льга Андре́евна.

Над заре́чной сторо́но́й сине́ло водяни́стое не́бо. Кузьми́н заме́тил, что О́льга Андре́евна вздро́гнула.

— Вам хóлодно? — встревóжился он. — Зря вы пошли́ меня́ провожáть. Я бы и сам нашёл дорóгу.

— Нет, не зря, — кóротко ответи́ла Óльга Андрéевна.

Дождь прошёл, но с крыш ещё пáдали кáпли, постýкивали по дощáтому тротуáру.

В концé ýлицы тянýлся городскóй сад. Кали́тка былá откры́та. За ней срáзу начинáлись густы́е, запýщенные аллéи. В садý пáхло ночны́м хóлодом, сыры́м пескóм. Э́то был стáрый сад, чёрный от высóких лип. Ли́пы ужé отцветáли и слáбо пáхли. Оди́н тóлько раз вéтер прошёл по сáду, и весь он зашумéл, бýдто над ним проли́лся и тóтчас стих крýпный и си́льный ли́вень.

В концé сáда был обры́в над рекóй, а за обры́вом — предрассвéтные дождли́вые дáли, тýсклые огни́ бáкенов внизý, тумáн, вся грусть лéтнего ненáстья.

— Как же мы спýстимся? — спроси́л Кузьми́н.

— Иди́те сюдá!

Óльга Андрéевна свернýла по тропи́нке пря́мо к обры́ву и подошлá к деревя́нной лéстнице, уходи́вшей вниз, в темнотý.

— Дáйте рýку! — сказáла Óльга Андрéевна. — Здесь мнóго гнилы́х ступéнек.

Кузьми́н пóдал ей рýку, и они́ осторóжно нáчали спускáться. Мéжду ступéнек рослá мóкрая от дождя́ травá.

На послéдней площáдке лéстницы они́ останови́лись. Бы́ли ужé видны́ при́стань, зелёные и крáсные огни́ парохóда. Свистéл пар. Сéрдце у Кузьминá сжáлось от сознáния, что сейчáс он расстáнется с э́той незнакóмой и такóй бли́зкой емý жéнщиной и ничегó ей не скáжет, — ничегó! Дáже не поблагодари́т за то, что онá встрéтилась емý на пути́, подалá мáленькую крéпкую рýку в сырóй перчáтке, осторóжно свелá егó по вéтхой лéстнице и кáждый раз, когдá над перилáми свéшивалась мóкрая вéтка и моглá задéть егó по лицý, онá ти́хо говори́ла: «Нагни́те гóлову!» И Кузьми́н покóрно наклоня́л гóлову.

— Попрощáемся здесь, — сказáла Óльга Андрéевна. — Дáльше я не пойдý.

Кузьми́н взглянýл на неё. Из-под платкá смотрéли на негó тревóжные, стрóгие глазá. Неужéли вот сейчáс, сию́ минýту, всё уйдёт в прóшлое и стáнет одни́м из томи́тельных воспоминáний и в её и в егó жи́зни?

Óльга Андрéевна протянýла Кузьминý рýку. Кузьми́н поцеловáл

её и почу́вствовал тот же сла́бый за́пах духо́в, что впервы́е услы́шал в тёмной ко́мнате под шо́рох дождя́.

Когда́ он по́днял го́лову, О́льга Андре́евна что-то сказа́ла, но так ти́хо, что Кузьми́н не расслы́шал. Ему́ показа́лось, что она́ сказа́ла одно́ то́лько сло́во: «Напра́сно . . .» Мо́жет быть, она́ сказа́ла ещё что́-нибудь, но с реки́ серди́то закрича́л парохо́д, жа́луясь на про-мо́зглый рассве́т, на свою́ бродя́чую жизнь в дождя́х, в тума́нах.

Кузьми́н сбежа́л, не огля́дываясь, на бе́рег, прошёл через па́хну-щую рого́жами и дёгтем при́стань, вошёл на парохо́д и то́тчас же подня́лся на пусту́ю па́лубу. Парохо́д уже́ отва́ливал, ме́дленно рабо́тая колёсами. Кузьми́н прошёл на корму́, посмотре́л на об-ры́в, на ле́стницу — О́льга Андре́евна была́ ещё там. Чуть света́ло, и её тру́дно бы́ло разгляде́ть. Кузьми́н по́днял ру́ку, но О́льга Анд-ре́евна не отве́тила.

Парохо́д уходи́л все да́льше, гнал на песча́ные берега́ дли́нные во́лны, кача́л ба́кены, и прибре́жные кусты́ лозняка́ отвеча́ли торопли́вым шу́мом на уда́ры парохо́дных колёс.

1945

Mikhail Zoshchenko

MIKHAIL ZOSHCHENKO (1895–1958), a Leningrad writer of Ukrainian birth and descent, was one of the most beloved Soviet satirists in the 1920s and 30s. He is the inheritor of the great Russian nineteenth-century satirical tradition, which he brought up to date and domiciled in Soviet Russia. (His only Soviet colleagues in the field of satire who come close to him in their achievement were Ilf and Petrov, who collaborated in the rollicking novels *Little Golden Calf* and *Twelve Chairs*.) Zoshchenko's realm is the sketch and the short story. He wrote hundreds of them, and the Russian public never seemed to tire of his sharp humor. The officials, however, repeatedly cracked down on him.

The role of satire in Soviet Russia, indeed, is difficult: on one hand, writers are exhorted to use satire as a means of calling attention to abuses that the Party wants remedied or liquidated; on the other hand, the writer must be optimistic, positive, show appreciation of the steady upward development of Soviet life, and render reality in rosy colors. It is very easy for a satirist to be accused of slandering Soviet conditions. Zoshchenko ran afoul of bureaucratic requirements most seriously in 1946, when he (along with Anna Akhmatova, the lyrical poetess) was seriously attacked by Andrey Zhdanov and fell into deep disfavor. He was chosen as one of the chief targets of a resolution by the Central Committee of the Communist Party, accused of "wallowing in the mire of petty everyday affairs," and expelled from the Union of Writers. He was not arrested, however, but he failed ever to recover from the persecution, and died in 1958. After the de-Stalinization speech by Khrushchev at the Twenty-second Communist Party Congress, Zoshchenko was posthumously semirehabilitated, and several volumes of his stories (with some slight modifications and bowdlerizations) have been published in Soviet Russia.

The collections of stories published by Zoshchenko in the 1920s and

30s are too numerous to list. Most of them are remarkable above all for their language, in which most of their untranslatable humor lies. Zoshchenko's heroes (as well as narrators, who usually proceed in the manner of *сказ*) use not literary Russian, but a hodgepodge of currently popular journalese, Marxist tags (half-understood and ill-applied), folksy turns of phrase, pseudoscientific expressions, slogans, malapropisms, bureaucratic jargon—a mixture of stylistic levels resulting in humorous revelation of their crassness and lack of education, contrasting with their pretentiousness and self-importance.

The basis of Zoshchenko's stories is life's irony—the discrepancy between human claims and realities, or between aspirations and achievements. Sometimes he is aiming at individual failings; at other times, he is at least by implication indicting society's failures. In the latter cases, he is peculiarly vulnerable to official Soviet attacks. Zoshchenko's characters seldom live up to the ideals of the "New Soviet Man," as he is supposed to exist under the conditions of classless Soviet society. Like prerevolutionary men (or like men anywhere, any time), they have flaws—laughable and execrable. In the stories in this volume, Zoshchenko is poking fun (even if sad fun) at the shortcomings of medicine, at the dehumanization of man in a hospital, at human greed, brutishness, self-seeking. The story *Poor Liza* makes ironic allusions to N. M. Karamzin's lachrymose story under the same title, published in 1792, a story in which the heroine, a poor maiden, was seduced by a gentleman of the upper classes, who then abandoned her, with the result that she took her own life.

We should not rival Zoshchenko's official castigators in the Soviet Union in assuming that he means everything he says as an indictment specifically of the Soviet system. No doubt had he lived in any other country, he would have made its people and conditions the butt of his satire. He happened to live in Soviet Russia, and his stories deal with that milieu, its foibles and absurdities.

Михаи́л Миха́йлович Зо́щенко

ИСТО́РИЯ БОЛЕ́ЗНИ

Открове́нно говоря́, я предпочита́ю хвора́ть до́ма.

Коне́чно, слов нет, в больни́це, мо́жет быть, светле́й и культу́рней. И калори́йность пи́щи, мо́жет быть, у них бо́лее предусмо́трена. Но, как говори́тся, до́ма и соло́ма едо́ма.

А в больни́цу меня́ привезли́ с брюшным ти́фом. Дома́шние ду́мали э́тим облегчи́ть мои́ неимове́рные страда́ния.

Но то́лько э́тим они́ не дости́гли це́ли, поско́льку мне попа́лась кака́я-то осо́бенная больни́ца, где мне не всё понра́вилось.

Всё-таки то́лько больно́го привезли́, запи́сывают его́ в кни́гу, и вдруг он чита́ет на стене́ плака́т: «Вы́дача тру́пов от 3-х до 4-х».

Не зна́ю, как други́е больны́е, но я пря́мо закача́лся на нога́х, когда́ прочёл э́то воззва́ние. Гла́вное, у меня́ высо́кая температу́ра, и вообще́ жизнь, мо́жет быть, е́ле те́плится в моём органи́зме, мо́жет быть она́ на волоске́ виси́т — и вдруг прихо́дится чита́ть таки́е слова́.

Я сказа́л мужчи́не, кото́рый меня́ запи́сывал:

— Что вы, говорю́, това́рищ фе́льдшер, таки́е по́шлые на́дписи выве́шиваете? Всё-таки, говорю́, больны́м не доставля́ет интере́са э́то чита́ть.

Фе́льдшер, и́ли, как там его́, — лекпо́м, удиви́лся, что я ему́ так сказа́л, и говори́т:

— Гляди́те: больно́й, и е́ле он хо́дит, и чуть у него́ пар и́зо рту не идёт от жа́ра, а то́же, говори́т, наво́дит на всё самокри́тику. Е́сли, говори́т, вы попра́витесь, что вряд ли, тогда́ и критику́йте, а не то мы действи́тельно от трёх до четырёх вы́дадим вас в ви́де того́, что тут напи́сано, вот тогда́ бу́дете знать.

Хоте́л я с э́тим лекпо́мом схлестну́ться, но поско́льку у меня́ была́ высо́кая температу́ра, три́дцать де́вять и во́семь, то я с ним спо́рить не стал. Я то́лько ему́ сказа́л:

— Вот погоди́, медици́нская тру́бка, я попра́влюсь, так ты мне отве́тишь за своё наха́льство. Ра́зве, говорю́, мо́жно больны́м таки́е ре́чи слу́шать? Э́то, говорю́, мора́льно подка́шивает их си́лы.

Фе́льдшер удиви́лся, что тяжело́ больно́й так свобо́дно с ним объясня́ется, и сра́зу замя́л разгово́р. И тут сестри́чка подскочи́ла:

— Пойдёмте, говори́т, больно́й, на обмы́вочный пункт.

Но от э́тих слов меня́ то́же передёрнуло.

— Лу́чше бы, говорю́, называ́ли не обмы́вочный пункт, а ва́нна. Э́то, говорю́, краси́вей и возвыша́ет больно́го. И я, говорю́, не ло́шадь, чтоб меня́ обмыва́ть.

Медсестра́ говори́т:

— Да́ром что больно́й, а то́же, говори́т, замеча́ет вся́кие то́нкости. Наве́рно, говори́т, вы не вы́здоровеете, что во всё нос суёте.

Тут она́ привела́ меня́ в ва́нну и веле́ла раздева́ться.

И вот я стал раздева́ться и вдруг ви́жу, что в ва́нне, над водо́й уже́ торчи́т кака́я-то голова́. И вдруг ви́жу, что э́то как бу́дто стару́ха в ва́нне сиди́т, наве́рно из больны́х.

Я говорю́ сестре́:

— Куда́ же вы меня́, соба́ки, привели́ — в да́мскую ва́нну? Тут, говорю́, уже́ кто́-то купа́ется.

Сестра́ говори́т:

— Да э́то тут одна́ больна́я стару́ха сиди́т. Вы на неё не обраща́йте внима́ния. У неё высо́кая температу́ра, и она́ ни на что не реаги́рует. Так что вы раздева́йтесь без смуще́ния. А тем вре́менем мы стару́ху из ва́нны вы́нем и набурови́м вам све́жей воды́.

Я говорю́:

— Стару́ха не реаги́рует, но я, мо́жет быть, ещё реаги́рую. И мне, говорю́, определённо неприя́тно ви́деть то, что там у вас пла́вает в ва́нне.

Вдруг сно́ва прихо́дит э́тот лекпо́м. Говори́т:

— Я, говори́т, пе́рвый раз ви́жу тако́го приверé́дливого больно́го. И то ему́, наха́лу, не нра́вится, и э́то ему́ нехорошо́. Умира́ющая стару́ха купа́ется, и то он прете́нзию выража́ет. А у неё, мо́жет быть, о́коло сорока́ температу́ры, и она́ ничего́ в расчёт не принима́ет и всё ви́дит, как сквозь си́то. И, уж во вся́ком слу́чае, ваш вид не заде́ржит её в э́том ми́ре ли́шних пять мину́т. Нет, говори́т, я бо́льше люблю́, когда́ к нам больны́е поступа́ют в бессозна́тельном состоя́нии. По кра́йней ме́ре, тогда́ им всё по вку́су, всем они́ дово́льны и не вступа́ют с на́ми в нау́чные пререка́ния.

Тут купа́ющаяся стару́ха подаёт го́лос:

— Вынима́йте, говори́т, меня́ из воды́, и́ли, говори́т, я сама́ сейча́с вы́йду и всех тут вас распатро́ню.[1]

Тут они́ заняли́сь стару́хой и мне веле́ли раздева́ться.

И пока́ я раздева́лся, они́ момента́льно напусти́ли горя́чей воды́ и веле́ли мне туда́ сесть.

И, зна́я мой хара́ктер, они́ уже́ не ста́ли спо́рить со мной и стара́лись во всём подда́кивать. То́лько по́сле купа́нья они́ да́ли мне огро́мное, не по моему́ ро́сту, бельё. Я ду́мал, что они́ наро́чно от зло́бы подбро́сили мне тако́й компле́кт не по ме́рке, но пото́м я уви́дел, что у них э́то — норма́льное явле́ние. У них ма́ленькие больны́е, как пра́вило, бы́ли в больши́х руба́хах, а больши́е — в ма́леньких.

И да́же мой компле́кт оказа́лся лу́чше, чем други́е. На мое́й руба́хе больни́чное клеймо́ стоя́ло на рукаве́ и не по́ртило о́бщего ви́да, а на други́х больны́х кле́йма стоя́ли у кого́ на спине́, а у кого́ на груди́, и э́то мора́льно унижа́ло челове́ческое досто́инство.

Но поско́льку у меня́ температу́ра всё бо́льше повыша́лась, то я не стал об э́тих предме́тах спо́рить.

А положи́ли меня́ в небольшу́ю пала́ту, где лежа́ло о́коло тридцати́ ра́зного со́рта больны́х. И не́которые, вида́ть, бы́ли тяжело́ больны́е. А не́которые, наоборо́т, поправля́лись. Не́которые свисте́ли. Други́е игра́ли в пе́шки. Тре́тьи ходи́ли по пала́там и по склада́м чита́ли чего́ напи́сано над изголо́вьем.

Я говорю́ сестри́це:

— Мо́жет быть, я попа́л в больни́цу для душе́внобольны́х, так вы так и скажи́те. Я, говорю́, ка́ждый год в больни́цах лежу́, и никогда́ ничего́ подо́бного не ви́дел. Всю́ду тишина́ и поря́док, а у вас что база́р.

Та говори́т:

— Мо́жет быть, вас прика́жете положи́ть в отде́льную пала́ту и приста́вить к вам часово́го, чтоб он от вас мух и блох отгоня́л?

Я по́днял крик, чтоб пришёл гла́вный врач, но вме́сто него́ вдруг пришёл э́тот са́мый фе́льдшер. А я был в осла́бленном состоя́нии. И при ви́де его́ я оконча́тельно потеря́л своё созна́ние.

То́лько очну́лся я, наве́рно, так ду́маю, дня че́рез три.

Сестри́чка говори́т мне:

— Ну, говори́т, у вас пря́мо двужи́льный органи́зм. Вы, говори́т, сквозь все испыта́ния прошли́. И да́же мы вас случа́йно положи́ли

[1] I'll show you! (*slang*)

около откры́того окна́, и то вы неожи́данно ста́ли поправля́ться. И тепе́рь, говори́т, е́сли вы не зарази́тесь от свои́х сосе́дних больны́х, то, говори́т, вас мо́жно бу́дет чистосерде́чно поздра́вить с выздоровле́нием.

Одна́ко органи́зм мой не подда́лся бо́льше боле́зням, и то́лько я еди́нственно пе́ред са́мым вы́ходом захвора́л де́тским заболева́нием — ко́клюшем.

Сестри́чка говори́т:

— Наве́рно, вы подхвати́ли зара́зу из сосе́днего фли́геля. Там у нас де́тское отделе́ние. И вы, наве́рно, неосторо́жно поку́шали из прибо́ра, на кото́ром ел ко́клюшный ребёнок. Вот че́рез э́то вы и прихворну́ли.

В о́бщем, вско́ре органи́зм взял своё, и я сно́ва стал поправля́ться. Вско́ре они́ меня́ вы́писали, я верну́лся домо́й.

И тепе́рь хвора́ю до́ма.

1938

Михаи́л Миха́йлович Зо́щенко

БЕ́ДНАЯ ЛИ́ЗА

Одна́ молода́я осо́ба, весьма́ неду́рненькая и развита́я брюне́тка, реши́ла в э́том году́ непреме́нно разбогате́ть.

То есть, не то что́бы она́ хоте́ла заполучи́ть ска́зочное бога́тство, как э́то ино́й раз быва́ет в стра́нах капита́ла, среди́ миллионе́ров и спекуля́нтов.

Нет, она́, коне́чно, э́того не хоте́ла. То есть, вообще́-то говоря́, она́ и́менно как раз э́того и хоте́ла. Но то́лько она́ не понима́ла, как э́то тепе́рь быва́ет. И потому́ она́ реши́ла име́ть то, что в преде́лах возмо́жного.

Она́ хоте́ла име́ть како́й-нибудь голубо́й фо́рдик с постоя́нным, что ли, шофёром. Станда́ртную да́чку. Не́который счёт в ба́нке. И, коне́чно, како́е-нибудь зна́тное положе́ние му́жа, чтоб ей быва́ть повсю́ду и всех вида́ть.

А муж у неё был обыкнове́нный инжене́р. То есть, он был гидро́лог. Э́то у них там что-то насчёт воды́. А е́сли э́то так, то он, коне́чно, никаки́х там осо́бых коло́нн не проекти́ровал, за что бы ему́ шли де́ньги и пре́мии как творцу́ но́вых иде́й и положе́ний.

Коро́че говоря́, он жил помале́ньку на свои́ семьсо́т моне́т. И, бу́дучи энтузиа́стом своего́ де́ла, был до не́которой сте́пени вполне́ дово́лен.

Супру́гу же его́ не устра́ивала э́та су́мма. И, бу́дучи же́нщиной пра́здной и пу́стенькой, со сла́бым мировоззре́нием, она́ мечта́ла о ска́зочной ро́скоши и так да́лее.

А ей кто́-то сказа́л, что вообще́ как бу́дто писа́тели живу́т дово́льно недурно. Что не́которые из них име́ют пи́шущие маши́ны, отде́льные кварти́ры, да́чи, а ино́й раз да́же и автомоби́ли. И пусть она́ среди́ э́той просло́йки что́-нибудь себе́ пои́щет.

Но Ли́за не зна́ла, где ей э́того иска́ть. И потому́ она́ не без поспе́шности сошла́сь с одни́м пе́рвым попа́вшимся а́втором.

Но, ме́жду на́ми говоря́, э́тот инжене́р челове́ческих душ, как наро́чно, оказа́лся на ре́дкость несостоя́тельным и ограни́ченным субъе́ктом. И вдоба́вок он был люби́тель алкого́ля. Благодаря́ чему́ через ме́сяц он вы́разил жела́ние, чтобы она́ непреме́нно где́-нибудь служи́ла. Поско́льку он сам на себя́ не наде́ялся, создава́я сла́бые, ма́ловысо́кохудо́жественные книги, не отража́ющие в по́лной ме́ре вели́чие эпо́хи.

В о́бщем он не оправда́л её наде́жд, и тогда́ она́ поки́нула э́того своего́ вы́родка, потеря́в при э́том ве́ру в литерату́ру и в её могу́щество.

В о́бщем она́ верну́лась к своему́ супру́гу. Но, верну́вшись, она́ не оста́вила свои́х пы́лких наде́жд и то́лько ждала́, чтоб что́-нибудь у неё поскоре́е случи́лось.

И вот как раз тогда́ её познако́мили с одни́м иностра́нцем.

Ей предста́вили его́ в рестора́не. И сказа́ли, что он интури́ст. И что он живёт в оте́ле, но э́тим не дово́лен и мечта́ет найти́ ко́мнату в ча́стном до́ме ме́сяца на́ два. Нет ли у неё тако́й?

И хотя́ у неё э́того не́ было, но она́, тем не ме́нее, кра́йне обра́довалась и реши́ла на два ме́сяца пересели́ть куда́-нибудь свою́ преподо́бную мама́шу, чтоб то́лько ей не упусти́ть избало́ванного иностра́нца, не могу́щего прожива́ть в неую́тных шу́мных оте́лях, среди звонко́в и приходя́щих деви́ц.

В о́бщем э́тому интури́сту и изне́женному аристокра́ту она́ устро́ила у себя́ в кварти́ре ко́мнату. И хотя́ супру́г её не допуска́л до э́того, но она́ на своём настоя́ла. И тот к ним перее́хал со свои́м ослепи́тельным гардеро́бом, одеколо́ном, фотоаппара́том, брюкодержа́телем и так да́лее.

И вот Ли́за, ду́мая, что наступи́л гла́вный моме́нт в её жи́зни, сошла́сь с э́тим иностра́нцем.

И тот её исключи́тельно полюби́л. И сде́лал ей форма́льное предложе́ние. На что она́ согласи́лась и даже, сверх того́, о́чень тому́ обра́довалась, пря́мо до того́, что и описа́ть нельзя́.

И тогда́ она́ сра́зу бро́сила му́жа. И ста́ла с ним жить в мама́шиной ко́мнате.

И хотя́ её иностра́нец по-ру́сски почти́ не говори́л, а она́, наоборо́т, говори́ла то́лько по-ру́сски, тем не ме́нее э́то отню́дь не послужи́ло прегра́дой для их взаи́много междунаро́дного сча́стья.

В о́бщем она́ была́ сча́стлива и мечта́ла о Пари́же, Ло́ндоне, Средизе́мном мо́ре и так да́лее.

Но че́рез ме́сяц интури́ст, научи́вшись бо́лее сно́сно выража́ть пору́сски свои́ мы́сли, как-то раз осо́бенно разговори́лся о том, о сём на э́том языке́, и из разгово́ра она́ отча́сти вы́яснила, что тот во́все не собира́ется уезжа́ть в Евро́пу. А напро́тив, он да́же хо́чет тут обосноваться. И что по слу́чаю затрудни́тельных дел там у них за грани́цей закры́лось како́е-то предприя́тие, и он оста́лся как бы да́же без рабо́ты. Вот почему́ он и при́был в Сою́з, наде́ясь тут найти́ что́-нибудь по свое́й специа́льности.

Она́, побледне́в, попроси́ла повтори́ть э́ти гру́бые ру́сские фра́зы о том, о сём. И он сно́ва сказа́л ей то же са́мое, доба́вив, что у него́ есть больши́е наде́жды здесь у нас устро́иться, поско́льку он специали́ст по шипу́чим и минера́льным во́дам. А тут в Сою́зе э́то как раз, наве́рное, о́чень всем на́до. И е́сли он тут устро́ится, тогда́ че́рез год они́ сме́ло смо́гут съе́здить в Пари́ж, е́сли уж она́ так э́того хо́чет.

Тогда́ она́, вспы́хнув, не без я́ду спроси́ла, заче́м же он при своём положе́нии, бу́дучи просты́м безрабо́тным, называ́ется интури́стом и при э́том не оставля́ет свои́х изне́женных привы́чек и не живёт в дешёвом но́мере. А свои́м ви́дом и поведе́нием смуща́ет окружа́ющих, допуска́я их де́лать нivéсть каки́е вы́воды.

Тогда́ он заме́тил ей, что вот и́менно он как раз и перее́хал из оте́ля к ним ра́ди, так сказа́ть, эконо́мии.

Тогда́ она́ запла́кала, сказа́в, что если так, то в её сла́бой голове́ спу́тались все поня́тия об устро́йстве ми́ра. И что об интури́стах она́ была́ соверше́нно друго́го мне́ния. Она́ ду́мала, что они́ все без исключе́ния е́здят ра́ди при́хоти и любопы́тства, а не ра́ди того́, заче́м он при́был. Нехвата́ло, де́скать, ей ещё за безрабо́тных выходи́ть. Ведь э́того да́же у нас не́ту. А тут вот она́ нашла́ тако́го. Так уж лу́чше она́ вы́йдет за́муж за на́шего конто́рщика и бу́дет получа́ть свои́ сто целко́вых, чем что́-либо друго́е.

И она́ от оби́ды и униже́ния три дня пла́кала. И веле́ла интури́сту уе́хать в оте́ль, поско́льку ма́ма жила́ на у́лице.

В о́бщем она́ расста́лась с ним, поско́льку тем бо́лее её пе́рвый муж, как вы́яснилось, сде́лал каку́ю-то крупне́йшую эконо́мию на слу́жбе и за э́то получи́л де́сять ты́сяч рубле́й пре́мии, что и бы́ло объя́влено в газе́тах.

Одна́ко супру́г, не зна́я ещё, что она́ к нему́ вернётся, о́тдал э́ти де́ньги на строи́тельство. Он был большо́й энтузиа́ст и был отча́сти равноду́шен к деньга́м. Вот он и о́тдал э́ту су́мму госуда́рству.

А она́, верну́вшись и узна́в об э́том, до того́ расстро́илась, что супру́г боя́лся за це́лость её рассу́дка. И тогда́ она́, успоко́ившись, сно́ва зата́ила в душе́ реше́ние найти́ что́-нибудь лу́чшее.

А ей кто́-то сказа́л, что тот са́мый злосча́стный писа́тель, с кото́рым она́ неда́вно жила́ и не была́ сча́стлива, неожи́данно си́льно пошёл в го́ру.[1] Он бро́сил писа́ть свои́ сла́бые вещи́цы и неожи́данно вдруг написа́л пье́ску, кото́рая по си́ле, говоря́т, не уступа́ла Бори́су Шекспи́ру или что́-нибудь вро́де э́того. И что он тепе́рь буква́льно великоле́пно зараба́тывает.

Она́, огорчи́вшись, что не подождала́ э́той хоро́шей полосы́, сно́ва хоте́ла сойти́сь с э́тим драмату́ргом. Но он, оказа́лось, уже́ име́л две семьи́ и был сравни́тельно сча́стлив.

Тогда́ она́, подойдя́ благодаря́ э́тому знако́мству не́сколько бли́же к театра́льным дела́м, нашла́ тут больши́е возмо́жности. Вдоба́вок её в теа́тре познако́мили с одни́м эстра́дным ко́миком, кото́рый, говоря́т, зараба́тывал о́чень, о́чень кру́пные де́ньги.

Она́ хоте́ла бы́ло сра́зу сойти́сь с э́тим ко́миком, но в после́дний

[1] his affairs improved greatly

моме́нт испуга́лась како́го-нибу́дь надува́тельства и́ли подво́ха с его́ стороны́, вро́де как бы́ло у ней с интури́стом и́ли что́-нибудь вро́де э́того.

И тогда́ она́ не вы́шла за него́ за́муж, а реши́ла, е́сли, на то пошло́, сама́ стать арти́сткой.

И она́ ста́ла изуча́ть характе́рные та́нцы, чтоб с ни́ми ка́к-нибудь выступа́ть на эстра́де и зараба́тывать, как други́е.

Но от хрони́ческих её неприя́тностей с интури́стом и писа́телем у неё доктора́ нашли́ невро́з се́рдца и не́рвную сыпь на те́ле. И поэ́тому она́ ста́ла учи́ться петь.

И сейча́с она́ поёт. И уже́ начала́ поря́дочно зараба́тывать в закры́тых конце́ртах и в дома́х о́тдыха.

А му́жу она́ сказа́ла, что тепе́рь она́ с ним оста́нется жить. Что ра́ньше у неё бы́ли ста́рые взгля́ды на де́ньги и супру́жеские отноше́ния, но что сейча́с, получа́я до ты́сячи рубле́й и бо́льше за своё пе́ние, она́ вполне́ перевоспита́лась и да́же дово́льна и идёт не про́тив самостоя́тельности же́нщин.

Но дово́льство её продолжа́лось до тех пор, пока́ ей не рассказа́ли об её интури́сте. Ей сказа́ли, что э́тот её иностра́нец нашёл здесь по свое́й ре́дкой специа́льности о́чень хоро́шее ме́сто, получи́л прекра́сное содержа́ние, жени́лся на одно́й деви́це и с ней вы́ехал к себе́ на ро́дину для устро́йства свои́х дел и чтобы привести́ сюда́ автомоби́ль.

Ей сказа́ли, что она́ наве́рно пло́хо договори́лась с ним по-ру́сски, е́сли упусти́ла тако́й великоле́пный экземпля́р.

Вот э́то изве́стие она́ действи́тельно перенесла́ с трудо́м. У неё да́же вре́менно пропа́л го́лос.

Но че́рез две неде́ли она́ сно́ва опра́вилась и сейча́с опя́ть поёт, как уме́ет. Но сыпь на ко́же у неё так и оста́лась.

Вот каки́е быва́ют ба́рышни. И вот что с ни́ми ино́й раз случа́ется, когда́ они́ хотя́т получи́ть де́ньги не так, как э́то у нас при́нято.

А что она́ по́сле э́того ста́ла арти́сткой, то для неё э́то о́чень хорошо́, а для пу́блики э́то наве́рно весьма́ посре́дственно.

И, коне́чно, в таки́х слу́чаях всегда́ лу́чше танцова́ть, чем петь. И молоды́е осо́бы должны́ учи́тывать э́то горя́чее пожела́ние пу́блики.

1935

Victor Nekrasov

VICTOR NEKRASOV is the author of remarkable accounts of his travels in the West, a number of short stories, and of three novels so short that by Russian standards they are considered *по́вести* rather than *рома́ны*. He has dealt directly and unhesitatingly with the chief concerns of Russian society at the time of writing, without, however, ever becoming a rebel or dissident. His most striking quality is his effort at complete honesty in his works.

Nekrasov was born in 1911 in Kiev, the setting of several of his works. He studied architecture and drama, and worked for four years in the theater. During the war, he fought with the combat engineers. In 1946 he published *In the Trenches of Stalingrad*, a craftsmanlike, engrossing narrative of day-to-day fighting, somewhat in the manner of Hemingway. Of still greater interest was his second book, *Native Town* (*В родно́м го́роде*), which describes the marital as well as black-market involvements of two war veterans who have been wounded, demobilized, and returned to Kiev as civilians. The city and its inhabitants bear the marks of war; all seems in an abnormal state of shock. The starkness of Nekrasov's presentation of his characters' psychology and the blunt honesty of the dialogue are the hallmarks of this novel.

Victor Nekrasov visited France and Italy in 1957 and described his travels in impressively impartial articles. He found much to admire in the West, while making it clear that he was a loyal Soviet citizen. In reporting his conversations in France and Italy and his reactions to Western architecture, manners, and institutions, Nekrasov often expressed the desire—which many Russians in the post-Stalinist period felt—for more contact with the outside world, as well as their aversion to official propaganda.

The story in this volume, *Sen'ka*, is one of several which Nekrasov published in the 1950s. They are written vividly, with Nekrasov's characteristic grasp of the striking concrete detail. *Sen'ka* also illustrates his understatement, reticence, and avoidance of the grandiloquent. In Nekrasov's war stories we frequently encounter the theme of *Sen'ka*: a character in the beginning fails or at least seems prone to fail, like the popular folk-tale character known to students of folklore as the "unpromising hero." He may be an inexperienced, gauche officer, an "egghead," or a weakling; but, by the end of the story, he always proves himself worthy.

One of Nekrasov's war stories, *The Second Night*, is particularly noteworthy in its revulsion against the killing which war entails.

A new departure for Nekrasov was his more recent novelette *Kira Georgievna*, which deals with artists and intellectuals in Moscow. The heroine, Kira, lost one husband to Stalin's secret police in the 1930s; she remarried, but is having an affair with another man, only to find her first husband returned from his Arctic prison camp. A stern, vivid picture is given of Kira's position between the three men, through which we are given an insight into her entire social milieu, as well as her personal morality or amorality. Her first husband, the ex-prisoner, is cast as the wisest of all the characters in the story.

In 1962, after a second series of visits abroad, this time to the United States as well as to Western Europe, Nekrasov again wrote descriptions of his travels, descriptions which were still more strikingly objective than those of the previous years. In a stern editorial in *Izvestiya*, Nekrasov found himself reprimanded for giving an impartial view of the capitalist world, and later he incurred the wrath of Khrushchev himself. Nekrasov's accounts of life in the West, accompanied by criticism of various conditions in the U.S.S.R., led to violent attacks on him in 1962 and 1963.

Nekrasov's combination of unflinching honesty and determination to remain utterly simple gives hope that, in future years, this talented writer of the middle generation may give us still more outstanding stories and novels.

Ви́ктор Плато́нович Некра́сов

СЕ́НЬКА

I

В пе́рвой полови́не дня Се́нька ко́е-как ещё держа́л себя́ в рука́х, но когда́ по́сле небольшо́го переры́ва самолёты ста́ли заходи́ть не то́лько со стороны́ со́лнца, а сра́зу со всех четырёх сторо́н, он почу́вствовал, что бо́льше не мо́жет. Те́ло дрожа́ло ме́лкой проти́вной дро́жью, и, е́сли он чуть-чуть ослабля́л че́люсти, зу́бы начина́ли стуча́ть друг о дру́га совсе́м так, как э́то бы́ло, когда́ он боле́л маляри́ей. В животе́ что-то замира́ло. Во рту́ бы́ло су́хо и го́рько от таба́чного ды́ма. У́тром у него́ был ещё по́лный мешо́чек табаку́, сейча́с оста́лась одна́ пыль — трёхдне́вную но́рму он искури́л за по́лдня.

«На две шту́ки оста́лось, — поду́мал Се́нька, насыпа́я смеша́вшуюся с хле́бными кро́шками пыль на бума́жку, — а пото́м . . .»

Но он так и не успе́л доду́мать, что случи́тся пото́м. Це́лая ку́ча («Штук сто», — мелькну́ло у Се́ньки в голове́) самолётов с кра́сными ла́пами ста́ли пики́ровать пря́мо на него́. Он вы́ронил мешо́чек, бума́жку, засу́нул го́лову меж коле́н, сти́снул зу́бы и, кре́пко зажму́рив глаза́, сиде́л так, пока́ не прекрати́лись взры́вы. Пото́м осторо́жно приоткры́л глаза́ и вы́сунул го́лову из ще́ли. Сквозь несу́щийся куда́-то вле́во дым мелькну́ло чёрное крыло́ самолёта с чёрным кресто́м. Се́нька опя́ть закры́л глаза́. Но ничего́ не случи́лось. Самолёт улете́л.

«Го́споди Бо́же мой . . . Да что же э́то тако́е . . . Го́споди Бо́же мой . . .»

Се́нька стал иска́ть бума́жку, пото́м мешо́чек с табако́м, пото́м скрути́л цига́рку, но па́льцы дрожа́ли, таба́к рассыпа́лся, и цига́рка получи́лась то́ненькая и жа́лкая.

Ми́мо пропо́лз Титко́в — пулемётчик второ́го взво́да. Лицо́ у него́ бы́ло всё мо́крое, с прили́пшей ко лбу и щека́м землёй. Пра́вая рука́ болта́лась, как тря́пка, и волочи́лась по земле́. Он на мину́тку задержа́лся у Се́нькиной ще́ли, затяну́лся его́ цига́ркой и попо́лз да́льше.

«Отвоева́лся», — поду́мал Се́нька, и ему́ сра́зу предста́вилось, как Шу́ра-санинстру́кторша перевя́зывает Титко́ву ру́ку, как трясётся он на подво́де в медсанба́т, как лежи́т там на соло́ме.

Над ро́щей опя́ть появи́лись самолёты. Проходи́вшие ми́мо Се́нькиной ще́ли каки́е-то бойцы́, увида́в самолёты, рассы́пались во все сто́роны. Кто-то тяжёлый и горя́чий вскочи́л пря́мо на Се́ньку и прижа́л его́ к земле́.

Бо́мбы рвали́сь до́лго, совсе́м ря́дом, а когда́ переста́ли рва́ться, Се́нька попыта́лся разогну́ться. Но тяжёлое лежа́ло на нём и не хоте́ло сполза́ть. Се́нька вы́ругался, но тяжёлое всё лежа́ло. Он упёрся рука́ми в зе́млю и свали́л тяжёлое в сто́рону. Здорове́нный бое́ц в расстёгнутой, соверше́нно мо́крой от по́та гимнастёрке лежа́л ря́дом и смотре́л на Се́ньку останови́вшимися, немига́ющими глаза́ми.

Се́ньке ста́ло стра́шно.

Вчера́, когда́ они́ на маши́нах е́хали на передову́ю, он ви́дел то́лько лошаде́й — взду́тых, с раскоря́ченными нога́ми лошаде́й, валя́вшихся на доро́ге. Люде́й, вероя́тно, убра́ли. А вот э́тот лежа́л совсе́м ря́дом, большо́й, тёплый ещё . . . И рука́ за го́лову заки́нута.

Ми́мо ще́ли оди́н за други́м, обве́шанные ми́нами и котелка́ми, согну́вшись, волоча́ за собо́й пулемёты, перебега́ли бойцы́. Самолёты де́лали второ́й захо́д.

«Опя́ть, сво́лочи . . .»

Гро́хот укати́лся куда́-то в сто́рону. Густа́я, уду́шливая пыль стели́лась по земле́. Ничего́ не́ было ви́дно — ни не́ба, ни ро́щи, — ничего́, то́лько ту́скло поблёскивал заты́лок винто́вки на брустве́ре. Се́нька со зло́бой посмотре́л на неё.

«Па́лка», — поду́мал он и протяну́л к винто́вке ру́ку.

Он не принима́л никако́го реше́ния, он про́сто снял винто́вку с бруства́ра, зажа́л её меж коле́н, взвёл куро́к, положи́л ру́ку на ду́ло, зажму́рил глаза́ и нажа́л крючо́к.

Он не услыха́л вы́стрела. Что-то си́льно толкну́ло и обожгло́ ладо́нь. И сра́зу всё те́ло охвати́ла сла́бость. Па́льцы беспо́мощно пови́сли. То́ненькими ручейка́ми по ним текла́ кровь и ка́пала на штани́ну. Большо́е кра́сное пятно́ расплыва́лось по коле́ну.

Кто-то кри́кнул над са́мым у́хом:

— Како́го чёрта стреля́ешь, ду́рья голова́!

Се́нька по́днял го́лову. Пе́ред ним сиде́л команди́р взво́да. Се́нька безразли́чно посмотре́л на него́, пото́м на́ ру́ку, пото́м опя́ть на него́. Лейтена́нт, ка́жется, что-то крича́л, но Се́нька ничего́ не слы́шал. Он смотре́л на се́рое от пы́ли, небри́тое лицо́, ви́дел, как шевеля́тся гу́бы, блестя́т злы́е, колю́чие глаза́, но слов не слы́шал. Он знал то́лько одно́: сейча́с он вы́лезет из э́той ще́ли и пойдёт туда́, наза́д, к ре́чке, где нет самолётов, нет э́того бойца́ с останови́вшимися глаза́ми, нет всего́ э́того . . . И он сиде́л и слу́шал и ничего́ не говори́л, а пото́м, — он да́же не по́мнит, лейтена́нт ли ему́ приказа́л и́ли сам так реши́л, — напя́лил ска́тку, затяну́л и переки́нул че́рез плечо́ мешо́к и, оперши́сь о винто́вку, вы́лез из ще́ли. Бо́ли в руке́ не чу́вствовал никако́й.

Отку́да-то появи́лся мла́дший сержа́нт — Се́нька забы́л его́ фами́лию. Сиде́л тут же на ко́рточках.

— Отведёшь его́ к команди́ру ро́ты, а пото́м в медсанба́т . . .

Мла́дший сержа́нт что-то отве́тил и ткнул Се́ньку в бок прикла́дом автома́та.

— Пошли́ . . .

И они́ пошли́ — он и мла́дший сержа́нт.

Команди́ра ро́ты не заста́ли, а замести́тель по строево́й приказа́л пря́мо в медсанба́т вести́ — там уж зна́ют, что с таки́ми де́лать.

— Пристрели́л бы на ме́сте, да патро́на жа́лко . . .

То́лько когда́ они́ отошли́ шаго́в на сто, содержа́ние э́той фра́зы дошло́ до Се́нькиного мо́зга. Он оберну́лся, но лейтена́нта уже́ не́ было. Они́ пошли́ да́льше. Впереди́ мая́чили телегра́фные столбы́ с обо́рванными провода́ми.

II

В медсанба́те у большо́й, забро́санной ве́тками пала́тки толпи́лись бойцы́. Лежа́ли, сиде́ли, просто так слоня́лись. Забега́ли и выбега́ли из пала́тки сёстры в гря́зных пятни́стых хала́тах. Больши́е кры́тые маши́ны пя́тились и урча́ли вокру́г пала́ток. Дво́е бойцо́в без руба́шек, руга́ясь, выноси́ли и кла́ли на маши́ны носи́лки с ра́неными. Ра́неные молча́ли и с трево́гой смотре́ли на не́бо. Там, над передово́й, — отсю́да до неё бы́ло киломе́тров шесть-семь, — опя́ть пики́ровали самолёты. Са́мой передово́й не́ было ви́дно — меша́л куста́рник, но распуска́вшиеся над ней буке́ты разры́вов бы́ли видны́ отчётливо, и Се́нька почу́вствовал, как поползли́ мура́шки у него́ по спине́. Он отверну́лся и стал смотре́ть на маши́ну, кото́рую грузи́ли.

Мла́дший сержа́нт сиде́л ря́дом и мо́лча кури́л. За всю доро́гу он не сказа́л ни сло́ва. Се́ньке хоте́лось попроси́ть у него́ закури́ть, но он не реши́лся.

«Отка́жет, должно́ быть», — поду́мал он и проглоти́л слюну́.

Ми́мо пробежа́л ма́ленький чёрненький челове́чек в хала́те и больши́х кру́глых очка́х. Он приостанови́лся на секу́нду и торопли́во, не гля́дя бро́сил:

— Левору́чник?[1]

— Левору́чник, — отве́тил мла́дший сержа́нт и встал.

— Дава́й сюда́ . . . — И челове́к в очка́х забежа́л в пала́тку.

В пала́тке бы́ло ду́шно и па́хло чем-то ре́зким и неприя́тным. Вдоль стен сиде́ли ра́неные бойцы́. Посреди́не стоя́ло два бе́лых стола́, покры́тых клеёнкой. На одно́м лежа́л боец с заки́нутой наза́д голово́й. Был ви́ден то́лько шерша́вый, небри́тый подборо́док. Он ти́хо, моното́нно стона́л. Одно́й ноги́ у него́ не́ было, а вме́сто неё бы́ло что-то кра́сное, с завёрнутой ко́жей и куско́м торча́щей ко́сти. Высо́кий челове́к, то́же в хала́те, наклони́вшись, ковыря́лся в э́том кра́сном че́м-то о́чень блестя́щим.

«Го́споди . . . — поду́мал Се́нька, — что же это тако́е? . .» — и почу́вствовал, что его́ начина́ет тошни́ть.

— Руба́шку скинь . . . и сюда́ сади́сь . . .

Ма́ленький в очка́х коле́ном пододви́нул табуре́тку. Се́нька с трудо́м — ле́вая рука́ ста́ла тяжёлая и неповоро́тливая, хотя́ и не боле́ла совсе́м, — снял че́рез го́лову ска́тку, пото́м стал стя́гивать гимнастёрку и нате́льную руба́ху. Рука́ ника́к не вытя́гивалась и пу́талась в рукаве́.

«И заче́м э́то? — поду́мал Се́нька. — Ведь у меня́ всё це́ло, рука́ то́лько . . . А он руба́ху заставля́ет . . .»

— На табуре́тку сади́сь. Ско́лько раз говори́ть на́до?

Се́нька сел и положи́л ру́ку на коле́но ладо́нью кве́рху. Кровь переста́ла идти́, но где, со́бственно говоря́, ра́на, он так и не мог поня́ть — всё залепи́лось, покры́лось гря́зью.

— Ско́лько лет? — спроси́л ма́ленький в очка́х, должно́ быть до́ктор.

Се́нька не по́нял, о чём его́ спроси́ли.

— Ну, како́го го́да?

— Я? С два́дцать четвёртого,[2] — нереши́тельно отве́тил Се́нька.

[1] A man with a self-inflicted wound in the left hand.
[2] born in '24

— Два́дцать четвёртого, а как бык здоро́вый, — сказа́л до́ктор и пощу́пал туги́е Се́нькины би́цепсы. — И не сты́дно тебе́?

Се́нька ничего́ не отве́тил.

— Одно́й руко́й двух фрицёв[3] заду́шишь, а ты вме́сто того́ . . . — До́ктор не договори́л и бы́стрым движе́нием ущипну́л Се́ньку за живо́т, оттяну́л ко́жу и всади́л в неё большу́ю иглу́ с че́м-то стекля́нным посреди́не. Се́нька вздро́гнул, но не от бо́ли, а от неожи́данности.

Пото́м до́ктор мо́крой ва́ткой до́лго мыл его́ ладо́нь, и э́то уже́ бы́ло бо́льно. Пото́м кому́-то, не обора́чиваясь, кри́кнул: «Су́хо . . .» — и сестра́ в блестя́щих щи́пчиках принесла́ бинт, и до́ктор ту́го обмота́л ладо́нь.

— Всё . . . Одева́йся.

Се́нька натяну́л руба́ху, гимнастёрку и, не зна́я, мо́жно ли сади́ться на табуре́тку, отошёл немно́жко в сто́рону и стал смотре́ть, как со стола́ снима́ют ра́неного без но́ги.

— Ну, чего́ тебе́ ещё?

До́ктор сни́зу вверх смотре́л на него́, и Се́ньке ста́ло вдруг нело́вко.

— Где твой . . . что привёл тебя́?

— Там . . . на дворе́.

— Скажи́, чтоб в четвёртую пала́тку отвёл.

Се́нька вы́шел.

В четвёртой пала́тке оказа́лся то́лько оди́н ра́неный. Он спал на соло́ме, раски́нув но́ги и положи́в бе́лую, перебинто́ванную ру́ку на живо́т. У вхо́да стоя́л часово́й.

Се́нька взбил соло́му, положи́л в го́лову ска́тку и растяну́лся ря́дом с ра́неным. Со двора́ доноси́лись гудки́ автомаши́н. Где-то совсе́м недалеко́ всё ещё громыха́ло. Се́нька лежа́л и смотре́л на зелёное, свиса́ющее над его́ голово́й полотно́ пала́тки. Пото́м закры́л глаза́ и до́лго лежа́л с закры́тыми глаза́ми . . .

. . . Подбежа́л ста́рый, одногла́зый, с облёзлым хвосто́м Цыга́н. Повиля́л хвосто́м, лизну́л ру́ку и побежа́л да́льше . . . Пото́м появи́лась больша́я ми́ска с пельме́нями. Они́ бы́ли о́чень горя́чие, а мать подкла́дывала ещё и ещё. Из-за окна́ доноси́лась гармо́шка. Он торопи́лся дое́сть пельме́ни, чтоб пойти́ с ребя́тами на Енисе́й, но вспо́мнил, что оте́ц веле́л почини́ть крыльцо́. Стал иска́ть топо́р . . .

[3] "Jerries" (*Germans*)

Кто-то вошёл и вы́шел из пала́тки. Се́нька откры́л глаза́, но в пала́тке уже́ никого́ не́ было. То́лько пола́ пала́тки сла́бо раска́чивалась. Спя́щий ря́дом бое́ц что-то бормота́л во сне. Се́нька опя́ть закры́л глаза́.

. . . Енисе́й — широ́кий-широ́кий. И ма́ленькая ло́дочка на нём. В ней оте́ц. Здесь таки́х рек нет. Всё ма́ленькие каки́е-то, заки́сшие, жёлтые. И лесо́в здесь нет. Ра́зве э́то леса́? Дубки́, оси́нки . . .

И вообще́ ни черта́ не поймёшь.

Сказа́ли, не́мца прие́хали бить . . . А где не́мец? Привезли́ с ве́чера, веле́ли окопа́ться. Сказа́ли, что э́то уже́ передова́я и за той вот со́почкой пе́рвый эшело́н нахо́дится. Но ни эшело́на, ни не́мцев Се́нька не уви́дел. Поу́жинал сухаря́ми из мешка́ — ку́хня где-то застря́ла сза́ди, — стал копа́ть себе́ око́пчик. Грунт был мя́гкий, хоро́ший. Се́нька бы́стро вы́копал око́пчик на всю длину́ лопа́ты, сде́лал бруства́р в ту сто́рону, где сказа́ли — не́мцы, замаски́ровал бурья́ном, на дно положи́л мя́гкой паху́чей травы́ и лёг спать — до утра́ команди́р взво́да разреши́л спать. И Се́нька засну́л, пристро́ив винто́вку ме́жду коле́нями.

А у́тром . . . Как начало́сь . . . Как начало́сь . . .

Политру́к всё говори́л, что не́мец штыка́ бои́тся. И Се́нька так научи́лся рабо́тать штыко́м, что чу́чело из земли́ чуть ли не с ко́рнем вырыва́л. И грана́ту во всём батальо́не да́льше всех броса́л, да́льше команди́ра батальо́на да́же . . . Но вот броса́л, броса́л, два ме́сяца броса́л — а что то́лку? Не́мец во́все в во́здухе оказа́лся — ни штыко́м, ни грана́той не доста́нешь.

Лежа́вший ря́дом бое́ц зашевели́лся, переверну́лся в сто́рону Се́ньки, почмо́кал губа́ми и просну́лся. Не́которое вре́мя он лёжа смотре́л на Се́ньку, пото́м сел, поджа́л но́ги и спроси́л:

— Из три́дцать седьмо́го?

— Из три́дцать девя́того.

— Э́то что во второ́м эшело́не лежи́т?

Се́нька кивну́л голово́й. Бое́ц улыбну́лся. У него́ чёрные ре́дкие зу́бы, ме́лкие морщи́ны на всём лице́ и ма́ленькие блестя́щие гла́зки с коро́ткими, прямы́ми ресни́цами. Ле́вая ладо́нь так же, как и у Се́ньки, была́ перевя́зана и подвя́зана к ше́е.

— Сам? — бое́ц глаза́ми указа́л на Се́нькину ру́ку.

Се́нька почу́вствовал, что у́ши у него́ стано́вятся горя́чими, и ничего́ не отве́тил.

— Ты не бо́йся . . . Говори́.

Се́нька переложи́л ру́ку на друго́е коле́но — она́ ста́ла вдруг ныть — и уста́вился в ко́нчик своего́ сапога́.

— Да ты что — немо́й? Йли конту́зило? Звать тебя́ как?

— Се́нькой.

— Семён, зна́чит. А фами́лия?

— Коротко́в фами́лия.

— Ну, а меня́ Ахраме́ев — Фили́пп Фили́ппович Ахраме́ев. Бу́дем знако́мы. — И он протяну́л ру́ку.

Се́нька пожа́л суху́ю, горя́чую ладо́нь.

— Бои́шься, что ли? — бое́ц кри́во улыбну́лся и похло́пал здоро́вой руко́й Се́ньку по коле́ну. — Зря . . . Зря бои́шься. Сойдёт. С месячи́шко отдохнём, а там . . . ма́ло-ма́ло заживёт и стрекача́ дади́м. До излече́ния всё равно́ суди́ть не бу́дут. Э́то уж я зна́ю, — он потяну́лся и зевну́л. — А мо́жет, и отбре́шемся ещё.

Се́нька молча́л.

Бое́ц вы́тащил из-под соло́мы пло́скую желе́зную коро́бочку, в кото́рой не́мцы но́сят руже́йные принадле́жности, и ло́вко одно́й руко́й и губа́ми сверну́л цига́рку.

— Тебе́, пра́вда, мале́нько хуже́й.[4] Мы хоть на передово́й всё вре́мя толкли́сь, а у вас, в три́дцать девя́том, кро́ме бомбёжки, ни черта́ . . . Пулево́е ране́ние. Начну́тся вопро́сы, расспро́сы . . . Ты че́рез котело́к стреля́л?

— Че́рез како́й котело́к? — не по́нял Се́нька.

— Че́рез котело́к, спра́шиваю, стреля́л или че́рез мо́крую тря́пку?

— Нет. Про́сто так . . . — Се́нька опя́ть почу́вствовал свои́ у́ши.

— Эх, голова́ ты . . . — вздохну́л бое́ц. — Ра́зве де́лают так? Котело́к, тря́пка — они́ ж ожо́г скрыва́ют. А ожо́г — что? Пе́рвая ули́ка, — и он опя́ть зевну́л. — А в о́бщем, ни хрена́, драпанём,[5] не тужи́ . . . — Он вы́тянулся на соло́ме и мо́лча стал кури́ть, сплёвывая в сто́рону кро́шки махо́рки.

Се́нька взял «сороко́вку», докури́л её до са́мых па́льцев и вско́ре заснýл.

III

Ве́чером принесли́ пшенно́го су́па с куско́м хле́ба, а пото́м пришёл полково́й хи́мик — ста́рший лейтена́нт, — вы́нул лист

[4] Substandard for *ху́же.*
[5] does not matter, we'll escape (*slang*)

бума́ги и, присе́в на ко́рточки, стал спра́шивать Се́ньку, где он роди́лся, ско́лько ему́ лет, где учи́лся и ещё мно́го вопро́сов. Се́нька на всё отвеча́л, а ста́рший лейтена́нт запи́сывал. Пото́м ста́рший лейтена́нт прочёл запи́санное и веле́л подписа́ться на ка́ждом листо́чке. Се́нька подписа́л. Ста́рший лейтена́нт аккура́тно сложи́л листо́чки попола́м, всу́нул в планше́тку и, ничего́ не говоря́, ушёл.

«За челове́ка не счита́ет», — поду́мал Се́нька и вспо́мнил, как он когда́-то угоща́л э́того са́мого ста́ршего лейтена́нта дома́шней, кре́пкой махо́рочкой и как тот по́сле э́того всегда́ при встре́че с Се́нькой ве́село говори́л: «Ну как, орёл, поку́рим, что ли, твое́й сиби́рской, кре́пенькой?»

Сейча́с о махо́рке он да́же не заикну́лся.

— Дознава́тель, — сказа́л из своего́ угла́ Ахраме́ев, — ерундо́вина . . . Вот когда́ сле́дователь бу́дет, тогда́ узна́ешь.

— А что, ещё и сле́дователь бу́дет? — спроси́л Се́нька.

— А как же! Он-то уж поговори́т, будь уве́рен, — сказа́л Ахраме́ев и встал. — Вы́йдем-ка посмо́трим, что на бо́жьем све́те де́лается.

Они́ вы́шли. Се́ли у вхо́да в пала́тку.

У перевя́зочной всё так же толкли́сь бойцы́ — запылённые, в вы́цветших гимнастёрках, чёрных от гря́зи бинта́х.

Ми́мо прошёл бое́ц, опира́ясь на па́лочку.

— Ну, как там, брато́к? — спроси́л Ахраме́ев.

— Не ви́дишь, что ли . . . — Бое́ц кивну́л голово́й в сто́рону передово́й и спроси́л, где регистри́руют.

Над передово́й оди́н за други́м пики́ровали неме́цкие самолёты. Каки́е-то но́вые, не похо́жие на у́тренние — ма́ленькие, двукры́лые, то́чно ба́бочки. Они́ до́лго кружи́лись оди́н за други́м, пото́м ка́мнем, совсе́м отве́сно па́дали вниз.

— Хозя́ева . . . Хозя́ева в во́здухе . . . Ты то́лько посмотри́. — Ахраме́ев в сердца́х[6] сплю́нул. — Что хотя́т, то и де́лают.

Се́нька ничего́ не отве́тил. Он посмотре́л на желтова́тое о́блако, плыву́щее над передово́й, и у него́ опя́ть мура́шки по спине́ пошли́.[7]

— Пойди́ вот потяга́йся с ни́ми. Сего́дня у́тром оди́н наш «ястребо́к» в бой вступи́л. Так они́ его́, бедня́жку, так гоня́ли, так гоня́ли . . . А пото́м сби́ли. Туда́ куда́-то, за лес упа́л. — Ахраме́ев протя́жно вздохну́л. — Не война́, а уби́йство сплошно́е.

[6] angrily
[7] his spine tingled

Се́нька, скоси́вшись, посмотре́л на Ахраме́ева. Тот сиде́л, поджа́в к подборо́дку коле́ни, и то́же смотре́л туда́, где бомбя́т. Пото́м взгляну́л на Се́ньку:

— Вот я на тебя́ смотрю́. Па́рень здоро́вый — кровь с молоко́м. Тебе́ жить на́до. Жить. А тебя́ под бо́мбы, как скоти́ну, го́нят. Я вот стари́к, а и то жить хочу́. Кому́ умира́ть охо́та! Да по-бестолко́вому ещё . . . Мясору́бка — вот что э́то, а не война́.

— Нельзя́ так говори́ть, — сказа́л Се́нька, не повора́чиваясь.

Ахраме́ев да́же рассмея́лся ме́лким, сухи́м смешко́м.

— Нельзя́, говори́шь? А ру́ку заче́м продыря́вил? Чтоб не́мца сдержа́ть, что ли? Ты уж хвосто́м не верти́. Сде́лал так сдела́л. И пра́вильно сде́лал. Голова́, зна́чит, ещё рабо́тает у тебя́. А посиде́л бы ещё на передово́й, совсе́м бы её лиши́лся, и́ли вот так, как э́того, на носи́лках приволокли́ бы. — И он подборо́дком указа́л на ра́неного на носи́лках.

Э́то был тот са́мый без ноги́, кото́рого Се́нька ви́дел в перевя́зочной. Лицо́ у него́ бы́ло совсе́м бе́лое и ещё гу́ще обросло́ бородо́й. Он держа́лся рука́ми за края́ носи́лок и при ка́ждом ша́ге носи́льщиков мо́рщился.

«Что тепе́рь па́рень де́лать бу́дет? — поду́мал Се́нька. — Ни паха́ть, ни пло́тничать . . . Сиди́ весь век и на други́х смотри́ . . .» И́ли без руки́ . . . Се́нька ви́дел одного́ — о́бе руки́ оторва́ло. По ло́кти. По ма́лой нужде́ и то сам ходи́ть не мог — проси́л, чтоб помогли́.

Се́нька сжал кула́к. Посмотре́л на него́. Хоро́ший кула́к. И рука́ хоро́шая. Кре́пкая. Се́ньке вдруг ужа́сно захоте́лось порабо́тать топоро́м. Оте́ц говори́л, хоро́ший пло́тник из него́ полу́чится — и си́ла есть, и то́чность, и глаз хоро́ший. Ру́ки — это всё. Нельзя́ без рук жить . . . И Се́нька опя́ть сжал кула́к и посмотре́л на него́.

Ахраме́ев что-то говори́л. Се́нька пойма́л то́лько коне́ц фра́зы:

— . . . За ме́сяц чего́ то́лько не случи́тся. Вре́мя, вре́мя на́до протяну́ть. Вот что на́до. А там . . .

Се́нька посмотре́л на Ахраме́ева. Тот по-пре́жнему сиде́л, поджа́в но́ги к подборо́дку. И Се́нька вдруг почу́вствовал, что ещё мину́та, и он уда́рит кулако́м по э́тому жёлтому, морщи́нистому лицу́. Он да́же не знал, почему́ и за что, Ахраме́ев ничего́ ему́ не сде́лал. Он так же, как и Се́нька, вы́стрелил себе́ в ладо́нь, что́бы . . .

Се́нька встал и пошёл в пала́тку. Стоя́вший у вхо́да часово́й при́стально посмотре́л на него́.

«Чегó он смóтрит? Людéй, что ли, не вúдел. Егó бы тудá, к бóмбам поблúже . . .»

Когдá Ахрамéев зашёл в палáтку, Сéнька сдéлал вид, что спит.

IV

Весь слéдующий день Сéнька просидéл у вхóда в палáтку и смотрéл тудá, где рвýтся бóмбы.

С передовóй шли рáненые, и он искáл средú них знакóмых. Прошлó нéсколько человéк из пя́той и шестóй рóты. Он хотéл их остановúть, но почемý-то не сдéлал э́того. Онú прошлú в перевя́зочную, а Сéнька продолжáл сидéть и смотрéть тудá, за кустáрник, где клубúлось и громыхáло нéбо, где остáлись Тимóшка и Синцóв, и командúр взвóда, и ещё человéк двáдцать ребя́т, с котóрыми он вмéсте жил, и из одногó котелкá ел, и впятерóм одúн бычóк курúли.

А мóжет, их ужé и в живы́х нет. А те, что живы́е, увúдят егó, Сéньку, и . . .

На трéтий день в перевя́зочной он увúдел старшинý своéй рóты. В Татья́новке, под Купя́нском, онú жúли с ним в однóй хáте. Сéнька дáже ремéнь емý свой подарúл — хорóший, жёлтый, совсéм нóвый. Неплохóй был старшинá. Бойцы́ всегдá бы́ли сы́ты. А что ещё бойцý от старшины́ нáдо? Чтоб кормúл хорошó и бельё чáще меня́л. А что ругáется, так э́то уж им, старшинáм, так полóжено. А Пушкóв хоть и мнóго ругáлся, но о бойцáх забóтился крéпко.

Пóсле перевя́зки Сéнька подошёл к Пушкóву. Он стоя́л у столá и ждал, покá фéльдшер напúшет емý какýю-то бумáжку.

— Здрáвствуйте, товáрищ старшинá, — негрóмко сказáл Сéнька и поднёс рýку к пилóтке.

Старшинá оглянýлся и посмотрéл на негó, потóм на егó рýку.

— Тóже рáнило? — спросúл Сéнька и стал глазáми искáть, кудá же старшинý рáнило.

— Нет, — кóротко отвéтил тот и отвернýлся.

Сéнька переступúл с ногú нá ногу, посмотрéл на такýю знакóмую, ширóкую спúну, на свой постарéвший ремéнь и опя́ть спросúл:

— Ну, как там? . . На передовóй . . .

Старшинá ничегó не отвéтил, стоя́л и смотрéл, как фéльдшер пúшет бумáжку: тот бы́стро-бы́стро водúл перóм по ней.

«Не расслы́шал», — подýмал Сéнька и опя́ть собрáлся задáть тот же вопро́с: уж о́чень ему́ хоте́лось знать, жи́вы ли Тимо́шка и Синцо́в. Но тут старшина́ кру́то поверну́лся и с разго́на налете́л на него́.

«Сейча́с обла́ет», — поду́мал Се́нька. Но тот не обла́ял, даже сло́ва не сказа́л, а, засо́вывая бума́жку в боково́й карма́н, пошёл к вы́ходу. Се́нька постоя́л, пото́м то́же вы́шел.

Старшина́ стоя́л у подво́ды и, насви́стывая, взбива́л се́но.

«Подойти́ к нему́, попроси́ться — возьмёт, мо́жет . . .»

Старшина́ снима́л с лошаде́й мешки́ с овсо́м и вставля́л мундштуки́.

«Так пря́мо и скажу́. Что уго́дно пуска́й де́лают. Грана́ты могу́ броса́ть. Патро́ны подноси́ть . . .»

Он вы́тер вы́ступивший вдруг на лбу пот и подошёл к пово́зке. Старшина́ уже́ сиде́л в ней, ума́щиваясь.

— Това́рищ старшина́ . . .

Пушко́в поверну́лся.

Лицо́ у него́ бы́ло уста́лое и како́е-то ста́рое. Он здо́рово похуде́л за после́дние дни.

— Чего́ тебе́?

— Возьми́те меня́, това́рищ старшина́ . . .

Бо́льше он ничего́ не смог сказа́ть.

— Тебя́?

Се́нька мотну́л голово́й. Во рту пересо́хло, и язы́к вдруг стал большо́й и неповоро́тливый. Старшина́ попра́вил шине́ль под собо́й.

— Пошёл, Сирко́ . . . — и дёрнул во́жжи.

Подво́да затрясла́сь по уха́бам, подыма́я ту́чи пы́ли, пото́м скры́лась за поворо́том. Се́нька проводи́л её глаза́ми, вошёл в пала́тку и до обе́да лежа́л, уткну́вшись лицо́м в соло́му.

Бо́льше он ни к кому́ уже́ не подходи́л.

V

На передово́й что-то измени́лось. Стрельба́ прибли́зилась. В ро́щицу и вокру́г неё снача́ла ре́дко, а пото́м всё ча́ще и ча́ще на́чали па́дать снаря́ды. Ра́неных ста́ло так мно́го, что и́ми запо́лнили не то́лько их с Ахраме́евым пала́тку, но раскла́дывали их пря́мо на земле́ в куста́х. Доктора́ и сёстры сбива́лись с ног. Операцио́нная рабо́тала кру́глые су́тки без вся́кого переры́ва. Во́зле неё выраста́ли го́ры бинто́в и ва́ты, и над ни́ми ту́чами рои́лись зелёные жи́рные му́хи, и два ра́за в день э́ти го́ры куда́-то выноси́ли, а че́рез час-два они́ опя́ть выраста́ли.

— Пло́хо де́ло, — говори́ли бойцы́. — Авиа́ция одолева́ет, дохну́ть не даёт . . .

Бойцы́ бы́ли из ра́зных полко́в, из ра́зных диви́зий, но все говори́ли одно́ — жмут не́мцы, спа́су нет.

Ря́дом с Се́нькой положи́ли ху́денького с на́голо вы́бритой кру́глой голово́й сержа́нта-разве́дчика. У него́ бы́ли больши́е, чёрные, вероя́тно когда́-то о́чень весёлые глаза́. Ра́нен он был в о́бе ноги́. Четырьмя́ оско́лками. Пя́тый сиде́л где-то в ключи́це. Лежа́л он всё вре́мя на спине́, но не стона́л и не жа́ловался, то́лько воды́ всё проси́л — у него́ был жар.

— Где э́то тебя́ так разде́лало? — наско́лько мог, уча́стливо спроси́л Се́нька, — ему́ о́чень жа́лко бы́ло ху́денького сержа́нта.

— На ми́не подорва́лся, в разве́дке, — сказа́л сержа́нт и, тяжело́ дыша́ и помину́тно ка́шляя, стал расска́зывать, как он с тремя́ разве́дчиками, — команди́ра взво́да уби́ло, и он его́ замени́л, — пошёл за «языко́м», как они́ доста́ли э́того «языка́», а на обра́тном пути́ сби́лись, попа́ли в ми́нное по́ле, и вот то́лько он оди́н и оста́лся жив — всех четверы́х, с фрицём вме́сте, на клочки́ разорва́ло.

Се́нька мо́лча слу́шал и сочу́вственно смотре́л на сержа́нта.

«Како́й он ху́денький, совсе́м паца́н», — ду́мал он и сра́внивал свою́ му́скулистую жи́листую ру́ку с то́ненькой, совсе́м как у де́вочки, руко́й сержа́нта, выгля́дывавшей из рва́ного рукава́.

— Повезло́ тебе́, — сказа́л Се́нька.

— Повезло́, — улыбну́лся сержа́нт.

— А ты давно́ вою́ешь?

— Я? Дай бог.[8] С пе́рвого дня. От са́мой грани́цы. Тре́тий раз вот уже́ ра́нен.

— Тре́тий раз? — удиви́лся Се́нька.

— Тре́тий. Под Смоле́нском, под Рже́вом и вот здесь тепе́рь.

— И всё живо́й остаёшься?

— Как ви́дишь, — сержа́нт ме́дленно, с нату́гой улыбну́лся, ему́, по-ви́димому, тру́дно бы́ло улыба́ться. — Води́чки не́ту?

— Я сейча́с принесу́, — сказа́л Се́нька и побежа́л на ку́хню.

Когда́ он верну́лся, сержа́нт лежа́л и тяжело́ дыша́л. Лицо́ его́ ста́ло совсе́м кра́сным.

[8] I'll say!

— Жар, должно́ быть, — сказа́л Се́нька и поднёс кру́жку к сухи́м, потре́скавшимся губа́м сержа́нта. Тот с трудо́м сде́лал не́сколько глотко́в, отки́нулся наза́д и сла́бо вы́ругался.

— Оби́дно, чёрт возьми́! — он опя́ть вы́ругался. — Не уви́жу бо́льше ребя́т. Перебью́т всех, пока́ вы́здоровею.

— Мо́жет, и не всех, — сказа́л Се́нька.

— Да и в полк друго́й пошлю́т. Всё равно́ не уви́жу.

— Тебе́ что — ко́сти переби́ло?

— Ко́сти. На обе́их нога́х ко́сти.

Се́нька смотре́л на его́ но́ги — обмо́танные во всю длину́, то́лстые и каки́е-то квадра́тные, то́лько ко́нчики па́льцев выгля́дывали.

— Да, до́лго тебе́ лежа́ть.

— До́лго, — вздохну́л сержа́нт и опя́ть попроси́л пить. — С полго́да проваля́юсь. Как коло́да. А ребя́та воева́ть бу́дут . . .

Бо́льше он ничего́ не сказа́л. Закры́л глаза́ и до́лго лежа́л с закры́тыми глаза́ми и тяжело́ дыша́л.

«Как бы не по́мер», — поду́мал Се́нька, и ему́ ещё бо́лее жа́лко ста́ло ху́денького сержа́нта. Он осторо́жно припо́днял бри́тую го́лову его́, — она́ была́ горяча́, как ого́нь, — и подложи́л свою́ ска́тку.

Но́чью сержа́нт стал бре́дить — вспомина́ть Полта́ву, Кла́шу, руга́ть како́го-то старшину́, — и Се́нька всю ночь меня́л ему холо́дную, мо́крую тря́пку на лбу. К утру́ бред прошёл, жар отпусти́л, и часа́ два сержа́нт спал споко́йно. Се́нька то́же вздремну́л.

То́лько у́тром заме́тил Се́нька, что у сержа́нта на груди́ Кра́сная Звезда́. На одно́м уголке́ эма́ль облупи́лась. «Тако́й моло́денький — и уже́ о́рден», — поду́мал Се́нька и побежа́л за за́втраком.

— За что э́то ты о́рден получи́л? — спроси́л пото́м Се́нька, кормя́ сержа́нта с ло́жечки.

— За что даю́т, за то и получи́л, — укло́нчиво отве́тил Никола́й, — сержа́нта зва́ли Никола́ем, — и облиза́л ло́жку.

— И давно́ получи́л?

— Давно́.

«Сме́лый, должно́ быть, — поду́мал Се́нька. — По мо́рде вида́ть, что сме́лый. А ведь тако́й ху́денький, хли́пкий».

По́сле за́втрака Никола́ю захоте́лось опра́виться,[9] и Се́нька бе́гал за су́дном, — оно́ бы́ло одно́ на весь санба́т, и на него́ была́ о́чередь, — и помога́л Никола́ю с ним сла́дить.

[9] to relieve himself

— Ты мирова́я[10] ня́ня, — сказа́л Никола́й, и Се́ньке э́то бы́ло ужа́сно прия́тно.

Когда́ Никола́я унесли́ на перевя́зку, Се́нька нарва́л све́жей травы́ и подложи́л под плащ-пала́тку, на кото́рой Никола́й лежа́л. А на обе́д вы́клянчил у по́вара ли́шний кусо́к мя́са, но у Никола́я не́ было аппети́та, и пришло́сь ему́ самому́ съесть.

— Аппети́тец у тебя́ — дай бог, — улыбну́лся Никола́й.

Се́нька смути́лся и отста́вил котело́к.

— А мне вот не ле́зет ничего́. Тошни́т чего́-то.

— Э́то от жа́ру.

— А вот пить . . . Ведро́ бы зара́з вы́пил.

— Дать? — спроси́л Се́нька и потяну́лся за кру́жкой.

— Дай.

Никола́й, мо́рщась от бо́ли, но с аппети́том вы́пил поллитро́вую кру́жку, отки́нулся на ска́тку и стал смотре́ть на голубо́й ослепи́тельный кусо́к не́ба, видне́вшийся в отве́рстие пала́тки.

Часа́м к трём, когда́ со́лнце ста́ло осо́бенно припека́ть, Никола́й попроси́л, что́бы его́ вы́несли на двор, — пала́тка накали́лась, и у него́ заболе́ла голова́. Се́нька вы́просил у лейтена́нта, лежа́вшего в углу́, плащ-пала́тку и растяну́л её так между куста́ми, что со́лнце совсе́м не меша́ло Никола́ю. Сам он пристро́ился ря́дом, отгоня́л лопухо́м от Никола́я мух, скру́чивал ему́ папиро́сы, — он дово́льно ло́вко научи́лся э́то де́лать руко́й и коле́ном, — и бе́гал на ку́хню прику́ривать.

Над голово́й вре́мя от вре́мени пролета́ли самолёты и бомби́ли большо́й кудря́вый лес киломе́трах в пяти́ отсю́да — там стоя́ла артилле́рия и кака́я-то кавалери́йская часть.

Так они́ лежа́ли — Се́нька на живо́те, Никола́й на спине́ — и говори́ли о «ю́нкерсах», об артилле́рии, о кавале́рии, о том, как пло́хо прихо́дится ей в э́ту войну́. Никола́й здо́рово разбира́лся во всех ви́дах самолётов, учи́л Се́ньку, как отлича́ть «ю́нкерс» от «хе́йнкеля» и «мессершми́тта-110», как на́до стреля́ть в самолёт, когда́ он ни́зко лети́т. Пото́м им надое́ло разгова́ривать, и они́ про́сто лежа́ли и смотре́ли на не́бо, следя́ за косяка́ми летя́щих бомбардиро́вщиков.

Подъе́хали две маши́ны с ра́неными. Их бы́стро разгрузи́ли под дере́вьями, а маши́ны загна́ли в кусты́. Опя́ть ста́ло пу́сто, то́лько часово́й у пала́тки ходи́л взад и вперёд, перекла́дывая винто́вку из руки́ в ру́ку.

[10] universal, excellent (*slang*)

— И чего́ э́то он всё хо́дит и хо́дит? — спроси́л вдруг Никола́й, смотря́ на часово́го. — На передово́й люде́й не хвата́ет, а он здесь торчи́т.

— Поло́жено так, должно́ быть, — укло́нчиво отве́тил Се́нька и стал вози́ться с плащ-пала́ткой. — Перетяну́ть, что ли, а то со́лнце захо́дит.

— Мо́жет, дезерти́ры тут с на́ми лежа́т? А? Как ты ду́маешь?

Се́нька ничего́ не отве́тил. Сто́я на коле́нях, он натя́гивал плащ-пала́тку.

— А ты зна́ешь, — помолча́в, сказа́л Никола́й, — по-мо́ему, тот, что ря́дом с тобо́й лежи́т, самостре́льщик. Вид у него́ како́й-то тако́й . . .

— Мо́жет быть, — неопределённо отве́тил Се́нька. — Тебе́ воды́ не принести́? — Се́нька встал. — Там, на ку́хне, све́жей, ка́жется, привезли́.

— Не стои́т, не хо́чется. А я вот с ни́ми бы не ца́цкался.[11] Ле́чат чего́-то их, во́зятся. Кому́ э́то на́до? Лю́ди там, — он кивну́л голово́й в ту сто́рону, где день и ночь громыха́ло, — из ко́жи вон ле́зут, де́ржат, а э́ти сво́лочи о шку́ре свое́й то́лько ду́мают . . . Постреля́л бы их всех к чёртовой ма́тери. Дай-ка я докурю́.

Се́нька протяну́л оку́рок.

— И, зна́ешь, — Никола́й с трудо́м поверну́л го́лову, чтоб уви́деть Се́ньку, — их сра́зу отличи́ть мо́жно. Мо́рды воро́тят, в глаза́ не смо́трят. Чу́вствуют вину́ свою́, га́ды, — он вдруг засмея́лся. — Вот у тебя́ то́же ле́вая ладо́нь — совсе́м самостре́льщик. Тебя́ чем э́то? Пу́лей или оско́лком?

— Пу́лей, — чуть слы́шно отве́тил Се́нька и побежа́л с котелко́м на ку́хню.

VI

Ве́чером пришёл прика́з переходи́ть на друго́е ме́сто. Вся ночь ушла́ на перее́зд. Се́нька сам устро́ил Никола́я в маши́не и е́хал всё вре́мя ря́дом, подде́рживая его́. Никола́й лежа́л у са́мой каби́ны, там ме́ньше трясло́. На уха́бах он кре́пко хвата́л Се́нькину ру́ку, но ни ра́зу не пи́кнул. Доро́га была́ отврати́тельная.

На но́вом ме́сте Никола́я с Се́нькой чуть не разлучи́ли. Се́нька до́лго бе́гал за ста́ршим врачо́м, команди́ром батальо́на, но те

[11] I should not mollycoddle (pamper) them.

да́же и слу́шать не хоте́ли, отма́хивались — дел и так по го́рло: маши́на с инструме́нтами застря́ла в доро́ге, а но́вые ра́неные ста́ли уже́ поступа́ть. То́лько под са́мое у́тро Се́нька договори́лся с каки́м-то фе́льдшером, и Никола́я положи́ли в Се́нькину пала́тку, хотя́ в ней, кро́ме него́ и Ахраме́ева, бы́ли то́лько «черепники́».[12]

Весь сле́дующий день они́ спа́ли.

Ве́чером пришёл ста́рший врач, гру́зный, с со́нными ма́ленькими глаза́ми армяни́н, посмотре́л на Се́нькину ру́ку, сказа́л, что неде́льки че́рез две выпи́сывать уже́ мо́жно, а Никола́я веле́л записа́ть в спи́сок для эвакуа́ции.

— Придётся поваля́ться, молодо́й челове́к. Бою́сь, как бы лёгкое не́ было заде́то.

Никола́й то́лько вздохну́л.

Но прошёл день, и ещё день, и ещё оди́н, а Никола́я всё не эваку́ировали. Маши́н бы́ло всего́ три — две полу́торки и одна трёхто́нка — и в пе́рвую о́чередь отправля́ли «живо́тиков»[13] и «черепнико́в». Ра́неных с ка́ждым днём станови́лось всё бо́льше и бо́льше. Фронт ме́дленно, но упо́рно дви́гался на восто́к. Кру́глые су́тки гуде́ла артилле́рия. Над передово́й висе́ла авиа́ция.

Дни стоя́ли жа́ркие. Одолева́ли му́хи. По вечера́м — комары́. Раскалённый во́здух дрожа́л над потре́скавшейся землёй. Се́рые от пы́ли ли́стья беспо́мощно висе́ли над голово́й. Ме́дленно ползло́ по бесцве́тному от жары́ и пы́ли не́бу лени́вое ию́льское со́лнце.

Се́ньку в пала́тке прозва́ли Никола́евым адъюта́нтом. Он ни на шаг не отходи́л от него́ — мыл, корми́л, пои́л, выноси́л су́дно. Спёр[14] на ку́хне большу́ю ме́дную кру́жку, чтоб у Никола́я всё вре́мя под рука́ми была́ холо́дная вода́, приноси́л отку́да-то ви́шни, уси́ленно пи́чкал где-то раздобы́тым стрептоци́дом, отдава́л свою́ по́рцию во́дки, говоря́, что не мо́жет в таку́ю жару́ пить, и Никола́й с трудо́м, мо́рщась, глота́л её, хотя́ ему́ то́же не хоте́лось, — про́сто чтоб не обижа́ть Се́ньку.

Никола́ю станови́лось лу́чше. Температу́ра упа́ла — вы́ше 37,5 — 37,6 не подыма́лась. По вечера́м, когда́ все в пала́тке засыпа́ли и то́лько наибо́лее тяжёлые воро́чались и стона́ли, Се́нька с Никола́ем до́лго болта́ли в своём углу́. Се́нька полюби́л э́ти вечера́.

12 "skull cases"
13 "stomach cases"
14 stole (*slang*)

Где-то над са́мой голово́й успокоительно стрекота́ли ночны́е «кукуру́зники»,[15] а они́ лежа́ли и перемигивались папиро́сами.

— Ты за лиси́цами охо́тился? — спра́шивал Се́нька.

— Нет, не охо́тился, — отвеча́л Никола́й.

— А за медведя́ми?

— И за медведя́ми не охо́тился.

— Приезжа́й тогда́ после войны́ ко мне. Я тебя́ научу́ охо́титься. У нас там горноста́и, куни́цы есть, а бе́лок . . .

И Се́нька со все́ми подро́бностями расска́зывал, как он с отцо́м на охо́ту в тайгу́ ходи́л на це́лую неде́лю, и как медве́дь чуть не оторва́л хвост Цыга́ну, и с тех пор шерсть из него́ ста́ла вылеза́ть и хвост совсе́м стал го́лый.

Никола́й слу́шал, иногда́ пока́шливая, пото́м спра́шивал:

— А за куку́шками ты охо́тился?

— Кто ж за ни́ми охо́тится? Кому́ они нужны́? — смея́лся Се́нька.

— А я вот охо́тился.

— Врёшь.

— Заче́м вру? Они́ там больши́е, жи́рные, пуда́ в три-четы́ре ве́сом.

— Где ж э́то таки́е куку́шки?

— В Финля́ндии таки́е куку́шки.

— А ты и в Финля́ндии был?

— Был. Кя́кисальми — слыха́л? Нет? Тем лу́чше. Я доброво́льцем тогда́ был. Вот э́ти два па́льца отморо́зил тогда́. И на ноге́, на ле́вой, четы́ре.

— Ты и о́рден там получи́л? — спроси́л Се́нька.

— Там . . .

Се́нька вы́ждал немно́го, ду́мая, что Никола́й ещё что-нибудь ска́жет, но Никола́й ничего́ не говори́л. Тогда́ Се́нька спроси́л:

— А за что ты его́ получи́л?

— Чуда́к ты, Се́нька. За что да за что. За войну́, коне́чно.

— Нет . . . За что и́менно?

— Чёрт его́ зна́ет. В разве́дку ходи́л. «Языка́» лови́л.

«Врёт, — поду́мал Се́нька, — наве́рное, танк подби́л или генера́ла в плен взял . . .»

Не́которое вре́мя они́ лежа́ли мо́лча, прислу́шиваясь к зво́ну

[15] low- flying aircraft

ночны́х кузне́чиков. По́лы пала́тки бы́ли припо́дняты, и над голова́ми ви́дны бы́ли звёзды. Где-то сверка́ли зарни́цы.

— Эх, Се́нька, Се́нька . . . — ти́хо сказа́л Никола́й. — Жаль, что не в одно́й ча́сти мы с тобо́й. Взял бы я тебя́ к себе́. Хоро́ший бы разве́дчик из тебя́ получи́лся. Раз охо́тник — зна́чит, и разве́дчик. Помкомвзво́дом[16] бы назна́чил.

— Я ка́рту не уме́ю чита́ть, — сказа́л Се́нька.

— Научи́лся бы. — Никола́й, помолча́в, вздохну́л. — А за́втра меня́ эвакуи́руют. Э́то уже́ то́чно. До́ктор сказа́л. В тыл повезу́т. Ты воева́ть бу́дешь, а я ме́сяца четы́ре бока́ отлёживать где́-нибудь в Челя́бинске, — и опя́ть помолча́л. — А до чего́ не хо́чется, Се́нька, е́сли бы ты знал . . .

Се́нька ничего́ не отве́тил.

Бо́льше всего́ в жи́зни ему́ хоте́лось сейча́с быть у Никола́я помкомвзво́дом. Ох, как бы он у него́ рабо́тал . . . И обяза́тельно бы сде́лал что́-нибудь о́чень геро́йское. Так, чтоб все о нём заговори́ли. И о́рден бы ему́ да́ли. И чтоб обяза́тельно геро́йский э́тот посту́пок на глаза́х у Никола́я бы́л сде́лан. И́ли нет, наоборо́т. Он придёт пото́м, после геро́йского посту́пка к Никола́ю, а на груди́ — о́рден. Всё равно́ како́й — Кра́сная Звезда́ или Кра́сное Зна́мя, — Кра́сное Зна́мя, коне́чно, лу́чше. И Никола́й спро́сит его́: «За что о́рден получи́л, Се́нька?» А он небре́жно так, заку́ривая, ска́жет: «За что даю́т, за то и получи́л». И ско́лько бы Никола́й ни допы́тывался, ни за что бы не сказа́л . . .

На сле́дующий день Никола́я то́же не эвакуи́ровали. Где-то разбомби́ли мост, и маши́ны ста́ли ходи́ть вкругову́ю. К тому́ же одна́ полома́лась, и рабо́тали тепе́рь то́лько две.

Це́лый день шёл дождь. Пала́тка была́ дыря́вая — посе́чена оско́лками, — и дождь то́ненькими стру́йками, то́чно душ, орoша́л бойцо́в. Но никто́ не ворча́л — уж бо́льно жара́ надое́ла.

— Да и ребя́та на передово́й отдохну́т ма́лость, — смея́лись ра́неные, — ме́ньше бу́дут го́ловы кве́рху задира́ть.

Се́нька доста́л в сосе́дней пала́тке потрёпанную, без нача́ла и конца́ кни́жечку — пьесу Го́голя «Жени́тьба» — и, водя́ па́льцами по стро́чкам, чита́л вслух. И хотя́ чита́л он ме́дленно, запина́ясь — меша́ли каки́е-то незнако́мые бу́квы, всем о́чень нра́вилось, и смея́лись дру́жно и ве́село.

[16] assistant platoon leader (for *помощник командира взвода*)

Как раз когда́ Се́нька дошёл до того́ ме́ста, где Подколёсин в окно́ вы́скочил, в пала́тку вошёл красноарме́ец.

— Тебе́ чего́? — стро́го спроси́л Се́нька, не отрыва́я па́льца от кни́ги, чтоб не потеря́ть ме́ста. — Ви́дишь, за́няты лю́ди.

Красноарме́ец равноду́шно посмотре́л на Се́ньку, прислони́л винто́вку к подпира́вшему пала́тку шесту́ и стал иска́ть что-то в карма́не.

— Ну, до́лго иска́ть бу́дешь?

Красноарме́ец нашёл наконе́ц ну́жную бума́жку и таки́м же равноду́шным, как и глаза́ его́, го́лосом сказа́л:

— Самостре́льщики тут кото́рые? На двор выходи́. Сле́дователь вызыва́ет . . .

У Се́ньки запры́гали бу́квы перед глаза́ми. Он да́же не расслы́шал, как произнесли́ его́ фами́лию. Он встал и, ни на кого не гля́дя, вы́шел из пала́тки.

Пото́м он стоя́л перед каки́м-то лейтена́нтом с у́сиками. Лейтена́нт что-то спра́шивал. Се́нька отвеча́л. Пото́м лейтена́нт веле́л ему́ сесть. Он сел и стал вырыва́ть из бинта́ бе́лые ни́точки одну́ за друго́й. Го́лос у лейтена́нта был ти́хий и споко́йный, но говори́л он о́чень по-городско́му, и Се́нька не всё понима́л. Слова́ лейтена́нта как-то не заде́рживались в нём, проходи́ли наскво́зь. Он сиде́л на траве́, поджа́в по-туре́цки но́ги, смотре́л на кру́глое, ро́зовое, чи́сто вы́бритое лицо́ лейтена́нта, на то́ненькие, как две ни́точки, у́сики и ждал, когда́ ему́ разреша́т уйти́. И когда́ лейтена́нт встал и стал застёгивать планше́тку, Се́нька по́нял, что разгово́р ко́нчился, что ему́ мо́жно идти́, и то́же встал.

В пала́тку он не вошёл. Он лёг на траву́ под расще́пленным ду́бом и пролежа́л там до са́мого ве́чера. Не́сколько раз подходи́л к нему́ Ахраме́ев. Се́нька де́лал вид, что спит. В после́дний раз Ахраме́ев пришёл и усе́лся ря́дом. Се́нька лежа́л с закры́тыми глаза́ми, слу́шая, как во́зится и покря́хтывает ря́дом Ахраме́ев, пото́м поверну́лся и посмотре́л ему́ пря́мо в глаза́.

— Чего́ тебе́ на́до от меня́?

Ахраме́ев пожева́л губа́ми и кри́во улыбну́лся.

— Как чего́? Вре́мя наста́ло . . .

— Како́е вре́мя?

Ахраме́ев опя́ть кри́во усмехну́лся.

— Како́е вре́мя . . . Дра́пать[17] вре́мя . . . Часа́ че́рез два стем-

[17] to escape (*slang*)

не́ет . . . А тут село́ в трёх киломе́трах. Найдём ду́ру каку́ю-ни́будь — и . . .

Се́нька почу́вствовал, как лицо́, у́ши, ше́я его́ залива́ются кро́вью.

— Иди́ ты к . . . — и сжал кула́к.

Ахраме́ев что-то ещё хоте́л сказа́ть, но запну́лся, и́скоса как-то посмотре́л на Се́ньку, встал и, стряхну́в с коле́н зе́млю, бы́стро зашага́л к пала́тке. Се́нька переверну́лся на живо́т и уткну́лся лицо́м в со́гнутые ру́ки.

Когда́ совсе́м стемне́ло, Се́нька верну́лся в пала́тку. Он до́лго стоя́л у вхо́да, прислу́шиваясь, что де́лается внутри́. Пото́м вошёл. Никола́й уже́ спал, закры́вшись шине́лью. Се́нька принёс све́жей воды́ из ку́хни, лёг на свою́ соло́му и всю ночь пролежа́л с откры́тыми глаза́ми. Под у́тро он всё-таки засну́л.

Просну́лся по́здно, когда́ все уже́ поза́втракали. У изголо́вья стоя́л котело́к ка́ши, Никола́й лежа́л и смотре́л куда́-то вверх. Се́нька встал. Никола́й да́же не пошевельну́лся. Се́нька вы́шел и принёс чай. Пото́м ти́хо спроси́л Никола́я:

— Ку́шать бу́дешь?

Никола́й ничего́ не отве́тил. Лежа́л и смотре́л вверх.

Це́лый день Се́нька пролежа́л под ду́бом. Когда́ верну́лся, Никола́я уже́ не́ было. На его́ ме́сте лежа́л друго́й. Котело́к с осты́вшей ка́шей, нетро́нутый, стоя́л на пре́жнем ме́сте.

VII

До сих пор в пала́тке не зна́ли, что Се́нька самостре́льщик. То ли часовы́е об э́том никому́ не говори́ли, то ли откры́тое, ясногла́зое, с ре́дкими о́спинками лицо́ его́ не внуша́ло подозре́ния, то ли про́сто ка́ждый за́нят был сами́м собо́й и свои́ми ра́нами, — в пала́тке бы́ли в большинстве́ тяжело́ ра́ненные, — но то́лько никто́ ничего́ не знал. И да́же сейча́с, когда та́йна его́ раскры́лась, нельзя́ бы́ло сказа́ть, что́бы обита́тели пала́тки обижа́ли его́ или ка́к-нибудь по-осо́бенному относи́лись к нему́. Нет, э́того не́ было. Но что́-то неулови́мое, кака́я-то неви́димая стена́ вы́росла ме́жду Се́нькой и окружа́ющими. На вопро́сы его́ отвеча́ли сде́ржанно и кра́тко. Са́ми в разгово́р не вступа́ли. Ра́ньше по вечера́м бо́йцы проси́ли, чтоб он спел что́-нибудь — у него́ был неси́льный, но чи́стый, прия́тный го́лос, — и он пел им негро́мко, чтобы не меша́ть осо́бо тяжёлым, ста́рые ру́сские пе́сни, кото́рым оте́ц учи́л его́. Сейча́с его́ не проси́ли уже́.

А как-то раз до́лго иска́ли нож, чтоб наре́зать хлеб, и хотя́ все зна́ли, что у Се́ньки есть замеча́тельный охо́тничий нож с костяно́й ру́чкой в пупы́рышках, никто́ у него́ не попроси́л, а взя́ли у часово́го.

И Се́нька мо́лча лежа́л в своём углу́, смотре́л на по́лзающих по паруси́новым стена́м мух и прислу́шивался к всё бо́лее приближа́ющейся артиллери́йской канона́де. При́бывшие ра́неные говори́ли, что не́мец бу́дто где́-то прорва́лся.

Ве́чером неме́цкий «кукуру́зник» сбро́сил на ро́щу не́сколько «трещо́ток».[10] Ра́неные ста́ли выполза́ть из пала́тки. Се́нька не шелохну́лся.

Всю ночь ми́мо ро́щи тяну́лась по доро́ге артилле́рия. Снача́ла тяжёлая на тра́кторах, пото́м поме́ньше, но то́же тяжёлая. Се́нька лежа́л на животе́ и смотре́л из-под завёрнутой полы́ пала́тки, как ползу́т, громыха́я, по доро́ге пу́шки, плету́тся одна́ за друго́й подво́ды. Пехо́ты не́ было. Шла артилле́рия. Всю ночь шла.

К утру́ кака́я-то часть заверну́ла в ро́щу. Комба́т и ста́рший врач, по́тные и злы́е, бе́гали взад и вперёд, руга́лись с артиллери́стами. Но артиллери́сты не слу́шали их и расставля́ли свои́ пу́шки вокру́г пала́ток, забра́сывая их ве́тками. Артиллери́сты то́же бы́ли по́тные и злы́е, голоса́ бы́ли у них хри́плые.

Це́лый день где́-то совсе́м недалеко́ стреля́ли пу́шки. Неме́цкие самолёты бомби́ли доро́ги и леса́. По доро́ге шли ра́неные. И уже́ не одино́чками, а гру́ппами — по два, по три, пять челове́к. Не́которые заходи́ли в ро́щу — на доро́ге стоя́л указа́тель с кра́сным кресто́м, — други́е шли да́льше, гря́зные, обо́рванные, с волоча́щимися по земле́ винто́вками.

К ве́черу медсанба́т стал свора́чиваться. Сня́ли пала́тки и сложи́ли их на опу́шке. Отку́да-то прие́хали больши́е, кры́тые брезе́нтом маши́ны.

Се́нька взял свою́ ска́тку, котело́к и, сто́я у доро́ги, смотре́л, как укла́дывают я́щики в маши́ну. Артиллери́сты одну́ за друго́й вытя́гивали свои́ пу́шки на доро́гу.

Кто-то с большо́й су́мкой на боку́ — ка́жется, фе́льдшер из тре́тьей пала́тки — пробежа́л ми́мо Се́ньки.

— А ты чего́, краса́вец, стои́шь? Дава́й к большо́му ду́бу.

[18] incendiary bombs

— А там что?

Фе́льдшер кри́кнул что-то непоня́тное и побежа́л да́льше.

Се́нька пошёл к большо́му ду́бу. Там стоя́ла шере́нга челове́к в два́дцать красноарме́йцев, и ни́зенький майо́р в вы́цветшей солда́тской пило́тке и с большо́й ры́жей, наби́той бума́гами полево́й су́мкой на боку́ говори́л им что-то.

— На ле́вый фланг . . . На ле́вый фланг, — замаха́л он руко́й Се́ньке, напра́вившемуся бы́ло к нему́.

Се́нька стал на ле́вый фланг, ря́дом с долговя́зым, длинноу́сым бойцо́м. Голова́ у бойца́ была́ перевя́зана. Все стоя́вшие в шере́нге бы́ли легко́ ра́ненные: у кого́ рука́, у кого́ голова́, ше́я.

Майо́р прошёл вдоль стро́я и записа́л в ма́ленькую кни́жечку фами́лию и и́мя ка́ждого и из како́й кто ча́сти. После́дним он записа́л Се́ньку и су́нул кни́жечку в карма́н.

— Заче́м э́то он запи́сывает? — спроси́л Се́нька длинноу́сого.

Тот осмотре́л его́ с ног до головы́.

— Пе́рвый день, что ли, в а́рмии? Не зна́ешь, заче́м запи́сывают?

«Неуже́ли конча́ть[19] уже бу́дут?» — поду́мал Се́нька, и что-то тоскли́вое подступи́ло к се́рдцу. Больша́я, забры́зганная гря́зью маши́на, фы́ркая, вы́ползла из кусто́в и останови́лась под ду́бом. Все на́чали залеза́ть в неё. Се́нька то́же влез.

Майо́р вы́глянул из каби́ны и спроси́л:

— Все?

— Все . . . — отве́тило сра́зу не́сколько голосо́в из ку́зова.

— Пое́хали . . . — Майо́р хло́пнул две́рцей.

Маши́на тро́нулась.

— Куда́ э́то нас везу́т? — спроси́л Се́нька кого́-то, сидя́щего ря́дом на борту́, — ста́ло совсе́м уже́ темно́, и ли́ца преврати́лись в бе́лые расплы́вчатые пя́тна.

— На передову́ю, куда́ ж . . . — ко́ротко отве́тил совсе́м молодо́й го́лос.

— На передову́ю? — Се́нька почу́вствовал, как всё в нём за́мерло.

— Не слыха́л, что ль, что майо́р говори́л? В полк там како́й-то. Пополне́ние. Всех ходя́чих . . .

Се́нька схвати́л сосе́да за́ руку. У того́ да́же хру́стнуло что-то.

— Врёшь . . .

Сосе́д вы́ругался и попыта́лся отодви́нуться.

[19] to liquidate

— Пья́ный, что ли? На людей броса́ешься . . .

Се́нька ничего́ не отве́тил. Он уви́дел вдруг над собо́й не́бо, стра́шно большо́е и высо́кое, уви́дел звёзды, мно́го-мно́го звёзд, совсе́м таки́х же, как до́ма, на Енисе́е, и ему́ вдруг стра́шно захоте́лось рассказа́ть кому́-нибудь, как хорошо́ у них там, на Енисе́е, гора́здо лу́чше, чем здесь, как проснёшься иногда́ у́тром и две́ри нару́жу не откро́ешь — всё сне́гом замело́ . . .

Он ткнул сосе́да в бок.

— Ты отку́да сам?

— Чего́? — не расслы́шал сосе́д.

— Сам отку́да — спра́шиваю.

— Вороне́жский. А что?

— Да ничего́. Про́сто так . . . А я вот из Сиби́ри, с Енисе́я . . . — он сде́лал па́узу, ожида́я, что сосе́д что́-нибудь ска́жет, но тот молча́л, держа́сь обе́ими рука́ми за борт. — Река́ така́я есть — Енисе́й. Не слыха́л? Весно́й разольётся — друго́го бе́рега не ви́дно, совсе́м мо́ре. А когда́ лёд тро́гается, вот красота́. Тут небо́сь и ре́ки не замерза́ют во́все . . .

Бое́ц ничего́ не отве́тил. Маши́на кру́то поверну́ла, и все навали́лись на пра́вый бок. Се́нька плотне́е надви́нул пило́тку, чтоб не снесло́, расстегну́л гимнастёрку и вдохну́л по́лной гру́дью све́жий, напоённый за́пахом мёда ночно́й во́здух.

— Холодо́к, хорошо́ . . .

— Че́рез час согре́ешься, — мра́чно бу́ркнул сосе́д и отверну́лся.

Маши́на приба́вила ско́рость.

Они́ е́хали среди́ высо́ких нетко́шенных хлебо́в, свора́чивая то впра́во, то вле́во, че́рез разру́шенные сёла, че́рез ро́щи и лесо́чки, наклоня́я го́ловы, чтоб ве́тки не би́ли по лицу́. Ве́тер свисте́л в уша́х, и где-то впереди́, то́чно зарни́цы, вспы́хивали кра́сные за́рева и ме́дленно всплыва́ли вверх, и зате́м па́дали ослепи́тельно я́ркие раке́ты.

Пото́м они́ до́лго сиде́ли у сте́нки како́го-то полуразру́шенного сара́я, и где-то совсе́м ря́дом строчи́л пулемёт и рвали́сь ми́ны, и кури́ть им стро́го-на́строго запрети́ли, а немно́го погодя́ пришли́ каки́е-то дво́е и разда́ли им винто́вки и грана́ты.

Се́нька винто́вки не взял, то́лько грана́ты — шесть «лимо́нок» и две «РГД». Расты́кал по карма́нам и пове́сил на по́яс.

Пото́м повели́ куда́-то че́рез огоро́ды к ре́чке. Посади́ли в транше́и. В транше́е бы́ло пу́сто. Э́то бы́ли ста́рые транше́и, они успе́ли уже́ обвали́ться и заросли́ траво́й.

«На той стороне́, ве́рно, не́мцы», — поду́мал Се́нька и спроси́л у сержа́нта, кото́рый их вёл, не́мцы ли на той стороне́.

— Не́мцы, не́мцы, а то кто ж. Вчера́ мы там бы́ли, а сего́дня не́мцы. Вот сиди́те и не пуска́йте их сюда́. Поня́тно?

И Се́нька сиде́л и смотре́л на тот бе́рег и щу́пал грана́ты в карма́не, а пото́м вы́нул и разложи́л их все пе́ред собо́й.

В груди́ его́ что-то дрожа́ло, он ду́мал о Никола́е, и ему́ хоте́лось обня́ть его́ изо всех сил и сказа́ть, что сего́дня что-то произойдёт. Что и́менно, он и сам ещё не знал, но что-то о́чень, о́чень ва́жное . . .

VIII

Под у́тро на той стороне́ реки́ что-то заурча́ло, бу́дто тра́кторы е́хали. Но бы́ло темно́, и ничего́ нельзя́ бы́ло разобра́ть. Пото́м переста́ло. Заква́кали лягу́шки. Вы́ползла луна́. Где-то сза́ди, в транше́е, послы́шался разгово́р. Дво́е команди́ров подошли́ к Се́ньке. Оди́н хрома́л и опира́лся на па́лочку.

— Како́й ро́ты, бое́ц?

— А мы не с рот . . . Мы с медсанба́та, — отве́тил Се́нька и вы́тянул ру́ки по швам.

— А-а-а . . . — неопределённо протяну́л хромо́й и, помолча́в, спроси́л. — Та́нки где гуде́ли?

«Зна́чит, та́нки, а во́все не тра́кторы». — Се́нька указа́л руко́й в ту сто́рону, отку́да доноси́лся звук.

— К мосту́ прут, сво́лочи, — сказа́л хромо́й.

Друго́й команди́р вы́ругался. У него́ был хри́плый, просту́женный го́лос.

— А куда́ ж? Коне́чно, к мосту́.

За реко́й опя́ть заурча́ло. Снача́ла ти́хо, пото́м гро́мче и гро́мче. Хромо́й облокоти́лся о бруствéр и приложи́л ру́ку к у́ху.

— Штук де́сять, ника́к не ме́ньше.

— Часа́ че́рез три рассветёт.

— Часа́ че́рез три, а то и ра́ньше.

— Ч-чёрт . . .

— Синя́вский что — уби́т?

— Уби́т.

— А Кру́тиков?

— И Кру́тиков . . . Эх, был бы Кру́тиков . . . К са́мому та́нку бы подпо́лз и на мосту́ бы подорва́л.

— И буты́лки ни одно́й со сме́сью?

— Бу́дто не зна́ешь . . .

Они помолча́ли.

— Пройдём во втору́ю . . . к Раго́зину.

Они́ ушли́.

Се́нька проводи́л их глаза́ми — не́которое вре́мя ещё бы́ло ви́дно, как мелька́ли их го́ловы над транше́ей, — и облокоти́лся о бруствéр. Луна́ взошла́ уже́ высоко́, и на той стороне́ был ви́ден ка́ждый до́мик. Они́ смешно́ лепи́лись по са́мому отко́су — бе́рег был круто́й. Чуть левée видне́лась це́рковь. Из густо́й зе́лени выгля́дывала то́лько ма́ковка с кресто́м. Правéе, вверх по тече́нию, че́рез ре́ку тяну́лось что-то чёрное и пло́ское — должно́ быть, мост. Из-за до́миков то тут, то там, осыпа́ясь золоты́м дождём, взвива́лись вверх раке́ты и, освети́в, как днём, бе́лые до́мики и ку́пы дерéвьев над реко́й, шипя́, га́сли в камыша́х. Лени́во строчи́ли пулемёты. Кра́сные и зелёные то́чки, догоня́я и перегоня́я друг дру́га, теря́лись где-то на э́той стороне́. Иногда́ о́коло це́ркви начина́л щёлкать миномёт, а пото́м отку́да-то сза́ди доноси́лись разры́вы мин. С на́шей стороны́ никто́ не отвеча́л.

Оди́н раз, когда́ взлете́ла раке́та, Се́нька увида́л трёх челове́к, бегу́щих к реке́, и по́нял, что э́то и есть не́мцы. Он чуть-чуть не бро́сил в них грана́ту, но во́время спохвати́лся — ре́чка была́ широ́кая, ме́тров во́семьдесят, ника́к не ме́ньше.

Опя́ть послы́шались чьи-то шаги́ по транше́е. Се́нька оберну́лся. Те же дво́е, что проходи́ли неда́вно.

— Ну как? — спроси́л оди́н из них, остана́вливаясь о́коло Се́ньки.

— Да ничего́. Стреля́ют помале́ньку, това́рищ . . . — Се́нька запну́лся, не зна́я, как обрати́ться.

— Лейтена́нт, — доконч́ил за него́ команди́р и спроси́л, нет ли у него́ спи́чек.

— «Катю́ша» то́лько, — отве́тил Се́нька.

— Дава́й «Катю́шу».

Се́нька поры́лся в карма́не, вы́тащил дли́нный, с полме́тра, фити́ль, кре́мень, металли́ческую пласти́нку для высека́ния огня́ — всё аккура́тно завёрнутое в тря́почку — и протяну́л лейтена́нту.

— Мы здесь ря́дом бу́дем, — сказа́л лейтена́нт и прошёл немно́го да́льше по транше́е.

Се́нька опя́ть облокоти́лся о бруствéр и стал смотре́ть на противополо́жный бе́рег. Слы́шно бы́ло, как команди́ры до́лго высека́ли ого́нь — очеви́дно, не зажига́лся фити́ль, — пото́м оди́н из них спроси́л, кото́рый час.

— Три́дцать пять второ́го.

Помолча́ли.

— На́до реше́ние принима́ть, Ле́нька . . . Через ча́с бу́дет по́здно . . .

— На́до . . .

— Кого́ ж посла́ть? У меня́ три челове́ка всего́. Два из них ра́неные, а Степа́нов . . . да что о нём говори́ть . . .

— А грана́т ско́лько?

— Грана́т хва́тит. С га́ком хва́тит.[20] Я́щиков пять. Да броса́ть их на́до уме́ючи . . . Не́ту Кру́тикова. А Степа́нов то́лько по́лные штаны́ наде́лает.[21]

— А медсанба́товские?

— Что медсанба́товские . . . Одни́ кале́ки. С них спроси́ть-то не спро́сишь. Подведу́т то́лько.

Они́ до́лго молча́ли. Бы́ло ви́дно то́лько, как вспы́хивают папиро́сы. Пото́м тот, кото́рого зва́ли Ле́нька, сказа́л:

— Зна́чит . . . кому́-то из нас. И́ли мне, или тебе́.

— Куда́ тебе́. С ного́й-то . . .

— Не нога́ми же кида́ть. Ру́ки здоро́вые. А ты ле́вой и на де́сять ме́тров не ки́нешь.

— Ки́ну и́ли не ки́ну — друго́й вопро́с, через ча́с та́нки уже́ здесь бу́дут.

И в подтвержде́ние его́ слов за реко́й опя́ть заурча́ло.

Се́нька при́стально посмотре́л в ту сто́рону, где урча́ло, ничего́ не уви́дел, собра́л с брустве́ра грана́ты, подтяну́л поту́же реме́нь, распра́вил скла́дки спе́реди, наде́л ска́тку че́рез плечо́ и, засо́вывая грана́ты в карма́н, подошёл к команди́рам.

Где-то вдалеке́ пропе́л пету́х.

Пе́рвый танк неуве́ренно как-то вы́лез из-за полуобвали́вшейся ха́ты и, то́чно поколеба́вшись, идти́ да́льше или не идти́, ме́дленно, перева́ливаясь с бо́ку на́ бок, попо́лз к мосту́. По нему́ никто́ не стреля́л. Пу́шек в полку́ уже́ не́ было.

Танк ме́дленно подпо́лз к мосту́. Останови́лся. Сде́лал три вы́стрела, — снаря́ды разорвали́сь где-то совсе́м недалеко́, за спино́й у Се́ньки, — и пошёл по насти́лу. Из-за ха́ты появи́лся друго́й танк.

[20] more than enough
[21] defecate in his pants (*vulgar*)

Се́нька взял свя́зку грана́т и взвёл центра́льную. Три други́е свя́зки лежа́ли ря́дом на траве́.

Танк ме́дленно полз, громыха́я гу́сеницами. Он был се́рый, и на боку́ у него́ был чёрный крест, обве́денный бе́лой кра́ской. Ря́дом с кресто́м я́рко-кра́сным пятно́м выделя́лся како́й-то нарисо́ванный зверь с за́дранными ла́пами.

«Совсе́м как на карти́нке, — вспо́мнил Се́нька изображе́ние та́нка, кото́рое ему́ пока́зывали в землянке. — Вот там ба́ки с горю́чим, там мото́р . . . Пе́рвую, зна́чит, под гу́сеницы, втору́ю в ба́ки, а да́льше . . .»

Се́нька стал на одно́ коле́но. Друго́й ного́й упёрся в како́й-то ко́рень. Меша́ли ве́тки куста́рника. Се́нька осторо́жно облома́л их, пото́м взял свя́зку грана́т и прове́рил взвод.

Танк полз по́ мосту. Мост изгиба́лся под ним, и, е́сли б не гро́хот гу́сениц, вероя́тно, бы́ло бы слы́шно, как он скрипи́т.

Танк прое́хал три пролёта. Оста́лось ещё два. Сза́ди на мост въезжа́л уже́ друго́й. Тре́тий полз по бе́регу.

Се́нька посмотре́л на не́бо — оно́ бы́ло чи́стое-чи́стое, без еди́ного о́блачка, — на бе́рег, на кусты́, на ослепи́тельно жёлтый песо́к у воды́, сти́снул зу́бы, размахну́лся как мо́жно сильне́е и бро́сил свя́зку пря́мо под гу́сеницы. Пото́м втору́ю. Пото́м встал во весь рост и бро́сил тре́тью.

Гига́нтский клубо́к пла́мени взметну́лся к не́бу.

С того́ бе́рега застрочи́л пулемёт.

Се́нька припа́л к земле́, нащу́пал руко́й четвёртую свя́зку, взвёл её и то́же бро́сил. Она́ не долете́ла до моста́, попа́ла в во́ду. Грома́дный фонта́н воды́ взвился́ к не́бу, и под Се́нькой задрожа́ла земля́.

Танк горе́л, пуска́я клубы́ густо́го, чёрного как са́жа ды́ма. Каки́е-то лю́ди бежа́ли по́ мосту в обра́тную сто́рону. Второ́й танк пя́тился наза́д.

Се́нька надви́нул на бро́ви пило́тку и, согну́вшись, побежа́л к видне́вшемуся сквозь со́сенки бе́лому до́мику.

Когда́ он подбега́л уже́ к са́мому до́мику, сза́ди что́-то оглуши́тельно гро́хнуло. Се́нька на бегу́ оберну́лся. Два пролёта моста́ охва́чены бы́ли огнём.

Та́нка бо́льше не́ было ви́дно.

Клубя́щийся чёрный столб ды́ма ме́дленно располза́лся по ослепи́тельно голубо́му не́бу.

1950

Vasily Aksyonov

DURING the period of de-Stalinization or the Thaw, roughly from 1954 to 1958, literature in Russia became much more interesting than it had been for the previous 15 or 20 years, but it still remained largely the same in many respects. It was still rather conservative and dull as far as its artistic side was concerned. Previously disapproved themes were now being discussed; new ideas were put forth concerning what is wrong and what is right in Soviet life; but the language, the method of narration, the writer's vision, and most of the artistic means continued to be unoriginal and conventional.

Vasily Aksyonov (born in 1932) is one of the writers who broke with this monotony. He is a young author who has spoken out with a new voice. A doctor by training, he devoted himself to writing after four years of medical practice—not a new thing in the history of Russian literature: Chekhov similarly replaced medicine with literature as his profession. He has written three short novels, each of which caused a great stir: *The Colleagues* (1960), *The Starry Ticket* (1961), and *Oranges from Morocco* (1963). In all of them, the protagonists are young people—students, boys and girls choosing careers or just finishing university education. The conflict (sometimes gulf) between the generations became in the 1950s and 60s one of the cardinal issues of Soviet life. It is of central concern to Aksyonov. His young people are not at all the stereotyped plaster saints or soot-black villains of conventional Stalinist fiction. They are irreverent, cynical, critical; they think for themselves; often they are at loose ends. They seek for themselves both a place in society and an ideology to live by—a set of principles to which they could really sincerely subscribe, and by which they could direct their behavior. Much in Soviet life seems unacceptable to them; they are unable to take seriously some of the big slogans that the previous generation of the "Fathers" followed. In the end, the young people may turn out to be as brave and loyal as anyone could possibly desire, but they behave as they do without recourse to idealistic stereotypes, and only after much soul-searching.

The Starry Ticket, the work through which Aksyonov became widely known in Russia, presents a group of young people who go to the Baltic shore and become involved in having fun, in love affairs, and in odd jobs. They do not have any proper, serious, "Soviet" goals in mind. Prospectors for oil, fishermen, and Moscow students are the heroes of *Oranges from Morocco*. The special Aksyonov touch is imparted to this novelette, as it is to the story in this volume, by his language. The characters (and occasionally also the narrator) use slang. Their comments are full of wit and jocular allusions to current slogans. As a result of this linguistic originality, as well as of the provocative unorthodoxy of some of the incidents narrated (references to thefts, bad feeling between national groups, love affairs, the modishness of Polish films, admiration for modernistic art, dislike for school teachers), Aksyonov's works are among the liveliest published in Russia today.

Half way to the Moon (published in *Novy Mir*, 1962) has been considered by some critics to be influenced by Salinger (whom Aksyonov has stated he admires—along with Hemingway and Babel). The story mixes masterful social observation (e.g., the swaggering truck driver's language and reactions to people of superior social and educational background) with fantasy. It illustrates Aksyonov's subtle ear for how people of various occupations talk, and combines whimsy with wistfulness, humor with serious undertones, frivolity with earnestness. Here we have a prose writer who is a novelist of manners as well as a creator of characters and dashing plots.

In answer to a questionnaire, Aksyonov wrote: "The writer must, without forgetting the educational significance of literature, fear as the plague didacticism and preachy schemes. . . . I consider one of the most serious problems of today to be the overcoming of the inertia of the cult of personality in the life of society and in the heart of man."

Васи́лий Па́влович Аксёнов

НА ПОЛПУТИ́ К ЛУНЕ́

— Мо́жет, вам ко́фе принести́?

— Мо́жно.

— По-восто́чному?

— А?

— Ко́фе по-восто́чному, — торжеству́юще пропе́ла официа́нтка и поплыла́ по прохо́ду.

«Ерунда́, ба́ба как ба́ба», — успока́ивал себя́ Кирпиче́нко, гля́дя ей вслед.

«Ерунда́, — ду́мал он, мо́рщась от головно́й бо́ли, — оста́лось пятьдеся́т мину́т. Сейча́с объя́вят поса́дку — и знать тебя́ не зна́ли в э́том го́роде. Го́род, то́же мне.[1] Го́род-городо́к. Не Москва́. Мо́жет, кому́ он и нра́вится, мне ли́чно не то, чтобы о́чень. Ну его![2] Мо́жет, в друго́й раз он мне понра́вится».

Вчера́ бы́ло си́льно вы́пито. Не то, что́бы уж пря́мо «в лоскуты́», но кре́пко. Вчера́, позавчера́ и тре́тьего дня. Всё из-за э́того га́да Ба́нина и его дража́йшей сестру́хи.[3] Ну и расколо́ли[4] они́ тебя́ на твои́ трудовы́е рубли́!

Ба́нина Кирпиче́нко встре́тил тре́тьего дня на аэродро́ме в Ю́жном. Он да́же не знал, что у них отпуска́ совпада́ют. Вообще́ ему́ ма́ло бы́ло де́ла до Ба́нина. В леспромхо́зе всё вре́мя носи́лись с ним, всё вре́мя крича́ли: «Ба́нин, Ба́нин! Равня́йтесь на Ба́нина!» — но Вале́рий Кирпиче́нко не обраща́л на него́ осо́бого внима́ния. Поня́тно, фами́лию э́ту знал и ли́чность была́ знако́мая — эле́ктрик Ба́нин, но в о́бщем и це́лом челове́к э́то был незаме́тный, несмотря́ на весь шум, кото́рый вокру́г него́ поднима́ли по пра́здникам.

«Вот так Ба́нин! Ну и ну, вот тебе́ и Ба́нин».

В леспромхо́зе бы́ли ребя́та, кото́рые рабо́тали не ху́же Ба́нина, а

[1] some town!
[2] To hell with it!
[3] sister (*slang*)
[4] caused great expense (*slang*)

мо́жет быть, и дава́ли ему фо́ру[5] по всем статья́м, но ведь у нача́льства всегда́ так: как наце́лятся на одного́ челове́ка, так и пля́шут вокру́г него́, таки́м ребя́там зави́довать не́чего, жале́ть на́до их. В Баю́клах был тако́й Сини́цын, тоже на мотово́зе[6] рабо́тал, как и Кирпиче́нко. Облюбова́ли его́ корреспонде́нты, шум подня́ли стра́шный. Па́рень снача́ла вы́резки из газе́т собира́л, а пото́м не вы́держал и в Оху́ смота́лся. Но Ба́нин ничего́, выде́рживал. Чи́стенький тако́й ходи́л, шу́стрый. В поря́дке тако́й мужичо́к, не ви́дно его́ и не слы́шно. В про́шлом году́ весно́й привезли́ на рыбокомбина́т две́сти неве́ст с материка́ — сезо́нниц по рыборазде́лке. Собрали́сь ребя́та к ним в го́сти, ле́зут в маши́ну, ору́т, шумя́т . . . Смо́трят: в ку́зове в углу́ Ба́нин сиди́т, ти́хий тако́й, не ви́дно его́ и не слы́шно.

«Ну, Ба́нин . . .»

На аэродро́ме в Ю́жном Ба́нин бро́сился к Кирпиче́нко, как к лу́чшему дру́гу. Пря́мо захлёбываясь от ра́дости, он вопи́л, что стра́шно рад, что в Хаба́ровске у него́ сестру́ха, а у неё подру́жки — мировы́е де́вочки.[7] Он стал распи́сывать всё э́то де́ло подро́бно, и у Кирпиче́нко потемне́ло в глаза́х. По́сле отъе́зда неве́ст из рыбокомбина́та за всю зи́му Вале́рий ви́дел то́лько двух же́нщин, точне́е двух пожилы́х крокоди́лов — та́бельщицу и повари́ху.

«Ах ты, Ба́нин, Ба́нин . . .»

В самолёте он всё крича́л лётчикам:

— Эй, пило́ты, подбро́сьте уголька́!

Пря́мо узна́ть его́ бы́ло нельзя́, тако́й сати́рик . . .

«Ма́ло я тебе́ подки́нул, Ба́нин!»

Дом, в кото́ром жила́ ба́нинская сестру́ха, чуть высо́вывался из-за сугро́ба. Горба́тую э́ту у́лицу, ви́дно, чи́стили специа́льные маши́ны, а отва́лы сне́га не́ были вы́везены и почти́ скрыва́ли от глаз ма́ленькие до́мики. До́мики лежа́ли сло́вно в транше́е. В скрипу́чем моро́зном во́здухе стоя́ли над тру́бами голубы́е дымки́, ко́со торча́ли анте́нны и шесты́ со скворе́чниками. Э́то была́ соверше́нно дереве́нская у́лица. Тру́дно бы́ло да́же пове́рить, что на холме́ по проспе́кту хо́дит тролле́йбус.

Кирпиче́нко немно́го ошале́л ещё в аэропорту́, когда́ уви́дел дли́нный ряд маши́н с зелёными огонька́ми и стекля́нную сте́ну

[5] outdid him (*colloquial*)
[6] tractor
[7] excellent girls (*slang*)

рестора́на, сквозь моро́зные узо́ры кото́рой просве́чивал чи́нный джаз. В гастроно́ме на гла́вной у́лице он совсе́м распоя́сался. Он выта́скивал зелёные полусо́тенные бума́жки, хохоча́, запи́хивал в карма́ны буты́лки, сгреба́л в оха́пку ба́нки консе́рвов. Развесёлый челове́к Ба́нин смея́лся ещё пу́ще Кирпиче́нко и то́лько подхва́тывал сыры́ и консе́рвы, а пото́м вступи́л в перегово́ры с завотде́лом и добы́л вяза́нку колбасы́. Ба́нин и Кирпиче́нко подкати́ли к до́мику на такси́, зава́ленном ра́зной сне́дью и буты́лками чече́но-ингу́шского коньяка́. В о́бщем к сестру́хе они при́были не с пусты́ми рука́ми.

Кирпиче́нко вошёл в ко́мнату — мохна́той ша́пкой под потоло́к, — опусти́л проду́кты на крова́ть, покры́тую бе́лым пике́йным одея́лом, вы́прямился и сра́зу уви́дел в зе́ркале своё кра́сное худо́е и недо́брое лицо́.

Лари́ска, ба́нинская сестру́ха, по ви́ду така́я пу́хленькая медсестри́чка, уже́ расстёгивала ему́ пальто́, пригова́ривая:

— Друзья́ моего́ бра́та — э́то мои́ друзья́.

Пото́м она́ наде́ла пальто́, бо́ты и куда́-то уча́пала.

Ба́нин рабо́тал што́пором и ножо́м, а Кирпиче́нко пока́ огля́дывался. Обстано́вка в ко́мнате была́ культу́рная: шифонье́р с зе́ркалом, комо́д, приёмник с радио́лой. Над комо́дом висе́л портре́т Вороши́лова, ещё довое́нный, без пого́н, с ма́ршальскими звёздами в петли́цах, а ря́дом гра́мота в ра́мке: «Отли́чному стрелку́ ВОХР[8] за успе́хи в боево́й и полити́ческой подгото́вке. УСВИТЛ»[9].

—Э́то ба́тина гра́мота, — поясни́л Ба́нин.

— А что, он у тебя́ во́хровцем[10] был?

— Был да сплыл, — вздохну́л Ба́нин. — По́мер.

Одна́ко грусти́л он недо́лго — стал крути́ть пласти́нки. Пласти́нки бы́ли знако́мые: «Ри́о-Ри́та», «Черномо́рская ча́йка», а одна́ кака́я-то францу́зская — три мужика́ пе́ли на ра́зные голоса́ и так здо́рово, как бу́дто прошли́ они́ весь бе́лый свет и ви́дели тако́е, что ты и не уви́дишь никогда́.

Пришла́ Лари́ска с подру́гой, кото́рую зва́ли То́мой. Лари́ска ста́ла наводи́ть на столе́ поря́док, бе́гала на ку́хню и наза́д, таска́ла каки́е-то огу́рчики и грибы́, а То́ма как се́ла в у́гол, так и окамене́ла, положи́ла ру́ки на коле́ни. Как с ней полу́чится, Кирпиче́нко не знал

[8] Guard in a concentration camp.
[9] Administration of the Northeast Corrective Labor Camps.
[10] See footnote 8.

и стара́лся не гляде́ть на неё, а как то́лько взгля́дывал, у него́ темне́ло в глаза́х.

— Ру́ки мёрзнут, но́ги зя́бнут, не пора́ ли нам деря́бнуть?[11] — с не́рвной весёлостью воскли́кнул Ба́нин. — Прошу́ к столу́, ле́ди и джентльме́ны.

Кирпиче́нко кури́л дли́нные папиро́сы «Со́рок лет Сове́тской Украи́ны», кури́л и пуска́л коле́чки. Лари́ска хохота́ла и нани́зывала их на мизи́нец. В ни́зкой ко́мнате бы́ло ду́шно. Кирпиче́нкины но́ги отсыре́ли в ва́ленках, наве́рное от них шёл пар. Ба́нин танцева́л с То́мой. Та за весь ве́чер не сказа́ла ни сло́ва. Ба́нин что-то ей шепта́л, а она́ кри́во усмеха́лась со́мкнутым ртом. Деви́ца была́ ста́тная, под капро́новой[12] ко́фточкой у неё просве́чивало ро́зовое бельё. В тёмных ора́нжевых круга́х пе́ред Кирпиче́нко расплыва́лись сте́ны, портре́т Вороши́лова, сло́ники на комо́де и пры́гали вы́пущенные им ды́мные коле́чки, и па́лец Лари́сы выпи́сывал каки́е-то непоня́тные зна́ки.

Ба́нин и То́ма ушли́ в другу́ю ко́мнату. Ти́хо щёлкнул за ни́ми англи́йский замо́к.

— Ха-ха-ха, — хохота́ла Лари́ска, — что же вы не танцева́ли, Вале́рий? На́до бы́ло танцева́ть.

Ко́нчилась пласти́нка, и наступи́ла тишина́. Лари́ска смотре́ла на него́, щу́ря косы́е кори́чневые глаза́. Из сосе́дней ко́мнаты доноси́лось сде́ржанное пови́згивание.

— От вас, Вале́рий, одно́ продово́льствие и никако́го удово́льствия, — хихи́кнула Лари́ска, и Кирпиче́нко вдруг уви́дел, что ей под три́дцать, что она́ вида́ла ви́ды.[13]

Она подошла́ к нему́ и прошепта́ла:

— Пойдём танцева́ть.

— Да я в ва́ленках, — сказа́л он.

— Ничего́, пойдём.

Он поднялся́. Она́ поста́вила пласти́нку, и три францу́зских па́рня запе́ли на ра́зные голоса́ в ко́мнате, пропа́хшей тома́тами и чече́но-ингу́шским коньяко́м, о том, что они́ прошли́ весь бе́лый свет и ви́дели тако́е, что тебе́ и не уви́деть никогда́.

— То́лько не э́ту, — хри́пло сказа́л Кирпиче́нко.

[11] Have a drink? (*slang*)
[12] nylon
[13] "she's been around"

— А чего́? — закрича́ла Лари́ска. — Пласти́ночка что на́до! Стиль!

Она́ закрути́лась по ко́мнате. Юбчо́нка её плеска́лась вокруг ног. Кирпиче́нко снял пласти́нку и поста́вил «Ри́о-Ри́ту». Пото́м он шагну́л к Лари́ске и схвати́л её за пле́чи.

Вот так всегда́, когда́ па́льцы скользя́т по твое́й ше́е в темноте́, ка́жется, что э́то па́льцы луны́, кака́я бы дешёвка[14] ни лежа́ла ря́дом, — всё равно́ после э́того, когда́ па́льцы тро́гают твою́ ше́ю — на́до бы дать ей по рука́м, — ка́жется . . . чего́ то́лько тебе́ ни ка́жется, а луна́ высоко́ и сквозь замёрзшее стекло́ похо́жа на расплы́вшийся желто́к, но э́того не быва́ет никогда́, и не обма́нывай себя́, бу́дет ли э́то, — тебе́ уже́ два́дцать де́вять, и вся твоя́ нела́дная и ла́дная, вся твоя́ распрекра́сная, жа́ркая, холо́дная жизнь, кака́я она́ ни на есть, когда́ па́льчики на ше́е в темноте́, ка́жется, что э́то . . .

— Ты с како́го го́да?[15] — спроси́ла же́нщина.

— С три́дцать второ́го.

— Ты шофёр, что ли?

— Ну.

— Мно́го зараба́тываешь?

Вале́рий зажёг спи́чку и уви́дел её кру́глое лицо́ с косы́ми кори́чневыми глаза́ми.

— А тебе́-то что́?[16] — Он прикури́л.

У́тром Ба́нин шлёпал по ко́мнате в тёплом кита́йском белье́. Он выжима́л в стака́н огурцы́ и броса́л в блю́до смо́рщенные огуре́чные тельца́. То́ма сиде́ла в углу́, аккура́тная и молчали́вая, как и вчера́. После за́втрака они́ с Лари́ской ушли́ на рабо́ту.

— Зако́нно повесели́лись, а, Вале́рий? — заи́скивающе засмея́лся Ба́нин. — Ну ла́дно, пошли́ в кино́.

Они́ посмотре́ли подря́д три карти́ны, а пото́м заверну́ли в гастроно́м, где Кирпиче́нко опя́ть распоя́сался вовсю́: выта́скивал кра́сные бума́жки и сва́ливал в ру́ки Ба́нина сыры́ и консе́рвы.

Так бы́ло три дня и три но́чи, а сего́дня у́тром, когда́ деви́цы ушли́, Ба́нин вдруг сказа́л:

— Породни́лись мы, зна́чит, с тобо́й, Вале́рий?

Кирпиче́нко поперхну́лся огуре́чным рассо́лом.

[14] cheap thing
[15] What year were you born? (*substandard*)
[16] Why should you care? What's it to you?

— Чегó-о?

— Чегó-чегó! — вдруг заорáл Бáнин. — С сестрýхой моéй спишь или нет? Давáй говорѝ, когдá свáдьбу игрáть бýдем, а то начáльству сообщý. Аморáлка,[17] пóнял?

Кирпичéнко чéрез весь стол удáрил егó по скулé. Бáнин отлетéл в ýгол, тут же вскочѝл и схватѝлся за стул.

— Ты, пóтрох! — с рычáньем наступáл на негó Кирпичéнко. — Да на кáждой дешёвке женѝться . . .

— Шкýра лáгерная![18] — завизжáл Бáнин. — Зекá![19] — И брóсил в негó стул.

И тут Кирпичéнко емý показáл. Когдá Бáнин, схватѝв тулýп, вы́скочил на ýлицу, Кирпичéнко, стучá зубáми от злóбы, возбуждéния и дѝкой тоскѝ, вы́тащил чемодáн, побросáл в негó своѝ шмóтки,[20] надéл пальтó и свéрху тулýп, вы́тащил из кармáна своѝ фотокáрточку (при гáлстуке и в сáмой лýчшей ковбóйке),[21] — бы́стро написáл на ней: «Ларѝсе на дóбрую и дóлгую пáмять», положѝл её в Ларѝскиной кóмнате на подýшку и вы́шел вон. Во дворé Бáнин, плюя́сь и матеря́сь,[22] отвя́зывал озверéвшего пса. Кирпичéнко отшвырнýл пса ногóй и вы́шел за калѝтку . . .

— Ну как вам кóфе? — спросѝла официáнтка.

— Ничегó, влия́ет, — вздохнýл Кирпичéнко и поглáдил её по рукé.

— Но-но, — улыбнýлась официáнтка.

В э́то врéмя объявѝли посáдку.

С лёгкой душóй сѝльными, большѝми шагáми шёл Кирпичéнко к лётному пóлю. Дáльше поéхали, дáльше, дáльше! Не для тогó в кóй-то вéки берёшь óтпуск, чтобы торчáть в дýшной халýпе на грибáх да на голлáндском сы́ре. Есть ребя́та, котóрые весь óтпуск торчáт в такѝх вот дóмиках, но он не дурáк. Он приéдет в Москвý, кýпит в ГУМе три костю́ма и чехословáцкие ботѝнки, потóм дáльше-дáльше, к Чёрному мóрю — «чáйка, черномóрская чáйка, моя́ мечтá», — бýдет есть чебурéки и гуля́ть в однóм пиджакé.

Он вѝдел себя́ в э́тот момéнт как бы со стороны́ — большóй и

[17] immoral conduct
[18] Literally: skin = inmate of a concentration camp (*derogatory*)
[19] For *заключённый*, prisoner
[20] stuff (*slang*)
[21] cowboy-style shirt
[22] swearing obscenely

си́льный, в пальто́ и тулу́пе, в онда́тровой ша́пке, в ва́ленках, ишь ты выша́гивает. Одна́ ба́ба, с кото́рой у него́ позапро́шлым ле́том бы́ло де́ло, говори́ла, что у него́ лицо́ инде́йского вождя́. Ба́ба э́та была́ нача́льником геологи́ческой па́ртии, на́до же. Хоро́шая така́я А́нна Петро́вна, вро́де бы доце́нт. Пи́сьма писа́ла, и он ей отвеча́л: «Здра́вствуйте, уважа́емая А́нна Петро́вна! Пи́шет вам ва́ми изве́стный Вале́рий Кирпиче́нко . . .» — и про́чие пе́чки-ла́вочки.[23]

Больша́я толпа́ пассажи́ров уже́ собрала́сь у турнике́тов. Неподалёку попры́гивала в свои́х бо́тиках Лари́ска. Лицо́ у неё бы́ло бе́лое и с синево́й, я́рко-кра́сные гу́бы, и ужа́сно глу́по вы́глядела бро́шка с бегу́щим оле́нем на воротнике́.

— Заче́м пришла́? — спроси́л Кирпиче́нко.

— П-проводи́ть, — е́ле вы́говорила Лари́ска.

— Ты, зна́ешь, конча́й, — ладо́нью обруби́л он. — Раска́лывали меня́ три дня со свои́м бра́тцем — ла́дно, а любо́вь тут не́чего крути́ть . . .[24]

Лари́ска запла́кала, и Вале́рий испуга́лся.

— Ну, чё ты, чё ты . . .

— Да, раска́лывали, — лепета́ла Лари́ска, — так уж и раска́лывали . . . Ну, ла́дно . . . зна́ю, что ты обо мне́ ду́маешь . . . я така́я и есть . . . а что мне тебя́ нельзя́ люби́ть, что ли?

— Конча́й.

— А я вот бу́ду, бу́ду! — почти́ закрича́ла Лари́ска. — Ты, Ва́ля, — она́ прибли́зилась к нему́, — ты ни на кого́ не похо́ж . . .

— Тако́й же я, как все, то́лько мо́жет . . . — И Кирпиче́нко ме́дленно растяну́л в улы́бке гу́бы.

Лари́ска отверну́лась и запла́кала ещё пу́ще. Вся её жа́лкая фигу́рка сотряса́лась.

— Ну, чё ты, чё ты . . . — растеря́лся Кирпиче́нко и погла́дил её по плечу́.

В э́то вре́мя толпа́ потяну́лась на лётное по́ле. И Кирпиче́нко пошёл, не огля́дываясь, ду́мая о том, что ему́ жа́лко Лари́ску, что она́ ему́ ста́ла не чужо́й, но, впро́чем, ка́ждая стано́вится не чужо́й, тако́й уж у него́ дура́цкий хара́ктер, а пото́м забыва́ешь, и всё норма́льно, норма́льно. Норма́льно — и то́чка.

Он шага́л в толпе́ пассажи́ров, гля́дя на ожида́вший его́ огро́мный сверка́ющий на со́лнце самолёт, и бы́стро-бы́стро всё забыва́л

[23] etc., etc. (*slang*)
[24] no use romancing (*substandard*)

— всю га́дость своего́ трёхдне́вного пребыва́ния здесь и э́ти па́льчики на свое́й ше́е. Его́ на э́то не ку́пишь. Так бы́ло всегда́. Его́ не ку́пишь и не слома́ешь. Попада́лись и не дешёвки. Бы́ли у него́ и прекра́сные же́нщины. Доце́нт, к приме́ру, — душа́-челове́к. Все они́ влюбля́лись в него́, и Вале́рий понима́л, что происхо́дит э́то не из-за его́ жесто́кости, а совсе́м из-за друго́го: мо́жет быть, из-за его́ молча́ния, мо́жет быть, из-за того́, что ка́ждой хо́чется стать для него́ нахо́дкой, потому́ что они, ви́димо, чу́вствуют в э́ти мину́ты, что он хо́дит, как слепо́й, вы́тянув ру́ки. Но он всегда́ так себе́ говори́л: не ку́пите на э́ти шту́чки, не слома́ете, бы́ло де́ло — и каю́к. И всё норма́льно. Норма́льно.

Самолёт был устраша́юще огро́мен. Он был огро́мен и тяжёл, как кре́йсер. Кирпиче́нко ещё не лета́л на таки́х самолётах, и сейча́с у него́ про́сто захвати́ло дух от восхище́ния. Что он люби́л — э́то те́хнику. Он подня́лся по высоче́нному тра́пу. Де́вушка-бортпроводни́ца в си́нем костю́мчике и пило́тке посмотре́ла его́ биле́т и сказа́ла, где его́ ме́сто. Ме́сто бы́ло в пе́рвом сало́не, но на нём уже сиде́л како́й-то тип, како́й-то очка́рик в ша́пке пирожко́м.

— А ну-ка вали́сь отсю́да,[25] — сказа́л Кирпиче́нко ми́рно и показа́л очка́рику биле́т.

— Не мо́жете ли вы сесть на моё ме́сто? — спроси́л очка́рик. — Меня́ despre укачивает в хвосте́.

— Вали́сь, говорю́, отсю́да, — га́ркнул на него́ Кирпиче́нко.

Могли́ бы быть пове́жливей, — оби́делся очка́рик. Почему́-то он не встава́л.

Кирпиче́нко сорва́л с него́ ша́пку и бро́сил её в глубь самолёта, по направле́нию к его́ ме́сту, зако́нному. Показа́л в о́бщем ему́ направле́ние — туда́ и вали́сь, занима́й согла́сно ку́пленным биле́там.

— Граждани́н, почему́ вы хулига́ните? — сказа́ла бортпроводни́ца.

— Споко́йно, — сказа́л Кирпиче́нко.

Очка́рик в кра́йнем изумле́нии пошёл разы́скивать ша́пку, а Кирпиче́нко за́нял своё зако́нное ме́сто.

Он снял тулу́п и положи́л его́ в нога́х, утверди́лся, так сказа́ть, на свое́й плацка́рте.

Пассажи́ры входи́ли в самолёт оди́н за други́м, каза́лось, им не бу́дет конца́. В самолёте игра́ла лёгкая му́зыка. В люк вали́л со́лнечный моро́зный пар. Бортпроводни́цы хлопотли́во пробега́ли по

[25] Get out of here! (*substandard*)

прохо́ду, все, как одна́, в си́них костю́мчиках, длинноно́гие, в ту́фельках на о́стрых каблучка́х. Кирпиче́нко чита́л газе́ту. Про разоруже́ние и про Берли́н, про подгото́вку к чемпиона́ту в Чи́ли и про снегозадержа́ние.

К окну́ се́ла кака́я-то ба́бка, перепоя́санная ша́лью, а ря́дом с Кирпиче́нко за́нял ме́сто румя́ный морячо́к. Он всё шути́л:

— Ба́бка, завеща́ние написа́ла? . . — И крича́л бортпроводни́це: — Де́вушка, кому́ сдава́ть завеща́ния?

Везёт Кирпиче́нко на таки́х сати́риков!

Наконе́ц захло́пнули люк, и зажгла́сь кра́сная на́дпись: «Не кури́ть, пристегну́ть ремни́» — и что-то по-англи́йски, мо́жет, то же са́мое, а мо́жет, и друго́е. Мо́жет, наоборо́т: «Пожа́луйста, кури́те. Ремни́ мо́жно не пристёгивать». Кирпиче́нко не знал англи́йского.

Же́нский го́лос сказа́л по ра́дио:

— Прошу́ внима́ния! Команди́р корабля́ приве́тствует пассажи́ров на борту́ сове́тского ла́йнера ТУ-114. Наш самолёт-гига́нт выполня́ет рейс Хаба́ровск — Москва́. Полёт бу́дет проходи́ть на высоте́ де́вять ты́сяч ме́тров со ско́ростью семьсо́т киломе́тров в час. Вре́мя в пути́ во́семь часо́в три́дцать мину́т. Благодарю́ за внима́ние. — И по-англи́йски: — Жу́рли шу́рли, лопс-дропс . . .[26] Се́нкью.

— Вот как, — удовлетворённо сказа́л Кирпиче́нко и подмигну́л морячку́. — Чин-чи́нарем.[27]

— А ты ду́мал, — сказа́л морячо́к так, как бу́дто самолёт — э́то его́ со́бственность, как бу́дто э́то он сам всё устро́ил: объявле́ния на двух языка́х и про́чий комфо́рт.

Самолёт повезли́ на взлётную доро́жку. Ба́бка сиде́ла о́чень сосредото́ченная. За иллюмина́тором проплыва́ли аэродро́мные постро́йки.

— Разреши́те взять ва́ше пальто́? — спроси́ла бортпроводни́ца.

Э́то была́ та са́мая, кото́рая прикри́кнула на Кирпиче́нко. Он посмотре́л на неё и обомле́л. Она́ улыба́лась. Над ним склони́лось её улыба́ющееся лицо́ и во́лосы — тёмные, нет, не чёрные, тёмные и, должно́ быть, мя́гкие, пло́тной и то́чной причёской похо́жие на мех, на муто́н,[28] на нейло́н, на все сокро́вища ми́ра. Па́льцы её при-

[26] Nonsense syllables intended to indicate how English sounds to an uneducated Russian.
[27] shipshape
[28] fleece

косну́лись к овчи́не его́ тулу́па, таки́х не быва́ет па́льцев. Нет, всё э́то быва́ет в журна́льчиках, а зна́чит, и не то́лько в них, но не быва́ет так, чтоб бы́ло и всё э́то, и така́я улы́бка, и го́лос са́мой пе́рвой же́нщины на земле́, — тако́го не быва́ет.

— По́нял, тулу́п мой понесла́, — глу́по улыба́ясь, сказа́л Кирпиче́нко морячку́, а тот подмигну́л ему́ и сказа́л гордели́во:

— В поря́дке кадр? То-то.

Она́ верну́лась и забрала́ ба́бкин полушу́бок, моряко́вский кожа́н и Кирпиче́нко пальто́. Всё сра́зу оха́пкой прижа́ла к своему́ бо́жьему те́лу и сказа́ла:

— Пристегни́те ремни́, това́рищи.

Зареве́ли мото́ры. Ба́бка обмира́ла и втихомо́лку крести́лась. Моряч́ок уси́ленно ей подража́л и коси́л гла́зом: смеётся ли Кирпиче́нко? А тот вывора́чивал ше́ю, гля́дя, как де́вушка, де́вушка, де́вушка но́сит куда́-то пальто́ и шине́ли. А пото́м она́ появи́лась с подно́сом и угости́ла всех конфе́тами, а мо́жет, и не конфе́тами, а зо́лотом, саморо́дками, пилю́лями для се́рдца. А пото́м, уже́ в во́здухе, она́ обнесла́ всех водо́й, сла́дкой водо́й и минера́льной, той са́мой водо́й, кото́рая стека́ет с са́мых высо́ких и чи́стых водопа́дов. А пото́м она́ исче́зла.

— В префе́р игра́ешь? — спроси́л моряч́ок. — Мо́жно собра́ть пу́лечку.

Кра́сная на́дпись пога́сла, и Кирпиче́нко по́нял, что мо́жно кури́ть. Он встал и пошёл в нос, в заку́ток за што́ркой, отку́да уже́ вали́ли клубы́ ды́ма.

— Сообща́ем све́дения о полёте, — сказа́ли по ра́дио. — Высота́ де́вять ты́сяч ме́тров, ско́рость семьсо́т пятьдеся́т киломе́тров в час. Температу́ра во́здуха за борто́м ми́нус пятьдеся́т во́семь гра́дусов. Благодарю́ за внима́ние.

Внизу́, о́чень далеко́, проплыва́ла ка́менная, безжи́зненная страна́. Кирпиче́нко да́же вздро́гнул, предста́вив себе́, как в э́том ледяно́м простра́нстве над жесто́кой и пусты́нной землёй плывёт металли́ческая сига́ра, по́лная челове́ческого тепла́, ве́жливости, папиро́сного ды́ма, глухо́го го́вора и сме́ха, шу́точек — таки́х что оторви́ да брось, минера́льной воды́, ка́пель водопа́да из плодоро́дных краёв, и он сиди́т здесь и ку́рит, а где-то в хвосте́, а мо́жет быть и в середи́не, разгу́ливает же́нщина, каки́х на са́мом де́ле не быва́ет, до каки́х тебе́ далеко́, как до луны́.

Он стал ду́мать о своёй жи́зни и вспомина́ть. Он никогда́ ра́ньше не вспоминáл. Рáзве, éсли к слóву придётся, расскáжет какýю-нибудь бáйку. А сейчáс вдруг подýмал: «В четвёртый раз чéрез всю странý качý и впервы́е за свой счёт. Потéха!»

Рáньше всё бы́ли казённые перевóзки. В три́дцать девя́том, когдá Валéрий был ещё óчень мáленьким пацáнчиком,[29] весь их колхóз из Ставропóлья вдруг изъяви́л желáние пересели́ться в дальневостóчное Примóрье. Éхали дóлго. Он немнóго пóмнит э́ту дорóгу: ки́слое молокó и ки́слые щи, мать стирáла в углý теплýшки и вывéшивала бельё нарýжу, онó трепáлось за окóшком, как флáги, а потóм начинáло гремéть, одубéв от морóза, а он пел: «Летя́т самолёты, сидя́т в них пилóты и свéрху на зéмлю глядя́т . . .» Мать умерлá в войнý, а отéц в сорок пя́том на Кури́лах пал смéртью хрáбрых. В детдóме Валéрий кóнчил семилéтку, потóм ФЗО,[30] рабóтал в шáхте. «Давáл странé угля́, мéлкого, но мнóго» . . . В пятидеся́том годý пошёл на действи́тельную, опя́ть егó повезли́ чéрез всю странý — на э́тот раз в Прибáлтику. В áрмии он освóил шофёрскую специáльность и пóсле демобилизáции подался́ с дружкóм в Новоросси́йск. Чéрез год егó забрáли. Какáя-то свóлочь спёрла запчáсти из гаражá, но там дóлго не разбирáлись — посади́ли егó как «ли́цо, материáльно ответственное». Дáли три гóда и повезли́ на Сахали́н. В лáгере он был полторá гóда, освободи́ли по зачётам, а потóм и суди́мость сня́ли. С э́того врéмени он рабóтал в леспромхóзе. Рабóта емý нрáвилась, дéнег плати́ли мнóго. Что он дéлал: тянýл прицéпы на перевáл, а потóм вниз на всех тормозáх, пил спирт, смотрéл кинó, лéтом éздил на тáнцы в рыбокомбинáт. Жил он в общежи́тии. Всегдá он жил в общежи́тиях, казáрмах, барáках. Кóйки, кóйки, просты́е и двухэтáжные, нáры, рундуки́ . . . У негó нé было друзéй, а «корешкóв»[31] полнó. Его побáивались, с ним шýтки бы́ли плóхи. Он недóлго дýмал пéред тем, как засвети́ть тебé фонáрь.[32] А на рабóте он был передовикóм. Он люби́л тéхнику. Он вспоминáл маши́ны, на котóрых емý приходи́лось рабóтать, как вспоминáют друзéй: «Иван-ви́ллис» в áрмии, а потóм тягáч, потом полýторный «гáзик», «Тáтра» и его тепéрешний ди́зель . . .[33] В городáх, в Южно-Сахали́нске, в Поронáйске, в Кóрсакове, он иногдá останáвливался на углý и смотрéл на óкна нóвых домóв, на

[29] kid (*slang*)
[30] factory school (*Фабри́чно-Завóдское Обучéние*)
[31] pal (*slang*)
[32] give a black eye
[33] makes of cars: Willys jeep; G.A.Z. (Soviet); Tatra (Czech)

сти́льные то́ршеры и гарди́ны, и э́то наполня́ло его́ трево́гой. Он не счита́л свои́х лет и то́лько неда́вно по́нял, что че́рез не́сколько ме́сяцев ему́ минёт три́дцать. Ти́хо! В Москве́ он ку́пит три костю́ма, зелёную шля́пу и пое́дет на юг, как како́й-нибудь ИТР.[34] В кальсо́нах у него́ заши́ты аккредити́вы, де́нег — ваго́н. То-то бу́дет ве́село на юге. Всё норма́льно. Норма́льно — и то́чка!

Он встал и пошёл её иска́ть. Куда́ она́ подева́лась? В са́мом де́ле, у пассажи́ров го́рло пересо́хло, а она́ стои́т и тре́плется по-англи́йски с каки́м-то капитали́стом.

Она́ болта́ла, щу́рила свои́ глаза́, улыба́лась свои́м ртом, ей, ви́дно, бы́ло прия́тно болта́ть по-англи́йски. Капитали́ст стоя́л ря́дом с ней, высоче́нный и худо́й, с седы́м ёжиком на голове́, а сам молодо́й. Пиджа́к у него́ был расстёгнут, от по́яса в карма́н шла то́нкая золота́я цепо́чка. Он говори́л раска́тисто, слова́ греме́ли у него́ во рту, сло́вно сту́каясь о зу́бы. Зна́ем мы э́ти разгово́рчики.

Он: Пое́дем, дорога́я, в Сан-Франци́ско и бу́дем там пить ви́ски.

Она: Вы мно́го себе́ позволя́ете.

Он: В бана́ново-лимо́нном Сингапу́ре . . . Поня́тно?

Она: Неуже́ли в са́мом де́ле? Когда́ под ве́тром кло́нится бана́н?

Он: Забра́лись мы на сто второ́й эта́ж, там бу́ги-ву́ги ла́бает[35] джаз.

Кирпиче́нко подошёл и оттёр капитали́ста плечо́м. Тот удиви́лся и сказа́л: «Ай эм со́ри», что́, коне́чно, означа́ло: «Смотри́, нарвёшься, паренёк».

— Споко́йно, — сказа́л Кирпиче́нко. — Мир — дру́жба.

Он знал поли́тику.

Капитали́ст что-то сказа́л ей че́рез его́ го́лову, должно́ быть: «Выбира́й, я и́ли он, Сан-Франци́ско и́ли Баю́клы».

А она́ ему́ с улы́бочкой: «Э́того това́рища я зна́ю, и оста́вьте меня́, я сове́тский челове́к».

— В чём де́ло, това́рищ? — спроси́ла она́ у Кирпиче́нко.

— Э́то, — сказа́л он, — го́рло пересо́хло. Мо́жно че́м-нибу́дь промочи́ть?

— Пойдёмте, — сказа́ла она́ и пошла́ впереди́, как кака́я-то ко́зочка, как в кино́, как во сне, ах, как он соску́чился по ней, пока́ кури́л там, в носу́.

Она́ шла впереди́, как не зна́ю кто, и привела́ его́ в како́й-то вро́де

[34] technical specialist (*Инжене́рно-Техни́ческий Рабо́тник*)
[35] plays (*slang*)

бы буфе́т, а мо́жет быть, к себе́ домо́й, где никого́ не́ было и где высо́тное со́лнце с ми́рной я́ростью свети́ло сквозь иллюмина́тор, а мо́жет быть, че́рез окно́ в но́вом до́ме на девя́том этаже́. Она́ взяла́ буты́лку и налила́ в стекля́нную ча́шечку пузы́рящуюся во́ду. Она́ подняла́ э́ту ча́шечку, и та вся загоре́лась под высо́тным со́лнцем. А он смотре́л на де́вушку, и ему́ хоте́лось име́ть от неё дете́й, но он да́же не представля́л себе́, что с ней мо́жно де́лать то, что де́лают, когда́ хотя́т име́ть дете́й, и э́то бы́ло впервы́е, и его́ вдруг обожгло́ неожи́данное пе́рвое чу́вство сча́стья.

— Как вас звать? — спроси́л он с тем чу́вством, кото́рое быва́ло у него́ ка́ждый раз по́сле перева́ла — и стра́шно и всё позади́.

— Татья́на Ви́кторовна, — отве́тила она́. — Та́ня.

— А меня́, зна́чит, Кирпиче́нко Вале́рий, — сказа́л он и протяну́л ру́ку.

Она́ подала́ ему́ свои́ па́льцы и улыбну́лась.

— Вы не о́чень-то сде́ржанный това́рищ.

— Ма́лость есть, — сокрушённо сказа́л он.

Не́сколько секу́нд они́ мо́лча смотре́ли друг на дру́га. Её разбира́л смех. Она́ боро́лась с собо́й, и он то́же боро́лся, но вдруг не вы́держал и улыбну́лся так, как, наве́рное, никогда́ в жи́зни не улыба́лся.

В э́то вре́мя её позва́ли, и она́ побежа́ла по тра́пу вниз, в пе́рвый эта́ж самолёта.

Кирпиче́нко поверну́лся и уви́дел в како́м-то зе́ркале своё улыба́ющееся лицо́. «Ну и бу́дка[36] у тебя́, Вале́ра, — поду́мал он. — Стра́шное де́ло. На громи́лу похо́ж. Но де́вочка вро́де тебя́ не бои́тся. Уве́рен, что не бои́тся ни ка́пли».

Он пошёл по прохо́ду наза́д и уви́дел очка́рика, кото́рый пыта́лся тогда́ захвати́ть его́ зако́нное ме́сто. Очка́рик лежа́л в кре́сле, закры́в глаза́. У него́ бы́ло краси́вое лицо́, чи́стый мра́мор.

— Слышь, друг, — Кирпиче́нко толкну́л его́ в плечо́, — хо́чешь, занима́й мою́ плацка́рту.

Тот откры́л глаза́ и сла́бо улыбну́лся:

— Благодарю́ вас, мне хорошо́ . . .

Мо́жет, он не пе́рвый раз лета́л на таки́х самолётах, э́тот очка́рик, и за́нял ме́сто в пе́рвом сало́не для того́, что́бы смотре́ть, как открыва́ется дверь в ру́бку, и ви́деть там лётчиков, как они́ почёсы-

[36] face, head (*slang*; literally booth, box)

ваются, поку́ривают, посме́иваются, чита́ют газе́ты и и́зредка взгля́дывают на прибо́ры.

Та́ня начала́ разноси́ть обе́д. Она́ и Вале́рию подала́ подно́с и взгляну́ла на него́, как на знако́мого.

— А где вы прожива́ете, Та́ня? — спроси́л он.

«Та́ня, Та́-ня, Т-а́-н-я».

— В Москве́, — отве́тила она́ и ушла́.

Кирпиче́нко ел, и всё ему́ каза́лось, что у него́ и бифште́ке пото́лще, чем у други́х, и я́блоко покрупне́е, и хле́ба она́ ему́ дала́ бо́льше. Пото́м она́ принесла́ чай.

— Зна́чит, москви́чка? — опя́ть спроси́л он.

— Ага́, — шу́стренько так отве́тила она́ и ушла́.

— Зря стара́ешься, земля́к, — ухмыльну́лся моряч́ок. — Её небо́сь в Москве́ сти́льный ма́лый дожида́ется.

— Споко́йно, — сказа́л Кирпиче́нко с ро́вным и широ́ким ощуще́нием своего́ благополу́чия и сча́стья.

Но, ей-бо́гу же, не ве́чно дл́ятся таки́е полёты, и све́рху, с таки́х высо́т, самолёт име́ет сво́йство снижа́ться. И конча́ются сме́ны, конча́ются служе́бные обя́занности, и вам возвраща́ют пальто́, и то́ненькие па́льчики несу́т ваш тулу́п, и глаза́ блужда́ют уже́ где́-то не здесь, и всё ме́дленно пропада́ет, как пропада́ет заво́д в игру́шках, и всё стано́вится пло́ским, как журна́льная страни́ца, «Аэрофло́т — ваш а́гент во вре́мя возду́шных путеше́ствий» — э́ко ди́во — все э́ти маникю́ры, и ту́фельки, и причёски.

Нет, нет, нет, ничего́ не пропада́ет, ничто́ не стано́вится пло́ским, хотя́ мы уже́ и ка́тим по земле́ . . .

Вот так-так, кака́я начала́сь суета́, а си́няя пило́тка где-то далеко́ . . .

— Не заде́рживайте, граждани́н . . .

— Пошли́, земля́к . . .

— Ребя́та, вот она́, и Москва́ . . .

— Москва́, она́ и бьёт с носка́ . . .

— Ну, проходи́те же, в са́мом де́ле . . .

Всё ещё не понима́я, что же э́то происхо́дит с ним, Кирпиче́нко вме́сте с морячко́м вы́шел из самолёта, спусти́лся по тра́пу и влез в авто́бус. Авто́бус покати́лся к зда́нию аэропо́рта, и бы́стро исчéз из глаз «сове́тский ла́йнер ТУ-114, самолёт-гига́нт», лета́ющая кре́пость его́ непоня́тных наде́жд.

Такси́ лете́ло по широче́нному шоссе́. Здесь бы́ло двухря́дное движéние. Грузови́ки, фургóны, самосвáлы[37] жáлись к обóчине, а легковýшки шли на большóй скóрости и обгоня́ли их, как стоя́чих. И вот кóнчился лес, и Кирпичéнко с морячкóм уви́дели розовáтые тысячеглáзые квартáлы Юго-Зáпада. Морячóк заёрзал и положи́л Валéрию рýку на плечó.

— Столи́ца! Ну, Валéрий!

— Слýшай, наш самолёт обрáтно тепéрь полети́т? — спроси́л Кирпичéнко.

— Самó собóй. Зáвтра и полетя́т.

— С тем же экипáжем, а?

Морячóк насмéшливо присви́стнул.

— Кончáй. Э́ка нéвидаль — модéрная девчóнка. В Москвé таки́х миллиóн. Не психýй.

— Да я прóсто так, — промя́млил Кирпичéнко.

— Кудá вам, ребяти́шки? — спроси́л шофёр.

— Давáй в ГУМ! — гáркнул Кирпичéнко и срáзу всё забы́л про самолёт.

Маши́на ужé кати́ла по москóвским ýлицам.

В ГУМе он с хóду купи́л три костю́ма — си́ний, сéрый и кори́чневый. Он остáлся в кори́чневом костю́ме, а свой стáрый, ши́тый четы́ре гóда назáд в кóрсаковском ателье́, свернýл в узелóк и остáвил в туалéте, в каби́нке. Морячóк набрáл себé габарди́на на макинтóш и сказáл, что бýдет шить в Одéссе. Потóм в гастронóме они́ вы́пили по буты́лочке шампáнского к пошли́ на экскýрсию в Кремль. Потóм они́ пошли́ обéдать в «Национáль» и éли чёрт те что — жюльéн — и пи́ли «КС».[38] Здесь бы́ло мнóго дéвушек, похóжих на Тáню, а мóжет, и Тáня сюдá заходи́ла, мóжет быть, онá сидéла с ни́ми за стóликом и подливáла емý нарзáна, бéгала на кýхню и смотрéла, как емý жáрят бифштéкс. Во вся́ком слýчае капитали́ст был здесь. Кирпичéнко помахáл емý рукóй, и тот привстáл и поклони́лся. Потóм они́ вы́шли на ýлицу и вы́пили ещё по буты́лке шампáнского. Тáня развивáла бéшеную дéятельность на ýлице Гóрького. Онá выпры́гивала из троллéйбусов и забегáла в магази́ны, прогýливалась с пижóнами по той сторонé, а то и улыбáлась с витри́н. Кирпичéнко с морячкóм, крéпко взя́вшись пóд руки, шли по ýлице Гóрького и улыбáлись. Морячóк напевáл:

— Ма-да-гаскáр, моя́ странá . . .

[37] dump trucks

[38] *КС: Коньяк Старый* (Old Cognac: a brand name).

Э́то был час, когда́ су́мерки уже́ сгусти́лись, но ещё не зажгли́сь фонари́. Да в конце́ у́лицы, на краю́ земли́ горе́ла весна́. Да, там была́ страна́ сбы́вшихся наде́жд. Они́ удивля́лись, почему́ де́вушки шара́хаются от них.

По́зже везде́ бы́ли закры́тые две́ри, о́череди, и никуда́ нельзя́ бы́ло попа́сть. Они́ заду́мались о ночле́ге, взя́ли такси́ и пое́хали во Вну́ково. Они́ сня́ли двухко́ечную ко́мнату в аэропо́ртовской гости́нице, и то́лько уви́дев бе́лые про́стыни, Кирпиче́нко по́нял, как он уста́л. Он содра́л с себя́ но́вый костю́м и повали́лся на посте́ль.

Через час его́ разбуди́л морячо́к. Он бе́гал по ко́мнате, надра́ивая свои́ щёки механи́ческой бри́твой «спу́тник», и вереща́л, куда́хтал, захлёбывался:

— Подъём, Вале́ра! Я тут с таки́ми де́вочками познако́мился, ах, ах . . . Встава́й, пошли́ в го́сти! Они́ здесь в общежи́тии живу́т. Де́ло ве́рное, брато́к, дина́мы не бу́дет . . . У меня́ на э́то нюх . . . Встава́й, подыма́йся! Ма-да-гаска́р . . .

— Чего ты раскуда́хтался, как бу́дто яйцо́ снёс! — сказа́л Кирпиче́нко, взял с ту́мбочки сигаре́ту и закури́л.

— Идёшь ты и́ли нет? — спроси́л морячо́к уже́ в дверя́х.

— Вы́руби свет, — попроси́л его́ Кирпиче́нко.

Свет пога́с, и сра́зу лу́нный четырехуго́льник окна́ отпеча́тался на стене́, пересечённый переплете́нием ра́мы и кача́ющимися теня́ми го́лых ветве́й. Бы́ло ти́хо, где́-то дале́ко игра́ла радио́ла, за стено́й спроси́ли: «У кого́ шестёрка есть?» — и послы́шался уда́р по́ столу. Пото́м с гро́хотом прошёл на поса́дку самолёт. Кирпиче́нко кури́л и представля́л себе́, как ря́дом с ним лежи́т она́, как они́ лежа́т вдвоём уже́ по́сле всего́, и её па́льцы гла́дят его́ ше́ю. Нет, э́то и есть э́тот свет не как бу́дто, а на са́мом де́ле, потому́ что всё непоня́тное, что с ним бы́ло в де́тстве, когда́ по всему́ те́лу прохо́дят мураши́, и его́ ю́ность, и со́пки, отпеча́танные ро́зовым огнём зари́, и мо́ре в темноте́, и та́лый снег, и уста́лость по́сле рабо́ты, суббо́та и воскре́сное у́тро — э́то и есть она́.

«Ну и дела́», — поду́мал он, и его́ сно́ва охвати́ло ро́вное и широ́кое ощуще́ние благополу́чия и сча́стья. Он был сча́стлив, что э́то с ним случи́лось. Одного́ то́лько боя́лся: что пройдёт сто лет и он забу́дет её лицо́ и го́лос.

В ко́мнату ти́хо вошёл морячо́к. Он разде́лся и лёг, взял с ту́мбочки сигаре́ту, закури́л, печа́льно пропе́л:

— Ма-да-гаска́р, моя́ страна́, здесь, как и всю́ду, цветёт весна́ . . .

Эх, чёрт возьми́, — с се́рдцем сказа́л он, — ну и жизнь! Ве́чный транзи́т . . .

— Ты с како́го го́да пла́ваешь? — спроси́л Кирпиче́нко.

— С полста́ седьмо́го, — отве́тил моряч́ок и сно́ва запе́л:

Мадагаска́р, моя́ страна́,
Здесь, как и всю́ду, цветёт весна́.
Мы то́же лю́ди,
Мы то́же лю́бим,
Хоть ко́жа чёрная, но кровь красна́ . . .

— Спиши́ слова́, — попроси́л Кирпиче́нко.

Они́ зажгли́ свет, и моряч́ок продиктова́л Вале́рию слова́ э́той восхити́тельной пе́сни. Кирпиче́нко о́чень люби́л таки́е пе́сни.

На сле́дующий день они́ закомпости́ровали[39] свои́ биле́ты: Кирпиче́нко на А́длер, моряч́ок на Оде́ссу. Поза́втракали. Кирпиче́нко купи́л в кио́ске кни́гу Че́хова и жу́рная «Огонёк».

— Слу́шай, — сказа́л моряч́ок, — у неё в са́мом де́ле подру́жка хоро́шая. Мо́жет, съе́здим с ни́ми в Москву́?

Кирпиче́нко усе́лся в кре́сло и раскры́л кни́гу.

— Да нет, — сказа́л он, — ты езжа́й вдвоём, а я уж тут посижу́, почита́ю эту полити́ку.

Моряч́ок отмаха́л морско́й сигна́л: «По́нял, жела́ю успе́ха, ложу́сь на курс».[40]

Весь день Кирпиче́нко слоня́лся по аэропорту́, но Та́ни не уви́дел. Ве́чером он проводи́л моряч́ка в Оде́ссу, ну вы́пили они́ по буты́лке шампа́нского, пото́м проводи́л его́ де́вушку в общежи́тие, верну́лся в аэропо́рт, пошёл в ка́ссу и взял биле́т на самолёт-гига́нт ТУ-114, вылета́ющий ре́йсом 901 Москва́ — Хаба́ровск.

В самолёте всё бы́ло по-пре́жнему: объявле́ния на двух языка́х и про́чий комфо́рт, но Та́ни не оказа́лось. Там был друго́й экипа́ж. Там бы́ли де́вушки, таки́е же ю́ные, таки́е же краси́вые, похо́жие на Та́ню, но все они́ не́ были пе́рвыми — Та́ня была́ пе́рвой, э́то по́сле неё пошла́ вся э́та поро́да.

У́тром Кирпиче́нко оказа́лся в Хаба́ровске и че́рез час сно́ва вылетел в Москву́, уже́ на друго́м самолёте. Но и там Та́ни не́ было.

Так он лета́л на самолётах ма́рки ТУ-114, на высоте́ де́вять ты́сяч ме́тров, на ско́рости семьсо́т пятьдеся́т киломе́тров в час. Темпера-

[39] had them punched
[40] am setting course

ту́ра во́здуха за борто́м колеба́лась от ми́нус 50 до 60° по Це́льсию. Вся аппарату́ра рабо́тала норма́льно.

Он знал в лицо́ уже́ почти́ всех проводни́ц на э́той ли́нии и ко́е-ко́го из пило́тов. Он боя́лся, как бы и они́ его́ не запо́мнили.

Он боя́лся, как бы его́ не при́няли за шпио́на.

Он меня́л костю́мы. Рейс де́лал в си́нем, друго́й в кори́чневом, тре́тий в се́ром.

Он распоро́л кальсо́ны и переложи́л аккредити́вы в карма́н пиджака́. Аккредити́вов станови́лось всё ме́ньше.

Та́ни всё не́ было.

Бы́ло я́ростное высо́тное со́лнце, восхо́ды и зака́ты над сне́жной о́блачной пусты́ней. Была́ луна́, она́ каза́лась бли́зкой. Она́ и в са́мом де́ле была́ недалеко́.

Одно́ вре́мя он сби́лся во вре́мени и простра́нстве, переста́л переводи́ть часы́. Хаба́ровск каза́лся ему́ при́городом Москвы́, а Москва́ но́вым райо́ном Хаба́ровска.

Он о́чень мно́го чита́л. Никогда́ в жи́зни он не чита́л сто́лько.

Никогда́ в жи́зни он сто́лько не ду́мал.

Никогда́ в жи́зни он не пла́кал.

Никогда́ в жи́зни он так первокла́ссно не отдыха́л.

В Москве́ начина́лась весна́. За ши́ворот ему́ па́дали ка́пли с тех са́мых высо́ких и чи́стых водопа́дов. Он купи́л се́рый шарф в кру́пную чёрную кле́тку.

На слу́чай встре́чи он пригото́вил для Та́ни пода́рок — парфюме́рный набо́р «1 Ма́я» и отре́з на пла́тье.

Я встре́тил его́ в зда́нии Хаба́ровского аэропо́рта. Он сиде́л в кре́сле, заки́нув но́гу на́ ногу, и чита́л Станюко́вича. На ру́чке кре́сла висе́ла аво́ська, по́лная апельси́нов. На обло́жке книги под штормовы́ми паруса́ми лете́л кли́пер.

— Вы не моря́к? — спроси́л он меня́, огляде́в моё ко́жаное пальто́.

— Нет.

Я уста́вился на его́ удиви́тельное, внуша́ющее опасе́ние лицо́, а он прочёл ещё не́сколько строх и сно́ва спроси́л:

— Не жале́ете, что не моря́к?

— Коне́чно, доса́дно, — сказа́л я.

— Я то́же жале́ю, — усмехну́лся он. — Друг у меня́ моря́к. Вот присла́л мне радиогра́мму с мо́ря.

Он показа́л мне радиогра́мму.

— Ага́, — сказа́л я.

А он спроси́л, с хо́ду перейдя́ на «ты»:

— Сам-то с како́го го́да?

— С три́дцать второ́го, — отве́тил я.

Он весь просия́л:

— Слу́шай, мы же с тобо́й с одного́ го́да!

Совпаде́ние действи́тельно бы́ло феномена́льное, и я пожа́л его́ ру́ку.

— Небо́сь в Москве́ живёшь, а? — спроси́л он.

— Угада́л, — отве́тил я. — В Москве́.

— Небо́сь кварти́ра, да? Жена́, паца́н, да? Про́чие пе́чки-ла́вочки?

— Угада́л. Всё так и есть.

— Пойдём поза́втракаем, а?

Я уж бы́ло пошёл с ним, но тут объяви́ли поса́дку на мой самолёт. Я лете́л в Петропа́вловск. Мы обменя́лись адреса́ми, и я пошёл к самолёту. Я шёл по аэродро́мному по́лю, сгиба́лся под ве́тром и ду́мал: «Како́й стра́нный па́рень».

А он в э́то вре́мя взгляну́л на часы́, взял свою́ аво́ську и вы́шел. Он взял такси́ и пое́хал в го́род. Вме́сте с шофёром они́ е́ле нашли́ э́ту горба́тую дереве́нскую у́лицу, потому́ что он не по́мнил её назва́ния. До́мики на э́той у́лице бы́ли похо́жи оди́н на друго́й, во всех двора́х бреха́ли здорове́нные псы, и он немно́го растеря́лся. Наконе́ц он вспо́мнил тот до́мик. Он вы́шел из маши́ны, пове́сил на штаке́тник[41] аво́ську с апельси́нами, замаски́ровал её газе́той, что́бы сосе́ди или прохо́жие не спёрли э́то сокро́вище, и верну́лся к маши́не.

— Дава́й, шеф, гони́! На самолёт как бы не опозда́ть.

— Куда́ лети́шь-то? — спроси́л шофёр.

— В Москву́, в столи́цу.

Та́ню он уви́дел че́рез два дня на аэродро́ме в Хаба́ровске, когда́ уже́ возвраща́лся домо́й на Сахали́н, когда́ уже́ ко́нчились аккреди́тивы и в карма́не бы́ло то́лько не́сколько кра́сных бума́жек. Она́ была́ в бе́лой шу́бке, подпоя́санной ремешко́м. Она́ смея́лась и е́ла конфе́ты, достава́я их из кулька́, и угоща́ла други́х де́вушек, кото́рые то́же смея́лись. Он обесси́лел сра́зу и присе́л на свой чемода́н. Он смотре́л, как Та́ня достаёт конфе́ты, снима́ет обёртку и все де́вушки де́лают то же са́мое, и не понима́л, отчего́ они́ все стоя́т

[41] fence

на ме́сте, смею́тся и никуда́ не иду́т. Пото́м он сообрази́л, что пришла́ весна́, что сейча́с весе́нняя ночь, а луна́ над аэродро́мом похо́жа на апельси́н, что сейча́с не хо́лодно и мо́жно вот так стоя́ть и про́сто смотре́ть на огни́, и смея́ться, и на мгнове́ние заду́мываться с конфе́той во рту . . .

— Ты чего́, Кирпиче́нко? — тро́нул его́ за плечо́ сахали́нский знако́мый Мане́вич, кото́рый то́же возвраща́лся из о́тпуска. — Пошли́! Поса́дка ведь уже́ объя́влена.

— Мане́вич, не зна́ешь ты, ско́лько до луны́ киломе́тров? — спроси́л Кирпиче́нко.

— Перебра́л ты, ви́дно, в о́тпуске, — серди́то сказа́л Мане́вич и пошёл.

Кирпиче́нко пойма́л его за полу́.

— Ты же молодо́й специали́ст, Мане́вич, — умоля́юще сказа́л он, гля́дя на Та́ню, — ты ведь до́лжен знать . . .

— Да ты́сяч три́ста, что ли, — сказа́л Мане́вич, освобожда́ясь.

«Недалеко́, — поду́мал Кирпиче́нко. — Плёвое де́ло». Он смотре́л на Та́ню и представля́л себе́, как бу́дет он вспомина́ть её по доро́ге на перева́л, а на перева́ле вдруг забу́дет, там не до э́того, а по́сле, в конце́ спу́ска, вспо́мнит опя́ть и бу́дет уже́ по́мнить весь ве́чер и но́чью и у́тром проснётся с мы́слью о ней.

Пото́м он встал со своего́ чемода́на.

1962

Yuri Nagibin

In the Streetcar is a sketch which shows the most personal side of Nagibin's writing. Yuri Nagibin was born in 1920 and brought up in a Moscow intelligentsia family. From 1939 to 1941, he studied at the Institute of Cinematography, and later took part in World War II, first as a soldier, then as a "political worker" (commissar), and finally, after being wounded, as a war correspondent. He started writing stories in 1939, but became a professional writer only after the war. He is a prolific author; many collections of his stories have appeared in Russia. One of Nagibin's specialties is war stories, often rather conventional works with a clear, patriotic moral. In another category are the stories he wrote during the years of the Thaw, which are directed against Stalinism and the "cult of personality." Two such stories appeared in the collection *Literaturnaya Moskva*, vol. II, early in 1957—*Light in the Window* and *Khazar Ornament*—the first of which pillories sycophancy and kowtowing before high officials, who are given preferential treatment at the expense of ordinary people, and the other of which presents a model, nonbureaucratic Communist official, who is human, efficient, and intelligent.

Besides run-of-the-mill war stories and "protest" stories, Nagibin has written a host of works somewhat in the Chekhovian tradition—about children and adolescents, and about love—accounts of private lives.

Nagibin can be a subtle psychologist. He is interested in the nuances of emotional reactions, particularly of young people. Many of his stories deal with childhood memories. *In the Streetcar* (printed first in the magazine *Znamya* in 1956) illustrates Nagibin at his best: refraining from underscoring any point too heavily, content to present personal relations of two girls, especially the admiration, love, and worry on the part of the younger. Very little can be said to "happen" in the story.

There is no public or social theme. The intimate world of personal interaction preoccupies Nagibin in this sketch.

Nagibin's greatest achievements lie in his ability to convey sensitively the nuances of human relationships and a sense of atmosphere. He has written himself that his stories treat of "the beauty of the heart's generosity" and "the difficulties of communication" and that he has fought, as "poets of all times and nations have fought, for sincerity of feelings." While disapproving of the rest of what an American critic had written about him, Nagibin has stated he was pleased by having his fiction described as "the best and most serious new fiction, with its interest in the private, the psychological, the problematic, the irresoluble."

Ю́рий Ма́ркович Наги́бин

В ТРАМВА́Е

Я возвраща́лся трамва́ем из при́города, куда́ меня́ привело́ случа́йное де́ло. Прицепно́й ваго́н был пуст, я прошёл к пере́дней площа́дке и за́нял ме́сто у откры́того окна́. Я о́чень люблю́ моско́вские окра́ины, Москву́ моего́ де́тства. С до́брым чу́вством смотре́л я на пробега́ющие ми́мо деревя́нные до́мики с подрумя́ненными зака́том о́кнами, на мо́щные ста́рые дере́вья, пе́рвыми приня́вшие в густоту́ ветве́й ро́бкие сентя́брьские су́мерки, на водопрово́дные коло́нки посреди́ пло́ских, отража́ющих ро́зовые облака́ луж. Па́хло тёплой землёй, па́лым листо́м и чуть-чуть горькова́то грибни́цей.

У но́вых домо́в, стоя́вших островко́м впереди́ го́рода, как форпо́ст, в ваго́н вошли́ две де́вушки, подня́в тот лёгкий, не́жный шум, кото́рый обы́чно сопу́тствует появле́нию о́чень ю́ных, напоённых све́жей и тёплой жи́знью суще́ств. В э́том шу́ме был и шо́рох пла́тьев — движе́ния де́вушек бы́ли бы́стры и поры́висты; и лёгкий, счастли́вый смешо́к — ведь им так повезло́ с трамва́ем; и сла́бая борьба́, сопровожда́емая щелчко́м су́мочек, — кому́ плати́ть за биле́ты. Победи́ла ста́ршая. Держа́ в па́льцах ле́нточку биле́тов, она́ бы́стро прошла́ ми́мо меня́ на площа́дку, за ней подру́га. Два мимолётных взгля́да равноду́шно скользну́ли по мне, оста́вив лёгкое и чуть смешно́е ощуще́ние гру́сти. Трамва́й дёрнуло на поворо́те, де́вушки столкну́лись, верне́е, мла́дшая налете́ла на ста́ршую. Та оберну́лась, поддержа́ла её твёрдым, не́жным, чуть покрови́тельственным движе́нием, и они́ вновь засмея́лись, как бу́дто э́то бы́ло неве́сть как заба́вно. Чу́вствовалось, они́ лю́бят друг дру́жку, ра́ды тому́, что вме́сте, и все ма́ленькие, незначи́тельные подро́бности их встре́чи доставля́ют им и́скреннее удово́льствие.

Де́вушки бы́ли приме́рно рове́сницами, и всё же про одну́ из них хоте́лось сказа́ть: ста́ршая. Не то́лько потому́, что в отли́чие от подру́ги, носи́вшей шко́льную фо́рму, она́ была́ оде́та «по-взро́слому» — голуба́я ко́фточка, чёрная плиссиро́ванная ю́бка, ту́фли на высо́ком каблуке́, — но и потому́, что тако́й её де́лал влюблённый, чуть сни́зу вверх, взгляд шко́льницы. Их отноше́ния бы́ли отноше́ниями ста́ршей и мла́дшей: мя́гко покрови́тельственные с одно́й стороны́ и замира́юще пре́данные с друго́й.

Ста́ршая была́ вы́ше, строй́нее, темноволо́сая, с ма́товой, смугова́той ко́жей и тёмными глаза́ми. Она́ принадлежа́ла к тому́ ти́пу де́вушек, что ра́но созрева́ют и в деся́том кла́ссе ка́жутся переро́стками, не́сколько смешны́ми и неле́пыми. Но, ски́нув с себя́ всё шко́льное, выхо́дят в широ́кий мир в но́вом, неузнава́емом, плени́тельном о́бразе, как ба́бочки из ку́колок. В друго́й де́вушке, рыжева́той блонди́нке, розовощёкой и зеленогла́зой, бы́ло мно́го неустоя́вшегося, зы́бкого.

Де́вушки то и де́ло[1] прикаса́лись друг к дру́жке: ста́ршая, что́бы попра́вить на мла́дшей смя́вшийся воротничо́к, убра́ть со лба вы́бившуюся пря́дку, сло́вом, поддержа́ть поря́док во вне́шности подру́ги, помину́тно наруша́вшийся под де́йствием переполня́вших её разруши́тельных сил; мла́дшая — оттого́, что ей про́сто хоте́лось ли́шний раз косну́ться таки́х запре́тных для неё веще́й, как бро́шка, усы́панная ме́лкими голубы́ми ка́мешками, перламу́тровые пу́говки и за́мшевый ремешо́к.

Э́ти лёгкие, неприме́тные для них сами́х каса́ния не меша́ли им вести́ сокрове́нный и, ви́димо, о́чень ва́жный для них разгово́р, кото́рый они́ на́чали ещё ра́ньше и тепе́рь продолжа́ли, едва́ ока-

[1] frequently

за́вшись на площа́дке. Гро́хот трамва́я покрыва́л всё, кро́ме отде́льных слов да бу́рных восклица́ний мла́дшей. Но не ну́жно бы́ло осо́бой проница́тельности, чтоб угада́ть нехи́трую деви́чью та́йну, кото́рую ста́ршая поверя́ла подру́ге. Доста́точно бы́ло слове́чка «он», произноси́мого е́ю стро́го и значи́тельно, а подру́гой — с замира́ющим, восто́рженным придыха́нием. «А он?» — говори́ла мла́дшая и че́рез секу́нду: «А ты?», и она́ огля́дывалась не из жела́ния убеди́ться, что их не подслу́шивают, а потому́, что её распира́ла го́рдость: э́то не шу́тка — быть пове́ренной настоя́щей, взро́слой любви́! В ней совсе́м не чу́вствовалось за́висти, — восто́рг, пре́данность, поклоне́ние. За́висть чу́вствовал я, до́брую за́висть к неве́домому мне дру́гу э́той молодо́й, краси́вой де́вушки. Я стара́лся предста́вить себе́ его́. Почему́-то он рисова́лся мне высо́ким, плечи́стым, светловоло́сым, чуть неуклю́жим и засте́нчивым. А мо́жет, он совсе́м некраси́вый, лохма́тый, с обезья́ньим и всё же удиви́тельно привлека́тельным, у́мным и до́брым лицо́м . . .

Ря́дом с на́шим ваго́ном, вро́вень с пере́дней площа́дкой, где стоя́ли де́вушки, дви́гался огро́мный, восьмито́нный грузови́к. Лито́й медве́дь ту́скло посвёркивал на радиа́торе. Когда́ трамва́й ускоря́л ход, наддава́л и грузови́к, трамва́й шёл ме́дленней, притormáживал грузови́к. В каби́не, небре́жно положи́в го́лую по ло́коть, му́скулистую ру́ку на крестови́ну руля́, сиде́л молодо́й шофёр, широкоску́лый, белозу́бый, загоре́лый и кудря́вый. Чуть вы́сунувшись из око́шка, он с открове́нным восхище́нием разгля́дывал де́вушек, встре́чный ве́тер пло́ско прижима́л туги́е ко́льца его́ воло́с к откры́тому сму́глому лбу.

Мла́дшая де́вушка что-то шепну́ла ста́ршей и, покоси́вшись на шофёра, рассмея́лась ти́хим, вну́тренним смешко́м. Та рассе́янно скользну́ла взгля́дом по каби́не грузовика́, по лицу́ па́рня и равноду́шно бро́сила:

— Мальчи́шка! . .

— Но как он на тебя́ смо́трит!

— О́чень ну́жно! . . Да он во́все не на ме́ня смо́трит, а на тебя́.

— Ну да, посмо́трит кто на меня́, когда́ мы вме́сте! — э́то бы́ло ска́зано без за́висти и без оби́ды, про́сто как утвержде́ние и́стины.

Трамва́й кру́то сверну́л вле́во, в клено́вую алле́ю, а грузови́к отвали́лся впра́во, потому́ что алле́я не оставля́ла на мостово́й прое́зжей ча́сти для маши́н. В после́дний раз мелькну́ло загоре́лое, широкоску́лое лицо́ — шофёр наполови́ну вы́сунулся из каби́ны — и скры́лось.

— А ра́зве это хорошо́, что твой друг на сто́лько ста́рше тебя́? — спроси́ла мла́дшая де́вушка, ви́димо ду́мая о краси́вом шофёре.

— С ним так интере́сно! Он сто́лько зна́ет! Всю́ду быва́л. Мо́жешь себе́ предста́вить, он ви́дел Маяко́вского, да́же разгова́ривал с ним! . . .

— Ну? — мла́дшая де́вушка что-то соobража́ла про себя́. — Так он совсе́м пожило́й, вро́де на́шего Ви́ктора Степа́новича, по́мнишь, матема́тика? — Она́ засмея́лась.

— Ду́рочка, — мя́гко сказа́ла ста́ршая. — Ви́ктор Степа́нович похо́ж на матра́ц, а он краси́вый, лёгкий . . .

— Ну да? — зелёные до́брые глаза́ ста́ли совсе́м кру́глыми. — А ты его́ не бои́шься?

— Чего́ же мне боя́ться?

— Не зна́ю. Я бы ужа́сно боя́лась . . .

— А я ниско́лечко. Пра́вда! — и не в лад э́тим гордели́вым слова́м жа́лкая грима́ска сла́бости мелькну́ла на её краси́вом, ра́достно-оживлённом лице́.

Что-то приоткры́лось мне. Челове́к э́тот был мно́го ста́рше и куда́ сильне́е э́той де́вушки. Мне вспо́мнились обры́вки ра́нее услы́шанных фраз, когда́ де́вушки то́лько се́ли в ваго́н: «Он сказа́л: позвони́ . . .» «Он сказа́л: приезжа́й . . .» «Он не веле́л мне . . .»[2] И ни ра́зу не́ было, чтобы э́то повели́тельное нача́ло шло от неё. Да и вообще́ в том, что она́ говори́ла о нём, не́ было ра́венства, незави́симости. И грима́ска сла́бости, то́лько что подсмо́тренная мной, была́ как бы отраже́нием той подчинённости, кото́рую она́, быть мо́жет, сама́ не сознава́ла, но кото́рая ещё незнако́мым бре́менем дави́ла ей на ду́шу . . .

Не зна́ю почему́, меня́ пронизáла жа́лость к э́тому ю́ному, краси́вому, незащищённому существу́. Я чуть наклони́лся вперёд. Де́вушки бы́ли так полны́ свои́м, что при́стальное внима́ние, с каки́м я стал прислу́шиваться к разгово́ру, не могло́ их спугну́ть.

Сле́ва от нас вы́силась кирпи́чная кла́дка стро́йки. Высоче́нный кран, описа́в огро́мное полукру́жье, пронёс на неви́димом тро́се клеть с кирпича́ми. Он был далеко́ от нас, но каза́лось, его́ ажу́рная стрела́, оцара́пав по-дневно́му све́тлое, хру́пкое не́бо, пролете́ла над пло́щадью, над трамва́ем, лёгким холодко́м пахну́ло в се́рдце.

[2] he forbade me

Глаза́ мла́дшей де́вушки проследи́ли за пла́вным лётом кра́на с ра́достным и стро́гим внима́нием.

Ста́ршая не ви́дела ни э́того кра́на, ни того́, что подру́га отвлекла́сь, её гу́бы продолжа́ли шевели́ться, произнося́ неслы́шные слова́, она́ была́ вся во вла́сти своего́, чу́ждая посторо́ннему де́лу жи́зни.

И вновь за о́кнами затрепета́ла обожжённая о́сенью листва́ полунаги́х дере́вьев. «Береги́сь листопа́да!» — мелькну́ла на чугу́нном столбе́ дощечка с на́дписью. Трамва́й пошёл ти́ше, мя́гко и хру́стко давя́ сухи́е ли́стья, и опя́ть ста́ли мне слы́шны голоса́ мои́х случа́йных спу́тниц.

— Ты, пра́вда, пра́вда, пое́дешь с ним? — спра́шивала мла́дшая, сомкну́в на груди́ сжа́тые в кулачки́ па́льцы.

— Да! — тряхну́в голово́й, отве́тила ста́ршая.

— И вы поже́нитесь?!

— Мы бу́дем, как муж и жена́.

— Вы распи́шетесь? — спроси́ла мла́дшая восто́рженно.

Ста́ршая де́вушка жа́лостливо улыбну́лась:

— Ра́зве в э́том де́ло?

— Да как же так? — сказа́ла мла́дшая потрясённо. — Е́сли муж и жена́, то на́до обяза́тельно расписа́ться. Ина́че каки́е же вы муж и жена́? — Шко́льница, ещё не испыта́вшая чу́вства, кото́рым была́ захва́чена её подру́га, ста́ла сло́вно бы ста́рше, да́же в го́лосе её появи́лись каки́е-то но́вые, соли́дные, рассуди́тельные но́тки. Коне́чно, в э́том бы́ло да́же бо́льше незре́лости, чем в пре́жней наи́вной, взволно́ванной восто́рженности, и подру́га э́то сра́зу почу́вствовала.

— И ничего́-то ты не понима́ешь! — протяну́ла она́, и впервы́е в то́не её мелькну́ло пренебреже́ние.

Гу́бы мла́дшей вспу́хли и поползли́. Она́ почу́вствовала, что слова́, а гла́вное, тон, каки́м э́то бы́ло ска́зано, отбра́сывают её далеко́-далеко́, в тот полуде́тский мир, отку́да на коро́ткие и сла́достные мину́ты её извлекло́ дове́рие ста́ршей.

— Наве́рное, я ду́ра, — сказа́ла она́ смире́нно. — Но почему́ у вас всё не так . . . не как у други́х? — Она́ покрасне́ла в испу́ге, что слова́ её пока́жутся оби́дными.

Но ста́ршая не оби́делась. Напро́тив, глаза́ её сверкну́ли го́рдостью оттого́, что подру́га наконе́ц-то поняла́, что в её любви́ всё «не как у други́х».

— Ра́зве ду́маешь об э́том, когда́ лю́бишь? — сказа́ла она́. — Мне ра́ньше то́же каза́лось: е́сли я кого́ полюблю́, он бу́дет мои́м му́жем. Но ра́зве я зна́ла, что встре́чу тако́го челове́ка? Ты да́же не представля́ешь, како́й э́то челове́к, — совсе́м, совсе́м осо́бенный! — и вновь жа́лкая грима́ска сла́бости тро́нула уго́лки её рта. — Он, зна́ешь, как мне сказа́л? Э́то ещё когда́ я ничего́ не понима́ла и ду́мала вро́де тебя́, он сказа́л: «Одино́кий пу́тник идёт да́льше други́х! . .»

— Я . . . я не понима́ю, — пробормота́ла подру́га, и что́-то похо́жее на страх мелькну́ло в её до́брых зеленова́тых глаза́х. Коне́чно же, она́ не понима́ла, но ощуще́ние чего́-то тёмного, та́йного, вражде́бного прони́кло в просто́й и я́сный мир её представле́ний, вы́звав в нём боле́зненную сму́ту. Мне показа́лось, э́тот страх нево́льно сообщи́лся от неё ста́ршей де́вушке. Знако́мая грима́ска сло́вно приколо́лась к уголка́м её губ, но го́лос, подвла́стный чему́-то бо́лее си́льному, чем страх, звуча́л жа́лким, непро́чным торжество́м:

— А я вот понима́ю! Я не могу́ тебе́ объясни́ть, э́то о́чень сло́жно. Когда́-нибудь ты сама́ поймёшь, как я понима́ю! . .

«Ничего́-то ты не понима́ешь! — хоте́лось мне сказа́ть ей. — Ты не понима́ешь да́же, что э́той зво́нкой фра́зой он за́годя развя́зывает себя́!»

Я смотре́л на неё, таку́ю но́венькую, чи́стую, незама́ранную ни сомне́нием, ни разочарова́нием, таку́ю дове́рчивую и краси́вую, и ду́мал: что, кро́ме беды́, мо́жет принести́ э́той де́вушке, едва́ вступа́ющей в жизнь, немолодо́й, искушённый, то́чно и хо́лодно зна́ющий свою́ цель челове́к? . .

Высо́кие дома́ впереме́жку со стари́нными особняка́ми Замоскворе́чья сдержа́ли во́льный бег на́шего трамва́я. Тепе́рь мы дви́гались степе́нно, от светофо́ра к светофо́ру, включённые в напряжённый и стро́гий ритм у́личного движе́ния. Ста́ршая де́вушка забеспоко́илась. Она́ раскры́ла су́мочку, доста́ла пло́скую, под зо́лото, пу́дреницу с зе́ркальцем и, водя́ им о́коло своего́ лица́, осмотре́ла себя́ в ра́зных поворо́тах, тро́нула но́гтем мизи́нца ве́ки, бро́ви у ви́сков, убрала́ пря́дку за́ ухо и спря́тала пу́дреницу, о́стро щёлкнув замко́м су́мки.

— Тебе́ уже́ сходи́ть? — оробе́в, спроси́ла подру́га.

— Да! . .

В како́м-то сму́тном, безотчётном поры́ве мла́дшая де́вушка

подала́сь к ней всем те́лом, и тру́дно поня́ть, что бы́ло в э́том нево́льном движе́нии: жела́ние ли защити́ть, удержа́ть или переда́ть подру́ге свою́ встрево́женную не́жность, свою́ сла́бую си́лу. Но ста́ршая де́вушка не поняла́, да́же не заме́тила её поры́ва. Чуть отстраня́ющим движе́нием взяла́ она́ её ру́ку, слегка́ пожа́ла, вы́пустила и шагну́ла к вы́ходу.

Трамва́й кру́то затормози́л у остано́вки. Пре́жде чем он совсе́м останови́лся, де́вушка спры́гнула на мостову́ю, и вме́сте с мостово́й её отнесло́ наза́д.

Когда́ мы тро́нулись, я сно́ва уви́дел её. Упру́го и си́льно шага́я, она́ шла по тротуа́ру, высоко́ неся́ свою́ ма́ленькую краси́вую го́лову, прижима́я су́мочку к груди́. Она́ смотре́ла пря́мо пе́ред собо́й и не ви́дела, как, све́сившись с площа́дки и ло́мко вы́гнув спи́ну, подру́га провожа́ла её взгля́дом.

1956

Yuri Kazakov

YURI KAZAKOV is one of the prominent members of the vague group called in Russia "Young Prose" («*Молодáя прóза*»). Together with some works by Nagibin and Aksyonov, Kazakov's have attracted attention because of the human, private side of their topics and because of their literary qualities, rather than because of the daring of their themes—the latter being the main attractions of *One Day in the Life of Ivan Denisovich* by Alexander Solzhenitsyn, the stories by Tendryakov, and others.

Kazakov, born in 1927, has been publishing sketches and stories since 1953. He lives in Moscow, but has spent periods of time with the fishermen in the North and knows intimately the centuries-old towns along the river Oka in central Russia and the wooded areas around them. He has written newspaper reports, travelogues, and stories. Three collections of his stories have appeared thus far, in 1959, 1960, and 1961.

Kazakov limits his interests to a narrow range of subjects. He writes of hunting and the outdoors; of unusual, odd characters; and of love. Forests, rivers, the White Sea—such are his most frequent settings. His lyrical paragraphs often describe the impact of sights, sounds, and odors of natural surroundings. He reminds us of Turgenev and, in the twentieth century, of Prishvin and Paustovsky.

His stories are usually suffused with strong emotions. He is the master of the question unanswered, the suggestion which remains equivocal. The characters who particularly draw his attention are people living alone, in isolation from a group or at least engaging in an activity which detaches them from a community. His typical heroes are fishermen, hunters, boys or girls living by a deserted seashore. Egor in *Otshchepenets* is typical in this regard. Contrary to the conventionally approved procedure of Soviet fiction, Egor is in many ways a failure when judged by the dominant values of Soviet society. He is a drunkard, he boasts, his work offers little future. As the title of the story says about him, he has "chipped" or splintered off. Unlike Arcturus, the disreputable Egor has mainly himself, not circumstances or fate, to blame for the course his life has taken. Nevertheless, Kazakov presents him as transported by intense emotion in his duets with Alenka. In music, he has found a means of self-expression, of creation of beauty. It saves and redeems his otherwise pitiful life.

Kazakov does not hesitate to attribute poetic sensibility to Egor rather than to some punctual bureaucrat, neat scientist, respectable New Soviet Man in factory or collective farm.

Paustovsky has called Kazakov one of the most promising younger prose writers: "It is sufficient to read only a couple of Kazakov's stories to come into contact with the sacred wellsprings of the people's life and poetry. The air of the immense, beloved country, the breath of our wonderful homeland, streams out of these stories." Stricter interpreters of the Party line, however, have reproached Kazakov with decadence, aestheticism, and pessimism. To most Soviet readers, Kazakov's stories are exciting in their "differentness" from the run of the mill Soviet literary production. He appears unusual and modern in the Soviet Russian setting because the Russians between 1928 and 1955 had grown accustomed to literature concentrating on problems of collective-farm and industrial production—on the characters' occupational and social involvements. Kazakov, then, presents a break with this dominant trend of the past quarter of a century. He (and a group of others) have chosen to probe the subjective experiences of their heroes, thus reviving the traditions of the great Russian writers of the nineteenth century, when one of the glories of literature in Russia was psychological and moral analysis.

Arcturus illustrates Kazakov's interest in downtrodden, handicapped creatures. Compassion has long been a striking trait of Russian culture and literature. Kazakov always displays a gentle sensitivity to human (and animal) suffering; he shows a strong feeling of solidarity with unfortunate beings. In *Arcturus*, however, he does not stop with pity, but shows the triumph of his protagonist over his misfortune. Arcturus, at first one of life's victims, later conquers. As a famous hunting dog, despite his blindness, he is also a triumphant hero. There is no irony in the dog's bearing the resounding name of a star. Kazakov expresses his admiration for Arcturus in flowing epic language.

Kazakov does not become involved in the public controversies in Soviet life. His stories do not concern themselves with taboo subjects, with political events. Working steadily and slowly, Kazakov composes stories of rare excellence, and a reading public of those Russians who are keenly interested in literature awaits his new works with eagerness. His language is vivid, idiomatic; the stories are rich in lyrical, physical descriptions. His paragraphs evoke an atmosphere into which his characters naturally fit. There are passages which are prose poems of natural description.

Ю́рий Па́влович Казако́в

АРКТУ́Р, ГО́НЧИЙ ПЁС

Па́мяти М. М. При́швина

I

История появле́ния его́ в го́роде оста́лась неизве́стной. Он пришёл весно́й отку́да-то и стал жить. Он никому́ не надоеда́л, никому́ не навя́зывался и никому́ не подчиня́лся — он был свобо́ден.

Говори́ли, что его́ бро́сили проезжа́вшие весно́й цыга́не.

Други́е говори́ли, что он приплы́л на льди́не в весе́ннее полово́дье. Он стоя́л, чёрный среди бело-голубо́го кро́шева, оди́н неподви́жный среди́ о́бщего движе́ния. А наверху́ лете́ли ле́беди и крича́ли: «Клинк-кланк!»

Лю́ди всегда́ с волне́нием ждут лебеде́й. И когда́ они́ прилета́ют, когда́ на рассве́те поднима́ются с разли́вов со свои́м вели́ким весе́нним кли́чем «клинк-кланк», лю́ди провожа́ют их глаза́ми, кровь начина́ет звене́ть у них в се́рдце, и они́ зна́ют тогда́, что пришла́ весна́.

Шурша́ и глу́хо ло́паясь, шёл по реке́ лёд, крича́ли ле́беди, а он стоя́л на льди́не, поджа́в хвост, насторожённый, неувере́нный, вслу́шиваясь в то, что де́лалось круго́м. Когда́ льди́на подошла́ к бе́регу, он заволнова́лся, нело́вко пры́гнул, попа́л в во́ду, но бы́стро вы́брался на бе́рег и, отряхну́вшись, скры́лся среди́ шта́белей ле́са.

Так и́ли ина́че, но, появи́вшись весно́й, когда́ дни напо́лнены бле́ском со́лнца, звоно́м ручьёв и за́пахом коры́, он оста́лся жить в го́роде.

О его́ про́шлом мо́жно то́лько дога́дываться.

Наве́рное, он роди́лся где́-нибудь под крыльцо́м, на соло́ме. Мать его́, чистокро́вная су́ка из поро́ды костромски́х го́нчих, ни́зкая, с дли́нным те́лом, когда́ пришла́ пора́, исче́зла под крыльцо́м, чтобы соверши́ть своё вели́кое де́ло в та́йне. Её зва́ли — она́ не отклика́лась и ничего́ не е́ла, вся сосредото́ченная в себе́, чу́вствуя, что вот-вот должно́ соверши́ться то, что важне́е всего́ на све́те, важне́е да́же охо́ты и люде́й — её властели́нов и бого́в.

Он роди́лся, как и все щенки́, слепы́м, был то́тчас обли́зан ма́терью и поло́жен побли́же к тёплому животу́, ещё напряжённому в родовы́х схва́тках. И пока́ он лежа́л, привыка́я дыша́ть, у него́ всё прибавля́лись бра́тья и сёстры. Они́ шевели́лись, кряхте́ли и про́бовали скули́ть — таки́е же, как и он, ды́мчатые щенки́ с го́лыми живота́ми и коро́ткими дрожа́щими хво́стиками. Ско́ро всё ко́нчилось, всё нашли́ по соску́ и зати́хли — раздава́лись то́лько сопе́ние, чмо́кание и тяжёлое дыха́ние ма́тери. Так начала́сь их жизнь.

В своё вре́мя у всех щеня́т проре́зались глаза́, и они́ узна́ли с восто́ргом, что есть мир ещё бо́лее вели́кий, чем тот, в кото́ром они́ жи́ли до сих пор. У него́ то́же откры́лись глаза́, но ему́ никогда́ не суждено́ бы́ло уви́деть све́та. Он был слеп, бе́льма то́лстой се́рой плёнкой закрыва́ли его́ зрачки́. Для него́, слепо́го, наста́ла го́рькая и тру́дная жизнь. Она́ была́ бы да́же ужа́сной, е́сли бы он мог осозна́ть свою́ слепоту́. Но он не знал того́, что слеп, ему́ не на́до бы́ло знать. Он принима́л жизнь тако́й, како́й она́ доста́лась ему́.

Как-то случи́лось, что его́ не утопи́ли и не уби́ли, что бы́ло бы, коне́чно, милосе́рдием по отноше́нию к беспо́мощному, нену́жному лю́дям щенку́. Он оста́лся жить и претерпе́л вели́кие мыта́рства, кото́рые ра́ньше вре́мени закали́ли и ожесточи́ли его́ те́ло и ду́шу.

У него́ не́ было хозя́ина, кото́рый дал бы ему́ кров, корми́л бы его́ и забо́тился о нём, как о своём дру́ге. Он стал бездо́мным псом-бродя́гой, угрю́мым, нело́вким и недове́рчивым, — мать, вы́кормив его́, ско́ро потеря́ла к нему́, как и к его́ бра́тьям, вся́кий интере́с. Он научи́лся выть, как волк, так же дли́нно, мра́чно и тоскли́во. Он был гря́зен, ча́сто боле́л, ры́лся на сва́лках во́зле столо́вых, получа́л пинки́ и уша́ты гря́зной воды́ наравне́ с таки́ми же бездо́мными и голо́дными соба́ками.

Он не мог бы́стро бе́гать, но́ги, его́ кре́пкие но́ги, в су́щности, не́ были ему́ нужны́. Всё вре́мя ему́ каза́лось, что он бежи́т навстре́чу чему́-то о́строму и жесто́кому. Когда́ он дра́лся с други́ми соба́ками, — а дра́лся он мно́жество раз на своём веку́, — он не ви́дел свои́х враго́в, он куса́л и броса́лся, ориенти́руясь на шум дыха́ния, на рыча́ние и визг, на шо́рох земли́ под ла́пами враго́в, и ча́сто броса́лся и куса́л впусту́ю.

Неизве́стно, како́е и́мя дала́ ему́ мать при рожде́нии, — ведь мать, да́же и соба́ка, всегда́ зна́ет свои́х дете́й по имена́м. Для люде́й он не име́л и́мени. Неизве́стно та́кже, оста́лся бы он жить в го́роде, ушёл бы или сдох где́-нибудь в овра́ге, но в судьбу́ его вмеша́лся челове́к, и всё перемени́лось.

II

В то ле́то я жил в ма́леньком се́верном го́роде. Го́род стоя́л на берегу́ реки́. По реке́ плы́ли бе́лые парохо́ды, гря́зно-бу́рые ба́ржи, дли́нные плоты́, широ́кие ка́рбасы[1] с запа́чканными чёрной смоло́й борта́ми. У бе́рега стоя́ла при́стань, па́хнувшая рого́жей, кана́том, сыро́й гни́лью и во́блой. На при́стани э́той ре́дко кто сходи́л, ра́зве то́лько при́городные колхо́зники в база́рный день да командиро́вочные, приезжа́вшие из о́бласти на лесозаво́д.

Вокруг го́рода по ни́зким поло́гим холма́м раски́нулись леса́, могу́чие, нетро́нутые: лес для спла́ва руби́ли в верхо́вьях реки́. В леса́х попада́лись больши́е лугови́ны и глухи́е озёра с огро́мными ста́рыми со́снами по берега́м. Со́сны всё вре́мя тихо́нько шуме́ли. Когда́ же с Ледови́того океа́на задува́л прохла́дный, вла́жный ве́тер, нагоня́я ту́чи, со́сны гро́зно гуде́ли и роня́ли ши́шки, кото́рые кре́пко сту́кались о зе́млю.

Я снял ко́мнату на окра́ине, наверху́ ста́рого до́ма. Хозя́ин мой, до́ктор, был ве́чно за́нятый, молчали́вый челове́к. Ра́ньше он жил с большо́й семьёй. Но двух сынове́й его́ уби́ли на фро́нте, жена́ умерла́, дочь уе́хала в Москву́, до́ктор жил тепе́рь оди́н и лечи́л дете́й. Была́ у него́ одна́ стра́нность — он люби́л петь. Тонча́йшим фальце́том он вытя́гивал всевозмо́жные а́рии, сла́достно замира́я на высо́ких но́тах. Внизу́ у него́ бы́ли три ко́мнаты, но он ре́дко заходи́л туда́, обе́дал и спал на терра́се, а в ко́мнатах бы́ло су́мрачно, па́хло пы́лью, апте́кой и ста́рыми обо́ями.

Окно́ мое́й ко́мнаты выходи́ло в одича́вший сад, заро́сший смо-

[1] A type of boat used on the White Sea.

рóдиной, малúной, лопухóм и крапúвой вдоль забóра. По утрáм за окнóм возúлись воробьú, тýчами налетáли дроздú клевáть сморóдину, — дóктор не гонял их и ягоду не собирáл. На забóр иногдá взлетáли сосéдские кýры с петухóм. Петýх громоглáсно пел, вытягивая кверху шéю, дрожá хвостóм, и с любопытством смотрéл в сад. Наконéц он не выдéрживал, слетáл вниз, за ним слетáли кýры и поспéшно начинáли рыться вóзле сморóдинных кустóв. Ещё в сад забредáли котú и, затаясь вóзле лопухóв, следúли за воробьями.

Я жил в гóроде ужé недéли две, но всё никáк не мог привыкнуть к тúхим ýлицам с деревянными тротуáрами и прорастáвшей между дóсок травóй, к скрипýчим ступéням лéстницы, к рéдким гудкáм парохóдов по ночáм.

Э́то был необычный гóрод. Почтú всё лéто стояли в нём бéлые нóчи. Нáбережная и ýлицы егó были негрóмки и задýмчивы. По ночáм возле домóв раздавáлся отчётливый, дрóбный стук — э́то шли рабóчие с ночнóй смéны. Шагú и смех влюблённых всю ночь слышались спящим. Казáлось, что у домóв чýткие стéны и что гóрод, притаúвшись, вслýшивается в шагú своúх обитáтелей.

Нóчью наш сад пах сморóдиной и росóй, с террáсы доносúлся тúхий храп дóктора, а не рекé кáтер пел гнусáвым гóлосом: ду-ду-у . . .

Однáжды в дóме появúлся ещё одúн обитáтель. Вот как э́то произошлó.

Возвращáясь как-то с дéжурства, дóктор увúдел слепóго пса. С обрывком верёвки на шéе он сидéл, забúвшись между брёвнами, и дрожáл. Дóктор и рáньше нéсколько раз вúдел егó. Тепéрь он остановúлся, рассмотрéл егó во всех подрóбностях, почмóкал губáми, посвистáл, потóм взял за верёвку и потащúл слепóго к себé домóй.

Дóма дóктор вымыл егó тёплой водóй с мылом и накормúл. По привычке пёс вздрáгивал и поджимáлся во врéмя едú. Ел он жáдно, спешúл и давúлся. Лоб и ýши егó были покрыты побелéвшими рубцáми.

— Ну, тепéрь ступáй! — сказáл дóктор, когдá пёс наéлся, и подтолкнýл егó с террáсы.

Пёс упёрся и задрожáл.

— Гм . . . — произнёс дóктор и сел в качáлку.

Наступúл вéчер, нéбо потемнéло, но не гáсло совсéм. Загорéлись сáмые крýпные звёзды. Гóнчий пёс улёгся на террáсе и задремáл. Он был худ, рёбра выпирáли, спинá былá óстрой, и лопáтки стояли торчко́м. Иногда́ он приоткрыва́л свои́ мёртвые глаза́, настора́живал у́ши и поводи́л голово́й, принюхиваясь. Пото́м сно́ва клал мо́рду на ла́пы и закрыва́л глаза́.

А до́ктор расте́рянно рассма́тривал его́ и ёрзал в кача́лке, приду́мывая ему́ и́мя. Как его́ назва́ть? И́ли лу́чше изба́виться от него́, пока́ не по́здно? На что ему́ соба́ка! До́ктор заду́мчиво по́днял глаза́ — ни́зко над горизо́нтом перелива́лась си́ним бле́ском больша́я звезда́.

— Аркту́р . . . — пробормота́л до́ктор.

Пёс шевельну́л уша́ми и откры́л глаза́.

— Аркту́р! — сно́ва сказа́л до́ктор с заби́вшимся се́рдцем.

Пёс по́днял го́лову и неуве́ренно замота́л хвосто́м.

— Аркту́р! Иди́ сюда́, Аркту́р! — уже́ вла́стно и ра́достно позва́л до́ктор.

Пёс встал, подошёл и осторо́жно ткну́лся но́сом в коле́ни хозя́ину. До́ктор засмея́лся и положи́л ру́ку ему́ на́ голову. Так для слепо́го пса исче́зло навсегда́ никогда́ не произнесённое и́мя, кото́рым назвала́ его́ мать, и появи́лось но́вое и́мя, да́нное ему́ челове́ком.

Соба́ки быва́ют ра́зные, как и лю́ди. Есть соба́ки ни́щие, побиру́шки, есть свобо́дные и угрю́мые бродя́ги, есть глу́по восто́рженные брехуны́. Есть унижа́ющиеся, подполза́ющие к любо́му, кто сви́стнет им. Извива́ющиеся, виля́ющие хвосто́м, ра́бски уми́льные, — они́ броса́ются с пани́ческим ви́згом прочь, если уда́рить их или да́же про́сто замахну́ться.

Мно́го я виде́л пре́данных соба́к, соба́к поко́рных, капри́зных, гордецо́в, сто́иков, подли́з, равноду́шных, лука́вых и пусты́х. Аркту́р не́ был похо́ж ни на одну́ из них. Чу́вство его́ к своему́ хозя́ину бы́ло необыкнове́нным и возвы́шенным. Он люби́л его стра́стно и поэти́чно, быть мо́жет, бо́льше жи́зни. Но он был целому́дрен и ре́дко позволя́л себе́ раскрыва́ться до конца́.

У хозя́ина быва́ло мину́тами плохо́е настрое́ние. Иногда́ он был равноду́шным; ча́сто от него́ раздража́юще па́хло одеколо́ном, за́пахом, никогда́ не встреча́ющимся в приро́де. Но ча́ще всего́ он был добр, и тогда́ Аркту́р изныва́л от любви́, шерсть его́ станови́лась пуши́стой, а те́ло коло́ло как бы иго́лками. Ему́ хоте́лось вскочи́ть и помча́ться, захлёбываясь ра́достным ла́ем. Но он сде́рживался. У́ши его́ распуска́лись, хвост остана́вливался, те́ло обмяка́ло и замира́ло, то́лько гро́мко и ча́сто колоти́лось се́рдце. Когда́ же хозя́ин начина́л толка́ть его́, щекота́ть, гла́дить и смея́ться прерывистым, воркýющим смéхом, что э́то бы́ло за наслаждéние! Звýки гóлоса хозя́ина бы́ли тогдá протя́жными и корóткими, бýлькающими и шéпчущими, они́ бы́ли срáзу похóжи на звон воды́ и на шéлест дерéвьев и ни на что не похóжи. Кáждый звук рождáл какие-то и́скры и смýтные зáпахи, как кáпля рождáет дрожь воды́, и Арктýру казáлось, что всё э́то ужé бы́ло с ним, бы́ло так давнó, что он никáк не мог вспóмнить, где же и когдá. Скорéе всегó такóе же ощущéние счáстья бы́ло у негó, когдá он слепы́м щенкóм сосáл свою́ мать.

III

В скóром врéмени я получи́л возмóжность побли́же познакóмиться с жи́знью Арктýра и узнáл мнóго любопы́тного.

Мне кáжется тепéрь, что он как-то ощущáл свою́ неполноцéнность. С ви́ду он был совсéм взрóслой собáкой, с крéпкими ногáми, чёрной спинóй и ры́жими подпáлинами на животé и на мóрде. Он был силён и вели́к для своегó вóзраста, но во всех движéниях егó сквози́ли неувéренность и напряжённость. И ещё мóрде егó и всемý тéлу былá свóйственна сконфýженная вопроси́тельность. Он прекрáсно знал, что все живы́е существá, окружáющие егó, свобóднее и стреми́тельнее, чем он. Они́ бы́стро и увéренно бéгали, легкó и твёрдо ходи́ли, не спотыкáясь и не натыкáясь ни на что. Шаги́ их по звýку отличáлись от егó шагóв. Сам он дви́гался всегдá осторóжно, мéдленно и нéсколько бóком — многочи́сленные предмéты преграждáли емý путь. Между тем кýры, гóлуби, собáки и воробьи́, кóшки и лю́ди и мнóгие други́е живóтные смéло взбегáли по лéстницам, перепры́гивали канáвы, сворáчивали в переýлки, улетáли, исчезáли в таки́х местáх, о котóрых он и поня́тия не имéл. Егó же удéлом бы́ли неувéренность и насторóженность. Я никогдá не ви́дел егó идýщим или бегýщим свобóдно, спокóйно и бы́стро. Рáзве тóлько по ширóкой дорóге, пó лугу да по террáсе нáшего дóма . . . Но éсли живóтные и лю́ди бы́ли поня́тны емý и он, навéрное, как-то отождествля́л себя́ с ни́ми, то автомаши́ны, трáкторы, мотоци́клы и велосипéды бы́ли емý совсéм непоня́тны и стрáшны. Парохóды и катерá возбуждáли в нём огрóмное любопы́тство на пéрвых порáх. И лишь поня́в, что емý никогдá не разгадáть э́той тáйны, он перестáл обращáть на них внимáние. Тóчно так же никогдá не интересовáлся он самолётами.

Но е́сли не мог он ничего́ уви́деть, зато́ в чутье́ не могла́ с ним сравни́ться ни одна́ соба́ка. Постепе́нно он изучи́л все за́пахи го́рода и прекра́сно ориенти́ровался в нём. Не́ было слу́чая, чтобы он заблуди́лся и не нашёл доро́гу домо́й. Ка́ждая вещь па́хла! За́пахов бы́ло мно́жество, и все они́ гро́мко заявля́ли о себе́. Ка́ждый предме́т пах по-сво́ему — одни́ неприя́тно, други́е безразли́чно, тре́тьи сла́достно. Сто́ило Аркту́ру подня́ть го́лову и поню́хать, он сра́зу же ощуща́л сва́лки и помо́йки, дома́, ка́менные и деревя́нные, забо́ры и сара́и, люде́й, лошаде́й и птиц так я́сно, как бу́дто ви́дел всё э́то.

Был на берегу́ реки́, за скла́дами, большо́й се́рый ка́мень, почти́ вро́сший в зе́млю, кото́рый Аркту́р осо́бенно люби́л обню́хивать. В его́ тре́щинах и по́рах заде́рживались са́мые удиви́тельные и неожи́данные за́пахи. Они́ держа́лись ино́й раз неде́лями, их мог вы́дуть то́лько си́льный ве́тер. Ка́ждый раз, пробега́я ми́мо э́того ка́мня, Аркту́р свора́чивал к нему́ и до́лго занима́лся обсле́дованием. Он фы́ркал, приходи́л в возбужде́ние, убега́л и сно́ва возвраща́лся, чтобы вы́яснить для себя́ дополни́тельную подро́бность.

И ещё он слы́шал тонча́йшие зву́ки, каки́х мы никогда́ не услы́шим. Он просыпа́лся поноча́м, раскрыва́л глаза́, поднима́л у́ши и слу́шал. Он слы́шал все шо́рохи за мно́гие вёрсты вокру́г. Он слы́шал пе́ние комаро́в и зуде́ние в оси́новом гнезде́ на чердаке́. Он слы́шал, как шурши́т в саду́ мышь и ти́хо хо́дит кот по кры́ше сара́я. И дом для него́ не́ был молчали́вым и нежи́вы́м, как для нас. Дом тоже жил: он скрипе́л, шурша́л, потре́скивал, вздра́гивал чуть заме́тно от хо́лода. По водосто́чной трубе́ стека́ла роса́ и, ска́пливаясь внизу́, па́дала на пло́ский ка́мень ре́дкими ка́плями. Сни́зу доноси́лся невня́тный плеск воды́ в реке́. Шевели́лся то́лстый слой брёвен в за́пани около лесозаво́да. Ти́хо поскри́пывали уклю́чины — кто-то переплыва́л ре́ку в ло́дке. Э́то была́ жизнь, во́все неве́домая и не слы́шная нам, но знако́мая и поня́тная ему́.

И ещё была́ у него́ одна́ осо́бенность: он никогда́ не визжа́л и не скули́л, напра́шиваясь на жа́лость, хотя́ жизнь была́ жестока́ к нему́.

Одна́жды я шёл по доро́ге из го́рода. Вечере́ло. Бы́ло тепло́ и ти́хо, как быва́ет у нас то́лько ле́тними споко́йными вечера́ми. Вдали́ поднима́лась пыль, слы́шались мыча́ние, то́нкие протя́жные кри́ки, хло́панье кнуто́в — с лугов гна́ли ста́до.

Внеза́пно я заме́тил соба́ку, бежа́вшую с делови́тым ви́дом навстре́чу ста́ду. По осо́бенному, напряжённому и неуве́ренному бе́гу я сра́зу узна́л Аркту́ра. Ра́ньше он никогда́ не выбира́лся за преде́лы го́рода. «Куда́ э́то он бежи́т?» — поду́мал бы́ло я и заме́тил вдруг в приближа́вшемся уже́ ста́де необыча́йное волне́ние.

Коро́вы не лю́бят соба́к. Страх и не́нависть к волка́м-соба́кам ста́ли у коро́в врождёнными. И вот, уви́дев бегу́щую навстре́чу тёмную соба́ку, пе́рвые ряды́ сра́зу останови́лись. Сейча́с же вперёд проти́снулся призёмистый па́левый бык с кольцо́м в носу́. Он расста́вил но́ги, пригну́л к земле́ рога́ и зареве́л, ика́я, дёргая ко́жей, выка́тывая кровяны́е белки́.

— Гри́шка! — закрича́л кто-то сза́ди. — Бежи́ скоре́я[2] вперёд, коро́вы ста́-али!

Аркту́р, ничего́ не подозрева́я, свое́й нело́вкой ры́сью подвига́лся по доро́ге и был уже́ совсе́м бли́зко к ста́ду. Испуга́вшись, я позва́л его́. С разбе́гу он пробежа́л ещё не́сколько шаго́в и кру́то осе́л, повора́чиваясь ко мне. В ту же секу́нду бык захрипе́л, с необыча́йной быстрото́й бро́сился на Аркту́ра и подде́л его рога́ми. Чёрный силу́эт соба́ки мелькну́л на фо́не зари́ и шлёпнулся в са́мую гу́щу коро́в. Паде́ние его́ произвело́ впечатле́ние разорва́вшейся бо́мбы. Коро́вы бро́сились в сто́роны, хрипя́ и со сту́ком сшиба́ясь рога́ми. За́дние напира́ли вперёд, всё смеша́лось, пыль подняла́сь столбо́м. С напряже́нием и бо́лью ожида́л я услы́шать предсме́ртный визг, но не услыха́л ни зву́ка.

Тем вре́менем подбежа́ли пастухи́, захло́пали кнута́ми, закрича́ли на ра́зные голоса́, доро́га расчи́стилась, и я уви́дел Аркту́ра. Он валя́лся в пыли́ и сам каза́лся ку́чей пы́ли или ста́рой тря́пкой, бро́шенной на доро́ге. Пото́м он зашевели́лся, подня́лся и, шата́ясь, заковыля́л к обо́чине. Ста́рший пасту́х заме́тил его́.

— Ах, соба́ка! — злора́дно закрича́л он, вы́ругался и о́чень си́льно и ло́вко стегну́л Аркту́ра кнуто́м.

Аркту́р не взви́згнул, он то́лько поджа́лся, поверну́в на мгнове́ние к пастуху́ слепы́е глаза́, добра́лся до кана́вы, оступи́лся и упа́л.

Бык стоя́л поперёк доро́ги, взрыва́л зе́млю и реве́л. Пасту́х стегну́л и его́ так же си́льно и ло́вко, после чего́ бык сра́зу успоко́ился. Успоко́ились и коро́вы, и ста́до не спеша́, поднима́я па́хнущую молоко́м пыль и оставля́я на доро́ге лепёхи[3] тро́нулось да́льше.

Я подошёл к Аркту́ру. Он был гря́зен и тяжело́ дыша́л, вы́валив

[2] Dialectal for *беги́ скоре́е.*
[3] droppings

язы́к, — рёбра ходи́ли под ко́жей. На бока́х его́ бы́ли каки́е-то мо́крые по́лосы. За́дняя ла́па, отда́вленная, дрожа́ла. Я положи́л ему́ ру́ку на́ голову, заговори́л с ним — он не отозва́лся. Всё его́ существо́ выража́ло боль, недоуме́ние и оби́ду. Он не понима́л, за что его́ топта́ли и стега́ли. Обы́чно соба́ки си́льно скуля́т в таки́х слу́чаях. Аркту́р не скули́л.

IV

И всё-таки Аркту́р так и оста́лся бы дома́шним псом и, мо́жет быть, разжире́л бы и обleни́лся, е́сли бы не счастли́вый слу́чай, кото́рый прида́л всей его́ дальне́йшей жи́зни возвы́шенный и герои́ческий смысл.

Случи́лось э́то так. Я пошёл у́тром в лес посмотре́ть на проща́льные вспы́шки ле́са, за кото́рыми, я уже́ знал, начнётся ско́рое увяда́ние. За мно́ю увяза́лся Аркту́р. Не́сколько раз я прогоня́л его́. Он сади́лся в отдале́нии, немно́го пережида́л и сно́ва бежа́л за мной. Ско́ро мне надое́ло его́ непоня́тное упо́рство, и я переста́л обраща́ть на него́ внима́ние.

Лес ошеломи́л Аркту́ра. Там, в го́роде, всё ему́ бы́ло знако́мо. Там бы́ли деревя́нные тротуа́ры, широ́кие мостовы́е, до́ски на берегу́ реки́, гла́дкие тропи́нки. Здесь же со всех сторо́н подступи́ли вдруг к нему́ незнако́мые предме́ты: высо́кая, жестковáтая уже́ трава́, колю́чие кусты́, гнилы́е пни, пова́ленные дере́вья, упру́гие молоды́е ёлочки, шурша́щие опа́вшие ли́стья. Со всех сторо́н его́ что-то тро́гало, коло́ло, задева́ло, бу́дто сговори́лось прогна́ть из ле́са. И пото́м — за́пахи, за́пахи! Ско́лько их, незнако́мых, стра́шных, сла́бых и си́льных, значе́ния кото́рых он не знал! И Аркту́р, натыка́ясь на все э́ти паху́чие, шелестя́щие, потре́скивающие, колю́чие предме́ты, вздра́гивал, фу́кал но́сом и жа́лся к мои́м нога́м. Он был растéрян и напу́ган.

— Ах, Аркту́р! — тихо́нько говори́л я ему́. — Бе́дный ты пёс! Не зна́ешь ты, что на све́те есть я́ркое со́лнце, не зна́ешь, каки́е зелёные по утра́м дере́вья и кусты́ и как си́льно блести́т роса́ на траве́, не зна́ешь, что вокру́г нас полно́ цвето́в — бе́лых, жёлтых, голубы́х и кра́сных — и что среди́ седы́х е́лей и желте́ющей листвы́ так не́жно красне́ют гро́здья ряби́ны и я́годы шипо́вника. Е́сли бы ты ви́дел по ноча́м луну́ и звёзды, ты, мо́жет быть, с удово́льствием поля́ял бы на них. Отку́да тебе́ знать, что ло́шади, и соба́ки, и ко́шки — все ра́зных цвето́в, что забо́ры быва́ют кори́чневыми, и зелёными, и про́сто се́рыми, и как си́льно блестя́т стёкла о́кон при зака́те, каки́м о́гненным мо́рем разлива́ется тогда́ река́! Е́сли бы ты был норма́льным, здоро́вым псом, то хозя́ином твои́м был бы охо́тник. Ты слу́шал бы тогда́ по утра́м могу́чую песнь ро́га и ди́кие голоса́, каки́ми никогда́ не крича́т обыкнове́нные лю́ди. Ты гнал бы тогда́ зве́ря, захлёбываясь ла́ем, не по́мня себя́, и э́тим неистовым бе́гом по горя́чему сле́ду ты служи́л бы своему́ влады́ке охо́тнику, и вы́ше э́той слу́жбы не́ было бы ничего́ для тебя́. Ах, Аркту́р, бе́дный ты пёс!

Так, потихо́ньку разгова́ривая с ним, чтобы ему́ бы́ло не так стра́шно, я всё да́льше заходи́л в лес. Аркту́р ма́ло-пома́лу оправля́лся от испу́га и начина́л смеле́е обсле́довать кусты́ и пни. Ско́лько но́вого и необы́чного находи́л он, како́й восто́рг охва́тывал его́! Тепе́рь он, увлечённый свои́м ва́жным де́лом, уже́ не прижима́лся ко мне. И́зредка то́лько он остана́вливался, взгля́дывал в мою́ сто́рону мёртвыми, бе́лыми глаза́ми, прислу́шивался, жела́я удостове́риться, пра́вильно ли он поступа́ет, иду́ ли я за ним. Пото́м опя́ть принима́лся кружи́ть по́ лесу.

Ско́ро мы вы́шли на луг и пошли́ мелоча́ми.[4] Стра́шное волне́ние охвати́ло Аркту́ра. Куса́я траву́, спотыка́ясь на ко́чках, он мелька́л среди кусто́в. Он гро́мко дыша́л, лез напроло́м, не обраща́я бо́льше внима́ния ни на меня́, ни на колю́чие ве́тки. Наконе́ц он не вы́держал, зажму́рился, с тре́ском су́нулся в кусты́, пропа́л там, завози́лся, зафу́кал . . . «Кого́-то почу́ял!» — поду́мал я и останови́лся.

— Гам! — зво́нко и неуве́ренно разда́лось в куста́х. — Гам, гам!

— Аркту́р! — в беспоко́йстве позва́л я.

Но в э́тот моме́нт что-то случи́лось. Аркту́р завизжа́л и с шу́мом ри́нулся в глубь кусто́в. Вой его́ бы́стро перешёл в аза́ртный лай, и по вздра́гивающим верху́шкам кусто́в бы́ло ви́дно, как он там продира́ется. Испуга́вшись за него́, я бро́сился наперехва́т, гро́мко оклика́я его́. Но мой крик, ви́димо, то́лько придава́л ему́ аза́рта. Спотыка́ясь, застрева́я в густоте́, задыха́ясь, перебежа́л я одну́ поля́ну, пото́м другу́ю, спусти́лся в лощи́ну и лощи́ной что есть си́лы бро́сился наперере́з, вы́бежал на чи́стое ме́сто и сра́зу уви́дел Аркту́ра. Он вы́катился из кусто́в и мча́лся пря́мо на меня́. Он был неузнава́ем, бежа́л смешно́, высоко́ подпры́гивая, не так, как

[4] small shrubbery, low growth

бе́гают обыкнове́нно соба́ки, но тем не ме́нее гнал уве́ренно, аза́ртно, ла́ял беспреста́нно, захлёбываясь, срыва́ясь на то́нкий, щеня́чий го́лос.

— Аркту́р! — кри́кнул я.

Он сби́лся с хо́да, я успе́л подскочи́ть и схвати́ть его́ за оше́йник. Он рва́лся, рыча́л, чуть не укуси́л меня́, глаза́ его́ налили́сь кро́вью, и мне вели́кого труда́ сто́ило успоко́ить и отвле́чь его́. Он был си́льно помя́т и поцара́пан, держа́л ле́вое у́хо к земле́ — ви́димо, он всё-таки уда́рился где́-то не́сколько раз, — но так велика́ была́ его́ страсть, так был он возбуждён, что и не почу́вствовал э́тих ушиб́ов.

V

С э́того дня жизнь его́ пошла́ други́м чередо́м. С утра́ он пропада́л в лесу́, убега́л туда́ оди́н и возвраща́лся иногда́ к ве́черу, иногда́ на сле́дующий день, ка́ждый раз соверше́нно изму́ченный, изби́тый, с нали́вшимися кро́вью глаза́ми. Он си́льно вы́рос за э́то вре́мя, грудь раздала́сь, го́лос окре́п, ла́пы ста́ли сухи́ми и мо́щными, как стальны́е пружи́ны.

Как он гоня́л там оди́н, как не разбива́лся, — э́того я не мог поня́ть. Он, наве́рное, чу́вствовал всё-таки, что в его́ одино́ких охо́тах чего́-то не хвата́ет. Мо́жет быть, он ждал одобре́ния, подде́ржки со стороны́ челове́ка, что так необходи́мо ка́ждой го́нчей соба́ке.

Я ни ра́зу не ви́дел его́ верну́вшимся и́з лесу сы́тым. Бег его́, бег слепо́й, нело́вкой соба́ки, коне́чно же, был медли́тельным и неуве́ренным. Нет, никогда́ не догоня́л он свои́х враго́в и не вонза́л в них зу́бы! Лес ему́ был молчали́вым враго́м, лес стега́л его́ по мо́рде, по глаза́м, лес броса́лся ему́ по́д но́ги, лес остана́вливал его́. То́лько за́пах, ди́кий, ве́чно волну́ющий, зову́щий, нестерпи́мо прекра́сный и вражде́бный, достава́лся ему́, то́лько оди́н след среди́ ты́сячи други́х вёл его́ всё вперёд и вперёд.

Как находи́л он доро́гу домо́й, очну́вшись от бе́шеного бе́га, от вели́ких грёз? Како́е чу́вство простра́нства и топогра́фии, како́й вели́кий инсти́нкт ну́жен был ему́, что́бы, очну́вшись соверше́нно обесси́ленным, разби́тым, задохну́вшимся, сорва́вшим го́лос, где́-нибу́дь за мно́го вёрст, в глухо́м лесу́ с шо́рохом трав и за́пахом сыры́х овра́гов, добра́ться до́ до́му!

Ка́ждой го́нчей соба́ке необходи́мо одобре́ние со стороны́ челове́ка. Соба́ка го́нит зве́ря и забыва́ет всё, но да́же в моме́нт наивы́сшей стра́сти она́ зна́ет, что где́-то там, впереди́, охва́ченный тако́й же стра́стью, перебега́ет по ла́зам её хозя́ин-охо́тник и что, когда́ придёт пора́, его́ вы́стрел реши́т всё. В таки́е мину́ты го́лос хозя́ина дича́ет от стра́сти и заража́ет соба́ку, он то́же ла́зит по куста́м, бе́гает, хри́пло по́рскает,[5] помога́ет соба́ке распу́тать след. А когда́ всё ко́нчено, хозя́ин броса́ет соба́ке па́занки,[6] смо́трит на неё ди́кими, хмельны́ми, счастли́выми глаза́ми, кричи́т с восто́ргом: «Но, ты! Ми́л-лая!» — и тре́плет за́ уши.

Аркту́р был одино́к в э́том смы́сле и страда́л. Любо́вь к хозя́ину боро́лась в нём с охо́тничьей стра́стью. Не́сколько раз я виде́л, как ра́нним у́тром Аркту́р вылеза́л из-под терра́сы, где люби́л спать, побе́гав по́ саду, сади́лся под окно́м до́ктора и принима́лся ждать его́ пробужде́ния. Так де́лал он всегда́ ра́ньше, и е́сли до́ктор, просну́вшись в хоро́шем настрое́нии, выгля́дывал в окно́ и звал: «Аркту́р!» — что тогда́ выде́лывал э́тот пёс! Торже́ственно он подходи́л к са́мому окну́, задира́л вверх го́лову с подёргивающимся го́рлом и пока́чивался, переступа́я с ла́пы на ла́пу. Пото́м он проника́л в дом — там начина́лась кака́я-то возня́, слы́шались счастли́вые зву́ки, а́рии до́ктора и то́пот по ко́мнатам.

Он и тепе́рь ждал пробужде́ния до́ктора. Но тепе́рь что́-то друго́е си́льно беспоко́ило его́. Он не́рвно подра́гивал, встря́хивался, почёсывался, погля́дывал вверх, встава́л, опя́ть сади́лся и принима́лся тихо́нько скули́ть. Пото́м начина́л бе́гать во́зле терра́сы, де́лая все бо́льшие круги́, опя́ть сади́лся под окно́м, да́же ко́ротко взла́ивал от нетерпе́ния и, насторожи́в у́ши, наклоня́я попереме́нно го́лову то на одну́, то на другу́ю сто́рону, до́лго прислу́шивался. Наконе́ц он встава́л, не́рвно потя́гивался, зева́л, направля́лся к забо́ру и реши́тельно вылеза́л в дыру́. Немно́го спустя́ я ви́дел его́ далеко́ в по́ле, труси́вшим свое́й ро́вной, не́сколько напряжённой и неуве́ренной ры́сью. Направля́лся он к ле́су.

VI

Как-то раз шёл я с ружьём по высо́кому бе́регу у́зкого о́зера.

[5] Onomatopoeic verb.
[6] rabbit's feet

У́тки в тот год необыча́йно разжире́ли, их бы́ло мно́го, в низи́нах ча́сто попада́лись бека́сы, и охо́та была́ лёгкой и ра́достной.

Вы́брав пень поудо́бнее, я присе́л отдохну́ть, и когда́ стих набежа́вший пе́ред тем лёгкий ветеро́к и наступи́л миг чисте́йшей, заду́мчивой тишины́, я услы́шал о́чень далеко́ стра́нные зву́ки. Бы́ло похо́же бу́дто кто́-то равноме́рно бил в сере́бряный ко́локол, и э́тот тёплый мали́новый звон, пу́таясь в е́льниках, уси́ливаясь в бора́х, разноси́лся по всему́ ле́су, настра́ивая всё на торже́ственный лад. Постепе́нно зву́ки ста́ли определя́ться, и, сосредото́чившись, я по́нял, что где́-то ла́ет соба́ка. Лай, доноси́вшийся с противополо́жного бе́рега о́зера, из глуши́ сосно́вых лесо́в, был чист, слаб и далёк; иногда́ он пропада́л совсе́м, но пото́м опя́ть упо́рно возобновля́лся немно́го бли́же и гро́мче.

Я сиде́л на пне, посма́тривал круго́м на жёлтые, засквози́вшие уже́ берёзы, на поседе́вший мох и далеко́ ви́дные на нём багря́ные ли́стья оси́ны, слу́шал сере́бряный лай, и мне каза́лось, что вме́сте со мной его́ слу́шают затаи́вшиеся белки, тетерева́, и берёзы, и те́сные зелёные ёлки, и о́зеро внизу́, и вздра́гивает со́тканная пау-ка́ми паути́на. Ско́ро в э́том прекра́сном музыка́льном ла́е мне почу́дилось что́-то знако́мое, и я по́нял вдруг, что э́то го́нит Аркту́р.

Так вот когда́ пришло́сь мне услы́шать его́! Сла́бое, сере́бряное э́хо отдава́лось от со́сен, и от э́того каза́лось, что ла́ют не́сколько соба́к. Оди́н раз Аркту́р, ви́димо, сколо́лся и замолча́л. До́лгие мину́ты дли́лось э́то молча́ние, лес сра́зу стал пусты́м и мёртвым. Я как бы ви́дел, как кру́жит пёс, пома́ргивая бе́лыми глаза́ми, доверя́ясь одному́ то́лько чутью́. А мо́жет, он уда́рился о де́рево? Мо́жет быть, он лежи́т сейча́с с разби́той гру́дью, не в си́лах подня́ться, окрова́вленный и тоску́ющий?

Но гон возобнови́лся с но́вой си́лой, уже́ значи́тельно бли́же к о́зеру. О́зеро э́то так располо́жено, что все тро́пы, все ла́зы веду́т к нему́, ни оди́н не пройдёт ми́мо. Мно́го интере́сного ви́дел я во́зле э́того о́зера. Тепе́рь я то́же пригото́вился и ждал. Ско́ро на небольшу́ю, бу́рую от ко́нского щавеля́ лугови́ну на друго́й стороне́ вы́скочила лиса́. Она́ была́ гря́зно-се́рой, с моча́листым, то́нким хвосто́м. На мгнове́ние она́ останови́лась с подня́той пере́дней ла́пой, поста́вив торчко́м у́ши, — вслу́шивалась в приближа́вшийся гон. Пото́м, нетороплúво пробежа́в лугови́ной, пошла́ на опу́шку, нырну́ла в овра́г и скры́лась в мелколе́сье. Сейча́с же на лугови́ну вы́летел и Аркту́р. Он шёл немно́го сторон́ой от её сле́да, беспреста́нно и зло подава́л го́лос и, как всегда́, высоко́ и нело́вко пры́гал на бегу́. Сле́дом за лисо́й он слете́л в овра́г, су́нулся в мелколе́сье, завизжа́л и завы́л там, замолча́л, выбира́ясь из како́го-то тру́дного ме́ста, пото́м опя́ть зала́ял ни́зко и равноме́рно, бу́дто заби́л в серебряный ко́локол.

Как в стра́нном теа́тре, промелькну́ли пе́редо мной ве́чно вражду́ющие соба́ка и зверь, исче́зли, и я опя́ть оста́лся оди́н с тишино́й и далёким ла́ем соба́ки.

VII

Сла́ва о необыкнове́нном го́нчем псе ско́ро разнесла́сь по го́роду и по всей окру́ге. Его́ ви́дели на далёкой реке́ Ло́сьве, в поля́х за лесны́ми холма́ми, на са́мых глухи́х лесны́х доро́гах. О нём говори́ли в дере́внях, на пристаня́х и перево́зе, о нём спо́рили за кру́жкой пи́ва спла́вщики и рабо́чие лесозаво́да.

К нам в дом ста́ли наве́дываться охо́тники. Как пра́вило, они́ не ве́рили слу́хам, они́ по себе́ зна́ли це́ну охо́тничьим расска́зам. Они́ осма́тривали Аркту́ра, рассужда́ли о его́ уша́х и ла́пах, о его́ вя́зкости, пара́тости и други́х охо́тничьих ста́тях; они выи́скивали у него́ недоста́тки и угова́ривали до́ктора прода́ть им соба́ку. Им стра́шно хоте́лось пощу́пать мы́шцы Аркту́ра, посмотре́ть его́ ла́пы и грудь, но Аркту́р сиде́л у ног до́ктора тако́й хму́рый и насторо́женный, что никто́ не осме́ливался протяну́ть к нему́ ру́ку. А до́ктор, красне́я и сердя́сь, в деся́тый раз уверя́л, что соба́ка непрода́жная, что пора́ бы всем знать об э́том. Охо́тники уходи́ли огорчённые, и на сме́ну им приходи́ли други́е.

Одна́жды Аркту́р, накану́не си́льно разби́вшись, лежа́л под терра́сой, когда́ в саду́ появи́лся стари́к. Ле́вый глаз его́ вы́тек и затяну́лся, тата́рская бо́родка сквози́ла, на голове́ был мя́тый треу́х,[7] на нога́х сби́тые охо́тничьи сапоги́. Уви́дев меня́, стари́к заморга́л, стащи́л ша́пку с головы́, поскрёб го́лову и посмотре́л на не́бо.

— Пого́ды-то ны́не, пого́ды . . . — неопределённо на́чал он и, кря́кнув, умо́лк.

Я догада́лся и спроси́л:

— Не за соба́чкой ли пришли́?

[7] warm cap with ear flaps

— Да и как же! — оживи́лся он и наде́л ша́пку. — Ведь э́то что, к приме́ру, получа́ется? На что до́ктору соба́ка? Ни к чему́ она́ ему, а мне вот как нужна́ соба́чка! Ско́ро охо́ты и всё тако́е . . . У меня́, слышь, у самого́ есть гонча́к, да плох — дура́к, след не де́ржит и го́лосу никако́го. А ведь э́то что! Сляпо́й[8]-то, а? Ведь э́то уму́ непостижи́мо, как выга́нивает! Ца́рская соба́ка, вот те крест свято́й![9]

Я посове́товал ему́ поговори́ть с хозя́ином. Он повздыха́л, вы́сморкался и ушёл в дом, а че́рез пять мину́т появи́лся о́чень кра́сный и растерянный. Остановился ря́дом со мной, кряхте́л, до́лго заку́ривал. Пото́м нахму́рился.

— Что ж, отказа́ли вам? — спроси́л я, зара́нее зна́я отве́т.

— И не говори́! — огорчённо воскли́кнул он. — Ну что ты ска́жешь! Я с малоле́тства охо́тник — во, вишь, глаз потеря́л, — и сыновья́ у меня́ то́же, и всё тако́е. Нам, слышь, для де́ла соба́чка нужна́, для де́-ела! Нет, не даёт . . . Пятьсо́т рубле́й сули́л — цена́-то какова́, а? — и не подходи́, не даёт! Чуть не зареве́л, а? Э́то мне реве́ть на́до! Охо́ты подхо́дют[10] — соба́ки нет!

Он растерянно огляде́л сад, забо́р, и вдруг на лице́ его́ что́-то мелькну́ло, что-то тако́е хи́трое и у́мное. Он сра́зу стал споко́йнее.

— Она́ где же помеща́ется у вас? — как бы невзнача́й поинтересова́лся он и замига́л гла́зом.

— Уж не укра́сть ли соба́чку хоти́те? — спроси́л я.

Стари́к смути́лся, снял ша́пку, подкла́дкой вы́тер лицо́ и пытли́во гля́нул на меня́.

— Прости́ го́споди! — сказа́л он и засмея́лся. — Ведь так с ва́ми и до греха́ дойдёшь. А ты ду́мал! Ну, на что ему́ соба́ка? Скажи́ ты вот!

Он тро́нулся бы́ло к вы́ходу, но по доро́ге останови́лся и ра́достно посмотре́л на меня́.

— А го́лос-то, го́-олос! Понима́ешь ты го́лос? Чи́стый ключ, я тебе́ говорю́!

Пото́м верну́лся, подошёл ко мне и зашепта́л, подми́гивал и кося́сь на о́кна до́ма:

— Погоди́, соба́чка-то моя́ бу́дет. На что ему́ соба́ка? Челове́к он у́мственный, не охо́тник . . . Прода́ст он мне её, свято́й крест,

[8] Dialectal for *слепо́й.*
[9] by the Holy Cross!
[10] Spelled *подхо́дят.*

прода́ст! До покрова́-то далеко́, чего́-нибудь уду́маем. А ты гово-ри́шь . . . Эх!

Едва́ стари́к ушёл, в сад вы́шел до́ктор.

— Что он тут вам говори́л? — волнова́лся он. — Ах, како́й про-ти́вный старика́шка! Како́й у него́ глаз, вы заме́тили? Пря́мо раз-бо́йничий!

До́ктор не́рвно потира́л ру́ки, ше́я у него́ покрасне́ла, седа́я пря́дка свали́лась на лоб. Аркту́р, услыха́в го́лос своего́ хозя́ина, вы́полз из-под терра́сы и, прихра́мывая, подошёл к нам.

— Аркту́р! — сказа́л до́ктор. — Ты ведь мне никогда́ не из-ме́нишь?

Аркту́р закры́л глаза́ и ткну́лся но́сом до́ктору в коле́ни. Он не мог стоя́ть от сла́бости и сел. Го́лову его́ тяну́ло кни́зу, он почти́ спал. До́ктор ра́достно посмотре́л на меня́, засмея́лся и потрепа́л Аркту́ра за́ уши. Он не знал, что го́нчий пёс уже измени́л ему́, изме-ни́л с того́ са́мого моме́нта, когда́ попа́л со мной в лес.

VIII

Как бы́ло бы хорошо́, е́сли бы все прекра́сные исто́рии име́ли счастли́вый коне́ц! И ра́зве не заслу́живает геро́й, хотя́ бы то́лько го́нчий пёс, до́лгой, ра́достной жи́зни? Никто́ на земле́ не рожда́ется бесце́льно, и го́нчий пёс рожда́ется, чтобы гнать зве́ря-врага́, гнать за то, что тот не пришёл к челове́ку и не стал ему́ дру́-гом, как пришла́ когда́-то соба́ка, а оста́лся на всё вре́мя ди́ким. Слепо́й пёс — не слепо́й челове́к, ему́ никто́ не помо́жет, он одино́к в темноте́, он бесси́лен и обречён само́й приро́дой, всегда́ жесто́кой к сла́бым, и е́сли он всё-таки стра́стно слу́жит гла́вному предназ-наче́нию, е́сли он живёт, что мо́жет быть лу́чше, вы́ше э́того! Но тако́й жи́знью Аркту́ру ма́ло пришло́сь пожи́ть . . .

А́вгуст подошёл к концу́, пого́да испо́ртилась, и я собрался́ уез-жа́ть, когда́ пропа́л Аркту́р. У́тром он ушёл в лес и не верну́лся ни к ве́черу, ни на сле́дующий день, ни ещё через де́нь.

Когда́ друг, кото́рый жил с тобо́й, кото́рого ви́дел ка́ждый день и к кото́рому ча́сто да́же невнима́тельно относи́лся, когда́ э́тот друг ухо́дит и не возвраща́ется бо́льше, на до́лю тебе́ остаю́тся одни́ воспомина́ния.

И я вспо́мнил все дни, проведённые с Аркту́ром вме́сте, его́ неу-ве́ренность, смуще́ние, его́ нело́вкий, не́сколько бо́ком, бег, его́ го́лос, привы́чки, ми́лые пустяки́, его́ влюблённость в хозя́ина, да́же за́пах чи́стой, здоро́вой соба́ки . . . Я вспомина́л всё э́то и жале́л, что э́то был не мой пёс, что не я дал ему́ и́мя, что не меня́ он люби́л и не к моему́ до́му возвраща́лся в темноте́, очну́вшись от пого́ни за мно́го вёрст.

До́ктор осу́нулся за э́ти дни. Он сра́зу заподо́зрил да́вешнего старика́, и мы до́лго разы́скивали его́, пока́ наконе́ц не нашли́. Но стари́к кля́лся и божи́лся, что Аркту́ра в глаза́ не вида́л, ма́ло того́ — вы́звался иска́ть его́ вме́сте с на́ми.

Весть о пропа́же Аркту́ра мгнове́нно облете́ла весь го́род. Оказа́лось, что мно́гие зна́ют его́ и лю́бят и что все гото́вы помо́чь до́ктору в по́исках. Все бы́ли за́няты са́мыми разноречи́выми то́лками и слу́хами. Кто́-то ви́дел соба́ку, похо́жую на Аркту́ра, друго́й слы́шал в лесу́ его́ лай . . .

Ребя́та, те, кото́рых до́ктор лечи́л, и те, кото́рых он совсе́м не знал, ходи́ли по лесу́, крича́ли, обсле́довали все лесны́е сторо́жки, стреля́ли и по де́сять раз в день наве́дывались к до́ктору узна́ть, не пришёл ли, не нашёлся ли чуде́сный го́нчий пёс.

Я не иска́л Аркту́ра. Мне как-то не ве́рилось, чтобы он мог заблуди́ться, — для э́того у него́ бы́ло сли́шком хоро́шее чутьё. И он сли́шком люби́л своего́ хозя́ина, чтобы приста́ть к како́му-нибудь охо́тнику. Он, коне́чно, поги́б . . . Но как, где — э́того я не знал. Ма́ло ли где мо́жно найти́ свою́ смерть!

А че́рез не́сколько дней по́нял э́то и до́ктор. Он ка́к-то сра́зу поскучне́л, переста́л петь и ве́чером до́лго не спал. В до́ме без Аркту́ра ста́ло пу́сто и ти́хо, коты́ уже́ никого́ не боя́лись и свобо́дно разгу́ливали в саду́, ка́мень во́зле реки́ никто́ не обню́хивал бо́льше. Бесполе́зный, он уны́ло торча́л над землёй и черне́л от дожде́й, за́пахи его́ никому́ не́ были нужны́.

В день отъе́зда моего́ мы до́лго говори́ли с до́ктором о ра́зных ра́зностях. Об Аркту́ре мы стара́лись не вспомина́ть. Оди́н раз то́лько до́ктор пожале́л, что смо́лоду не стал охо́тником.

IX

Го́да че́рез два я опя́ть попа́л в те места́ и снова́ посели́лся у до́ктора. Он по-пре́жнему жил оди́н. Никто́ не стуча́л когтя́ми по́ полу, не фу́кал но́сом и не молоти́л хвосто́м по плетёной ме́бели.

Дом молча́л, и в ко́мнатах так же па́хло пы́лью, апте́кой и ста́рыми обо́ями.

Но была́ весна́, и пусто́й дом не производи́л тя́гостного впечатле́ния. В саду́ ло́пались по́чки, ора́ли воробьи́, в ро́ще городско́го са́да с го́моном устра́ивались грачи́, до́ктор тонча́йшим фальце́том распева́л свои́ а́рии. По утра́м над го́родом стоя́л си́ний пар, река́ разлила́сь куда́ хвата́л глаз, на разли́вах отдыха́ли ле́беди и у́тром поднима́лись со свои́м ве́чным «клинк-кланк», гнуса́во сигна́лили ю́ркие катера́ и протя́жно гуде́ли упо́рные букси́ры. Бы́ло ве́село!

На друго́й день по прие́зде я пошёл на тя́гу. В лесу́ стоя́л золоти́стый тума́н, круго́м ка́пало, звене́ло, бу́лькало. Земля́ оголи́лась, си́льно и ре́зко па́хла, и ско́лько бы́ло други́х за́пахов — оси́новой коры́, гнию́щего де́рева, сыро́го листа́, — всех их переби́л си́льный и ре́зкий за́пах земли́.

Был прекра́сный ве́чер с о́гненным мо́рем зака́та, и вальдшне́пы лете́ли гу́сто. Я уби́л четырёх и е́ле отыска́л их на тёмном сло́е листвы́. Когда́ же не́бо позелене́ло и пога́сло и вы́сыпали пе́рвые звёзды, я ти́хо пошёл домо́й по знако́мой нее́зженой доро́ге, обходя́ широ́кие разли́вы, в кото́рых отража́лось не́бо, и го́лые берёзы, и звёзды.

Обходя́ оди́н из таки́х разли́вов по небольшо́й гри́вке, я вдруг заме́тил впереди́ что-то све́тлое и поду́мал снача́ла, что э́то после́дний клочо́к сне́га, но, подойдя́ бли́же, уви́дел лежа́вшие в разбро́с немно́гие ко́сти соба́ки. Се́рдце моё глу́хо застуча́ло, я стал всма́триваться, уви́дел оше́йник с позелене́вшей ме́дной пря́жкой . . . Да, э́то бы́ли оста́нки Аркту́ра.

Разобра́вшись внима́тельно во всём, я уже́ в по́лных су́мерках догада́лся, как бы́ло де́ло. У не ста́рой ещё, но сухо́й ёлки был отде́льный ни́жний сук. Он, как и всё де́рево, высыха́л, осы́пался и обла́мывался, пока́ наконе́ц не преврати́лся в го́лую, о́струю па́лку. На э́ту па́лку и наткну́лся Аркту́р, когда́ мча́лся по горя́чему, паху́чему сле́ду и не по́мнил уже́ и не знал ничего́, кро́ме э́того зову́щего всё вперёд, всё вперёд сле́да.

В по́лной темноте́ я пошёл да́льше, вы́шел на опу́шку, а отту́да, ча́вкая нога́ми по мо́крой земле́, и на доро́гу, но мы́слью всё возвраща́лся туда́, на ма́ленькую гри́вку[11] с сухо́й, обло́манной е́лью.

У охо́тников есть стра́нная любо́вь к зву́чным имена́м. Каки́х

[11] ridge

то́лько имён не встре́тишь среди́ охо́тничьих соба́к! Есть тут Диа́ны и Анте́и, Фе́бы и Неро́ны, Вене́ры и Ро́мулы . . . Но, наве́рное, никака́я соба́ка не была́ так досто́йна гро́мкого и́мени, и́мени неме́ркнущей голубо́й звезды́.

1959

Ю́рий Па́влович Казако́в

ОТЩЕПЕ́НЕЦ

I

Размо́ренный жа́рким днём, нае́вшись недожа́ренной, недосо́ленной ры́бы, ба́кенщик Его́р спит у себя́ в сторо́жке.

Сторо́жка его нова́, пуста́. Да́же пе́чки нет, вы́резана то́лько полови́на по́ла, нава́лены в сеня́х кирпичи́ и сыра́я гли́на. По бреве́нчатым стена́м виси́т из пазо́в па́кля, ра́мы но́вые, стёкла не зама́заны, то́нко звеня́т, отзыва́ются парохо́дным гудка́м, и по́лзают по подоко́нникам муравьи́.

Просыпа́ется Его́р, когда́ сади́тся со́лнце и всё вокру́г наполня́ется тума́нным бле́ском, а река́ стано́вится неподви́жно-золото́й. Он зева́ет, зева́ет со сла́дкой му́кой, замира́я, выгиба́ясь, напряга́ясь чуть не до су́дорог. Почти́ не открыва́я глаз, торопли́во вя́лыми рука́ми свёртывает папиро́су и заку́ривает. А закури́в, стра́стно, глубоко́ затя́гивается, издава́я губа́ми всхли́пывающий звук, с наслажде́нием ка́шляет со сна, кре́пко дерёт твёрдыми ногтя́ми грудь и бока́ под руба́хой. Глаза́ его́ увлажня́ются, хмеле́ют, те́ло налива́ется бо́дрой мя́гкой исто́мой.

Накури́вшись, он идёт в се́ни и так же жа́дно, как кури́л, пьёт холо́дную во́ду, па́хнущую листо́м, корня́ми, оставля́ющую во рту прия́тно-оско́менный вкус. Пото́м берёт вёсла, кероси́новые фонари́ и спуска́ется вниз, к ло́дке.

Ло́дка его́ наби́та мя́той осо́кой, набрала́ воды́, осе́ла кормо́й и отяжеле́ла. Его́р ду́мает, что на́до бы вы́лить во́ду, но вылива́ть лень, и, вздохну́в, погляде́в на зака́т, пото́м вверх и вниз по реке́, он расставля́ет но́ги, напряга́ется бо́льше, чем ну́жно, и спи́хивает ло́дку с бе́рега.

Плёс у Его́ра небольшо́й. Ему́ ну́жно заже́чь фонари́ на четырёх ба́кенах, два из кото́рых стоя́т наверху́, два — внизу́. Ка́ждый раз он до́лго сообража́ет, куда́ ловче́е снача́ла грести́; вверх и́ли вниз. Он и сейча́с заду́мывается. Пото́м, устра́иваясь, стучи́т вёслами, умина́ет осо́ку, пиха́ет нога́ми фонари́ и начина́ет выгреба́ть против тече́ния. «Всё это тра́ли-ва́ли . . .[1]» — ду́мает он, размина́ясь, разогрева́ясь, гребя́ ре́зкими рывка́ми, бы́стро валя́сь наза́д и выпрямля́ясь, погля́дывая на темне́ющие, розове́ющие, отражённые в споко́йной воде́ берега́, ло́дка оставля́ет за собо́й тёмный на зо́лоте воды́ след, аккура́тные завитки́ по бока́м.

Во́здух холоде́ет, ла́сточки но́сятся над са́мой водо́й, пронзи́тельно визжа́т, под берега́ми всплёскивает ры́ба, и при ка́ждом всплёске Его́р де́лает тако́е лицо́, бу́дто давно́ зна́ет и́менно э́ту ры́бу. С берего́в тя́нет за́пахом земляни́ки, се́на, роси́стых кусто́в, из ло́дки — ры́бой, кероси́ном и осо́кой, а от воды́ уже́ поднима́ется едва́ заме́тный тума́н и па́хнет глубино́й, потаённостью.

По о́череди зажига́ет и устана́вливает Его́р кра́сные и бе́лые фонари́ на ба́кенах, лени́во, карти́нно, почти́ не огреба́ясь, спуска́ется вниз и там зажига́ет. Ба́кены горя́т я́рко и далеко́ видны́ в наступа́ющих су́мерках. А Его́р уже́ торопли́во выгреба́ет вверх, пристаёт во́зле сторо́жки, мо́ется, смо́трится в зе́ркало, надева́ет сапоги́, све́жую руба́ху, ту́го и набекре́нь нати́скивает морску́ю фура́жку, переезжа́ет на друго́й бе́рег, зача́ливает ло́дку у кусто́в, выхо́дит на луг и зо́рко смо́трит вперёд, на зака́т.

На лугу́ уже́ тума́н, и па́хнет сы́ростью.

Тума́н так пло́тен и бел, что и́здали ка́жется разли́вом. Как во сне, идёт, плывёт Его́р по́ плечи в тума́не, и то́лько верху́шки стого́в видны́, то́лько чёрная поло́ска ле́са вдали́ под беззву́чным не́бом, под га́снущим уже́ зака́том.

Его́р поднима́ется на цы́почки, вытя́гивает ше́ю и замеча́ет наконе́ц вдали́ ро́зовую косы́нку над тума́ном.

— Э-ей! — зву́чным те́нором оклика́ет он.

— А-а . . . — сла́бо доно́сится и́здали.

[1] "It's all a lot of nonsense."

Егóр ускоря́ет шаг, потóм пригибáется и бежи́т, бýдто пéрепел, тропóй. Свернýв с тропы́, он ложи́тся, обзеленя́я колéнки и лóкти травóй, и с колотя́щимся сéрдцем всмáтривается в ту стóрону, где показáлась емý рóзовая косы́нка. Прохóдит минýта, две, но никогó нет, звýка шагóв не слы́шно, и Егóр не выдéрживает, поднимáется, гляди́тповéрх тумáна. По-прéжнему ви́дит он тóлько закáт, полóску лéса, чёрные шáпки стогóв — смýтно и си́зо вокрýг негó. «Спря́талась!» — с нетерпели́вым востóргом дýмает он, опя́ть ныря́ет в тумáн и крадётся в стóрону закáта. Он надувáется, сдéрживая дыхáние, лицó наливáется крóвью, фурáжка начинáет рéзать емý лоб. Вдруг он ви́дит совсéм бли́зко смýтную съёжившуюся фигýрку и вздрáгивает от неожи́данности.

— Стой! — ди́ко вопи́т он. — Стой, убью́!

И, топочá сапогáми, гóнится за ней, а онá с ви́згом, со смéхом убегáет от негó, роня́я что-то из сýмки. Он бы́стро догоня́ет её, вмéсте вáлятся они́ на мя́гкие, пáхнущие свéжей землёй и грибáми кротóвые кýчи и крéпко, счáстливо обнимáются в тумáне. Потóм поднимáются, разы́скивают урóненное из сýмки и мéдленно бредýт к лóдке.

По-прéжнему тóлько гóловы их видны́ над тумáном, и ужé обóим им кáжется, что они́, как во сне, плывýт кудá-то, охмелéв от звóна крóви в ушáх.

II

Егóр óчень мóлод, но ужé пья́ница.

Пья́ницей былá и егó женá — распýщенная, потрёпанная бабёнка,[2] горáздо стáрше егó, утонýвшая óсенью в ледостáв. Пошлá в дерéвню за вóдкой, обрáтной дорóгой вы́пила, опьянéла, шла и пéла пéсни, подошлá к рекé прóтив сторóжки, закричáла:

— Егóр, зарáза, выходи́, глянь на меня́!

Егóр вы́шел, рáдостный, в наки́нутом полушýбке, в опóрках на бóсу нóгу, и ви́дел, как онá шла, помáхивая сýмкой, как принялáсь плясáть посреди́ реки́, хотéл кри́кнуть, чтóбы скорéе шла, и не успéл: на егó глазáх проломи́лся лёд, и мгновéнно ушлá пóд воду женá. В однóй рубáхе, ски́нув полушýбок и опóрки, побежáл он босикóм по льду и когдá бежáл, всё потрéскивал, мя́гко колыхáлся, подавáлся под ним лёд — упáл, допóлз на животé до полыньи́ и

[2] dissolute, shabby little woman

то́лько посмотре́л на чёрную дымя́щуюся во́ду, то́лько завы́л, зажму́рился и попо́лз обра́тно. А через три дня заколоти́л сторо́жку и ушёл на́ зиму к себе́ в дере́вню за три версты́, на другу́ю сто́рону.

Весно́й же, на разли́ве, перевози́л он как-то молоду́ю Алёнку из Трубецко́го, и когда́ та ста́ла достава́ть де́ньги, Его́р вдруг торопли́во сказа́л:

— Ну ла́дно, ла́дно . . . Э́то всё тра́ли-ва́ли . . . А ты когда́ зайди́ ко мне́-то: оди́н живу́, ску́чно. Да и постира́ть там чего́, а то завши́веешь без ба́бы, а я тебе́ ры́бы дам.

А когда́ неде́ли две спустя́ Алёнка, возвраща́ясь отку́да-то к себе́ в дере́вню, зашла́ по́д вечер к нему́ в сторо́жку, у Его́ра так заколоти́лось се́рдце, что он испуга́лся. И пе́рвый раз в жи́зни засуети́лся Его́р из-за де́вки, побежа́л на у́лицу, развёл из ще́пок костеро́к ме́жду кирпича́ми, поста́вил закопте́лый ча́йник, стал расспра́шивать Алёнку про жизнь, замолка́я вдруг на полусло́ве, смуща́я её до слёз и сам смуща́ясь, вы́мылся и наде́л чи́стую руба́ху в сеня́х, а че́рез ре́ку перевёз её уже́ но́чью и далеко́ провожа́л луга́ми.

Тепе́рь Алёнка ча́сто прихо́дит к нему́ и ка́ждый раз остаётся в сторо́жке дня на́ три. И когда́ она́ с ним, Его́р небре́жен и насме́шлив. Когда́ её нет, он скуча́ет, ме́ста себе́ не нахо́дит, всё ва́лится у него́ из рук, он мно́го спит, и сны сня́тся ему́ нехоро́шие, трево́жные.

Его́р кре́пок, кадыка́ст, немно́го вял и слегка́ косола́п. Лицо́ у него́ кру́пное, ры́хлое, неподви́жно-со́нное и горбоно́сое. На ле́тнем со́лнце, на ветру́ загоре́л он почти́ до черноты́, и се́рые глаза́ его́ ка́жутся си́ними. Хара́ктер у него́ стра́нный, взба́лмошный, и он сам зна́ет и страда́ет от э́того. «Недоде́ланный я како́й-то, — жа́луется он, вы́пив. — Чёрт меня́ де́лал на пья́ной козе́!»

Э́той весно́й он остаётся вдруг у себя́ в сторо́жке на Пе́рвое ма́я. Почему́ не пошёл в дере́вню, как сперва́ хоте́л, он и сам не зна́ет. Валя́ется на сби́той, непри́бранной крова́ти, посви́стывает. То́ненько вопя́т с того́ бе́рега:

— Его́-о-ор! . .

Его́р су́мрачно выхо́дит к воде́.

— Его́-орка, тебе́ веле́ли иди́-ить . . .[3]

— Кто веле́л-то? — помолча́в, кричи́т Его́р.

— Дя́дя . . . а-а́ся и дя́ди . . . е-е́дя . . .

— А для чего́ они́ сами́ не пришли́-и?

[3] to go (hyphenated word to give the effect of sound of howling) (*dialectal*)

— Они́ не о́-огут иди-ить, они́ пья-я́ный-и . . .[4]

Лицо́ Его́ра изобража́ет тоску́.

— Рабо́та у меня́, скажи́, рабо́-ота! — кричи́т он, хотя́ никако́й рабо́ты у него́, коне́чно, нет. «Эх, и гуля́ют сейча́с в дере́вне!» — го́рько ду́мает он и вообража́ет пья́ных родны́х, мать, столы́ с заку́ской, пироги́, беспреры́вную му́зыку, дрожжево́й вкус бра́ги, наря́дных де́вок, фла́ги на и́збах, кино́ в клу́бе, мра́чно плюёт в во́ду и ле́зет на обры́в, в сторо́жку.

— О-о-ор . . . иди́-и . . . — звени́т, ма́нит его́ с того́ бе́рега го́лос, но Его́р не слу́шает.

Отно́сится он ко всему́ с равноду́шием, с насме́шкой, лени́в необыкнове́нно, де́нег у него́ быва́ет мно́го, и достаю́тся они́ ему́ легко́. Моста́ побли́зости нет, и Его́р перево́зит всех, беря́ за перево́з по рублю́, а в раздраже́нии — и по два. Рабо́та ба́кенщика, лёгкая, старико́вская, разврати́ла, избалова́ла его́ оконча́тельно.

Но иногда́ сму́тное беспоко́йство охва́тывает Его́ра. Ча́ще всего́ быва́ет э́то ве́чером. Лёжа ря́дом со спя́щей Алёнкой, вспомина́ет Его́р, как служи́л во фло́те на се́вере. Вспомина́ет корешей́,[5] с кото́рыми, коне́чно, давно́ потеря́л вся́кую связь, вспомина́ет их голоса́, их ли́ца и да́же разгово́ры, но нея́сно, лени́во . . . Как-то они́ тепе́рь, что с ни́ми? Где живу́т и вспомина́ют ли его́?

Вспомина́ет Его́р ни́зкий су́мрачный бе́рег, Се́верное мо́ре, жу́ткое се́верное сия́ние зимо́й, си́зые ма́ленькие изуро́дованные ёлки, мох, песо́к; вспомина́ет, как горе́л по ноча́м мая́к, как ослепи́тельно и ды́мно мерца́л его́ свет, луча́ми скользя́ по мёртвому ле́су.

Ду́мается ему́ обо всём э́том равноду́шно и отдалённо. Иногда́ же его́ внеза́пно охва́тывает, бьёт стра́нная дрожь и стра́нные ди́кие мы́сли ле́зут в го́лову: что бе́рег и сейча́с тако́й же, и сейча́с стоя́т на нём бара́ки с ши́ферными кры́шами, сверка́ет по ноча́м мая́к, а в бара́ках моряки́, ко́йки в два я́руса, треск радиоприёмника, разгово́ры, писа́ние пи́сем, ку́рево . . . Всё, всё тако́е же, а его́ нет там, он да́же как бы и не́ жил там, не служи́л, а всё э́то так . . . наважде́ние, сон!

Тогда́ он встаёт, выхо́дит на бе́рег, сади́тся или ложи́тся под кусто́м, заверну́вшись в полушу́бок, и чу́тко слу́шает и смо́трит в темноту́ на отражённые в реке́ звёзды, на далёкие неподви́жные

[4] *пья́ные* (*cf.* footnote 3)
[5] "buddies" (*slang*)

я́ркие огонькѝ ба́кенов. Притворя́ться ему́ в таки́е мину́ты не перед кем, и лицо́ его стано́вится гру́стным, заду́мчивым. То́мно у него́ на се́рдце, хо́чется чего́-то, хо́чется уе́хать куда́-нибудь, хо́чется ино́й жи́зни.

На Трубецко́м плёсе ме́дленно возника́ет и так же ме́дленно пропада́ет густо́й, бархати́стый, трехтоно́вый гудо́к. Немно́го погодя́ пока́зывается парохо́д, я́рко озарённый све́том, торопли́во шлёпает пли́цами, шипи́т па́ром и сно́ва гуди́т. И шум его́, плеск, гуде́ние гу́лко, зноби́ще отдаю́тся в прибре́жных леса́х. Его́р смо́трит на парохо́д и ещё сильне́е тоску́ет.

Он вообража́ет да́льнюю доро́гу, вообража́ет, как спят по каю́там молоды́е же́нщины, па́хнущие духа́ми и е́дущие неизве́стно куда́. Он вообража́ет, как возле маши́нного отделе́ния сла́дко, мя́гко па́хнет па́ром, начи́щенной ме́дью и утро́бным маши́нным тепло́м. Па́лубы и пери́ла покры́ты росо́й, на мо́стике стоя́т зева́ющие ва́хтенные, перека́тывают руль. На ве́рхней па́лубе сидя́т одино́кие пассажи́ры, заверну́лись в пальто́, смо́трят в темноту́, на огонькѝ ба́кенов, на ре́дкие кра́сные костры́ рыбако́в, на за́рево фа́брики или электроста́нции — и всё э́то им ка́жется прекра́сным, чу́дным и так ма́нит сойти́ где́-нибудь на ма́ленькой при́стани, оста́ться в тишине́, в роси́стом хо́лоде. И обяза́тельно спит кто́-нибудь на ла́вке, натяну́в пиджа́к на́ голову, поджа́в но́ги, и просыпа́ется на секу́нду от гудко́в, от чи́стого во́здуха, от толчка́ парохо́да о при́стань . . .

Идёт мимо него́ жизнь! Что за звон стои́т в его́ се́рдце и над всей землёй? Что так ма́нит и будора́жит его́ в глухо́й вече́рний час? И почему́ так тоску́ет он и не ми́лы ему́ роси́стые луга́ и ти́хий плёс, не мила́ лёгкая, во́льная, ре́дкая рабо́та?

А ведь прекра́сна же его́ ро́дина — э́ти пы́льные доро́ги, исхо́женные, исто́птанные с младе́нчества, э́ти дере́вни — ка́ждая насо́бицу, ка́ждая со свои́м го́вором, со свои́ми де́вками, дере́вня, куда́ так ча́сто ходи́л он вечера́ми, где он целова́лся, пря́чась во ржах, где дра́лся не ра́з до́ крови, до беспа́мятства; прекра́сен же си́зый дым костра́ над реко́й, и огни́ ба́кенов, и весна́ с лило́вым сне́гом на поля́х, с му́тным необозри́мым разли́вом, с холо́дными зака́тами в полне́ба, с ворoха́ми шурша́щих па́лых прошлого́дних ли́стьев по овра́гам! Прекра́сна и о́сень с её ску́кой, с до́ждиком, с паху́чим ночны́м ве́тром, с осо́бенным в э́то вре́мя ую́том сторо́жки!

Так что же просыпа́ется он, кто зовёт по ноча́м его́, бу́дто звёздный крик гуди́т по реке́: «Его́-о-ор!»? И жу́тко и зно́бко ему́, какие-то да́ли зову́т его́, города́, шум, свет. Тоска́ по рабо́те, по настоя́щему труду́ — до сме́ртной уста́лости, до сча́стья!

И, волоча́ полушу́бок, идёт он в сторо́жку, ложи́тся к Алёнке, бу́дит её и жа́лко и жа́дно приника́ет, прижима́ется к ней, чу́вствует то́лько её, как ребёнок, гото́вый запла́кать. Зажму́рившись, трётся он лицо́м о её плечо́, целу́ет её в ше́ю, слабе́я от ра́дости, от горя́чей любви́ и не́жности к ней, чу́вствуя на лице́ отве́тные, бы́стрые и не́жные её поцелу́и, уже́ не ду́мая ни о чём и ничего́ не жела́я, а жела́я то́лько, чтобы так продолжа́лось всегда́.

Пото́м они ше́пчутся, хотя́ мо́гут говори́ть гро́мко. И Алёнка, как всегда́, угова́ривает Его́ра остепени́ться, бро́сить пить, пожени́ться, пое́хать куда́-нибудь, устро́иться на настоя́щую рабо́ту, чтобы его́ уважа́ли, чтобы писа́ли про него́ в газе́тах.

И уже́ через полчаса́ — успоко́енный, лени́вый и насме́шливый, — через полчаса́ бормо́чет Его́р своё люби́мое «тра́ли-ва́ли», но бормо́чет как-то рассе́янно, не оби́дно, жела́я вта́йне, чтобы она́ ещё и ещё шепта́ла, чтобы́ ещё и ещё угова́ривала его́ нача́ть но́вую жизнь.

III

Ча́сто в сторо́жке у Его́ра ночу́ют прое́зжие, поднима́ющиеся и спуска́ющиеся по реке́ на мото́рках, на байда́рках и даже на плота́х. Ка́ждый раз при э́том происхо́дит одно́ и то же: прое́зжие глу́шат внизу́ мото́р, и кто́-нибудь поднима́ется к Его́ру в сторо́жку.

— Здоро́во, хозя́ева! — наигранно бо́дро говори́т прое́зжий.

Его́р молчи́т, поса́пывая, ковыря́ет и́вовую ве́ршу.

— Здра́вствуйте! — уже́ слабе́е повторя́ет прое́зжий. — Переночева́ть нельзя́ ли у вас?

И опя́ть отве́том ему́ молча́ние. Его́р да́же дыша́ть перестаёт, так за́нят ве́ршей.

— А ско́лько вас? — спустя́ до́лгое вре́мя спра́шивает он.

— Да тро́е то́лько . . . Мы ка́к-нибудь . . . — с ро́бкой наде́ждой говори́т прое́зжий. — Мы запла́тим, не беспоко́йтесь . . .

Его́р равноду́шно, ме́дленно, с па́узами расспра́шивает, кто таки́е, куда́ е́дут, отку́да . . . И когда́ спра́шивать уже́ не́чего, с ви́димой неохо́той разреша́ет:

— Ну что ж, переночева́ть мо́жно.

Тогда́ все вылеза́ют из ло́дки, поды́скивают ме́сто, скла́дывают вещи, выта́скивают и перевора́чивают ло́дку, но́сят в сторо́жку рюкзаки́, кани́стры, котелки́, мото́р. В сторо́жке начина́ет па́хнуть бензи́ном, доро́гой, сапога́ми, де́лается те́сно. Его́р оживля́ется, подаёт ка́ждому ру́ку, чу́вствует прили́в весёлости, чу́вствует предстоя́щую вы́пивку. Начина́ет он суети́ться, начина́ет говори́ть без у́молку, преиму́щественно о пого́де, покри́кивает на Алёнку, разво́дит возле сторо́жки большо́й я́ркий костёр.

А когда́ разлива́ют во́дку, Его́р опуска́ет ресни́цы, гла́за его́ мерца́ют, ды́шит он ре́дко и ти́хо, страда́я и боя́сь, что ему́ недольют. Пото́м берёт свое́й кре́пкой тёмной руко́й со сби́тыми ногтя́ми стака́н, твёрдо и ве́село говори́т: «Со знако́мством!» — и выпива́ет, камене́я лицо́м.

Пьяне́ет он бы́стро, ра́достно и легко́. Пьяне́ет — и начина́ет врать скла́дно, убеждённо, с наслажде́нием. Врёт он гла́вным о́бразом про ры́бу, так как убеждён почему́-то, что прое́зжие интересу́ются то́лько ры́бой.

— Ры́ба, — говори́т он, осторо́жно и как бы не́хотя заку́сывая, — у нас вся́кая . . . Пра́вда, ма́ло её ста́ло, н . . . но . . . — Он ха́кает, де́лает па́узу и понижа́ет го́лос, — . . . но кто уме́ет . . . Я вчера́, между про́чим, щу́ку пойма́л. Щучка́, пра́вду сказа́ть, небольша́я — полтора́ пу́да всего́ . . . У́тром пое́хал по ба́кенам, слы́шу, под бе́регом плескану́ла. Я сра́зу закиду́ху в во́ду, пока́ с ба́кенами вози́лся, она́ и села́: крючо́к аж[6] в пу́зо зашёл!

— Где же щу́ка-то? — спра́шивают его.

— А я её тогда́ же в рабо́чий посёлок свёз, про́дал, — не моргну́в гла́зом, отвеча́ет Его́р и подро́бно опи́сывает, кака́я была́ щу́ка.

И е́сли кто́-нибудь усомни́тся — а сомнева́ются постоя́нно, и Его́р ждёт э́того с нетерпе́нием, — он вспы́хивает и уже́, как хозя́ин, тя́нется к буты́лке, налива́ет себе́ (ро́вно сто пятьдеся́т гра́ммов), бы́стро выпива́ет и тогда́ то́лько поднима́ет на усомни́вшегося хмельны́е, безду́мно-отча́янные глаза́ и говори́т:

— А хо́чешь, за́втра пое́дем? На чего́ спо́рим? У вас како́й мото́р-то?

— «М-72», — отвеча́ют ему́.

Его́р повора́чивается и мину́ту смо́трит на мото́р, прислонённый к углу́.

[6] even (*slang*)

— Э́тот? Ну, э́то тра́ли-ва́ли! — пренебрежи́тельно говори́т он. — У Сла́вки — бо́линдер,[7] э́то у него́ мой, я ему́ привёз с фло́та, сам собра́л. Зверь, не мото́р: два́дцать киломе́тров в час! Э́то ещё про́тив воды́ . . . Ну? Дава́й на мото́р! Ста́влю бо́линдер про́тив твое́й тра́ли-ва́ли! Ну? Оди́н тако́й поспо́рил — ружьё проспо́рил. Показа́ть ружьё? Заказна́я «ту́лка», бьёт, как зверь, я на неё зимо́й, — он секу́нду ду́мает, стеклене́я глаза́ми, — три́ста пятьдеся́т за́йцев взял! Ну?

И покоро́бленные, немно́го растеря́вшиеся го́сти, чтобы хоть как-то уколо́ть его́, то́тчас спро́сят о пе́чке:

— Что ж, па́рень, без пе́чки живёшь?

— Пе́чка? — уже́ кричи́т Его́р. — А кто мо́жет скласть? Ты мо́жешь? Склади́! Гли́на, кирпи́ч есть, матерья́л, сло́вом. Склади́, полтора́ста сра́зу даю́, как пить дать! Ну? Склади́![8] — наста́ивал он упо́рно, зна́я, ви́дя, что про́сьба его́ невыполни́ма, а раз невыполни́ма, то побе́да опя́ть его́. — Ну? Склади́!

И в ту же мину́ту, заме́тив, что во́дка ещё есть, что го́сти смею́тся, он выхо́дит в се́ни, надева́ет там морску́ю свою́ фура́жку с «кра́бом», распа́хивает во́рот руба́хи, чтобы видна́ была́ тельня́шка,[9] и вхо́дит сно́ва.

— Разреши́те? — спра́шивает он с пья́ной, нарочи́той почти́тельностью и тут же докла́дывает: — Боцманма́т Се́верного фло́та, при́был в ва́ше распоряже́ние! Дозво́льте поздра́вить с годовщи́ной пра́здника коммуни́зма и социали́зма. Все си́лы ла́геря ми́ра на борьбу́ с враго́м, и в честь э́того поднеси́те!

Ему́ подно́сят, а Алёнка, страда́я от стыда́ за него́, начина́ет стлать гостя́м, чу́вствуя на глаза́х горя́чие слёзы, дожида́ясь с нетерпе́нием, почти с бе́шенством, когда же Его́р начнёт поража́ть госте́й. И Его́р поража́ет.

Совсе́м осолове́вший, он сади́тся вдруг на ла́вку, прива́ливается к стене́, дви́гает лопа́тками, шебарши́т нога́ми, устра́иваясь поудо́бнее, отка́шливается, поднима́ет лицо́ и запева́ет.

И при пе́рвых же зву́ках его́ го́лоса мгнове́нно смолка́ют разгово́ры — непоня́тно, с испу́гом все смо́трят на него́! Не часту́шки поёт он и не совреме́нные пе́сни, хоть все их зна́ет и постоя́нно мурлы́чет, — поёт он на стари́нный ру́сский мане́р, врастя́жку, как бы не-

[7] Name of a motor.
[8] Substandard for *сложи́*.
[9] undershirt

охо́тно, как бы хриплова́то, как, слы́шал он в де́тстве, пева́ли старики́. Поёт пе́сню ста́рую, до́лгую, с бесконе́чными, за́ душу хвата́ющими «о-о-о . . .» и «а-а . . .» Поёт негро́мко, чуть игра́я, чуть коке́тничая, но сто́лько си́лы и пронзи́тельности в его́ ти́хом го́лосе, сто́лько настоя́щего ру́сского, бу́дто бы древнебыли́нного, что через мину́ту забы́то всё — гру́бость и глу́пость Его́ра, его́ пья́нство и хвастовство́, забы́та доро́га и уста́лость, бу́дто сошли́сь вме́сте и про́шлое и бу́дущее, и то́лько необыча́йный го́лос звени́т, и вьётся, и тума́нит го́лову, и хо́чется без конца́ слу́шать, подпёршись руко́й, согну́вшись, закры́в глаза́, и не дыша́ть, и не сде́рживать сла́дких слёз!

— В Большо́й теа́тр тебе́ на́до! В Большо́й теа́тр! — крича́т все сра́зу, когда́ Его́р конча́ет, и все возбуждённо, блестя́ глаза́ми, предлага́ют ему́ по́мощь, все хотя́т написа́ть куда́-то: на ра́дио, в газе́ту, позвони́ть кому́-то . . . Всем ра́достно, пра́знично, а Его́р, счастли́вый от похва́л, уста́вший, уже́ слегка́ осты́вший, опя́ть небре́жен и насме́шлив, и кру́пное лицо́ его́ опя́ть ничего́ не выража́ет. Сму́тно представля́ет он себе́ Большо́й теа́тр, Москву́, летя́щую четвёрку коне́й, свет между коло́ннами, сия́ющий зал, зву́ки орке́стра — как всё ви́дел он э́то в кино́, — лени́во потя́гивается и бормо́чет:

— Всё э́то тра́ли-ва́ли . . . теа́тры там вся́кие . . .

И на него́ да́же не обижа́ются: так велика́ тепе́рь его́ сла́ва, таки́м непоня́тным и си́льным ка́жется он тепе́рь гостя́м.

Но это ещё не вся сла́ва его́.

IV

Э́то не вся сла́ва его́, а то́лько че́тверть. А настоя́щая сла́ва у него́ быва́ет, когда́, как он сам говори́т, его́ затя́нет. Затя́гивает же его́ ра́за два в ме́сяц, когда́ осо́бенно ску́чно и не по себе́ стано́вится ему́.

Тогда́ хандри́т он с са́мого утра́, с са́мого же утра́ и пьёт. Пьёт, пра́вда, понемно́гу и вре́мя от вре́мени лени́во говори́т:

— Ну, чего́ . . . Дава́й, что ли, Э́то . . . А?

— Чего́? — притворя́ется непонима́ющей Алёнка.

— Споём, что́ ли . . . дуе́том,[10] а? — вя́ло говори́т Его́р и вздыха́ет.

[10] Substandard for *дуэ́том*.

Алёнка пренебрежи́тельно усмеха́ется и ничего́ не отвеча́ет. Она́ зна́ет, что вре́мя ещё не пришло́, что Его́ра ещё не оконча́тельно затяну́ло. И она́ хо́дит по сторо́жке, всё что-то чи́стит, что-то мо́ет, ухо́дит на́ реку полоска́ть бельё, сно́ва возвраща́ется . . .

Наконе́ц наступа́ет вре́мя. Случа́ется э́то обы́чно к ве́черу. И Его́р уже́ не про́сит «дуе́та», он встаёт, нечёсаный, хму́рый, смо́трит в одно́ око́шко, в друго́е, вы́ходит, пьёт во́ду, пото́м суёт в карма́н буты́лку с во́дкой, берёт полушу́бок.

— Далеко́ ль собрался́? — неви́нно спра́шивает Алёнка, но всё в ней начина́ет дрожа́ть.

— Пошли́! — гру́бо говори́т Его́р и косола́по переша́гивает поро́г.

Лицо́ его́ бледне́ет, но́здри разыма́ются, на виска́х обознача́ются ве́ны. Алёнка, пока́шливая, стя́гивая у го́рла шерстяно́й плато́к, идёт ря́дом. Она́ зна́ет, что Его́р вы́йдет снача́ла на обры́в, посмо́трит вверх и вниз по реке́, немно́го поду́мает, бу́дто не зна́я, где прила́диться, и пойдёт пото́м к люби́мому своему́ ме́сту — к перевёрнутой дыря́вой плоскодо́нке, у са́мой воды́, в берёзках. И там он бу́дет петь с ней, но совсе́м не так петь, как пел гостя́м: им он пел немно́го небре́жно, немно́го игра́я и далеко́ не в по́лный го́лос . . .

Его́р и впра́вду остана́вливается на берегу́ и мину́ту ду́мает, пото́м мо́лча идёт к плоскодо́нке. Он сте́лет здесь полушу́бок, сади́тся, опира́ясь спино́й о борт ло́дки, раскоря́чивает и подвёртывает но́ги и ста́вит между ног буты́лку.

А зака́т прекра́сен, а на луга́х тума́н, как разли́в, и черна́ поло́ска ле́са на горизо́нте, черны́ верху́шки стого́в. А ве́тви берёз над голово́й неподви́жны, трава́ во́лгла, во́здух споко́ен и тёпел, но Алёнке уже́ зя́бко, прижима́ется она́ к Его́ру, а Его́р берёт дрожа́щей руко́й буты́лку и глота́ет из неё, передёргиваясь и ха́кая. Рот его́ по́лон сла́дкой слюны́.

— Ну . . . говори́т он, ве́ртит ше́ей, пока́шливает и предупрежда́ет шёпотом: — То́лько вто́ру дава́й смотри́ мне! . .

Он набира́ет по́лную грудь во́здуха, напряга́ется и начина́ет зауны́вно и дрожа́ще чисте́йшим и высоча́йшим те́нором:

Вдо́-о-оль по мо́рю,
мо́-о-орю си-и-инему . . .

Алёнка зажму́ривается, мучи́тельно сотряса́ется, выжида́я вре́мя, и вступа́ет ни́зко, зву́чно и то́чно — дух в дух:[11]

[11] in complete harmony

Плывёт ле́-ебедь со лебё-ёдушкой . . .

Но себя́, но своего́ ни́зкого, ма́тового, стра́стного го́лоса она́ и не слы́шит уже́ — где уж там! Чу́вствует она́ то́лько, как мя́гко, благода́рно да́вит, сжима́ет её плечо́ рука́ Его́ра, слы́шит то́лько его́ го́лос. Ах, что за сла́дость — пе́сня, что за му́ка! А Его́р, то обмяка́я, то напряга́ясь, то подпуска́я сиплоты́, то, наоборо́т, металли́чески-зву́чно, всё выгова́ривает ди́вные слова́, таки́е необыкнове́нные, таки́е простонаро́дно-знако́мые, бу́дто со́тню лет пе́тые:

Плывёт ле́-ебедь, не всколо-о-охнётся,
Жёлтым ме́лким песко́м
Не взворо-о-охнётся . . .

Ах, да что же э́то, и как бо́льно, как знако́мо всё э́то, бу́дто уж и зна́ла она́ всю-то свою́ жизнь зара́нее, бу́дто уж и жила́ когда́-то, давны́м-давно́, и пе́ла вот так же, и ди́вный го́лос Его́ра слу́шала! По каки́м да́лям, по како́му мо́рю плыла́ она́? Да с ним же, с ним, с Его́ром, шла по́ лугу под зака́том, под звезда́ми, по тума́ну, как во сне, вся ра́достная, без вина́ пья́ная!

Отку́ль[12] взя́лся си́зо-о-ой орёл . . .

Сто́нет и пла́чет Его́р, с глубо́кой му́кой отдаётся пе́нию, приклони́в у́хо, полуотверну́вшись от Алёнки. И дрожи́т его́ кады́к, и ско́рбны гу́бы. Ах, э́тот си́зой орёл! Заче́м, заче́м ки́нулся он на ле́бедя бе́лого, заче́м пони́кла трава́, подёрнулось всё тьмо́ю, заче́м попа́дали звёзды и всколыхну́лося мо́рюшко! Скоре́й бы коне́ц э́тим слеза́м, э́тому го́лосу, скоре́й бы коне́ц пе́сне!

И они́ пою́т, чу́вствуя одно́ то́лько, что вот сейча́с разорвётся се́рдце, сейча́с упаду́т они на тра́ву мёртвыми — и не на́до уж им живо́й воды́, не воскре́снуть им по́сле тако́го сча́стья и тако́й му́ки.

А когда́ они́ конча́ют, изму́ченные, опустошённые, счастли́вые, когда́ Его́р мо́лча ложи́тся径 голово́й ей на коле́ни и тяжело́ ды́шит, она́ целу́ет его́ бле́дное холо́дное лицо́ и ше́пчет, задыха́ясь:

— Его́рушка, ми́лый . . . Люблю́ тебя́, ди́вный ты мой, золото́й ты мой . . .

— А! Тра́ли-ва́ли . . . — хо́чет сказа́ть Его́р, но ничего́ не говори́т. Во рту у него́ сла́дко и су́хо.

1959

[12] from where (*dialectal*)

GLOSSARY

*Glossary**

А

абажу́р lamp shade
абсолю́тный absolute
авантюри́ст adventurer
авиа́ция aviation
австрали́ец Australian
авто́бус bus, omnibus
автома́т submachine gun
автомаши́на motor vehicle
автомоби́ль automobile
а́втор author
ага́ aha
а́гент agent
адвока́т lawyer
а́дрес address
адъюта́нт aide-de-camp, aide
аж (*slang*) even
ажу́рный delicate
аза́рт excitement; **—но** excitedly, recklessly; **—ный** excitable
аккредити́в letter of credit
аккура́тный accurate, neat, tidy
акушёр obstetrician; **акуше́рка** midwife
алкого́лик alcoholic
алле́я path, lane
альбо́м album
америка́нский American
амора́льность amorality
амфитеа́тр amphitheater
анато́мия anatomy
англи́йский English
анте́нна antenna
антра́кт intermission
апельси́н orange
аппара́т apparatus; **—у́ра** apparatus
аппети́т appetite
апте́ка pharmacy
арбу́з watermelon
аре́ст arrest; **—а́нт** prisoner; **—а́нтская ро́та** convict labor gang
аристокра́т aristocrat
арифме́тика arithmetic
а́рия aria
а́рмия army
армя́к peasant's cloth coat
армяни́н Armenian
арома́тный aromatic
артиллери́йский *adj. of* **артилле́рия**
артилле́рия artillery
арти́ст artist
арха́нгел archangel
арши́н arshin (=28 inches)
ателье́ (*n.*) dressmaking and tailoring establishment
атла́с satin; **—ный** (*adj.*)
а́том atom
афи́ша poster
а́хать, а́хнуть gasp, exclaim
а́хнуть *see* **а́хать**
аэродро́м airport, airfield; **—ный** (*adj.*)
аэропо́рт airport

Б

ба́ба (peasant) woman
ба́белевский *adj. of proper name* **Ба́бель**
бабёнка little woman

* This glossary does not contain personal, relative, interrogative pronouns; numerals; names of persons and places.

ба́бка old woman, grandmother
ба́бочка a young woman (somewhat contemptuous)
багрове́ть, побагрове́ть to grow/turn red/crimson
багр//о́вый crimson; **—я́ный** (*poetic*) crimson
база́р market; **—ный** (*adj.*)
байда́рка canoe
ба́йка (*colloq.*)=**ска́зка** tale, fairy tale
ба́к cistern, tank
ба́кен buoy
бакенба́рды side whiskers
ба́кенщик buoy keeper
ба́ки (*colloq.*)=**бакенба́рды** side whiskers
бакла́га flask
бал ball
бала́кать (*substandard*)=**болта́ть** to chat, to gab
балко́н balcony
балова́ть to spoil (someone)
бана́н banana; **—овый** (*adj.*)
банк bank
ба́нка tin can
бант bow, knot
ба́ня Russian type of steam bath
бараба́н drum
бараба́нить to patter (*said of rain*)
бара́к wooden barracks
бара́н ram, sheep; **—ина** mutton
бара́шек lamb
ба́ржа barge
ба́рин barin (nobleman), landowner, master
ба́рка wooden barge
барка́с launch, long boat
ба́рский lordly, grand; **б. дом** manor house
ба́рхат velvet; **—и́стый** velvety
ба́рыня landowner's wife, mistress
ба́рынька (*disdainful form*)=**ба́рыня**
бары́ш profit
ба́рышня young lady
бас bass
баси́ть to speak in a deep voice
бассе́йн basin; **б. реки** river basin
батальо́н battalion
ба́тина *adj. of* **ба́тя**
ба́тюшк//а (*old form*)=**оте́ц** father; (*in address*)= my dear fellow; **—и (мой)** good gracious!
ба́тя (*colloq.*)=**оте́ц** father
башки́р Bashkir; **—ский язы́к** the Bashkir language
башма́к shoe
бег run, running; (*in sports*) race
бе́гать (бежать–побежать) to run
бе́глый ого́нь running fire
бего́ния (*f.*) (*bot.*) begonia
бед//а́ misfortune; **как на —у́** as ill-luck would have it
бе́дн//ость poverty; **—ый** poor; **—я́жка** (*f.*) poor thing
бе́дствовать to live in poverty
бежа́ть, побежа́ть (*see* **бе́гать**) to hurry, run (away)
без without
безвозвра́тный irretrievable, irrevocable
безвозме́здн//о free of charge; **—ый** gratuitous
безграни́чный boundless, infinite
безгре́шный sinless
бе́здна abyss, chasm
бездо́мный homeless
бездо́нный bottomless
безду́мный thoughtless, unthinking
безжа́лостный pitiless
безжи́зненный lifeless
беззабо́тный carefree, lighthearted
беззву́чный soundless
безли́чный without individuality, impersonal
безмо́лвный silent
безмяте́жный serene, tranquil
безнадёжный hopeless, desperate
безно́гий legless, one-legged
безобра́з//ие disgrace, infamy; **—ный** ugly, deformed; scandalous
безоснова́тельный groundless
безотчётный unaccountable
безрабо́тный unemployed
безразли́чн//о with indifference; **—ый** indifferent
безрука́вка sleeveless jacket
безу́м//ие folly, madness, insanity; **—ный** reckless, senseless, insane, mad
бека́с snipe
беле́ть, побеле́ть to become white, whiten
беле́ться to show white
бе́лка squirrel

бело́к the white of the eye
белоку́рый blond
бе́лый white; **б. свет** the wide world
бельё (*n.*) linen, underwear
бельмо́ walleye
бензи́н benzine, gasoline
бе́рег bank, coast, shore
береди́ть, разбереди́ть to irritate
берёз//а birch; **—овый** (*adj.*) **б. лес** birch forest
бере́менн//ая pregnant; **—ость** pregnancy
бере́т beret
бере́чься to be careful, beware (of)
беси́ться, взбеси́ть to be furious, fly into a rage
бесконе́чн//о endlessly, infinitely; **—ый** endless, infinite
бескры́лый wingless
беспа́мят//ность (*f.*) forgetfulness; **—ство** unconsciousness
беспе́чный untroubled, carefree
беспоко́ить (обеспоко́ить, побеспоко́ить) to worry, disquiet, disturb; **—ся** to worry
беспоко́й//ный disturbing, restless; **—ство** anxiety, uneasiness, trouble, put to inconvenience
бесполе́зн//о uselessly; **—ый** useless
беспо́мощный helpless
беспоща́дный merciless
беспреде́льный boundless, infinite
беспреры́в//но continuously; **—ый** continuous, uninterrupted
беспреста́нно continually
бесси́льный helpless, powerless
бессмы́сленн//ость (*f.*) senselessness; **—ый** senseless
бессозна́тельн//ость (*f.*) unconsciousness; **—ый** unconscious
бесстра́стный impassive, passionless
бессты́дный shameless
беста́ктный tactless
бестолко́в//ый stupid, incoherent, silly; **по-б—ому** stupidly
бе́столку in vain; **говори́ть б.** to talk aimlessly
бесцве́тный colorless
бесце́льный aimless, purposeless
бесчелове́чный inhuman
бесче́стить, обесче́стить to disgrace, dishonor
бесче́стный dishonorable
бесчи́сленный countless, innumerable
бесшу́мный noiseless
бечёвка string
бе́шен//ство fury, rage; **—ый** mad
библиоте́ка library
биле́т ticket
бинт bandage
бинтова́ть, забинтова́ть to bandage
бискви́т biscuit
бить (побить, пробить) to beat, hit, shoot, strike; to sound, ring; to shiver; **его́ бьёт лихора́дка** he is shivering with fever
би́ться to fight, batter, beat
бифште́кс beefsteak
би́цепс biceps
благогове́йный reverential
благодари́ть, поблагодари́ть to thank
благода́рный grateful
благодаря́ thanks to, owing to
благополу́ч//ие well-being; **—но** well; **—ный** safe
благоро́д//ный noble; **—ство** nobility
благословля́ть, благослови́ть to bless
благоустро́йство prosperity
блаже́н//ный blissful; **—ство** felicity, blessedness
бледне́ть, побледне́ть to turn/grow pale
бле́дный pale
блёкнуть, поблёкнуть to fade
бле́ск luster, brilliance
блесну́ть to flash
блесте́ть to shine, glitter
блёстко glitteringly
блестя́щ//е brilliantly, splendidly; **—ий** brilliant, splendid, magnificent
бли́же nearer, closer
бли́жний (*m., decl. as adj.*) neighbor
бли́зиться to draw near, approach
бли́зк//ий near, close; **быть —им** to be dear to somebody
бли́зко near, close
близору́к//ий nearsighted, myopic; **—ость** (*f.*) myopia
бли́зость closeness, proximity
блонди́нка blonde
блоха́ flea
блудни́к lecher
блужда́ть to roam, wander

блу́за blouse
блю́до dish, plate
боа́ (*n.*) boa (*scarf*)
Бог God; **Б. его́ зна́ет** goodness knows; **сла́ва —у** thank God
богате́ть, разбогате́ть to grow rich
бога́т//ство wealth; **—ый** wealthy, rich
бога́ч rich man
бо́др//о cheerfully, briskly; **—ый** cheerful, vigilant, vigorous, hale
бое́ц fighter
Бо́ж//е (*voc.*) God; **ка́ждый —ий день** each blessed day
божи́ться, побожи́ться to swear
божо́к (small) idol
бой battle
бо́йкий sharp
бок side; **по —ам** on each side; **с —у** from the side; **—ом** sideways
бока́л glass, goblet
боков//о́й (*adj. of* **бок**) side; **—а́я у́лица** side street
бо́лее more, any more
боле́зненный unhealthy, morbid
боле́знь illness, disease
боле́ть to be ill, be ailing, ache, pain
бо́линдер name of a motor
болта́ть, сболта́ть to stir
болта́ть to chatter, blab
болта́ться (*colloq.*) to dangle, hang loosely
боль (*f.*) pain; **головна́я б.** headache
больни́//ца hospital; **—чный** (*adj.*)
бо́льно painful; **ему б.** it hurts him; **ему́ б. слы́шать таки́е слова́** it hurts/grieves him to hear such words
бо́льно extremely
больно́й sick, ill (*about a person or animal*)
больно́й (*n.*) patient
бо́льше more, any more
большинство́ majority, most people
большо́й big, large
бо́мба bomb
бомбардиро́вщик bomber
бомбёжка bombing
бомби́ть, разбомби́ть to bomb
бор pine forest
бормота́ние mumble, muttering
бормота́ть, пробормота́ть to mutter
борода́ beard
борода́вка wart
боро́ться to fight, struggle, strive; **б. с сами́м собо́й** to wrestle with oneself
борт side, board; **на —у́** on board; **за —ом** overboard
бортпроводни́ца stewardess
борьба́ struggle, fight
босико́м barefoot
босо́//й barefooted (*said of a man*); **на бо́су но́гу** on bare feet; **—но́гий** barefooted
боти́нок (*pl.* **боти́нки**) boot, high shoe
ботфо́рт jack boot, a Wellington boot
бо́ты high overshoes
бо́цман boatswain
бо́чка barrel
боя́знь (*f.*) fear
боя́ться to be afraid, fear
бра́га home-brewed beer
брасле́т bracelet
брат brother
бра́тство brotherhood
бра́ть, взя́ть to take
бра́ться, взя́ться to undertake, begin; **отку́да ни возьми́сь** there appears suddenly out of nowhere
бреве́нчатый timbered; **б. дом** log cabin
бревно́ log
бред delirium
бре́дить to be delirious, rave
бредово́й delirious
бре́мя burden, load
брести́ to make one's way, drag oneself along, stroll along
бреха́ть, брехну́ть (*colloq.*) to yelp, bark; to tell lies, lie
бреху́н (*colloq.*) liar
бри́тва razor
бри́тый clean-shaven
бри́ть, побри́ть to shave
бро́вь (*f.*) eyebrow
броди́ть to wander, roam, ramble
бродя́га (*f.*) tramp, hobo
бродя́чий vagrant
броса́ть, бро́сить to throw, hurl, fling; to abandon, give up, leave off, desert
брос//а́ться, бро́ситься to throw oneself (against, upon), rush (to), fall upon; **—а́ться в глаза́** to be striking, be evident

бро́сить *see* **броса́ть**
бро́шка (*f.*), **брошь** (*f.*) brooch
бру́ствер parapet, breastwork
бры́згать (**забры́згать, бры́знуть**) to splash, spurt out, spatter
бры́зги splashes
бры́знуть *see* **бры́згать**
брю́ки trousers
брюне́тка brunette
брю́хо belly, paunch
брюшн//о́й abdominal; **—о́й тиф** typhoid fever
буго́р hillock, knoll; **—о́к** knob
бу́дет that'll do
буди́ть, разбуди́ть, пробуди́ть to wake, awake or awaken, rouse
бу́дка head (*slang*); *lit.* box, booth
будора́жить, взбудора́жить to disturb, excite
бу́дто as if, as though
бу́дущий future, next
бу́кв//а letter; **—а́льный** literally
буке́т bunch of flowers, bouquet
букси́р tug, tugboat
була́вка pin
бу́лка roll; **сдо́бная б.** bun
бу́лочн//ая bakery; **—ик** baker
бултых plop (*usually into the water*)
булы́жн//ик cobblestone; **—ый** *adj. of* **булы́жник**
бу́лькать to gurgle
бума́га paper
бума́жка paper, pieces of paper
бума́жн//ый (*adj. of* **бума́га**): **—ые де́ньги** paper money
бунт riot
бунтова́ть, взбунтова́ть, взбунтова́ться to rebel, revolt
бура́вить to drill
бурча́ть, пробурча́ть to mutter, ramble
бу́рый brown
бурья́н (*m. sing. coll.*) tall weeds
бу́ря storm
бутербро́д sandwich
буты́лка bottle
буфе́т buffet, refreshment room
быва́лый worldly-wise, experienced
быва́ть to be, visit, go (*to a place*), happen, occur
бы́вший former
бык ox, bull
были́на bylina (*Russian epic*)
бы́ло nearly
бы́стро fast, quickly, rapidly
быстрота́ speed, quickness, rapidity
бы́стрый quick, rapid, fast
бытие́ being, existence
быть to be; (**быть мо́жет**) **мо́жет быть** perhaps, maybe
бычо́к cigarette stub; male calf; steer

В

в in, on
ваго́н coach, car
ва́жн//ость significance; **—ый** important, significant, pompous
ва́ленок a felt boot
ва́лен//ый felt; **—ые сапоги́** felt boots
вали́ть, повали́ть, свали́ть to bring down, throw down, fell (*said of trees*)
вали́ться, повали́ться to fall heavily, fall in thick flakes
ва́льдшнеп woodcock
валя́ться, вы́валяться to lie about, be scattered about; **в. в грязи́** to wallow in the mud
ва́нн//а bath; **—ая** bathroom
варёный boiled, cooked
вариа́нт version, variant
вари́ть, свари́ть to cook, boil; **—ся, свари́ться** to be boiling, be cooking
варки́ boiler room
ва́та cotton wool
ва́тный, ва́точный (*adj. of* **ва́та**) wadded, quilted
ва́хт//а watch; **—енный** watch; **—енный команди́р** officer of the deck
вбега́ть, вбежа́ть to come running; to run (into)
вбежа́ть *see* **вбега́ть**
вблизи́ close by, near by
вверх up, upwards; **в. по реке́, тече́нию** upstream, up the river
вверху́ above, overhead
вверя́ть, вве́рить trust/entrust (with + *dat.*)
вво́лю (*adv.*) to one's heart content, in plenty
вдалеке́, вдали́ in the distance, far off (from something)
вдаль far, in the distance
вдвоём two (*together*)

вдоба́вок in addition (to)
вдова́ widow
вдоль along, lengthways
вдохнове́ние inspiration
вдруг suddenly, all at once
вду́мываться, вду́маться to consider, think over, ponder
ведёрный holding one pailful (*adj. of* **ведро́**)
ве́домость record, gazette
ведро́ bucket, pail
ведь you see, you know, but, but . . . it is
ве́ер fan
ве́жливо politely, courteously
ве́жлив//ость politeness; **—ый** polite, courteous
везде́ everywhere
везти́, повезти́ *see* **вози́ть**
везти́, повезти́: им везёт they are lucky
век time, lifetime; **в ко́и-то —и** once in a blue moon
ве́ко eyelid
ве́ксель (*m.*) promissory note
веле́ние (*poetic*) decree
веле́//ть to order, tell; **он —л ему́ сде́лать это** he ordered/told him to do this; **он не —л мне** he forbade me
вели́кий great, too big
великоду́шн//о magnanimously; **—ый** magnanimous, generous
великоле́пн//о splendidly; **—ый** splendid
великосве́тский society, high society (*adj.*)
велича́вый stately, majestic
вели́чественный majestic, sublime
вели́чие grandeur
велосипе́д bicycle
ве́на vein
вене́ц crown, row of logs, log
вено́к wreath
венча́ться (*impf. & pf.*) to be crowned (*part of Greek Orthodox wedding ceremony*)
ве́ра faith
верёвка cord, string
верезща́ть to chirp, squeal
ве́рит//ь, пове́рит//ь to believe, trust; **—ся: мне не —ся** I find it hard to believe
ве́рно probably, most likely
верну́ть to return, get back; **—ся** to return, come back; **—ся наза́д** come back
ве́рный correct, right, true, reliable
ве́ровать to believe
вероя́тно probably, very likely
верста́ verst (=3,500 feet)
верте́ть to twirl, turn
верх top, head
ве́рхний upper
верхо́вье (*n.pl.*) upper reaches, riverhead
верхо́м astride, on horseback
верху́шка top
ве́рша fishing basket, creel
верши́на top, summit
вес weight
весели́ть to cheer, gladden; **—ся** to enjoy oneself, have a good time
ве́село gaily, merrily
весёл//ость gaiety, joviality; **—ый** gay, lively, cheerful
весе́лье (*n.*) merriment
весе́нн//ий (*adj. of* **весна**): **—ее вре́мя** springtime
весло́ oar, scull
весна́ spring
весно́ю, весно́й (*advs.*) in the spring
вести́, повести́ *see* **води́ть; в. хозя́йство** to manage a household; **в. себя́** to conduct oneself
весть (*f.*) news
весть: Бог в. goodness knows, *lit.* God only knows; **не в. что** heaven knows what
весь all, everything
весьма́ highly, greatly
ветвь (*f.*) branch (*fig.*)
ве́тер wind
ве́тка branch, twig
ветла́ white willow, Huntingdon willow
ве́тхий dilapidated
ве́чер evening; **к —у** towards evening; **по —а́м** in the evenings (every evening)
вечере́//ть: —ет the day draws to a close; **—ло** night was falling
вечерко́м (*colloq.*) in the evening
вече́рн//ий (*adj. of* **вечер**): **—яя заря́** evening glow
ве́чером in the evening

ве́чно always, eternally
ве́чн//ость eternity; **—ый** eternal, everlasting
ве́шалка rack, stand
ве́шать, пове́сить to hang something (on/upon something)
ве́шаться, пове́ситься to hang oneself
вещи́ца knick-knack
вещь (*f.*) thing
ве́ять to blow, flutter, smell of
взад: в. и вперёд up and down, to and fro
взаи́мный mutual, reciprocal
взба́лмошный unbalanced, extravagant, flighty
взбега́ть, взбежа́ть to run up
взбежа́ть *see* **взбега́ть**
взбеси́ться *see* **беси́ться**
взбива́ть, взби́ть to fluff up, shake up
взбить *see* **взбива́ть**
взвива́ть, взви́ть to raise; **—ся, взви́ться** to soar
взви́згивать, взви́згнуть to scream, screech
взви́згнуть *see* **взви́згивать**
взвод platoon
взвод notch, recess (*of a gun*)
взводи́ть, взвести́ to impute, saddle; **в. куро́к** to cock the gun
взво́дный *adj. of* **взвод**
взвоз uphill path
взволно́ванн//о with emotion, with agitation; **—ый** agitated
взворохну́ться to stir
взгляд look, glance, gaze
взгля́дывать, взгляну́ть to look (at), cast a glance (at, on)
взгроможда́ть, взгромозди́ть to pile up; **взгромозди́ться** to clamber up
вздёр//гивать, вздёрнуть to jerk up; **—нутый: —нутый нос** turned-up nose
вздор nonsense
вздох sigh
вздохну́ть *see* **вздыха́ть**
вздра́гивать, вздро́гнуть to start, quiver, wince
вздремну́ть (*pf.*) to take a nap
вздро́гнуть *see* **вздра́гивать**
вздува́ться, взду́ться to swell
взду́мать (*pf.*) (+*inf.*) to take it into one's head
взду́ться *see* **вздува́ться**
взду́тый bloated
вздыха́ть, вздохну́ть to sigh
взима́ть to levy, collect
взла́ивать (*see* **ла́ять**) to bark
взлёт flight, take-off
взлета́ть, взлете́ть to fly up, take wing
взлётн//ый (*adj. of* **взлёт**): **—ая доро́жка** take-off strip, runway
взметну́ть (*pf.*): **в. кры́льями** to flap the wings; **—ся** (*pf.*) to spring/jump up
взойти́ *see* **всходи́ть** *and* **восходи́ть**
взор look, gaze
взро́слый adult, grown-up
взры́в explosion
взрыва́ть, взорва́ть to blow up
взрыва́ть, взрыть to plough up
взыва́ть, воззва́ть to appeal (to somebody for something)
взя́тка bribe
взя́ть(ся) *see* **бра́ть(ся)**; **в. за́ руки** to join hands
вид appearance, look, aspect; **де́лать в.** to pretend; **в виду́ у кого́-л.** to be in view; **вида́ть —ы** to be experienced
вид intention, sight
вид kind, sort
вид aspect
вида́ть to see; **—ся, повида́ться** to see, to see each other
ви́деть, уви́деть to see **—ся, уви́деться** to see each other
ви́димо apparently, evidently
ви́димый (*see* **ви́деть**) visible
видне́//ться: —ется, —лся can, could be seen
ви́дн//о evidently, apparently; **—ый** visible, eminent
ви́ды: вида́ть в. to be experienced
ви́дывать *see* **ви́деть**
визг squeal, yell, yelp
визжа́ть to screech, yelp; **пронзи́тельно в.** to utter shrill screams
виля́ть, вильну́ть to wag
вина́ fault, guilt
вино́ wine
винова́тый guilty
вино́вник culprit; **в. торжества́** hero of the festivities

виногра́дный grape (*adj.*)
винто́в//ка rifle; **—очный**, (*adj.*)
виртуо́з virtuoso; **—ный** masterly
висе́ть to hang; **в. в во́здухе** to be in the air
ви́ски (*m. and n., indecl.*) whisky
висо́к temple
вися́чий hanging, pendent; **—ая ла́мпа** hanging lamp
витри́на shop window
вить, свить to twist, weave; **—ся** to curl, wave
вихля́вый rickety
вихо́р tuft (*of hair*)
вихра́стый shockheaded
ви́хрем like the wind
вишнёвка cherry liqueur, brandy
вишнёвый (*adj. of* **ви́шня**) cherry-colored
ви́шня cherry
вкла́дывать, вложи́ть to put in, insert
включа́ть, включи́ть to include, switch on
включа́ться, включи́ться to join (in), take part (in)
вкола́чивание (*n.*) hammering-in
вко́панный (*participle of* **вка́пывать**): **как в.** rooted to the ground
вкра́дываться, вкра́сться to steal in/into, creep in/into
вкус taste
вла́га moisture
владе́ть to possess, be master (of); **в. собо́й** to control oneself
влады́ка (*m.*) lord, ruler, sovereign
вла́жный humid, moist, wet
властели́н lord, ruler, master, sovereign
власти́тель (*m.*) = **властели́н**
вла́стный commanding, authoritative
власть (*f.*) power
вле́во to the left
влеза́ть, влезть to get (in, into), climb (in, into)
влета́ть, влете́ть to fly (in, into), get (to, into)
влечь to draw, attract
влива́ть, влить to pour in
влия́ние influence
влия́ть, повлия́ть to influence
вложи́ть *see* **вкла́дывать**
влюби́ть(ся) *see* **влюбля́ть(ся)**
влюблённ//о lovingly, amorously; **—ость** amorousness, love; **—ый** in love (with); **—ая па́ра** loving couple
влюбля́ть, влюби́ть to make fall in love (with); **—ся, влюби́ться** to fall in love (with)
вменя́ть, вмени́ть to impute; **в. что-л. в обя́занность кому́-л.** to impose upon somebody the duty of doing something, to make it somebody's duty to do something
вме́сте together; **в. с тем** at the same time
вме́сто instead of
вмеша́тельство interference
вмеша́ться *see* **вме́шиваться**
вме́шиваться, вмеша́ться to interfere, intervene
внача́ле at first, in the beginning
вне outside (of)
внеза́пно suddenly
внести́ *see* **вноси́ть**
вне́шний outward, external
вне́шность appearance
вниз down, downward; **гляде́ть в.** to look down; **в. по тече́нию** downstream
внизу́ below, downstairs
внима́ние attention
внима́тельно attentively, carefully
вновь anew, again
вноси́ть, внести́ to bring in, carry in
вну́тренн//е inwardly; **—ий** inward, inner
вну́тренности (*pl.*) internal organs, insides
внутри́ inside
внутрь in, inside
внуша́ть, внуши́ть to inspire (with), fill (with); **внуша́ть опасе́ния** to fill with misgivings
во in; **во цве́те свои́х лет** in the prime of his life
во́бла Caspian roach
во́-время in/on time
во́все not . . . at all
вода́ water
води́ть to lead, conduct, pass (over)
води́ть: в. перо́м to write
во́дка vodka
водово́з water carrier
водопрово́д water pipe, water line

водопровóдн/ый; —ая сеть water supply
водостóчн//ый (*adj.* of **водостóк**):**—ая трубá** drainpipe
водяни́стый watery
воевáть to be at war (with), fight
воéнный military; **в. óкруг** military district
воéнный (*m., decl. as adj.*) soldier, serviceman
вождь leader, chief
вóжжи (*f. pl.*) reins
воз cartload
возбуди́ть(ся) *see* **возбуждáться**
возбуждáть, возбуди́ть to excite, arouse, rouse; **в. подозрéния** to arouse suspicion; **—ся, возбуди́ться** to become excited
возбуждéние excitement, agitation
возбуждённый excited
возвести́ *see* **возвещáть**
возвещáть, возвести́ to announce, proclaim
возводи́ть, возвести́ to raise
возврáт return
возврати́ть(ся) *see* **возвращáть(ся)**
возвращáть, возврати́ть to return, give back; **—ся, возврати́ться** to return, go/come back
возвы́сить(ся) *see* **возвышáться**
возвышáть(ся), возвы́сить(ся) to rise, elevate
возвы́шенный high, elevated, lofty
возгорáться to flare up, be inflamed
возгорéться *see* **возгорáться**
воздержáние abstention (from)
вóздух air
воздýшный air
воззвáние appeal, proclamation
воззвáть *see* **взывáть**
вози́ть, везти́, *pf.* **повезти́** to convey, carry, cart
вози́ться to romp, busy oneself (with), spend much time (over), look after (somebody)
возлагáть, возложи́ть to place (on), entrust
вóзле by, near
возложи́ть *see* **возлагáть**
возлюби́ть to come to love
возмóжн//ость possibility; **—ый** possible
возмущáть, возмути́ть to make indignant, exasperate; **—ся, возмути́ться** to be indignant, be exasperated
возня́ fuss, bustle, noise
возобнови́ть *see* **возобновля́ть**
возобновля́ть, возобнови́ть to renew, resume
возражáть, возрази́ть (прóтив) to object (to)
вóзраст age
вóин soldier
вои́нственный martial, warlike
вой (*m., only sing.*) howl
вóйлочный felt (cloth) (*adj.*)
войнá war
войти́ *see* **входи́ть**
вокзáл railway station
вокрýг around
вóлглый saturated
волк wolf
волнá wave
волнéние agitation, excitement
волновáть, взволновáть to agitate, trouble; **—ся, взволновáться** to be agitated, be worried
волнýющий disturbing, stirring
воловóдиться to linger
вóлос hair
волостнóй *adj. of* **вóлость**
вóлость a small rural district
волочи́ть to drag; **—ся** to drag, trail
волшéбный magic, enchanting
вóл//ьный free; **Бог —ен** it is God's will
вóл//я will, free will; **отпускáть на —ю** to set at liberty
вон out, get out!
вон there, over there
вонзáть, вонзи́ть to plunge
вонь smell, stink
воня́ть to reek
воображ//áемый imaginary; **—éние** imagination
воображáть, вообрази́ть to imagine
вообщé generally, on the whole
воóчию with one's own eyes
вопи́ть to howl, wail
воплоти́ть(ся) *see* **воплощáть(ся)**
воплощáть, воплоти́ть to embody; **—ся, воплоти́ться** to be embodied, be personified
вопль howl, cry

вопро́с question, matter; **—и́тельность** interrogation; **—и́тельный** inquiring, interrogative
вор thief
воркова́//ние cooing
воркова́ть to coo
воробе́й sparrow
во́рот collar
ворота́ gate
вороти́ть: в. нос to turn up one's nose
воротни́к collar
во́рох pile, heap
воро́чать to move, shift; **—ся** to turn, toss and turn
ворча́ть to grumble, growl
воскли́кнуть *see* **восклица́ть**
восклица́ние exclamation
восклица́ть, воскли́кнуть to exclaim
воскреса́ть, воскре́снуть to rise again, rise from the dead
воскресе́нье Sunday
воскреси́ть *see* **воскреша́ть**
воскре́сный (*adj. of* **воскресе́нье**)**: в. день** Sunday
воскреша́ть, воскреси́ть to raise from the dead
воспева́ть, воспе́ть to sing, glorify, celebrate
воспе́ть *see* **воспева́ть**
воспита́ние education, upbringing
воспи́танница pupil, ward
воспи́тывать, воспита́ть to educate, bring up; **—ся, воспита́ться** to be brought up
воспламене́ние ignition
восполнить *see* **восполня́ть**
восполня́ть, воспо́лнить to fill up, supply
воспомина́ние memory, reminiscence
воспря́нуть (*pf.*) to cheer up, liven up, rise
восседа́ть to sit (solemnly)
восстава́ть, восста́ть (против) to rise (against, on)
восстана́вливаться, восстанови́ться to rehabilitate oneself
восста́ние rising, revolt
восстанови́ться *see* **восстана́вливаться**
восста́ть *see* **восстава́ть**
восто́к east
восто́рг delight, rapture
восто́рженн//о enthusiastically; **—ость** enthusiasm; **—ый** enthusiastic
восторжествова́ть (над) to triumph (over)
восто́чный east, oriental
восхити́тельный ravishing, delightful
восхища́ться, восхити́ться to admire, be carried away
восхище́ние admiration, delight
восхо́д rising; **в. солнца** sunrise
восходи́ть, взойти́ to go back (to), to rise
вот here, there's/here's your . . . ; **в. тебе** here you are, take that!
вот-вот at any moment/minute
вощёный waxed
вояжёр commercial traveler
впада́ть, впа́сть to lapse (into), fall (into)
впа́дина hollow, cavity
впа́сть *see* **впада́ть**
впервы́е for the first time
вперёд forward!
впереди́ in front
вперемежку alternately
впечатле́ние impression
вплоть: в. до right up to
вполго́лоса in a low voice
вполне́ quite, fully
впра́вду really
впро́чем however, though
впуска́ть, впусти́ть to let, admit
впусти́ть *see* **впуска́ть**
впусту́ю for nothing, in vain
враг enemy
вражде́бн//ость hostility; **—ый** hostile
враждова́ть to quarrel (with), be at war (with)
враста́ть, врасти́ to grow in
врастя́жку at full length, stretched out
врать to lie
врач physician
враща́ться to revolve, frequent
вре́дный harmful, unhealthy
вре́менно temporarily
вре́мя time
вро́вень level (with)
вро́де like, a kind of, a sort of
врождённый innate, inborn, native
врозь apart
врыва́ться, ворва́ться to burst (into)

вряд: в. ли hardly, it is doubtful whether
всади́ть *see* **вса́живать**
вса́дник rider, horseman
вса́живать, всади́ть to thrust (into)
всё: в. же still, all the same, nevertheless
всеве́дущий omniscient, all-knowing
всеви́дящий all-seeing
всевозмо́жный all sorts/kinds of
всегда́ always
всего́ only
вселе́нная (*f. decl. as adj.*) universe
всео́бщий universal, general
всеобъе́млющий universal, all-embracing
всё-таки still, nevertheless
всеце́ло entirely, completely
вска́кивать, вскочи́ть to jump, jump up, leap up
вска́чь at a gallop, full gallop
вски́дывать, вски́нуть to throw up, toss up
вски́нуть *see* **вски́дывать**
вскипа́ть, вскипе́ть to boil up
всколыхну́ть (*pf.*) to stir, rock; **—ся** to sway
вско́ре soon (after), shortly after
вскочи́ть *see* **вска́кивать**
вскри́кивать, вскри́кнуть to utter a scream; *pf. only* **в. не свои́м го́лосом** to utter a frenzied shriek
вскрича́ть (*pf.*) to exclaim, cry
вслед after, following
вследствие on account of
вслух aloud
вслу́шиваться, вслу́шаться to listen attentively
всма́триваться, всмотре́ться to take a good look, observe closely; **при́стально в.** to peer; observe closely
всо́вывать, всу́нуть to put, shove (into, in)
вспаха́ть *see* **вспа́хивать**
вспа́хивать, вспаха́ть to plough, till
всплеск, всплёск splash
всплёскивать, всплесну́ть to splash; **всплесну́ть рука́ми** to clasp one's hands
всплыва́ть, всплы́ть to come to light
вспомина́ть, вспо́мнить to recall, think of; **—ся, вспо́мниться** to remember, recall
вспо́мнить(ся) *see* **вспомина́ть(ся)**
вспуха́ть, вспу́хнуть to swell, become swollen
вспу́хнуть *see* **вспуха́ть**
вспы́хивать, вспы́хнуть to blaze up, flash
вспы́шка flash, outbreak
встава́ть, встать to get up, rise, stand up
вставля́ть, вста́вить to insert
встать *see* **встава́ть**
встрево́жить (*see* **трево́жить**) to disturb, trouble
встрево́житься to become anxious/troubled/worried
встрёпанный disheveled
встрепену́ться rouse oneself, start
встре́тить(ся) *see* **встреча́ть(ся)**
встре́ча meeting
встреча́ть, встре́тить to encounter, meet, greet; **в. праздник** to celebrate a holiday; **—ся, встре́титься** to meet, come across
встре́чный: в. ве́тер head wind
встря́хивать, встряхну́ть to shake, shake up; **—ся, встряхну́ться** to shake oneself
встряхну́ть(ся) *see* **встря́хивать(ся)**
вступа́ть, вступи́ть to enter, join, enter (into)
всу́нуть *see* **всо́вывать**
всхли́пывать, всхли́пнуть to sob
всходи́ть, взойти́ to rise, spring, sprout
всю́ду everywhere
вся́кий any, every, all sorts of, everyone
вта́йне secretly
втихомо́лку on the quiet, on the sly
вто́ра second part
вторга́ться, вто́ргнуться to intrude (upon)
вульга́рный vulgar
вход entrance
входи́ть, войти́ to enter, go in
вцепи́ться *see* **вцепля́ться**
вцепля́ться, вцепи́ться to seize, grasp, cling
вчера́ yesterday; **—шний** (*adj.*)
въезжа́ть, въе́хать to drive (into, up)
выбега́ть, вы́бежать to run out
вы́бежать *see* **выбега́ть**

выбивáть, вы́бить to knock out, kick out; **—ся, вы́биться** to get out; **у неё вóлосы вы́бились из-под шáпки** her hair came out from under her hat
выбирáть, вы́брать to choose, elect; **—ся, вы́браться** to get out
вы́бить(ся) *see* **выбивáть(ся)**
вы́бор choice, selection
выбрáсывать(ся), вы́бросить(ся) to throw out
вы́брать(ся) *see* **выбирáть(ся)**
выбривáть, вы́брить to shave
вы́бритый shaven
вы́брить *see* **выбривáть**
вы́бросить(ся) *see* **выбрáсывать(ся)**
вывáливать, вы́валить to throw out, dump; **—ся, вы́валиться** to fall out
вы́весить *see* **вывéшивать**
вывéшивать, вы́весить to hang out, post up
вы́вод conclusion, inference
вывози́ть, вы́везти to remove; to export
выворáчивать = вывёртывать to unscrew, twist, turn inside out
выгáнивать (гоня́ть, гнать) to drive, chase, pursue
выгибáть, вы́гнуть to bend; **—ся, вы́гнуться** to bend
вы́глядеть (*pf.*) (*colloq.*) **(вы́смотреть)** to find, discover
вы́глядеть to look like
выгля́дывать, вы́глянуть to look out, peep out
вы́гнутый curved, bent
вы́гнуть(ся) *see* **выгибáть(ся)**
выговáривать, вы́говорить to articulate, pronounce
вы́говор pronunciation
вы́говорить *see* **выговáривать**
вы́гон common pasture
выгребáть, вы́грести to row/pull against the wind
выдавáть, вы́дать to give, distribute; **—ся, вы́даться** to protrude, be conspicuous
вы́дать(ся) *see* **выдавáть(ся)**
выдéлывать, вы́делать to make, perform (*a trick, etc.*)
выделя́ться, вы́делиться to be distinguished, stand out
выдёргивать, вы́дернуть to pull out
вы́держать *see* **выдéрживать**
выдéрживать, вы́держать to bear, stand, endure, contain oneself; **вы́держать экзáмен** to pass an examination; **вы́держать харáктер** to be/stand firm
вы́держка self-control, tenacity
вы́дернуть *see* **выдёргивать**
выдувáть, вы́дуть to blow out
вы́думать *see* **выду́мывать**
вы́думка invention, fiction
выду́мывать, вы́думать to invent, make up, fabricate
вы́дуть *see* **выдувáть**
выезжáть, вы́ехать to leave, drive
вы́ехать *see* **выезжáть**
вы́ждать *see* **выжидáть**
вы́жига cunning rogue
выжидáть, вы́ждать to wait (for), bide one's time
выжимáть, вы́жать to squeeze out
вызвáть *see* **вызывáть**
выздорáвливать, вы́здороветь to get better, recover
выздоровлéние recovery
вы́знать (*substandard*) to find out
вызывáть, вы́звать to call, evoke, provoke, summon, rouse, draw; **—ся, вы́зваться** to volunteer, offer
вызывáющий provocative
вы́искивать, вы́искать to try to find out, discover
вы́йти *see* **выходи́ть**
вы́казать *see* **выкáзывать**
выкáзывать, вы́казать to manifest, display
выкáлывать, вы́колоть to prick out
выкáпывать, вы́копать to dig (up, out)
выкáрмливать, вы́кормить to bring up, nurse
вы́катить(ся) *see* **выкáтывать(ся)**
выкáтывать, вы́катить to roll out; **в. глазá** to open one's eyes wide; **—ся, вы́катиться** to roll out
выки́дывать, вы́кинуть to discard; (*med.*) to have a miscarriage
вы́кидыш miscarriage
вы́кинуть *see* **выки́дывать**
выклáдывать, вы́ложить to lay out, spread out, tell
выкля́нчивать, вы́клянчить to obtain by incessant begging

вы́клянчить *see* **выкля́нчивать**
вы́копать *see* **выка́пывать**
вы́кормить *see* **выка́рмливать**
вы́красить *see* **выкра́шивать**
выкра́шивать, вы́красить to paint
выкри́кивать, вы́крикнуть to call out
вылеза́ть, вы́лезть to come out, crawl out, get out
вылета́ть, вы́лететь to start, leave (*said of an airplane*); to dash out, dart out: **вы́летело рыча́ние** the growl escaped
выле́чивать, вы́лечить to cure; **—ся, вы́лечиться** to be cured, recover (from)
вы́лечить(ся) *see* **выле́чивать(ся)**
вылива́ть, вы́лить to pour out, empty, overflow
вы́лить *see* **вылива́ть**
вы́ложить *see* **выкла́дывать**
вы́местить *see* **вымеща́ть**
вымеща́ть, вы́местить: в. зло́бу, доса́ду на ком-л. to vent one's anger, vexation on somebody
вымыва́ть(ся), вы́мыть(ся) to wash; to hollow out, wash away
вы́мыть(ся) *see* **вымыва́ть(ся)**
вынима́ть, вы́нуть to take out, pull out; **—ся, вы́нуться** to come out
выноси́ть, вы́нести to carry out
вынужда́ть, вы́нудить to force, oblige
вы́нуть(ся) *see* **вынима́ть(ся)**
выны́ривать *see* **вы́нырнуть**
вы́нырнуть (*pf.*) to come to the surface, emerge
выпада́ть, вы́пасть to slip out, fall out, occur
вы́пахать: в. зе́млю to exhaust the land
выпева́ть, петь to sing
выпива́ть, вы́пить to drink, toss off
вы́пивка (*colloq.*) carousal, drinking bout
выпира́ть, вы́переть to bulge out, protrude, stick out
вы́писать(ся) *see* **выпи́сывать(ся)**
выпи́сывать(ся), вы́писать(ся) to write out, order; **в. из больни́цы** to discharge from hospital
вы́пить *see* **выпива́ть** *and* **пить**
вы́плата payment
вы́платить *see* **выпла́чивать**
выпла́чивать, вы́платить to pay off, pay in full
выполза́ть, вы́ползти to creep out, crawl out
вы́полнить *see* **выполня́ть**
выполня́ть, вы́полнить to carry out, fulfill; **в. долг** to do one's duty
вы́порхнуть to flit out
вы́править(ся) *see* **выправля́ть(ся)**
выправля́ть, вы́править to straighten out; **—ся, вы́правиться** to become straight, straighten oneself
выпра́шивать, вы́просить (что-л. у кого́-л.) to get (something out of somebody); to get (somebody to give one something)
вы́просить *see* **выпра́шивать**
выпры́гивать, вы́прыгнуть to jump out, leap out
вы́прыгнуть *see* **выпры́гивать**
вы́прямиться *see* **выпрямля́ться**
выпрямля́ться, вы́прямиться to straighten itself, become straight, draw oneself up
выпуска́ть, вы́пустить to let out, exhale, set free, release
вы́пустить *see* **выпуска́ть**
вы́путаться *see* **выпу́тываться**
выпу́тываться, вы́путаться to extricate oneself, pull through
выпы́тывать, вы́пытать to elicit (something from somebody)
выпя́ливать, вы́пялить to stick out
вы́пялить *see* **выпя́ливать**
выпя́чивать, вы́пятить to stick out, thrust out, protrude
выража́ть(ся), вы́разить(ся) to express, voice, give voice (to)
выраже́ние expression
вы́разить(ся) *see* **выража́ть(ся)**
выраста́ть, вы́расти to grow up, grow out of, become
вы́расти *see* **выраста́ть**
вы́рваться *see* **вырыва́ться**
вы́резать, выреза́ть to cut out, engrave; **—ся** to carve out
вы́резка carving, cutting, clipping
вы́родок degenerate
вы́ронить to let fall, drop
выруба́ть, вы́рубить to cut down
вы́рубить (*see* **выруба́ть**): **вы́руби свет** shut the light

вы́ругать(ся) *see* **руга́ть(ся)**
вырыва́ть, вы́рвать to pull out
вырыва́ть, вы́рыть to dig
вырыва́ться, вы́рваться to break away
высека́ть, вы́сечь to carve, sculpture; **в. ого́нь** to strike fire (*from a flint*)
вы́сечь (*see* **сечь**) to whip, slash
вы́ситься (над) to rise above, tower (over)
вы́сказать(ся) *see* **выска́зывать(ся)**
выска́зывать, вы́сказать to state, tell, express; **—ся, вы́сказаться** to speak
выска́кивать, вы́скочить to jump out, leap out, dart out
вы́скочить *see* **выска́кивать**
вы́слать *see* **высыла́ть**
высма́тривать, вы́смотреть to look out (for)
высме́ивать, вы́смеять to make fun (of), deride
вы́сморкаться *see* **сморка́ться**
вы́смотреть *see* **высма́тривать**
высо́вывать, вы́сунуть to lean out; **—ся, вы́сунуться** to lean out, show oneself
высо́кий high, tall, lofty
высо́ко́ high
высокоме́рие arrogance, superciliousness
высота́ height, altitude
высо́тный high-altitude
высоче́нный very high
вы́спаться *see* **высыпа́ться**
выстра́ивать, вы́строить to draw up, form, set out; **—ся, вы́строиться** to draw up, set up, build up
вы́стрел shot
вы́стрелить *see* **стреля́ть**
вы́строить(ся) *see* **выстра́ивать(ся)**
выступа́ть, вы́ступить to advance forward, perform; **пот вы́ступил на лбу** sweat stood out on one's forehead
вы́сунуть(ся) *see* **высо́вывать(ся)**
вы́считать *see* **высчи́тывать**
высчи́тывать, вы́считать to calculate
вы́сш//ий higher; **—ее о́бщество,** fashionable society, high life
высыла́ть, вы́слать to send, banish, exile
высыпа́ть, вы́сыпать to empty, pour out, come out (*about stars*)
высыпа́ться, вы́спаться to have a good sleep
высыха́ть, вы́сохнуть to dry up, wither
выта́птывать, вы́топтать to tramp down
выта́скивать, вы́тащить to take out, pull out
вы́тащить *see* **выта́скивать**
вытека́ть, вы́течь to flow out, run out; **глаз в.** the eye came out
вы́тереть(ся) *see* **вытирать(ся)**
вытира́ть(ся), вы́тереть(ся) to wipe dry; (*colloq.*) to wear threadbare/out
вы́торговать *see* **выторго́вывать**
выторго́вывать, вы́торговать to bargain about a reduction; to manage to get
вы́травить *see* **вытравля́ть**
вытравля́ть, вы́травить to exterminate
выть to howl, wail
вытя́гивать, вы́тянуть to draw out, stretch, pull; **в. ше́ю** stretch out one's neck; **в. арии** to sing arias; **—ся, вы́тянуться** to stretch out
вы́тянуть: в. руки по швам to stand at attention
вы́тянуть(ся) *see* **вытя́гивать(ся)**
выу́чивать, вы́учить to learn; **в. наизу́сть** to learn by heart
вы́учить *see* **выу́чивать**
выхва́ливать (*see* **хвали́ть**) to praise
выхва́тывать, вы́хватить to snatch out
вы́ход leaving; **при —е** on leaving; **в. из положе́ния** a way out of a situation
выходи́ть, вы́йти to go/come out, reach; **в. на грани́цу, на рубе́ж** to reach the frontier, line; **вы́шло, что** it turned out that; **окно выхо́дит в сад** the window opens on the garden; **в. за́муж (за)** to marry
вы́цвести *see* **выцвета́ть**
выцвета́ть, вы́цвести to fade
вы́чистить *see* **вычища́ть**
вычища́ть, вы́чистить to clean, polish
выша́гивать (*see* **шага́ть**) to pace
вы́шарахаться (*see* **шара́хаться**) to dash aside, shy (*horses*)

вышива́ть, вы́шить to embroider
вы́шить *see* **вышива́ть**
вы́щербленный chipped
вы́яснить(ся) *see* **выясня́ть(ся)**
выясня́ть, вы́яснить to clear up, find out; **—ся, вы́ясниться** to turn out
вяза́нка: в. дров bundle of firewood; **в. колбасы́** sausage ring
вяза́нье knitting, crochetwork
вяза́ть, связа́ть to knit
вя́зкий tenacious, viscous
вя́зкость (*f.*) tenacity
вя́ло inertly
вя́лый languid
вя́нуть, завя́нуть to fade

Г

габарди́н gabardine
гад vile creature, wretch
гада́лка fortuneteller
гада́ть, погада́ть to tell fortunes, guess
га́д//кий nasty, vile;**— ость** filth, vile act, dirty trick, vile thing
газ gas
газе́та newspaper
га́зик (*slang*) small car
газо́н lawn (*grass*)
га́йкать to whoop
галере́я gallery
галёрка gallery (*in the theatre*)
галлюцина́ция hallucination
гало́ша galosh; **—и** (*pl.*) rubbers
га́лстук tie, necktie
гам=arf *or* bow-wow; what a Russian dog says
гара́ж garage
гаранти́ровать to guarantee
гардеро́б wardrobe
гарди́на curtain
га́ркать, га́ркнуть to shout
га́ркнуть *see* **га́ркать**
гармо́ника accordion
гармо́ния harmony
гармо́нь *see* **гармо́ника**
гарцева́ть to caracole, prance
га́снуть to die out, become dim
гастрономи́ческий: г. магази́н grocery and provision shop, delicatessen
гаше́тка trigger
гвоздь nail
где where (*place at which*)
где́-либо, где́-нибудь, где́-то somewhere, anywhere
генера́л general
географи́ческий geographic
геологи́ческий geological
герб coat-of-arms
герои́ческий heroic
геро́й hero
гига́нт giant; **—ский** gigantic
гидро́лог hydrologist
гильоти́на guillotine
гимнази́ст high-school boy
гимна́зия high school
гимнастёрка field shirt
гимна́стика gymnastics
ги́псовый plaster
ги́ря dumbbell
гла́вное above all, the chief/main thing is
гла́вный main, principal; **это гла́вное** that is the main/chief thing
гла́дить, погла́дить to stroke (*with affection*)
гла́дкий sleek, even, smooth
глаз eye; **хоть г. вы́коли** it is pitch-dark
гли́на clay
глода́ть to gnaw
глота́ть to swallow, gulp down
глотну́ть to take a sip
глото́к mouthful, sip
гло́хнуть, огло́хнуть to become/grow deaf
гло́хнуть, загло́хнуть to die away, subside
глубина́ depth, profundity, heart, interior
глубо́к//ий deep, profound; **была́ —ая зима́** it was midwinter; **—о́** deeply; **—о́** (*short adj.*) it is deep
глубь (*f.*, *only sing.*) depth
глу́п//о it is foolish, it is silly; foolishly, stupidly; **—ость** foolishness, stupidity, nonsense; **—ый** foolish, stupid, silly
глух//о́й deaf, remote, lonely, toneless; **—а́я ночь** still night; **г. гул** hollow/muffled rumble; **в —о́м лесу́** in the depth of the woods
глуши́ть, заглуши́ть, оглуши́ть to throttle down the engine

глушь thicket, remote corner, wilderness
глядéть, поглядéть to look (at), fasten one's eyes/gaze (upon)
глянуть to cast a look, throw a glance/look
глянцевый glossy
гнать to drive, pursue, chase; **г. стáдо** to drive a herd; **—ся** to chase, pursue
гнездó nest
гнилóй rotten
гниль (*f.*, *only sing.*) rotten stuff, rot
гнить, сгнить to rot, decompose
гном dwarf
гнусáв//о nasally; **—ый** nasal
гнýсный vile
гнуть, согнýть to bend, bow; **—ся, согнýться** to bend, stoop
гнушáться, погнушáться to shun, disdain
гóвор sound of talking, low murmur (*of voices*), dialect, conversation
говори́ть, сказáть, поговори́ть to say, tell, talk, speak; **г. речь** to make a speech
гоготáть to roar with laughter
год year
годáми for years, for years on end
годи́ться to be fit (for)
годовáлый a year old
годовщи́на anniversary
голени́ще top (*of a boot*)
головá head
головн//óй (*adj.*) head; **—áя боль** headache
гóлод hunger
голодáть to starve, go without food, go hungry
голóдный hungry
гóлос voice
голуби́ный *adj. of* **гóлубь**
голубовáтый bluish
голубóй light blue
голýбчик my dear fellow, my friend
гóлуб//ь pigeon, dove; **—ятник** pigeon hawk; **—ятня** pigeonry, dovecot
гóлый bare, bald, naked
гóмон hubbub
гон chase
гонорáр fee
гóнчая hound
гоня́ть to chase, drive away
гор//á mountain, hill; **идти́ в —у** to rise in the world
горáздо much, far; **г. лýчше** much/far better
горбáт//ый hunchbacked; **—ая ýлица** bumpy street
горби́нк//а: нос с —ой aquiline nose, Roman nose
горбонóсый hook-nosed
гордели́в//о haughtily, proudly; **—ый** haughty
гордéц proud man
горди́ться to be proud, take pride (in), pride oneself (upon)
гóрд//ость pride; **—ый** proud
гóре grief, sorrow
горéть to burn, shine, sparkle
горизóнт horizon
гóрка hill, hillock
гóрло throat
гóрничная housemaid
горностáй ermine
гóрод town, city
городи́шко God-forsaken little town
городовóй policeman
городскóй *adj. of* **гóрод**
гóрсть (*f.*) hollow of the hand, handful
гóрький (*lit. & fig.*) bitter
гóрько (*short adj.*) bitter
гóрько bitterly
горю́чее fuel (*gasoline*, *benzine*)
горя́чечный delirious; **г. бред** delirium
горя́ч//ий hot, ardent, passionate; **—ее сочýвствие** heartfelt sympathy; **г. след** hot on the scent
горячи́ть, разгорячи́ть to excite; **—ся, погорячи́ться, разгорячи́ться** to get excited, get angry
горя́чка fever
горячó hotly, with heat; **г. взя́ться за что-л.** to set to something with ardor
гóспиталь hospital; **—ный** hospital
господá (*pl.*) gentlemen
Гóсподи Lord! good heavens!
господи́н gentleman
Госпóдь God, Lord; **Госпóдь с тобóй** God bless you.

гости́ная sitting room, living room
гости́ница hotel
гости́ть to stay with, be on a visit (to)
гóст//ь guest; **идти в —и** to visit, pay a visit
госуда́рство state
готóвить, приготóвить to prepare (for); **—ся, приготóвиться** to get/make ready (for), prepare
готóвый ready, prepared; **на всем готóвом** with board and lodging
гра́бить, огра́бить to rob
гра́дус degree
граждани́н citizen
грамм gram
грамма́тика grammar
гра́мота certificate
гра́мотный literate
грана́та grenade
грани́ца boundary, border
граф count
грач rook
грёза dream, daydream, fancy
гре́зить to dream
гре́зиться, пригре́зиться to dream (that . . .)
грем//е́ть to clatter, clank, resound; **вы́стрелы —я́т** shots ring out; **г. чем-л.** to make a noise
грести́, огреба́ться to row, scull
грех sin
грехопаде́ние fall (*into sin*)
гре́ческий Greek
греши́ть to sin
гре́ш//ник, —ница sinner
гре́шный sinful
гриб mushroom; **—ница** mycelium (mushroom) spawn
гри́ва mane
гри́вка uphill road; **ма́ленькая г.** ridge
грима́са grimace
гроб coffin, grave
гроза́ thunderstorm
гроздь cluster, bunch (of)
грози́ть, погрози́ть, пригрози́ть to threaten; **г. па́льцем** to shake one's finger (at)
грóзн//о threateningly, sternly; **—ый** terrible, formidable, threatening
грозовóй *adj. of* **гроза́**
гром thunder
грома́дный huge, enormous
громи́ла burglar, thug
грóмк//ий loud, famous; **—ое и́мя** great/famous name; **—о** loud(ly)
громогла́сный loud
громыха́ть to rumble
грóхот crash, roar
груби́ть, погруби́ть to be rude
гру́б//о coarsely, rudely; **—ость** rudeness; **—ый** coarse, rude, crude
груднóй (*adj. of* **грудь**)**: г. гóлос** chest voice
грудь breast, chest, bosom
грузи́ть(ся), нагрузи́ть(ся), погрузи́ть(ся) to load
гру́зный heavy, corpulent
грузови́к truck
гру́зчик loader, longshoreman
грунт soil, ground
гру́ппа group
грусти́ть to be sad, be melancholy
гру́стно it is sad
гру́стн//о sadly, sorrowfully; **—ый** melancholy, sad
грусть melancholy, sadness
грязнова́тый rather dirty
гря́зный dirty, filthy
грязь (*f., only sing.*) dirt, mud
губа́ lip
губерна́тор governor; **—ский** governor's
губе́рн//ия province; **—ский** provincial
гуде́ние buzz(ing), drone, hooting
гуде́ть to buzz, drone, hoot, shriek
гудóк whistle
гул rumble
гу́лкий resounding
гуля́нье outdoor fete
гуля́ть to go for a walk, take a walk; to have a good time
гума́нность humaneness
гумнó threshing floor
гу́сеница caterpillar, (caterpillar) track
густóй thick, dense
густота́ thickness, density; deepness
гусь goose
гу́щ//а thicket; **в са́мую —у** in the very midst

Д

да yes
да but, oh but

да (*conj. colloq.*) and (besides); **он да я** he and I; **да ещё** and what is more
дабы́ in (order that)
дава́ть, да́ть to give, let, allow; **д. по рука́м** to slap (somebody's) hands; **дава́ться** to come easy, yield (to somebody), give up
да́веча lately, recently
да́вешний recent
дави́ть to weigh (on), crush; **—ся, подави́ться** to choke
давне́нько for quite a long time
да́вн//ий old, of long standing; **—ишний** (*colloq.*) = **да́вний**
давно́ long ago, for a long time
давны́м-давно́ very long ago
да́же even
да́лее further; **и так д.** and so on, and so forth, etc.
далёкий far, far away, distant, alien
далеко́ (*see* **далёкий**) it is far, it is a long way
далеко́ far (from), far off, a great distance away, far behind
даль (*f.*) distance
дальне́йший further, subsequent
да́льний distant, remote, subsequent
да́льше further, further than
да́ма lady
да́мба dam, dike
да́мский *adj. of* **дама**
дань tribute, contribution
дар gift
дари́ть, подари́ть to give, make a present (of)
да́ром for nothing, gratis
дать: д. стречка́ = убежа́ть (*substandard*) to run away, escape
дать(ся) *see* **дава́ть(ся)**
да́ча country cottage, country house
две́р//ь door; **в —я́х** in the doorway
дви́гать, дви́нуть to move, set in motion; **—ся, дви́нуться** to move, advance
движе́ние motion, movement, traffic
дви́нуть(ся) *see* **дви́гать(ся)**
двойни́к: д. кого́-л. (somebody's) double
двор yard, courtyard, household; **на —е́** out-of-doors, outside
дво́рник janitor
дворня́//га, —жка mongrel
дворо́вый menial worker, manor serf
дворяни́н nobleman, one who belongs to the gentry
двою́родный: д. дед great uncle; **д. брат** cousin
двужи́льный of great power
двукры́лый dipterous
двухря́дный two-lane (*road*)
дева́ть; деть to put, do (with)
дева́ться, де́ться to get to, disappear
деви́ца (девушка) girl
деви́чий girlish, maidenly
де́вка wench, girl
де́вочка girl, little girl
де́вушка girl, young lady
девчо́нка girl; *pejorative*, kid, thing
дёготь tar
дед grandfather; **—овский** (*adj.*)
де́душка = дед grandfather
дежу́рить to be on duty, watch
дежу́рный on duty, man on duty
дежу́рство duty
дезерти́р deserter
де́йствие action, operation
действи́тельн//о really, indeed; **—ость** reality; **—ый** real; **—ая слу́жба** active service
де́йствовать, поде́йствовать to act, work, have an effect (upon)
деклами́ровать, продеклами́ровать to recite (*usually a poem*)
де́лать, сде́лать to make, do; **д. соглаше́ние** to make an agreement; **д. вид** to pretend, make believe
де́латься, сде́латься to become, get
дели́ть(ся), раздели́ть(ся), подели́ть(ся) to divide, share (something with somebody)
де́ло affair, business, pursuit, deed, thing; **д. не в этом** that's not the point; **на са́мом —е** in fact/reality; **в са́мом —е** indeed, really; **—а было мно́го** there was much to be done
делови́тый businesslike
делово́й business; **д. человек,** businessman
демобилиза́ция demobilization
день day
де́ньги money
департа́мент department
депре́ссия depression, downturn in economic activity

дёргать, дёрнуть to pull, twitch
деревене́ть, одеревене́ть to become stiff/numb
дереве́нский rural, country
дере́вня village, country
де́рево tree, wood
деревя́нный wooden
держа́ть to hold, keep; **д. себя́ (в рука́х)** to hold oneself in hand, behave; **—ся** to hold (on), last, behave/conduct oneself
дёрн turf
дерни́на a turf, a sod
дёрнуть *see* **дёргать**
дере́бить, деря́бить to yell, sing loudly and out of tune
де́скать so to say, that is to say
десяти́на Russian measure of land (=2·7 acres)
детдом (де́тский дом) children's home
де́ти children
де́тский (*adj.*) children, child
де́тство childhood
деть(ся) *see* **дева́ть(ся)**
дешёвка a cheap thing
дёшево cheap, cheaply
дешёвый cheap
де́ятельность activity, work
джаз jazz
джентльме́н gentleman
дива́н sofa
диви́зия division
диви́ться to marvel (at), wonder
ди́вный marvellous, wonderful
ди́во wonder
ди́зель diesel engine
ди́кий wild, queer, strange, terrifying
диктова́ть, отдиктова́ть, продиктова́ть to dictate
дире́ктор director, manager
дире́кторский (*adj. of* **дире́ктор**) director's
дитя́ child
дича́ть, одича́ть to run wild, become wild, become antisocial
длин//а́ length; **в —у́** lengthwise
длинноно́гий long-legged, lanky
длинноу́сый long-whiskered
дли́нный long, lanky
дли́тельный long, prolonged
дли́ться, продли́ться to last, linger
для for
дневно́й day, daily
—дне́вный of . . . days, . . . -day
дни́ще bottom
дно́ bottom; **золото́е д.** goldmine
до to, up to
доба́вить *see* **добавля́ть**
добавля́ть, доба́вить to add (to)
добега́ть, добежа́ть to run (as far as, to, up to)
добежа́ть *see* **добега́ть**
добива́ть to finish; **—ся, доби́ться** to achieve, strive (for)
добира́ться, добра́ться to get (to), reach
доби́ть *see* **добива́ть**
добра́ть *see* **добира́ться**
добро́ good, kindness
добро́ all right, well; **д. бы** if at least
доброво́лец volunteer
доброво́льный voluntary, freewill
доброде́тель virtue
доброду́ш//ие good nature; **—ный** good-natured
доброта́ kindness, goodness
до́брый kind, good
добыва́ть, добы́ть to get, obtain
добы́ть *see* **добыва́ть**
дове́рие faith, confidence, trust
дове́рчивый trustful
доверя́ть, дове́рить to entrust (to); **д. свои та́йны кому́-л.** to take somebody into one's confidence
доверя́ться, дове́риться to trust, confide (in)
довести́ *see* **доводи́ть**
доводи́ть, довести́ to lead as far as, drive, bring (someone someplace)
довое́нный prewar
дово́льно rather, enough; **это д. хорошо́** it is rather good
дово́льный content/pleased (with)
дово́льство contentment, prosperity
дога́дка conjecture, guess
дога́дливый quick-witted, shrewd
дога́дываться, догада́ться to guess, suspect
догна́ть *see* **догоня́ть**
догова́ривать, договори́ть to finish saying/telling; **—ся, договори́ться** to come to an agreement/understanding
договори́ть(ся) *see* **догова́ривать(ся)**

догоня́ть, догна́ть to catch up, overtake
догора́ть, догоре́ть to burn
догоре́ть *see* **догора́ть**
доде́лать *see* **доде́лывать**
доде́лывать, доде́лать to finish, complete
доду́мать to think out, finish thinking
доеда́ть to finish eating
доесть *see* **доеда́ть**
дожда́ться: д. весны́ to wait until spring
дождеви́к raincoat
дождли́вый rainy, wet
до́ждь rain
дожда́ться to wait (for)
дозволя́ть, дозво́лить to permit, allow
дознава́ться, дозна́ться to find out
дознава́тель (*slang*) interrogator
дозна́ться *see* **дознава́ться**
дои́ть, подои́ть to milk
дойти́ *see* **доходи́ть**
дока́зывать, доказа́ть to prove, show
дока́нчивать, доко́нчить to finish, end
докла́дывать, доложи́ть to report (on)
доко́нчить *see* **дока́нчивать**
до́ктор doctor; **—ский** (*adj.*)
докуме́нт document
доку́ривать, докури́ть to finish smoking
докури́ть *see* **доку́ривать**
долг debt, duty
до́лгий long
до́лго (for) a long time
долговя́зый lanky
долета́ть, долете́ть to fly so far, fly (as far as a place)
долете́ть *see* **долета́ть**
до́лж//ен owe, must, ought (to); **—но́ быть** probably
долива́ть, доли́ть to add, pour some more, fill
доли́ть *see* **долива́ть**
доложи́ть *see* **докла́дывать**
до́ля part, share, portion
до́ля lot, destiny
дом house, home; **—а** at home
дома́шний home, domestic, homemade; my, yours, etc.; people, next of kin
домо́вый *adj. of* **дом**
домо́й home, homewards; **ему пора́ д.** it is time for him to go home
домола́чивать, домолоти́ть to finish threshing
доморо́щенный homebred, home-grown
домотка́нный homespun
донести́ to carry (as far as the place), bring (to)
донима́ть, доня́ть to harass, weary, worry
доноси́ться, донести́сь to reach one's ears, be heard
доползáть, доползти́ to creep, crawl
доползти́ *see* **доползáть**
дополни́тельный additional
допото́пный antediluvian, old-fashioned
допра́шивать, допроси́ть to interrogate, question
допроси́ть *see* **допра́шивать**
допуска́//ть, допусти́ть to permit, allow, tolerate; **он не —ет э́той мы́сли** he thinks it is most unlikely
допы́тываться, допыта́ться to elicit, try to find out
доро́г//а road, way, journey; **мне с ва́ми по —е** we go the same way
дорого́й dear
дорожи́ться to ask too high a price, overcharge
доро́жный *adj. of* **доро́га**
дору́гивать to abuse each other
доса́да vexation, annoyance; **—но** it is annoying, it is a pity
доска́ board, plank
досказа́ть *see* **доска́зывать**
доска́зывать, досказа́ть to finish telling/saying
доспева́ть, доспе́ть to ripen
доспе́ть *see* **доспева́ть**
достава́ть, доста́ть to reach, get, take out, produce; **—ся, доста́ться** to fall to one's lot
доста́вить *see* **доставля́ть**
доставля́ть, доста́вить to deliver, furnish, give, supply
доста́точно sufficiently
доста́ть(ся) *see* **достава́ть(ся)**
достига́ть, дости́чь, дости́гнуть to reach, attain, achieve
достове́рный authentic, reliable
досто́//инство dignity; **—йный** worthy, deserving

дотра́гиваться, дотро́нуться to touch
дотро́нуться *see* **дотра́гиваться**
дотя́гивать, дотяну́ть to drag, draw, live
дохну́ть to breathe
дохо́д profit, income
доходи́ть, дойти́ to reach
доце́нт assistant professor
до́чиста completely
до́чка (*colloq.*) = **дочь** daughter
дочь daughter
доща́тый (made) of planks/boards
доще́чка plate, small plank
дразни́ть to tease
дра́ка scuffle, brawl
драко́н dragon; **—ий** (*adj.*)
драмату́рг playwright
драпанём (*slang*) let us get away
дра́пать (*substandard*) = **бежа́ть** to run away, escape
драть to tear, scratch
дра́ться, подра́ться to fight (with)
древнееврéйский Hebrew
дре́вний ancient, old
дрема́ть to doze, drowse
дро́бный fractional; **д. стук** abrupt, staccato knocking
дрова́ firewood
дро́ги hearse
дрожа́ть to quiver, tremble, shiver
дрожа́щий (*participle*) trembling, shivering
дро́жки (*pl.*) a light four-wheeled carriage
дро́жь (*f.*) trembling, quivering, chill, shiver
дрозд thrush
друг friend
друг: д. —а each other, one another; **д. про́тив —а** against each other; **д. о —е** about each other; **д. к —у** to each other; **д. на —а** against each other
друго́й other, another, different
дру́жба friendship
дружелю́бный friendly
дру́жеский friendly
дру́жн/о in a friendly manner, together; **—ый** friendly, harmonious
дры́гать to jerk
дрянно́й wretched, rotten
дуб oak tree
дуга́ arch
ду́дка fife
дует *substandard for* **дуэ́т**
ду́ло muzzle
ду́ма duma (*Russian representative body*)
ду́мать, поду́мать to think (of, about), believe
ду́ра = дура́к fool
дура́к fool
дура́цкий stupid, idiotic
дурне́ть, подурне́ть to lose one's good looks, grow uglier
ду́рно badly, bad, ill
дурно́й evil, bad, ill
ду́рочка little fool
дурь nonsense, folly
дуть, поду́ть to blow
дух spirit, breath; **у него д. захва́тывает** it takes his breath away; **быть в —е** to be in good spirits; **д. в д.** at the exact/same time, in complete harmony
духи́ perfume
духо́вный spiritual
духота́ stuffy air, oppressive heat
душ shower bath
душа́ soul; **на ду́шу** per head; **быть —о́й** to be the (life and) soul (of)
душевнобольно́й insane
душе́вн//ый spiritual; **—ая болезнь** mental disease
душево́й per head
души́ть, задуши́ть to strangle, stifle
ду́шно it is stifling/stuffy in the room
ду́шный stuffy, swelteringly hot
душо́к musty smell, savor, smack
дуэ́т duet
дым smoke
дыми́ть, надыми́ть to smoke, fill with smoke
ды́мка haze, mist
ды́мный smoky
ды́мчатый smoke-colored
дыра́ hole
дыря́вый full of holes
дыха́ние breathing
дыша́ть to breathe; **тяжело́ д.** to gasp, blow
дья́вол devil
дьячо́к sexton
дьячи́ха wife of a sexton

дя́дюшка uncle
дя́дя uncle

Е

евре́й Jew
еда́ food, meal
едва́ hardly, scarcely
едине́ние unity
единовре́менно but once
единогла́сно unanimously
еди́нственн//о only; **—ый** only, sole, single
еди́ный indivisible, united
ежего́дно yearly
ежедне́вный daily
е́жели (*colloq.*) = **е́сли** if
ёжик crew cut
езда́ drive, ride
е́здить, е́хать, поехать ride, travel
ей-Бо́гу (*colloq.*) really and truly!
е́ле hardly
ёлка fir tree
ёлочный *adj. of* **ёлка**
ель spruce
е́льник fir grove
ёрзать fidget
ерунда́ nonsense
ерундо́вый foolish
е́сли if
есте́ственно it is natural
есть, съе́сть to eat
есть (*see* **быть**) is
е́хать *see* **е́здить**
ещё yet, still, only

Ж

жа́дничать to be greedy
жа́дно greedily, hungrily
жа́дн//ость greed, greediness; **—ый** greedy, avid
жа́жда thirst, craving
жа́ждать to crave (for), hunger (for)
жале́ть, пожале́ть to feel sorry (for), pity, be sorry (for), regret; **ничего́ не ж.** there is nothing that one would not do (for somebody)
жа́лкий pitiful, pitiable, sorry sight
жа́лко *see* **жаль**
жа́лобный mournful, plaintive, doleful; **ж. голос** sad/plaintive voice
жа́ловать, пожа́ловать to grant, favor, be gracious (to)
жа́ловаться, пожа́ловаться to complain (to, of)
жа́лост//ливый pitiful, compassionate; **—ный** *see* **жа́лобный**
жа́лость pity
жалузи́ Venetian blinds
жаль (it's a) pity; it grieves (someone that something); "(someone) is sorry (for someone)," *e.g.*, **ему ж. её** he is sorry for her; **очень ж.** too bad!
жар heat, fever
жара́ heat
жа́реный fried
жа́рить to fry
жа́рк//ий hot, ardent; **—о** hot, it is hot
жаро́вня brazier
жать to squeeze; **—ся** to press close, draw closer
жгу́чий burning
ждать to wait (for), expect, await
жела́ние (+*gen.*) wish (for), desire, hunger (for)
жела́ть, пожела́ть to wish, desire
желе́зный (*adj.*) iron
желе́зо iron
жёлоб = **жо́лоб** gutter
желте́ть, пожелте́ть to turn yellow; **желтова́тый** yellowish
желто́к egg yolk
жёлтый yellow, sallow
же́мчуг (*m. coll.*) pearl, pearls
жена́ wife; **—тый** married
жени́ть to marry (someone to somebody); **—ся** to marry, enter into matrimonial state
жени́тьба marriage
же́нский female, feminine, womanly
же́нщина woman
жердь perch, pole
жеребёнок colt
же́ртва sacrifice
же́ртвовать, поже́ртвовать to sacrifice, offer
жертвоприноше́ние offering, sacrifice
жесто́к//ий cruel, brutal, severe; **—ость** cruelty
жест//ь tin, tin plate; **—яно́й** (*adj.*)

жечь, сжечь to burn, consume
живи́тельный vivifying, bracing
жи́во vividly, quickly; promptly!
жив//о́й live, living, alive, vivacious, lively; **заде́ть за —о́е** to cut to the quick
живо́т stomach
живо́т life
живо́тик (*colloq.*) tummy, paunch
живо́тн//ое (*n., decl. as adj.*) animal, brute; **—ый** bestial, brutal
живу́щий living thing
жизнь (*f.*) life
жиле́тка vest
жиле́ц lodger, tenant
жи́листый sinewy, stringy
жир fat, grease; **—ный** fat, obese
жить to live
житьё life
жо́лоб gutter
жрать, сожра́ть to devour, gorge, guzzle
жрец heathen priest
жу́лик rogue, swindler
журна́л magazine
журна́льный journalistic
жу́тк//ий terrible, sinister; **—о** to feel awe-struck, to feel terrified
жуть (*f.*) horror
жюлье́н julienne (*French vegetable soup*)

З

за behind
заба́вно (*adv. & adj.*) amusing(ly); amusing; it is amusing
заба́вный amusing
забве́ние oblivion
забега́ть, забежа́ть to drop in (at somebody's place)
забежа́ть *see* **забега́ть**
забеспоко́иться to begin to feel anxious/uneasy
забива́ть, заби́ть to hammer (up, in); to stop up
забива́ться, заби́ться to hide; to become obstructed; **з. в у́гол** to hide in a corner
забинтова́ть *see* **бинтова́ть**
забира́ть, забра́ть to take away, capture, take possession, arrest
забира́ться, забра́ться to climb (on); to get (into)
заби́ть *see* **забива́ть**
заби́ть(ся) to begin to beat
заблесте́ть begin to shine
заблуди́ться to lose one's way, get lost
заблужда́ться to err, be mistaken
заболева́ние disease
заболева́ть, заболе́ть to fall ill
заболе́ть *see* **заболева́ть**
заболе́ть (*pf.*) to ache, hurt
заболта́//ться (*pf.*) (*colloq.*) to have a long chat, forget the time in chatting; **—л колоко́льчик** the bell began to ring
забо́р fence
забо́та trouble, anxiety
забо́титься, позабо́титься to look after, take care of
забо́тливый thoughtful
забра́сывать, заброса́ть to throw/cast/hurl far away; to neglect, abandon
забра́сывать, забро́сить to shower, bespatter (with)
забра́ть(ся) *see* **забира́ть(ся)**
забрести́ to stray, wander, drop in
забро́сить *see* **забра́сывать**
забры́згать *see* **забры́згивать** *and* **бры́згать**
забры́згивать, забры́згать to splash, (with)
забыва́ть, забы́ть to forget, neglect; **—ся, забы́ться** to doze, forget, forget oneself
забы́ть *see* **забыва́ть**
забытьё unconsciousness, drowsiness, oblivion
забы́ться *see* **забыва́ться**
зава́ливать, завали́ть to fill up; to overload; to bury
заведе́ние institution, establishment
заве́дующий manager, *see also* **завотде́л**
заверну́ть(ся) *see* **завёртывать(ся)**
завёртывать, заверну́ть to wrap up, turn, roll up; **—ся, заверну́ться** to cover/wrap oneself up
завести́(сь) *see* **заводи́ть(ся)**
завеща́ние will, testament
завива́ть, зави́ть to wave, curl
зави́деть (*pf.*) to catch sight (of)
зави́дно feel envious, envy

зави́довать, позави́довать to envy
завизжа́ть (*pf.*) to begin to squeal/yell
зави́сеть (от) to depend (on)
за́висть (*f.*) envy
завиту́шка curl, flourish
завладева́ть, завладе́ть to take possession (of)
завладе́ть *see* **завладева́ть**
заво́д factory; **са́харный з.** sugar refinery
заводи́ть, завести́ to fall/get into the habit (of); to introduce; to bring, lead
заводи́ть to wind up; **з. граммофо́н** to put on the gramophone
заводи́ться, завести́сь: у него завели́сь де́ньги he has got money (to spend)
завоёвывать, завоева́ть to conquer, win, try to get
завози́ться (*pf.*) to begin to toss about
заволнова́ться (*pf.*) to become agitated, begin to fret
завора́чивать = завёртывать to wrap up, turn
завора́чивать, заворoти́ть to turn, turn up, roll up
заворо́чаться (*pf.*) to begin to turn/toss (in bed)
завотде́л (заве́дующий отде́лом) department manager
за́втра tomorrow
за́втрак breakfast, lunch
за́втракать, поза́втракать to have breakfast/lunch
завши́веть (*pf.*) to become/be lousy
завыва́ть to howl
завы́ть (*pf.*) to begin to howl
завя́нуть *see* **вя́нуть**
зага́дывать, загада́ть to think (of), make plans
зага́живать, зага́дить to besmear, dirty
загарцева́ть (*see* **гарцева́ть**) to prance
загиба́ть, загну́ть to turn (up, down), bend; **—ся, загну́ться** to turn up
заглуша́ть, заглуши́ть to muffle; to alleviate; to grow over; to suppress
заглуши́ть *see* **заглуша́ть** *and* **глуши́ть**
загля́дывать, загляну́ть to peep in, glance, look in
загля́дываться, загляде́ться to stare, be lost in contemplation
загна́ть *see* **загоня́ть**
загова́ривать, заговори́ть to begin to speak (with somebody), address (somebody); accost (somebody)
заговори́ть, загова́ривать to begin to speak
за́годя in good time
загоня́ть, загна́ть to drive in, drive (into, under), tire out
загора́живать(ся), загороди́ть(ся) to block; to screen off, fence in
загора́ть, загоре́ть to become tanned/sunburned; *impf. only*, to bake in the sun
загора́ться, загоре́ться to burn (with), light up (*eyes*)
загоре́лый tanned
загоре́ть(ся) *see* **загора́ть(ся)**
загороди́ть(ся) *see* **загора́живать(ся)**
загражда́ть, загради́ть to bar, obstruct
грани́ца foreign countries
загреба́ть, загрести́ to rake up, accumulate; **з. де́ньги** to rake in money
загуде́ть (*pf.*) to begin to drone/hoot
за́д back; **поверну́ться к кому́-л. —ом** to turn one's back to somebody
задава́ть, зада́ть to give, set; **з. кому́-л. вопро́с** to ask a question; **зада́ть ей** to scold her, give her a hard time
зада́ток advance, deposit
зада́ть *see* **задава́ть**
зада́ча problem, task
зада́чник (арифмети́ческий) (book of) problems in arithmetic
задви́гать (*pf.*) to begin to move
задво́рки backyard, out-of-the way; **на —ах** in the background
задева́ть, заде́ть to touch, brush against; **з. кого́-л. за живо́е** to sting somebody to the quick
задёргать (*pf.*) to begin to pull
задержа́ть(ся) *see* **заде́рживать(ся)**
заде́рживать, задержа́ть to detain, delay, keep, prolong; **—ся, задержа́ться** to linger, stay too long
заде́тый (*participle of* **задева́ть**) touch; **у него́ заде́ты лёгкие** his lungs are affected
заде́ть *see* **задева́ть**
задёшево (*substandard for* **дёшево**) cheaply

задира́ть, задра́ть to lift up, pull up
за́дний back, hinder
задохну́ться *see* **задыха́ться**
задребезжа́ть to begin to clink, begin to jar
задрема́ть (*pf.*) to doze off
задрожа́ть to begin to tremble/shiver
задува́ть, заду́ть to blow in/into/out
заду́маться *see* **заду́мывать(ся)**
заду́мчив//ость pensiveness; **—ый** thoughtful, pensive
заду́мываться, заду́маться fall into thought, ponder, begin to think
задуше́вный hearty, innermost; **з. разгово́р** heart-to-heart talk
задуши́ть (*see* **души́ть**) to choke
задыха́ться, задохну́ться to choke, suffocate, gasp; **задыха́ясь** breathlessly
заеда́ть, зае́сть to eat/take (something after something), worry
заезжа́ть, зае́хать to call on the way (on somebody at a place), visit
заёрзать (*pf.*) to begin to fidget
зае́сть *see* **заеда́ть**
зае́хать *see* **заезжа́ть**
зажа́ть *see* **зажима́ть**
зажа́чь(ся) *see* **зажига́ть(ся)**
зажива́ть, зажи́ть to heal
зажига́ть, зажа́чь to set fire (to), light; **—ся, зажа́чься** to light up, catch fire
зажима́ть, зажа́ть to clutch, squeeze, grip
зажму́риваться, зажму́риться to screw up one's eyes, blink
зазвене́ть (*pf.*) to begin to ring/jingle
зазвуча́ть (*pf.*) to begin to sound/ring out
заигра́ть (*pf.*) to begin to play, prance
заика́ться, заикну́ться to stutter, mention, touch upon
заинтересо́ванный interested
заинтересова́ть to interest (somebody in something), excite curiosity
заи́скива//ть to ingratiate oneself, flatter; **—ющий** (*participle*) ingratiating, flatterer
зайти́ *see* **заходи́ть**
за́йцы *see* **за́яц**
зака́з order; **—но́й** made to order
закали́ть *see* **закаля́ть**
зака́лывать, заколо́ть to pin up
закаля́ть, закали́ть to temper, steel, temper/strengthen one's will
зака́пчивать, закопти́ть to blacken with smoke
зака́пывать, закопа́ть to bury
зака́т sunset
закати́ться *see* **зака́тываться**
зака́тываться, закати́ться (под, за) to set, roll (under, behind)
закача́ться (*pf*) to begin to swing/rock/sway
заки́дывать, заки́нуть: з. но́гу на́ ногу to cross one's legs; **з. наза́д го́лову** to throw/toss back one's head
заки́нуть *see* **заки́дывать**
закиса́ть, заки́снуть to turn sour, grow indifferent
заки́снуть *see* **закиса́ть**
закла́дывать, заложи́ть to put, lay, to mislay; (*colloq.*) to pile, heap; to pawn, mortgage
закла́дывать, заложи́ть to harness horses
заклина́ть to adjure, conjure; to charm
заключа́ться to consist
закова́ть *see* **зако́вывать**
зако́вывать, закова́ть to chain, put into irons
заковыля́ть (*pf.*) to begin to hobble
закола́чивать, заколоти́ть to board up, nail down
заколоти́ться to begin to beat; **у него се́рдце заколоти́лось** his heart began to thump
заколо́ть *see* **зака́лывать**
заколыха́ться to begin to rock/sway
зако́н law; **Зако́н Бо́жий** religious instruction
зако́нный legal, legitimate
закопа́ть *see* **зака́пывать**
закопте́лый smoky, sooty
закопчённый (*participle of* **зака́пчивать**) blackened with smoke
закочене́ть to become numb/stiff with the cold
закрепи́ть *see* **закрепля́ть**
закрепля́ть, закрепи́ть to secure, confirm
закрича́ть to begin to cry, shout
закружи́ть to turn, send whirling;

—**ся** (*see* **кружи́ться**): **голова́ закружи́лась** the head began to spin
закру́чивать, закрути́ть to twirl, swirl, wind around
закрыва́ть, закры́ть to shut, close, cover; —**ся, закры́ться** to close, shut, be closed/shut
закры́тый closed, private
закры́ть(ся) *see* **закрыва́ть(ся)**
заку́ривать, закури́ть to light a cigarette; —**ся, закури́ться** to become lighted
закури́ть(ся), заку́ривать(ся)
закуси́ть *see* **заку́сывать**
заку́ска hors d'œuvres
заку́сывать, закуси́ть to have a snack
заку́тать(ся) *see* **заку́тывать(ся)**
заку́ток, у́гол corner
заку́тывать(ся), закута́ть(ся) to wrap up; to muffle; to tuck up (*in bed*)
зал, за́ла hall
зале́жный untilled (*lands*)
залеза́ть, зале́зть to get (into), penetrate
залепи́ть *see* **залепля́ть**
залеп//ля́ть, залепи́ть to paste up, close up; —**ленный** (*participle*) closed up; —**ся, залепи́ться** to paste, close up
заливно́й: з. луг water meadow
зало́г pledge, mortgage
заложи́ть *see* **закла́дывать**
заля́згать *see* **ля́згать**
зама́зать(ся) *see* **зама́зывать(ся)**
зама́зывать, зама́зать to paint over, putty; **з. окно́** to seal up the windows, putty the windows
замаскирова́ть(ся) *see* **замаскиро́вывать(ся)**
замаскиро́вывать(ся), замаскирова́ть(ся) to disguise, hide, camouflage
замаха́ть to begin to weave/flap
зама́хиваться, замахну́ться to threaten, raise in a threatening manner; **з. те́лом** to swing with one's whole body
замахну́ться *see* **зама́хиваться**
замени́ть *see* **заменя́ть**
заменя́ть, замени́ть to substitute, replace
замерза́ть, замёрзнуть to freeze
замести́ *see* **замета́ть**
замести́тель (*m.*) substitute, proxy; **з. дире́ктора** assistant director
замета́ть, замести́ to sweep, cover
заме́тить, замеча́ть to notice, note
заме́тн//о noticeably; —**ый** noticeable, visible
замеча́тельный remarkable
замеча́ть, заме́тить to notice, observe, mark
замига́ть to begin to blink, twinkle
замина́ться to hesitate, stutter, subdue
замира́ние dying down, going out; **с —м се́рдца** with a sinking/palpitating heart
замира́ть, замере́ть to stand still, stand numb, sink, die down/away
замо́к lock
замолка́ть, замо́лкнуть, замолча́ть to become/fall silent, cease singing/speaking
замолча́ть *see* **замолка́ть**
заморга́ть to begin to blink
заморо́женный frozen
замота́ть to begin to shake; **з. хвосто́м** to begin to wag its tail
за́муж: быть —ем за кем-л. to be married to somebody
заму́чивать, заму́чить to torture, torment
заму́чить *see* **заму́чивать**
за́мшевый suede
замыслова́тый complicated
замя́ть to hush up, suppress; **з. разгово́р** to change the subject of the conversation; —**ся** to falter, become confused
за́навес curtain
занаве́ска curtain
занима́ть, заня́ть to occupy, take up, hold; —**ся, заня́ться** to be occupied (with), be engaged (in)
занима́ться, заня́ться to catch fire; **занима́ется заря́** the day is breaking
заня́тие occupation, pursuit
за́нятый (*participle of* **занима́ть**) busy, occupied; **ве́чно з.** always busy; **з. место** to take a seat, hold a position
заня́ть *see* **занима́ть**
заня́ться *see* **занима́ться**
заора́ть to begin to bawl/yell
за́пад west
за́пань creek, backwater

запаснóй spare
зáпах odor
запáчкать (*see* **пáчкать**) to get dirty, soiled
запевáла first singer
запевáть, запéть to lead in singing, set give the tune
заперéть *see* **запирáть**
запéть to begin to sing; **з. пéсню** break into song
запивáть, запи́ть to wash down (with)
запивáть, запи́ть to take to drinking
запинáться, запнýться to stammer, falter, stumble
запирáть, заперéть to lock, lock in
записáть *see* **запи́сывать**
запи́ска note
запи́сывать, записáть to take down, write down, note
зáпись entry
запи́ть *see* **запивáть**
запи́хивать, запихáть, запихнýть to push (in, into), cram
заплáкать to begin to cry
заплати́ть to pay
заполня́ть, запóлнить to fill
заполучи́ть to secure for oneself, get
запоминáть, запóмнить to memorize, remember
запóмнить *see* **запоминáть**
запотевáть, запотéть to become/get dim, misty, sweaty
запрéтный forbidden
запрещáть, запрети́ть to forbid, prohibit
запроки́дывать, запроки́нуть to throw back; **—ся, запроки́нуться** to fall back
запроки́нуть(ся) *see* **запроки́дывать(ся)**
запры́гать to begin to jump (up and down)
запрягáть, запря́чь to harness; **—ся, запря́чься** to settle down (*to work*), buckle (to)
запря́чь(ся) *see* **запрягáть(ся)**
запускáть, запусти́ть to thrust, fling
запускáть, запусти́ть to neglect
запусти́ть *see* **запускáть**
запýщен//ие neglect; **—ность** neglect **—ный** (*adj. & partic.*) neglected
запчáсти (запасны́е чáсти) spare parts
запыли́ть to cover with dust; **—ся** to be covered with dust
запятнá/ть to spot, stain
запятнáный spotted
зарабáтывать, зарабóтать to earn
заражáть, зарази́ть to infect, contaminate; **—ся, зарази́ться** to be infected
зарáз at one sitting
зарáза infection, pest
зарази́ть(ся) *see* **заражáть(ся)**
зарáнее beforehand
зарастáть, зарасти́ to be overgrown
заревéть to begin to roar/low
зáрево glow
зарéзать (*see* **рéзать**) to murder, knife
зарéчный beyond, on the other side of the river
зáриться, позáриться to covet
зарни́ца summer lightning
зарывáть, зары́ть to bury
заря́ dawn
заря́д charge
заряди́ть *see* **заряжáть**
заряжáть, заряди́ть to load, charge (*a weapon*)
засвети́ть to light; **з. фонáрь** (*substandard*) to give somebody a black eye
засвистáть, засвистéть to begin to whistle
засéсть to sit down (to), stick (in)
засквози́ть (*see* **сквози́ть**) transparent
заскрести́(сь) to begin to scratch; **мышь заскреблáсь** the mouse began to scratch
заслоня́ть, заслони́ть to cover, shade, shield
заслýживать, заслужи́ть to deserve, be worthy
засмея́ть to ridicule; **—ся** to begin to laugh
заснýть *see* **засыпáть**
засóвывать, засýнуть to tuck in, push in, thrust in
засопéть to begin to sniff
заставáть, застáть to find (in)
застáвить *see* **заставля́ть**
заставля́ть, застáвить to force, make
заставля́ть, застáвить to cram, fill, cluster
застáть *see* **заставáть**

застёгивать, застегну́ть to button up, do up
застегну́ть *see* **застёгивать**
засте́нчивый bashful
застрева́ть, застря́ть to stick, get stuck
застрели́ть to shoot (down); **—ся** to shoot oneself
застря́ть *see* **застрева́ть**
застуча́ть to begin to knock, rap
застыва́ть, засты́ть, засты́нуть to thicken, freeze
засуди́ть to condemn, sue; **—ся,** to sue, have a law suit
засуети́ться to begin to bustle, start fussing
засу́нуть *see* **засо́вывать**
засу́чивать, засучи́ть to roll up
засучи́ть *see* **засу́чивать**
засчита́ть *see* **засчи́тывать**
засчи́тывать, засчита́ть to include, take into consideration
засыпа́ть, засну́ть to fall asleep
засыпа́ть, засы́пать to cover, bury
зата́ивать, затаи́ть to harbor, hide, conceal
затвори́ть(ся) *see* **затворя́ть(ся)**
затворя́ть, затвори́ть to shut; **—ся, затвори́ться** to shut, close, shut oneself (in, up)
затева́ть(ся), зате́ять(ся) to undertake
зате́м then, thereupon; **з. что** because, since
затеря́ть to lose, mislay; **—ся** to be lost, be mislaid
зате́ять(ся) *see* **затева́ть(ся)**
затиха́ть, зати́хнуть to calm down
зати́хнуть *see* **затиха́ть**
заткну́ть *see* **затыка́ть**
зато́ instead, but
зато́пать to begin to stamp one's feet
затормози́ть to put on the brakes
затороп́иться to begin to bustle
затрепа́ть to bedraggle, wear out
затрепета́ть to begin to palpitate
затрудн//е́ние difficulty; **—и́тельный** difficult, embarrassing
затрудня́ть, затрудни́ть to give/cause (somebody) trouble
затрясти́ to begin to shake; **—сь** to begin to shake/tremble
затума́ниваться, затума́ниться to grow cloudy, grow dim
затума́ниться *see* **затума́ниваться**
затыка́ть, заткну́ть to stop up, plug, silence smb.
заты́лок nape of the neck, back of the head
затя́гивать, затяну́ть to tighten, cover; **з. пе́сню** to strike up a song
затя́гиваться, затяну́ться to skin over (*said of a wound*)
затяну́ть *see* **затя́гивать**
зауны́вный mournful
заурча́ть (*see* **урча́ть**) to murmur, rumble
зафу́кать (*see* **фу́кать**) to huff
захандри́ть (*see* **хандри́ть** to be blue (*mood*)
захвати́ть *see* **захва́тывать**
захва́т//ывать, захвати́ть to take, seize; **от э́того у него дух —ило** it took his breath away
захвора́ть to be taken ill
захлёбыв//аться, захлебну́ться to choke (with), swallow the wrong way; **говори́ть —аясь** to speak breathlessly; **з. от сча́стья** to be transported with joy
захло́пать (*colloq.*) to begin to clap
захло́пнуть(ся) *see* **захло́пывать(ся)**
захло́пываться, захло́пнуться to slam, close with a bang
захо́д: з. со́лнца sunset
заходи́ть, зайти́ to drop (in); to get (to a place), come; to turn; **з. за у́гол** to turn a corner; **з. сли́шком далеко́** to go too far
заходя́щ//ий: —ее со́лнце the setting sun
захоте́ть(ся) *see* **хоте́ть(ся)**
захрипе́ть *see* **хрипе́ть**
зацепи́ть(ся) *see* **зацепля́ть(ся)**
зацепля́ть(ся), зацепи́ть(ся) to catch (on), string
зача́ливать to pull ashore
зача́ть (*see* **нача́ть**) to begin
заче́м why, what for
зачерпну́ть *see* **заче́рпывать**
заче́рпывать, зачерпну́ть to draw; to scoop; to spoon up/out, ladle out
зачёт test, examination
зачи́слить *see* **зачисля́ть**

зачисля́ть, зачи́слить to enlist, enroll; include **—ся, зачи́слиться** to join
зачмо́кать (*see* **чмо́кать**) to begin to make chumping sounds
зашага́ть to begin to walk
зашевели́ться to begin to stir/budge
зашепта́ть to begin to whisper
зашива́ть, заши́ть to sew up
зашуме́ть to begin to make noise
зашурша́ть *see* **шурша́ть**
защити́ть(ся) *see* **защища́ть(ся)**
защища́ть(ся) to defend, protect
заявля́ть, заяви́ть to announce, declare
за́я//ц hare; **—чий** (*adj.*)
зва́ный: з. обе́д dinner party
звать, позва́ть to call, invite, beckon
звезда́ star
звёздный starry
звене́ть to ring, jangle
звере́ть to become brutalized
зверь beast, brute, animal
звон ring, ringing, chime
звони́ть, позвони́ть to ring
зво́нкий ringing, clear
звоно́к bell
звук sound
звуча́ть to sound, be heard
зву́чн//ый loud, sonorous; **—ый голос** rich voice
зга: ни зги не ви́дно it is pitch-dark
зда́ние building
здесь here
зде́шний of this place
здорове́нный big, huge, robust
здо́рово magnificently
здоро́во hello
здоро́вый healthy
здоро́вье health
здравомы́слящий sober, sensible
здра́вст//вовать to be well, prosper; **—вуй(те)** how do you do
зёва, зева́ка (*colloq.*) idler
зева́ть, зевну́ть, прозева́ть to yawn, miss, let slip
зелене́ть, позелене́ть to grow/turn green
зеленова́тый greenish
зеленогла́зый green-eyed
зелёный green
зе́лень (*f., only sing.*) greenery
зело́ = о́чень very
земля́ earth, ground, land
земля́к fellow-countryman
земляни́ка strawberries
земля́нка dugout
земно́й earthly
зе́мство Zemstvo (*elective district council of prerevolutionary Russia*)
зе́ркало mirror
зерни́стый grainy, granular
зерно́ grain
зима́ winter; **—о́й** in the winter
зи́мний wintry
зло evil, harm
зло maliciously, angrily
зло́ба spite, anger
злоба́ = зло́ба
зло́бный malicious, wicked
злове́щий sinister, ominous
злоде́й villain; **—ство** villainy
зло́й wicked, malicious
злора́дный gloating, full of malicious joy
злосча́стный ill-fated
злоумышля́ть to have evil intentions
зме́й serpent, dragon; **запуска́ть зме́я** to fly a kite
знак sign, token
знако́миться, познако́миться to make the acquaintance
знако́мство acquaintance
знако́мый familiar, acquainted (with)
знако́мый (*m., decl. as adj.*) acquaintance
зна́мя banner, standard
зна́ние knowledge
зна́тный distinguished
знать to know, be aware of; **з. в лицо́** to know by sight, a familiar face
значе́ние significance, meaning, importance
зна́чит so, then, well, that is to say
значи́тельн//о considerably: **—ый** significant, important
значо́к badge
знobи́ть: его зноби́т he feels feverish
зов call
золоти́стый golden
зо́лото gold
золото́й gold, golden
золотошве́йная embroidery shop
золочёный gilded

зонт, зóнтик umbrella, sunshade
зóрко vigilantly, with a vigilant eye
зрачóк pupil (*of the eye*)
зрéлый mature
зря to no purpose
зуб tooth
зубчáтый jagged
зудéние: зудéние ос buzzing of wasps
зудéть itch
зы́бкий unsteady
зя́бкий sensitive to cold, chilly
зя́бнуть to suffer from the cold, shiver

И

и and
иберийский Iberian
и́бис ibis
и́бо for
и́ва willow
и́вовый *adj. of* **ива**
иглá needle
игóлка needle
игрá game
игрáть, сыгрáть to play; **и. роль** to play a part
игрýшка toy
идеáл ideal
идéя idea
и́дол idol
идти́, пойти́ (*see* **ходи́ть**) to go, proceed, suit, be on (*about play*); to go by (*time*); **кровь идёт из рáны** blood is coming from the wound; **снéг идёт** it is snowing
из from, out of
избá peasant hut
избáвить(ся) *see* **избавля́ть(ся)**
избавля́ть, избáвить to save, deliver; **—ся, избáвиться** to get rid (of), put an end (to)
избалóванный spoiled
избалóвывать, избаловáть to spoil
избирáть, избрáть to choose
изби́тый beaten up
избрáние election
извéстие news, tidings
извéст//но it is known, it is obvious; **—ный** well-known, known
извещáть, извести́ть to inform, notify
извивáться, изви́ться to cringe
извини́ть(ся) *see* **извиня́ть(ся)**
извин//я́ть, извини́ть to excuse, pardon; **—и́те!** I am sorry· **—я́ться, извини́ться** to apologize
извлекáть, извлéчь to extract, evoke (from)
извóзчик cabby (*cab driver*)
извóзчичья *adj. of* **извозчик**
извóлить to be pleased (to), if you please
изги́б curve
изгибáть, изогнýть to bend, curve; **—ся, изогнýться** to bend
изголóвье head of a bed
издавáть, издáть to utter, emit (*a sound*)
издалекá, и́здали from far away, from a distance
издáние edition, publication
издевáться to mock
издержáть(ся) *see* **издéрживать(ся)**
издéрживаться, издержáться to spend all one had
изжáрить, зажáрить to roast
из-за because
иззя́бший frozen/chilled to the marrow
излечéние recovery
изливáть, изли́ть to pour out (*one's feelings, emotions*)
изли́шний unnecessary
излови́ть to catch
измáзать *see* **измáзывать**
измáзывать, измáзать to smear, soil, dirty
изменéние change
измени́ть(ся) *see* **изменя́ть(ся)**
изменя́ть, измени́ть to change
изменя́ть to betray, be false, be unfaithful (to)
измен//я́ться, измени́ться to change; **—и́ться в лицé** to change one's countenance
измýченный exhausted
измýчивать, измýчить to exhaust; **—ся, измýчиться** to be worried to death, be exhausted
измýчить(ся) *see* **измýчивать(ся)**
изнéженный coddled, delicate
изнутри́ from within/inside
изнывáть, изны́ть to pine (away) (with)
изны́ть *see* **изнывáть**

изобража́ть, изобрази́ть to depict, express
изображе́ние portrayal, picture
изобрета́ть, изобрести́ to invent, devise
изо́гнутый bent, curved
изогну́ть(ся) *see* **изгиба́ть(ся)**
изорва́ть *see* **изрыва́ть**
из-под from under
и́зредка now and then, from time to time
изре́зать *see* **изре́зывать**
изре́зывать, изре́зать to cut up
изрыва́ть, изорва́ть to tear (*to pieces*)
изрыга́ть, изры́гнуть to spit out
изуми́тельный amazing, wonderful
изум//и́ть(ся) *see* **изумля́ть(ся)**
изумле́ние surprise
изумля́ть, изуми́ть amaze, strike dumb; **—ся, изуми́ться** be amazed, be dumbfounded
изумру́д emerald; **—ный** (*adj.*)
изуро́дованный mutilated
изуро́довать *see* **уро́довать**
изуча́ть, изучи́ть to study
изъявля́ть, изъяви́ть to express; **—ля́ть согла́сие** to give one's consent
изъя́н defect
изыска́ние research; (*geol.*) prospecting
изя́щный elegant, graceful
ика́ть, икну́ть hiccup
икра́ calf (*of the leg*)
иллюмина́тор illuminator
име́ние estate
имени́ны (*pl.*) name day (*of one's patron saint*)
и́менно namely, just exactly
име́ть to have, mean; **и. в виду́** to bear in mind; **и. де́ло с кем-л.** to have to do with somebody, deal with somebody
и́мя name
ина́че differently, otherwise
инвента́рь inventory; **живо́й и.** livestock
инде́йка turkey
инди́йский Indian
и́ней hoarfrost
инжене́р engineer
иногда́ sometimes
ино́й different, other; **и. раз** sometimes, at another time
иносказа́ние allegory
иностра́н//ец foreigner; **—ный** foreign
инспе́ктор inspector
инсти́нкт instinct
институ́тка schoolgirl (*of an institute for girls*)
инстру́кторша instructress
инстру́кция directions, instructions
инструме́нт tool; **—ы (хирурги́ческие)** surgical instruments
инсурге́нт insurgent
интеллиге́нтный cultured, educated
интенда́нт commissary
интере́с interest
интере́сно (*short adj.*) interesting
интере́сн//о interestingly; **—ый** interesting
интересова́ть to interest; **—ся** to be interested (in)
интона́ция intonation
интури́ст foreign tourist
ирони́ческий ironic
искажа́ть, искази́ть to distort, pervert; **—ся, искази́ться** to get, be distorted
искази́ть(ся) *see* **искажа́ть(ся)**
иска́ть to look (for), search, seek; **и. глаза́ми кого́-л.** to try to catch sight of somebody
исключе́ние exception
исключи́тельно exceptionally, exclusively
иско́мый sought for (after)
и́скоса askance, aslant
и́скра spark
и́скренн//ий sincere; **—о** sincerely; **—ость** sincerity
искривля́ть, искриви́ть to crook, distort
искури́ть to finish smoking
иску́сн//о skillfully; **—ый** skillful, clever
искушённый experienced
испи́ть, вы́пить to drink
исполне́ние fulfillment; **приводи́ть в и.** to carry out
испо́лнить(ся-) *see* **исполня́ть(ся)**
исполня́ть, испо́лнить to fulfill; **—ся, испо́лниться** to be fulfilled; **ему испо́лнилось 20 лет** he is 20 years of age

испо́ртить(ся) *see* **по́ртить(ся)**; **погода испо́ртилась** the weather changed for the worse
испро́бовать to test, experience
испу́г fright, shock
испуга́ть(ся) *see* **пуга́ть(ся)**
испуска́ть, испусти́ть to emit, utter; **испуска́ть дух** to give up one's ghost
испыта́ние test, trial, ordeal
испыта́ть *see* **испы́тывать**
испы́тывать, испыта́ть to try, test; to experience, feel, tempt
иссле́довать to investigate, explore
istáптывать, истопта́ть to trample, wear out
истерза́ть *see* **терза́ть**
истерза́ться = исстрада́ться to be worn out by suffering
исте́рика hysterics
истери́я hysteria
истёртый (*participle of* **истра́ть**) worn out
и́стина truth, absolute truth
и́стинн//о (*adv. & adj.*) truly; true; **—ый** true
исто́ма languor
истопта́ть *see* **иста́птывать**
исто́рия history, story, event
исто́чник source
истоща́ть to exhaust
истреб//и́ть *see* **истребля́ть**
истребле́ние annihilation
истребля́ть, истреби́ть to annihilate, exterminate
истука́н idol, statue
истяза́ть to torture
исходи́ть to go/walk/stroll all over
исчеза́ть, исче́знуть to disappear, vanish
исче́знуть *see* **исчеза́ть**
ита́к thus, so
италья́нский Italian
их their
ихний = их their
ию́ль July
июнь June; **—ский** (*adj.*)

К

к to, towards
каби́на booth, cockpit, cabin
кабине́т study
каблу́к heel
кабы́ (*substandard*) = **е́сли-бы** if
кавалерга́рд horse-guardsman
кавалери́йский *adj. of* **кавале́рия**
кавале́рия cavalry
кадр cadre
кадри́ль quadrille
ка́дры cadres, personnel
кады́к Adam's apple
ка́ждый each, every
ка́жется *see* **каза́ться**
каза́к Cossack
каза́рма barracks
каза́ться, показа́ться, ка́жется to seem, appear, strike (as)
казённый fiscal; **на к. счёт** at public expense/cost
казна́ treasury; **—че́йство** Treasury
как how
как as; **к. бу́дто, к. бы** if, as though; **к. изве́стно** as is known
ка́к-бы, ка́к-либо somehow
ка́к-нибудь somehow, anyhow
како́й what, such . . . as, whatever
како́й-нибудь some, some kind of
како́й-то some, a
ка́к-то somehow, one day, once
кале́ка cripple
календа́рь calendar
кали́тка wicket, gate
каллигра́фия calligraphy
калори́фер air stove
кало́рия calorie
кало́ша = гало́ша galosh
кальсо́ны drawers, pants
камене́ть, окамене́ть to petrify, harden into stone, freeze
каменноснé́жный of stone and of snow
ка́менный lifeless, stony, stone
ка́мень stone
ками́н fireplace
камы́ш reed
кана́ва ditch, gutter
кана́л canal
кана́лья rascal
кана́т rope, cable
кандида́т candidate
кани́стр metal container
каните́ль long-drawn-out proceedings
канона́да cannonade

кантонист a boy attending an academy for sons of the lower ranks of the military
ка́пать drip, fall (in drops)
ка́пелька droplet
капита́л capital
капитали́ст capitalist, financier
капита́н captain
ка́пля drop, a bit
капо́т dressing gown
капри́з whim, caprice; **—ный** capricious
кара́ть, покара́ть to punish
карау́л guard, watch; **—ка** (*colloq.*) = **карау́льня** guardroom, guardhouse
карау́лить to guard
кара́чки (*colloq.*): **на —ах** on all fours
ка́рбасы: широ́кие к. type of boat used on the White Sea
карма́н pocket
ка́рта map, card; **колода карт** deck of cards
карти́н//а picture, painting; **—ный** pictorial, picturesque
карто́н pasteboards, cardboard
карто́н//ка cardboard box; **—ный** (*adj.*)
карто́фель potatoes
карту́з cap
карье́ра career
каса́ние contact
каса́ться, косну́ться to touch (upon), concern
ка́сса cashbox
ката́нье a drive
ката́ть, кати́ть, покати́ть (*pf.*) to roll, wheel, trundle
ката́ться to go for a drive
ката́ться, кати́ться, покати́ться to roll; **к. по земле́** to roll on the ground
ка́тер cutter (*naut.*)
кати́ть, покати́ть, ката́ть to drive, roll, go through
кафта́н caftan
кача́лка rocking chair
кача́ть(ся), качну́ть(ся) to rock, swing
ка́чество quality, virtue
качну́ть(ся) *see* **кача́ть(ся)**
ка́ша porridge
ка́шлять to cough, to have a cough
кашта́н chestnut; **—овый** chestnut-colored
каю́к (*substandard*) = **конец** end
каю́та room, cabin, stateroom
каю́т-компа́ния wardroom, messroom
квадра́тный square
кварта́л block
кварти́ра apartment
квартирье́р quartermaster
кве́рху upwards
кероси́н kerosene
киби́тка hooded cart/sledge
кива́ть, кивну́ть to nod (*one's head*), nod assent
кивну́ть *see* **кива́ть**
кида́ть(ся), ки́нуть(ся) to throw/fling oneself; to attack; **к. со всех ног** to rush (*as fast as one can*)
киломе́тр kilometer
кинжа́л dagger
кино́ cinema
кино́ motion picture
ки́нуть(ся) *see* **кидать(ся)**
кио́ск booth, kiosk, newsstand
кипари́с cypress
кипяти́ть(ся), вскипяти́ть(ся) to boil
кипячёный boiled
кирпи́ч brick
кирпи́чный (*adj. of* **кирпи́ч**) of brick
ки́сл//ый sour; **—ые щи** sauerkraut soup; **—ое молоко́** buttermilk
ки́тель (*m.*) single-breasted jacket
кише́ть to swarm
кишка́ intestine
кла́дка laying; **кирпи́чная к.** brickwork
кла́няться, поклони́ться to bow (to, before), greet
класс class
кла́сть, положи́ть, сложи́ть to lay (down), put (down), place
клева́ть, клю́нуть to peck, bite
кле́вер clover
клеёнчатый oilskin
клеймо́ stamp, mark, brand
клён maple
клено́вый *adj. of* **клён**
кле́тка cage, coop; check (*on material*) **в —у** checked
кле́тчатый checked
клеть (*f.*) cage
кли́мат climate
кли́пер clipper
клич call

клони́ть to incline, bend; **—ся** to bend
клочо́к scrap; **к. сне́га** last bit of snow; **к. земли́** plot/patch of land
клуб club, clubhouse
клуб puff; **к. ды́ма** puff of smoke
клуби́ться to swirl, smoke
клубо́к ball
клюв beak, bill
ключ source, spring
ключи́ца collarbone
кля́сться, покля́сться to swear, vow
кля́ча jade
кни́га book
кни́жный (*adj. of* **кни́га**): **к. шкаф** bookcase
кни́зу downwards
кнут whip
кобы́ла mare
ковбо́йка cowboy shirt
ковёр carpet
ковро́вый *adj. of* **ковёр**
ковы́ль feather grass; **—ный** feather-grass
ковыля́ть to hobble, toddle
ковырну́ть *see* **ковырять**
ковыря́ть to peck, pick, tinker; **—ся** (*colloq.*) poke around
когда́-либо, когда́-нибудь some time, some day
когда́-то once (*upon a time*), sometime, formerly
ко́готь to claw
ко́декс code
ко́е-где́ here and there; **ко́е-ка́к** anyhow, haphazardly
ко́е-что́ something, a little
ко́жа skin
кожа́н leather coat
ко́жаный leather
коза́ goat
ко́злы (*pl.*) coach box
козырёк (cap) peak
кой: ни в ко́ем слу́чае under no conditions
ко́йка cot
коке́т//ка coquette; **—ство** coquetry
коке́тничать to flirt
коклю́ш whooping cough
кол stake, picket
колеба́ть, поколеба́ть to shake; **—ся** to fluctuate, hesitate
коле́но knee
колесо́ wheel
коле́чко ring
ко́ли if
коло́да block, log
коло́да deck of cards
коло́дец well
ко́лок//ол bell; **уда́рить в к.** to strike the bell; **—о́льня** church/bell tower; **—о́льчик** handbell, bell
коло́нка column
коло́нна column, pillar
ко́лос ear (*of rye, etc.*)
колоти́ть to strike, beat; **—ся** to beat (against)
коло́ть to thrust, stab, prick
колпа́к cap
колхо́з collective farm
колхо́зник collective farm worker
колыха́ться, колыхну́ться to sway, rock, flutter
кольцо́ ring
колю́ч//ий prickly, biting; **—ка** bur, thorn, prickle
команди́р commander, commanding officer
командиро́в//ка mission; **—очный** (*adj.*)
кома́р gnat, mosquito
комбат (команди́р батальо́на) commanding officer
ко́мик comic actor
комите́т committee
коммуни́зм communism
ко́мнат//а room; **—ный** indoor
комо́д chest of drawers
компле́кт complete set
комфо́рт comfort
конве́рт envelope, cover
конгре́сс congress
кон//е́ц end, come to an end; **в —це —о́в** in the end, after all
коне́чно certainly, to be sure, surely
консерва́тор conservative
консе́рвы canned food
ко́нский *adj. of* **конь**
конститу́ция constitution
конто́ра office, bureau
конто́рщик clerk
конту́зить to shell-shock
конфе́та candy
конфу́з embarrassment, embarrassing position

конфу́зиться, сконфу́зиться to be shy, become ashamed
конце́рт concert
конча́ть, ко́нчить to end, finish; **ко́нчить** to graduate; **—ся, ко́нчиться** to come to an end; to expire, die
ко́нчено enough! done!; **всё к.** all is over
ко́нчик tip
ко́нчить(ся) *see* **конча́ть**
конь horse, steed
конья́к cognac
коню́шня stable
копа́ть to dig, dig out; **—ся** to rummage/dig (in)
копе́йка kopeck
копи́лка money box; bank
ко́поть soot
копы́то hoof
кора́ rind, bark
корабе́льный *adj. of* **кора́бль**
кора́бль (*m.*) ship, vessel, liner
ко́рень root
коре́ш friend, comrade
корзи́на basket
коридо́р corridor, passage
кори́чневый brown
ко́рка crust, peel
корм forage
корма́ stern, poop
корми́л//ец breadwinner; **—ица** wet nurse
корми́ть, накорми́ть, покорми́ть to feed, nurse
коро́б//ить, покоро́бить to warp
меня́ —ит от его слов his words jar me
коро́бка box
коро́ва cow
коро́ткий short
ко́ротко briefly, abruptly
ко́рпус body
корреспонде́нт correspondent
ко́рточк//и: сидеть на —ах to squat
ко́рчить(ся), ско́рчить(ся) to writhe, squirm, cower; **к. ро́жи** to make faces
корчма́ inn, pothouse; **—рь** innkeeper
коса́ braid
коси́ть, скоси́ть to mow, cut
коси́ть, скоси́ть to squint, look asquint
коси́ться, покоси́ться to look with a sideways glance
косну́ться *see* **каса́ться**
ко́со slantwise, obliquely
косо́й cross-eyed, squinting, slanting
косола́пый intoed, clumsy
костёр bonfire, campfire
костля́вый bony
кость bone
костю́м suit
костяно́й *adj. of* **кость**
косы́нка kerchief
躍кося́к doorpost, **—ом** at a slant
кося́к shoal, school
кот cat
котёл caldron, boiler
котело́к pot, messtin
ко́фе coffee
ко́фта woman's jacket
коче́вье camp of nomads
ко́чка mound
коша́чий *adj. of* **ко́шка**
ко́шка cat
кошма́р nightmare; **—ный** nightmarish, horrible
кощу́нство blasphemy
краб crab
кра́деный stolen
кра́ешек edge
край edge
край land
кра́йн//е extremely; **—ий** extreme; **по —ей ме́ре** at least; **—ее изумле́ние** utter surprise
кра́ля (*slang*) woman
кран faucet
кран crane
крапи́ва stinging nettle
краса́вец handsome man, very good-looking man, good-looker
краса́вица beautiful woman
краси́вый handsome
кра́ска paint, color
красне́ть, покрасне́ть to redden, grow/become red
красноарме́ец Red Army man
кра́сный red; **К. Крест** Red Cross
красота́ beauty
кра́сть, укра́сть to steal
кра́сться to steal, slink, sneak
кра́шеный painted, colored
кредито́р creditor

крéйсер cruiser
кремéнь flint
крéндель (*m.*) knot-shaped biscuit; **—ная** biscuit shop, bakery
крéпк//ий strong, firm; **к. сон** sound sleep; **—о** strong
крéпнуть, окрéпнуть to get stronger; to get firmly established
крепостнóй serf
крéпость (*f.*) fortress
крéпость (*f.*) strength
крéсло armchair, easy chair; **к. с колёсиками** wheel chair
крест cross; **вот те к. святóй!** by the Holy Cross!
крести́ть, окрести́ть, перекрести́ть to christen; **—ся, окрести́ться, перекрести́ться** to be baptized; to cross oneself
крéстн//ый (*adj. of* **крест**) **—ое знáмение** sign of the cross; **к. ход** religious procession (*with icons and banners*)
крестови́на crosspiece
крестья́н//ин peasant; **—ка** (*f.*) peasant; **—ский** (*adj.*)
кривáя (*f., decl. as adj.*) curve
кри́в//о crookedly; **—óй** crooked, lopsided
крик cry, shout, yell, scream
кри́кнуть *see* **кричáть**
критиковáть to criticize
кричáть, кри́кнуть to shout, scream, yell, call
кровáть (*f.*) bed
кровожáдн//ость bloodthirstiness; **—ый** bloodthirsty
кров//ь blood; **к. с молокóм** in blooming health; **—янóй** blood-colored
крокоди́л crocodile
крóлик rabbit
крот mole
крóме except, besides
крóткий gentle, meek
кротóвый *adj. of* **крот**
крохá crumb
крóшево medley
крóшка crumb, little one
круг circle, sphere
кру́гл//ый round; **—ые су́тки** around-the-clock
кругов//óй circular; **в —у́ю** round-about (way)
кругóм round, around
кру́жево lace
кружи́ть to whirl, circle, spin; **—ся** to spin, go round
кру́жка mug, cup
круп croup
кру́пный large, big, massive
крути́ть to spin, twirl; **к. любóвь** to make love; **—ся** to turn, spin
кру́т//о steeply, suddenly, abruptly, sharply; **—óй** steep, abrupt
кручёный twisted
крылó wing
крыльцó porch
кры́тый with a roof, covered
крыть, покры́ть to cover, roof; **—ся** to lie, be hidden, **крóй его беглым огнём** get him with running fire
кры́ша roof
крючóк hook, trigger
кря́кать, кря́кнуть to groan, cough a little
кря́кнуть *see* **кря́кать**
кряхтéть to groan, cough a little
кто: к.-нибу́дь somebody, someone; **к.-то** somebody
кувши́н jug, pitcher
кудá where (*place to which*); **к.-ли́бо, к.-нибу́дь** somewhere
кудáхтать to cackle
кудря́вый curly-headed
кузнéц blacksmith
кузнéчик grasshopper
кузнéчный: к. мех bellows
ку́зов body (*of a carriage, car*)
ку́кла doll
куку́шка cuckoo
кулáк fist; **сжимáть к.** to clench one's fist
кулёк bag
ку́льт cult, worship
культу́рный educated, cultured
кумы́с koumiss (*fermented mare's milk*)
куни́ца marten
купáнье bathing
купáть, вы́купать to bathe, give a bath; **—ся, вы́купаться** to take a bath
купé//ц merchant; **—ческий** (*adj.*)
купи́ть *see* **покупáть**

ку́пчая deed of purchase
ку́пы: к. дере́вьев groups of trees
ку́рево something to smoke
кури́ть to smoke; to burn; to distill
ку́рица hen, chicken
куропа́тка partridge
курс course, policy; **учёбный к.** course of studies; **око́нчить к. в университе́те** to graduate from the university
курье́р messenger, express; **—ский по́езд** express train
куса́ть to bite, nibble
кусо́к piece, bit
куст bush, shrub; **—а́рник** shrubbery
кустобро́вый with bushy eyebrows
кутёж drinking bout
куха́рка cook
ку́хня kitchen
ку́цый short, scanty, curtailed
ку́ча heap
ку́чер coachman
ку́чка: к. люде́й small group of people
куша́к sash, belt
ку́шать to eat

Л

лави́ровать maneuvre
ла́вка bench
ла́вка shop, store
ла́герный *adj. of* **ла́герь**
ла́герь camp
лад harmony, way, manner
ла́дить (с) to agree (with), be on good terms (with)
ла́дить: ла́дить-купи́ть (*substandard*) to intend to buy
ла́дно in harmony/concord; all right!
ла́дный good
ладо́нь palm
ладо́ши: бить, хло́пать в л. to clap one's hands
ладья́ boat, small sailing vessel
лаз manhole
ла́зить, поле́зть, ле́зть to climb, clamber
лай barking, bark
ла́йнер liner
лаке́й footman, lackey; **—ский** servile
ла́мпа lamp
ла́мпочка electric lamp, bulb
ла́па paw, pad, dovetail
ла́поть (*m.*) bast shoe
ла́ска caress, kindness
ласка́ть, приласка́ть to caress, fondle
ла́сковый sweet, tender, affectionate
ла́сточка swallow
ла́цкан lapel
ла́ять to bark
лга́ть, солга́ть, налга́ть to lie
лгун liar
ле́бедь swan
лебя́жий (*adj. of* **ле́бедь**)**: л. пух** swans'-down
левору́чник man with a self-inflicted wound in the left hand
ле́вый left, left-handed
лёгкий light, easy, slight
легко́ easily
лёгкое lung
легкомы́сленный lighthearted, thoughtless, flippant
легкомы́слие flippancy
лёд ice
ле́ди lady
ледоста́в the time of the year when rivers freeze
ледяно́й icy
лежа́ть to lie; **л. в разбро́с** to be scattered
лезть, поле́зть, ла́зить (к, в) to thrust oneself (upon); climb (into); **не ле́зет в го́рло** does not go down (*about food*); **л. из ко́жи** to go all out (*in doing something*)
лейтена́нт lieutenant
лека́рство medicine
лекпо́м (помо́щник ле́каря) doctor's assistant
ле́кция lecture (on, about)
лён flax
лени́в//о lazily; **—ый** lazy
ле́нта ribbon
лень laziness
лепесто́к leaf, petal
ле́пет babble
лепета́ть to babble
лепёхи droppings, turds
лепёшка flat cake, cookie
лепи́ть to fashion, shape; **—ся** to cling
лес forest, wood; **—но́й** (*adj.*)

лесозаво́д timber mill
леспромхо́з (лесопромы́шленное хозя́йство) forestry, timber industry
ле́стница stairs, staircase
ле́стный flattering
лета́ years, age; **ско́лько ему́ лет** how old is he?
лета́ть, лете́ть, полете́ть to fly; **лете́ть на всех пара́х** to rush at full speed/rush along
лете́ть *see* **лета́ть**
ле́тний (*adj. of* **ле́то**) summer
лётный flying
ле́то summer; **ба́бье л.** Indian summer; **—ом** in the summer
лётчик flier, pilot
лечи́ть to treat, heal (*med.*)
лечь *see* **ложи́ться**
лжец liar
лжи́вый untruthful
ли whether
либера́льный liberal
ли́бо or; **л. . . . л.** either . . . or
ли́вень (*m.*) heavy shower, downpour
лиза́ть, лизну́ть to lick
лизну́ть *see* **лиза́ть**
лик face, image
ликова́ть to rejoice
лило́вый lilac, violet
лимо́нный (*adj. of* **лимо́н**) lemon
ли́ния line
ли́па linden tree
ли́пнуть to stick (to)
лиса́ fox; fox fur
ли́сий (*adj.*) foxy; **л. мех** fox fur
лиси́ца fox
лист leaf (*tree*)
лист leaf, sheet (*paper, etc.*)
листва́ foliage
листопа́д fall of the leaves
литерату́ра literature
лито́й cast (*of iron, etc.*)
литр liter
лить to pour
ли́ться to flow, pour
ли́хо evil; **помина́ть кого́-л. —м** to bear a grudge against somebody; **не помина́йте —м** think kindly of me
лихора́д//ка fever; **—очный** feverish
лицо́ face, person, character
ли́чн//о personally; **—ость** personality, identity; **—ый** personal
лиша́ть, лиши́ть to deprive of; **—ся, лиши́ться** to lose
лиши́ть(ся) *see* **лиша́ть(ся)**
ли́шний superfluous, unnecessary, spare
лишь only
лоб forehead
лобыза́ть to kiss
лови́ть, пойма́ть to catch
ло́вкий adroit, convenient, skillful
логи́ческий logical
ло́дка boat
ло́жа box (*in the theater*)
ложби́на hollow
ложи́ться, лечь to lie (down), go to bed; **л. спать** to go to bed
ло́жка spoon
ложь lie, falsehood
лозня́к willow bush
ло́коть (*m.*) elbow
лома́ть, слома́ть to break, fracture; **л. ру́ки** to wring one's hands; **—ся, слома́ться, полома́ться** to break
ло́мкий fragile
ломо́ть chunk
лопа́т//а shovel; **—ка** shoulder blade
ло́паться, ло́пнуть to break, burst
лопота́ть to mutter
лопу́х burdock
лорне́т lorgnette
лоску́т rag, scrap
лосни́ться to glisten, shine
лото́к tray
лохма́тый shaggy-haired, disheveled
лохмо́тья rags
ло́шадь horse
лощи́на hollow, depression
луг meadow
лугови́на *see* **луг**
лу́жа puddle
лужо́к meadow
лука́вство slyness, coyness
луна́ moon
лу́нный *adj. of* **луна́**
луто́шко a tree stripped of its bark
луч ray, beam
лу́чший better, best
лы́ко bast
лы́сый bald-headed
льди́на block of ice, ice floe
льну́ть, прильну́ть to cling
льняно́й flaxen

любе́зный amiable, my man
лю́бенькая = лу́чшая the best
люби́мый dear, loved
люби́ть to love, like
любова́ться, полюбова́ться to admire
любо́вница mistress
любо́вный amorous, loving
любо́вь love
любо́й any, every
любопы́тн//о interesting; **—ый** curious; **—ство** curiosity
лю́бящий loving
лю́ди people
люк hatchway
лю́стра chandelier
лю́тый fierce, severe
лязг clank
ля́згать to clank

М

магази́н shop, store
ма́зать to smear, spread
май May
майо́р major
мак poppy; poppy seed (*only sing.*)
макинто́ш mackintosh
ма́клер broker
ма́ковка dome, cupola
мала́ец Malayan
мале́йший slightest
ма́ленький small, little
мали́на raspberries
мали́новый raspberry, crimson
ма́ло little; **м. того́** moreover
малоле́т//ний young; **—ство** infancy
ма́ло-пома́лу little by little
ма́лость trifle, somewhat, a bit
ма́лый small, slight, the little
ма́лый fellow, lad
ма́льч//ик boy, lad; **—и́шеский** boyish; **—и́шка** boy
мальчи́шечий *adj. of* **ма́льчик**
маляри́я malaria
мама́ша mother
мане́р manner
мане́рный affected, pretentious
маникю́р manicure
мани́ть to beckon, lure
ма́ра fog
ма́рка postage stamp
марки́за canvas awning
марш march; **м. рабо́тать** be off to work
ма́ршал marshal
ма́ршальский *adj. of* **ма́ршал**
мастери́ца skilled worker (*f.*)
мастерска́я workshop
мат mat
матема́тик mathematician
материа́л material
материализова́ть to materialize
материа́льный material
матери́к mainland, continent
матери́нский maternal
мате́рия matter
ма́тка dam (*of a horse*)
ма́товый mat
матра́ц mattress
ма́тушка (*old style*) mother; **ма́тушки!** Oh, my God!
мать mother
маха́ть, махну́ть to wave; to give up as lost/hopeless
махо́рка shag
маши́на machine
маши́нный *adj. of* **маши́на**
мая́к lighthouse
мая́чить to loom, to appear dimly
мгнове́н//ие moment; **—но** instantly
мгнове́нный instantaneous
ме́бель furniture
мёд honey
медве́дь bear
медици́н//а medicine; **—ский** medical
ме́дленн//о slowly; **—ый** slow
медли́тельн//о sluggishly; **—ый** slow
ме́дный copper
медсанба́т (**медици́но-санита́рный бата́льо́н**) medical aid battalion
медсестра́ (**медици́нская сестра́**) nurse
медуни́ца lungwort
медь copper
межа́ boundary, bound
ме́жду between, among; **м. тем** meanwhile; **м. про́чим** by the way
междунаро́дный international
мезони́н attic
ме́лкий small, fine
мелколе́сье low wood
ме́лочный petty
ме́лочь (*f.*) trifle, details; small shrubbery, low growth

мелька́ние flashing
мелька́ть, мелькну́ть to flash by, appear for a moment
ме́льком in passing, cursorily; **ви́деть м.** to catch a glimpse of
ме́ньше smaller, less
ме́ньший, ма́лый, ма́ленький younger
меня́ть, поменя́ть to change; **—ся, поменя́ться** to change, switch
ме́р//а measure; **по —е того́ как . . .** as; **по —е сил** as far as possible; **по кра́йней —е** at least
мерза́вец scoundrel
ме́рзкий loathsome
мёрзнуть to freeze
ме́рзость abomination, loathsome
ме́рка measure
мёртвый dead
мерца́ть to twinkle, shimmer
меси́ть, смеси́ть to knead
месте́чко borough, small town
ме́стн//ость district; **—ый** local
ме́сто place, spot, seat, post, job
ме́сяц month
металли́ческий metallic
мета́ться to rush about, toss
мете́ль (*f.*) snowstorm
ме́тка marking, mark
мех (*pl.* **—а́**) fur
мех (*pl.* **—и́**) bellows
механи́зм mechanism
механи́ческий mechanical
меч sword
мечта́ dream
мечта́ть to dream (of)
меша́ть, помеша́ть to hinder, disturb
меша́ться to mix, interfere (with)
мешо́к bag, sack
миг moment
мига́ть, мигну́ть to blink; **—ну́ть кому́-л.** to wink at somebody
мизи́нец the little finger
миллионе́р millionaire
ми́ло nice
милови́дный pretty
милосе́рд//ие mercy, charity; **—ный** merciful
ми́лостивый gracious, kind
ми́лост//ь favor, grace; **—и про́сим** welcome; **скажи́те на м.** you don't say so!
ми́лочка darling
ми́лый nice, sweet
ми́мо past, by
мимолётный fleeting; **м. взгля́д** passing glance
ми́на (*military*) mine
минера́льный mineral
министе́рство ministry
мини́стр Minister
ми́нный (*military*) mine
минова́ть to pass
миномёт trench mortar
ми́нус minus
мину́та minute, moment
мину́ть to pass; **ему́ ско́ро ми́нет два́дцать лет** he will soon be twenty
мир peace
мир world, universe
мир village community
мири́ться, помири́ться to reconcile oneself (to something), accept the situation
ми́рный peaceful
мировоззре́ние world outlook, ideology
мирово́й *adj. of* **мир**
ми́ска basin
младе́нчество infancy
мла́дший younger
мле́ть to be thrilled (with)
мне́ние opinion
мно́гие many
мно́го a lot of, a great deal
многогру́дый buxom
мно́г//ое many things (*pl.*), a great deal; **во —ом** in many respects
многокра́тный repeated, multiple
многоуважа́емый respected, dear
многочи́сленный numerous
мно́жество great number
моги́ла grave
могу́чий mighty, powerful
могу́щество power
моде́рный modern
мо́дный stylish
мо́жет *see* **мочь**
мо́жет быть *see* **мочь**
мо́жно one may, one can, it is possible; **как м. скоре́е** as soon as possible
мозг brain
мой my, mine
мо́крый wet, soggy
мол pier

мол (*parenthetical exp., colloq.*) he says, they say, *etc.*
мóлвить to say
моли́тва prayer
моли́ть to entreat; **—ся** to pray (for)
молниенóсный quick as lightning
молóденький (*colloq.*) (very) young
молодéц fine fellow
молодóй young
мóлодост//ь youth; **не пéрвой —и** not in one's first youth
молодчи́на good lad! well done!
молоды́е newlyweds
молокó milk
молоти́лка threshing machine
молоти́ть, смолоти́ть to thresh, thrash; **м. хвостóм** to lash the tail
мóлот hammer, mallet
молотóк hammer; **деревя́нный м.** mallet
мóлч//а silently; **—али́вый** taciturn, silent, uncommunicative; **—áние** silence
молчáть to be silent
мольбá entreaty
момéнт moment
моментáльн//о instantly; **—ый** momentary
монасты́рь cloister, monastery
монáх monk
монéта coin
монотóнный monotonous
морáль moral; **—ный** moral
морг//áть, моргну́ть to blink; **глáзом не —ну́в** without batting an eyelid
мóрда muzzle, snout, mug
мóре sea
мори́ть to exterminate, ruin
морóженое ice cream
морóз frost, freezing weather; **скрипу́чий м.** ringing frost; **м. по кожé подирáет** it gives one the creeps/shivers; **—ный** frosty
морос//и́ть to drizzle; **дождь —и́т** it is drizzling
морскóй sea, marine
морщи́н//а wrinkle; **—истый** wrinkled
мóрщиться, намóрщиться, смóрщиться to knit one's brow, make a wry face; to shrivel
моря́к sailor; **—óвский** (*adj.*)
москви́чка Muscovite
мост bridge
мостовáя roadway, pavement; **булы́жная м.** cobblestone road
мосьé monsieur
моти́в tune
мотну́ть to shake
мотóр motor, engine
мотóрка motorboat
мотоци́кл motorcycle
мох moss
мохнáтый shaggy
мочáлистый *adj. of* **мочáло**
мочáл//о bast; **—ка** bast (*a sponge for washing*)
мóчь, смóчь to be able, can, may; **мóжет быть** maybe
мóщн//ость power; **—ый** powerful, mighty
мрак darkness
мрáморный marble
мрáчн//ость gloom, darkness; **—о** gloomily; **—ый** gloomy, dark, somber
мсти́ть, остомсти́ть to revenge oneself, take vengeance
мудрéц man of wisdom
му́др//ость wisdom; **—ый** wise
муж husband
му́жественный manly, courageous
мужи́//к peasant, man; **—цкий** (*adj.*)
мужчи́на man
музици́ровать to have some music; to play/make music
му́зык//а music; **—áльный** musical
му́ка torment, torture
мукá meal, flour
мунди́р full-dress coat; uniform; **удéльный м.** uniform of an official of government property
мунди́рный *adj. of* **мунди́р**
мундшту́к curb bit (*for a horse*)
муравá grass
муравéй ant
мураши́ = муравьи́ *or* **мурáшки; м. по спинé бéгают** it gives one the shivers
мурáшки the shivers; **м. по спинé бéгают** it gives one the shivers
мурлы́кать *see* **промурлы́кать**
му́скул muscle; **—и́стый** muscular
мутóн fleece
му́ха fly

мучéние torture, torment
мýченичество martyrdom
мучи́тель tormentor; **—ный** poignant, agonizing, painful
мýчить to torment, worry
мýчиться to suffer, struggle
мучнóй *adj. of* **мукá**
мчáть to rush, whirl along; **—ся** to rush/speed/tear along
мы́ло soap
мы́слить to think
мысль thought, idea
мы́слящий thinking, intellectual
мытáрство ordeal
мыть, вы́мыть, помы́ть to wash
мы́ться, вы́мыться, помы́ться to wash oneself
мычáнье mooing
мыши́ный *adj. of* **мышь**
мы́шка: под мы́шкой under-the-arm
мы́шца muscle
мышь mouse
мя́гк//ий soft, mild, gentle; **—о** softly
мяки́нный *adj. of* **мяки́на**
мяки́на chaff
мя́коть (*f.*) pulp, flesh
мя́млить, промя́млить to mumble
мяси́стый fleshy
мя́со flesh, meat
мясорýбка mincing machine, slaughter house
мя́тый wrinkled, rumpled
мять, помя́ть to rumple, brake
мя́ться, помя́ться to hesitate

Н

на on, upon, in, for
набалдáшник handle
набáт alarm; **—ный** (*adj.*)
набегáть, набежáть to run/dash against; **набегáл ветерóк** blew on and off
набежáть *see* **набегáть**
набекрéнь aslant, at an angle; **с шáпкой н.** with one's hat cocked
нáбережная embankment, quay
набивáть, наби́ть to pack, fill (with)
набирáть, набрáть to gather, take, collect, pick up; **—ся, набрáться** to accumulate
наби́ть *see* **набивáть**
наблюдáть to observe, look (after), keep one's eye (on)
нáбок to one side
набрáть(ся) *see* **набирáть(ся); набрáться стрáху** to become frightened
навáливать, навали́ть to heap up, load; **—ся, навали́ться** to fall, pile up, bring all one's weight to bear (on)
навали́ть(ся) *see* **навáливать(ся)**
навéдываться, навéдаться to visit, call (on)
навéк, навéки forever
навéрно probably
навернякá for sure
навéрх up, upward, upstairs
наверхý above
навести́ *see* **наводи́ть**
нáвзничь backwards; **лежáть н.** to lie on one's back
навзры́д: плáкать н. to sob violently
нави́деть = ненави́деть to hate
наводи́ть, навести́ to direct; **н. поря́док где-л.** to put a place in order
наваждéние delusion, obsession
навóз manure
навсегдá forever, for good
навстрéчу (*adv.*) meet, toward, meet halfway
навя́зывать, навязáть to fasten, thrust (on); **—ся, навязáться** to thrust oneself (upon)
нагибáть, нагнýть to bend; **—ся, нагнýться** to stoop, bend, bow
нагнýть(ся) *see* **нагибáть(ся)**
наговори́ть: н. мнóго to say a lot/too much; **н. ли́шнее** to talk too much
нáголо bare; **стричь н.** to crop close
нагоня́ть, нагнáть: н. тýчи to bring clouds
над over, at
надави́ть *see* **надáвливать**
надáвливать, надави́ть to press
надвигáть, надви́нуть to push/pull (up to, over); **—ся, надви́нуться** to approach, be near; to be imminent
надви́нуть(ся) *see* **надвигáть(ся)**
наддавáть, наддáть to add, increase
наддáть *see* **наддавáть**
надевáние putting on
надевáть(ся), надéть(ся) to put on, dress

надéжда hope
надéлать to make, do; to make a mess (*defecate*)
надéльн//ый: —ая землЯ allotment
надéть(ся) *see* **надевáть(ся)**
надéяться to hope (for, to), rely (on)
нáдо = нýжно
нáдобно = нýжно
нáдобный necessary
надоедáть, надоéсть to bother, bore, be tired of
надоéсть *see* **надоедáть**
надóлго for a long time
нáдпись inscription
надрáивать, надрáить to scrub
надтрéснутый (*lit. & fig.*) cracked
надувáтельство (*colloq.*) swindle, trickery
надувáть, надýть to fill up. inflate; **—ся, надýться** to swell out, distend
наедáться, наéсться to eat one's fill
наéсться *see* **наедáться**
нажáть *see* **нажимáть**
нажимáть, нажáть to press
назáд back, backwards; **томý н.** ago
назвáние name
назвáть *see* **называть**
назначáть, назнáчить to fix, appoint
назнáчить *see* **назначáть**
называть, назвáть to call, name; **—ся, назвáться** to call oneself
наибóлее most
наивн//ость naïveté; **—ый** naïve
наигранн//о affectedly; **—ый** affected
наизýсть by heart
найтú(сь) *see* **находúть(ся)**
наказáние punishment; **что за н.!** what a nuisance!
наказáть *see* **накáзывать**
накáзывать, наказáть to punish
накáливаться, накалúться to become heated
наканýне the day before
наканýне on the eve
накáпливать(ся) = *see* **накоплЯть(ся)**
накúдывать, накúнуть to throw on; **н. на** to slip on; **н. на** (*colloq.*) to raise the price of
накúдываться, накúнуться (на) to fall (on, upon)
накúнуть *see* **накúдывать**
наклáд loss
наклáдывать, наложúть to put/lay (on, in)
наклéивать, наклéить to paste on
наклéить *see* **наклéивать**
наклонЯть(ся), наклонúть(ся) to bend, bow
наколóть to break (*a quantity of*); **н. дров** to chop some wood
наконéц at last!
накоплЯть(ся), накопúть(ся) to accumulate
накормúть *see* **кормúть**
накрахмáленный starched
накрывáть, накрыть to cover; **н. на стол** to set the table
накурúться to smoke to one's heart's content
налагáть, наложúть to lay (on, upon); to impose/inflict (on, upon)
налáдить *see* **налáживать**
налáживать, налáдить to put right, adjust; **н. делá** to set things going
налéво to the left
налезáть, налéзть to fit; **пальтó не —áет на менЯ** the coat is too small for me
налёт thin coating
налетáть, налетéть to fly (upon, against), bump against
налетáть (*pf.*) to have flown (so many hours)
налетéть *see* **налетáть**
наливáть, налúть to fill, pour out; **—ся, налúться** to fill (with); **—ся крóвью** (*eyes*) to become bloodshot
налúм eelpout
наловúть to catch (*a quantity of*)
наложúть *see* **наклáдывать** *and* **налагáть**
намéдни the other day; **—шный купéц** the merchant one has seen the other day
намёк hint
намекáть, намекнýть hint
намéрение intention, purpose
намéсь = намéдни the other day, lately
намóрщиться *see* **мóрщиться**
нанестú to bring (*a quantity of*)
нанúзывать to string, thread
нанимáть, нанЯть to hire, engage; **—ся, нанЯться** to apply for a job, become employed
нанЯть(ся) *see* **нанимáть(ся)**

наоборо́т the other way, on the contrary
наосо́бицу special in its own way
нао́тмашь: уда́рить н. to give a violent backhand stroke; to hit hard
напада́ть, напа́сть to attack
напа́дки attacks
напа́ивать, напои́ть to make drunk, fill up
напева́ть, напе́ть to hum, sing
напека́ть to bake
наперебо́й all at once; . . . interrupting one another
наперёд in advance, beforehand, in front
наперере́з so as to cut across somebody's path
напере́ть *see* **напира́ть**
наперехва́т to cut across
напива́ться, напи́ться to quench one's thirst, have something to drink, get drunk
напира́ть, напере́ть to press
написа́ть *see* **пи́сать**
напи́ться *see* **напива́ться**
напи́чкать *see* **пи́чкать**
напоённый: н. во́здух saturated air
напои́ть *see* **напа́ивать** *and* **пои́ть**
наполня́ть, напо́лнить to fill, inflate; **—ся, напо́лниться** to fill
наполови́ну half, halfway
напома́дить *see* **пома́дить**
напомина́ть, напо́мнить to remind (of)
напо́мнить *see* **напомина́ть**
направле́ние direction
направля́ть, напра́вить to direct; **—ся, напра́виться** to make one's way (to, toward, into)
напра́во to the right
напра́сно in vain, to no purpose
напра́шиваться to thrust/force oneself upon, ask for
наприме́р for example
напроло́м: идти́/де́йствовать н. to push one's way through, break through
напроси́ться *see* **напра́шиваться**
напро́тив on the contrary
напро́тив opposite
напряга́ться, напря́чься to strain/exert oneself
напряж//е́ние effort, tension; **—ённость** intensity, tenseness; **—ённый** strained, intense
напрями́к straight
напу́ганный frightened, scared
напуска́ть, напусти́ть to fill, put on
напусти́ть *see* **напуска́ть**
напу́тствовать (*impf. & pf.*) to admonish
напя́ливать, напя́лить to put on
наравне́ equally, on the same level
нара́доваться: не н. to dote
нараста́ть to grow, increase
нарва́ть to pick (*a quantity of*)
нарва́ться *see* **нарыва́ться**
наре́зать to cut, slice (*a quantity of*)
нареза́ть, наре́зать to slice
нарза́н Narzan (*type of mineral water*)
нарисова́ть *see* **рисова́ть**
наро́д people; **—ный** folk, national
нарочи́тый deliberate, intentional
наро́чно on purpose
нару́жность appearance
нару́жу outside
наруша́ть, нару́шить to break, disturb
на́ры plank bed
нарыва́ться, нарва́ться to get into trouble
наря́д attire, finery
наря́дный well-dressed
наряжа́ть, наряди́ть to dress up
насви́стывать (*colloq.*) to whistle
наси́лу (*colloq.*) with difficulty
наси́льно under compulsion
наси́льственный forcible
насквозь through
наско́лько how much?
наску́чить (*pf.*) to be bored, be tired of
наслажде́ние delight, enjoyment
насле́дство inheritance
на́смерть to death
насме́ш//ка mockery; **—ливо** mockingly; **—ливый** mocking; **—ник** scoffer, mocker
настава́ть, наста́ть to begin; **наста́ла ночь** night came/fell
наста́вить *see* **наставля́ть**
наставля́ть, наста́вить to point (to, at)
наста́ивать, настоя́ть to insist (on, upon)
наста́ть *see* **настава́ть**
на́стежь wide open
насти́л flooring; **н. мо́ста** decking, bridge floor

насто́лько so much, thus far; **н. наско́лько** as much as
настора́живаться, насторожи́ться to prick up one's ears
настороже́: быть н. to be on the alert
насторо́женный watchful
настоя́ни//е insistence; **по его́ —ю** at his urgent request
настоя́ть *see* **наста́ивать**
настоя́щ//ее the present; **—ий** real, genuine, true
настра́ивать, настро́ить to tune, incite (somebody); to dispose; **—ся, настро́иться** to settle, make up one's mind
на́строго very strictly
настрое́ние mood, humor
настро́ить (*pf.*) to build
наступа́ть to come, ensue
наступа́ть: н. на кого-л. to attack somebody
наступи́ть *see* **наступа́ть**
насу́щный vital, urgent
насчёт as regards, concerning
насчита́ть *see* **насчи́тывать**
насчи́тывать, насчита́ть to count
насыпа́ть to pour in (*a quantity of*)
натаска́ть to bring in (*a quantity of*)
натвори́ть: что ты —л! what have you done
нате́льный worn next to the body
нати́скивать to pull down (*an article of clothing*)
наткну́ться *see* **натыка́ться**
наторгова́ть to gain by selling, sell for a certain amount of money
натоща́к on an empty stomach
нату́га effort, strain
нату́ра nature
нату́рливый (*substandard*) good-natured
натыка́ться, наткну́ться to run (against, into), stumble
натя́гивать(ся), натяну́ть(ся) to stretch, pull on
натяну́ть(ся) *see* **натя́гивать(ся)**
нау́ка science, study, knowledge
научи́ться to learn
научи́ть to teach; **—ся** to learn
нау́чный scientific
наха́л impudent fellow
наха́льный impudent, insolent
наха́льство impudence
нахму́рить(ся) *see* **хму́рить(ся)**
находи́ть, найти́ to find, discover
находи́ть, найти́ to come (over, upon, across)
находи́ться, найти́сь to be found, turn up
находи́ться (*pf.*) to walk for a long time; to tire oneself by walking
нахо́дка find
наце́ливать, наце́лить to aim; **—ся, наце́литься** to take aim
на́ция nation, people
нача́ло beginning
нача́льник head, chief
нача́льный elementary, first
нача́льство authorities
нача́ть(ся) *see* **начина́ть(ся)**
начди́в (нача́льник диви́зии) head of the division
начина́//ть, нача́ть to begin, start (anew); **—ся, нача́ться** to begin, start
начита́ться to have read much
начища́ть, начи́стить to polish, shine
наш our
наяву́ in one's waking hours
небелёный unbleached
небе́сный heavenly
неблагода́рный ungrateful
неблагополу́чно unsuccessfully
неблагополу́чный unhappy, bad
не́бо sky
небольшо́й small
небо́сь it is most likely (that)
небре́жн//о carelessly; **—ый** careless, negligent
небри́тый unshaven
небыва́лый unprecedented, fantastic
небытие́ nonexistence
неве́домый unknown
неве́рн//о incorrectly; **—ый** incorrect, unsteady
невероя́тный incredible, unbelievable
невесёлый joyless, sad
неве́ста fiancée, bride
неве́сть goodness knows what/how
невзнача́й by chance
не́видаль: что за н. here is a wonder indeed!
неви́димый invisible
неви́нн//ость innocence; **—ый** innocent, harmless

невменя́емый irresponsible
невнима́тельный careless, thoughtless
невня́тный indistinct
невоздержа́ние intemperance
невозмо́жн//о impossible; **—ость** impossibility; **—ый** impossible, the impossible
нево́льн//о involuntarily, unintentionally; **—ый** forced, involuntary, unintentional
невро́з neurosis
невы́годн//о disadvantageously; **—ый** disadvantageous
невыноси́м//о unbearably; **—ый** unbearable
невыполни́мый impracticable
невысо́кий not tall, short
негод//ова́ние indignation; **—у́ющий** indignant
негодя́й villain, scoundrel
не́гр Negro
негро́мкий low, quiet, not loud
негусто́й thin
неда́вн//ий recent; **—о** not long ago, recently, lately
недалёкий not too bright/clever
недалеко́ not far
неда́ром not without reason
недви́жим//ость (*f.*) immovables, immovable property; **—ый** immobile
неде́ля week
недоброжела́тельно with malevolence, ill-will
недо́брый unkind
недове́р//ие distrust; **—чивый** distrustful
недово́льн//о displeasure; **—ый** displeased
недово́льство discontent, displeasure
недоде́ланный unfinished
недожа́ренный insufficiently fried
недо́лго not long (*time*)
недолива́ть *see* **долива́ть**
недостава́ть, недоста́ть to be missing
недоста́//ток (*m.*) shortage, defect; **—ча** (*f.*) (*colloq.*) = **недоста́ток** shortage
недоста́точно insufficiently
недосту́пный inaccessible
недосяга́ем//ость (*f.*) inaccessibility; **—ый** inaccessible
недоумева́ть to be perplexed
недоуме́н//ие bewilderment; **—ный** puzzled
не́дра womb, bosom
недружелю́бие unfriendliness
недурно́й not bad-looking
нее́зженый untraveled
нестéственный unnatural
нежена́тый unmarried
неживо́й dead
не́жн//ость (*f.*) tenderness; **—ый** tender, loving, fond, delicate
незави́симость (*f.*) independence
залéпленный unsealed
незама́ранный unsoiled
незамени́мый irreplaceable, indispensable
незаме́тный insignificant, inconspicuous, unaware
не́зачем (there is) no need
незащищённый unprotected
нездоро́вье ill health, indisposition
незнако́м//ец stranger; **—ый** unknown, unfamiliar; **быть —ым с кем-л.** not to be acquainted with somebody
незначи́тельный insignificant
незре́лость immaturity
незы́блемый firm, stable
неизбе́жн//о inevitably; **—ый** inevitable, inescapable
неизве́стн//о it is not known; **—ость** uncertainty, obscurity; **—ый** unknown, strange
неизме́нно invariably
неизмери́мый immeasurable
неимове́рный incredible
нейскренний insincere
неисполни́мость impracticability
нейстовый furious, violent
не́который some
некраси́вый homely, ugly
некста́ти inopportunely
не́куда nowhere (*i.e.* "to no place," *not* "in no place")
нела́дный wrong, bad
нела́сковый cold, reserved, not tender
нелёгкий difficult
неле́п//ость absurdity; **—ый** absurd, incongruous
нело́вкий awkward, inconvenient; **оказа́ться в —ом положе́нии** to be/find oneself in an awkward situation

нело́вко uncomfortable, awkward
нельзя́ it is impossible, one cannot, it is impossible
нелюди́мый unsociable
неме́дленн//о immediately; **—ый** immediate
неме́ркнущий unfading
неме́ть, онеме́ть to become dumb; to grow numb
не́м//ец, —е́цкий German
немига́ющий unwinking
немно́гие not many, few
немно́гий a little
немно́го a little, some, somewhat, slightly
немно́жко a trifle, (just) a little bit
нé м//о mutely; **—о́й** dumb, mute
немолодо́й elderly
немота́ dumbness, muteness
немы́слимый inconceivable, impossible
ненави́деть to hate, detest
не́нависть hatred
нена́добн//о unwanted, unnecessary; **—ость** uselessness
ненадо́лго for a short time, not for long
нена́стье bad/rainy weather
нену́жн//о it is unnecessary; **—ый** useless
необду́манный rash, thoughtless
необита́емый uninhabited
необозри́мый boundless
необрати́м//ость irreversibility; **—ый** irreversible
необходи́м//о necessary; **—ость** necessity; **—ый** indispensable
необъясни́мый inexplicable
необыкнове́нн//о unusually; **—ый** unusual, uncommon
необыча́йный extraordinary
необы́чный unusual
необяза́тельный not obligatory
неожи́данн//ость unexpectedness; **—ый** unexpected, sudden
неопределённ//о vaguely; **—ость** vagueness; **—ый** vague, uncertain
нео́пытный inexperienced
неосторо́жн//ость imprudence; **—ый** careless
неосуществи́мость nonrealizability, impracticability
неотве́ченный unanswered
неотвя́зный constant
неохо́т//а reluctance; **—но** unwillingly
непрестава́емый unceasing
неповоро́тливый clumsy
неподалёку near, not far (from)
неподви́жн//о motionless; **—ость** immobility; **—ый** immovable, motionless, fixed, slow
неполноце́нн//ость inferiority; **—ый** defective, inferior
непоня́тн//о incomprehensibly; **—ый** incomprehensible, unintelligible, obscure
непостижи́м//ый incomprehensible; **уму́ —о** beyond understanding
непохо́жий unlike, having no resemblance (to)
непра́вда untruth, falsehood
неправди́вый untruthful
непреме́нно without fail, certain
непреры́вный continuous
непри́бранный untidy
непривы́чный unwonted, unusual
неприме́тный imperceptible
непрису́тственный (*in general*) holiday
неприя́тель enemy
неприя́тн//ость trouble; **—ый** unpleasant, disagreeable
непрода́жная not for sale
непро́чный not durable, insecure, fragile
неразгово́рчивый taciturn, reticent
неразреши́мый insoluble
неразу́мный unwise
не́рвн//о nervously; **—ый** nervous
нерешённий undecided
нереши́тельн//о with hesitation; **—ость** indecision; **—ый** irresolute
неруши́мый inviolable
несде́ржанн//ость lack of restraint; **—ый** unfulfilled, violent, lacking self-control, unrestrained; **—ое сло́во** broken promise
нескла́дно awkwardly
не́сколько somewhat, slightly; several, some
нескончáемый never-ending
неслы́ханный unheard of
неслы́шный inaudible, noiseless
несме́лость timidity
несмотря́ in spite of, despite

несмышлёный slow-witted
несоглáс//ие dissent, discord; **—ный** inconsistent, incompatible
несомнéнно undoubtedly, beyond all question
несостоя́тельный needy, groundless
неспокóйный uneasy, restless
несправедли́вый unjust, unfair
нестерпи́мый unbearable
нести́ to carry, bring; **н. тумáном** to smell of fog
нести́сь *see* **носи́ться**
несчастли́вый unhappy, unfortunate, ill-fated
несчáстный unhappy, unfortunate
несчáстье misfortune
нет there are no, there is no
нетерпели́в//о impatiently; **—ый** impatient
нетерпéние impatience
нетороплúвый unhurried, slow
нетрóнутый untouched; **н. лес** virgin forest
неувéренн//ость uncertainty; **—ый** uncertain
неудержи́мый irrepressible
неудовóльствие displeasure
неужéли really? is it possible?
неу́жто *see* **неужéли**
неузнавáемый unrecognizable
неуклю́жий clumsy, awkward
неулови́мый elusive, difficult to catch
неумéстный inappropriate
неурóчный inopportune, unseasonable
неуспéх ill-success, setback
неустáнный unwearying
неустóйчивый unsteady
неустрани́мый unavoidable
нéуч ignoramus
неую́тный comfortless, not cozy
нехвата́ть, нехвати́ть not enough of; **э́того ещё —ло** that is too much!
нехи́трый simple, not difficult
нехорóший bad
нехорошó badly
нехорошó it is bad/wrong
нéхотя unwillingly
нечáянно accidentally
нéчего there is nothing (+ *inf.*), it's no use
нечи́стый unclean, adulterated; (*in folklore*) devil
нéчисть (*in folklore*) evil spirits
нéчто something
нея́ркий pale
нея́сный vague
ни not a; **ни за чтó** for nothing
нивéсть = невéсть
нигдé nowhere (in no place)
низачтó never
низи́на low place, depression
ни́зкий low; base, mean; **—ого рóста** short; **н. гóлос** deep voice
ни́зко low
никáк in no way
никакóй none whatsoever
ни́келевый (*adj. of* **ни́кель**) nickel
никогдá never
никтó nobody, no one
никудá nowhere
нискóлечко (*diminutive of* **нискóлько**) not the least little bit
нискóлько not at all
ни́тка thread
ничкóм lie face downwards
ничтó nothing, in no way
ничтóж//ество nonentity; **—ный** insignificant, worthless
ни́щенский beggarly, wretched
ни́щий (*m., decl. as adj.*) beggar
ни́щий beggarly, indigent
новáтор innovator
нóвенький new, brand-new
нóвый new
ногá foot, leg; **со всéх ног** at top speed
нóготь (*m.*) fingernail, nail
нож knife
нóжницы scissors
ноздря́ nostril
нóмер number, apartment, hotel room
нóрма standard, norm
нормáльн//о normally; **—ый** normal
норь = норá hole
нос nose
нос bow, head
носáтый big-nosed
носи́лки stretcher
носи́льщик porter, carrier
носи́ть to carry, wear
носи́ться, нести́сь, понести́сь to rush, scud along, skim (over), ride at full speed; make very/too much (of); **онá нóситься со своим сы́ном** she fusses over her son

носóк toecap
нóта note
ноч//евáть to spend the night, sleep; **—ёвка** spending/passing the night; **остáться на —ёвку у кого-л.** to sleep at somebody's home
ночлéг lodging for the night, shelter
ночн//óе night watch (*of horses at pasture*); **—ой** *adj. of* **ночь**; **—ая смéна** night shift; **—ая рубáшка** nightshirt
ночь night; **—ю** by night, at night
нóша burden
ноя́брь November
нрáвиться to please, like
нрáвственный moral
нрáвы morals, manners
нуди́ть to annoy; to whine
нуждá need
нýжно it is necessary, one should, one ought to, to have to; **óчень мне н.** what do I care?
нýжный necessary
нуль zero
ны́не now; **—шний** present; **—шний год** this year
ны́нче (*colloq.*) today, tonight
нырнýть *see* **ныря́ть**
ныря́ть, нырнýть to dive
ны́ть to ache
нюх scent; **у негó хорóший н.** he has a good scent
ню́хать, поню́хать to smell
ня́ня nurse, nannie

О

о of, about
о against
обагря́ть, обагри́ть: о. крóвью to stain with blood; **—ся, обагри́ться** to be/become stained with blood
обая́тельный fascinating, charming
обвáливать(ся), обвали́ть(ся) to crumble, cave in
обвали́ться *see* **обвáливаться**
обвенчáться (*pf.*) get married (*in church*)
обвести́ *see* **обводи́ть**
обвéшивать, обвéшать to hang around (with); to cover
обвиня́ть, обвини́ть to accuse, charge (with)
обводи́ть, обвести́ to outline
обвя́зывать, обвязáть to tie
обгоня́ть, обогнáть to leave behind, pass, outdistance, outrun
обдавáть, обдáть to pour (over); to be suddenly conscious of a smell
обдёргивать, обдёрнуть (*colloq.*) to put in order, pull down; **—ся** to pull one's dress into shape; play/produce/pull out the wrong card
обдёрнуть(ся) *see* **обдёргивать(ся)**
обдувáть, обдýть to blow (on, around, round)
обдýм//анно deliberately
обдýмывать, обдýмать to consider, think over
обéд lunch, dinner; **—енный** (*adj.*)
обéд//ать to dine, have one's dinner
обезýметь to lose one's senses
обезья́на monkey
обезья́ний apelike
оберегáть, оберéчь to guard, protect
обернýть(ся) *see* **обёртывать(ся)** and **оборáчиваться**
обёртка wrapper, paper cover, dust jacket
обёртывать, обернýть to wrap up, turn
обёртываться, обернýться to turn out, take a turn
обеспéчение guarantee
обесси́ленный strengthless, weak
обесси́леть to grow weak, lose one's strength
обещáть to promise
обжéчь(ся) *see* **обжигáть(ся)**
обживáться, обжи́ться to make oneself at home, feel at home
обжигáть, обжéчь to burn, scorch; **—ся, обжéчься** to burn oneself
обжи́ться *see* **обживáться**
обжóр//а (*m. & f. colloq.*) glutton; **—ство** gluttony
обзеленя́ть to stain green
обзывáть, обозвáть to call
оби́да offense, resentment
оби́деть(ся) *see* **обижáть(ся)**
оби́дно it is a pity
оби́дн//о offensive; **—ый** offensive

обижáть, обúдеть to offend, hurt; **—ся, обúдеться** to take offense feel/be hurt
обúженный (*participle of* **обижáть): у негó был о. вид** he seemed offended
обитáтель inhabitant, resident
обитáть to dwell, inhabit, reside
óблако cloud
oблáмываться, обломúться to break off, snap
óбласть province, district
óблач//ко cloud; **—ный** cloudy
облегч//áть, облегчúть to ease, lighten, relieve
облегчéние relief
облéзлый shabby, bare
облéниваться, обленúться to grow lazy
облетáть, облетéть to fly, speed, fall off
облетéть *see* **облетáть**
обливáть, облúть to pour over, spill on; **—ся, облúться** to pour/spill over oneself
облизáть(ся) *see* **облúзывать(ся)**
облúзывать, облизáть, облизнýть to lick, lick all over; **—ся, облизáться, облизнýться** to lick one's lips
óблик look, aspect, appearance
облúть(ся) *see* **обливáть(ся)**
облóжка cover
облокáчиваться, облокотúться to lean (against)
обломáть(ся) *see* **облáмывать(ся)**
облупúть *see* **облýпливать, лупúть**
облýпливаться, облупúться to come off, peel
облюбовáть to choose, select
обмáн fraud, deception
обманýться *see* **обмáнываться**
обмáнщик deceiver, cheat
обмáнывать, обманýть to deceive, cheat, betray
обмáнываться, обманýться to be deceived, make a mistake
обмáтывать(ся), обмотáть(ся) to wind (round)
обмéн exchange
обмéниваться, обменúться, обменя́ться to exchange, swap
обмирáть, обмерéть to be struck with fear, horror
óбморок fainting spell, swoon
обмотáть(ся) *see* **обмáтывать(ся)**
обмывáть(ся), обмы́ться to wash, bathe
обмякáть, обмя́кнуть to become soft, become flabby
обнарýживать, обнарýжить to display, discover; **—ся, обнарýжиться** to be revealed, be discovered
обнимáть, обня́ть to embrace
обнóв//а new acquisition
обновúть(ся) *see* **обновля́ть(ся)**
обновлённый renewed, rejuvenated
обновля́ть(ся), обновúть(ся) to renovate, refresh; (*colloq.*) to put on for the first time
обносúть, обнестú to serve around
обнóски (*colloq.*) cast-off clothes
обню́хивать, обню́хать to sniff
обня́ть *see* **обнимáть**
обоготворúть *see* **обоготворя́ть**
обоготворя́ть, обоготворúть to idolize
óбод rim; **—óк** thin border, thin rim
ободрúть *see* **ободря́ть**
ободря́ть, ободрúть to encourage, cheer up
обожáть to adore, worship
обождáть to wait (for a while)
обозлúться to grow/get angry
обозначáть, обознáчить to designate, mark
обозначáться, обознáчиться to appear
обóи wallpaper
обойтú *see* **обходúть**
оболóчка cover, shell
обомлéть to be stupefied
оборáчиваться, оборотúться, обернýться to turn (around)
обóрванный (*see* **обрывáть)** ragged
оборвáть *see* **обрывáть**
оборонúтельный defensive
обосновáть(ся) *see* **обоснóвывать(ся)**
обоснóвывать, обосновáть to ground, base; **—ся, обосновáться** to settle (down)
обособлéние isolation
обóчина side of the road
обрабáтывать, обрабóтать to work (up); treat
обрабóтать *see* **обрабáтывать**
обрабóтка processing, cultivation

обра́довать(ся) *see* **ра́довать(ся)** to be glad, rejoice
о́браз (*pl.* **—ы**) appearance, image; **наси́льственным —ом** with force; **таки́м —ом** thus; **гла́вным —ом** chiefly
о́браз (*pl.* —á) icon
образе́ц standard, model
образова́ние education
образо́вывать, образова́ть to form, organize
образу́мить to bring to reason
обрати́ть, обраща́ть: о. внима́ние to pay attention
обра́тно back, backwards
обра́тн//ый reverse; **в —ую сто́рону** in the opposite direction
обращ//а́ть, обрати́ть to turn, pay attention; **—ся, обрати́ться** to accost, appeal (to somebody); turn (into), treat
обраще́ние address, manner
обрека́ть, обре́чь to doom
обречённост//ь predestination; **чу́вство —и** feeling of doom
обре́чь *see* **обрека́ть**
обруба́ть, обруби́ть to chop off, cut short
обруга́ть to curse, scold
о́бруч hoop
обруча́льн//ый: —ое кольцо́ wedding ring
обруче́ние betrothal
обру́шивать, обруша́ть to bring down; to come down; to fall (upon)
обры́в precipice
обрыва́ть, оборва́ть to tear off, break, pluck, cut
обры́вок snatch, scrap
обрю́зглый fat and flabby
обрю́згнуть to grow fat and flabby
обрю́згший flabby
обря́д rite, ceremony
обсле́дование inspection
обсле́довать to inspect
обстано́вка furniture; set (*theater*)
обстано́вка conditions, situation
обстоя́тельство circumstance
обступ//а́ть, обступи́ть to surround, cluster
обтря́хивать, отря́хивать to shake off
обтя́гвиать, обтяну́ть to cover, fit close
обуча́ть, обучи́ть to teach (somebody something), train
обхвати́ть *see* **обхва́тывать**
обхва́тывать, обхвати́ть to clench, grapple, clasp, surround
обхо́д round, beat
обходи́ть, обойти́ to go/pass (round)
обчи́стить(ся) *see* **обчища́ть(ся)**
обчища́ть(ся), обчи́стить(ся) to clean, brush
общежи́тие hostel, community
обще́ние intercourse
о́бщество society
о́бщий general, common
объяви́ть *see* **объявля́ть**
объявле́ние announcement, notice
объявля́ть, объяви́ть to declare, announce
объясне́ние explanation
объясн//и́ть(ся) *see* **объясня́ть(ся)**
объясня́ть, объясни́ть to explain; **–ся, объясни́ться** to have it out
объя́тие embrace
обывате́ль (*m.*) resident, inhabitant
обыва́тельский: о. взгляд narrow views
обыкнове́н//ие habit; **по —ию** as usual; **—но** usually; **—ный** ordinary
о́быск search
обы́ч//ай custom, usage; **—но** usually; **—ный** ordinary
обя́занность duty, responsibility
обяза́тельно without fail, be sure (to)
обяза́ть(ся) *see* **обя́зывать(ся)**
обя́зывать, обяза́ть to bind, oblige; **—ся, обяза́ться** to pledge oneself
овёс oats
овладева́ть, овладе́ть to seize, take possession (of)
овладе́ть *see* **овладева́ть**
овра́г ravine
овца́ sheep
овчи́на sheepskin
огло́хнуть (*see* **гло́хнуть**) to become deaf
оглуша́ть, оглуши́ть to deafen, stun
оглуши́тельный deafening
огляде́ть *see* **огля́дывать**
огля́дка (*colloq.*) looking back over

огля́дывать, огляде́ть to examine, look over; **—ся, огляде́ться, огляну́ться** to turn back, glance back
огляну́ть(ся) *see* **огля́дывать(ся)**
о́гненный fiery
оголя́ть(ся), оголи́ть(ся) bare, strip
огонёк light
ого́нь (*m.*) fire, light
огоро́д kitchen garden
огорча́ть, огорчи́ть to grieve, disappoint
огорче́н//ие grief, disappointment; **—ный** disappointed
огорчи́ть(ся) *see* **огорча́ть(ся)**
огра́бить *see* **гра́бить**
ограни́ченный limited
огреба́ться *see* **грести́**
огро́мный enormous, huge
огуре́ц cucumber
одаря́ть, одари́ть to give presents
одева́ть, оде́ть to dress; **—ся, оде́ться** to dress oneself
оде́жда clothing
одеколо́н eau-de-cologne
одеревене́ть (*see* **деревене́ть**) to become stiff/numb
оде́тый dressed
оде́ть(ся) *see* **одева́ть(ся)**
одея́ло blanket
оди́н one, alone
одино́кий solitary, lonely
одино́чество loneliness
одино́чка lone person
одича́ть *see* **дича́ть**
одна́жды once, one day
одна́ко (*also* **—ж** *and* **—же**) however, though
одногла́зый one-eyed
однообра́зный monotonous
одното́нный monotonous (*adj. of "monotone"*)
одобре́ние approval
одобря́ть, одо́брить to approve
одолева́ть, одоле́ть to overpower, overcome
одоле́ть *see* **одолева́ть**
одубе́ть to become stiff
ожесточа́ть, ожесточи́ть to harden, embitter
ожесточи́ть *see* **ожесточа́ть**
ожива́ть, ожи́ть to come to life
оживлённый animated
оживля́ть, оживи́ть to enliven, vivify; **—ся, оживи́ться** to become animated
ожида́ние expectation, waiting
ожида́ть to wait (for)
ожо́г burn
озабо́ченный preoccupied
озаря́ть, озари́ть to illuminate; **его озари́ло** it dawned on him
о́зеро lake
означа́ть to mean, signify
озно́б shivering, fever
оказа́ть(ся) *see* **ока́зывать(ся)**
ока́зия oddity, unexpected turn
ока́зывать, оказа́ть to show, influence; **—ся, оказа́ться** to turn out, prove, it turned out
окамене́ть, камене́ть to become hard/stony
ока́нчивать, око́нчить to finish, end; **—ся, око́нчиться** to end (in), terminate (in)
ока́пывать, окопа́ть to dig round; **—ся, окопа́ться** to entrench
океа́н ocean
оки́дывать, оки́нуть: о. взо́ром, взгля́дом to take in at a glance, glance over
оки́нуть *see* **оки́дывать**
о́клик hail, call
оклика́ть to hail, call
окно́ window
о́ко eye; **в одно́ мгнове́ние —а** in an instant
око́вы fetters
око́вывать, окова́ть to bind
о́коло by, near, around, about
оконча́//ние graduation; **—тельный** final, definitive
око́нчить(ся) *see* **ока́нчивать(ся)**
око́п entrenchment
окопа́ть(ся) to entrench oneself
окра́ина outskirts
окре́пнуть *see* **кре́пнуть**
о́крик peremptory shout, hail, hello
окрова́вленный bloodstained
о́круг district; **—а** district
окружа́ть, окружи́ть to surround
окружа́ющий surrounding
окружи́ть *see* **окружа́ть**
окуна́ться, окуну́ться to dip, plunge
оку́рок cigarette butt

оле́ний *adj. of* **оле́нь**
оле́нь deer
олицетворя́ть, олицетвори́ть to personify
омерзе́ние loathing
онда́тровый raccoon (*adj.*)
онеме́ть (*see* **неме́ть**) to become numb
опада́ть, опа́сть to fall off/away
опа́здывать, опозда́ть to be late
опаса́ться to apprehend, fear
опасе́ние fear, apprehension
опа́сн//о dangerously; **—ость** danger, peril; **—ый** dangerous
о́пера opera
операцио́нная (*f., decl. as adj.*) operating room
опереди́ть *see* **опережа́ть**
опережа́ть, опереди́ть to leave behind, forestall
опи́лки sawdust
опира́ться, опере́ться to lean (upon, against)
описа́ние description, account
описа́тельный descriptive
описа́ть *see* **опи́сывать**
опи́сывать, описа́ть to describe, depict; to circumscribe
опозда́ть *see* **опа́здывать**
опознава́ть, опозна́ть to identify
опо́мниться to come to one's senses
опо́рок ragged footwear
оправда́ние excuse
оправда́ть *see* **опра́вдывать**
опра́вдывать, оправда́ть to justify, warrant; **о. наде́жды** to justify hope; **—ся, оправда́ться** to justify oneself
опра́вить(ся) *see* **оправля́ть(ся)**
оправля́ть, опра́вить to set right, put in order; **—ся, опра́виться** to recover
определённо definitely
определи́ть(ся) *see* **определя́ть(ся)**
определя́ть, определи́ть to diagnose, determine
определя́ться, определи́ться to be conditioned/determined
опроки́дываться, опроки́нуться to overturn
опроста́ть to empty
опуска́ть, опусти́ть to lower, sink; **—ся, опусти́ться** to sink, fall
опусте́ть *see* **пусте́ть**
опустоша́ть, опустоши́ть to devastate
опу́шка border/edge of the forest
о́пыт experiment
опьяне́ние intoxication
опьяне́ть (*see* **пьяне́ть**) to become intoxicated
опя́ть again
ора́нжевый orange
оранжере́я hothouse
ора́тор speaker
ора́ть to yell; **о. во все го́рло** to yell/shout at the top of one's voice
орга́н organ (*musical instrument*)
органи́зм organism
о́рден order, decoration
о́рдер warrant, order
ордина́рец orderly
орёл eagle
оре́ховый *adj. of* **оре́х**
оре́шник (any) nut tree
оригина́льный original
ориенти́роваться to orient oneself
орке́стр orchestra
оробе́ть to become frightened, grow timid
ороша́ть, ороси́ть to irrigate, wash
ору́дие instrument, piece of ordnance, gun
ору́жие arms (*collectively*), weapon
осажда́ть, осади́ть to lay siege, besiege
осва́ивать, осво́ить to assimilate
освирепе́ть to become enraged
освеща́ть, освети́ть to light up, illuminate, throw light
освиде́тельствовать (*see* **свиде́тельствовать**) to testify, witness
освободи́ть(ся) *see* **освобожда́ть(ся)**
освобожда́ть, освободи́ть to dismiss, free; **—ся, освободи́ться** to get/become free; make oneself free
освобожде́ние release
осво́ить *see* **осва́ивать**
оседа́ть, осе́сть to settle, subside, sink low
осе́нний (*adj. of* **о́сень**) autumnal
о́сень autumn; **—ю** in autumn
осётр sturgeon
осетри́на sturgeon
оси́лить to overpower, manage
оси́н//а asp; **—овый** aspen

оси́ный wasp (*adj.*)
оска́л//ивать, оска́лить (*see* **ска́лить**): **о. зу́бы** to show/bare one's teeth; **—иться** to grin, show one's teeth
оскверня́ть, оскверни́ть to defile
оско́лок shell splinter
оско́минный *adj. to* **оско́мина**
оско́мина soreness in the mouth
оскорби́ть(ся) *see* **оскорбля́ть(ся)**
оскорбля́ть, оскорби́ть to insult, offend, outrage; **—ся, оскорби́ться** to take offense
ослабева́ть to become/grow weak
осла́бить *see* **ослабля́ть**
ослабля́ть, осла́бить to weaken, relax
ослеп//и́тельный dazzling, blinding; **—лённый** blinded, dazzled
осле́пнуть to become blind
осма́тривать, осмотре́ть to examine, survey; **—ся, осмотре́ться** to look around
осме́ливаться, осме́литься to dare
осмотре́ть(ся) *see* **осма́тривать(ся)**
осо́ба person
осо́бенн//о particularly, especially; **—ость** peculiarity; **—ый** special, particular
особли́во = осо́бенно especially
особня́к private residence
осо́б//о specially; **—ый** special
осознава́ть, осозна́ть to realize
осо́ка sedge, carex
осолове́ть to be intoxicated
оспа́ривать, оспо́рить to dispute, call in question
о́спина pockmark
осрами́ть(ся) *see* **срами́ть(ся)**
остава́ться, оста́ться to remain, be left
оста́вить *see* **оставля́ть**
оставля́ть, оста́вить to leave, abandon
остально́й the rest of, the others
остана́вливать, останови́ть to stop, bring to a stop; **—ся, останови́ться** to come to a stop, pull up, be fixed
оста́нки remains
останови́ть(ся) *see* **остана́вливать(ся)**
оста́ться *see* **остава́ться**
остеклене́ть (*see* **стеклене́ть**) to become glassy, dull
остервене́ть to become enraged; **—ся** to become frenzied
осторо́жн//о carefully, cautiously; **—ый** careful, cautious
осточерте́ть: это ему осточерте́ло he is fed up with it
острека́ться (*substandard*) to get nettle-burns
остро́ sharply
о́стров island
остро́г jail
о́стрый sharp, acute
оступа́ться, оступи́ться to stumble
остыва́ть, осты́ть to get cold, cool down
осты́ть *see* **остыва́ть**
осу́нуться to get/grow pinched
осыпа́ться, осы́паться to crumble, fall
от from
отбива́ть, отби́ть to beat, bruise, repel; **—ся, отби́ться** to defend oneself (against)
отбира́ть, отобра́ть to select
отби́ть(ся) *see* **отбива́ть(ся)**
отбра́сывать, отбро́сить to cast away, throw off, discard
отбреха́ться to lie one's way out of a situation
отбро́сить *see* **отбра́сывать**
отва́л dump, drift
отва́ливать, отвали́ть to push off, cast off; **—ся, отвали́ться** to fall off
отвали́ть(ся) *see* **отва́ливать(ся)**
отвезти́ *see* **отвози́ть**
отверну́ться *see* **отвёртываться** and **отвора́чиваться**
отвёртываться, отверте́ть, отверну́ть to unscrew; *all reflex.* to become unscrewed
отве́сно steep
отвести́ *see* **отводи́ть**
отве́т answer
отве́т//ить, отвеча́ть to answer; **—ный** (*participle*) given in answer
отве́тственн//ость responsibility; **—ый** responsible
отвеча́ть, отве́тить to answer, reply
отвлека́ть, отвле́чь to distract, divert; **—ся, отвле́чься** to be distracted
отвле́чь(ся) *see* **отвлека́ть(ся)**
отводи́ть, отвести́ to draw aside, take back
отвоева́ться to be finished with fighting

отвози́ть, отвезти́ to take away, drive
развора́чивать, отворoти́ть, отверну́ть to turn away; **—ся, отвороти́ться, отверну́ться** to turn away (from)
отвори́ть(ся) *see* **отворя́ть(ся)**
отворя́ть(ся), отвори́ть(ся) to open
отврати́тельный detestable, abominable
отвраще́ние aversion, disgust, loathing
отвя́зывать, отвяза́ть to untie, untether
отгова́ривать, отговори́ть to dissuade (from); **—ся, отговори́ться** to plead something
отговори́ть(ся) *see* **отгова́ривать(ся)**
отгоня́ть, отогна́ть to drive away/off, keep off, fight
отдава́ть, отда́ть to give, give up, return; **о. честь** to salute
отдава́ться, отда́ться to give oneself up, resound
отдави́ть (*pf.*) to crush
отдале́ние removal, distance
отдалённый distant, remote
отдали́ть(ся) *see* **отдаля́ть(ся)**
отдаля́ть, отдали́ть to postpone, remove; **—ся, отдали́ться (от)** to move away; (*fig.*) to shun
отда́ривать to repay with a present
отда́ть *see* **отдава́ть**
отде́л department
отде́лать(ся) *see* **отде́лывать(ся)**
отделе́ние section, room
отделённый *participle of* **отделя́ть**
отдели́ть(ся) *see* **отделя́ть(ся)**
отде́л//ка trimming
отде́лывать, отде́лать to trim; **—ываться, отде́латься** to escape (with something); get off
отде́льн//о separately; **—ый** separate
отделя́ть, отдели́ть to separate, detach; **—ся, отдели́ться** to separate, get detached, come off
отдёргивать, отдёрнуть to jerk back
отдира́ть, отодра́ть to tear off, pull away
отдохну́ть *see* **отдыха́ть**
отду́шина air hole
о́тдых rest, relaxation
отдыха́ть, отдохну́ть to rest, take a rest
отели́ться (*see* **тели́ться**) to give birth to a calf
оте́ль hotel
оте́ц father
отзыва́ть, отозва́ть to take aside/apart; **—ся, отозва́ться** to echo; to answer, speak
отказа́ть(ся) *see* **отка́зывать(ся)**
отка́зывать, отказа́ть to refuse, deny; **—ся, отказа́ться** to refuse, give up, relinquish
отка́шливаться, отка́шляться to clear one's throat
отки́дывать, отки́нуть to throw back; **—ся, отки́нуться** to lean back, settle back
отки́нуть(ся) *see* **отки́дывать(ся)**
откла́дывать, отложи́ть to put/set aside, put off, postpone
отклика́ться, откли́кнуться to respond
отко́с slope
открове́ние revelation
открове́нный frank, blunt
открыва́тель discoverer
открыва́ть, откры́ть to open, discover; **—ся, откры́ться** to open, come to light
откры́тый open, frank
откры́ть(ся) *see* **открыва́ть(ся)**
отку́да where . . . from, from which
отку́да-то from somewhere
отку́ль (*dialectal*) = **отку́да** from where
откуси́ть *see* **отку́сывать**
отку́сывать, откуси́ть to bite off
отлёживать, отлежа́ть to grow numb; **о. бока́** to loll around
отлета́ть, отлете́ть to be thrown off
отлете́ть *see* **отлета́ть**
отлича́ть, отличи́ть to distinguish; **—ся, отличи́ться** to differ (from)
отли́чие distinction, contradiction
отли́чн//о excellently, perfectly; **—ый** excellent
отложи́ть *see* **откла́дывать**
отлы́нивать to shirk
отмаха́ть *see* **отма́хивать**
отма́хивать, отмаха́ть, отмахну́ть to wave away; **—ся, отмахну́ться** to wave away
отме́ривать, отме́рить to measure off
отме́тить *see* **отмеча́ть**
отмеча́ть, отме́тить to mark, note
отмыка́ть, отомкну́ть to unlock, unbolt

отнести́ *see* **относи́ть**
отнима́ть, отня́ть to take away
относи́тельно relatively
относи́ть, отнести́ to take, attribute; **—ся, отнести́сь** to treat, regard; *only impf.*, to concern
отноше́ние attitude, relation
отны́не henceforth
отню́дь by no means
отня́тие: о. ребёнка от груди́ weaning the child
отня́ть(ся) *see* **отнима́ть(ся)**
отодвига́ть, отодви́нуть to move aside; **—ся, отодви́нуться** to move away
отодви́нуть(ся) *see* **отодвига́ть(ся)**
отодра́ть *see* **отдира́ть**
отожествля́ть, отожестви́ть to identify
отозва́ние recall
отозва́ть(ся) *see* **отзыва́ть(ся)**
отойти́ *see* **отходи́ть**
отомкну́ть *see* **отмыка́ть**
оторва́ть *see* **отрыва́ть**
отпеча́таться *see* **отпеча́тываться**
отпеча́тываться, отпеча́таться to leave an impression/imprint
отпива́ть, отпи́ть to take a sip, finish drinking
отплыва́ть, отплы́ть to sail
отпра́в//ить (*see* **отправля́ть**): **—ка** sending off, dispatch
отправля́ть, отпра́вить to dispatch; **—ся, отпра́виться** to set off, go
отпра́здновать (*see* **пра́здновать**) to celebrate
о́тпуск vacation, holiday
отпуска́ть, отпусти́ть to let go, let off, set free
отпусти́ть *see* **отпуска́ть**
отравля́ть, отрави́ть to poison, spoil
отра́дный comforting
отража́ть, отрази́ть to reflect; **—ся, отрази́ться** to be reflected
отраже́ние reflection, reverberation
отражённый *participle of* **отража́ть**
отре́з dress length
отре́зать to cut off, snip off
отрезве́ть *see* **трезве́ть**
отрезви́ть(ся) *see* **отрезвля́ть(ся)**
отрезвля́ть, отрезви́ть to sober; **—ся, отрезви́ться** to become sober
отрица́тельный negative
о́троческий adolescent
о́трочество adolescence
отрыва́ть, оторва́ть to tear off/away; blow off; **—ся оторва́ться** to tear off; **о. от** to tear oneself away (from)
отры́вистый abrupt, jerky
отря́хивать, отряхну́ть to shake down/off
отряхну́ть *see* **отря́хивать**
отска́кивать, отскочи́ть to jump aside/away
отскочи́ть *see* **отска́кивать**
отсро́чивать, отсро́чить to delay, postpone
отсро́чить *see* **отсро́чивать**
отсро́чка postponement
отстава́ть, отста́ть to fall/drop behind
отста́вка resignation; **вы́йти в —у** to resign
отставля́ть, отста́вить to set/put aside, discharge
отставно́й retired
отстега́ть *see* **стега́ть**
отстране́ние pushing aside, dismissal
отстрани́ть(ся) *see* **отстраня́ть(ся)**
отстраня́ть, отстрани́ть to push aside, remove; **—ся, отстрани́ться** to move away
отсыре́ть (*see* **сыре́ть**) to grow/become damp
отсю́да from here
отта́лкивать, оттолкну́ть to push away
отте́нок nuance
оттере́ть *see* **оттира́ть**
оттесня́ть, оттесни́ть to push aside
оттира́ть, оттере́ть to rub off/out
оттого́ that is why; **о. что** because
оттолкну́ть *see* **отта́лкивать**
оттопы́ренный bulging out, protruding
отту́да from there
оття́гивать, оттяну́ть to draw off
отхвати́ть *see* **отхва́тывать**
отхва́тывать, отхвати́ть to chop off
отходи́ть, отойти́ to leave, depart, move away
отходи́ть to recover, be all right again
отцвести́ *see* **отцвета́ть**
отцвета́ть, отцвести́ to finish blooming

отцо́в one's father's
отцо́вский paternal
отча́иваться, отча́яться to despair
отча́сти partly
отча́ян//ие despair; **—но** desperately; **—ый** desperate
отча́яться *see* **отча́иваться**
отчего́ why
отчёт account; **не отдава́ть себе́ —а** be unaware, not realize
отчётливый distinct
отшвы́ривать, отшвырну́ть to fling away, kick aside
отщепе́нец renegade
отъе́зд departure
отъезжа́ть, отъе́хать to drive off
отъе́хать *see* **отъезжа́ть**
отыска́ть(ся) *see* **оты́скивать(ся)**
оты́скивать, отыска́ть to find, look for; **—ся, отыска́ться** to come up, appear
отяжеле́ть (*pf.*) grow heavy
офице́р officer
официа́нтка waitress
о́ханье moaning
оха́пка armful; **взя́ть в оха́пку** to take in one's arms
о́хать, о́хнуть to moan
охвати́ть *see* **охва́тывать**
охва́тывать, охвати́ть to envelop, seize
охва́ченный *participle of* **охва́тывать**
охладева́ть, охладе́ть to grow cold
охмеле́ть to grow/become tipsy
о́хнуть *see* **о́хать**
охо́та hunt, chase
охо́та wish; **с —ой** with willingness
охо́титься to hunt
охо́тник hunter, sportsman
охо́тник lover
охо́тничий hunting
охо́тно willingly
охрани́ть *see* **охраня́ть**
охраня́ть, охрани́ть (от) to guard (from, against), protect (from); to stand guard (over)
оцара́пать to scratch
оцени́ть (*see* **цени́ть**) to value, estimate, think highly (of)
оце́нка appraisal, valuation
очарова́ние charm, fascination
очаро́ванный charmed
очарова́тельный charming
очаро́вывать, очарова́ть to charm
очеви́дно it is obvious/evident
очеви́дно obviously, evidently
о́чень very
о́чередь (*f.*) turn
очерта́ние outline
очерте́ть = осточерте́ть
очи́стка cleaning
очка́рик a man with glasses (*slang*)
очки́ (*pl.*) (pair of) spectacles
очну́ться (*pf.*) to come to oneself, regain consciousness
очути́ться (*pf.*) to find oneself, come
ошале́лый crazy
ошале́ть (*see* **шале́ть**) to lose one's head
оше́йник collar; **соба́чий о.** dog collar
ошеломи́ть *see* **ошеломля́ть**
ошеломля́ть, ошеломи́ть to stun
ошиба́ться, ошиби́ться to be mistaken, make a mistake
оши́бка mistake, error
оштрафова́ть (*see* **штрафова́ть**) to fine
оштукату́рить (*see* **штукату́рить**) to plaster
ощипа́ть *pf. of* **ощи́пывать**; *see* **щипа́ть**
ощи́пывать, ощипа́ть to pluck
ощу́пать *see* **ощу́пывать**
ощу́пывать, ощу́пать to feel, touch
о́щупью gropingly; **иска́ть о.** to grope (for)
ощуща́ть, ощути́ть to feel
ощуще́ние sensation

П

павильо́н pavilion
па́дать, пасть, упа́сть to fall, drop, sink
паде́ние fall, downfall
паз slot, groove
па́занки rabbit's feet
па́занок *see* **паз**
па́зуха bosom
па́кля tow
пала́та ward
пала́тка tent
па́левый pale-yellow, straw-yellow

пáлец finger
пáлка stick
пáлуба deck
пáлый fallen
пáльма palm tree
пальтó topcoat
пáмятный memorable
пáмять (*f.*, *only sing.*) memory, remembrance
панёва the woolen skirt of a peasant woman
панúческий panicky
панталóны trousers
папирóс//а cigarette; **—ный** (*adj.*)
пар steam, vapor
пáра pair
парáдное front door
парáдный main, front, gala
парáтость speed in dogs and horses
пáрень lad, chap
парк park
паркéт parquet
паров//óй lying fallow; **—óе пóле** fallow
парóм ferryboat, raft
пароxóд steamer, steamship; **пассажúрский п.** passenger ship; **—ный** *adj. of* **пароxóд**
партéр the pit (*of the theatre*), the stalls
пáртия detachment, match
партнёр, —ша partner
пáрус sail; **под —áми** under sail
парусúна canvas
парфюмéр perfumer; **—ия** perfumery; **—ный** *adj. of* **парфюмéрия**; **—ный прибóр** perfume set
парш//á tetter, mange; **—úвый** lousy
паршúвенький lousy
пассажúр passenger
пастýх shepherd
пасть (*see* **пáдать**): **п. смéртью храбрых** to die a valiant death
пасть mouth (*of an animal*), jaw
пáсха Easter, Passover
пасьянс patience; **расклáдывать п.** to play solitaire
патрóн cartridge
пáуза pause, interval
паýк spider
паутúна cobweb, web, gossamer
пáхарь plowman
пахáть to plow
пахнýть to smell, reek
пáхота plowing
пахýчий odorous
пацáн chap, fellow; **мáленький —чик** (*slang*) kid
пáчкать, запáчкать, испáчкать to soil, dirty, stain
певéц singer
певúца singer
пéгий skewbald
педагóг teacher
пéкарь baker
пельмéни dumplings (*shells of dough enclosing meat*)
пенáл pencil case
пéние singing
пéнсия pension
пенснэ́ pince-nez
пéнушко (пéнюшко) fiber/filament of a tree
пень stump
пéпельница ash tray
пéпельный ashy
первоклáссный first-class, first-rate
первоначáльный original, elementary
пéрвый first, earliest; **—ое мéсто** the head/most important place
перебегáть, перебежáть to cross (running)
перебежáть *see* **перебегáть**
перебивáть, перебúть to interrupt, break
перебинтóвывать, перебинтовáть to bandage, change the bandage
перебирáть, перебрáть to look over/through, take too much of smth.
перебúть to kill, break, beat
перебрáть *see* **перебирáть**
перевáл crossing, path
перевáливаться: п. с бóку на бок to waddle
перевезтú *see* **перевозúть**
перевернýть(ся) *see* **перевёртывать(ся)**
перевёртывать, перевернýть, перевертéть to turn over
перевёртываться, перевернýться to turn over
переводúть, перевестú to transfer, move
перевóдчик interpreter
перевóз transportation, ferry

перевози́ть, перевезти́ to transport, take/put across
перево́зка conveyance, transportation
перевора́чивать(ся) = **перевёртывать(ся)**
перевоспита́ть(ся) *see* **перевоспи́тывать(ся)**
перевоспи́тывать, перевоспита́ть to re-educate; **—ся, перевоспита́ться** to re-educate oneself
перевяза́ть *see* **перевя́зывать**
перевя́з//ка bandage, dressing; **—очный пункт** dressing station
перевя́зывать, перевяза́ть to bandage
перегиба́ть, перегну́ть to bend; **—ся, перегну́ться** to lean over
перегна́ть *see* **перегоня́ть**
перегну́ть(ся) *see* **перегиба́ть(ся)**
перегово́ры negotiations
перегоня́ть, перегна́ть to outdistance, leave behind
перегоро́дка partition
пе́ред before, in front of
передава́ть, переда́ть to pass, give; to reproduce; to tell; to give/pay too much; to deliver; **—ся, переда́ться** to go over (to)
переда́ть(ся) *see* **передава́ть(ся)**
передвига́ть, передви́нуть to move, shift
передёргивать, передёрнуть: его передёрнуло he was convulsed with pain; **—ся, передёрнуться** to be convulsed with pain
передёрнуть *see* **передёргивать**
пере́дний front, fore-part; **п. край (оборо́ны)** main line of resistance
пере́дник apron
пере́дняя anteroom
передова́я front line
передово́й headmost, forward, progressive
передови́к: —и се́льского хозя́йства, промы́шленности foremost people in agriculture, industry
передо́к detachable front
перее́зд removal, moving, transportation
переезжа́ть, перее́хать to cross (*from one place to another*)
переезжа́ть, перее́хать to move to a new place (*of residence*)
пережива́ть, пережи́ть to experience; to endure, suffer
пережида́ть, пережда́ть (что—л.) to wait till something is over
пережи́ть *see* **пережива́ть**
перейти́ *see* **переходи́ть**
перека́т shoal
перека́тывать, перекати́ть to roll/move somewhere else
перека́чивать, перекача́ть to pump over, sway
перекла́дывать, переложи́ть to put/place somewhere else, shift
перекрести́ться (*see* **крести́ться**) to cross oneself
перелета́ть, перелете́ть to fly over; **п. с одного́ ме́ста на друго́е** to fly from one place to another
перелётн//ый: —ая пти́ца bird of passage
перелива́ться to play; **п. все́ми цвета́ми** to be iridescent/opalescent
перели́стывать, перелиста́ть to turn over, leaf
переложи́ть *see* **перекла́дывать**
перелома́ть to break
переме́на change
перемени́ть(ся) *see* **переменя́ть(ся)**
переменя́ть, перемени́ть to change; **—ся, перемени́ться** to change
перемеша́ть(ся) *see* **переме́шивать(ся)**
переме́шивать, перемеша́ть to mix; **—ся, перемеша́ться** to get mixed
перемеща́ть, перемести́ть to move somewhere else; **—ся, перемести́ться** to move
переми́гиваться, перемигну́ться to wink at each other
перенести́ *see* **переноси́ть**
переноси́ть, перенести́ to bear, stand, take
переночева́ть to spend the night
пе́репел quail
переписа́ть (*see* **перепи́сывать**): **п. на кого́-л. что-л.** to write out something to somebody
перепи́сывать, переписа́ть to rewrite, recopy
переплёт binding
переплета́ться, переплести́сь to interlace, interweave
переплете́ние interlacing

переплыва́ть, переплы́ть to row/ferry across, sail across
переплы́ть *see* **переплыва́ть**
перепо́лнить *see* **переполня́ть**
переполня́ть, перепо́лнить to overfill, overbrim
перепоя́саться *see* **перепоя́сываться**
перепоя́сываться, перепоя́саться to gird oneself, wrap up
перепро́бовать to try, taste
перепры́гивать, перепры́гнуть to jump over
перепу́тать *see* **перепу́тывать**
перепу́тывать, перепу́тать to entangle, confuse
перерва́ть(ся) *see* **перерыва́ть(ся)**
перерожда́ть, перероди́ть to regenerate
переро́сток backward child, an overgrown child
переры́в interruption, break, interval
перерыва́ть(ся), перерва́ть(ся) to break, tear
перерыва́ть, переры́ть to dig up; to rummage (in); to dig again/anew
переса́дка transfer, change (*of train*)
пересека́ть, пересе́чь to cross, cut
пересели́ть(ся) *see* **переселя́ть(ся)**
переселя́ть, пересели́ть to move; **—ся, пересели́ться** to move, migrate
пересе́чь *see* **пересека́ть**
переска́з retelling, narration
пересказа́ть *see* **переска́зывать**
переска́зывать, пересказа́ть to retell
переска́кивать, перескочи́ть to jump over, skip from one top to another
пересо́хнуть *see* **пересыха́ть**
переспра́шивать, переспроси́ть to ask again, ask to repeat
переспроси́ть *see* **переспра́шивать**
перестава́ть, переста́ть to stop, cease
перестано́вка rearrangement
переста́ть *see* **перестава́ть**
переступа́ть, переступи́ть to step over; **п. с ла́пы на ла́пу** to shift from one paw to the other
пересыха́ть, пересо́хнуть to get dry, dry up; **у него́ в го́рле пересо́хло** his throat is dry
пере́ть (*substandard*) = **идти** to go
перетя́гивать, перетяну́ть to pull/draw somewhere else
перетя́гиваться, перетяну́ться to lace oneself too tightly
перетяну́ть(ся) *see* **перетя́гивать(ся)**
переу́лок side street
переходи́ть, перейти́ to get over, cross, pass on (to), turn (into); **п. на ты** to change to the informal address (thou)
перечи́стка (*substandard*) cleaning
переша́гивать, перешагну́ть to step over
перешёптываться to whisper to one another
пери́ла handrail, banister
пери́од period
перламу́тровый mother-of-pearl
перо́ feather, pen
пе́рстень ring
перча́тка glove
пёс dog
пе́сня song
песо́к sand
пёстрый motley, gay
песча́ный sandy
петли́ца buttonhole
пе́тля loop, stitch
пету́х rooster; **пусти́ть кра́сного —а́** to set fire
петь, спеть, пропе́ть to sing
пехо́та infantry
печа́ль grief, sorrow; **—но** dismally, mournfully; **—ный** sad, mournful
печа́ть to seal, stamp
пе́чень liver
пе́чка = печь
печь stove, oven
пе́чь(ся), испе́чь(ся), спе́чь(ся) to bake
пе́ший pedestrian, on foot
пе́шка pawn
пешко́м on foot
пи́во beer
пиджа́к jacket, coat
пике́йный piqué; **—ое одея́ло** piqué bedspread
пики́ровать to dive, swoop
пики́роваться to exchange caustic remarks
пикиро́вка exchange of caustic remarks
пи́кнуть to make a sound; **не п. ни сло́ва** not to say a word
пи́кули pickles
пило́т pilot
пило́тка (*mil.*) cap, military summer uniform cap, overseas cap

пилю́ля pill
пингви́н penguin; **—ий** (*adj.*)
пино́к kick
пиро́г pie
пирожо́к patty
пи́сарь clerk, scribe
писа́тель writer
писа́ть, написа́ть to write
пи́сьменный: п. стол desk
письмо́ letter
пита́ть to feed, entertain (a feeling); **—ся** to live (on)
пито́мец nurseling
пить, вы́пить to drink, take; **п. чай, ко́фе, и т. п.** to drink/take tea, coffee, etc.
пиха́ть, пихну́ть to push
пи́чкать, напи́чкать to stuff
пи́шущий *participle of* **писать**
пи́ща food
пла́вать, плыть to swim, sail
пла́вный smooth
плака́т poster
пла́кать to weep, cry; **го́рько п.** to weep bitterly, cry one's heart out
пла́мя flame
план plan
плане́та planet
пла́нка lath, plank
планше́т map case
пласти́нка plate, record
плата́н (*bot.*) platan, plane tree
платёж payment
плати́ть to pay
плато́к kerchief; **носово́й п.** handkerchief
платфо́рма platform
пла́тье dress
плацка́рта reserved-seat ticket
плащ raincoat
плева́ть, плю́нуть to spit (out, upon); **—ся** to spit
плёвый trifling; **—ое де́ло** trifling matter
плен captivity; **брать кого́-л. в плен** to take somebody prisoner
плени́тельный fascinating, captivating
плени́ть(ся) *see* **пленя́ть(ся)**
плёнка film
пленя́ть(ся), плени́ть(ся) to be fascinated (by)
плёс pool, reach of river
пле́сень mold
плеск splash, swash
плеска́ть, плесну́ть to splash, flutter; **—ся, плескну́ться** to splash
плести́, сплести́ to weave
плести́сь drag one's feet, drag oneself along
плетёный wicker
плечи́стый broad-shouldered
плечо́ shoulder
пли́с velveteen; **—овый** velveteen
плиссиро́ванный pleated
пли́ца the paddle of a paddle-wheel boat
плод fruit
плодоро́дный fertile; **—ая по́чва** rich/fertile soil
пло́ский flat, trivial
плоскодо́нка flat-bottomed boat
плот raft
пло́тник carpenter
пло́тни//чать carpenter; **—чий** *adj. of* **пло́тник**; **—цкий (плотничий)** *adj. of* **пло́тник**
пло́тн//о tightly; **—ый** compact, dense, thick
пло́хо badly
плохо́й bad
площа́дка landing, platform
пло́щадь square
плуг plow
плутова́тый roguish
плуто́вка swindler
плыть *see* **пла́вать**
плю́нуть *see* **плева́ть**
плюш plush; **—евый** plush
пляса́ть to dance
пля́ска dancing
плясово́й dancing
по on, along
по a little, a bit
по in a . . . manner/way; **по-англи́йски** in English; **по-взро́слому** in an adult fashion; **по-мо́ему** in my way, in my opinion; **по-настоя́щему** in reality, truly; **по-ста́рому** in the old way, old-fashioned
побагрове́ть to turn purple
поба́иваться to be rather afraid (of)
побала́кать (*see* **поболта́ть**) to chatter
побасёнка tale, story
побе́гать to run a little, run for a while

побе́да victory
победи́тель victor
победи́ть *see* **побежда́ть**
победоно́сн//о victoriously; **—ый** victorious
побежа́ть, бе́гать, бежа́ть to break into a run
побежда́ть, победи́ть to conquer, gain a victory (over)
побива́ть; п. камня́ми to stone (somebody)
побиру́шка beggar
поби́ть (*see* **бить**) to beat, beat up (somebody)
поблагодари́ть (*see* **благодари́ть**) to thank
побледне́ть (*see* **бледне́ть**) to become pale
поблёскивать to gleam
поблесте́ть to shine for a while
поблизо́сти near at hand, near
поболта́ть (*pf.*) (*colloq.*) to have a chat (with about)
побоя́ться to be afraid (of)
поброса́ть to throw up, desert, forsake
побы́ть to stay, remain
повали́ть (*see* **вали́ть**): **п. де́рево** to fell a tree
повали́ться (*see* **вали́ться**) to fall down
поваля́ть to roll; **—ся** to have a long lie in bed, to stay in bed for a long time
по́вар cook
повари́ха cook (*f.*)
поведе́ние conduct, behavior
повезти́ *see* **везти́** and **вози́ть**
повели́тель sovereign; **—ный** imperative, authoritative
поверга́ть, пове́ргнуть to throw down, plunge; **п. кого́-л. в уны́ние** to depress somebody
пове́ренный attorney, confidant
пове́рить (*pf.*) (*see* **ве́рить** *and* **поверя́ть**)
поверну́ть(ся) *see* **повора́чивать(ся)**
поверте́ть (*see* **верте́ть**) to turn around
пове́рх over
пове́рхность surface
поверя́ть, пове́рить to trust (with); to verify, check up
повесел//е́ть (*pf.*) to become cheerful
повесели́ть to amuse; **—ся** to enjoy oneself
пове́сить(ся) *see* **ве́шать(ся)**
повествова́ть to narrate (about)
повести́ *see* **поводи́ть**
повести́ *see* **вести́**
по́весть narrative, tale, story
повздыха́ть (*see* **вздыха́ть**) to sigh
пови́димому apparently
пови́згивание whining
повиля́ть to wag (one's tail)
повиса́ть, пови́снуть to hang (by), hang down (over)
пови́снуть *see* **повиса́ть**
поводи́ть, повести́ to move
пово́зка vehicle
повора́чивать, поверну́ть to turn; **—ся, поверну́ться** to turn, swing
поворо́т turn, bend, curve
повсю́ду everywhere
повторе́ние repetition
повтори́ть(ся) *see* **повторя́ть(ся)**
повто́рный repeated
повторя́ть(ся), повтори́ть(ся) to repeat
повыша́ть, повы́сить to raise, heighten; **—ся, повы́ситься** to rise
повы́ше (just) a little higher
повыше́ние promotion
погаса́ть, пога́снуть to go out, grow dim; *pl. only* to be out
погаси́ть *see* **гаси́ть** *and* **погаша́ть**
пога́снуть *see* **погаса́ть** *and* **га́снуть**
погаша́ть, погаси́ть to liquidate; to pay off (*a debt*); to cancel (*stamps*)
погиба́ть, поги́бнуть to perish
поги́бель ruination
поги́бнуть *see* **погиба́ть**
погла́дить (*see* **гла́дить**) to stroke
погла́живать to stroke
поглоти́ть *see* **поглоща́ть**
поглоща́ть, поглоти́ть to take up, absorb; to engulf
погляде́ть, гляде́ть to have a look, look for a while
погля́дывать to look (on), glance (on), look from time to time
погна́ть to drive (out, away); to begin to drive
поговори́ть to have a talk, talk
пого́да weather
погод//и́ть to wait a little (with); **немно́го —я́** a little later
пого́н shoulder strap

погóнщик driver, teamster
погóня pursuit, chase
пóгреб cellar
погребáть, погрестú to bury
погрóм pogrom, massacre
погружáться, погрузúться to plunge (into)
погрузúться, погружáться (*see* **грузúться**) to load
погрýзка loading
погрубúть (*see* **грубúть**) to be rude
под hearth
под under
подавáть, подáть to give, offer, serve; **п. прошéние** to submit a petition; **—ся, подáться (вперёд, назáд, вст**ó**рону)** to draw/move (forward, back, aside); to give way
подавúть *see* **подавлять**
подáвленный depressed
подавлять, подавúть to suppress; to neutralize; to depress, crush
подáльше a little further on/away
подарúть (*see* **дарúть**) to give a present
подáрок gift, present
податнóй tax, duty, poll tax; **п. инспéктор** assessor (of taxes)
пóдать (*f.*, *hist.*) tax, duty assessment
подáть(ся) *see* **подавáть(ся)**
подбегáть, подбежáть to run up (to), come running up (to)
подбежáть *see* **подбегáть**
подбивáть, подбúть to incite, put out of action, disable; **подбúть когó-л. на чтó-л.** to persuade somebody to do something
подбирáть, подобрáть to pick up; **—ся, подобрáться** to steal up (to), approach stealthily
подбúть *see* **подбивáть**
подборóдок chin
подбрáсывать, подбрóсить to toss up, throw up, add
подбрóсить *see* **подбрáсывать**
подвáл basement
подвергáть(ся), подвéргнуть(ся) to undergo; to subject to
подвернýть(ся) *see* **подвёртывать(ся)**
подвёртывать, подвернýть to tuck in; **—ся, подвернýться** to turn up
подвестú *see* **подводúть**
подвигáться, подвúнуться to move, advance
подвижнóй mobile, lively, active
подвúнуться *see* **подвигáться**
подвлáстный subject, dependent
подвóда cart
подводúть, подвестú to bring, let down
подвóх dirty trick
подвязáть *see* **подвязывать**
подвязывать, подвязáть to tie up
подгонять, подогнáть to urge on, hurry
подготóвиться *see* **подготáвливаться**
подготóвка preparation
поддавáть, поддáть to kick; to give way; **—ся, поддáться** to yield
поддáкивать, поддáкнуть to agree with everything that is said, say yes
поддáть(ся) *see* **поддавáть(ся)**
поддевáть, поддéть to wear under; to hook (with); (*colloq.*) to tease
поддёвка type of Russian coat (man's long-waisted coat)
поддержáть *see* **поддéрживать**
поддéрживать, поддержáть to maintain, keep up, support
поддéржка support
поддéть *see* **поддевáть**
подевáться (девáться) to disappear
подён//но by the day; **—ный** daily, by the day; **—ая рабóта** day labor, time-labor
подёрги//вать, подёргать to pull; *impf. only*, to twitch; **—ваться** to twitch
подёрнуться (*pf.*) to be covered (with)
поджáристый brown, crisp
поджáть *see* **поджимáть**
поджидáть to wait (for)
поджимáть, поджáть to purse up; **п. гýбы** to purse up one's lips; **п. хвост** to have one's tail between one's legs; **сидéть поджáв нóги** to sit cross-legged; **—ся, поджáться (от хóлода)** to shiver with cold
подзадóривать, подзадóрить to set on, put up (to something)
подзывáть, подозвáть to call up
подкатúть(ся) *see* **подкáтывать(ся)**
подкáтывать, подкатúть to drive to, drive/roll up to; **—ся, подкатúться** to roll (under)

подка́шивать, подкоси́ть to cut; **—ся, подкоси́ться: у него подкоси́лись но́ги** his legs gave way under him
подки́дывать = подбра́сывать
подки́нуть = подбро́сить
подкла́дка lining
подкла́дывать, подложи́ть to lay (under), put
подко́ва horseshoe
подкоси́ть *see* **подка́шивать**
подкрепи́ть(ся) *see* **подкрепля́ть(ся)**
подкрепля́ть, подкрепи́ть to support, refresh; **—ся, подкрепи́ться** to fortify oneself; refresh oneself
по́дкуп bribery, subornation
подкупа́ть, подкупи́ть to bribe, graft, win over
подкупи́ть *see* **подкупа́ть**
подла́мываться, подломи́ться to break (under)
по́дле by the side of, next to
подле́ц scoundrel
подлива́ть, подли́ть to add, pour
подли́вка dressing
подли́за toady
подли́ть *see* **подлива́ть**
подложи́ть *see* **подкла́дывать**
подломи́ться *see* **подла́мываться**
по́длость meanness, baseness
подмета́ть to sweep
подми́гивать, подмигну́ть to wink, give a wink
поднести́ *see* **подноси́ть**
поднима́ть, подня́ть to raise, uplift, lift; **п. шум, крик** to make a noise, set up a clamor; **—ся, подня́ться** to get up, rise, climb, ascend
поднимать(ся) = подымать(ся)
подно́жка step, footboard
подно́с tray
подноси́ть, поднести́ to bring (to), hold up (to), present; **п. к губа́м** to raise to one's lips
подня́т//ь(ся) (*see* **поднима́ть(ся)**: **—ое плечо́** lopsided shoulder
подо́бн//о like, just as; **—ый** like, similar, such a/an
подогна́ть *see* **подгоня́ть**
пододвига́ть, пододви́нуть to push up, move up
пододви́нуть *see* **пододвига́ть**
пододея́льник blanket cover
подожда́ть to wait (for)
подозва́ть *see* **подзыва́ть**
подозрева́ть to suspect
подозре́ние suspicion
подойти́ *see* **подходи́ть**
подоко́нник window sill
подо́лгу long
подорва́ть *see* **подрыва́ть**
подоткну́ть *see* **подтыка́ть**
подо́шва sole
подпа́лина reddish spots on a dog
подпере́ть *see* **подпира́ть**
подпира́ть, подпере́ть to prop up; **п. го́лову** to rest one's arm under the chin
подпи́сывать, подписа́ть to sign
подполза́ть, подползти́ to creep up (to), creep (under)
подпоя́сать(ся) *see* **подпоя́сывать(ся)**
подпоя́сывать, подпоя́сать to belt, girdle; **—ся, подпоя́саться** to belt, girdle oneself
подпры́гивать, подпры́гнуть to jump up, leap
подпуска́ть, подпусти́ть to allow to approach/come near
подра́гивать to quiver
подража́ть to imitate
подра́ться *see* **дра́ться**
подро́бн//о in detail; **—ость** detail
подру́га friend (*f.*)
подрумя́нивать, подрумя́нить to make nice and brown
подрыва́ть, подорва́ть to blow up; **—ся, подорва́ться** to blow up
подря́д in succession
подска́кивать, подскочи́ть to run up (to)
подслу́шивать, подслу́шать to overhear, eavesdrop
подсма́тривать, подсмотре́ть to spy, notice, oversee
подсме́иваться (над) to laugh (at), make fun (of)
подсмотре́ть *see* **подсма́тривать**
подставля́ть, подста́вить to put/place under, hold up (to)
подстерега́ть, подстере́чь to be on watch, lie in wait
подступа́ть, подступи́ть to approach, come up (to); **п. к се́рдцу** to engulf the heart

подступи́ть *see* **подступа́ть**
подсыпа́ть, подсы́пать to add, pour (in addition)
подта́лкивать, подтолкну́ть to push slightly
подтверди́ть(ся) *see* **подтвержда́ть(ся)**
подтвержда́ть, подтверди́ть to confirm
подтвержде́ние confirmation
подтолкну́ть *see* **подта́лкивать**
подтыка́ть, подоткну́ть to tuck in
подтя́гивать, подтяну́ть to pull, pull up; **—ся, подтяну́ться** to brace oneself up
поду́мать (*see* **ду́мать**) to think
поду́мывать to think (of, about)
подурне́ть (*see* **дурне́ть**) to grow uglier, lose one's good looks
поду́шка pillow
подхвати́ть *see* **подхва́тывать**
подхва́тывать, подхвати́ть to catch, pick up; **они подхвати́ли пе́сню** they joined the song
подхло́пывать to clap a little
подхо́д approach
подходи́ть, подойти́ to come up, approach, come in; to fit, suit; to approach
подходя́щий (*participle*) suitable
подча́с sometimes, at times
подчинённость subordination
подчини́ть(ся) *see* **подчиня́ть(ся)**
подчиня́ть, подчини́ть to subject; **—ся, подчини́ться** to obey
подщёлкивать to snap a little
подъезжа́ть, подъе́хать to drive up (to)
подъём lifting, hoisting; **тяжёл на п.** sluggish
подъе́хать *see* **подъезжа́ть**
подыма́ть = поднима́ть
подыма́ться, поднима́ться to get up
поды́скивать, подыска́ть to find, try to find
поёжиться to shiver (*with cold*)
по́езд train
поё́здка journey, trip, excursion, outing
пое́сть to eat, have a snack
пое́хать, е́здить to go (*by conveyance*), set off, depart
пожале́ть (*see* **жале́ть**) to feel sorry for (somebody), sympathize
пожа́луй perhaps, very likely, may, I think
пожа́луйте welcome (in)
пожа́луйста please
пожа́ть *see* **пожима́ть**
пожева́ть to chew; **п. губа́ми** to move one's lips
пожела́ние wish, desire
пожелте́ть (*see* **желте́ть**) to turn yellow
пожени́ть to marry; **—ся** to marry, get married
пожило́й elderly
пожима́ть, пожа́ть to press; **п. кому́-л. ру́ку** to press somebody's hand
пожи́ть to live
по́за pose
позабыва́ть, позабы́ть to forget (about)
позабы́ть *see* **позабыва́ть**
поза́втракать (*see* **за́втракать**) to have breakfast, have lunch
позавчера́ the day before yesterday
позади́ behind
позапро́шлый before last
поза́риться (*see* **за́риться**) to covet
позва́ть (*see* **звать**) to call, invite
позво́лить *see* **позволя́ть**
позволя́ть, позво́лить to allow, permit; **п. себе́ сли́шком мно́го** to take liberties; to presume
позвони́ть (*see* **звони́ть**) to ring
по́здний late
по́здно late
поздра́вить *see* **поздравля́ть**
поздравля́ть, поздра́вить to congratulate
позелене́ть (*see* **зелене́ть**) to turn/become green
познава́ть, позна́ть to become acquainted (with)
познако́миться (*see* **знако́миться**) to make the acquaintance (of); *pf. only*, to get to know
позна́ние cognition, knowledge
позна́ть *see* **познава́ть**
позо́р shame, disgrace
поигра́ть to play (*a little*)
пои́мка catching, capture
поинтересова́ться *see* **интересова́ться**

поиска́ть to look (for)
по́иски search
пои́ть, напои́ть to give/treat to a drink
пойма́ть (*see* **лови́ть**) to catch
пойти́ (*see* **идти́** and **ходи́ть**): **он пошёл в отца́** he takes after his father; **уж е́сли на то пошло́** for that matter, if it comes to that
пока́ for the present; **п. что** in the meantime, meanwhile
пока́ while, until, till
показа́ть(ся) *see* **пока́зывать(ся)**
пока́зывать, показа́ть to show; **часы́ пока́зывают** 10 the clock/watch is at ten; **—ся, показа́ться** to come in sight; to seem, appear
покара́ть (*see* **кара́ть**) to punish
иоката́ться to go for a drive
покати́ться, ката́ться to roll off/away, start rolling
пока́тый sloping, slanting
покача́ть to rock, swing; **п. голово́й** to shake one's head
пока́чивать to rock/shake (slightly); **—ся** to rock; **он шёл пока́чиваясь** he walked with an unsteady step
пока́шливать to have a slight cough
покая́ние confession, penance
поко́ле = поку́да
покида́ть, поки́нуть to leave, desert
поки́нуть *see* **покида́ть**
поклоне́ние worship
поклони́ться (*see* **кла́няться**) to bow
поклоня́ться to worship
поко́иться to rest, lie
поко́й rest
поко́йни//к, —ца the deceased
поко́йный quiet, calm, comfortable
поколеба́ть (*see* **колеба́ть**) to hesitate
поколоти́ть to beat, give a beating
поко́нчить to finish (with), put an end (to); **п. с чем-л.** to put an end to something; **п. с собо́й** to commit suicide
покопа́ть(ся) (*see* **копа́ться**) to dig (in, around), rummage
покори́ть(ся) *see* **покоря́ть(ся)**
покорми́ть (*see* **корми́ть**) to feed
поко́рн//о obediently, humbly; **—ый** obedient
покоро́бить(ся) *see* **коро́бить(ся)**
покоря́ть, покори́ть to subjugate; **—ся, покори́ться** to submit, resign oneself (to)
покоси́ться to look askance
покрасне́ть (*see* **красне́ть**) to become red, blush
покри́кивать to shout
покро́в cover
покрови́тельств//енный patronizing; protective; **—о** patronage, protesting
покрыва́ть, покры́ть to cover, drown; **—ся, покры́ться** to cover oneself, get covered
покры́ть *see* **крыть** *and* **покрыва́ть**
покры́шка covering
покря́хтывать, кряхте́ть to cough a little, groan
покупа́тель, —ница buyer, customer
покупа́ть, купи́ть to buy
поку́пка purchase
покупно́й purchased
поку́пщик buyer
поку́ривать to smoke
покури́ть to have a smoke
поку́шать to eat
пол floor
пола́ flap
полага́ть to suppose, think, consider
полага́ться, положи́ться to rely (upon)
пола́дить to come to an understanding
пола́ять to bark a little
по́лдень noon
по́лдник afternoon
по́ле field
полев//о́й field; **—ы́е цветы́** field flowers
поле́зн//о it is useful; **—ый** useful, healthy
поле́зть to start to climb
полёт flight
полете́ть (*see* **лета́ть**) to fly
по́лзать to creep, crawl
ползти́, поползти́ to creep along
поли́т//ик politician; **—ика** politics
полити́ческий political
политру́к political instructor
полице́йский police; **п. уча́сток** police station
поли́ция police
полк regiment
по́лка shelf

полков//о́й regimental; **да́ма из —ы́х** regimental officer's wife
полно́ brimful
по́лно enough, enough of this
полнота́ completeness, fullness
по́лночь midnight
по́лный full, brimful, absolute, packed
полово́дье floodtime
поло́гий gently sloping
положе́ние position, situation, condition, state, post; **быть в положе́нии** to be expecting (*a child*)
поло́женный (*see* **класть**) prescribed, authorized
поло́жим let us assume
положи́тельный positive, affirmative
положи́ть (*see* **класть**) to put, place, lay down; to decide, resolve
положи́ться *see* **полага́ться**
полома́ть break; **—ся** (*see* **лома́ться**) to break, break down
поломо́йка floor washer
полоса́ stripe, strip (*narrow piece*); wale (*from a whiplash*); period, spell (*time*); region, zone, belt
полоска́ть to rinse
полотно́ linen
полотня́ный linen
полпути́: на п. halfway
полу- half, semi-
полукру́г semicircle; **—лый** semicircular
полумёртвый half-dead
полунаго́й half-naked
полуобвали́вшийся = полуразру́шенный
полуосле́пший half-blind
полуотверну́ться to turn around half way
полуразру́шенный tumbledown
полураскры́тый half-open
полусло́во: поня́ть с полусло́ва to take the hint, be quick in the uptake
полутёмный half-dark
полуторато́нка one-and-a-half-ton truck
получа́ть, получи́ть to receive, get; **—ся, получи́ться** to come out; to turn out to be
получи́ть(ся) *see* **получа́ть(ся)**
полу́чше a little better, rather better
полушу́бок sheepskin coat
полчаса́ half an hour
полынья́ polynia (*unfrozen patch of water in the midst of ice*)
по́льза use; **кака́я от э́того п.?** what good will it do
по́льзоваться to make use (of)
полюби́ть to come to love, fall in love; **—ся** to catch the fancy
полюбова́ться (*see* **любова́ться**) to admire
поля́на glade, clearing
пома́ргивать, морга́ть to wink, wink (at somebody)
пома́да pomade
пома́дить to grease; to put on lipstick
помале́ньку little by little, so-so
помаха́ть (*pf.*) to wave (for a while); **п. руко́й** to give a (*cheery*) wave
пома́хивать to wave
поме́ньше (somewhat) less
поменя́ть(ся) *see* **меня́ть(ся)**
помере́ть *see* **помира́ть**
помести́ть(ся) *see* **помеща́ть(ся)**
поме́шанный crazy, madman
помеша́тельство madness, insanity
помеша́ть *see* **меша́ть**
помеша́ться to go mad
помеща́ть, помести́ть to place, locate; **—ся, помести́ться** to be accommodated/located
помеще́ние lodging, room
поме́щик landowner
поми́луй for goodness' sake
поми́мо besides
помина́ть, помяну́ть to mention; **не́чего п. ста́рое** to let bygones be bygones
поми́нутно every moment
помира́ть, помере́ть to die
по́мнить to remember; **—ся** to remember; **не п. себя́** to be beside oneself
помога́ть, помо́чь to help
помо́йка dust hole
помолча́ть to be silent (for a while)
помо́рщиться to make a wry face
помо́чь *see* **помога́ть**
помо́щник assistant, helper; **п. капита́на** mate
по́мощь help, assistance
пому́чить to torment
помча́ть (*pf.*) to carry off/away; **—ся** to dart

помяну́ть *see* **помина́ть**
помя́тый knocked about
помя́ть (*see* **мять**) to thrash; **п. коноплю́** to thrash the hemp
пона́добиться: ему п. he needs
по-настоя́щему in the right way, truly
понемно́гу little by little
понести́ (*see* **нести́**) to rush along, carry
понижа́ть, пони́зить to lower
поника́ть, пони́кнуть to droop; **п. голово́й** to hang one's head
пони́кнуть *see* **поника́ть**
понима́ть, поня́ть to understand, comprehend
понра́виться (*see* **нра́виться**) to like, please
пону́рый downcast, depressed
поня́тие idea, notion
поня́тно it is clear, it is understandable
поня́тный intelligible, clear
поня́ть *see* **понима́ть**
поощря́ть, поощри́ть to encourage
попада́ть, попа́сть to get, find oneself, hit; **где попа́ло** anywhere; **—ся, попа́сться** to be caught
попа́сть(ся) *see* **попада́ть(ся)**
поперёк across
попереме́нно by turns, alternately
поперхну́ться to choke (over)
попечи́тель trustee, guardian
попла́кать to cry/weep (for a while)
поплы́ть *see* **пла́вать**
попола́м in two, half-and-half
поползти́ *see* **ползти́**
пополне́ние replenishment
попра́вить(ся) *see* **поправля́ть(ся)**
поправле́ние improvement
поправля́ть, попра́вить to put/set straight, mend; **—ся, попра́виться** to recover
попре́жнему as before
попро́бовать *see* **про́бовать**
попроси́ть *see* **проси́ть**
попроща́ться *see* **проща́ться**
попры́гивать to jump up and down
попыта́ться *see* **пыта́ться**
попя́титься *see* **пя́титься**
по́ра pore
пора́ time, it is time; **до сих по́р** up to now, till now
порабо́тать to do some work
поравня́ться to come alongside (of), come up (with)
пора́довать(ся) *see* **ра́довать(ся)**
поража́ть, порази́ть to astonish, strike, stagger; **—ся, порази́ться** to be surprised/astonished
пораста́ть, порасти́ to overgrow
порва́ться to be torn
пореши́ть (*see* **реши́ть**) to decide, make up one's mind
поро́г threshold
поро́да type
породи́ть *see* **порожда́ть**
породни́ть (*see* **родни́ть**); **—ся** (*see* **родни́ться**) to become related
порожда́ть, породи́ть to give birth (to); to raise, engender
по́рознь separately, apart
порозове́ть (*see* **розове́ть**) to turn pink
поро́й now and then, from time to time
поро́к vice
поросёнок sucking-pig
поро́ть rip
поро́чный depraved
порска́ть to force an animal into the field by shouting and cracking a hunting whip
по́ртить, испо́ртить to spoil; **—ся, испо́ртиться** to go bad, become worse
портки́ pants
портре́т portrait
портфе́ль briefcase
портье́ра portiere
пору́ганный profaned
поруга́ться to quarrel (with)
по-ру́сски in Russian
порха́ть, порхну́ть to flutter, fly about
по́рция portion
поры́в gust, burst; **в —е ра́дости** in a burst of joy
поры́вистый gusty, jerky
поры́ться (*see* **ры́ться**) to rummage (in, for a while, etc.)
поря́док order, customs
поря́дочн//о pretty well; **—ость** decency; **—ый** decent, respectable
посади́ть (*see* **сади́ть** and **сажа́ть**) to plant
поса́дка planting, imprisonment, seating of passengers

поса́пывать to sniff
посветле́ть (*see* **светле́ть**) to become/grow light
посви́стывать to whistle
посвяти́ть *see* **посвяща́ть**
посвяща́ть, посвяти́ть to devote (to); to dedicate (to); to initiate (into); to ordain (into)
поседе́ть (*see* **седе́ть**) to go/grow/turn gray
посели́ть(ся) *see* **поселя́ть(ся)**
посёлок settlement; **рабо́чий п.** worker's settlement
поселя́ть, посели́ть to settle, lodge; **—ся, посели́ться** to settle, take up one's residence
посеребрённый silver-plated
посереди́не in the middle
посе́ять (*see* **се́ять**) to sow
посиде́ть to sit (for a while)
посине́ть (*see* **сине́ть**) to turn/grow/become blue
поско́льку so far as, as far as
поскоре́е somewhat quicker
поскри́пывать to squeak a little
поскучне́ть to become sad, depressed
посла́ть *see* **посыла́ть**
по́сле after
после́дний last
после́дствие consequence
послеза́втра the day after tomorrow
посло́вица proverb
послужи́ть (*see* **служи́ть**) to serve
послу́шать (*see* **слу́шать**) to listen (to)
послы́шаться (*see* **слы́шаться**) to be heard
посма́тривать to look (at)
посме́иваться to chuckle, laugh (softly)
посме́ть (*see* **сметь**) to dare
посме́шище laughingstock
посмея́ться (*see* **смея́ться**) to laugh
посмотре́ть (*see* **смотре́ть**) to look
посове́товать(ся) *see* **сове́товать(ся)**
посо́л ambassador
посошли́: п. с ума́ (*substandard*) to go insane
поспева́ть, поспе́ть to have time, be in time
поспе́ть *see* **поспева́ть**
поспеши́ть (*see* **спеши́ть**) to hurry, make haste
поспе́шно in a hurry, hurriedly, hastily
поспе́шный prompt, hasty
поспо́рить (*see* **спо́рить**) to argue, bet
посреди́ in the middle of
посреди́не = посреди́
посре́дственн//о so-so, mediocre; **—ый** mediocre
поссо́риться (*see* **ссо́риться**) to quarrel (with)
пост fast, fasting; Lent
поста́вить (*see* **ста́вить**) to place, put down
постара́ться (*see* **стара́ться**) to try, make an effort
по-ста́рому as before
постёгивать to whip, lash (a little)
посте́ль bed
постепе́нно gradually, little by little
постига́ть, пости́гнуть, пости́чь to strike, overtake, befall
постира́ть to do some washing
пости́чь *see* **постига́ть**
посторони́ться (*see* **сторони́ться**) to stand/step aside
посторо́нний strange, extraneous, outsider
постоя́нн//о constantly, always; **—ый** constant, invariable
постоя́нство constancy
постоя́ть to stand (for a while), stand up (for)
пострада́вший victim
пострада́ть (*see* **страда́ть**) to suffer
постре́ливать to fire (intermittently), shoot
постреля́ть to shoot
постро́иться (*see* **стро́иться**) to build (a house, etc.) for oneself
постро́йка construction
посту́кивать to patter
поступа́ть, поступи́ть to act, enter, come in
поступле́ние entrance
посту́пок action, deed
постуча́ть to knock
посты́дный shameful, disreputable
посу́да plates and dishes
посу́дина vessel
посуди́ть: посуди́те са́ми you see, you be the judge
посули́ть, сули́ть to promise
посыла́ть, посла́ть to send

посы́льный messenger
посяга́ть, посягну́ть to encroach/infringe (on, upon)
пот sweat
потаённость mysteriousness
потащи́ть(ся) *see* **таска́ть(ся)**
потемне́ть to grow/become dark
потере́ть to rub; **—ся** to rub against (something)
поте́ря loss
потеря́ть(ся) *see* **теря́ть(ся)**
поте́ха fun
поте́чь to begin to flow
потеша́ть = те́шить
потеша́ться to amuse oneself, laugh (at)
потира́ть to rub; **п. ру́ки** to rub one's hands
потихо́ньку silently
потолкова́ть to talk (a little), have a talk (with, about)
потоло́к ceiling
пото́м afterwards, later on
потому́ that's why, because
потону́ть *see* **тону́ть**
пото́п deluge, flood
потопи́ть (*see* **топи́ть**) to sink
потороп́ить(ся) *see* **торопи́ть(ся)** to hurry
потре́бовать (*see* **тре́бовать**) to demand
потрёпанный shabby, seedy
потре́скаться (*see* **тре́скаться**) to crackle
потре́скивать to crackle
по́трох *a rare form of* **потроха́** (*pl.*) innards, giblets (*used to signify* scoundrel)
потряса́ть to shake, astound
потрясе́ние shock
по-туре́цки Turkish
потуши́ть (*see* **туши́ть**) to put out (light, flame, etc.)
потяга́ться to contend (with)
потя́гивать, потяну́ть to sip; to pull (*at a cigarette*)
потя́гиваться, потяну́ться to stretch oneself
потяну́ть(ся) *see* **тяну́ть(ся)**
поу́жинать (*see* **у́жинать**) to have supper; to have finished eating
поумне́ть (*see* **умне́ть**) to grow wiser, become more intelligent
поуча́ть to teach
поучи́тельный instructive, didactic
поха́бный obscene
похвала́ praise
похва́ливать to praise
похвали́ть *see* **хвали́ть**
похвали́ться *see* **похваля́ться**
похвальба́ brag, boasting
похваля́ться, похвали́ться to boast (of, about)
похища́ть, похи́тить to abduct
похлеба́ть to gulp
похло́пать (*see* **хло́пать**) to clap, flap
походи́ть to resemble, be like
походи́ть to walk (for a while)
похо́дка walk, gait, step
похожде́ние adventure
похо́жий resembling, not unlike, alike
похолоде́ть (*see* **холоде́ть**) to grow cold
похорони́ть (*see* **хорони́ть**) to bury
по́хоть lust
похуде́ть to lose weight, grow thin
поцара́пать to scratch
поцелова́ть (*see* **целова́ть**) to kiss
поцелу́й kiss
почему́ why
почему́-то for some reason
почерне́ть (*see* **черне́ть**) to turn black
почёсываться to scratch
почи́н initiative; **для —а** to make a beginning/start
почини́ть (*see* **чини́ть**) to mend
почи́стить (*see* **чи́стить**) to clean
почита́ть to read (for a while)
по́чка bud
почмо́кать to smack one's lips
по́чта post, mail
почте́ние respect
почте́нный honorable
почти́ almost
почти́тельный respectful
почу́вствовать (*see* **чу́вствовать**) to feel, sense
почу́диться (*see* **чу́диться**) to seem, appear
почу́ять (*see* **чу́ять**) to feel, understand
пошáркивать to shuffle one's feet
поша́тывать: его поша́тывает he is unsteady on his legs
поша́тываться to stagger, sway on one's feet

пошеве́ливать(ся) to stir
пошевели́ть(ся) (*pf.*) (*colloq.*) to stir/move (a little)
пошевельну́ть(ся) = пошевели́ть(ся)
по́шлость commonplace, banality
по́шлый trite, banal
пошути́ть (*see* **шути́ть**) to joke
пощёлкивание clicking
пощёлкивать: п. языко́м to click one's tongue
пощу́пать (*see* **щу́пать**) to touch, feel
поэ́т poet; **—и́ческий** poetic
поэ́тому therefore
появи́ться *see* **появля́ться**
появле́ние appearance
появля́ться, появи́ться to appear, make one's appearance, emerge
по́яс belt
поясни́тельный explanation
поясни́ть *see* **поясня́ть**
поясня́ть, поясни́ть to explain, elucidate
пра́вда truth, true
правди́в//ость truthfulness; **—ый** truthful
пра́ведник just/righteous man, pious, religious
пра́вил//о rule; **по всем —ам** according to all the rules
пра́вильный right, correct
прави́тельство government
правле́ние board of administration
пра́во right, law
пра́во truly, indeed
правосла́вный Orthodox (*Greek Orthodox*)
пра́вый right, right-handed
пра́здн//ик holiday, feast; **—ичный** holiday, festive
пра́здновать, отпра́здновать to celebrate
пра́здн//ость idleness, inactivity; **—ый** useless, idle; unnecessary
прароди́тель ancestor
прах dust, earth
пре- very
пребыва́ние stay
превозноси́ть, превознести́ to extol
превосходи́тельство excellency
превраща́ть, преврати́ть to turn (to, into); **—ся, преврати́ться** to turn (into), change
прегра́да barrier, obstacle
прегражда́ть, прегради́ть to bar, block up
предава́ть, преда́ть to betray; **—ся, преда́ться** to give oneself up (to)
преда́ние legend
пре́данн//ость devotion; **—ый** devoted
преда́ть(ся) *see* **предава́ть(ся)**
предвари́тельно preliminarily, at first
предви́деть to foresee; **—ся** to be expected
предводи́тель marshal, leader
преде́л limit
предлага́ть, предложи́ть to offer, propose
предло́г pretense
предложе́ние offer, proposal
предложи́ть *see* **предлага́ть**
предме́т object, subject, topic
предназнач//а́ть, предназна́чить to intend, destine (for, to); **—е́ние** destination
пре́док ancestor, forefather
предоставля́ть, предоста́вить to let, offer
предписа́ние direction
предпи́сывать, предписа́ть to prescribe, direct
предполага́ть, предположи́ть to suppose, assume, presuppose
предпочита́ть, предпоче́сть to prefer
предприя́тие undertaking, enterprise, business
предрассве́тный preceding the dawn, heralding the dawn
предска́зывать, предсказа́ть to foretell, predict
предсме́ртный death, dying
предста́вить(ся) *see* **представля́ть(ся)**
представле́ние performance, idea, notion
представля́ть, предста́вить to present, imagine, picture, embody; **предста́вить/доста́вить кого-л. куда-н.** to take somebody somewhere; **—ся, предста́виться** to present itself, seem (to)
предстоя́ть to be coming, be in prospect
предупреди́тельный precautionary, courteous

предупреждáть, предупреди́ть to let know beforehand, warn
предусмáтривать, предусмотрéть to foresee
предчу́вствие presentiment, feeling
предчу́вствовать to have a presentiment
прéжде before, first
прéжний previous, former; **по-прéжнему** as before
презирáть, презрéть to despise, disdain
презрéние contempt, scorn
презри́тельный contemptuous, disdainful
преиму́ществен//но mainly, chiefly; **—ый** principal
прекрáсно perfectly, excellently, well
прекрáсн//ое the beautiful; **—ый** beautiful, excellent
прекрáсность (*archaic*) the beautiful
прекрати́ть *see* **прекращáть**
прекращáть, прекрати́ть to stop, discontinue, put an end (to), break off; **—ся, прекрати́ться** to end, cease
прелéстный charming
прéлесть charm, fascination
прéмия premium, bonus, prize
прему́др//ость wisdom; **—ый** wise
пренебрегáть, пренебрéчь to neglect, ignore
пренебрежéние disdain
пренебрежи́тельный slighting, scornful
пренебрéчь *see* **пренебрегáть**
преодолевáть, преодолéть to get the better (of); to overcome
преподóбие reverend
препя́тствие obstacle
прервáть(ся) *see* **прерывáть(ся)**
перекáние wrangle, arguing
прерывáть, прервáть to interrupt, break off; **—ся, прервáться** to be interrupted; to break
преры́вист//о in a broken way; **—ый** broken, interrupted
пресекáть, пресéчь to stop
преслéдовать to pursue, haunt, persecute
прессовáние pressing, compressing
прессовáть, спрессовáть to compress
преступлéние crime, offence
престу́пн//ик offender; **—ый** criminal
претéнзия pretension, complaint
претерпевáть, претерпéть to suffer, undergo
претерпéть *see* **претерпевáть**
преувели́чивать, преувели́чить to exaggerate, overstate
преувели́чить *see* **преувели́чивать**
преферáнс (префер) preference (card game)
при by, when, with
прибавля́ть, прибáвить to hasten, add, increase; **п. шáгу** to hasten one's step; **—ся, прибáвиться** to increase
прибегáть, прибéгнуть (к) to resort (to), have recourse (to), fall back (on)
прибегáть, прибéгнуть to come running
прибежáть (*see* **прибегáть**) to come running
прибивáть, приби́ть to be thrown (about a boat)
прибивáть, приби́ть to nail
приближáть, прибли́зить to draw nearer, bring nearer; **—ся, прибли́зиться** to approach, draw nearer
прибли́зить(ся) *see* **приближáть(ся)**
прибóр instrument, set, apparatus
прибрéжный coastline, riverside
прибрéжье coastline
прибывáть, прибы́ть to arrive
прибы́ть *see* **прибывáть**
привáливать, привали́ть to lean/rest; **—ся, привали́ться** to lean/rest
привезти́ *see* **привози́ть**
приверéдливый squeamish, fastidious
привести́(сь) *see* **приводи́ть(ся)**
привéт regards; **—ливый** friendly
привéтствовать to greet, salute, welcome
привлекáтельн//ость, attractiveness; **—ый** attractive, alluring
привлекáть, привлéчь to draw, attract; **п. на свою́ стóрону** to win round to one's opinion/cause
приводи́ть, привести́ to bring; **п. в исполнéние** to put into effect, carry out; **—ся, привести́сь** to happen
привози́ть, привезти́ to bring
приволáкивать, приволочи́ть to bring, drag

привора́живать, приворожи́ть to bewitch, charm
приворо́т bewitching words
привстава́ть, привста́ть to raise oneself, stand up
привыка́ть, привы́кнуть to get accustomed/used (to)
привы́чка habit
привяза́ть(ся) *see* **привя́зывать(ся)**
привя́зывать, привяза́ть to tie, attach/ **—ся, привяза́ться** to become/get; be attached
пригиба́ть, пригну́ть to bend down; **—ся, пригну́ться** to bend down
приглаша́ть, пригласи́ть to invite
пригля́дывать, приглядéть to choose, find, look; **—ся, приглядéться** to look around for, gaze (at)
пригна́ть *see* **пригоня́ть**
пригну́ть(ся) *see* **пригиба́ть(ся)**
пригова́ривать (*colloq.*) to repeat, say again and again
пригова́ривать, приговори́ть (к) to sentence (to), condemn (to)
пригово́р sentence, verdict
приговори́ть *see* **пригова́ривать**
пригоня́ть, пригна́ть to bring home, drive home; **пригна́ть землю** to add more land to one's holding
при́город suburb; **—ный** suburban
пригóрок hillock, knoll
при́горшня handful
приготови́тельный preparatory
приготóвить(ся), *see* **готóвить(ся)** to prepare
приготовлéние preparation
приготовля́ть(ся) = готóвить(ся) to prepare
пригреба́ть to rake
пригрéзиться (*see* **грéзиться**) to dream (that . . .)
пригремéть (*substandard*) to come thundering
пригуби́ть to take a sip, taste
придава́ть, прида́ть to add, attach; **п. значéние чему́-л.** to attach an importance to something
прида́вливать, придави́ть to press down
прида́ть *see* **придава́ть**
придéрживать, придержа́ть to hold (back)
приду́мать *see* **приду́мывать**
приду́мывать, приду́мать to think (of); to invent, fabricate
придыха́ние aspiration
приéзд arrival, coming
приезжа́ть, приéхать to arrive, come
приéзжий visitor
приём way, mode
приёмник receiver
приéхать *see* **приезжа́ть**
прижа́ть(ся) *see* **прижима́ть(ся)**
прижима́ть, прижа́ть to press; **п. к груди́** to clap/press to one's breast; **—ся, прижа́ться** to press oneself, snuggle up (to), cuddle up (to)
призéмистый thickset, stocky
признава́ть, призна́ть to acknowledge, admit; **—ся, призна́ться** to confess, admit; **призна́ться** to tell the truth
при́знак sign, indication
призна́ние confession
призна́ть(ся) *see* **признава́ть(ся)**
при́зрак ghost, phantom
призы́в call, appeal
прийти́(сь) *see* **приходи́ть(ся)**
прика́з order; **—а́ние** order
приказа́ть *see* **прика́зывать**
прика́зчик shop assistant, salesman, steward
прика́зывать, приказа́ть to order, command; **что прикажете?** at your service, what do you wish?
прика́лывать, приколо́ть to fasten/ attach with a pin
прикаса́ться, прикосну́ться to touch
прики́дывать, прики́нуть to compare; to estimate; to throw in
прикла́д butt, buttstock
прикла́дывать, приложи́ть to put, apply; **п. ру́ку к козырьку́** to hold one's hand to the peak of one's cap; **п. печа́ть** to set/attach a seal
приклони́ть: он не зна́ет, где п. гóлову he does not know where to lay his head
приключéние adventure
приколо́ть *see* **прика́лывать**
прикомандирова́ть to attach
прикосновéние touch
прикосну́ться *see* **прикаса́ться**
прикрепля́ть, прикрепи́ть to attach (to)

прикри́кивать, прикри́кнуть to raise one's voice
прикрыва́ть, прикры́ть to cover, close/shut softly
прила́вок counter
прилага́емый subjoined
прила́живать, прила́дить to adopt, fit, adjust
приласка́ть to caress
прилета́ть, прилете́ть to come flying
прили́в flow, flood (of the tide)
прилива́ть, прили́ть (к) to flow (to); to rush (to)
прилипа́ть, прили́пнуть to stick/adhere (to)
прили́ть *see* **прилива́ть**
прили́чие decency, propriety
приложе́ние apposition, affixing
приложи́ть *see* **прикла́дывать**
прильну́ть (*see* **льну́ть**) to cling, stick (to)
прима́нивать, примани́ть to lure, entice
приме́р example; **без —а** unequalled
приме́рить(ся) *see* **примеря́ть(ся)**
приме́рно approximately, roughly
примеря́ть, приме́рить to try on, fit; **—ся, приме́риться** to aim
приме́тный conspicuous, prominent
примеча́ть, приме́тить to notice
принадлежа́ть to belong (to)
принадле́жность belonging, attribute
принаня́ть (*see* **нанима́ть**) to hire
принести́ *see* **приноси́ть**
принука́ть, прини́кнуть to nestle (against), nestle close (to)
принима́ть, приня́ть to take, accept, admit; **п. ме́ры** to take measures; **п. реше́ние** to decide; **это так при́нято** it is the custom; **приму́те моё уваже́ние** (*in letters*) yours respectfully
принима́ться, приня́ться to set, begin, start, undertake
приноси́ть, принести́ to bring, bring in
принужда́ть, прину́дить to compel, force
принуждённый constrained, forced
при́нцип principle
принюхиваться, принюхаться to sniff (at)
приня́ть(ся) *see* **принима́ть(ся)**
приобрете́ние acquisition
приостана́вливать, приостанови́ть to pause, stop, check; **—ся, приостанови́ться** to pause
приотворя́ть, приотвори́ть to open slightly; to open halfway
приоткрыва́ть(ся) = приотворя́ть(ся)
приоткры́ть(ся) = приотвори́ть(ся)
припада́ть, припа́сть to fall down; to press oneself (to)
припа́док fit, attack
припаса́ть, припасти́ to lay in store, lay up; to prepare
припа́сть *see* **припада́ть**
припека́ть to be hot (*about the sun*)
приписа́ть(ся) *see* **припи́сывать(ся)**
припи́ска addition, postscript
припи́сываться, приписа́ться to attach, attribute
приплыва́ть, приплы́ть to swim up, come swimming up
приплю́снутый flattened, flat
приподнима́ть, приподня́ть to raise/lift (a little)
приподня́ть *see* **приподнима́ть**
припомина́ть, припо́мнить to begin to remember, recall
припря́тать *see* **припря́тывать**
припря́тывать, припря́тать to hide
приро́да nature
приро́дный natural
приса́живаться, присе́сть to sit down, take a seat
присви́стывать, присви́стнуть to whistle
приседа́ть, присе́сть to squat; to curtsy
присе́сть *see* **приса́живаться** and **приседа́ть**
присла́ть *see* **присыла́ть**
прислоня́ть, прислони́ть to lean/rest (against); **—ся, прислони́ться** to lean/rest (against)
прислу́га domestic, household servant
прислу́шиваться, прислу́шаться to listen (to), lend an ear (to)
присма́тривать, присмотре́ть to look after, keep an eye (on); **—ся, присмотре́ться** to get accustomed (to)
присни́ться (*see* **сни́ться**) to dream (of)
приспи́чить when necessity comes; **ему приспи́чило е́хать за́втра** he took it into his head to leave tomorrow

при́став police officer
пристава́ть, приста́ть to come alongside (of), join, badger
приста́вить *see* **приставля́ть**
приставля́ть, приста́вить to put/set/lean (against)
приставно́й attached
при́сталь//но intently, fixedly; **—ный** intent
при́стань (*f.*) landing stage, pier; (*fig.*) refuge
приста́ть *see* **пристава́ть**
пристёгивать, пристегну́ть to fasten, button up
пристра́ивать, пристро́ить to attach/add to a building, place; **—ся, пристро́иться** to get a place, settle
пристра́стие liking (for), weakness (for)
пристре́ливать, пристрели́ть to shoot down
пристро́ить(ся) *see* **пристра́ивать(ся)**
приступа́ть, приступи́ть to come, set about, start; approach
пристя́жка = пристяжна́я side horse
прису́тствие presence
присыла́ть, присла́ть to send
прися́жный juror, juryman
притаи́ться to conceal oneself
притво́рн//о affectedly; **—ый** affected, feigned
притворя́ться, притвори́ться to pretend, feign
прито́м besides
притормози́ть to apply one's brakes
при́торный saccharine, sickly, luscious
притя́гивать, притяну́ть to attract, draw
приударя́ть, приуда́рить to run (after), make a play for
прихва́рывать, прихворну́ть to be unwell/indisposed/ailing
приходи́ть, прийти́ to come, arrive, give way, occur; **п. к заключе́нию** to come to the conclusion; **прийти́ в отча́яние** to despair; **прийти́ в го́лову/на ум** to cross one's mind
приходи́ться, прийти́сь to fit, have to; **п. к сло́ву** if the opportunity should arise
прихо́жая entrance hall
прихотли́в//ость whimsicality, capriciousness; **—ый** capricious, fanciful
при́хоть (*f.*) whim, caprice
прихра́мывать to limp, hobble
прице́п trailer
прицепно́й: п. ваго́н trailer
прича́ливать, прича́лить to moor
причём (я) what have I to do with it?
причёска coiffure
причёсываться, причеса́ться to comb one's hair
причи́на cause, reason
прищемля́ть, прищеми́ть to pinch, pin, press down
прия́тель friend
прия́тно it is pleasant
прия́тн//о pleasantly, agreeably; **—ый** pleasing, agreeable
про about
пробега́ть, пробежа́ть to pass (running), run by
пробива́ть, проби́ть to go (through), puncture, breach; **проби́л ко́локол** the bell sounded; **—ся, проби́ться** to fight/force/make one's way through
пробира́ться, пробра́ться to make one's way, steal (through, past)
проби́ть(ся) *see* **пробива́ть(ся)**
про́бный trial
про́бовать, попро́бовать to attempt/try
пробо́ина hole, gap
пробормота́ть (*see* **бормота́ть**) to mutter
пробра́ться *see* **пробира́ться**
пробужде́ние awakening
пробурча́ть (*see* **бурча́ть**) to mutter, ramble
пробы́ть to stray
прова́л downfall, failure
прова́ливаться, провали́ться to fall through, collapse
проваля́ться to lie about, lie
прове́рить *see* **проверя́ть**
проверя́ть, прове́рить to verify, check
провести́ *see* **проводи́ть**
провиде́ние Providence
прови́зия provisions
про́вод wire
проводи́ть *see* **провожа́ть**
проводи́ть, провести́ to build; to install, put in; to spend, pass
проводни́к guide
проводни́ца stewardess

провожа́//тый guide, conductor
провожать, проводи́ть to accompany; **п. глаза́ми** to follow with one's eyes
провозглаша́ть, провозгласи́ть to proclaim
про́волока wire
прогвозди́ть to pierce
прогла́тывать, проглоти́ть to swallow, gulp down
прогна́ть *see* **прогоня́ть**
проговори́ть to say, utter, pronounce
прогоня́ть, прогна́ть to send away
програ́бить to run one's fingers through (something)
прогре́сс progress
прогресси́ст progressive
прогу́ливаться, прогуля́ться to stroll, promenade
прогу́лка walk
прогуля́ться *see* **прогу́ливаться**
продава́ть, прода́ть to sell
продави́ть to crush/break
прода́жа sale
прода́ть *see* **продава́ть**
продеклами́ровать (*see* **деклами́ровать**) to recite
проде́лывать, проде́лать to do, perform
продешеви́ть to sell too cheaply, undersell
продиктова́ть (*see* **диктова́ть**) to dictate
продово́льствие foodstuffs, groceries
продолжа́ть, продо́лжить to continue, go on (with); **—ся, продо́лжиться** to continue, last, go on, be in progress
продолже́ние continuation
продыря́вить *see* **продыря́вливать**
продыря́вливать, продыря́вить to make a hole, pierce
проезжа́ть, прое́хать to pass (by, through), go/drive (by, past, through)
прое́зжий: прое́зжая доро́га thoroughfare
прое́зжий passer-by
прое́кт project, design
проекти́ровать, запроекти́ровать, спроекти́ровать to design
прое́хать (*see* **проезжа́ть**): **—ся** to take a drive
прожива́ть, прожи́ть to live, reside, spend
прозва́ть *see* **прозыва́ть**
про́звище nickname
прозвуча́ть (*see* **звуча́ть**) to sound, to be heard
прозре́ть *see* **прозрева́ть**
прозыва́ть, прозва́ть to name, to nickname
производи́ть, произвести́ to make, carry out, produce; make/produce an impression
произво́дство production
произнесе́ние pronouncing, utterance
произнести́ *see* **произноси́ть**
произноси́ть, произнести́ to pronounce, utter, deliver
происходи́ть, произойти́ to happen, occur, rise (from)
происше́ствие event
пройти́ *see* **проходи́ть**
пройти́сь *see* **проха́живаться**
прока́за leprosy
прока́лывать, проколо́ть to pierce, perforate; **—ся, проколо́ться** to pierce through, perforate
прокла́дка laying, construction
прокла́дывать, проложи́ть to carve, make/dig
проклина́ть, прокля́сть to curse
прокля́тый cursed, damned
проко́л puncture, pinhole
проколо́ть(ся) *see* **прока́лывать(ся)**
прокорми́ть to keep, maintain, provide
прокрича́ть to shout, give a shout
пролага́ть: п. путь to pave the way
пролежа́ть to lie, spend the time lying
пролёт flight, wellhole, bridge span
пролета́ть, пролете́ть to fly (by, past, through)
пролётка droshky, cab
пролива́ть, проли́ть: п. свою́ кровь to shed one's blood; **—ся, проли́ться** to spill, pour down
проливно́й: п. дождь pouring/driving rain
проли́ть *see* **пролива́ть**
проложи́ть *see* **прокла́дывать**
прома́чивать, промочи́ть to wet; **промочи́ть горло** to have a drink
проме́ж between, among
промелькну́ть to flash, pass swiftly
проме́нивать, променя́ть to exchange
промо́зглый dank

промочи́ть *see* **прома́чивать**
промурлы́кать, мурлы́кать to purr
промышля́ть, промы́слить to find something, find out something; **п. что́-нибудь** to find out something
промя́млить (*see* **мя́млить**) to mumble
пронести́ *see* **проноси́ть**
пронести́сь *see* **проноси́ться**
пронзи́тельн//о shrilly, piercingly; **—ость** in a piercing fashion; **—ый** sharp, piercing
пронза́ть *see* **прони́зывать**
прони́зывать, пронза́ть to pierce (through), transpierce
проника́ть, прони́кнуть to penetrate, go/pass (through); **—ся, прони́кнуться** to be imbued, be filled
проникнове́ние penetration
прони́кнутый inspired, full (of)
прони́кнуть(ся) *see* **проника́ть(ся)**
проница́тельный perspicacious, astute
проница́ть to pierce
проноси́ть, пронести́ to carry (by, past, through)
проноси́ться, пронести́сь to shoot past, rush past
пропада́ть, пропа́сть to be lost, disappear; to be wasted
пропа́жа loss
про́пасть a lot (of), a great deal of (something)
пропа́сть *see* **пропада́ть**
пропа́хнуть to become permeated with the smell
пропе́ть (*see* **петь**) to sing
проперéть, перéть (*substandard*) to plod, to trudge, to push through
пропи́сывать, прописа́ть to prescribe
проплыва́ть, проплы́ть to sail (by, past)
пропове́довать to preach
про́поведь sermon, preaching
пропуска́ть, пропусти́ть to let pass, let slip, allow to pass
прораста́ние germination, overgrowth
прораста́ть, прорасти́ to sprout; be overgrown
прорва́ть(ся) *see* **прорыва́ть(ся)**
прореза́ть(ся), прорéзать(ся) to cut, cut (through)
прорéха split
прорыва́ть(ся), прорва́ть(ся) to burst, break (through)
проса́чивание oozing, seeping through
проса́чиваться, просочи́ться to seep through; to percolate
просве́чивать to be translucent
просёлок country road
просёлочный: —ая доро́га = просёлок
просиде́ть *see* **проси́живать**
проси́живать, просиде́ть to sit, spend the time in sitting
проси́ть, попроси́ть to ask (for something), beg (for something); **п. к столу́** to call to the table
просия́ть to beam, brighten up
прослёживать, проследи́ть to trace, track, observe
просло́йка layer
просну́ться *see* **просыпа́ться**
просочи́ться *see* **проса́чиваться**
проспа́ть *see* **просыпа́ть**
проспе́кт avenue
проспо́рить to lose a bet
проста́ивать, простоя́ть to stay, stand
простира́ть, простерéть to stretch, extend; to raise/reach out one's hands
прости́ть(ся) *see* **проща́ть(ся)**
про́сто simply; **п.-на́просто** simply
простоду́шие openheartedness
простоду́шный simplehearted
просто́й simple, common, ordinary
простонаро́дный of the (common) people
просто́рный spacious, loose, wide
простоя́ть *see* **проста́ивать**
простра́нство space
просту́женный: он просту́жен he has caught a cold
простыня́ sheet
просыпа́ть, проспа́ть to sleep away, oversleep
просыпа́ться, просну́ться to wake up
про́сьба request
протека́ть, протéчь to leak, elapse
протéчь *see* **протека́ть**
про́тив against, opposite
проти́вно it is disgusting
проти́вный opposite, contrary
проти́вный offensive, nasty; **п. челове́к** unpleasant person
противопоказа́ние contradictory evidence
противополо́жный opposite

проти́скиваться, проти́скаться, проти́снуться to force/push one's way (through)
проторгова́ться to be ruined in trade, lose in trading
протя́гивать, протяну́ть to stretch, reach out, extend, drawl
протя́жн//о at length, in a drawling manner; **—ый** drawling, slow
протяну́ть *see* **протя́гивать**
профе́ссия profession
профе́ссор professor
про́филь profile
проха́живаться, пройти́сь to stroll, walk up and down
прохла́да coolness
прохла́дно it is fresh/cool
прохла́дный fresh/cool
прохо́д passageway
проходи́ть, пройти́ to pass, go (by, slip by); **полёт бу́дет п. . . .** the flight will be at the altitude of . . .
прохо́жий passer-by
проце́нт percentage, rate; **—ный** (*adj.*)
проце́ссия procession
проче́сть *see* **чита́ть** *and* **прочита́ть** to read, finish reading
про́чий other
прочита́ть to read, spend the time reading, finish reading
прочь away
проше́дший past
прошепта́ть (*see* **шепта́ть**) to whisper
прошипе́ть (*see* **шипе́ть**) to whisper
прошлого́дний last year's, of last year
про́шлое the past
про́шлый bygone, last
проща́льный parting, farewell
проща́ние farewell
проща́ть, прости́ть to forgive
проща́ться, прости́ться, попроща́ться to say good-bye, take one's leave, bid farewell
проявля́ть, прояви́ть to display; to reveal, give evidence of; to develop; **—ся, прояви́ться** to become apparent
пружи́на spring
пры́гать, пры́гнуть to spring, jump
прыжо́к jump
пря́дка lock (of hair)
прядь lock (of hair)
пря́жа yarn, thread
пря́жка buckle, clasp
прямико́м cross-country
прямико́м: п. поспева́ть to make straight across
пря́мо straight, directly, frankly/openly, real, really
прямо́й straight, upright, straight forward, direct
пря́тать(ся), спря́тать(ся) to hide, conceal
психиа́тр psychiatrist; **—и́ческий** psychiatric; **—и́я** psychiatry
психова́ть (*slang*) to be nervous, to panic
психо́лог psychologist; **—и́ческий** psychologic
психопа́т psychopath
пти́ца bird
птицело́в fowler
пти́чий bird
пу́блика public, audience
пуга́ть, испуга́ть, пугну́ть to frighten, scare; **—ся, испуга́ться** to be frightened, startled
пугли́вый fearful, easily frightened
пу́говица button
пуд pood (36.113 lbs. *or* 16.38 kg.)
пу́дра powder
пу́дреница compact (*for face powder*)
пу́зо belly
пузы́риться to bubble
пулево́й from a bullet
пулемёт machine gun
пулемётчик machine gunner
пу́лька pool
пу́ля bullet
пункт station
пупы́рышек pimple, uneven surface
пу́рпур purple
пуска́й = пусть
пуска́ть, пусти́ть to allow, let, permit, set free, let out; **п. коле́чки** to blow smoke rings; **п. в ход что́-л.** to start something going; **п. в прода́жу** to put up for sale
пусте́ть, опусте́ть to (become) empty
пусти́ть *see* **пуска́ть**
пу́сто be empty
пусто́й empty, deserted, frivolous
пу́стошь (*f.*) wasteland

пусты́нный desert, uninhabited
пусты́ня desert
пусть let (+*inf.*)
пустя́к trifle, triviality
пу́тать to tangle, mix up, implicate; **—ся** to get entangled (with), hang around (*slang*)
путём properly; **он никогда́ п. не поéст** he never takes regular meals
путешéствие journey
пу́тник traveler
пу́ты chains
путь way, path, means
пух down
пу́хлый plump, chubby
пухови́к featherbed
пухо́вый downy
пучегла́зый goggle-eyed
пучо́к bunch
пу́шечный gun
пуши́стый downy, fluffy
пу́шка gun, cannon
пу́ще more/worse than
пчела́ bee
пшени́ца wheat
пшённый millet
пыла́ть to blaze, flame
пы́лкий passionate
пыль dust
пы́льный dusty
пыта́ться, попыта́ться to attempt, try
пытли́вый inquisitive, searching
пы́шный magnificent, fluffy
пьéса play
пьянéть, опьянéть to get/grow intoxicated
пья́ница drunkard
пья́нство hard drinking, drunkenness
пья́ный drunk
пята́к five-copeck coin
пя́титься, попя́титься to move backward
пятни́стый spotted
пятно́ spot
пя́тнышко speck

Р

раб slave
рабо́та work
рабо́тать to work
рабо́тник worker
рабо́чий (*adj. & m. n., decl. as adj.*) worker
ра́бский servile, slavish
ра́бство slavery
равви́н rabbi
ра́венство equality
равно́ it is all the same; **ему всё р.** it is all the same to him; **всё р.** it does not matter
равно́ alike, in a like manner
равноду́ш//ие indifference; **—но** indifferently; **—ный** indifferent
равномéрно evenly, uniformly
равня́ть, сравня́ть to equalize, compare; **—ся, сравня́ться** to compete
рад glad; **он рад** he is glad
ра́ди for the sake of
радиа́тор radiator
ра́дио radio
радиогра́мма radiogram
радио́ла a combination radio-phonograph set
радиоприёмник radio receiver (a receiving set)
ра́довать, обра́довать, пора́довать to make glad/happy, rejoice; **—ся, обра́доваться, пора́доваться** to be glad, rejoice
ра́дост//но joyfully, happily; **—ный** glad, joyful; **—ь** joy, gladness
раз time; **в друго́й р.** another time
разба́ливаться, разболéться to ache, become ill
разба́лтываться, разболта́ться to get out of hand, blab too much
разбéг running start
разбега́ться, разбежа́ться to scatter
разбежа́ться *see* **разбега́ться**
разбереди́ть (*see* **береди́ть**) to irritate
разбива́ть, разби́ть to break, hurt; **—ся, разби́ться** to hurt/bruise oneself badly
разбира́ть, разобра́ть to dismantle, sort out, make out; **его разбира́ет смех** he was filled with laughter; **—ся, разобра́ться** to investigate, look (into), examine; to understand
разби́тый *participle of* **разби́ть**
разби́ть(ся) *see* **разбива́ть(ся)**
разбогатéть (*see* **богатéть**) to become rich

разбóй robbery
разбóйни//к robber; **—чий** (*adj.*); **—ческий** (*adj.*)
разболéться *see* **разбáливаться**
разболтáться *see* **разбáлтываться**
разбомби́ть (*see* **бомби́ть**) to bomb
разбрóс: в р. scattered
разбунтовáться (*see* **бунтовáть**) to rebel, revolt
рáзве really, do you think; unless, save perhaps
развéдка secret service, reconnaissance
развéдчик scout, intelligence officer
разверзáться, развéрзнуться to open
развесёлый merry, glad
развивáть, разви́ть to develop
развитóй developed, intelligent
разви́ть(ся) *see* **развивáть(ся)**
развлекáть, развлéчь to entertain, amuse; **—ся, развлéчься** to have a good time, amuse oneself
разводи́ть, развести́ to separate; to dilute; to conduct
разводи́ть, развести́ to divorce
разводи́ть, развести́ to cultivate
разврáт depravity; **—ник** debauchee
развратúть(ся) *see* **развращáть(ся)**
развращáть(ся), развратúть(ся) to corrupt
развязáть *see* **развя́зывать**
развя́зно free and easy
развя́зность undue familiarity
развя́зывать, развязáть to untie
разгáдывать, разгадáть to solve/guess
разгибáть, разогнýть to unbend, straighten; **—ся, разогнýться** to straighten oneself up
разгля́дывать to examine, to be able to make out
разговáривать to talk, speak, converse
разговóр talk, conversation
разговори́ться to get into conversation, warm up to one's topic
разговóрчивый talkative
разгóн at full speed; **со всегó разгóна** at full speed
разгорáться, разгорéться to flame/flare up
разгорéться *see* **разгорáться**
разгорячи́ть (*see* **горячи́ть**): **—ся** to be blushed, get excited
разгружáть, разгрузи́ть to unload
разгýливать to stroll about, walk about
раздавáть, раздáть to distribute
раздавáться, раздáться to be heard; to resound
раздавáться, раздáться to expand, put on weight
раздави́ть to crush, squash
раздáривать, раздари́ть to give away (to)
раздари́ть *see* **раздáривать**
раздáть(ся) *see* **раздавáть(ся)**
раздвигáть, раздви́нуть to move/slide apart
раздевáть, раздéть to undress; **—ся, раздéться** to undress
раздéл division
раздéлать(ся) *see* **раздéлывать(ся)**
раздели́ть *see* **дели́ть** and **разделя́ть**
раздéлывать, раздéлать to cut, (*substandard*) bash up; **—ся, раз + дéлать-ся** to have done (with), be through (with); to settle accounts (with)
разделя́ть, раздели́ть to divide
раздéть(ся) *see* **раздевáть(ся)**
раздирáть, разодрáть to lacerate
раздобывáть, раздобы́ть to procure, get
раздобы́ть *see* **раздобывáть**
раздражáть, раздражи́ть to irritate, annoy
раздражáющий irritating
раздражéние irritation
раздражённый angry, irritated
раздражи́ть *see* **раздражáть**
раздробля́ть(ся), раздроби́ть(ся) to break, smash, splinter
раздувáть, раздýть to fan, blow, swell; **—ся, раздýться** to swell
раздýмывать to meditate, ponder, consider
раздýтый inflated
раздýть *see* **раздувáть**
разжирéть (*see* **жирéть**) to become fat, grow fat
раззадóривать, раззадóрить to provoke
раззадóрить(ся) *see* **раззадóривать(ся)**
разлáд discord, dissension

разлета́ться, разлете́ться to fly away, scatter (*in the air*)
разли́в flood, overflow
разлива́ть, разли́ть to spill, pour out; **—ся, разли́ться** to overflow, spread
разли́ть(ся) *see* **разлива́ть(ся)**
различа́ть, различи́ть to distinguish; to make out; **—ся** to differ
разли́чный different, various
разложи́ть *see* **раскла́дывать**
разлуча́ть, разлучи́ть to separate, part
разма́хивать to swing; **—ся, размахну́ться** to swing
разма́чивать, размочи́ть to soak, steep
разме́р dimension, scale
размина́ть, размя́ть to knead, mash; **—ся, размя́ться** to stretch one's legs
размори́//ть: жара́ его совсе́м —ла he was worn out by the heat
размя́ть(ся) *see* **размина́ть(ся)**
ра́зница difference
разнообра́зить to diversify
разнообра́зный various, diverse
разноречи́вый contradictory, contrasting
разноси́ть, разнести́ to deliver, carry, serve (*food*)
разноси́ться, разнести́сь to spread, resound
ра́зность difference
разноцве́тный multicolored
ра́зные all sorts of things
ра́зный different, various
разобра́ть(ся) *see* **разбира́ть(ся)**
разогну́ть(ся) *see* **разгиба́ть(ся)**
разогрева́ть, разогре́ть to warm up; **—ся, разогре́ться** to warm, grow warm
разодра́ть *see* **раздира́ть**
разойти́сь *see* **разходи́ться**
ра́зом at once, together
разопре́ть to stew up
разо́рванный torn
разорва́ться *see* **разрыва́ться**
разори́ть(ся) *see* **разоря́ть(ся)**
разоружа́ть, разоружи́ть to disarm
разоруже́ние disarmament
разоря́ть, разори́ть to ravage, ruin; **—ся, разори́ться** to ruin oneself
разостла́ть(ся) *see* **расстила́ть(ся)**
разочарова́ние disappointment
разре́зывание cutting
разреза́ть, разре́зать to cut
разреша́ть, разреши́ть to allow, permit
разреше́ние permission
разреши́ть *see* **разреша́ть**
разрисова́ть *see* **разрисо́вывать**
разрисо́вывать, разрисова́ть to ornament, paint
разруга́ть to scold; **—ся** to quarrel
разруша́ть, разру́шить to demolish, destroy; **—ся, разру́шиться** to go to ruin; to fall to the ground
разруши́тельный destructive
разру́шить(ся) *see* **разруша́ть(ся)**
разры́в break, explosion
разрыва́ться, разорва́ться to break, burst, go off, explode
разува́ть, разу́ть to take off (someone's) shoes; **—ся, разу́ться** to take off one's own shoes
разузнава́ть, разузна́ть to find out, make inquiries (about)
разузна́ть *see* **разузнава́ть**
ра́зум reason, mind
разуме́ется of course
разу́мно reasonably, sensibly
разу́мный wise
разу́ть(ся) *see* **разува́ть(ся)**
разъедине́ние separation
разъединя́ться, разъедини́ться to separate, part
разыма́ться (*substandard*) to quiver
разы́скивать, разыска́ть to look (for), search
рай paradise
райо́н region, district
раке́та skyrocket
ра́ковина shell
ра́ма frame; **око́нная р.** window frame
ра́на wound
рандеву́ meeting
ра́нее = ра́ньше
ране́н//ие injury; **—ый** injured
ра́нец satchel
ра́нить to wound
ра́нний early
ра́но early
рань early/ungodly hour
ра́ньше earlier, before, formerly, previously

ра́са race
раскалённый (burning) hot
раскали́ть *see* **раскаля́ть**
раска́лывать(ся), расколо́ть(ся) to cleave, chop, break
раскаля́ть, раскали́ть to make burning hot
раска́пывать, раскопа́ть to dig out, unearth
раска́тистый rolling
раска́чивать, раскача́ть to swing, move, stir; **—ся, раскача́ться** to swing to and fro
раска́яние repentance
раски́дывать, раскида́ть to scatter
раски́дывать(ся), раски́нуть(ся) to spread, stretch; to pitch, set up; **—ся, раскину́ться** to spread out, stretch out
раскла́дывать, разложи́ть to lay out
раскла́ниваться, раскла́няться to exchange greetings
раскла́няться *see* **раскла́ниваться**
расколо́ть(ся) *see* **раска́лывать(ся)**
раскопа́ть *see* **раска́пывать**
раскоря́чивать to sprawl
раскоря́ченный sprawled out
раскрыва́ть, раскры́ть to open, discover; **—ся, раскры́ться** to open, uncover oneself
раскры́ть(ся) *see* **раскрыва́ть(ся)**
раскупа́ть, раскупи́ть to buy up
распа́ивать, распая́ть to unsolder; **—ся, распая́ться** to get/come unsoldered
распали́ть(ся) *see* **распаля́ть(ся)**
распаля́ть, распали́ть to inflame, excite; **—ся, распали́ться** to be incensed
распа́рывать, распоро́ть to unrip, rip open
распа́хивать, распахну́ть to throw open
распая́ть(ся) *see* **распа́ивать(ся)**
распева́ть to sing
распина́ть, распя́ть to crucify
расписа́ние schedule
расписа́ть(ся) *see* **распи́сывать(ся)**
распи́ска receipt
расписно́й decorated with design
распи́сывать, расписа́ть to paint a picture; **—ся, расписа́ться** to be married at the registry
распласта́ть(ся) *see* **распла́стывать(ся)**
распла́стывать, распласта́ть to spread; **—ся, распласта́ться** to spread, lie flat
распла́т//а payment
расплати́ться *see* **распла́чиваться**
расплыва́ться, расплы́ться to run, diffuse
расплыва́ться, расплы́ться (*colloq.*) to grow fat
расплы́вчатый diffused, dim
располага́ть, расположи́ть to arrange, place, be situated; to gain
располза́ться, расползти́сь to fall to pieces, diffuse
расположи́ть *see* **располага́ть**
распоро́ть *see* **распа́рывать**
распоряди́ться *see* **распоряжа́ться**
распоряжа́ться, распоряди́ться to give orders
распоряже́н//ие order; **быть в —ии кого-л.** to be at somebody's disposal
распоя́саться *see* **распоя́сываться**
распоя́сываться, распоя́саться to let oneself go
распра́вить *see* **расправля́ть**
расправля́ть, распра́вить to straighten, smooth; **р. скла́дки** to smooth out wrinkles
распродава́ть, распрода́ть to sell off/out
распуска́ть, распусти́ть to spread, let out; to blossom out
распу́тать *see* **распу́тывать**
распусти́ть *see* **распуска́ть**
распу́тство debauchery
распу́тывать, распу́тать to unravel
распу́щенный (*participle of* **распуска́ть**) dissolute, loose, spoiled
распя́ть *see* **распина́ть**
рассве́т dawn, daybreak
рассвета́ть, рассвести́ to dawn
рассерди́ть to make angry; **—ся** to become/get angry
рассе́янно absent-mindedly
расска́з story, tale
рассказа́ть *see* **расска́зывать**
расска́зывать, рассказа́ть to tell, recount, narrate
расслабля́ть, рассла́бить to weaken

расслы́шать to catch, hear
рассма́тривать, рассмотре́ть to examine, look (at)
рассмея́ться to begin to laugh
рассмотре́ть *see* **рассма́тривать**
рассо́л brine
расспра́шивать, расспроси́ть to question
расспро́сы questions
рассро́чивать, рассро́чить to arrange on installment, arrange on the installment plan
рассро́чить *see* **рассро́чивать**
расстава́ние parting
расстава́ться, расста́ться to part (with), leave
расставля́ть, расста́вить to place, arrange
расста́ться *see* **расстава́ться**
раста́ять *see* **та́ять**
расстега́й small fish and rice pie
расстёгивать, расстегну́ть to unbutton
расстегну́ть(ся) *see* **расстёгивать(ся)**
расстила́ть, разостла́ть to spread out; **—ся, разостла́ться** to spread
расстоя́ние distance
расстра́ивать, расстро́ить to disturb; **—ся, расстро́иться** to get out of tune, feel upset
расстре́ливать, расстреля́ть to shoot
расстро́йство disorder
расстро́ить(ся) *see* **расстра́ивать(ся)**
рассуди́тельный reasonable
рассу́док reason
рассужда́ть to reason, discuss; to ponder
рассужде́ние reasoning, argument
рассу́чивать, рассучи́ть to untwist
рассчи́тывать, рассчита́ть, расче́сть to count, calculate; to depend (on)
рассыпа́ть(ся), рассы́пать(ся) to spill
растеря́нн//ость confusion; **—ый** confused, embarrassed, perplexed
растеря́ть (*pf.*) to lose, spill; **—ся** to lose one's head, be taken aback
расти́ to grow
растормоши́ть (*see* **тормоши́ть**) to pull (at, about)
растро́гать to touch, move
растыкать (*see* **тыкать**) to poke, jab
растя́гивать, растяну́ть to stretch; **—ся, растяну́ться** to stretch
растя́жка stretching; **в —у** drawlingly, slowly
растяну́ть(ся) *see* **растя́гивать(ся)**
расхо́д expense, expenditure
расходи́ться, разойти́сь to go away, disperse, part, break up; **ту́чи разошли́сь** the clouds dispersed
расхо́довать, израсхо́довать to spend
расчеса́ть(ся) *see* **расчёсывать(ся)**
расче́сть *see* **рассчи́тывать**
расчёсывать(ся), расчеса́ть(ся) to comb; to scratch raw
расчёт calculation, account
расчётливо economically
расчи́стить(ся) *see* **расчища́ть(ся)**
расчища́ть(ся), расчи́стить(ся) to clear
расшива́ть, расши́ть to embroider
расшире́ние broadening
расши́ть *see* **расшива́ть**
расщепи́ть(ся) *see* **расщепля́ть(ся)**
расщепля́ть(ся), расщепи́ть(ся) to split, splinter
рва́ный torn
рва́ться to break, burst, tear
реаги́ровать to react, respond
ребёнок child, infant
ребро́ rib
ребя́та children
реве́ть to roar, howl
ревмати́зм rheumatism
ревни́вый jealous
ре́вность jealousy
револьве́р revolver
регистрату́ра registry
регистри́ровать to register
регули́ровать to regulate
ре́дк//ий thin, sparse, rare; **—о** seldom, rarely; **—ость** rarity, rare
режиссёр producer
ре́зать, заре́зать, сре́зать to stab, cut, kill, knife
ре́звый sportive, playful
ре́зк//ий sharp, harsh, abrupt; **—о** sharply
результа́т result
ре́йс trip, voyage
рейту́зы breeches
река́ river
рели́гия religion
рельс rail
реме́нь strap, belt
ресни́ца eyelash

респу́блика republic
рестора́н restaurant
речно́й river
речь speech
реша́ть, реши́ть, порeши́ть to decide, resolve, make up one's mind
реша́ться, реши́ться to decide, resolve
реше́ние decision, determination
решётка grating, railing
реши́тельн//о resolutely, positively, absolutely; **—ость** resoluteness
реши́ть(ся) *see* **реша́ть(ся)**
ржа́вый rusty
ри́га threshing barn
ри́нуться to rush, dash, dart
рискова́ть, рискну́ть to risk, take the risk
рисова́ть, нарисова́ть to draw; to depict; **—ся, нарисова́ться** to be silhouetted; (*colloq.*) to show off, pose
ритм rhythm
робе́ть to be timid
ро́бкий timid
ров ditch
рове́сница coeval (*f.*)
ро́вн//о exactly, absolutely, equally; **—ый** even, equitable
рог horn, hunting horn
рого́жа bast mat/matting
род birth, origin, kind
роди́мый = родно́й
ро́дина native land, homeland
роди́тели parents
роди́тель parent
роди́ть to give birth; **—ся** to be born, come into being
родни́ться, породни́ться to become related (with)
родно́й kindred, own, relative, dear
родня́ relatives, kinsfolk
родово́й family
ро́ды childbirth, delivery
ро́жа (*slang*) ugly mug (*face*)
рожда́ть, роди́ть to give birth; **—ся, роди́ться** to be born, occur, arise, flourish, thrive
рожде́ние birth
рожь rye
розове́ть, порозове́ть to turn pink
ро́зовый pink
рои́ться to swarm
роль role, part
рома́н novel, romance, love affair
рома́нс song, romance
рома́шка daisy
роня́ть, урони́ть to drop, let fall, shed
ро́пот grumble
рос//а́ dew; **—истый** dewy
ро́скошь luxury
ро́ст height, growth
рости́ grow
рот mouth
ро́та company
ро́ща grove
роя́ль piano
руба́ха shirt, chemise
рубе́ц scar
руби́ть to fell, chop
ру́бка deck-cabin, wheelhouse
ру́бль ruble
руга́ть, вы́ругать, ругну́ть to scold, abuse, criticize; **—ся, вы́ругаться, ругну́ться** to swear, curse, abuse each other
руже́йный gun
ружьё gun
рука́ hand, arm; **лома́ть ру́ки** to wring one's hands
рука́в sleeve
руководи́ться to follow
руково́дствоваться to follow, be guided by
ру́копись manuscript
руль rudder, steering wheel
румя́нец (high) color, blush
румя́ный rosy, ruddy
рунду́к chest, large trunk
ру́сский Russian (*adj.*); Russian (*m. n., decl. as adj.*)
ру́сые blond, fair
ручей brook, stream
ры́ба fish
рыба́к fisherman
ры́бий (*attrib.*) fish
рыбкомбина́т fishery, fish cannery
рыборазде́лка fish-processing plant
рыво́к jerk; (*sport*) dash
рыда́ние sobbing
ры́жий red, red-haired
ры́нок marketplace
ры́скать to rove, roam
ры́сью at a trot

ры́ть(ся), поры́ть(ся) to dig (in), rummage
ры́хлый friable, crumbly, crumb
ры́царь knight
рыча́г lever
рыча́ние growl, snarl
рыча́ть to growl
рюкза́к rucksack
рю́мка wineglass
ряби́на ashberry
ря́бчик hazel grouse
ряд row; **р. автомаши́н** line of vehicles
ря́дом (*adv.*) side by side, besides

С

с with; **со сна́** half-awake; **с хо́ду** right away
са́бля saber
сад garden
сади́ть, посади́ть to plant
сади́ться, сесть to sit down; to board, take (*conveyances*); to set (sun, etc.)
сади́ться, сесть to shrink
садо́вник gardener
садо́к fishpond
са́жа soot
сажа́ть, посади́ть to seat, offer a seat
сала́т lettuce, salad
сало́н saloon
сам, сама́ himself, herself; **само́ собо́й** certainly
саме́ц male (*with a name of an animal*)
са́мка female
самова́р samovar; **—ный** (*adj.*)
самоде́льный homemade
самодово́льный self-satisfied
самокри́тика self-criticism
самолёт airplane
самолюби́вый proud
самолю́бие self-respect, pride
самопроизво́льн//ость spontaneity; **—ый** spontaneous
саморазруше́ние self-destruction
саморо́дный virgin, native
саморо́док native/virgin metal
самосохране́ние self-preservation
самостоя́тельность independence
самостре́льщик = самостре́л man with a self-inflicted wound
самоуби́йство suicide
са́м//ый the very, most; **в —ом де́ле** indeed
санба́т (санита́рный батальо́н) medical battalion
сангви́ник sanguine person
са́ни sledge, sleigh
санита́р hospital attendant; **—ный** sanitary, medical
сапо́г boot
сара́й shed, hayloft
сарпи́нка printed calico
сатана́ Satan
сати́рик satirist
са́харный (*adj. of* **са́хар**); **с. заво́д** sugar refinery
сбега́ть, сбежа́ть to run down (from above)
сбежа́ть *see* **сбега́ть**
сбива́ть, сбить to knock down, push back; **с. самолёт** to bring down a plane; **—ся, сби́ться** to lose one's way, go astray; **шля́па сби́лась на бок** the hat sits awry; **с. с ног** to be exhausted
сбира́ть(ся) *see* **собира́ть(ся)**
сбить *see* **сбива́ть**
сближа́ть, сбли́зить to draw/bring together; **—ся, сбли́зиться** to draw together; to become good friends
сближе́ние intimacy
сбли́зиться *see* **сближа́ться**
сбо́ку on one side, at the side
сбра́сывать, сбро́сить to throw down, throw off
сбро́сить *see* **сбра́сывать**
сбыва́ть, сбыть to sell off; to dispose
сбыва́ться, сбы́ться to come true, be realized
сва́дьб//а wedding; **справля́ть —у** to celebrate one's wedding
сва́ливать, свали́ть to dump, knock down/over; **—ся, свали́ться** to fall down
свали́ть *see* **сва́ливать** *and* **вали́ть**
сва́лка dump
сват father of a son-in-law, daughter-in-law
сва́тать, посва́тать, сосва́тать to ask in marriage; to propose somebody to somebody for marriage
сватовство́ matchmaking, courtship

сва́ха matchmaker
све́дение reduction, contraction
све́дение information
све́жий fresh
свёкла beet; **с. выходна** well-marketed beets
свеклови́ца sugar beet
сверка́ние sparkling, twinkling, glitter
сверка́ть to sparkle, twinkle, glitter
сверкну́ть (*pf.*) to flash
сверну́ть *see* **свёртывать**
свёртывать, сверну́ть to roll up, turn
свёртываться = свора́чиваться
сверх over, besides; **с. всего́** to crown all
све́рху from above, on top
све́сить *see* **све́шивать**
свести́(сь) *see* **своди́ть(ся)**
свет light; **представля́ть что-л. в вы́годном —е** to show something to the best advantage
свет world
свет//а́ть: начина́ет с. the day is dawning; **—а́ет** it is dawning
свети́ть(ся) to shine
светле́ть, посветле́ть to brighten, grow lighter
светло́ it is light
све́тлый light
светофо́р signal/traffic light
свеча́ candle
све́шивать, све́сить to let down, lower; **—ся, све́ситься** to lean over, hang over
свива́ть, свить to wind, twist; **с. верёвку** to twine/twist a rope
свида́ние meeting, rendezvous
свиде́тельствовать, освиде́тельствовать to testify, witness
свини́на pork
свинцо́вый leaden
свинья́ pig
свиса́ть, сви́снуть to hang over, dangle; **—ся** to hang down
свиста́ть, свисте́ть to whistle
сви́стнуть to whistle, steal (*colloq.*)
свить *see* **вить** and **свива́ть**
свобо́д//а freedom; **—но** easily, freely; **—ый** free
своди́ть, свести́ to take (down); **глаз не с. с кого́-л.** not take/tear one's eyes off somebody
своди́ться, свести́сь to come (to)
свой my, our, etc.
сво́йственн//ый peculiar; **это ему́ —о** that's his way/nature
сво́йство characteristics, tendency
сво́лочь scum, scoundrel
свора́чивать, свороти́ть to remove, turn
свора́чиваться = свёртываться to pack up
своя́к brother-in-law
связа́ть *see* **вяза́ть** and **свя́зывать**
свя́зка bunch
свя́зывать, связа́ть to tie, bind, connect; **свя́занный с кем-л.** to be connected with somebody
свя́зываться, связа́ться to bind, have to do (with)
связь bond, connection, relationship, liaison, connections
свято́й holy, sacred, saint; **—а́я неде́ля** Easter week
святота́тствовать to commit sacrilege
святы́ня sacred/holy thing
свяще́нный sacred
сгиба́ть, согну́ть to bend, crook; **—ся, согну́ться** to bend (down), stoop (to)
сгова́риваться, сговори́ться to arrange things, come to an agreement
сгоня́ть, согна́ть to drive away
сгора́ть, сгоре́ть to burn down/out; to burn (with **от** + *gen.*)
сгоре́ть *see* **сгора́ть**
сгреба́ть, сгрести́ to rake up/together
сгущ//а́ть, сгусти́ть to thicken, condense; **—а́ющиеся су́мерки** the closing dusk
сдава́ть, сдать to hand in; **с. экза́мен** to take an examination, pass an examination
сдава́ться, сда́ться to surrender
сда́вленный (*participle of* **сда́вливать**) constrained; **с. го́лос** constrained voice
сдать(ся) *see* **сдава́ть(ся)**
сдвига́ть, сдви́нуть to move
сде́лать(ся) *see* **де́лать(ся)**
сдёржанн//о with restraint; **—ый** restrained, reserved
сдёрживать, сдержа́ть to hold in, keep back, restrain; **—ся, сдержа́ться** to control oneself

сдира́ть, содра́ть to strip, strip off
сдо́бн//ый rich; **—ая бу́лка** bun
сдо́хнуть to croak, to die (*of animals or contemptuously*)
себя́ myself
се́вер north; **на с.** northward; **—ный** north
сего́дня today
седе́ть, поседе́ть to go/grow/turn gray
седина́ gray hair
седло́ saddle
седоборо́дый gray-bearded
седо́й (*lit.*) gray; *see* **се́рый**
сезо́н season
сезо́нница a worker (*f.*) in a seasonal job; seasonal, temporary (*f.*)
сейча́с now, right now; **то́лько с.** just, just now
секре́т secret
секу́нда second
селёдка = сельдь
сели́ться to settle, take up one's residence
село́ village
сельдь herring
се́льск//ий rural; **—ое хозя́йство** agriculture, rural economy
сельскохозя́йственный agricultural
семе́й//ный domestic, family; **—ство** family
се́мечк//о seed; **—и подсо́лнуха** sunflower seeds
семиле́тка 7-year school
семья́ family
се́мя seed
се́ни passage
сенно́й hay
се́но hay
сенова́л hayloft
сентя́брь September
сервирова́ть to serve; **с. стол** to set the table
серде́чный hearty, affectionate
серди́ться (на кого́-л.) to be angry (with somebody)
серди́ть to make angry, anger; **—ся (на кого́-л.)** to be angry (at/about/with somebody)
сердобо́//лие tenderheartedness; **—льный** tenderhearted
се́рдц//е heart; **в —а́х** (*colloq.*), **с —ем** in anger, angrily; **(в) —е держа́ть** to bear a grudge against
серебри́стый silvery, silver; **с. звук** silver(y) sound
серебро́ silver
сере́бряный silver
середи́н//а middle; **в —е** in the middle
серена́да serenade
се́ренький (*dim., fam.*) gray
сержа́нт sergeant
се́рый gray; (*fig.*) dull; (*fig., obs.*) ignorant; *see* **седо́й**
серьга́ earring
серьёзный serious
сестра́ sister, nurse
сестри́ца = сестра́
сесть *see* **сади́ться**
се́тка net, netting; **про́волочная с.** wire net
сечь, вы́сечь to flog, whip, cut (up)
се́ять, посе́ять to sow
сжа́тый (*see* **жать**) pressed, squeezed
сжа́ть(ся) *see* **сжима́ть(ся)**
сжечь *see* **сжига́ть**
сжига́ть, сжечь to burn (down)
сжима́ть, сжать to squeeze, compress; **с. ру́ки, зу́бы, кулаки́** to clench one's hands, teeth, fists; **—ся, сжа́ться** to shrink, clench, contract
сза́ди from behind, from the end
сзыва́ть *see* **созыва́ть**
сига́ра cigar
сигна́л signal, call
сигнализи́ровать, сигна́лить to give signal(s), signal
сигна́лить *see* **сигнализи́ровать**
сигна́льный signal
сиде́ть to sit; to be (*to be found in some condition or position*); to fit (**на** + *prep.*) (*in clothes*), sit (on)
си́зый dove-colored, warm gray, bluish
си́ла strength, force; **изо всéх сил** with all one's might; **с. во́ли** will power
сило́к noose, snare
силуэ́т silhouette
си́льно greatly; **с. би́ться** to pound; **с. пить** to drink hard/heavily
си́льный strong

синаго́га synagogue
синева́ (the) blue color
сине́ть, посине́ть to turn/grow/become blue; (*impf. only*) to show blue
си́ний blue, dark blue
си́плый husky, hoarse; **—ота** hoarseness
сире́невый lilac color
сире́нь lilac
сиро́п syrup; **вода́ с —ом** syrup and water
си́тец cotton (print)
си́то sieve
си́филис syphilis
сия́ние radiance, aureole; **се́верное с.** northern lights
сия́ть to shine, beam
сия́ющий shining, beaming
сказа́ть (*see* **говори́ть**): **так с.** so to say; **ска́зано-сде́лано** no sooner said than done
сказа́ться *see* **ска́зываться**
ска́з//ка tale, fairy tale, story; **—очный** fairy tale, fantastic
ска́зываться, сказа́ться to tell (on, upon), express (itself)
ска́лить, оска́лить *see* **оска́ливать**
ска́лывать, сколо́ть to cleave off, chop off
скамья́ bench
ска́пливать, скопи́ть to store (up), save; **—ся, скопи́ться** gather, crowd
ска́терть tablecloth
ска́тка military overcoat
ска́шивать, скоси́ть to mow (down)
скве́р public garden
скве́рн//о badly; **—ый** bad, nasty
сквози́ть to be seen through
сквозно́й through
сквозня́к draft
сквозь through
скворе́чник small wooden box for starlings
ски́дывать, ски́нуть to throw off, take off
ски́нуть *see* **ски́дывать**
скирд, —а stack, rick
скита́лец wanderer
скита́ние wandering
скита́льчество *see* **скита́ние**
склад storehouse
склади́ *substandard* for **сложи́**
скла́дка fold, crease
скла́дно well
склады́ syllables; **чита́ть по —а́м** to spell out
скла́дывать, сложи́ть to turn out, take shape
скла́дывать, сложи́ть to take off, put up
склоня́ть(ся), склони́ть(ся) to bend
сковорода́ frying pan
сколо́ть *see* **ска́лывать**
скользи́ть to slide, slip; (*running*) to float, glide
ско́льзкий slippery
скользну́ть (*pf.*) to slip, slide
ско́лько how much/many
сконфу́женный abashed
скопи́ть *see* **ска́пливать**
ско́рбный sorrowful, mournful
скорбь sorrow, grief
скоре́е rather, sooner
скоре́я *dialectal* for **скоре́е**
ско́ро quickly, fast, soon
ско́рость (*f.*) speed, rate, velocity; **со —ю** at the rate of
ско́рчить(ся) *see* **ко́рчить(ся)**
ско́рый quick, fast; **в —ом вре́мени** before long, in the near future
скоси́ть *see* **ска́шивать**
скоси́ться (*see* **коси́ться**) to look askance
скот cattle; **—и́на** cattle; **—ник** stockyard; worker, ranch hand
скотобо́йня slaughterhouse
скребо́к scraper
скре́жет gnashing/gritting of teeth
скрежета́ть to grit teeth; **с. зуба́ми** to grind/gnash one's teeth
скрести́сь to scratch
скрип squeak, creak
скрипе́ть to creak
скри́пка violin
скрипу́чий squeaking, crunching
скро́мн//о modestly; **—ый** modest
скрути́ть *see* **скру́чивать**
скру́чивать, скрути́ть to twist, roll
скрыва́ть, скры́ть to hide, conceal; **—ся, скры́ться** to hide, conceal, avoid, pass out of sight
скры́ть *see* **скрыва́ть**
ску́дный scanty, poor, meager
ску́ка boredom

скула́ cheekbone
скули́ть to whine, whimper
скуча́ть to be bored, have a tedious time; to miss
ску́чно it is dull/boring
ску́чный dull, boring
слабе́ть, ослабе́ть to grow weaker
сла́бо faintly, feebly, weakly; poorly
сла́бость weakness
сла́бый weak, faint; poor (*not with respect to money*); **с. дождь** a slight rain
сла́ва glory, fame
сла́вить to glorify, sing the praises (of)
сла́вный glorious, famous, nice
слага́ть, сложи́ть to compose
сла́дить, сла́живать to manage, cope with
сла́диться to agree upon
сла́дкий sweet, honeyed
сла́достный sweet, delightful
сладостра́ст//ие voluptuousness; **—ник** voluptuary; **—ный** voluptuous
сла́дость sweetness, delight
сла́живать *see* **сла́дить**
сле́ва on the left
слегка́ slightly
след track, footstep, scent; **сби́ться со —а́** to put off the scent
следи́ть to watch, follow
сле́дователь inspector
сле́довательно therefore, hence
сле́довать, после́довать to follow; **сле́дует по́мнить** it should be remembered
сле́дом immediately (after), follow closely
сле́дственно = сле́довательно therefore
сле́дствие inquest, inquiry
сле́дуемый due (to)
сле́дующ//ее the following; **—ий** next, following; **на —ий день** the next day
слежа́ться *see* **слёживаться**
слёживаться, слежа́ться to be/become caked/compressed; to deteriorate in store
слеза́ tear
слеза́ть, слезть to dismount, alight (from), get off (from)
слеп//о́й blind; **—ота́** blindness
слета́ть, слете́ть to fly down, fall down
сли́вки cream
сли́шком too
сло́вно as if
сло́во word; **с. в с.** word for word; **одни́м —м** in a/one word
сло́вом (*parenthetical exp.*) in short
сложе́ние adding, construction (of the body)
сложи́ть *see* **скла́дывать** and **слага́ть** and **класть**
сло́жный complicated, complex
слой layer, stratum
слом tearing down
сломи́ть to break the resistance; subdue
слон elephant
слоня́ться to loaf
слу́жба service, work; **принима́ть кого́-л. на —у** to take somebody into service, give somebody a job
служе́бный official
служ//е́ние service, devotion to a cause; **—и́тель** servant, attendant
служи́ть, послужи́ть to serve, be devoted
слух rumor
слу́чай case; occasion, chance, opportunity event; **по —ю чего́-л.** on the occasion of something; **воспо́льзоваться удо́бным с.** to seize an opportunity
случа́йно by chance
случа́йн//ость chance; **по несча́стной —ости** as ill luck would have it; **—ый** accidental, casual
случа́ться, случи́ться to happen, come about, befall
случи́ться *see* **случа́ться**
слу́шать, послу́шать to listen (to), hear; **—ся, послу́шаться** to obey
слыха́ть to hear (about, of)
слы́шать, услы́шать to hear
слы́шаться, послы́шаться to be heard
слы́шимый audible
слы́шн//о one can hear; **—ый** audible
слюна́ saliva
сляпо́й *dialectal* for **слепо́й**
сма́тывать, смота́ть to wind, reel; **с. у́дочку** to get off, take to one's heels
сма́чивать, смочи́ть to moisten, wet
сма́чно with relish

смéл//о fearlessly, bravely; **—ость** boldness, courage; **—ый** bold, courageous
сméна change, replacement; **на —у комý-л.** to replace somebody
смéртный mortal, death
смерть (*f.*) death
смесь (*f.*) mixture
сметь, посмéть to dare
смех laughter
смешáть(ся) *see* **смéшивать(ся)**
смешéние confusion
смéшивать, смешáть to mix up; **—ся, смешáться** to mix, mix-up, blend, merge; to become confused
смешнó it is ridiculous
смешн//ó in a funny manner; **—óй** droll, funny, odd
смешóк (*colloq.*) chuckle, short laugh
смеяться to laugh, make fun (of)
смирéнно humbly, meekly
сми́рн//о quietly; **—ый** quiet, gentle
смолá resin
смолкáть, смóлкнуть to grow silent, fall into silence
смóлоду in one's youth, from one's youth up
сморкáться, вы́сморкаться to blow one's own nose
сморóдин//а currant; **—ный** (*adj.*)
смóрщиться (*see* **мóрщиться**) to knit one's brow; to shrivel
смотáть *see* **смáтывать**
смотрéть, посмотрéть to look, look (at), stare (at), gaze, see; **смотря́ по** according to
смочи́ть *see* **смáчивать**
смочь (*see* **мочь**) to be able
смýглый swarthy, dark
смýта disturbance
смути́ть(ся) *see* **смущáть(ся)**
смýтн//о vaguely; **—ый** vague
смущáть, смути́ть to confuse, embarrass, disturb, trouble
смущáться, смути́ться to be confused, be embarrassed
смущéние confusion, embarrassment
смущённый embarrassed
смыкáть, сомкнýть to close
смысл sense
смятéние disarray, confusion, perturbation
смя́ться to get/become creased
снарýжи on the outside
снаря́д shell
сначáла at first, from/at the beginning
снег snow
снегозадержáние snow retention
снедáть to consume, gnaw
снедь food, eatables
снéжный snowy
снести́ to take, carry; **с. яйцó** to lay an egg
снижáть, сни́зить to lower, reduce; **—ся, сни́зиться** to descend
сни́зу from below; **с. вверх** upwards
снимáть, снять to take off, take down; to rent, remit, take; **—ся, сня́ться** to have one's photograph taken
сни́ться, присни́ться to dream
снóва again
сновидéние dream
сноровка skill
сноси́ть, снести́ to blow off, carry away
снóсно tolerably
снохá daughter-in-law
снять(ся) *see* **снимáть(ся)**
собáка dog
собесéдник interlocutor
собирáть, собрáть to gather, pick, collect; **—ся, собрáться** to gather (together), assemble; **он собирáется éхать** he intends to go; **собирáться в путь** to prepare/make all ready for a journey
соблáзн temptation
соблазни́тель tempter; **—ный** tempting
соблазни́ть(ся) *see* **соблазня́ть(ся)**
соблюдáть, соблюсти́ to observe, keep
соблюсти́ *see* **соблюдáть** *and* **блюсти́**
собрáние meeting, gathering
собрáть(ся) *see* **собирáть(ся)**
сóбственничество proprietary tendencies
сóбственно proper; **с. говоря́** as a matter of fact, strictly speaking
сóбственность property
сóбственный own
собы́тие event
совáть, сýнуть to poke, slip, meddle, interfere; **—ся, сýнуться** to poke one's nose (into)

совершáть, совершúть to commit; **—ся, совершúться** to happen, be performed
совершéнн//о absolutely, totally, perfectly; **—ый** absolute; **—ство** perfection
совершúть(ся) *see* **совершáть(ся)**
сóвестно: ему с. сдéлать э́то he would be ashamed to do it
сóвесть (*f.*) conscience
совéт advice
совéтовать, посовéтовать to advise, counsel; **—ся, посовéтоваться** to consult, ask advice (of)
совéтский Soviet
совéтч//ик, —ица adviser, counselor
совпадáть, совпáсть to coincide
совращáть, совратúть to seduce
совремéнный contemporary
совсéм quite, entirely; **с. не тó** nothing of the kind
соглáсие consent
согласúться *see* **соглашáться**
соглáсно (*adv. & prep.*) in accord, in harmony; according to (+*dat.*); in accordance (with+*instr.*)
соглáсный agreeable, concordant, harmonious
соглашáться, согласúться to consent, agree
согнáть *see* **сгонять**
согнýть *see* **гнуть** and **сгибáть**; **—ся** *see* **гнýться** and **сгибáться**
согревáться, согрéться to grow/get warm
согревáющий: с. компрéсс compress; warming
согрéться *see* **согревáться**
содержáние maintenance, contents
содержáть to maintain, support
содóм uproar
содрáть *see* **сдирáть**
содрогáться, содрогнýться to shudder
соединúть(ся) *see* **соединять(ся)**
соединять, соединúть to unite, connect; **—ся, соединúться** to unite
сожалéть to pity, be sorry for
созвáть *see* **созывáть** *and* **сзывáть**
созвéздие constellation
создавáть, создáть to create
созерцáтельный contemplative, meditative
созерцáть to contemplate
сознавáть, сознáть to be conscious, realize; **—ся, сознáться** to confess, admit
сознáние consciousness, sense
сознáтельно consciously
сознáть(ся) *see* **сознавáть(ся)**
созревáть, созрéть to ripen, mature
созывáть, созвáть to call (together)
сойтúсь *see* **сходúться**
сок juice
сокровéнн//ость secrecy; **—ый** secret
сокрóвище treasure
сокрушáть, сокрушúть to distress
солдáт soldier; **—ка** soldier's wife; **–ский** soldier; **—чина** conscription
солúдный solid, reliable, sedate
сóлнечный sunny
сóлнце sun
солóма straw
сомкнýть *see* **смыкáть**
сомневáться to doubt, have doubts
сомнéние doubt
сомнúтельный doubtful
сон sleep; dream; **как во сне** as if dreaming
сóнный sleepy, drowsy
соображáть, сообразúть to consider, ponder, think about, understand
соображéние consideration, reason
сообразúть *see* **соображáть**
сообщáть, сообщúть to report, let know, communicate, inform; **—ся** to be communicated
соответственно accordingly, in accordance/conformity with
соотвéтственный corresponding (to), conformable (to)
сопéние sniff(ing)
сóпка knoll, hill
соприкасáться, соприкоснýться to come into contact (with)
соприкосновéние contiguity, contact
соприкоснýться *see* **соприкасáться**
сопровождáть to accompany, attend, escort; **—ся** to be accompanied
сопýтствовать to accompany
сорвáть(ся) *see* **срывáть(ся)**
сорт sort, kind
сосáть to suck
сосвáтать *see* **свáтать**

сосе́д neighbor; **—ний** neighboring; **—ский** (*adj. of* **сосе́д**) neighborly
соска́кивать, соскочи́ть to jump off, spring down
соскочи́ть *see* **соска́кивать**
соску́читься to miss, to be homesick
сосна́ pine tree
сосно́вый pine
сосо́к nipple
сосредото́ченный concentrated
сосредото́ч//ивать, сосредото́чить to concentrate; **—иваться, сосредото́читься** to concentrate (upon/on); be concentrated (upon/on)
соста́вить(ся) *see* **составля́ть(ся)**
составля́ть, соста́вить to make up; form, present; **—ся, соста́виться** to form
соста́рить(ся) *see* **ста́рить(ся)**
состоя́н//ие state; condition; **быть в —ии** to be able (+*inf.*)
состоя́ние fortune
состоя́ть to be; to consist (in something); to consist (of), include; **—ся** (*pf.*) to take place
сострада́ние compassion
сосу́д vessel
сотворе́ние creation
сотка́ть (*see* **ткать**) to weave
сотряса́ть(ся), сотрясти́(сь) to shake, tremble; to bring to a commotion
сотрясти́(сь) *see* **сотряса́ть(ся)**
сохране́ние preservation
сохрани́ть(ся) *see* **сохраня́ть(ся)**
сохраня́ть, сохрани́ть to keep, preserve; **—ся, сохрани́ться** to remain, be well preserved
социали́зм socialism
сочини́ть *see* **сочиня́ть**
сочиня́ть, сочини́ть to invent, make up
со́чный juicy
сочу́вственн//о with sympathy; **—ый** sympathetic
сочу́вствие sympathy
сою́з alliance
спа́льня bedroom
спа́рхивать, спорхну́ть to fly away, flutter away
спаса́ть, спасти́ to save, rescue
спасе́ние escape, salvation
спасти́(сь) *see* **спаса́ть(ся)**
спать to sleep, be asleep; **пора́ идти́ с.** it is time to go to bed; **—ся: ему не спи́тся** he cannot sleep
спева́ться, спе́ться rehearse (a chorus, a part, a song)
спектро́граф spectrograph
спектро́метр spectrometer
спекуля́нт speculator
спе́лый ripe
сперва́ at first; **с. на́перво** at first
спереди́ in front
спере́ть *see* **спира́ть**
спеть (*see* **петь**) to sing
спе́ться *see* **спева́ться**
специали́ст specialist, expert
специа́льн//ость speciality; **—ый** special, especial
спеши́ть, поспеши́ть to hurry, make haste; **не спеша́** leisurely
спина́ back
спира́ть, спере́ть: у него дыха́ние спёрло it took his breath away; **с.** to steal (*slang*)
спирт alcohol
списа́ть *see* **спи́сывать**
спи́сок list
спи́сывать, списа́ть to copy (from); to copy off; to write off; **—ся, списа́ться** to exchange letters (with); to settle by letter (with)
спи́хивать, спихну́ть to push down
спи́чка match
сплав float
спла́вщик raftsman, wood floater
сплёвывать, сплю́нуть to spit out
сплести́ *see* **плести́**
сплошно́й continuous, entire; sheer
сплы́ть: было да сплы́ло it was a short-lived joy, it's all gone
сплю́нуть *see* **сплёвывать**
споко́й//ный quiet, tranquil, composed; **—ствие** tranquillity; **душе́вное —ствие** peace of mind
сполза́ть, сползти́ to slip down
спор argument, discussion
спо́рить, поспо́рить to argue, dispute
спорхну́ть *see* **спа́рхивать**
спо́соб way, method
спосо́бн//ость ability, aptitude; **—ый** gifted, capable
спотыка́ться, спотыкну́ться to stumble (over)

спохвати́ться *see* **спохва́тываться**
спохва́тываться, спохвати́ться to recollect suddenly
спра́во to the right
справедли́в//ость justice, fairness; **—ый** true, fair, just
спра́виться *see* **справля́ться**
справля́ться, спра́виться to cope (with); to manage; *pf. only*, to get the better (of)
спра́шивать, спроси́ть to ask, demand, inquire
спрессова́ть (*see* **прессова́ть**) to press
спроекти́ровать *see* **проекти́ровать**
спроси́ть *see* **спра́шивать**
спры́гивать, спры́гнуть to jump down
спры́гнуть *see* **спры́гивать**
спры́скивать, спры́снуть to celebrate
спря́тать(ся) *see* **пря́тать(ся)**
спу́гивать, спугну́ть to frighten off/away
спуск losing height, descent
спуска́ть, спусти́ть to lower, pull/draw down; **—ся, спусти́ться** to descend, come down
спусти́ть(ся) *see* **спуска́ть(ся)**
спустя́ after, later
спу́танно confusingly
спу́тать(ся) *see* **спу́тывать(ся)**
спу́тник companion, fellow-traveler, satellite
спу́тывать, спу́тать to entangle; **—ся, спу́таться** to become entangled
спя́щий *participle of* **спать**
сра́внивать, сравни́ть (с) to compare (with)
сра́внивать, сравня́ть to equal; **—ся** *only* to come up (with, in)
сравни́тельно comparatively
сравни́ть *see* **сра́внивать**
сравня́ть *see* **сра́внивать**
сравня́ть(ся) *see* **равня́ть(ся)**
сража́ть, срази́ть to smite, overwhelm; **—ся, срази́ться** to fight, join battle
сра́зу at once
срами́ть, осрами́ть to shame, put to shame; **—ся, осрами́ться** to bring shame upon oneself
срамн//и́к shameless person; **—о́й** shameless
среди́ among, in the middle
сре́дний middle, medium
сре́дство means, remedy; **ме́стные —а** local resources
сре́зать *see* **среза́ть** and **ре́зать**
среза́ть, сре́зать to cut (off, down)
сробе́ть to get frightened, (*colloq.*) funk
срок date, period
срыва́ть, сорва́ть to tear away, tear off
срыва́ться, сорва́ться to break away; **с. на друго́й го́лос** to switch to another key/voice
ссо́ра quarrel
ссо́риться, поссо́риться to quarrel
ста́вить, поста́вить to put, place, set; to put on, apply; to take (someone's temperature); to produce; to raise; **с. отме́тку** to give a mark
ста́вка rate, stake
ста́до herd, flock
стака́н glass
ста́лкиваться, столкну́ться collide (with)
ста́ло быть so, thus, therefore, consequently
стально́й steel
станда́рт standard; **—ный** standard, prefabricated (*houses*)
станови́ться, стать to become, get, grow; **—ему́ стано́вится не по себе́** he begins to feel uncomfortable
станови́ться, стать to stand, take one's stand; to camp, encamp
станово́й district policeman
ста́нция station
ста́птывать, стопта́ть to tread/wear shoes down at the heels
стара́ние effort, diligence
стара́ться, постара́ться to try, endeavor; **с. изо всех сил** to do one's utmost
старе́ть, постаре́ть to grow old
ста́р//ец old/aged man, elder; **—и́к** old man
старик//а́шка (*m.*) little old man; **—о́вский** senile
стар//ина́ (*f., only sing.*) olden times, antiquity; **—и́нный** old-fashioned, ancient, antique
старина́ (*m., colloq.*) old man/boy/chap/fellow
ста́рить, соста́рить to look old, age; **—ся, соста́риться** to get/grow old

старожи́л old resident
ста́роста (*m.*) village elder/headman (*of a group*)
ста́рость (*f.*) old age
стару́ха old woman
ста́рший elder, older
старшина́ (*m.*) foreman, head (+*gen.*)
ста́рый old
ста́скивать, стащи́ть to drag/pull off/down
стасова́ть (*see* **тасова́ть**) to shuffle
ста́тный stately
стать (*pf.*) to begin (+*inf.*), start (+*inf.*); become; **—ся** (*impers.*) to become, to happen
стать (*see* **станови́ться): с. женихо́м и неве́стой** to become engaged
статья́ article, point
стащи́ть *see* **ста́скивать**
ство́рка leaf, fold
сте́бель (*m.*) stem, stalk
стега́ть, отстега́ть, стегну́ть to whip, lash
стека́ть, стечь to flow down, trickle down
стеклене́ть, остеклене́ть to become glassy, dull
стекло́ glass, windowpane
стекля́нный glass
стели́ть(ся)=стла́ть(ся)
стемне́ть (*see* **темне́ть**) to become/grow dark
стена́ wall
сте́нка wall
степе́нно gravely, sedately
сте́пень (*f.*) degree, extent
степь (*f.*) steppe
стервь (*vulgar*) cadaver
стере́ться *see* **стира́ться**
сте́рлядь (*f.*) sterlet
стесни́ть(ся) *see* **стесня́ть(ся)** and **тесни́ть(ся)**
стесня́ть, стесни́ть to restrain, hinder, hamper; **—ся, стесни́ться, постесня́ться** to restrict oneself
стече́ние influence; **с. обстоя́тельств** coincidence
стиль (*m.*) style; **—ный** stylish
стира́ть, вы́стирать to wash, launder
стира́ться, стере́ться to be obliterated/effaced
сти́скивать, сти́снуть to squeeze; **с. зу́бы** to clench one's teeth
стих verse
стиха́ть, сти́хнуть to calm down, subside, quiet down
стлать to spread; **с. посте́ль** to make the bed; **—ся** to spread, creep
стог rick, stack
сто́ик stoic
сто́ить to cost, be worth; **ему сто́ит то́лько** he has only to
сто́йкий steadfast
стоймя́ upright
стол table
столб post, column, pole
столе́тие century
столи́ца capital, metropolis
столкну́ться *see* **ста́лкиваться**
столо́вая dining-room, eating house, dining hall
столпотворе́ние: вавило́нское с. babel
сто́лько so much
стон moan, groan
стона́ть to moan, groan
стоп stop
стопта́ть *see* **ста́птывать**
сто́рож watchman, guard; **лесно́й с.** forest warden
сторо́жка lodge
сторона́ side, direction, on the side of (somebody)
сторони́ться, посторони́ться to stand/step aside
стоя́//ть to stand, be; to stop; **—ли бе́лые но́чи** the white nights persisted
стоя́чий standing
страда́льческий: с. вид the air of martyrdom
страда́ние suffering
страда́ть, пострада́ть to suffer
стран//а́ country, land; **четы́ре —ы́ све́та** the four cardinal points
страни́ца page
стра́нн//о strangely, it is strange; **—ость** strangeness; **—ый** strange, queer, odd
стра́стн//о passionately; **—ость** passion; **—ый** passionate
страсть (*f.*) passion (for); (*colloq.*) horror
страх fear
страхово́й insurance

страши́ть to frighten
стра́шно it is terrible
стра́шн//о terribly, awfully; —**ый** terrible, frightful, fearful
стрекача́: дать с. (*slang*) to escape
стрекота́ние chirring
стрела́ arrow
стрело́к shot; (soldier) rifleman; **отли́чный с.** expert shot/rifleman
стрельба́ shooting, firing
стреля́ть, вы́стрелить to shoot (at), fire
стремгла́в headlong
стреми́тельный impetuous
стремле́ние aspiration
стро́гий strict, severe
стро́го strictly, severely; **с.-на́строго** emphatically
стро́гость strictness
строево́й officer with troops; **с. офице́р** combatant officer
строи́тельство construction, building
стро́ить, постро́ить to build, construct, plan; —**ся, постро́иться** to build (*a house*, *etc.*) for oneself
строй formation, line
стро́йка construction (*of a building*)
стро́йный slender, harmonious
строка́ line
строфа́ stanza
строчи́ть, настрочи́ть to rattle, scribble
струна́ string
стру́сить (*see* **тру́сить**) to be afraid, dread
струя́ jet, spurt, stream
стрю́цкий base, mean
стря́хивать, стряхну́ть to shake off
студе́нт student
стук knock
сту́кать, сту́кнуть to give a knock/tap; —**ся, сту́кнуться** to knock/bump (against)
ступа́ть, ступи́ть to step, take/make a step; **ступа́йте сюда́** come here
ступе́нь (*f.*) step, footstep
ступи́ть *see* **ступа́ть**
ступня́ foot
стуча́ть to knock; to make a noise; to chatter (*about teeth*); to patter; **дождь стучи́т в окно́** the rain is beating against the window
стушева́ться *see* **стушёвываться**
стушёвываться, стушева́ться to efface oneself, retire to the background;
стыд shame; —**и́ться** to be ashamed (of)
сты́дно (*impers.*) it is a shame
стя́гивать, стяну́ть to tighten, pull off
суббо́та Saturday
субъе́кт subject, fellow
сугро́б snowdrift
суд court of law
суда́к pike perch
суде́йский judicial
суди́мость (*f.*) convictions
суди́ть to try, put on trial; —**ся** to take (somebody) into court
су́дно bedpan
су́доро//га cramp, convulsion; —**жный** convulsive
судьба́ fate
судья́ (*m.*) judge
суета́ fuss, bustle
суети́ться to fuss, bustle
су́етный vain
суждено́ predestined, destined
сук bough
су́ка bitch
сукно́ broadcloth
сули́ть, посули́ть to promise
сумасше́дший mad, insane; **с. дом** lunatic asylum
сумасше́ствие madness, insanity
су́мер//ечный twilight; —**ки** (*pl.*) twilight (*sing.*), dusk (*sing.*)
суме́ть (*pf.*) to be able (+*inf.*); succeed (+*gerund*)
су́мка bag
су́мма sum
су́мрак dusk, twilight
су́мрачный gloomy
сунду́к trunk
су́нуть(ся) *see* **сова́ть(ся)**
суп soup
супру́//г husband; —**га** wife; —**ги** spouses; —**жеский** conjugal, matrimonial
су́тки (*pl.*) 24 hours
суту́лый round-shouldered
суха́рь (*m.*) dried crust; (*colloq.*) a dry old stick
су́хо (*impers.*) it is dry
сухо́й dry
сучи́ть to spin; to twist; to throw

су́ша dryland
су́шка small ring-shaped cracker
существо́ being, creature
существова́ние existence
существова́ть to exist
су́щность essence, main point; **с. де́ла** the point of the matter
схвати́ть *see* **хвата́ть** *and* **схва́тывать**
схва́тки (*pf.*) fit (*sing.*) (*of pain*)
схва́тывать, схвати́ть to grip, grab, catch; **—ся, схвати́ться** to seize, join; to grapple (with), come to blows (with), skirmish (with)
схитри́ть *see* **хитри́ть**
схлестну́ться to pick a fight with (*slang*)
сходи́ть, сойти́ to get off; to leave; to descend; **с. с ума́** to go crazy
сходи́ться, сойти́сь to meet, gather; to become intimate (with)
схо́дка meeting, gathering
схорони́ть(ся) *see* **хорони́ть(ся)**
счастли́вый happy, fortunate
сча́стье happiness, luck
счёт account
счи́стить(ся) *see* **счища́ть(ся)**
счита́ть, счесть to count, compute; to consider, think
счита́ться, посчита́ться to consider, reckon; to be considered
счища́ть, счи́стить to clear away, brush off; **—ся, счи́ститься** to come off
сшиба́ть, сшиби́ть to knock down; **—ся, сшиби́ться** to collide
сшива́ние sewing together
сшива́ть to sew together
съеда́ть, съесть to eat, eat up
съёживаться, съёжиться to shrivel, shrink
съе́здить (*pf.*) to go; **с. ненадо́лго** to make a short trip
съе́сть *see* **съеда́ть**
сыгра́ть (*see* **игра́ть**)**: с. шу́тку** to play a trick/a practical joke (on somebody)
сы́змала (*colloq.*) from/ever since one's childhood
сы́змальства = сы́змала
сын son
сыпь rash
сыр cheese
сыре́ть, отсыре́ть to grow/become damp
сыро́й damp, raw, uncooked
сы́рость dampness
сыска́ть (*pf.*, *colloq.*) to find, search out; **—ся** (*pf.*, *colloq.*) to be found
сы́тость repletion, satiety
сы́тый satisfied, to have one's full
сюда́ here
сюрту́к frock coat
сяк: и так и с. this way and that way

T

та *see* **тот**
таба́к tobacco
таба́чный tobacco
та́бель (*m.*) table (*list*); **—щик** (*m.*), **—щица** (*f.*) timekeeper
табли́ца list
табуре́тка stool
таи́нственный mysterious, enigmatic
таи́ть to hide, conceal; **—ся** to be hidden/concealed
тайга́ taiga (dense forests of the North)
тайко́м secretly
та́йна mystery, secret
та́йно (*see* **тайко́м**) secretly
та́йный secret
так so, thus; **т. как** as, since
та́кже also
тако́в such
тако́й such, so; **—им о́бразом** thus, in that way; **т. же** the same; **т. же как** the same as
такси́ taxicab
та́кт tact
та́лый melting
там there
та́нец dance
танк tank
танцева́ть to dance
таранта́с springless carriage
таска́ть, (*directed motion*) **тащи́ть,** (*pf.*) **потащи́ть** to carry, drag, pull, lug
тасова́ть, стасова́ть to shuffle; **—ся** to shuffle
тата́р//ин, —ка Tatar
тата́рский Tatar
та́ять, раста́ять to thaw, pine/languish (with), melt away/with
твёрдо firmly, strongly
твёрд//ость solidity; **—ый** hard, firm, strong

твой yours
творе́ц author
теа́тр theater
театра́льный theatrical
теле́га cart
телегра́ф telegraph; **—ный** telegraphic, telegraph (*attrib. adj.*)
телёнок calf
телеско́п telescope
тели́ться, отели́ться to give birth to a calf
те́ло body
тельня́шка undershirt
те́льник sweat shirt
те́льце small body, corpuscle
теля́та *see* **телёнок**
тем: т. не ме́нее nevertheless
темне́ть, потемне́ть, стемне́ть to grow/get/become dark
темно́ dark, it is dark
темноволо́сый dark-haired
темнота́ darkness
тёмный dark, swarthy, gloomy, ignorant
температу́ра temperature
те́нор tenor
те́нь shade, shadow
тепе́решний present
тепе́рь now, at present; **—ича** (*substandard*)
тепли́ться to glimmer, gleam; **свеча́ т.** the candle flickered
тепло́ heat, warmth
тепло́ warm, it is warm
теплу́шка shelter, heated-goods van
тёплый warm, mild
тере́ть to rub
терза́ть, истерза́ть to torment
тёрка grater
терни́стый thorny, prickly; **т. путь** thorny path
терпе́ть to suffer, endure
терра́са terrace
теря́ть, потеря́ть to lose; **—ся, потеря́ться** to be/get lost
тёс boards
тесни́ть, стесни́ть, потесни́ть to press, crowd; **—ся** to crowd, cluster; to be squeezed; to sit close
те́сно crowded, it is crowded
теснота́ narrowness, tightness, closeness
те́сный cramped, close, compact
те́сто dough; **меси́ть т.** to knead dough
те́терев blackcock
тетра́дка, тетра́дь notebook
те́хника technics, technique
тече́ние flow, current, course
течь to flow, run, pour; **у него кровь —ёт** he is bleeding
течь (*f.*) leak
те́шить = потеша́ть
тёща mother-in-law
ти́кать to tick
ти́кнуть *see* **ти́кать**
тип type, character, strange/queer fellow
ти́хий quiet, silent, gentle, calm
ти́хо (*adj.*) calm, quiet; (*impers.*) it is calm, it is quiet
ти́хо (*adv.*) quietly, softly, gently, silently, calmly, slowly
тихо́нько (*adv., colloq.*) quietly, gently, softly
тишина́ silence, peace
тка́ть, сотка́ть to weave; **т. паути́ну** to spin a web
ткну́ть, ты́кать to poke
то (*see* **тот**)**: то́ есть** that is
то then
то и де́ло constantly
това́рищ comrade, friend
това́рка (*substandard*) friend (*f.*)
тогда́ then
тогда́шний of that time
то́же also, as well, too
токова́ть to utter mating calls
толк sense, use, talk, rumor
толка́ть, толкну́ть to push, shove; **—ся, толкну́ться** to hang around (*slang*); to push one another, to try to get at somebody
толкну́ть(ся) *see* **толка́ть(ся)**
толкова́ть to interpret, discuss
толо́чь, растоло́чь to pound (the air, wind); **—ся** (*colloq.*) to hang around
толпа́ crowd
толпи́ться to crowd
то́лстенький (*colloq.*) plump, stoutish
то́лстый thick, stout, fat
толчо́к push, bump
толщина́ thickness, corpulence
то́лько only, merely

томáт tomato
томи́тельный painful, trying
томи́ть to torment; **—ся** to languish, pine (for), feel miserable
тóмный languid
тон tone; **хорóший, дурнóй т.** good, bad form
тóненький thin
тóнкий thin, fine, slender; subtle
тóнкость thinness, fineness; subtlety
тóнна ton
тону́ть, потону́ть, утону́ть to sink, be drowned, be lost
тóпать, тóпнуть to stamp (*feet*)
топи́ть to heat; to melt; to melt down; **—ся** to burn; to melt
топи́ть, потопи́ть to sink
топи́ть, утопи́ть to drown, ruin; **—ся** to drown oneself
топлён//ый: —ое молокó baked milk
тóпнуть *see* **тóпать**
топóграф topographer
топогрáфия topography
топóр axe
тóпот tramp; **тороплéвый т. шагóв** patter of feet
топтáть trample down; to make dirty with one's feet; to knead clay; **—ся** stamp, stamp about; **—ся на мéсте** to mark time
тóрба bag
торг haggle
торговáть sell, trade (with somebody), trade (in something); **—ся сторговáться** to bargain (with)
торгóвец merchant
тóра Torah
торжéственн//ый solemn, festive; **—ое собрáние** ceremonial/grand meeting
торжествó triumph; fete; celebration
торжествовáть to celebrate, triumph
тóрмоз brake
тормоши́ть (*colloq.*) to pull (at, above)
тороп//и́ть, поторопи́ть to hurry, hasten;**—ся, поторопи́ться** to hurry, be in a hurry, hasten
тороплив//ó hurriedly, hastily; **— ый** hasty
торшéр floor lamp on a high stand
торчáть (*colloq.*) to protrude, stick up, stick out, stand around (*slang*)
торчкóм, торчмя́ (*colloq.*) erect, upright
тоскá melancholy, depression, anguish; longing; ennui
тосклúв//о (*adv. & impers.*) sadly; **—ый** dreary, sad; **—ость** dreariness, sadness
тосковáть to be sad, long (for); to be bored; to grieve
тост toast, drink to the health (of)
тот that
тóтчас immediately, at once
тóчка point, spot; **т.!** (that's) enough!
тóчно exactly, precisely, punctually
тóчно as though, as if, like
тóчн//ость exactness, accuracy; **в —ости** exactly, precisely; **—ый** exact, precise, accurate
тошн//и́ть to feel nauseous; **его —и́т** he feels sick; **его —и́т от э́того** it makes him sick, it disgusts him
тóшно: т. смотрéть (на) it is sickening to see
травá grass
трави́ть to poison, exterminate
традициóнный traditional
трáктор tractor
трáли-вáли: всё э́то т. it's all a lot of nonsense
трамвáй streetcar; **—ный** (*adj.*): **т. билет** streetcar ticket
транзи́т transit
траншéя trench
трап ladder
трéбование demand
трéбовать, потрéбовать to demand, need
требухá (*f., only sing.*) entrails (*pl.*); (*colloq.*) tripe, rubbish
требуши́на *see* **требухá**
тревóга anxiety, uneasiness
тревóжить, встревóжить to worry, trouble, harass, make uneasy; **—ся, встревóжиться** to be anxious/uneasy/worried (about)
тревóжить, потревóжить to disturb, harass; **–ся, потревóжиться** to worry/bother/trouble oneself
тревóжный anxious, perturbed, alarming, disturbing
трезвéть, отрезвéть

трепа́ть, потрепа́ть to pull about, worry (a dog), tousle, pat; **—ся, потрепа́ться** to jabber, twaddle, flutter
тре́пет trepidation
трепета́ть to tremble
тре́петный palpitating
трепыха́ться to flutter, quiver
треск noise, crackle
тре́скаться, потре́скаться to crack, chap
тре́снуть to crack
тре́тий: —тре́тьего дня the day before yesterday
трёхдне́вный three days
треу́х warm cap with ear flaps
тре́щина crack, split
трихи́на trichina
тро́гательно touching, it is touching
тро́гать, тро́нуть to touch, move, affect; **—ся, тро́нуться** to start (for); to start to move, move; **—ся в путь** to set out, start on a journey; **лёд тро́нулся** the ice has broken/began to move
Тро́ица Whitsunday
тролле́йбус trolley bus, trolley car
тро́нуть(ся) *see* **тро́гать(ся)**
тропа́ path
тропи́нка path, track
трос rope, line
тротуа́р pavement, sidewalk
труба́ pipe, chimney, trumpet
тру́бка (tobacco) pipe
труд labor, work, trouble; **с —о́м** with difficulty, hardly
труди́ться to work, toil, labor
тру́дно difficult/hard, it is difficult/hard
тру́дно with difficulty, difficult; **—ость** difficulty; **—ый** difficult, hard
трудов//о́й working, laboring; **—ые рубли́** hard-earned rubles
труп corpse, dead body
тру́сить, стру́сить to be afraid, dread
труси́ть to trot (on horseback)
труха́ trash
тря́пка rag
тряс//ти́ to shake; **т. голово́й** to shake/toss one's head; **—сь** to shake, tremble, shiver
тряхну́ть to give a jolt; **т. голово́й** to shake/toss one's head
туале́т lavatory
ту́го tightly, with difficulty, slowly; **—о́й** tight, stiff
туда́ there
тужи́ть to grieve
ту́лка bung
тулу́п sheepskin coat
тума́н mist, fog, haze
тума́нить to dim, obscure
тума́нно: т. пы́хающий breathing with fog
тума́нный foggy, hazy, lustreless
ту́мба pedestal
ту́мбочка night table
тунея́дец sponger, idler
тупо́й stupid, slow-witted
ту́рман tumbler pigeon
турнике́т turnstile, tourniquet
ту́скл//о dimly, wanly; **—ый** dim, dull
тут here
ту́фля shoe
ту́хлый rotten
ту́хнуть to go out, die out
ту́ча cloud, swarm, host
туши́ть, потуши́ть to extinguish, put out, suppress
тщеду́ш//ие feebleness, frailty; **—ный** feeble, frail, weak
ты́кать, ты́кнуть to poke, stick (into)
ты́кв//а pumpkin; **—енный** pumpkin
тыл home front
тысячеле́тие millennium
тьма́ dark, darkness
тьфу́ pah!
тю́кнуть to kill off, finish (somebody) (*substandard*)
тюрьма́ prison
тя́га hunt, draft
тяга́ться to measure one's strength (with)
тяга́ч tractor
тя́гостн//ый painful, distressing; **—ое впечатле́ние** painful impression
тяжело́ it is difficult, it is hard; difficult, hard
тяжело́ heavily, seriously, with difficulty
тя́жёл//ый heavy, difficult, gloomy; **—ая артилле́рия** heavy artillery
тя́жесть (*f.*) burden

тя́жкий heavy, grave
тяну́ть, потяну́ть to pull, draw, haul, drag; **тя́нет хо́лодом от окна́** the cold is coming from the window; **его тя́нет** he longs
тяну́ться, потяну́ться to stretch, extend, reach (for)

У

у by
убега́ть, убежа́ть to run away, make off
убеди́ть(ся) *see* **убежда́ть(ся)**
убежа́ть *see* **убега́ть**
убежда́ть, убеди́ть to convince; **—ся, убеди́ться** to be convinced (of)
убежде́ние belief, persuasion, conviction
убеждённо with conviction
убива́ть, уби́ть to kill, murder
уби́йство murder
убира́ть, убра́ть to take away; to tidy; to gather in; to put away, store; to adorn, decorate; **у. те́ло** to prepare somebody for burial; **—ся, убра́ться** (*colloq.*) to tidy/clean up; to clear off; beat it
уби́тый brokenhearted
уби́ть *see* **убива́ть**
ублаготвори́ть, ублаготворя́ть to humor, indulge
убо́рка harvesting; putting in order
убра́нство attire, decoration
убра́ть(ся) *see* **убира́ть(ся)**
уважа́емый dear (*in a letter*)
уважа́ть to respect, esteem
уваже́ние respect, esteem
увезти́ *see* **увози́ть**
увели́чивать(ся), увели́чить(ся) to enlarge
увели́чить(ся) *see* **увели́чивать(ся)**
уве́ренн//о with confidence; **—ость** certitude; **—ый** confident, positive
уве́рить(ся) *see* **уверя́ть(ся)**
уверя́ть, уве́рить to assure; to make believe (that); to try to convince/persuade; **—ся, уве́риться** to be convinced
увести́ *see* **уводи́ть**
увида́ть (*pf.*) (*colloq.*) to see; **—ся** to see each other
уви́деть *see* **ви́деть**
увлажня́ться, увлажни́ться to become moist/damp/wet
увлека́ть, увле́чь to carry along/away; captivate; **—ся, увле́чься** to be captivated (by)
уводи́ть, увести́ to take away, lead away
увози́ть, увезти́ to drive/take away
увяда́ние fading, withering
увяза́ть(ся) *see* **увя́зывать(ся)**
увя́зывать, увяза́ть to tie up, pack up; **—ся, увяза́ться** to insist on accompanying (somebody)
угада́ть *see* **уга́дывать**
уга́дывать, угада́ть to guess
уга́р intoxication
угаса́ть, уга́снуть to go out, become extinct, die away
уга́снуть *see* **угаса́ть**
углова́тый angular, awkward
углубля́ться, углуби́ться to become deeper, become more profound
угова́ривать, уговори́ть to try to persuade, talk (into)
угово́р agreement
уговори́ть *see* **угова́ривать**
уго́дник saint
уго́дно: как вам у. as you please
уго́дно: кто у. anybody; **что у.** anything; **где у.** anywhere
у́гол corner
уголёк a small piece of coal
уголо́к a small corner
у́голь coal
угости́ть(ся) *see* **угоща́ть(ся)**
угоща́ть, угости́ть to treat, entertain
угоще́ние treating (to something), entertainment (with something); refreshments (*coll.*), a meal
угрожа́ть to threaten (with)
угрю́мый gloomy
удава́ться, уда́ться to turn out well, succeed, be a success
удали́ть(ся) *see* **удаля́ть(ся)**
удало́й daring, bold
удаля́ть, удали́ть to send away, remove; **—ся, удали́ться** to withdraw
уда́р blow, stroke
уда́рить(ся) *see* **ударя́ть(ся)**
ударя́ть, уда́рить to strike, hit; **у. по рука́м** to strike a bargain; **—ся, уда́риться** to hit, strike (against)

уда́ться *see* **удава́ться**
уда́ча success
уде́л lot, destiny
у́держ: без —у without restraint
удержа́ть(ся) *see* **уде́рживать(ся)**
уде́рживать, удержа́ть to retain, not let go, retain in one's memory; to hold back; to suppress; to deduct; **—ся, удержа́ться** to hold out, refrain (from)
удиви́тельн//о astonishingly; **—ый** astonishing, surprising, striking
удиви́ть(ся) *see* **удивля́ть(ся)**
удивле́ние astonishment, amazement
удивлённый surprised
удивля́ть, удиви́ть to astonish; amaze; **—ся, удиви́ться** to wonder at, be astonished/amazed at
удо́бный convenient
удовлетворённо with satisfaction
удовлетвори́ть(ся) *see* **удовлетворя́ть(ся)**
удовлетворя́ть, удовлетвори́ть to satisfy, content, comply (with); to supply/stock (with); to answer, meet; **—ся, удовлетвори́ться** to content oneself
удово́льствие pleasure
удостове́риться *see* **удостоверя́ться**
удостоверя́ться, удостове́риться to make sure, make certain
у́дочка fishing rod
уду́мать (*substandard*) = **приду́мывать** to think up
уду́шливый stifling
уезжа́ть, уе́хать to leave, go away/depart (from . . . to)
уе́хать *see* **уезжа́ть**
уж = уже́ already
у́жас terror, horror
ужаса́ть, ужасну́ть to terrify; **—ся, ужасну́ться** to be terrified/horrified
ужа́сно (*impers.*) it is terrible/horrible; (*adv.*) terribly, awfully
ужасну́ть(ся) *see* **ужаса́ть(ся)**
ужа́сный terrible
уже́ already
ужива́ться, ужи́ться to get on (with), get along together (with)
у́жин supper
у́жинать, поу́жинать to have supper; to be finished eating
ужи́ться *see* **ужива́ться**
у́зел knot, bundle, pack
у́зкий narrow
узнава́ть, узна́ть to know, recognize; to learn, get to know; to find out
узна́ть *see* **узнава́ть**
узо́р design
уйти́ *see* **уходи́ть**
указа́ние indication; (*coll.*) instructions
указа́тель indicator
указа́ть *see* **ука́зывать**
ука́зывать, указа́ть to show, point out; to point (to, at)
укати́ться *see* **ука́тываться**
ука́тываться, укати́ться to roll away
ука́чивать, укача́ть to rock to sleep; to cause sea sickness, car sickness, etc.
укла́дывать, уложи́ть to lay, put (to), pack up; **—ся, уложи́ться** to pack/be packing (up); to go (into); to keep (within), confine oneself (to)
укла́дываться, уле́чься to lie down; to settle; to calm down
уклони́ться *see* **уклоня́ться**
укло́нчиво evasively
уклоня́ться, уклони́ться to deviate, avoid
уклю́чина rowlock
уко́л prick, injection
уколо́ть to prick, sting; **у. кого-л. замеча́нием** to hurt somebody's pride with a comment
укори́зненный reproachful
укра́сть *see* **кра́сть**
укрепля́ться, укрепи́ться to become stronger
укро́п dill
укроща́ть, укроти́ть to tame, subdue; **—ся, укроти́ться** to calm down; to become tame
укрыва́ть, укры́ть to cover, conceal; **—ся, укры́ться** to cover/wrap oneself
укры́ть(ся) *see* **укрыва́ть(ся)**
укупи́ть (*substandard*) = **купи́ть** to buy
уку́с bite, sting
укуси́ть to bite
улета́ть, улете́ть to fly away
уле́чься (*pf. of* **укла́дываться**) to lie down, settle, calm down
ули́ка evidence

у́лица street
у́личный street
уложи́ть(ся) *see* **укла́дывать(ся)**
улуч//а́ть, улучи́ть to find, seize; **—и́ мину́тку** try to find a minute
улучи́ть *see* **улуча́ть**
улыба́ться, улыбну́ться to smile
улы́бка smile
улыбну́ться *see* **улыба́ться**
ум mind, intellect
умали́ть(ся) *see* **умаля́ть(ся)**
умаля́ть, умали́ть to belittle, depreciate; **—ся, умали́ться** to diminish
ума́щиваться, умости́ться to settle down
уме́нье ability, skill
умере́ть *see* **умира́ть**
уме́рить *see* **умеря́ть**
уме́рший (*participle of* **умира́ть**) the dead, the deceased
умеря́ть, уме́рить to abate, moderate
уме́ть to be able (to), to know how (+*inf.*)
уме́ючи skillfully
умиле́ние tender emotion
умили́ть(ся) *see* **умиля́ть(ся)**
уми́льный sweet, touching
умиля́ть, умили́ть to touch, move; **—ся, умили́ться** to be touched/moved
умина́ть, умя́ть to tread down; to knead; (*colloq.*) to eat heartily
умира́ть, умере́ть to die, to die away/down/off; to die (of)
умира́ющий dying (*participle & adj.*); **у.** dying man
умножа́ть(ся), умно́житься to increase, multiply, augment
умно́житься *see* **умножа́ться**
у́мный clever, intelligent
у́молк: без —у without stopping
умолка́ть, умо́лкнуть to fall/become silent, stop
умоля́ть entreat, implore
умо́ра it's enough to make one's sides split with laughter
у́мственный mental, intellectual
у́мысел design, intention
умя́ть *see* **умина́ть**
унести́(сь) *see* **уноси́ть(ся)**
университе́т university; **—ский** university
унижа́ть, уни́зить to humiliate, abase; **—ся, уни́зиться** to abase oneself, stoop (to)
униже́ние humiliation
унизи́тельный humiliating, degrading
уни́зить(ся) *see* **унижа́ть(ся)**
унима́/ть, уня́ть to quiet, calm, stop; **—ся, уня́ться** to stop
уничтожа́ть, уничто́жить to destroy, annihilate
уничтоже́ние destruction, annihilation
уничто́жить *see* **уничтожа́ть**
уноси́ть, унести́ to take, carry away; **—ся, унести́сь** to speed away, pass away
уны́л//о despondently; **—ый** sad, despondent; **—ый вид** gloomy/downcast appearance
уны́ние despondency, dejection
уня́ть(ся) *see* **унима́ть(ся)**
упа́вшее: у. хозя́йство shattered/financially unsuccessful estate
упа́док decline, decay
упа́сть *see* **па́дать**
упере́ть(ся) *see* **упира́ть(ся)**
упива́ться, упи́ться to feast one's eyes (upon, on)
упира́ть, упере́ть to rest/set (against); (*colloq*) to pilfer; **—ся, упере́ться** to rest/set (against); to rest (on); to turn (on)
упи́ться *see* **упива́ться**
упла́та payment
уполномо́ченный commissioner, authorized agent
уполномо́чивать, уполномо́чить to authorize, empower
упомина́ть, упомяну́ть to mention
упоминове́ние, упомина́ние mention, mentioning
упомяну́ть *see* **упомина́ть**
упо́р//но persistently; **—ный** persistent; **—ство** persistence
употреби́ть *see* **употребля́ть**
употребля́ть, употреби́ть to make use (of)
упра́ва board, council
управля́ть to govern, manage
управля́ющий manager
упраздни́ть *see* **упраздня́ть**
упраздня́ть, упраздни́ть to abolish

упра́шивать, упроси́ть to entreat, beseech
упрёк reproach
упроси́ть *see* **упра́шивать**
упру́гий elastic, resilient
упря́жка team
упря́мый obstinate, stubborn
упуска́ть, упусти́ть to let escape, let slip
упусти́ть *see* **упуска́ть**
ура́ hurrah!
уре́зка reduction
у́ровень level, standard
уроди́//ть to bear
уро́дливый deformed, ugly
уро́довать, изуро́довать to disfigure, make ugly
уро́к lesson
урони́ть (*see* **роня́ть**) to drop, let fall
урча́ние rumbling
урча́ть rumble
ус whisker
уса́дьба farmstead, countryseat
уса́живаться, усе́сться to take a seat, seat oneself; to settle (down), set (to)
усе́рдие zeal, diligence
усе́сться *see* **уса́живаться**
уси́ленно ardently
уси́ленн//ый (*see* **уси́ливать**): **—ые заня́тия** strenuous work
уси́ливать, уси́лить to strengthen, intensify; **—ся, уси́литься** to become stronger, swell, grow louder
уси́лие effort
уси́лить(ся) *see* **уси́ливать(ся)**
ускольза́ть, ускользну́ть to slip away, escape
ускоря́ть, уско́рить to hasten, accelerate, speed up
усла́ть *see* **усыла́ть**
усло́ви//е condition, term; **ни при каки́х —ях** under no circumstances
усло́вливаться, усло́виться to arrange, agree
усло́вн//о on/under conditions; **—ый** conditional, relative
услыха́ть (*pf.*) = **услы́шать**
услы́шать (*see* **слы́шать**) to hear
усмеха́ться, усмехну́ться to smile (ironically), grin
усомни́ться to doubt
успева́ть, успе́ть to have time; **не успе́л он отве́тить** before he had time to answer
успе́ть *see* **успева́ть**
успе́х success, progress
успока́ивать, успоко́ить to reassure, set somebody's mind at rest; **—ся, успоко́иться** to calm/quiet down, become composed
успоко//е́ние comfort, calming; **—и́тельный** quieting, soothing
успоко́ить(ся) *see* **успока́ивать(ся)**
устава́ть, уста́ть to get/be tired
уста́вить(ся) *see* **уставля́ть(ся)**
уставля́ть(ся), уста́вить(ся) to stare (at), fix one's eyes (on); to set (with); **—ся** to find/have room/place
уста́л//ость tiredness, weariness; **—ый** weary, fatigued
у́стал//ь = уста́лость; без —и (*colloq.*) untiringly, unceasingly
устана́вливать, установи́ть to place, install, establish; **—ся, установи́ться** to be settled, become stable
установи́ть(ся) *see* **устана́вливать(ся)**
уста́ть *see* **устава́ть**
устила́ть, устла́ть to cover
устла́ть *see* **устила́ть**
усто́йчивый steady, firm, stable
устоя́ть to withstand, stand up (against)
устра́ив//ать, устро́ить to arrange, establish; to settle; to fix up, set up; to suit; **—ся, устро́иться** to arrange, settle; to come right; **устро́иться на рабо́ту** to find a position/job; **—ся поудо́бнее** to make oneself comfortable
устрани́ть(ся) *see* **устраня́ть(ся)**
устраня́ть, устрани́ть to remove, eliminate; **—ся, устрани́ться (от)** to keep (from)
устраша́ть, устраши́ть to frighten; **—ся, устраши́ться** to be frightened (at), fear
устро́ить(ся) *see* **устра́ивать(ся)**
устро́йство arrangement, organization
уступа́ть, уступи́ть to give in; to be inferior (to, in); to abate, take off
усыла́ть, усла́ть to send away
усыпа́ть, усы́пать to strew, bestrew

(with); **не́бо усы́пано звёздами** the sky is studded with stars
ута́пливать, утопи́ть to countersink
ута́птывать, утопта́ть to trample down
утверди́тельно affirmatively
утвержда́ть, утверди́ть to affirm, assert; **—ся, утверди́ться** to strengthen oneself, become firmly convinced
утвержде́ние assertion
утеря́ть to lose
утиха́ть, ути́хнуть to cease, quiet down
у́тка duck; **ди́кая у.** wild duck
уткну́ть to bury, hide; **—ся** to bury oneself, hide (one's face)
утомля́ть, утоми́ть to tire, fatigue, weary; **—ся, утоми́ться** to get tired/fatigued
утону́ть (*see* **утопа́ть** and **тону́ть**) to drown, be lost
утопи́ть *see* **топи́ть** *and* **ута́пливать**
утопта́ть *see* **ута́птывать**
утра́та loss
утра́тить *see* **утра́чивать**
утра́чивать, утра́тить to lose
у́тренний morning
у́тр//о morning; **по —а́м** in the morning(s)
утро́б//а womb; **—ный** uterine
у́тром in the morning
уха́ fish soup
уха́б: —ы pits and bumps
ухвати́ть to catch, hold; **—ся** to hold, grasp
ухмыльну́ться *see* **ухмыля́ться**
ухмыля́ться, ухмыльну́ться to grin
у́хо ear; **он и —м не ведёт** he doesn't care a bit
ухо́д leaving, departure
уходи́ть, уйти́ to leave, go away; to elapse; to depart; to recede
уча́ствовать to take part (in)
уча́стие participation; share; sympathy, concern
уча́стливый sympathetic
уча́стник participant; accomplice; member
уча́сток police station; lot, plot, strip; section; district; area, constituency
учё́бник textbook
уче́ние studies; teaching; exercise; doctrine
учёный learned, erudite; scientific; trained, performing
уче́сть *see* **учи́тывать**
учи́тель teacher; **—ский институ́т** teachers' college
учи́тывать, уче́сть to take into account
учи́ть to teach, study
учу́ять (*pf.*) (*see* **чу́ять** and **почу́ять**) to smell
уша́т tub
ушиб injury, bruise
ушиба́ть(ся), ушиби́ть(ся) to hurt; bruise, contuse
ушиби́ть(ся) *see* **ушиба́ть(ся)**
ущипну́ть (*pf.*) (*see* **щипа́ть** *and* **щипну́ть**) to pinch
ую́т coziness

Ф

фа́брика factory
фаза́н pheasant
факульте́т faculty, department
фальце́т falsetto
фальши́вый false, artificial
фами́лия surname, family name
фантасти́ческий fantastic, fabulous
фат fop
февра́ль February
фе́льдшер surgeon's/doctor's assistant
феномена́льный phenomenal
фе́ска fez
фестива́ль festival, fete
фигу́ра figure
физи́ческий physical
фило́лог philologist
философ́ствовать to philosophize, be philosophical
фи́льм film
фити́ль (*m.*) wick
флаг flag
фланг flank, wing
фле́йта flute
фли́гель (*m.*) wing, outbuilding
флот fleet
фля́га, фля́жка flask
фон background
фона́рь (*m.*) lantern, lamp

фонта́н fountain
фо́р//а (*f.*, *only sing*) odds (given); **дать —у** to give odds
фо́рма form, uniform, mold; **одетый не по —е** not properly dressed
форма́льный formal
фо́рменн//ый (*adj. of* **фо́рма**): **—ая оде́жда** uniform
форпо́ст outpost
фосфори́т phosphorite
фотоаппара́т camera
фото́граф photographer
фотогра́фия photography
фотока́рточка photograph
фра́за phrase
франт dandy
францу́з Frenchman
францу́зский French
фронт front
фу́кать, фу́кнуть to huff
фунт pound
фура́жка cap, service cap
фурго́н van
фы́ркать, фы́ркнуть to snort, sniff, chuckle
фы́ркнуть *see* **фы́ркать**

Х

ха́кать (*substandard*) = **ка́шлять** to cough
хала́т dressing gown
халу́па hut
хандри́ть, захандри́ть to have a fit, be blue (*mood*)
хара́ктер disposition, temper, nature
характе́рн//ый typical, characteristic; **—ый та́нец** character dance
хаси́дские Hasidim (*members of Jewish religious sect*)
ха́та hut
хвали́ть, похвали́ть to praise
хвальби́шка braggart
хвастли́вый boastful
хвастовство́ boasting, bragging
хвасту́н boaster, braggart
хвата́ть, схвати́ть to catch hold (of), grasp, snap (at); **хвата́ть за се́рдце** heart wringing
хвата́ть, хвати́ть to suffice, be sufficient/enough
хвата́ться, схвати́ться to snatch (at), grip; to take up
хвати́ть *see* **хвата́ть**
хвора́ть (*colloq.*) to be ill
хвост tail, train, brush (of a fox), end
хи́лый sickly
хи́мик chemist
хитри́ть, схитри́ть to use cunning, be crafty; to dodge (somebody)
хитро́ cunningly
хи́трый sly, cunning
хи́щный rapacious
хлеб bread, grain
хлеба́ть to gulp, eat (noisily)
хле́бец small loaf of bread
хле́бный *adj. of* **хлеб**
хлеборо́дный fertile in grain/corn
хлеста́ть lash
хлестну́ть to give a lashing, switch
хли́пкий (*substandard*) sickly
хло́пать, похло́пать, хло́пнуть to flap, clap, slam, crack; **х. по коле́ну** to tap on the knee
хлопота́ть, похлопота́ть to bustle about; to solicit; to intercede (for)
хлопотли́вый bustling, fussy
хло́поты (*pl.*) trouble (*coll.*), cares
хлы́нуть to gush out, spout
хлыст whip
хмеле́ть to grow/become tipsy
хмельно́й intoxicated
хму́рить, нахму́рить: х. лицо́ to frown; **х. бро́ви** to knit one's brows; **—ся, нахму́риться** to frown; to be overcast
хму́рый gloomy, sullen
ход motion, run, course, speed, entrance; **на —у́** at full speed; **с —у** (*colloq.*) at once
ходи́ть, идти́, пойти́ to come, go, walk, tramp; **х. за ней** to follow her
ходя́чий walking
хожде́ние walking, attending
хозя́ин master, owner, proprietor, landlord, host
хозя́йка owner, hostess, landlady
хозя́йничать to keep house, manage a household
хозя́йство economy, household, estate
хозя́юшка (kind) hostess
холм hill
хо́лод cold

холоде́ть, похолоде́ть to grow cold
хо́лодно cold, it is cold
хо́лодно coldly
холо́дный cold, cool
холодо́к chill; **у́тренний х.** chilly morning air
холосто́й unmarried, single
хому́т horse's collar, yoke
хор chorus
хорово́д dance in the round
хорони́ть, схорони́ть, похорони́ть to bury; **—ся, схорони́ться** to hide/conceal oneself
хоро́шенький pretty
хороше́нько thoroughly
хоро́ший good, beautiful, fine
хорошо́ good, well, nice, it is nice
хорошо́ (*adv.*) well
хору́гвь gonfalon
хоте́ние desire
хоте́ть, захоте́ть to want, like, desire; **—ся, захоте́ться** to want, like; **стра́шно х.** to want very much
хоть at least, although, though
хотя́ though, although
хохота́ть to laugh (loudly, boisterously)
хра́брый brave
храм temple
храп snore, snoring; the snort or snorting of a horse
хрен: ни хрена́ (*substandard*) never mind, makes no difference
хрипе́ть, захрипе́ть, прохрипе́ть to wheeze, speak hoarsely
хри́плый hoarse
хрома́ть to limp
хромо́й (*adj.*) lame, (*n.*) lame man
хрони́ческий chronic
хру́пкий fragile, frail
хруст crunch, crackle
хрусте́ть, хру́стнуть to crackle, crunch
хру́стко crunchingly
хру́стнуть *see* **хрусте́ть**
ху́денький slender, slim
худе́ть, похуде́ть to lose weight, grow thin
ху́до badly
худо́жественный artistic
худо́жник artist
худо́й thin
худо́й bad
ху́же worse
хулига́нить to behave like a hooligan, make a row
ху́тор farmstead

Ц

цара́пать(ся), цара́пнуть(ся) to scratch
ца́рский czar's, royal
Ца́рствие Бо́жее Kingdom of Heaven; **Ца́рствие Небе́сное** Kingdom of Heaven
ца́рств//о kingdom
царь czar
ца́цкаться = вози́ться to busy oneself (with, over), spend much time (over)
цвести́ to bloom
цвет color
цвето́//к flower; **—чный** (*adj.*)
цветы́ *pl. of* **цвето́к**
целико́м as a whole, wholly
целко́вый one rouble
целова́ть, поцелова́ть to kiss, give a kiss; **—ся, поцелова́ться** to kiss
це́лое the whole; **в о́бщем и —ом** on the whole, taken/viewed as a whole
це́лость integrity, wholeness, preservation
це́лый whole, entire
цель (*f.*) goal, purpose
це́льный whole, unbroken; undiluted; wholehearted
цена́ price, worth; **знать себе це́ну** to know one's own value
цензу́р//а censorship; **—ный** censorial
цени́ть, оцени́ть to value, estimate, think highly (of); **—ся** to be valued/estimated
це́нный valuable
центр center
центра́льный central
цепля́ться (за) to clutch (at), cling (to)
цепо́чка chain, watch chain
церко́вный *adj. of* **це́рковь**
це́рковь (*f.*) church
ци́бик a box containing up to 2 poods of tea (1 pood = 36.113 lbs. = 16.38 kg.)

цивильный civil
цигарка cigarette
цикад//а cicada, cicala; **крик —ы** the chirp of a cicala
цыган, —ка, —ский Gypsy
цыпочк//и: на —ах (on) tiptoe

Ч

чавкать to champ
чай tea
чай methinks, maybe
чайка seagull
чайник teakettle
час hour
часовой sentry
частный private
часто frequently, often
частушка type of popular verse (*humorous and often sung*)
часть (*f.*) part, share, unit
часы (*pl.*) timepiece, wrist watch, watch
чашка cup
чаща thicket
чваниться to swagger, boast
чело brow
человек man, person
человеческий human
человеч//ество humanity, mankind; **—ий** human
челюсть jaw
чемодан trunk, suitcase
чемпионат championship
чепец cap
чепуха (*f., only sing., colloq.*) nonsense, rubbish
червь (*m.*) worm
черда//к garret; **—чный** (*adj.*)
черёд (*colloq.*) turn
через over, across, through, in; **ч. день** in a day, a day after
черёмуха bird-cherry tree
черенок cutting, graft, handle
череп skull
чернеть, почернеть to turn/become/grow black
чернильница inkwell
чернозём black earth
чернота blackness
чёрный black, gloomy
чёрт = чорт devil
черта line, trait; **—ы лица** features (*of the face*)
чёсаный combed
чесотка itch, scab
честно honestly
честн//ой: вся —ая компания the whole lot of them
честный honest, fair
честолюбивый ambitious
честь (*f.*) honor
чёткий clear, clear-cut, legible
четырёхугольный quadrangular
чехол case, cover
Чечено-Ингушская АССР Chechen-Ingush Autonomous Soviet Socialist Republic
чешуя scale
чин rank, grade; **ч. —ом** (*colloq.*) in good order, properly; **ч.-чинарем** (*slang*) shipshape
чинить, починить to repair, mend
чинный sedate, decorous, ceremonious
чиновник official
число number
чистить, почистить to clean, scrub
чисто cleanly
чистокровный pure-blooded
чистосердечный open, openhearted
чистота cleanliness, purity
чистый clean, neat, pure
читать, прочитать, прочесть to read, read through, aloud
чмоканье smacking sounds
чмокать, чмокнуть (*colloq.*) to smack one's lips; to give smacking kisses
чорт (*see* **чёрт**) devil; **ч. возьми** deuce take it!; **ч. те что** (*American equivalent*) God knows what!
чрезвычайн//о extremely, utterly; **—ый** extraordinary
что what
что if
что-либо, что-нибудь (*pron.*) anything; something
что-то (*pron.*) something
чуб forelock; **—атый** (*adj.*)
чувствительность sensitivity, sensitiveness
чувство sense, feeling, instinct
чувствовать, почувствовать to feel, have a sensation; **—ся** to be felt

чугу́н (cast-iron) kettle/pot; **—ный** cast-iron
чуда́к funny fellow
чуде́сный wonderful, marvellous
чу́диться, почу́диться to seem, appear
чу́дный wonderful, beautiful, lovely
чу́до miracle
чудо́вище monster
чужа́к (*colloq.*) stranger
чу́ждый alien (to); stranger (to something)
чужезе́мный alien, outlandish
чужо́й (*m. n., declined as an adj.*) somebody else's, another's, stranger, foreigner
чума́ plague
чу́тк//ий sensitive, tactful; **—о** keenly, tactfully; **—ость** sensitiveness, keenness, delicacy
чуть hardly, slightly; **ч.-ч.** a little, slightly; **ч. не** nearly, almost; **ч. све́т** at daybreak
чутьё scent, flair
чу́чело stuffed animal, dummy
чу́ять, почу́ять to feel, understand, smell, scent

Ш

шаг step, footsteps; **в двух —а́х** a few steps away
шага́ть to walk, pace
шагну́ть to take/make a step
шала́ш hut
шали́ть to play pranks, be naughty
шаль shawl
шампа́нское champagne
ша́пка cap
шараба́н charabanc, chariot
шара́хаться, шара́хнуться to dash aside (*said of horses*), to shy
ша́рить to fumble/rummage (in, about)
ша́ркать, ша́ркнуть to shuffle; **ш. нога́ми** to scrape/shuffle one's feet
шарф scarf
шата́ться to be/get loose, reel, stagger; (*colloq.*) to lounge about, roam, loaf
ша́хта mine, pit
ша́шни (*pl., colloq.*) intrigues; trick, pranks
швейца́р hall porter, doorman
швея́ seamstress
швыря́ть, швырну́ть to fling
шебарши́ть нога́ми to swing one's legs
шевели́ть, шевельну́ть to move; **—ся, шевельну́ться, пошевели́ться** to move, stir
шевельну́ть(ся) *see* **шевели́ть(ся)**
шёл *see* **идти́**
ше́лест rustle, rustling
шелесте́ть to rustle
шёлк (*m., only sing.*) silk
шёлковый (*attrib. adj.*) silk
шелохну́ться (*pf.*) to stir, move
шелуха́ (*f., only sing.*) husk
шепну́ть *see* **шепта́ть**
шёпот whisper
шепта́ть, шепну́ть, прошепта́ть to whisper; **—ся** to whisper
шере́нга rank; **—ами** in ranks
шерсть (*f.*) hair (*of an animal*)
шерстяно́й woolen
шерша́вый rough
шест pole
ше́ствие procession, train
шестёрка six (*in a deck of cards*)
шесто́к hearth
шеф chief, patron, chef
ше́я neck
ши́бко (*adv., colloq.*) very, hard; **он ш. скуча́ет** he is very lonely
ши́ворот collar
ши́на tire; (*med.*) splint
шине́ль (*f.*) overcoat
шипе́ть, прошипе́ть to hiss; (*impf. only*) to spit, sizzle, sputter
шипо́вник sweetbrier
шипу́чий sparkling, fizzing
широ́к//ий wide, broad; **жить на —ую но́гу** to live in (*grand*) style
широко́ wide, widely; **жить ш.** to live in grand style
шить, сшить to sew; to have/get something made; (*only impf.*) to embroider (with, in)
шитьё sewing, needlework; embroidering
ши́фер (*min.*) slate
шифо́н chiffon
шифонье́рка chiffonier
ши́шка cone
шкап = шкаф
шкату́лка box, casket

шкаф cupboard; **кни́жный ш.** bookcase
шко́ла school
шко́льница schoolgirl
шко́льный school
шку́ра skin, hide
шку́рник self-seeker
шлёпать, шлёпнуть to slap, smack; **ш. нога́ми** to drag one's feet; **ш. по воде́, гря́зи** to splash through the water/the mud; **—ся, шлёпнуться** to fall down
шлёпнуть(ся) *see* **шлёпать(ся)**
шлея́ breeching, hipstrap in Russian harness
шля́па hat, bonnet
шнуро́к lace
шов seam; **ру́ки по швам!** attention!
шо́пот = шёпот
шо́рох rustle
шоссе́ highway
шофёр chauffeur, driver
шпиль (*m.*) spire
шпи́лька hairpin
шпио́н spy
шпиц Pomeranian
штаб headquarters
шта́бель stack, pile
штабно́й staff
штаке́тник wooden fence
штанда́рт standard
штани́на trouser leg
штаны́ trousers
штат staff
шток piston rod
што́пор corkscrew
што́ра blind
шторм (*strong*) gale, storm; **—ово́й** (*adj.*)
штос a card game
штраф fine
штрафова́ть, оштрафова́ть to fine
шту́ка piece, thing, trick
штукату́рить to plaster
штык bayonet
шу́ба fur coat
шум noise, hubbub, sound; **ш. ли́стьев** rustle of leaves; **наде́лать —у** to cause a sensation; **с —ом** tumultuously
шуме́ть to make a noise; **море —ит** one can hear the noise of the sea
шу́мный noisy, tumultuous
шурша́ть, зашурша́ть to rustle
шу́стрый bright, smart
шути́ть, пошути́ть to joke
шу́тка joke, prank
шутли́вый playful

Щ

щаве́ль (*m.*) sorrel
щёголь (*m.*) dandy, fop
щеголева́тый dandyish, somewhat dandified
щека́ cheek
щекота́ние tickling
щекота́ть, пощекота́ть to tickle
щеко́тно ticklish
щёлк (*colloq.*) crack (*in earth also*); snap of the fingers
щёлка (*f.*) a narrow opening, crack
щёлканье snapping (*a noise by tongue, locks, fingers, etc.*)
щёлкать, щёлкнуть to click, fillip
щёлкнуть *see* **щёлкать**
щель (*f.*) crack
щено́к puppy
ще́пка chip, sliver
щи cabbage soup
щипа́ть, щипну́ть, ущипну́ть (*pf.*); *see* **ощи́пывать** and **ощипа́ть** to pinch
щи́пчики (*pl.*) (*pair of*) tweezers
щу́ка pike
щу́пать, пощу́пать to feel
щу́рить(ся): щ. глаза́ to squint
щу́ч//ий (*adj. of* **щу́ка**)**: по —ьему веле́нию** by a wave of the wand; at the point of a pike

Э

эвакуа́ция evacuation
эвакуи́ровать to evacuate
экза́мен examination; **держа́ть э.** to take an exam
экземпля́р copy, specimen
экипа́ж carriage
экипа́ж (*personnel*) crew; (*naut.*) officers and crew
э́ко ди́во what a wonder
эконо́мия economy

экску́рсия excursion, trip
экспорти́ровать to export
э́кстренно special, extraordinary
эле́ктрик electrician
электроста́нция electric-power station
эма́ль (*f.*) enamel
энерги́чный energetic
энтузиа́зм enthusiasm
энтузиа́ст enthusiast
эпо́ха epoch, era
эскадро́н (*cavalry*) squadron
эстра́д//а stage; **—ный** vaudeville
эта́ж floor, story
э́такий (*colloq.*) such, what (a)
э́то that, it
э́тот this
э́хо echo
эшело́н: боево́й э. (*mil.*) attack echelon

Ю

юбиле́й anniversary
ю́бка skirt
ювели́р//ный (*attrib.*) jewelry; **—ский** minutely intricate
ю́нкер cadet
ю́ность (*f.*) youth
ю́ны//й youthful; **с —х лет** from youth
юриди́ческ//ий juridical; **ю. факульте́т** faculty/department of law
ю́ркий brisk, nimble
юркну́ть (*pf.*) to whisk, plunge, disappear (into)
юро́дивый God's fool

Я

я́блоко apple
яви́ться *see* **явля́ться**
явле́ние occurrence
явля́ться, яви́ться to appear, arrive, occur
я́вно evidently, clearly, obviously
я́вный evident, obvious
я́года berry
яд poison
ядови́тый venomous
язы́к tongue (*anat.*), language; war prisoner
яйцо́ egg
я́ма pit, hole
япо́нский (*adj.*) Japanese
я́рк//ий bright, brilliant, vivid; **—о** brightly, strikingly
я́рость fury
я́рочка young, spring lamb
я́рус circle, deck
я́сно clearly, distinctly
яснови́дение clairvoyance
ясногла́зый clear-eyed
я́сн//ость clearness; **—ый** clear
ястребо́к Soviet fighter plane
я́щик box; chest; drawer